PRAKTISCHE
PANDEKTENÜBUNGEN

FÜR

ANFÄNGER

ZUM AKADEMISCHEN GEBRAUCHE UND ZUM SELBSTSTUDIUM.

VON

DR. RUDOLF STAMMLER,
PROFESSOR AN DER UNIVERSITÄT HALLE A. S.

ZWEITE, VERBESSERTE AUFLAGE.

LEIPZIG,
VERLAG VON VEIT & COMP.
1896.

Druck von Metzger & Wittig in Leipzig.

EUGEN HUBER

IN HERZLICHER FREUNDSCHAFT

DARGEBRACHT.

Vorwort.

Über die sachlichen Grundlagen und pädagogischen Gesichtspunkte, die zur Abfassung dieses Buches führten, und die Ziele, welche durch dasselbe verfolgt werden sollen, findet sich in der einleitenden Abhandlung das Nötige begründend bemerkt. Es erhellt daraus, daß es mit schon vorhandenen Sammlungen von Rechtsfragen und Civilrechtsfällen durchaus nicht in Konkurrenz treten will: es geht in Absicht und Ausführung auf etwas ganz Anderes, als jene.

Die Veröffentlichung meiner anspruchslosen Arbeit geschieht mit dem Wunsche, die Aufmerksamkeit weiterer beteiligter Kreise auf die hier erörterte Möglichkeit einer, wie ich glaube, nicht unwesentlichen Verbesserung des Rechtsunterrichts hinzulenken. Zugleich aber in der Hoffnung, Allen, welche Pandekten studieren mögen, ein — in dieser Art noch nicht versuchtes — brauchbares und förderliches Hilfsmittel zu selbstthätigem und anregendem Einarbeiten bieten zu können. —

Mit vorstehenden Worten ist die erste Auflage dieses Buches im Frühjahre 1893 ausgegeben worden.

Seitdem hat sich eine größere Anzahl von Dozenten meinem Plane der Anfängerübungen angeschlossen. Man hat ihn danach auch auf dem Gebiete des Handelsrechtes und des Strafrechtes entsprechend mit Glück verwertet; und für das römische und das Civilrecht überhaupt dürfte die Aufnahme und Durchführung des ihm unterliegenden Gedankens, wenn nicht alles trügt, bald zur allgemeinen Regel werden.

Die jetzige neue Auflage der Pandektenübungen ist in den Grundzügen unverändert; in Einzelheiten aber thunlichst verbessert worden. Weniger geeignete Fälle und Fragen sind ausgeschieden, bessere neu eingefügt worden; und die gebliebenen werden im Ausdrucke mannigfach vervollkommnet und von Fehlern bereinigt erscheinen. Ich verdanke die Möglichkeit dessen nicht nur beständiger eigener Aufmerksamkeit hierauf, sondern namentlich auch häufigen Mitteilungen und Winken von Freunden und Kollegen, die mir ihre Erfahrungen und Wünsche mit dankenswerter Bereitwilligkeit für eine Neuauflage zur Verfügung gestellt haben.

Bei Änderungen dieser Auflage sind die Nummern der ersten Ausgabe in ( ) der jetzigen Zählung beigefügt. Die neu hinzugekommenen Aufgaben sind mit einem * gekennzeichnet.

Halle a. S., 17. April 1896.

Rudolf Stammler.

Inhalt.

Erster Teil.

Zweiter Teil.

Einleitung.

Erstes Buch.

Allgemeiner Teil.

Erster Abschnitt.

Von dem Begriffe und der allgemeinen Einteilung der Privatrechtsverhältnisse.

Zweiter Abschnitt.

Lehre von den Personen oder den Subjekten der Privatrechtsverhältnisse.

Dritter Abschnitt.

Lehre von den Sachen oder den Objekten der Privatrechtsverhältnisse.

Vierter Abschnitt.

Allgemeine Lehren über Entstehung, Veränderung, Endigung der Privatrechtsverhältnisse.

Fünfter Abschnitt.

Von der Verwirklichung und Durchsetzung der Privatrechtsverhältnisse.

Zweites Buch.

Sachenrecht.

Erster Abschnitt.

Der Besitz.

Zweiter Abschnitt.

Das Eigentum.

Dritter Abschnitt.

Dingliche Gebrauchs- und Nutzungsrechte.

Vierter Abschnitt.

Das Pfandrecht.

Drittes Buch.

Obligationenrecht.

Erster Abschnitt.

Anwendungsgebiet und allgemeine Gestaltung der obligatorischen Verhältnisse.

Zweiter Abschnitt.

Allgemeine Lehren von der obligatorisch geschuldeten Leistung.

Dritter Abschnitt.

Gemeinsame Lehren über Entstehung und über Erwerb von Obligationen.

Vierter Abschnitt.

Gemeinsame Lehren über Endigung von Obligationen.

Fünfter Abschnitt.

Vertragsobligationen, welche in den Pandekten besondere Ausbildung erhalten haben.

Sechster Abschnitt.

Die Deliktsobligationen.

Siebenter Abschnitt.

Die sonstigen gesetzlichen Obligationen des gemeinen Rechtes.

Achter Abschnitt.

Haftung für Verbindlichkeiten Anderer.

Erster Teil.

Plan der Übungen.

I.

„Bei unserer Aufgabe ist es die Kunst wissenschaftlichen Verstandesgebrauches, welche geübt werden soll. Der Lehrer giebt nur den Stoff, und regt an die Thätigkeit; diesen Stoff bearbeite der Lehrling selbst; der Lehrer muß aber in der Lage bleiben, zusehen zu können, ob und wie der Lehrling diesen Stoff bearbeite, damit er aus dieser Art der Bearbeitung ermesse, auf welcher Stufe der Fertigkeit jener stehe, und auf diese den neuen Stoff, den er geben wird, berechnen könne."

J. G. Fichte.

Es kann keinem Zweifel unterliegen, daß auch innerhalb des juristischen Unterrichtes die Thätigkeit des Lehrenden vorzüglich auf die Entwickelung der Selbstthätigkeit im Lernenden gerichtet sein muß; oberste Aufgabe des Rechtslehrers ist die, daß er den Studierenden zu selbständigem Denken anregt: das Mittel der Bildung ist die Erregung der Selbstthätigkeit.

Nun ist es klar, daß bei solchem Satze in erster Linie an die Art des unterweisenden Vortrages gerührt wird, der nicht in bloßer — und sei es noch so exakter — Darreichung empirischen Stoffes bestehen soll; sondern bei welchem eine geistige Gemeinschaft zwischen Lehrer und Hörern zu begründen ist, indem diese sich in den Blickpunkt des anderen versetzen und mit seinen Augen sehen lernen, auf daß die eigene Blickkraft rege werde. Alles, was ansonsten den Reiz der akademischen Rede und ihren äußeren Wert herstellen oder steigern mag, muß doch nur Zuthat bleiben und untergeordnetes Hilfsmittel sein neben jener erstgenannten inneren Eigenschaft der wissenschaftlichen Mitteilung; und niemals kann, von diesem Grunde wahrer Bildung losgelöst, ein Unterrichtender sich vermessen, ein „guter Dozent" zu heißen.

Allein zur gänzlichen Erfüllung des Vorhabens, tüchtige Juristen auszubilden, kann es mit nichten genügen, dem Vortrage eine in erwähnter Weise möglichst gute Qualität zu verleihen: es wird auch nötig sein, dem Studierenden, in Abwechselung mit dem Aufnehmen des Stoffes, Aufgaben zu stellen, welche er in Selbständigkeit, unter Anleitung des Lehrers, zu lösen hat, Aufgaben, deren Bearbeitung ihm ebensowohl methodisch die Fähigkeit verschaffen soll, sich in eigener Thätigkeit ein Urteil zu bilden über das, was Rechtens ist, und wie bestehendes Recht sicher erkannt und festgestellt wird, als auch ihn üben mag, das als Recht Erkannte auf die einzelnen Vorkommnisse des Verkehrslebens zutreffend anzuwenden.

Dieser Gedanke ist an sich einfach genug. Nichts ermüdet so sehr und macht auf die Dauer zu weiterem Studium unlustiger, als eine stete und unaufhörliche Aufnahme von Lehrstoff und ein ruheloser Zwang zu solcher, ohne die Gestattung, sich auch einmal in freier Selbstgestaltung und Verwertung des gewonnenen Wissens an noch so kleinen selbständigen Problemen erproben zu dürfen. Erst eine ständige Verbindung eigener Ausübung erlangter Fähigkeit mit bloßer Rezeption giebt überall die rechte Bildungsmethode ab: wie sie auch allein im stande ist, dem Lernenden eine Kontrolle über gemachte Fortschritte und seinen dermaligen Standpunkt zu bieten und dem Dozierenden einen Einblick in die wirkliche Lage des Hörers zu verschaffen.

Auch darf dieser Grundgedanke jetzt als durchgängig herrschende Auffassung auf unseren Hochschulen erachtet werden. Wenn Fichte in seinem „deduzierten Plane einer zu Berlin zu errichtenden höheren Lehranstalt (geschrieben im Jahre 1807)“ es als Neuerung fordern mußte, „daß der Lehrling nach einem bestimmten Plane des Lehrers unter desselben Augen selber arbeite“; während noch Gervinus und Anhänger desselben (1855) tadeln konnten, daß der Vortrag der Universitätsprofessoren die Studenten nur zur Rezeptivität nötige, indessen die einzig gedeihliche Entwickelung unserer Hochschulen nur darin liegen würde, daß man dem die Selbstthätigkeit anregenden Bestandteile der Universitätsbildung größere Bedeutung gebe: so bestehen heute — um mich auf das Rechtsstudium zu beschränken — an allen unseren Fakultäten, freilich sehr verschiedenartig in Einrichtung wie Intensität des Betriebes, Konversatorien und Übungen, welche den erwähnten Forderungen zu entsprechen suchen. Und ich kann nicht annehmen, daß in unseren Tagen ein Berufener die Worte Bindings (1880) anzweifeln möchte: „Will die Theorie, soweit sie auf der Hochschule durch das lebendige Wort lehrt, gute Praktiker ziehen, so muß sie dem Glauben an die alleinseligmachende Kraft der dogmatischen Vorlesungen entsagen. Dieselben bedürfen einer ständigen doppelten Ergänzung: durch exegetische und praktische Übungen."

Wenn ich trotzdem diesem pädagogischen Grundsatze hier nähere Feststellung geliehen, so geschieht es aus dem Grunde, weil die angegebenen Einrichtungen dem unterliegenden Gedanken zur Zeit, wie ich annehme, eine nur unvollkommene Ausführung angedeihen lassen. Gerade weil jenes Prinzip als feststehend angenommen werden darf, so hebt sich das bis jetzt zu seiner Befolgung Geschehene als lückenhaft und als Stückwerk davon ab, — während dieses keineswegs unumgänglich notwendig ist, vielmehr mit leichter Mühe unserem Grundsatze volles Genüge geschehen kann.

Es ist diese Lücke und die Möglichkeit ihrer Ausfüllung, die hier in einigem zur Besprechung gelangen soll.

II.

„Nemo quemquam erigit ad id, in quo ipse est, nisi aliquantum ad id, in quo est ille, descendat." *Augustinus.*

Unsere Praktika und seminaristischen Übungen kommen im allgemeinen zu spät.

Ich bemerke von vornherein, daß an dieser Stelle von den Spezialseminarien, den „Gesellschaften" und dergleichen Einrichtungen für die weitere und tiefere wissenschaftliche Ausbildung von Vorgerückteren nicht die Rede sein soll. An solchen Veranstaltungen für die Elite unserer Studierenden und der Fürsorge für besonders Begabte hat es zu keiner Zeit gefehlt; obschon gerade dieses nicht in der ersten Reihe der Aufgaben des Rechtsunterrichtes steht. Hier kann man vielmehr ruhig das Wort Kants gelten lassen, welches er einmal seinen Vorträgen vorausschickte: daß er nicht für die hervorragend Beanlagten lese, da diese ihren Weg schon so wie so finden würden, auch nicht für die ganz Beschränkten, denn solchen sei überhaupt nicht zu helfen, sondern für die breite Menge der mit gutem Durchschnittsverstande Begabten, aus denen wohl etwas Tüchtiges geschnitzt werden könne, so man ihnen die rechte Anleitung und Unterweisung biete. Von der Beförderung und Hebung des wissenschaftlichen Standes dieser letztgenannten Kategorie handeln auch wir jetzt, und behaupten, bezüglich dieser, daß die seitherige Stellung und Einrichtung vornehmlich der Praktika nicht einwandfrei und nicht ausreichend ist.

Auf diesen Gedanken konnten schon äußere Eigentümlichkeiten und Schwierigkeiten, die unseren seitherigen praktischen Übungen anhaften, den aufmerksamen Beobachter hinleiten; vor allem die doppelte Aufgabe, welche wohl jedem Leiter eines Pandekten-Praktikums heute schwer vermeidlich gesteckt wird: auf der einen Seite die im juristischen Wissen und Können schon etwas Bewandterten weiter zu fördern, und sowohl ihren Scharfsinn und ihre Urteilskraft ferner zu üben und zu steigern, als auch durch geeignete Rechtsfälle auf Schwierigkeiten innerhalb der Erkenntnis unseres Rechtes interessierend aufmerksam zu machen; dagegen zum anderen Teile die weniger Fortgeschrittenen in die juristische Subsumtion einzuführen und die ihnen vorgetragenen Lehren der Pandekten weiterhin zu klären, zu festigen und zu vertiefen. Denn in der That pflegen sich in den gesagten Übungen in der Regel ganz verschiedenartige Interessenten einzufinden, von gereiften, dem Abschlusse ihres Studiums nahestehenden Rechtskandidaten an bis zu solchen, die noch gar wenig Beherrschung des fraglichen Rechtsstoffes aufweisen können, ja vielfach erst jetzt bei der Annahme des Pandekten-Praktikums, ernsthafter an das Studium dieser Materie herantreten mögen; und nun entsteht dem Lehrer allemal das schier unlösliche Dilemma, daß er die einen nicht mit Zeitvergeudung unnütz aufhalte, ohne doch den andern allzu schwierig und unverständlich zu verbleiben.

Ist es da nun nicht das richtige, die Übungen nach der Qualität der Teilnehmer zu scheiden, und von dem Praktikum, mit seinem rechten, eben angedeuteten, Ziele, die Übungen für Anfänger zu trennen und für sich selbständig zu stellen und auszubauen? So daß das erstgenannte Kolleg entlastet und seiner eigenen Aufgabe ungehemmter hingegeben wird, während die Anfängerübungen die erste Anleitung und Vorbereitung für die weitere förderliche Selbstthätigkeit zu übernehmen haben?

Will man dieses aber einmal in die Hand nehmen, so ist auch noch ein Schritt weiter zu gehen: Die Anfängerübungen müssen in den Beginn des Studiums gelegt werden. Und hier handelt es sich nun nicht lediglich um eine Pläne schmiedende Bereicherung der unendlichen Liste von Reformvorschlägen für das Rechtsstudium, sondern um den Bericht über eine Einrichtung, die auf

Veranlassung des Schreibers dieser Zeilen vor nahezu zehn Jahren an der hiesigen juristischen Fakultät eingebracht und seitdem durchgeführt worden ist, und die sich in dieser Zeit, nach dem übereinstimmenden Urteile der Beteiligten, durchaus bewährt und gut eingebürgert hat.

Hiernach ist ein während der gesamten Studienzeit durchlaufender konversatorischer Unterricht, neben den systematischen Vorlesungen, organisiert worden, bei welchem man drei Arten von Übungen unterscheiden kann: In dem ersten Studienjahre Übungen für Anfänger mit Bezug auf die Institutionen, sowie praktische und exegetische Pandektenübungen für Anfänger; in den folgenden Semestern Praktika und Exegetika in den verschiedenen einzelnen Disziplinen; endlich eine besondere seminaristische Ausbildung für solche, welche einer tiefer eindringenden wissenschaftlichen Thätigkeit sich zu widmen beabsichtigen.

An diesem Orte ist nun von jenen an erster Stelle genannten Übungen die Rede.

Es ist ein Irrtum, zu glauben, daß es schwierig oder gar unmöglich sei, diejenigen, welche dem Studium der Jurisprudenz allererst nahen, zu Anfängerübungen heranzuziehen. Ganz im Gegenteil: Im Beginne des Studiums sind die Hörer der mitarbeitenden Selbstthätigkeit noch nicht entwöhnt; sie kennen regelmäßig die ermüdende Einseitigkeit einer semester- oder jahrelangen bloßen Aufnahme von Lehrstoff gar nicht. Noch wohnt es ihnen als ganz selbstverständlich bei, daß sie, obschon in voller akademischer Freiheit, auch eine konversatorische Behandlung des Stoffes neben und hinter dem Vortrage vorfinden. In jedem Falle bleibt alsdann, und sei es bei einem einzelnen auch in noch so bescheidenem Maße, die Gewöhnung an selbstthätige Teilnahme und die Möglichkeit einer produzierenden Übung in ununterbrochener Verbindung mit früher also gewohnter Arbeit gewahrt: Ist aber erst einmal durch längere bloße Rezeption die Entwöhnung davon gänzlich eingetreten, das Handgelenk hier steif geworden, die Formulierungsgabe ungeübt geblieben, so ist es leicht begreiflich, wenn die ersten schüchternen Versuche der Wiederaufnahme selbständiger Arbeit in späteren Übungsvorlesungen — auch bei fleißigen Hörern der Pandekten — so linkisch und ungeschickt ausfallen, und den so völlig Ungeübten das peinliche Gefühl beschleichen muß, wie es bei den ersten Sprechversuchen in fremdem Idiom wohl geschehen mag, da die Zunge einem wie gelähmt erscheint, während man doch so viele Wörter auswendig gelernt hat, und die Konjugation der unregelmäßigen Zeitwörter dem Versuchenden vielleicht ganz geläufig ist.

Und ist es denn nötig, daß man zuerst das ganze System der betreffenden Rechtsdisziplin „durchgehört" hat, ehe man zu den ersten kleinsten Versuchen selbstthätiger Übung schreitet? Was würde man von einem Sprachunterrichte halten, der zuvörderst nur die Lehren der Grammatik einseitig vortrüge, ohne jemals den Schüler zur probeweisen Verwertung des Gelernten anzuleiten? Könnte man sich die Einführung in die Mathematik ersprießlicher Weise anders vorstellen, denn in Verbindung mit zu lösenden Übungsaufgaben? Und wird nicht bei dem Studium der naturwissenschaftlichen Fächer auch beim Anfänger alsbald gefordert, daß er neben dem Hören der Vorlesungen an anschaulichen, für ihn eingerichteten Übungen sich beteilige?

Ich kann nicht finden, daß beim Studium der Jurisprudenz, das die „legum cupida iuventus" zunächst doch in eine ihr fremdartige Welt zu versetzen pflegt, ein Grund vorliegt, dem Anfänger die im einzelnen genaue und fortlaufende Anleitung zu versagen, die gerade am Beginne des Studiums wahrlich an sich mehr wünschenswert und angezeigt sein muß, als beim Ausgange desselben, und die nur in methodisch für jenen eingerichteten Übungen und Konversatorien gewährt werden kann; ihn lediglich auf die zu hörenden Vorträge und die zitierten Quellenstellen zu verweisen, um sich allein auf die Höhe der beherrschenden Übersicht des ihm vorerst so fremden Gebietes zu bringen, ohne die Möglichkeit fragender Interpellation und zwangloser Besprechung, in schriftlicher oder mündlicher Form, betreffs des Gehörten zu bieten. Es kommt nur darauf an, die hierfür passenden Übungen zu veranstalten, wie sie allerdings in den bisher publizierten Übungsbüchern schwerlich zu finden und in unseren seitherigen Konversatorien meines Wissens noch nicht vorgenommen worden sind.

Denn dieses ist ja selbstverständlich festzuhalten, daß es sich nicht um eine grundsätzliche Änderung in der äußeren Einrichtung des akademischen Studiums, um eine Beschränkung der Studienfreiheit, handelt, sondern um eine Bereicherung des juristischen Lehrplanes, deren er seither in der hier befürworteten Art, soviel ich sehe, allerorten, entbehrt hat. Es wird gewiß auch früher schon hier und da vorgekommen sein, daß ein Dozent es versucht hat, etwa die eine wöchentliche Stunde der Institutionen- oder Pandektenvorlesung zur Quellenlektüre wiederholend heranzuziehen. Ein solcher, ja sehr naheliegender, Versuch würde nun zwar in einem Punkte meiner Einrichtung begegnen, aber doch sie ganz und gar nicht erfüllt haben. Nicht des äußeren Unterschiedes wegen, daß wir an hiesigem Orte die Anfängerübungen als besondere, wöchentlich mehrstündige Vorlesung jedem zur Verfügung stellen, mit der nun erfahrungsmäßig feststehenden Thatsache, daß alle Anfänger, mit verschwindenden Ausnahmen, sie annehmen und gern durchführen (obschon derartige Äußerlichkeiten, wie jedem Kundigen geläufig ist, nichts weniger als ganz bedeutungslos für die hier interessierenden Fragen und Ziele zu sein pflegen); auch nicht in dem Sinne, daß jene Bestrebungen durch Einfügung von geeigneten praktischen Übungen für Anfänger eine quantitative Erweiterung zu erfahren hätten. Nein, es handelt sich hier um eine sachlich reformierende Ergänzung des juristischen Unterrichtes, vornehmlich im Beginne desselben, neben welcher ich alle besprochenen äußeren Gründe nur adminikulierend angeführt haben will.

Es wird zu zeigen sein, daß aus dem innersten Grunde der Aufgabe unseres Rechtsunterrichtes heraus ein den Rechtslehrer zur Aufnahme unseres Planes wohl zwingend bewegendes Moment auftritt. Das führt zurück auf zwei tiefer eingehende Erwägungen über Zielpunkte der Jurisprudenz überhaupt.

Und hier muß ich etwas weiter ausholen.

III.

> „Eine Wissenschaft, welche darauf verzichten wollte, den Begriff ihres Gegenstandes zu bestimmen, würde den Namen einer Wissenschaft nicht mehr verdienen. Und jeder, welcher in rechtswissenschaftlichen Fragen gearbeitet hat, weiß aus eigener Erfahrung, daß wir nicht selten bei der Untersuchung des speziellsten Punktes auf die höchsten und allgemeinsten Begriffe zurückgeworfen werden, und ohne ihre Feststellung kein sicheres Resultat zu erzielen ist." *Windscheid.*

Daß das Eindringen in die juristische Denkweise dem Anfänger besondere Schwierigkeiten zu bereiten pflegt, dürfte eine außer Zweifel stehende Thatsache sein. Auf beiden Seiten empfindet man es unbehaglich und hat mit einzelnen Mitteln gelegentlich Abhilfe versucht; aber so wie man bei der Charakterisierung jener Schwierigkeit bei allgemeinen aushelfenden Wörtern dann wohl stehen blieb, dieselbe fragend oder achselzuckend als „eigentümlich" oder „im abstrakten Stoffe gelegen" annahm, so sind bis jetzt, soweit ich sehe, nur — sozusagen — empirische Heilmittel in Anwendung gekommen. Ich glaube dem gegenüber, daß es nötig sein wird, sich vor allem über den Grund jener Schwierigkeit des genaueren Klarheit zu verschaffen; und zu dem Ende zuvörderst zu fragen: worin denn die Eigentümlichkeit des Gegenstandes, des Zieles und Verfahrens gerade der juristischen Betrachtung gelegen sei, um daraus sicher dann zu erkennen, wo der Sitz des Gebrechens und wie ihm abzuhelfen.

Welches ist der Gegenstand der spezifisch juristischen Erkenntnis?

Etwa: „Das Recht?“ Aber wo und wie kann man desselben habhaft werden?

Das Recht gehört nicht zu den äußeren Erscheinungen; es ist kein im Raum befindlicher Gegenstand. Das Recht hat Realität nur vermöge unseres Denkens, und ist nicht ein Objekt der uns umgebenden Natur, das nach Gesetzen dieser hervorgebracht und bestimmt wäre.

Aber es bedeutet auch „das Recht“ gar nicht eine in sich geschlossene Vorstellung, mit einheitlichem festen Inhalte: man kann sich von dem Rechte, als einer allgemeingültig bestimmten Größe, gar keinen Begriff machen. Wir haben in Wirklichkeit in unseren Vorstellungen immer nur konkrete Rechtsregeln, einzelne besondere Rechtsordnungen.

Der Begriff „Recht“ ist vielmehr nur ein gedankliches Element innerhalb der Vorstellung von bestimmten menschlichen Handlungen, und stellt eine Beschaffenheit derselben dar; und zwar sowohl eine solche von bestimmten Geboten, als auch (davon abgeleitet) von den einzelnen Handlungen, welche jenen Geboten entsprechen. Der Begriff des Rechtes, welcher im Verstande liegt, tritt also zu bestimmten menschlich gesetzten Regeln in Vereinigung hinzu.

Da es bei solchen Erwägungen und Feststellungen an Mißverständnissen seitens dritter Leser niemals ganz zu fehlen pflegt, so bemerke ich zu allem Überflusse ausdrücklich noch, daß selbstverständlich nicht ein äußeres und zeitliches Auseinanderfallen der beiden komponierenden Momente der Rechtsregeln — des ergangenen Gebotes einerseits und der Qualifizierung desselben als eines rechtlichen zum anderen Teile — behauptet und aufgestellt wird. Sondern, was hier als Grundlage unserer weiteren Erörterungen nur klargelegt werden soll, ist dieses: daß „das Recht“ einen abstrahierten Begriff bedeutet, der nicht einen eigenen selbständigen Gegenstand unserer Wahrnehmung ausmacht; wo immer man „Recht“ gewahren mag, da ist es bestimmtes menschliches Vorgehen und Thun, das wir (und zwar in jedem entsprechenden Einzelfalle bereits) mit jenem Prädikate versehen. Also giebt es rechtliches Auftreten und anderes menschliches Handeln, und erst nach einer Abstraktion aus jenem kann man von dem Begriffe des Rechtes reden.

Damit wird der Hinweis auf den Zusammenhang wissenschaftlicher Erkenntnis gegeben, in welcher wir die Eigenart unserer Objekte zu präzisieren haben: der Sozialwissenschaft, die im Reiche der Wissenschaften ihre besondere Stelle und ihr eigenes Gebiet einnimmt und mit allem ihr Zugehörigen namentlich der Naturwissenschaft in Eigentümlichkeit gegenüber tritt. Wenn es die letztere mit den in Raum und Zeit uns gegebenen Erscheinungen erkennend zu thun hat, so kommt es der erstgenannten, unserer Wissenschaft, auf die Betrachtung des sozialen Lebens, das ist des äußerlich geregelten Zusammenlebens der Menschen an.[1]

Die Eigenart der sozialwissenschaftlichen Erörterung, und im besonderen — was hier von nun ab repräsentativ herausgegriffen werden mag — der juristischen Betrachtung geht also darin auf, daß das Verhalten von Menschen in Bezug auf andere Menschen mit einem regelnden Satze verbunden und erwogen wird in der Richtung eines Soll. Selbstverständlicher Weise knüpfen auch die rechtlichen Gebote in letzter Linie an äußere Vorgänge und Zustände, vornehmlich an menschliches Thun und Handeln normierend an; es sind körperliche Geschehnisse und psychische Thatsachen, welche die Grundlage auch der sozialen Betrachtung abgeben: aber indem an diese Ereignisse gebietende Normen für das Handeln von Menschen angeknüpft und dieselben unter den eigenen Gesichtspunkt ordnender Regeln menschlichen Verhaltens gerückt werden, so ersteht uns eine neue Welt, der wissenschaftlichen Durchforschung harrend, so werden neue Gegenstände unserer Erkenntnis allererst geschaffen.

Nicht die lediglich Thatsache des Gebens und Nehmens einer Sache ist Gegenstand der juristischen Betrachtung; nicht das Handaufheben der Appenzeller Landsgemeinde (die doch „den Gesetzgeber“ äußerlich am unmittelbarsten und deutlichsten uns vor-

[1] Vgl. Stammler, Wirtschaft und Recht nach der materialistischen Geschichtsauffassung (1896), 2. Buch: Der Gegenstand der Sozialwissenschaft, S. 81 ff.

führen könnte) auf die Frage des Landammanns ist es an sich, das unser Objekt ausmacht: sondern hier diese Handlungen unter der verfassungsmäßigen Regel gedacht, — also das dadurch beeinflußte Verhältnis des einzelnen zu der (selbst schon in diesem Sinne nur bestehenden) Gesamtheit; und dorten der Tausch unter den Gesichtspunkt der rechtlichen Verpflichtung des einen gegen den andern gerückt, ihm seine Sache nun zu lassen, — mithin die danach bestehende geordnete Beziehung unter ihnen.

Ich habe in den letzten Worten nunmehr die Antwort auf die hier interessierende Frage nach den der Jurisprudenz eigenen Objekten schon gegeben.

Da der rechtliche Satz an einen äußeren Thatbestand in der Weise anknüpft, daß damit gesagt ist, was nun geschehen soll; da er sich hiermit also an Menschen wendet und diesen etwas vorschreibt mit Bezug auf andere Menschen: so bestehen zufolge dessen unter diesen geregelte Beziehungen, feste Verhältnisse, die, ihre Existenz durch das Bestehen eines normierenden Satzes erst erhaltend, ihre Eigentümlichkeit in den vermöge des letzteren gesetzten Berechtigungen und Verpflichtungen finden.

Als Gegenstand der spezifisch juristischen Betrachtungsweise erhalten wir hiernach: die rechtlich geordneten Beziehungen unter Menschen. Daß in der Technik unserer Jurisprudenz auch andere Subjekte im Rechtssinne auftreten, kann hier nicht alterieren, da bei diesen in letzter Linie doch gleichfalls menschliche Verhältnisse die Unterlage bilden.

Dabei kommt nicht viel darauf an, ob man etwa in anderer Wendung als Gegenstand lieber die Rechtsregeln angeben möchte. Denn die rechtliche Anordnung kann von dem Gegenstande, auf welchen sie sich bezieht, nämlich dem menschlichen Verhalten gegen einander gar nicht so getrennt werden, daß sie sich inhaltlich einer gesonderten Betrachtung unterwerfen ließe; in jeder Erwägung des Inhaltes eines rechtlichen Gebotes denkt man ganz notwendigerweise die dadurch rechtlich geordneten Beziehungen unter Menschen mit. Giebt man also die einzelnen Rechtssätze als Gegenstand der Jurisprudenz an, so hat man sachlich dasselbe, wie in unserer Formulierung, gesagt, ohne die beiden Seiten unseres Objektes gleich zutreffend äußerlich gefaßt zu haben.

Sofern man aber freilich vermeinen wollte, daß man die Rechtsregeln deshalb sozusagen hypostasieren und als solche für sich besonders nehmen könnte, weil dieselben in allgemeiner normierender Eigenschaft den einzelnen geordneten Menschenbeziehungen gegenüberständen, so würde man nicht mehr korrekt geblieben sein. Denn die Aufstellung eines rechtlichen Satzes in allgemeiner Fassung ist etwas zufälliges und nichts ihm notwendiges.

In manchen rechtlichen Handlungen tritt dieses deutlich und wirksam uns entgegen. Der in der Grenznutzentheorie unserer Nationalökonomen übliche Wüstenreisende oder der Matrose, der mit dem Wilden in zufälligem Zusammentreffen und doch sicherer rechtlicher Meinung einen Tauschhandel eingeht, wie nicht minder ein völkerrechtlicher Vertrag, durch welchen zwei zivilisierte Staaten zunächst in eine einzige juristische Beziehung treten, bieten Beispiele hierfür. Aber auch in unserem inneren staatlichen Leben kommen derartige rechtliche Akte, wie besonders Laband gründlich nachgewiesen hat, zuweilen in bedeutsamer Weise vor; ich erinnere an die Landesgesetze, welche nach den Ereignissen von 1866 über die Wahlen zum konstituierenden Reichstage erlassen wurden, an die Reichsgesetze über die Verlängerung der Legislaturperiode Ende 1870, über die Befugnis der Reichs-Justizkommission zur Fortführung ihrer Verhandlungen nach dem Schlusse der damaligen Reichstagssession, u. a. m.

Es ist also möglich, daß beides, die Norm und die geordnete Beziehung, zeitlich in dem gleichen Augenblicke und äußerlich in demselben Akte geschaffen wird und jeweils auf einander beschränkt bleibt; so daß es erst der logischen Analyse bedarf, um beispielsweise in dem Tauschgeschäft des Mohren mit dem fremden Schiffsmanne die beiden verschiedenen Elemente, die wir nannten, zu erkennen.

Allein es ist zuzugeben, daß diese Möglichkeit rechtlicher Gebote für uns zur großen Ausnahme geworden ist; fast durchgängig vollzieht sich die Regelung menschlicher Beziehungen in der Weise, daß, durch Erfahrung belehrt und auf solche gestützt, die ordnenden Sätze in allgemeiner Art antizipierend auftreten und in abstrakter Fassung zu gemeinsamen Regeln für weite Gebiete menschlicher Beziehungen werden. Aber dadurch wird an dem Gegenstande der juristischen Betrachtung sachlich nichts geändert. Wir erhalten durch die Aufstellung allgemeiner Rechtsregeln keinen neuen selbständigen Gegenstand wissenschaftlicher Erkenntnis. Denn die allgemeine rechtliche Regel ist nur ein Versuch, die Normierung verschiedener geordneter Beziehungen unter einem einheitlichen Gesichtspunkte zusammenzufassen. Das Naturgesetz ist die einheitliche Erkenntnis von Erscheinungen, die allgemeine Rechtsregel bedeutet nur eine einheitliche Zusammenfassung von einzelnen rechtlich geordneten Beziehungen. Man kann sich die letzteren vorstellen, ohne eine gemeinsame Regel, welche die gleiche Ordnung auch für andere Fälle vorschreibt; jedes einzelne Rechtsverhältnis besteht alsdann bereits als Beziehung unter rechtlicher Norm gedacht, und der Umstand der Gemeinsamkeit ihres Geregeltseins zusammen mit anderen rechtlichen Beziehungen bedeutet eine Zufälligkeit: er ist nicht notwendig, um überhaupt jene Beziehung als eine rechtlich geordnete einzusehen.

Weil sonach eine allgemeine Zusammenfassung rechtlich geordneter Beziehungen in der Form einer abstrakten Regel inhaltlich nichts Neues der Erkenntnis jener hinzufügt, sondern sie nur äußerlich verbindet, und diese genannte Zusammenfassung nicht unumgänglich notwendig und dem Objekt unserer Wissenschaft wesentlich ist; da fernerhin, soweit man den normierenden Satz in das Auge faßt, man logisch notwendig das dadurch geregelte menschliche Verhältnis mit betrachtet, indem sonst jener keinen Inhalt haben würde; in Erwägung endlich, daß der regelnde Befehl gegenüber der geordneten Beziehung zwar das logische (wenngleich vielleicht nicht: zeitliche) prius ist, auf das Verhältnis von Mittel und Zweck geprüft, aber dem erstgenannten dieser Begriffe unterstellt werden muß, während das Verhalten der Menschen gegeneinander und die hierbei auftretenden Beziehungen unter ihnen es sind, auf welche die rechtliche Regelung dienend abzielt: so ziehe ich es vor, bei unserer obigen Fassung stehen zu bleiben, die mit der Angabe der rechtlich geordneten Menschenbeziehungen als Gegenstandes unserer Wissenschaft den Hinweis auf die ordnenden Regeln in genügender Weise umfassend in sich birgt, ohne doch den geregelten Stoff der menschlichen Verhältnisse, unseren eigentlichen Gegenstand, in der Formulierung außer acht zu lassen.

Es ist für jetzt an der Zeit, daß wir das Ergebnis unserer theoretischen Untersuchung zur unmittelbaren Förderung der praktischsten Aufgabe verwerten, welche einem Rechtslehrer gesteckt werden kann: der Aufgabe, gute Juristen sicher und eindringlich zu bilden.

IV.

> „Mit der Anschauung, dem Einzelnen, dem Konkreten machen wir darum überall den Anfang, weil nur von hier aus der Begriff naturgemäß entwickelt werden kann, weil es keinen Weg giebt, von den Begriffen zu den einfachen Vorstellungen und Empfindungen, und weil er, wenn er eingeschlagen wird, zu leerem, unfruchtbarem und aufblähendem Wortwerk und totem Schulwissen führt, das dem Geiste keine gesunde Nahrung liefert und mit dem man im Leben nichts anfangen kann." *Diesterweg.*

Wenn wir zur Vermeidung bloß empirischer Hausmittelchen in mehr oder weniger instinktivem Gebrauche die gegenständliche Besonderheit der juristischen Wissenschaft im seitherigen näher untersucht haben, so ist auf Grund dessen betreffs unserer Bestrebungen jetzt einfach fortzufahren:

Die eigentlichen Gegenstände der Rechtswissenschaft als solcher sind den Sinnen nicht zugänglich, sie können gar nicht anschaulich gemacht werden.

Ich gründe diesen Satz nicht bloß darauf, daß man die rechtlichen Beziehungen, als unsere Objekte, nur fassen und erkennen kann durch Begriffe: denn unter der Bedingung des begrifflichen Denkens steht alle Erkenntnis, auch die der einzelnen lediglichen Naturthatsache; und ob man einem Begriffe nicht sein voll entsprechendes Bild in der Anschauung verschaffen kann, das ist gerade zuvörderst noch bei jeglichem Begriffe offene Frage. Ich beharre auch nicht auf dem Umstande, daß es „abstrakte" Begriffe seien, weil auch dieses — soweit die Abgrenzung vom „Konkreten" überhaupt nicht nur flüssig und willkürlich ist — über die Möglichkeit, ob jene zur Anschauung gebracht zu werden vermögen, noch nichts entscheidet; wie die Begriffe der reinen Mathematik genugsam darthun könnten.

Ich gründe vielmehr meinen Satz auf die Erwägung, daß unsere nur gedachten Rechtsverhältnisse einen Begriff davon geben, was auf Grund äußerer Thatsachen sein soll. Darum kann ihnen keine sinnliche Anschauung entsprechen, weil hier äußere Vorgänge unter einer Regel des Sollens betrachtet werden. Es wird nicht bloß etwas erkannt, was wirklich da ist: sondern was im äußeren Verhalten der Menschen gegeneinander sein soll: und dieser so geschaffene Gegenstand besonderer Betrachtungsart ist es, von dem wir sagen müssen, daß wir ihn niemals in äußerer Anschauung darstellen, nie von ihm eine greifbare Anwendung in voller Entsprechung sinnlich geben können, da er selber in der Welt der äußeren Erscheinungen nimmermehr ist.

Weder das Privateigentum, noch das Mietverhältnis sind äußerlich anschaubar; die Hypothek, die Ehe, die Rechtsstellung des Erben oder Vermächtnisnehmers — keines läßt sich irgendwie sinnlich aufzeigen; so wenig, wie ein „Anstifter", wie die Rechtshängigkeit einer Streitsache, die Staatsbeamteneigenschaft oder Schutz- und Trutzbündnisse unter Völkern und Staaten Sinnenobjekte sind.

Ich kann wohl zeigen, daß der Bewohner eines Hauses an einen anderen Menschen Metallstücke wirklich entrichtet, daß eine körperliche Sache jemandem im Augenblicke beliebig zur Verfügung steht: aber daß der Mieter Zins in Geld zahlen soll, daß die Gesamtheit der Rechtsunterthänigen die Stellung des Eigentümers achten soll, das ist unmöglicherweise in der äußeren Anschauung aufzuweisen.

Und doch ist es diese letztere Richtung der Betrachtung, die dem Juristen eignet, und die deshalb vor allem dem Anfänger im Rechtsstudium beigebracht werden muß, soll er anders ein Jurist werden. Er soll sich daran gewöhnen, das unsichtbare Netz zu gewahren, welches rechtliche Ordnung über dem Getriebe der Menschen regelnd ausgebreitet; die Fäden zu erkennen, die von dem einen zu anderen bindend laufen: im Geiste zu sehen, wie sie gesponnen werden und dann abermals gelöst, und wie in ihrem unendlichen Gewimmel doch wieder Ordnung und Einteilung ist in ihrer verschiedenartigen Beschaffenheit und Wirkung.

Was ist nun hierfür zu thun?

Es ist vorgeschlagen worden, daß man einen doppelten Universitäts-Cyclus einrichten und zwischen den beiden Studienzeiten eine längere Beschäftigung in der gerichtlichen Praxis vornehmen sollte. Aber das trifft unsere Schwierigkeiten nicht in rechter Weise.

Der rechtswissenschaftliche Blick wird durch das bunte Getriebe in der Gerichtsstube an und für sich keineswegs im besonderen geschärft. Die Äußerlichkeiten des Dienstes treten im unmittelbaren praktischen Interesse zu herausfordernd und gebieterisch entgegen, die Hast der Geschäfte, das Drängen nach schneller Abwickelung der laufenden Sachen ist nicht geeignet, die spezifisch juristische Betrachtungsweise in demjenigen sicher zu erzeugen, der ihrer ganz fremd ist. In das Wirbeln der dortigen Thatfragen muß ein schon wohlerzogener Jurist gestellt werden: oder aber er wird für diese letztere Qualität durch jene nicht ohne weiteres gefördert, sondern im notgedrungenen Anklammern an die faktischen Unterlagen, die er noch nicht mit sicherer Selbstthätigkeit juristisch zu zwingen und zu beherrschen gelernt hat, zurückgeworfen und geschädigt werden.

Zudem nimmt jener Vorschlag von dem Anfänger im Rechtsstudium Abstand; ihn, dem wir in erster Linie genauere Anleitung in methodischer Unterweisung schulden, läßt er auch weiterhin in der seitherigen Hilflosigkeit, indem er ihn ja nur darauf verweist. daß er die notwendigen thatsächlichen Materialien für juristisches Denken demnächst am Aktentische und im Gerichtssaale kennen lernen werde.

Läßt sich denn dasjenige, was jener Vorschlag so in getrennten Stationen zu erreichen strebt, wirklich gar nicht vereinigen? Sind wir Universitätslehrer sachlich in der Notwendigkeit einer dort vorausgesetzten Verzichtleistung? Können wir in der That nur Vorkenntnisse und Hilfsmittel zu der erst in der Praxis zu erwerbenden juristischen Ausbildung liefern, — da doch jeder Kundige weiß, daß Fragen von juristisch förderndem Werte in der Geschäftswelt der Gerichte und Bureaus nur sehr stoßweise und gelegentlich und jedenfalls in der Art ihres Auftretens, wie in ihrem Zusammenhange zufällig sind?

Von anderer Seite findet sich die Forderung aufgestellt, daß man den Unterricht in der Jurisprudenz auf nationalökonomische Erwägungen und Erörterungen gründen und den juristischen Vortrag überall mit Bezugnahme auf die wirtschaftliche Bedeutung der Rechtseinrichtungen durchsetzen müsse. Das Postulat hat starke sachliche Bedenken gegen sich; für unsere jetzige Frage, den Rechtsunterricht der Anfänger, kann es wohl in keinem Falle lösend wirken. Denn die hier gemeinte ökonomische Betrachtung hat es ja mit rechtlich geordneten Beziehungen zu thun; sie setzt die letzteren bereits voraus, und wer jemandem zuvörderst Einsicht und Verständnis dieser Rechtsverhältnisse nach der Seite ihrer verbindlichen Kraft und juristischen Folgen verschaffen will, der wird mit der Hineinziehung der quantitativen Konsequenzen derselben in wirtschaftlicher Hinsicht nichts ausrichten.

Es wird nötig sein, für die grundlegende juristische Ausbildung äußerlich bei dem Universitätsunterrichte und sachlich bei dem spezifisch rechtswissenschaftlichen Verfahren stehen zu bleiben. In diesem findet sich wohl hier und da ein Versuch bessernder Abänderung. Bewährte Rechtslehrer haben es vorgezogen, insbesondere für die Pandekten, den „allgemeinen Teil" hintanzustellen und in der mündlichen Lehre, vereinzelt bekanntlich auch in einem

Handbuche, die „besonderen“ Materien zuerst vorzunehmen. Es geht dieses in dem Grundgedanken ja wohl auf die gleiche Beobachtung, wie die hier gemachte, zurück und kommt für jenen der von uns vorgetragenen Meinung in einigem entgegen; es genügt aber nicht, hat zudem doch manche Unebenheiten im Gefolge und ist — wenn ich recht berichtet bin — fast überall nach einiger Zeit wieder aufgegeben worden.

Ich bin gegenüber dem Allen der Überzeugung, daß man der notorischen Fremdartigkeit des juristischen Studiums für den Anfänger (und der damit leicht verbundenen Gleichgültigkeit oder Unlust desselben) nur bei einer reformierenden Ergänzung unserer Unterrichtsweise im Sinne der an den Beginn dieser Erörterungen gestellten Vorschläge lindernd oder abhelfend wird entgegentreten können. Es ist notwendig, gerade im Beginne des Studiums der Rechtswissenschaft Übungen für Anfänger einzurichten; neben die systematischen Vorlesungen einen konkreten Einzelunterricht zu stellen, an die Seite des Vortrages das Konversatorium, neben das rezeptive Kolleg die selbstthätige Übung des Studierenden.

Da wir die rechtlich geordnete Beziehung sinnlich nicht aufweisen und deshalb im Rechtsunterrichte dem sicher gegründeten pädagogischen Grundsatze, den ich an die Spitze dieses gestellt, selbst nicht folgen können, so verbleibt als Hilfsmittel dafür, daß jene dem Anfänger möglichst deutlich zum Bewußtsein und zur klaren Erkenntnis komme, nur dieses Eine übrig: daß man die einzelnen bindenden Folgen, die in dem jeweiligen Rechtsverhältnisse zusammengezogen gedacht werden, in reichhaltiger Einzeläußerung innerhalb des sozialen Lebens vorführt; und daß man den Studierenden übt, in selbstthätiger Überlegung es zu finden, wie aus Thatbeständen, die der Rechtssatz festhalten will, die rechtliche Beziehung werde, die in klarer Erfassung nun weiter juristisch zu analysieren und zu systematisieren ist.

Wohl weiß ich, daß eine gute Vorlesung ganz selbstverständlich diesem auch in allererster Linie nachstreben und beide eben genannte Ziele möglichst gleichmäßig zu erreichen bemüht sein wird. Aber sie allein wird der doppelten Aufgabe wohl kaum ganz gerecht werden können und vielmehr, in die notgedrungene Wahl gestellt, die praktische Einzelerörterung der Rechtsverhältnisse, die von den verschiedensten Seiten ihrer Äußerung her zu geschehen hätte, zurücktreten lassen müssen: womit dann freilich die volle Einsicht und das durchdringende Erfassen und Verstehen der rechtlich geordneten Beziehungen nicht wohl erreicht werden kann, während doch andererseits nur ein in sicherer Erkenntnis von Einzelobjekten geübtes Auge voll ausreichende Sehschärfe besitzen mag, um von der hohen Warte systematischer Darlegung und theoretischer Untersuchung aus überall noch etwas deutlich zu gewahren.

In der theoretischen Vorlesung mag man der Beispiele heranziehen, so viele man will; oder von dem m. E. sehr zweckmäßigen und bewährten „juristischen Zeichnen" ausgedehnten Gebrauch machen, um durch ein künstliches, dem Auge dargebotenes Schema dem Hörer die Rekognition im Begriffe eines Rechtsverhältnisses zu erleichtern: immer wird das Quantum der Exempel — will man den Vortrag nicht auf Abwege führen — hinter demjenigen zurückbleiben müssen, das zur allseitigen Erleichterung und Klarstellung erwünscht wäre; und stets ist dann das selbständige Mitthun zu vermissen, das in seiner eigenartigen Anregung allezeit eine unersetzliche Förderung schon lediglich der theoretischen Erkenntnis sicher mit sich führt.

Es ist also ein zweiter Unterricht neben den Vorlesungen fortlaufend durchzuführen, der seine eigene Aufgabe hat; dem es in letzter Linie nun nicht auf die systematische Erfassung und Darlegung unseres Rechtes (nach außen und innen) im ganzen ankommt, sondern welcher auf die Schärfung in der Erfassung von Rechtsbegriffen in concreto und auf die Beherrschung von Rechtsverhältnissen im einzelnen abzielt. Daß bei der Verfolgung ihrer jeweiligen besonderen Aufgabe die beiden sich stets ergänzen und durchdringen sollen, versteht sich von selbst; und daß durch unsere Einrichtung die nebenhergehende Vorlesung (nicht minder auch die in anderen Disziplinen nachfolgenden) eine sonst nicht mögliche Stütze und Hilfeleistung in nicht zu unterschätzender Weise erhalten könne, bedarf keines besonderen Wortes. Und ich bemerke nur noch, daß die selbständige Aufgabe, die unseren besprochenen Übungen zukommt, sich auch bei einer nur passiven Assistenz des Hörers in denselben so förderlich erweisen kann, daß ich aus äußeren Bedenken an keinem Orte irgend ein Hindernis dagegen ersehen würde; denn durch die konkrete Behandlungsweise der Einzelfrage, sowie durch die konversatorische Erörterung derselben mit einer vielleicht verschwindenden Minderheit der Teilnehmer kann jeder, der es mag, auch im bloßen Zuhören die besondere weitere Anleitung und Anregung zu selbstthätigem und im kleinen produktivem Privatstudium reichlich finden, auf die es eben hier in letzter Linie ankommen soll.

Wenn demnach unsere Anfängerübungen nicht bloß eine quantitative Ergänzung der Vorträge sein sollen und nicht nur dazu da sind, um in der Vorlesung ausgelassene Spezialfragen in sich aufzunehmen, sondern dieselben in eigenem Vorgehen der qualitativen Hebung unserer Studierenden zu dienen haben, so bieten sich als naturgemäße Hilfsmittel hierzu: exegetische und praktische Aufgaben.

In beiden Fällen ist die gleiche Art des Vorgehens anzunehmen. Auch die exegetische Übung darf nicht bloß ein Nachlesen von Belegstellen sein, sondern muß einen selbständigen exegetischen Unterricht abgeben, der seinen eigenen Weg geht. Bei ihm wird es darauf ankommen, richtig gruppiertes Quellenmaterial nach fortlaufendem Plane so zu behandeln, daß es sich zuletzt zu einem Ganzen in Einheitlichkeit faßt. Der exegetische Kursus kommt schließlich, ihn als Ganzes genommen, auf das gleiche hinaus, wie die daneben herlaufende Vorlesung: aber er faßt die Sache in anderer Weise an; er geht in der Aufwerfung der Fragen und der Behandlung des Stoffes (rein äußerlich gesprochen) in beliebig freier Reihenfolge vor und will bei der ihm grundsätzlich eigenen Einzelbehandlung der Quellen auch neue und besondere und sonst leicht fehlende Ausblicke dem Studierenden gewähren; so ist er nicht bloß ein Diener der systematischen Vorlesung, sondern in gleichwertiger Vereinigung mit dieser ein solcher des gesamten Unterrichtszieles.

Doch würde ich es für anmaßlich halten, wollte ich diesen Punkt auch nur im geringsten sachlich belehrend ausführen. Die selbständigen Aufgaben der Exegese, die durch keinen bloßen Vortrag zu ersetzen sind, liegen allzu deutlich vor aller Augen; und das Material unserer Quellen ist für den erwähnten Zweck so reichhaltig und so geartet, daß unserer Forderung einer konkreten und selbstthätigen Beschäftigung und Anleitung des Anfängers im Rechtsstudium bei dahin zielenden Vorsatze mit größter Leichtigkeit und Vollständigkeit wird entsprochen werden können.[1]

Dagegen verhält es sich anders mit den praktischen Übungen, die nach obigem gleichfalls schon für Anfänger einzurichten sind. Hier wird jeder Dozent zunächst mit Schwierigkeiten zu kämpfen

[1] Nur ganz ausnahmsweise habe ich in § 9 Nr. 2 der folgenden Aufgaben, bei Gelegenheit der Lehre von der *actio*, einiges Material aus den Quellen, das zu encyklopädischer Übersicht von Rechtsverhältnissen gelegentlich vielleicht zu gebrauchen ist, im Anschlusse an eine (in ähnlicher Form auch in älterer Zeit schon versuchte) Scherzerzählung zusammengestellt.

haben, bis er ein hinlängliches Material zusammengetragen und dieses unter dem stetigen Gesichtspunkte bewußten pädagogischen Zieles und Weges wieder gesichtet, verarbeitet und gruppiert hat. So mag es gerechtfertigt sein, wenn ich, nach vieljähriger Durchführung dieses Planes und einiger praktischer Erfahrung in solchen Übungen, im folgenden eine möglichst reichhaltige, doch nicht überladene Sammlung etwa brauchbarer Aufgaben den Berufsgenossen zur Verfügung stelle.[1]

Ich nehme auch diesen Unterricht als einen zweiten und selbständigen. Es kommt nicht bloß darauf an, die Sätze und Lehren oder Kontroversen des Vortrages abzufragen; es soll nicht ein sachlich unselbständiges bloßes Repetitorium sein, was ich meine, sondern eine besondere Art der Behandlung unserer Wissenschaft im Unterrichte. Darum ist es auch gar nicht vom Übel, wenn man zum Verständnis eines Thatbestandes auch Rechtsfragen erörtern muß, die im gewohnten Gange des Systems noch nicht „daran waren"; im Gegenteil: Es liegt in der Möglichkeit, dieses thun zu können, ein großer pädagogischer Vorteil. Was bei Gelegenheit eines konkreten Falles auch rein zum erstenmale vorgebracht wird, von dem gilt nach sicherer Erfahrung ganz regelmäßig, daß es (wie man sagt) besonders fest sitzt; und nur darauf kann es ankommen, daß man eben solche Thatbestände und durch sie veranlaßte Fragen und Rechtsmaterien hierbei auswählt und vornimmt, die einerseits gerade dem Anfänger zu den Zwecken unserer Übungen vollauf verständlich gemacht werden können und zum andern Teile demselben einen angenehmen praktischen Anhalt und eine konkrete Unterlage für die weitere

[1] Hinsichtlich der Thatbestände, welche unter dem hier neu aufgestellten und durchgeführten Gesichtspunkte zur Bearbeitung gelangten, möchte ich mir nur die Bemerkung gestatten, daß die besten Sammlungen neuerer Gerichtsentscheidungen selbstverständlich auch eingesehen und nebenher mitbenutzt worden sind; es mußte dieses schon deshalb geschehen, um an geeigneten Punkten eine Möglichkeit zu haben, über den dermaligen Standpunkt bemerkenswerter Gerichtspraxis eine unterweisende Erörterung mit konkret stützender Probe anstellen zu können. Im übrigen ist mir aus eigener und fremder, freundlich zur Einarbeitung überlassener, Rechtserfahrung ein zuvörderst wohl ausreichendes Material zugeflossen. Insbesondere bin ich meinem Schwager August Schmeckenbecher, Amtsrichter zu Darmstadt, für schätzenswerte Mitteilungen aus seiner erstinstanziellen Thätigkeit zu bestem Danke verpflichtet. Eine Reihe interessierender Fälle und lehrreicher Fragen auf Grund kaufmännischer Korrespondenz verdanke ich meinem Schwiegervater M. J. da Silva e Costa in Hamburg.

und tiefere Erörterung in den systematischen Vorlesungen geben mögen. Gelingt dieses, so ist es keine schwere Mühe, den springenden Punkt der einzelnen praktischen Frage zu dem Sonderzwecke einer scharfen und eindringenden Beleuchtung eines bestimmten rechtlichen Begriffes und Satzes zu verwerten, wie es nach unseren obigen grundsätzlichen Erörterungen sachlich angezeigt ist.

Es erübrigt daher, daß ich die pädagogischen Maximen im einzelnen gebe, in deren Befolgung ich der Lösung unserer oben prinzipiell erwogenen Aufgabe näher kommen möchte; im besonderen: wie ich nach solchen die Auswahl und Bearbeitung des Materials, namentlich seine Anordnung und Gruppierung vorgenommen habe.

Auch jetzt kann ich jedoch eine Abschweifung in eine allgemeinere Betrachtung zuvor nicht umgehen.

V.

„Ein Richter oder ein Staatskundiger kann viele schöne juristische oder politische Regeln im Kopfe haben, in dem Grade, daß er selbst darin ein gründlicher Lehrer werden kann, und wird dennoch in der Anwendung derselben leicht verstoßen, entweder, weil es ihm an natürlicher Urteilskraft (obgleich nicht am Verstande) mangelt, und er zwar das Allgemeine *in abstracto* einsehen, aber ob ein Fall *in concreto* darunter gehöre, nicht unterscheiden kann, oder auch darum, weil er nicht genug durch Beispiele und wirkliche Geschäfte zu diesem Urteile abgerichtet worden.“ *Kant.*

Den guten Juristen macht nicht die noch so genaue Kunde von dem Rechte; dies ist nur Eine Bedingung, wenngleich eine unerläßliche für alles Weitere. Das andere, was noch dazu kommen muß, ist die Fähigkeit, das Recht und seine Kenntnis von ihm im Leben anzuwenden. Zu dem rechtlichen Wissen muß das juristische Können in Vereinigung treten.

Nun geschieht aber die Anwendung des Rechtes in der Subsumtion des einzelnen Falles unter die zutreffende Regel. Es gehört in unserem Rechte, wie oben besprochen wurde, zu besonderen Ausnahmen, wenn ein einzelner Thatbestand selbst von einem Rechtsgebote ergriffen, und von dem letztern ein spezielles rechtliches Verhältnis also hergestellt wird; durchgängig werden die rechtlichen Satzungen in allgemeinen Regeln aufgestellt, welche gleichartige Thatvorgänge in Zusammenfassung zu treffen suchen. Deshalb fragt es sich für „die praktische Rechtswissenschaft“: ob ein vorgelegter Thatbestand zu solchen gehöre, welche die Rechtsordnung überhaupt mit Folgen ausstatten will, und bejahenden Falls, welches diese letzteren seien, — oder anders ausgedrückt: welche rechtliche Beziehung, in deren Begriff Voraussetzungen und Wirkungen in juristischer Hinsicht in Einheit zusammengefaßt sind, für begründet zu erachten sei?

Soll der einzelne Vorfall, der wirklich geschehen, juristisch zutreffend beurteilt werden, so muß zwischen ihm und der allgemeinen Regelung eine Gleichartigkeit bestehen; es müssen die von der Regel nach allgemeinen Kriterien geforderten Voraussetzungen bestimmter rechtlicher Beziehung in dem besondern Thatbestande, der zur jeweiligen Beurteilung gestellt ist, sich konkret wiederfinden. Denn subsumiert wird für die juristische Betrachtung nach Voraussetzungen rechtlicher Verhältnisse; auch bei den Rechtsgeschäften: die von den Privaten gewollten Folgen sind die Voraussetzungen einer bestimmten rechtlichen Beziehung unter ihnen, mit einer Reihe bindender Folgen, unter welchen (und zwar in der Mitte zwischen zwingendem und ergänzendem Rechte) auch jene von den Parteien beabsichtigten Konsequenzen sich dann wiederfinden.

In welcher Art und Eigentümlichkeit sich freilich dieser Subsumtionsprozeß vollzieht, ist keineswegs aufgeklärt; die Logiker wenigstens lassen uns mit einer Theorie der Subsumtion gänzlich im Stiche, — vielleicht in begründet vorsichtiger Meinung, daß auch dieses „eine verborgene Kunst in den Tiefen der menschlichen Seele ist, deren wahre Handgriffe wir der Natur schwerlich jemals abraten, und sie unverdeckt vor Augen legen werden." Denn nur soviel ist sicher und klar, daß wir es mit einer eigenen Fähigkeit hier zu thun haben: Während in der seither behandelten Frage nach rechtswissenschaftlicher Einsicht und Erkenntnis der Verstand thätig ist und die juristischen Objekte in scharfen und bewußt klar gemachten Begriffen denkt, so ist es nun ein Vermögen der Urteilskraft, durch welches subsumiert wird, das nach einfachen Thatsachen der Erfahrung als eine zweite, mit jenem keineswegs ohne weiteres und notwendig verbundene Fähigkeit auftritt.

Vielmehr ist es eine zuverlässige Beobachtung, daß diese Urteilskraft im letzten Grunde eine natürliche Begabung, eine bei den einzelnen in ihrer Fähigkeit unterschiedliche Anlage ist, welche bei gänzlichem Fehlen durch Unterricht nicht ersetzt werden kann. Wohl aber muß sie, wenn sie vorhanden, wie jedes Talent geübt und gefördert werden; ohne dieses verkommt auch die schönste

Anlage, und mit methodischer Übung läßt sich eine im Beginne vielleicht nicht große Urteilskraft erheblich steigern.

Zweifellos haben nun alle seitherigen Praktika hierzu auch schon geholfen, sowie schließlich jeder Rechtsfall in der Praxis hier nützlich beiträgt. Aber es muß als wünschenswert bezeichnet werden, daß man bei der Einrichtung des Rechtsunterrichtes auf jene Aufgabe sich klar besinnt; daß man es sich zum Ziele steckt, gute Juristen auch in dem Sinne auszubilden, daß von Beginn an ihre Urtheilskraft methodisch gefördert und gestärkt werde, und daß in dieser Hinsicht ein bewußtes planmäßiges Vorgehen stattfindet.

Die Rechtsfälle unserer Pandekten-Praktika sind, wie die zu solchen Zwecken veröffentlichten Sammlungen zeigen, regelmäßig für den Anfang allzu schwer: zumeist ist der springende Punkt für das ungeübte Auge zu tief versteckt, die lösende Erwägung für den ihrer Ungewohnten kaum sichtbar; sehr häufig spitzen sich die veranlaßten Erörterungen auf feine Einzelfragen zu, und es erscheint das Praktikum als „scholarum adiuvandarum vel supplendarum vel corrigendarum gratia“ vorgenommen; und vielfach kreuzen sich in einem und demselben Falle, der in bewußter Absicht danach ausgewählt worden, eine ganze Reihe interessanter Rechtsfragen.

Nichts liegt mir ferner, als dieses gegenüber unseren Praktika auch nur im geringsten und im leisesten Tone in tadelnder Kritik gesagt zu haben: ich wünsche und fordere vielmehr, daß dieselben in solcher Weise stetig weitergeführt und in ihrer guten Einrichtung sich immer mehr nützlich erweisen mögen. Ich suche gleichfalls nach obigen Gesichtspunkten mein Pandekten-Praktikum zu leiten und durchzuführen; aber andererseits die Einrichtung desselben durch vorbereitende Übungen zu ergänzen. Was allerdings geschehen muß, das ist dieses, daß, wie in jeder Kunst, so auch hier, nicht mit den letzten Leistungen des juristischen Studiums nach der erwähnten Richtung hin begonnen und auf dahinzielende Aufgaben und Übungen sich beschränkt werde; sondern daß zunächst die Handgriffe gelehrt, die Vorübungen durchgeführt, und der angehende Kunstbeflissene von Stufe zu Stufe aufwärts gebracht werde.

Man hat, wie es scheint, zu wenig darauf acht gegeben, daß beim Juristen eben zwei verschiedene Fähigkeiten gebraucht werden: auch ein noch so ausgebreitetes Wissen vorausgesetzt, bleibt doch die Kunst der Subsumtion ein Ding für sich, das mit Verstand und Gedächtnis allein nicht gehoben wird; die künstlerische Fertigkeit des angehenden Juristen ist es, welche für sich methodisch geschult und allgemach gefördert sein will. Niemand müht sich gern um eine Kunst, in der ihm sofort bei dem Beginne Aufgaben gestellt werden, die seine Kräfte und Fähigkeiten dermalen übersteigen.

VI.

„Lerne das Einfache vollenden, ehe du zu etwas Verwickeltem fortschreitest. Suche in jeder Kunst eine Stufenfolge der Erkenntnis zu erreichen, in welcher jeder neue Begriff nur ein kleiner, fast unmerklicher Zusatz zu tief eingeprägten, und dir selbst unvergeßlich gemachten, früheren Erkenntnissen ist."

Pestalozzi.

Als ich von solchen Erwägungen geleitet vor längeren Jahren daran ging, hierselbst die Übungen für Anfänger einzurichten, so zeigte sich bei der Durchführung des dahin abzielenden Planes immer deutlicher und sicherer, daß sich die beiden erwähnten Gesichtspunkte in gleicher Weise verfolgen lassen und die doppelte Seite der juristischen Ausbildung in unseren praktischen Übungen mit denselben Mitteln gefördert werden kann, deren Verwertung unter der einfachen Maxime einer bewußten allmählichen Steigerung zu geschehen hat.

Es ist für die Kunst der juristischen Subsumtion eine unerläßliche Bedingung, daß sich der Anfänger, zuvörderst im Privatrechte, unentwegt daran gewöhne, in allererster Linie immer zu untersuchen: Welches Rechtsverhältnis steht in Frage? Man kann ihn vor dilettantischem Herumstochern am Thatbestande, vor problematischem Erraten des Tenors der Entscheidung gar nicht anders sicher bewahren, als durch die beständige, und schließlich unwillkürliche, Gewöhnung des grundlegenden klaren Überblickes über die beteiligten Personen und die zwischen ihnen obwaltenden, juristisch auf das exakteste zu charakterisierenden Beziehungen; und ich halte des ferneren das Hilfsmittel der gemeinrechtlichen technischen Sprechweise betreffs der *„actio"*, solange wir es nicht durch eine andere in dieser Hinsicht gleich brauchbare Terminologie ersetzt haben, für pädagogisch außerordentlich wertvoll. Die erste Übung juristischer Urteilskraft wird also durch Betrachtung geeigneten Materiales unter der präzisen Frage nach dem Rechtsverhältnisse, den Personen und der *actio* zu geschehen haben.

Indem man dieses nun zunächst durch einfache, aber sich nach und nach in der Schwierigkeit der Subsumtion steigernde Thatfragen zu erreichen sucht, so wird zugleich die Erkenntnis der einschlägigen Begriffe geklärt und gefestigt werden. Denn die schon früher zu Beispielen von uns herangezogenen Begriffe des Privateigentumes, wie der Miete, und so alle juristischen Begriffe überhaupt, bedeuten doch nur ein einheitliches Verfahren, eine bestimmt geordnete Beziehung unter Menschen sich vorzustellen. Wird nun planmäßig beim Anfänger das Bestreben leitend angeregt, gegenüber wechselnden Thatbeständen immer wieder in diese einheitlichen Methoden bestimmter Vorstellungen selbstthätig einzulenken, so kann es kaum anders sein, als daß schließlich sichere Einsicht und genaue Kenntnis der juristischen Begriffe in Verbindung mit einer genügenden Fähigkeit in ihrer Handhabung bei nötig werdenden Aufgaben erlangt wird.

Auf die feste Erkenntnis solcher einzelner Rechtsverhältnisse kommt viel an. Es ist empfehlenswert, in den praktischen Anfängerübungen im Beginne vorerst einen, wenn man will, encyklopädischen Überblick besonders über die wichtigsten obligatorischen Verhältnisse zu geben und diese genau einzuüben. Wie man zweckmäßig — wenn dieses Beispiel gestattet ist — dem Anfänger in der Zoologie einen Frosch überantwortet, um nach mitgeteiltem Musterpräparate selber sich in Beobachtung von wissenschaftlich zu erforschenden Thatsachen selbsthätig findend einzugewöhnen, unbekümmert darum, ob die Vorlesung vielleicht von Fischen oder sonstigem gerade handelt: so ist es empfehlenswert und — wie ich erfahrungsmäßig berichten darf — hier wohl bewährt befunden worden, zu allererst den juristischen Anfänger, wenn er das Gymnasium verlassen hat, gleich in der ersten Woche seines Studiums, neben den systematischen Vorträgen, an die ihm in erster Linie doch in der Betrachtungsweise fremde Welt des Rechtslebens unmittelbar heranzubringen und ihn, der nicht, wie sein darin glücklicherer Kommilitone, die Objekte seines Studiums sinnenfällig erhalten kann, doch in der erwähnten Weise vor allem zu lehren, von den Gegenständen, mit denen es die Jurisprudenz zu thun hat, in Gestalt einzelner Rechtsverhältnisse einiges zu gewahren und zu fassen: die theoretische Vorlesung bleibe ruhig auf ihrem guten Wege, ihr geschieht dabei kein Eintrag; und wer möchte glauben, daß ihr Verständnis darunter litte?

In der besprochenen Meinung sind auch in den folgenden Materialien für Pandektenübungen im Beginne (§ 6, vgl. auch § 9) einige Dutzend solcher propädeutischer Aufgaben vorangestellt;

hiernächst aber ist regelmäßig in jeder Materie zum Anfange in gleicher Weise mit derartigen Fragen, natürlich jeweils mehr in das einzelne gehend, eingesetzt worden.

Auf diese Art von Fragen folgen, im allgemeinen Gange der Anordnung, solche Aufgaben, die mehr auf den Inhalt der einzelnen Lehren, wiederum in unserer doppelten Meinung, gerichtet sind. Nach dem, was früher bemerkt wurde, versteht es sich von selbst, daß jede wichtige Frage der Pandekten (hier des I. Teiles) dabei von uns berührt ist, ohne die subjektive Bevorzugung, welche in einem Praktikum leicht bestimmten Materien zu teil wird. Indem ich hier aber eine nähere Darlegung sparen zu müssen glaube, bemerke ich bloß, daß es m. E. nicht nur das allein Richtige ist, für die jetzt ausgeführten Zwecke die kleinen Probleme unter juristischen Gesichtspunkten und nicht nach äußeren thatsächlichen Zusammenhängen zu gruppieren; sondern daß auch, je länger ich mich mit diesen Übungen und der Herbeischaffung von Material zu solchen beschäftigt habe, es mir immer mehr ersprießlich und geboten erschienen ist, die verwandten Aufgaben in s a c h l i c h e n Zusammenhang zu bringen. Es ist das nicht als eine Abhängigkeit der Fragen untereinander zu verstehen, so daß die folgende Frage auf einer bestimmten Beantwortung der vorangehenden fußt und daher diese erraten läßt; ein Fehler, der in der Gruppierung der Aufgaben vielmehr ebenso dringend zu vermeiden ist, als bei der einzelnen Frage für sich allein die suggestive Natur. Unter der sachlichen Verbundenheit meine ich dagegen eine solche Auswahl und Anordnung der Aufgaben, daß bei ihrer Durchnahme die eine Lösung neben die andere sich ergänzend legt und sonach mit der Bearbeitung der Einzelfragen dem Studierenden zugleich wieder die Einsicht in ihren Zusammenhang und damit das Gesamtbild der betreffenden Lehre deutlich erkennbar sich entrollt. Auch hier zeigte sich, wie jeder bei der Vornahme dieses Buches bald gewahren wird, daß wiederum die beiden vorwärts führenden Steigerungen, die allgemach sich mehrende Schwierigkeit in der Subsumtion sowie die Fortführung der Lehre an der Hand unserer Fälle, im allgemeinen sich unschwer vereinigen ließen.

Endlich sind solche Rechtsfälle angereiht, welche der Beurteilung und Bearbeitung schon etwas mehr Schwierigkeit bieten, und die nun in methodischem Aufsteigen den Studierenden bis zu demjenigen Punkte leiten können, an welchem ein etwa weiter führendes und tiefer eindringendes Praktikum oder Seminar einzusetzen vermag. Ich glaube nicht, daß man über die wünschenswerten

Eigenschaften solcher Rechtsfälle im einzelnen etwas Sicheres wird ausmachen können. Wenn man verlangt, daß dieselben zuvörderst „typisch" seien, so daß in ihnen zugleich häufig vorkommende Thatbestände des rechtlichen Verkehrs sich darstellen, oder solche sich mit kleinen Veränderungen an sie anlehnen, und andererseits die Beziehung auf die Regel ganz besonders klar, und die letztere wiederum erleuchtend, gegeben sei, so ist das ein flüssiger Begriff; in letzter Linie wird über diese Frage nach Musterfällen, die doch auch nicht bloß verkleidete Lehrsätze sein sollen, der pädagogische Takt entscheiden müssen.

Dagegen ist es meine bewußte Absicht gewesen, Auslegungsfragen von Rechtsgeschäften in meinen Aufgaben zu vermeiden. Nicht nur, daß solche gar oft sachlich bedenklich und objektiv zweifelhaft sind und auch regelmäßig nur mit ausgedehnterem Thatbestande sowie mit weitgehender Erfahrung hinsichtlich der Vorgänge im rechtlichen Verkehrsleben richtig behandelt werden können, so daß schülerhafte Interpretationsversuche ohne jene Grundlage das Ziel mit Sicherheit verfehlen werden; sondern es ist das Abstellen auf auszulegende Willenserklärungen pädagogisch regelmäßig vom Übel. Nur zu leicht führt dasselbe zur Gewöhnung, mit ungegründeten Interpretationen da zu operieren, wo solche überhaupt nicht am Platze sind, juristische Schwierigkeiten damit beiseite zu schieben und in leicht geschürztem Urteile den Knoten mit der bequemen Waffe der „doch jedenfalls vorhandenen" oder „zweifellos anzunehmenden" Parteiabsicht zu zerhauen.

Es gehören diese Fragen auch in der That nicht zu unserer Aufgabe. Was gewollt ist, das ist Thatfrage. Ich behaupte aber, wenn ich einen zugespitzten Ausdruck hier gebrauchen darf, daß es zum Berufe des akademischen Rechtsstudiums gehört, zu lehren: wie man gute *Entscheidungsgründe* mache, zu demjenigen des praktischen Vorbereitungsdienstes dagegen, anzuleiten: wie ein guter *Thatbestand* angefertigt und eine rechte *Beweiswürdigung* vorgenommen werde. Der goldene Tisch, der nach PLUTARCHS Erzählung bei Gelegenheit eines erkauften Fischzuges aus dem Meere gezogen wurde, schafft keinen guten Rechtsfall für unsere Zwecke; so wenig, wie die Frage, ob und wann das ausschlagende Pferd *contra naturam sui generis* gehandelt, und alle solche *quaestiones facti* mehr. Aber auch die Schuldfragen sind in der angegebenen Hinsicht nicht ohne Bedenken; der notwendige Maßstab, welcher hier, vornehmlich für die Untersuchung vorliegender Fahrlässigkeit, und gar von deren Arten, im Urteilenden vorgestellt wird, setzt größere Lebenserfahrung voraus, als man sie von Studierenden anzunehmen berechtigt ist, und bedingt eine Einsicht in anderer Richtung, als der Rechtsunterricht auf der Universität sie zu geben Möglichkeit und Aufgabe hat.

In einer gewissen Sonderstellung befinden sich die ersten fünf Paragraphen der kommenden „Einleitung". Praktische Übungen über Quellen und Litteratur der Pandekten zu geben, mag sehr ungewohnt sein. Und doch dürfte es gerade für diese beiden, sachlich vorbereitenden, Lehren gleichfalls dringend veranlaßt sein, dem Studierenden an Einzelanwendungen in konkret durchgeführter Weise ein Stimmungsbild sowohl von unserem durch geschichtliche Zufälligkeiten so wirren Rechtszustande zu verschaffen, als auch ihm einen Einblick in die Art unserer weitschichtigen Litteratur zu ermöglichen. Die bloße formale Aufzählung der Quellen und die lediglich citierende Berichterstattung von denselben muß allzu leicht einen langweilenden Eindruck machen, weil ausschließliche Titelangabe, ohne sofortige beispielsweise Bearbeitung jener Quellen, unmöglich ein richtiges Verständnis von der Sonderart und den wesentlichen Eigenschaften der letzteren bewirken kann. Nicht anders steht es mit der Litteratur; die Mitteilung von dem „mangelnden historischen Sinne der Glossatoren", oder, daß „die Kommentatoren das, was in der Stelle stand, vereinzelt auffaßten und für ihre praktischen Zwecke verwerteten", ist für den angehenden Pandektisten einfach nichtssagend; man wird versuchen müssen, das Das, wovon man spricht, in concreto deutlich zu machen. Dazu aber kann es nichts Ersprießlicheres geben, als den Studierenden zu eigener selbstthätiger Kenntnisnahme von Quellen und Litteratur mittels geeigneter Aufgaben anzuleiten und durch seine Bearbeitung einschlägiger Probleme ihm die Scheu, wenn ich so sagen darf, vor den gelehrten Büchern, den Originalien der Gesetze und Juristenschriften, zu benehmen oder vielmehr, sie gar nicht erst recht aufkommen zu lassen.

Mit gutem Rechte hat Fichte an der früher angegebenen Stelle über diesen Punkt geäußert: „Der Stoff, welchen der Meister dem Zöglinge seiner Kunst giebt, sind teils seine eigenen Lehrvorträge, teils gedruckte Bücher, deren geordnetes und kunstmäßiges Studium er ihm aufgiebt; indem in Absicht des letztern es ja ein Hauptteil der wissenschaftlichen Kunst ist, durch den Gebrauch von Büchern sich belehren zu können, und es sonach eine Anführung auch zu dieser Kunst geben muß." Es ist in den letzten Zeiten namentlich für die seminaristischen Bibliotheken viel geschehen; die Möglichkeit eines eingehenderen Studiums ist für einen jungen Juristen heute überall außerordentlich leicht gegeben. Die volle Ausnutzung dieser Anstalten zu einer tiefern rechtswissenschaftlichen Durchbildung der durchschnittlichen Menge unserer Studenten durch geeignete Anleitung fehlt noch; in dem Sinne eines Beitrages hierzu ist der einleitende Abschnitt im folgenden von mir bearbeitet worden.

Bezüglich der Litteraturgeschichte habe ich mir dabei einige Zurückhaltung auferlegt und, um nicht zu überlasten, vorerst nur wenige Ansätze geboten. Aber auch nur ein Blick in die Werkstatt der wissenschaftlichen und gelehrten Arbeit pflegt sich bei dem denkenden Schüler für alle Zeiten wohl bezahlt zu machen. Und darüber könnte man einig sein, daß ein Studierender, der die hier gebotenen oder gleichartige Beispiele über unsern Privatrechtszustand, wie über die dogmengeschichtliche Entwickelung einmal durchgearbeitet hat, in ganz anderem Maße, als sonst, befähigt und gerüstet sein kann, auf der weitern Wanderung durch die Pandekten den jeweils nötigen historischen Exkursen zu folgen.

Ich befürchte dabei nicht den Einwand, daß solche Arbeiten etwas zu schwer sein würden. Bei einer richtigen und guten Anleitung sind sie es gewiß nicht. Sollte aber ein Dozent den Einwurf im allgemeinen Sinne dennoch machen, so möge er auch die Konsequenz ziehen und die Erörterung der gedachten Lehren am Beginne der Pandektenvorlesung — ganz weglassen; denn wenn es nicht gelingt, an einem einzelnen praktischen Beispiele, das hier unter anleitender Hilfe und etwa berichtigender Erläuterung des Lehrers bearbeitet werden soll, die Eigenart der pandektenrechtlichen Quellen oder die charakteristische Besonderheit juristischer Schriftsteller und litterarischer Perioden klar zu stellen: was hat es dann für Sinn, in allgemeinen Wendungen über diese Fragen sich zu ergehen, indessen die illustrierenden Fälle der Anwendung fehlen!

Im übrigen gebe ich, für diese, wie für alle Aufgaben dieses Buches überhaupt, hiermit zu, daß sich über die Frage der Schwierigkeit eines erfolgreichen pädagogischen Vorgehens nicht immer mit Sicherheit streiten läßt, da subjektive Momente allerdings in stärkstem Maße hier hereinspielen; und bitte nur, bei dem Urteile hierüber nicht zu übersehen, daß es die Übungen des zweiten Kurses sind, von denen wir hier handeln, und daß die Teilnehmer an diesen, nach der hier angenommenen Einrichtung, regelmäßig nicht nur Institutionen und römische Rechtsgeschichte gehört, sondern bereits ein Semester hindurch entsprechende Übungen mit Bezug auf jene Disziplinen mitgemacht haben. —

Indem ich hiermit diese, vielleicht schon zu weit ausgesponnenen, sachlichen Erörterungen und pädagogischen Andeutungen abschließe, gebe ich ein Buch hinaus, das bei der Ausarbeitung eines an sich bescheidenen Planes mir unter den Händen angewachsen ist. Auf eine einfache Zusammenstellung im Sinne eines Hilfsmittels war es zuvörderst abgesehen: bei der Durchführung des sachlichen Zusammenhanges der bearbeiteten Aufgaben, wie ich es oben angab, und der damit gebotenen intensiven Durchdringung jeder Frage des hier behandelten ersten Teiles der Pandekten ist ein kleines Lehrbuch daraus geworden, das in seiner Eigenart neben unsere bewährten und verlässigen Handbücher treten und mit ihnen zusammen in einheitlicher Bestrebung gebraucht werden mag. Durch die beigefügte Inhaltsübersicht, bei der ich in der Gesamtordnung eine allzusehr verzweigende Zerteilung thunlichst vermieden habe, wird seine Benutzung, wie ich denke, neben jedem Pandektenvortrage und Kompendium unschwer möglich sein.

Auf dem Gebiete der Reform unseres juristischen Unterrichtes sind der Worte nachgerade genug gewechselt; es wird notwendig sein, einmal zu thatkräftigem Versuche überzugehen. Daß dieses wünschenswert und angebracht ist, das ist mir allerdings eine sichere, in genügender Erfahrung wurzelnde Überzeugung; und jede mögliche Verbesserung und Vervollkommnung im Betriebe des Rechtsstudiums kann ja doch jedem nur willkommen sein. Ich kenne sehr wohl das Wort Lessings: „Erziehung giebt dem Menschen nichts, was er nicht auch aus sich selbst haben könnte; sie giebt ihm das, was er aus sich selbst haben könnte, nur schneller und leichter." Aber ich fürchte, daß dasselbe außerhalb seines dortigen Zusammenhanges vor Mißdeutung nicht sicher ist, und es hat Auslegungen gegeben, die der Meinung des großen Urhebers ganz ferne lagen.

Daher vermeine ich, daß wer das Lehren zum Berufe sich erkoren, mit Lust und Liebe es betreiben mag, besser und sicherer bei dem Satze als Wahrspruch bleiben soll: Das Leben unterrichtet auch, aber recht nur den geschulten Kopf!

Zweiter Teil.

Aufgaben.

I.[1]

1. In der Landgrafschaft Hessen-Darmstadt wurde durch landesherrliche Verordnung vom 2. März 1795 die Errungenschaftsgemeinschaft eingeführt. Durch die Rheinbundsakte wurde unter anderen auch das vormals reichsunmittelbare Gebiet der Freiherren von Riedesel (Lauterbach in Oberhessen), woselbst das Dotalsystem galt, mit jenem Lande vereinigt.

Seit jener Zeit schwanken die Gerichte, ob in Lauterbach in jener Frage das gemeine Recht oder das hessische Landesrecht anzuwenden sei.

Welches ist die richtige Ansicht?

2. Durch eine zwischen Baden und der Schweiz getroffene Vereinbarung wegen Regulierung der Grenze bei Konstanz, abgeschlossen am 28. April 1878, seitens des Deutschen Reiches als rechtsgültig anerkannt am 24. Juni 1879, wurde eine in genannter Gegend zweifelhafte Grenze vertragsmäßig festgesetzt und dabei verschiedenes Areal, besonders zu dem Konstanzer Bahnhof gehörige Grundstücke, von seiten der Schweiz abgetreten und für die Zukunft der badischen Staatshoheit unterstellt.

Von welchem Einflusse ist diese Übereinkunft auf das dortselbst anzuwendende Privatrecht gewesen?

3. Das Hamburger Stadtrecht von 1603 widerspricht in II, 9 Art. 13 dem römischen Rechte in betreff der Frage: ob Kauf Miete breche? Jenes Gesetz war aber nur für die Stadt Hamburg erlassen und im Landgebiete nicht in Geltung. Am 1. August

[1] Über §§ 1–5 s. ob. S. 27 flg.

1868 ist die Vorstadt St. Georg und der seit 1830 zu ihr gehörige innere Hammerbrook mit der Stadt vereinigt worden; und findet sich in der betreffenden Bekanntmachung des Senates die Bemerkung, daß mit dem 1. August 1868 eine völlige Gleichstellung der Bewohner der seitherigen Vorstädte mit denen der Stadt eintreten solle.

Es fragt sich, wie es seitdem mit Kauf und Miete in den ehemaligen Vorstädten stehe?

4. (5.) Das im Jahre 1778 revidierte Lüneburger Stadtrecht hat das System der allgemeinen ehelichen Gütergemeinschaft eingeführt. Mit Beziehung auf diese statutarische Bestimmung wird der Besitzer des außerhalb der Stadtmauern Lüneburgs gelegenen sog. Meyer'schen Gartens von dem dortigen Vorschußverein wegen einer Darlehnsschuld klagend in Anspruch genommen, welche die Ehefrau des Beklagten 1889 durch, partikularrechtlich gültige, Übernahme dieser Schuld ihres Vaters kontrahiert hatte.

Der Beklagte bestreitet, daß er unter dem eingangs erwähnten Rechte stehe, weil sein Grundstück im Jahre 1778 nicht zum Stadtbezirke gehört habe, dasselbe vormals auch der besondern Gerichtsbarkeit des Klosters St. Michaelis unterstellt gewesen sei. Worauf Kläger entgegnet, daß der Garten, den Beklagter erst 1861, ein Jahr nach Abschluß seiner Ehe, erworben, schon seit 1848 zum jetzigen Stadtgebiete zugezogen, die Gerichtsbarkeit jenes Klosters aber längst aufgehoben und damals auf die Behörden der Stadt Lüneburg übertragen worden sei.

Wie ist zu erkennen?

---

5. (6.) Im Januar 1740 waren zwei Lübeck'sche Schiffe in der Ostsee, unweit Dahms, holsteinischen Amts Cismar, gestrandet. Die holsteinischen Beamten waren willens, die Strandgerechtigkeit auszuüben, indem sie sich auf mehrere landesherrliche Verordnungen stützten, wonach den Bergern ein Dritteil, der Landesherrschaft ebenfalls ein Dritteil der geborgenen Güter zukam, den Eignern des gestrandeten Schiffes und der Ladung also nur ein Dritteil übrig blieb. Dagegen wandte sich der Rat der Stadt Lübeck an den Bischof Adolf Friedrich, als Administrator zu Schleswig-Holstein, mit der Bitte, die Schiffe frei zu geben, sich darauf berufend, daß das Strandrecht dem römischen Rechte fremd, auch durch C.C.C. Art. 218 verboten sei.

Die Sache erwuchs nachmals an das Reichs-Kammergericht. Wie war selbige zutreffend zu entscheiden?

Gesetzesstellen:

„Vorrede des peinlichen halssgerichts (1532)

. . . Welchs wir also inn druck zubringen verschafft haben, daß alle vnd jede vnser vnnd des Reichs vnderthanen sich hinfürter inn peinlichen sachen, inn bedenckung der groß vnd ferligkeyt der selben, jetzt angezeygten begrieff, dem gemeynen rechten, billicheyt vnd loblichen herbrachten gebreuchen gemeß halten mögen, wie eyn jetlicher on zweifel für sich selbst zuthun geneygt, vnd deßhalben von dem Almechtigen belonung zu empfahen verhofft. Doch wollen wir durch dise gnedige erinnerung Churfürsten Fürsten vnd Stenden, an jren alten wolherbrachten rechtmeßigen vnnd billichen gebreuchen, nichts benommen haben."

„Von mißbreuchen vnd bösen vnuernünfftigen gewohnheyten, so an etlichen orten vnd enden gehalten werden.

CCXVIII . . . . Deßgleichen an vilen enden der mißbrauch so eyn schiffmann mit seinem schiff verferet, schiffbrüchig würde, daß er alßdann der oberkeyt des selbigen orts, mit schiff, leib vnd güttern verfallen sein solt, . . . Wollen wir, daß eyn jede oberkeyt abschaffen vnd daran sein soll, daß sie hinfürther nit geübt, gebraucht oder gehalten werden, als wir dann auß Keyserlicher macht die selben hiemit auffheben, vernichtigen vnnd abthun, vnd hinfürter nit eingefürt werden sollen."

6. (7.) Am 4. April 1571 wurde in den sämtlichen Solmsischen Landen unter dem Titel „Der Grafschaften Solms und Herrschaft Mintzenberg Gerichtsordnung und Landrecht" ein von dem Frankfurter Syndicus Dr. Fichard im Auftrage der reichsunmittelbaren Solmsischen Häuser verfaßtes Partikularrecht publiziert, welches in seinem ersten Teile den gerichtlichen Prozeß, in dem zweiten verschiedene Institute des bürgerlichen Rechtes, besonders eheliches Güter- und Erbrecht, regelte. Es legte hierbei die Errungenschaftsgemeinschaft zu Grunde und bestimmte, daß außerdem der überlebende Ehegatte die Hälfte der dem andern zustehenden Fahrnis erben und an dem sonstigen Vermögen desselben den „Beiseß" (Verwaltung und Nießbrauch) haben sollte.

Dieses Landrecht wurde auch in benachbarten Territorien, besonders in den Ysenburgischen Landen, den Grafschaften Hanau und Stolberg und der Burggrafschaft Friedberg eingeführt. In diesen bildete sich aber die Observanz, daß das Erbrecht des Überlebenden an der halben fahrenden Habe des Verstorbenen nicht stattfinde; und Fürst Wolfgang Ernst von Ysenburg-Birstein erließ am 18. November 1769 eine besondere dahingehende Verordnung.

Die meisten jener Gebiete gehören seit 1806 zum gemeinrechtlichen Teile des Großherzogtums Hessen. Das römische Recht kennt einen usus fructus der Witwe am Vermögen ihrer Kinder nicht. Die allgemeine hessische Gerichtspraxis stimmt mit dem Inhalte der citierten Ysenburgischen Verordnung überein und hat dieses seit Jahrzehnten in allen hierher gehörigen Bezirken bethätigt.

Hiernach fragt es sich:

a) In welcher Art und Weise hat ein nach Solmser Landrecht amtierendes Erbschaftsgericht bei der Ordnung des Nachlasses eines in beerbter Ehe erstversterbenden Ehegatten zu verfahren?

b) Was folgt aus obigem Thatbestand für den praktisch geltenden Rechtszustand in jenen Gegenden?

7. (9.) Handelsmann Samuel Oppenheim in Frankfurt a. M. hatte vor Eingehung seiner Ehe mit seiner Braut Ehepakten abgeschlossen, welche ganz nach der früher unter den Juden üblichen Schablone gearbeitet waren: wonach unter Berufung auf das jüdische Erbrecht die etwa überlebende Witwe neben ihrer zurückzugebenden Mitgift eine bestimmte Vergrößerung dieser Mitgift aus dem Nachlasse des Ehemannes erhalten sollte.

Nach dem Tode des Oppenheim beansprucht die Witwe außer ihrer Mitgift die Hälfte der Errungenschaft, die ihr nach der Frankfurter Reformation von 1578 zustehe; wogegen die Verwandten des Oppenheim darauf aufmerksam machen, daß bei der jetzigen Sachlage jüdisches und gemeines Recht in Anwendung zu bringen seien; nach welchen beiden die hinterbliebene Ehegattin kein gesetzliches Erbrecht habe.

Wer ist im Rechte?

Cf. l. 7, 8 C. de Iudaeis (1,9).

8. (10.) Der in Nürnberg lebende Klempnermeister Hans Orbig, welcher seinen Sohn ab intestato beerbt hatte, wurde auf Klage des Fiskus verurteilt, die Erbschaft diesem herauszugeben, weil er durch die aus Fahrlässigkeit bewirkte Tötung seines Sohnes der Erbschaft unwürdig sei.

Der Beklagte legte Rechtsmittel ein, und sein Anwalt berief sich darauf, daß in der Nürnberger Reformation von 1564, welche noch jetzt im Gebiete der ehemaligen freien Reichsstadt Nürnberg gelte, jener Fall der Erbunwürdigkeit nicht erwähnt und geregelt sei.

Quid iuris?

9. (11.) Salzer hat, lange Zeit vor der Vermählung mit seiner jetzigen Ehefrau, von Gunsberg ein Darlehn aufgenommen, wegen dessen Gunsberg nunmehr Zwangsvollstreckung betreibt. Salzer lebt mit seiner Frau in Errungenschaftsgemeinschaft. Als nun bei der erwähnten Exekution gegen Salzer auf Grundstücke gegriffen wird, welche erst während der Ehe erworben worden sind und zur Errungenschaft gehören, tritt die Ehefrau Salzer mit einer Klage auf Freigebung dieser Immobilien auf.

Ihr Anwalt führt aus: Das an dortigem Orte geltende Partikularrecht enthalte keine besonderen näheren Angaben über die Rechte der Ehegatten an ihrem gemeinschaftlichen Vermögen; folglich trete in die Lücke das gemeine Recht ein. Nach römischem Rechte könne aber ein Miteigentümer weder allein über das gemeinsame Gut verfügen, noch auch infolge davon das ganze Gut wegen einer Sonderschuld des einen gepfändet werden. Der beklagtische Vertreter meint dagegen, daß bei einem deutschrechtlichen Institute bei Zweifelsfragen nicht auf das römische Recht, sondern auf das deutsche Privatrecht zurückgegangen werden müsse, wonach dem Ehemanne als Repräsentanten der ehelichen Gütergemeinschaft ein von der Einwilligung der Frau unabhängiges Verwaltungs- und Veräußerungsrecht (auch zur Tilgung etwaiger ehemännlicher Schulden) zustehe.

Wessen Ansicht ist die richtige?

10. (12.) Nach dem Tode eines nassauischen Bauern gab es unter seinen Nachkommen Streit über das von dem Verstorbenen eigentümlich besessene Hofgut. Es war nämlich der jüngere der zwei Söhne bald nach dem Vater verstorben; und behauptet nun der andere, daß er allein, und nicht die Kinder seines Bruders, erbberechtigt sei, weil bei Bauerngütern fast überall in Deutschland ein von den Sätzen des römischen Rechts abweichendes Erbrecht sich erhalten und ausgebildet habe, nach welchem die jüngeren Geschwister bei dem Tode des Vaters nicht Miteigentum an dem väterlichen Hofe, sondern nur eine Anwartschaft erwerben, welche mit ihrem vor dem ältern Bruder eintretenden Tode erlösche.

Die Kinder des verstorbenen Sohnes dagegen beziehen sich darauf, daß gerade im Nassauischen ein besonderes Partikularrecht über bäuerliches Erbrecht nicht bestehe; und meinen, daß deshalb nicht nach deutschen bauernrechtlichen Grundsätzen, sondern nach römischem Rechte die Erbschaft zu regeln sei.

Wer ist im Rechte?

11. (14.) Thatbestand:

Die kinderlosen Braun'schen Eheleute in Grevismühlen in Mecklenburg hatten in einem gemeinschaftlichen Testamente sich gegenseitig zu Erben eingesetzt, ohne ihrer nächsten Verwandten irgendwie zu gedenken. Nach dem bald darauf erfolgten Tode der Frau trat der Mann die Erbschaft an, wurde aber von den Geschwistern der Verstorbenen auf Anerkennung ihres Intestaterbrechtes verklagt.

Materialien aus den Quellen zur Entscheidung:

a) Das revidierte lübische Recht von 1586 fordert in Art. 12 Th. II. Tit. 1, daß jedes Testament „institutionem heredis“ habe, welche darin bestehen soll, daß der Testator seine nächsten Erben irgendwie bedenke, jeden einzelnen mindestens mit 8 szl. 4 Pf. Wahre Erbeseinsetzungen im Sinne des römischen Rechtes waren damals in Lübeck noch unbekannt; die widerruflichen letzten Willensordnungen, welche schon seit der Mitte des dreizehnten Jahrhunderts vorkommen, waren zwar von jeher „Testamente“ genannt worden, hatten aber stets nur aus einer Reihe einzelner Vermächtnisse bestanden, auch die eingangs erwähnte Schranke der Testierfreiheit nicht gekannt.

b) Die Stadt Grevismühlen ist in alten Zeiten mit dem lübischen Rechte bewidmet worden (in dem 1359 von Herzog Albrecht erteilten Freibrief wird zugesichert, es beim lübischen Rechte gänzlich bleiben zu lassen). Daß die neue, im Drucke von Ballhorn besorgte, Ausgabe des revidierten lübischen Rechtes in Grevismühlen ebenso, wie in anderen Städten, eingeführt worden ist, läßt sich nicht beweisen.

c) Das mecklenburgische Jurisdiktionsedikt vom 8. Oktober 1806 bestimmt in § 19, daß das verliehene lübische Recht, soweit es mit der Landesverfassung verträglich ist und bisher Anwendung gefunden hat, auch ferner befolgt werden soll.

d) Nach neuerem Zeugnisse des Magistrates zu Grevismühlen aus dem Jahre 1859 ist in iudicando sowohl beim dortigen städtischen Waisengerichte, als auch bei dem dortigen Großherzoglichen Stadtgerichte stets auf die statuta revisa als offiziellen Text des lübischen Rechtes rekurriert worden.

e) Seit langen Zeiten ist nach der Rezeption der römischen Lehre von den Testamenten auch in ganz Mecklenburg die Testamentsform die römische geworden. Und es ist nicht zweifelhaft, daß auch die Grundsätze des gemeinen Civilrechtes über Noterben und Pflichtteilsberechtigte als Bestandteile des rezipierten Pandektenrechtes dortselbst zu erachten sind.

Wie ist hiernach zu erkennen?

12. (15.) Der Gärtner Roland in Oppenheim, einer im vormals pfälzischen Teile von Rheinhessen gelegenen Stadt, ersucht den Kaufmann Blauschild um ein Darlehn von 1000 *M*, verzinslich zu 5 %, rückzahlbar in zwei Jahren. Dieser will jedoch dem Roland den Kredit nur gewähren, wenn derselbe ihm einen tauglichen Bürgen stellt. Einen solchen findet Roland in der Person seines Freundes Brenner, der die fragliche Bürgschaft zu übernehmen bereit ist.

Es sind folgende Fragen zu beantworten:

a) In welcher rechtlichen Form muß diese Verbürgung des Brenner eingegangen werden?

b) Wie stände es in dieser Hinsicht, falls eine solche Bürgschaft stattfinden sollte in: Heidelberg; — Lindenfels im Odenwalde (gleichfalls früher kurpfälzisch; — Neustadt in der Rheinpfalz; — Amberg in der Oberpfalz; — Bacharach am Rhein (preußische Rheinprovinz, ehedem zur Kurpfalz gehörig); — Karlsruhe; — München; — Bamberg; — Bayreuth; — Celle; — Hannover; — Hildesheim; — Hamburg; — Stettin; — Bergen auf Rügen; — Dresden; — Straßburg im Elsaß; — Paris; — Zürich; — Genf; — Wien; — Smyrna, zwischen zwei deutschen Kaufleuten, — oder zwei sonstigen Reichsangehörigen? —

Rechtsquellen:

a) L. 8 pr. D. de fideiussoribus (46, 1); — § 8 I. de fideiussoribus (3, 20); l. 30 D. de V. O, (45, 1); l. 134 § 2 eod.

b) Heutiges gemeines Recht, auf Grund sichern alten Gewohnheitsrechtes: vgl. Stryk, Usus modernus pandectarum lib. 46, 1 § 6; Windscheid, Lehrbuch des Pandektenrechtes § 476 Abs. 2, § 312.

c) Erneutes und verbessertes Land-Recht Churfürstlicher Pfalz bei Rhein, von 1610, wiederholt 1698.

T. I Tit. 15 § 3: „. . . ordnen, gebieten und wollen Wir, daß hinfüro alle der Bürger und Bawern bürgschafften, sie seyen so gering als sie wollen, mit jedes orts ordenlichen Amtmans, oder anderen gerichtlichen Obrigkeiten, in Städten, Flecken und Dörffern, vorwissen und bewilligung beschehen, auch dieselbige durch briefliche uhrkunden, oder ordentliche verzeichnuß, in eines jeden orts Ampt- oder Gerichtsbuch mit allen umbständen, notirt und auffgeschrieben, bekreftigt, sonsten aber nicht gültig, noch darauf ichtwaß erkandt werden soll.“

Die gleiche Bestimmung ist auch in das Landrecht des

Fürstentums der obern Pfalz von 1657, Tit. 16, übergegangen.

d) Policey-Ordnung für Braunschweig-Lüneburg, von 1618. C. 42: „§ 2. Gebieten demnach und wollen, daß inskünftige niemand unserer Unterthanen, er sey auch wer er wolle, adelichen oder gemeinen Standes, für jemanden Bürge werde, er habe es denn zuforderst Uns vorgebracht und unseren Consens darüber erlanget. Gleichwol mögen die adelichen Landsassen, wann Unser Eigenthum darunter unbeschweret bleibet, auch ohne Unsern Consens vor 1000. Reichsthaler, und nicht höher Bürgen werden. § 3. Jedoch was Bürger betrift, die können es mit Vorwissen und Beliebung des Raths an jedem Ort. § 4. Wie dann auch die Bauern solches mit Consens der Beamten oder anderer Gerichts-Verwalter thun, die dann darin zu Beschwerung der Höfe ohne sonderliche hohe und große Ursachen, die sie bey sich erwegen können und wir zu ihrer *discretion* setzen, nicht willigen werden oder sollen. § 5. Wofern nun diesem zuwider gehandelt wird, so soll die Bürgschaft kraftlos und nichtig seyn, auch von Uns oder den Unsrigen, oder Bürgermeistern und Räthen in den Städten und Flecken, denen *Creditoren* wider die Bürgen durchaus nicht verholfen."

In gleichem Sinne bestimmt die Hildesheim'sche Polizei-Ordnung von 1665, Art. 141.

Ebenso das Landrecht der Markgrafschaft Baden von 1622 und 1710, Th. IV. Tit. 15 § 3.

e) Codex Maximilianeus Bavaricus civilis IV, 10 § 4, Nr. 1.

f) A.L.R. I, 14 § 203.

g) CC. Art. 2011 ff., bes. 2015; vgl. Art. 1341. E.G. z. R.C.P.O. § 14 Ziff. 2.

h) Bad. Landrecht Art. 2015; — Art. 1341. Vgl. Bad. A.G. zu den Reichsjustizgesetzen § 146.

i) Österr. bürgerl. Ges.B. § 1346; vgl. § 883.

k) Privatrechtl. Ges.B. f. d. Kanton Zürich § 1781.

l) Sächs. bürgerl. Ges.B. § 1449; vgl. § 821.

m) H.G.B. Art. 281 Abs. 2; vgl. Art. 317.

n) Bayerisches Gesetz, die Intercessionen betr., v. 14. Januar 1871, Art. 3: „Die Eingehung von Intercessionen ist ohne Unterschied des Geschlechtes und Standes des Intercedenten an besondere Förmlichkeiten nicht gebunden."

o) Schweizer. Obl. R. § 491.

p) Reichsgesetz über die Konsulargerichtsbarkeit vom 10. Juli 1879, § 3. —

Grundsätzlicher Standpunkt der angeführten Gesetzbücher zu dem seitherigen Rechte:

a) Promulgations-Patent vom 2. Januar 1756 zum Landrecht für die Kurbayerischen Lande mit Einschluß des Fürstentums der obern Pfalz.
Cod. Max. Bavar. civ. I, 2 §§ 9—13.

b) Preuß. Publ. Pat. zum A.L.R. v. 5. Februar 1794, Art. 1 und 2, 18; 3, 6; — 7.
Patent v. 9. September 1814 (für die wiedergewonnenen deutschen Provinzen), §§ 1 und 2.
Patent wegen Einführung des A.L.R. in die mit den preußischen Staaten vereinigten ehemals sächsischen Provinzen und Distrikte v. 15. November 1816, §§ 1—3, 9.
Gesetz v. 23. März 1873, Rechtszustand im Jahdegebiet.
A.L.R. Einl. §§ 2—4.

c) Loi du 30. Ventôse An XII (31. März 1804), Art. 7: „Les Lois Romaines, les ordonnances, les coutûmes générales ou locales, les statutes, les règlements cessent d'avoir force de loi générale ou particulière, dans les matières, qui sont l'objet des lois composant le présent Code."
Ebenso: Großh. Warschauische Verordnung v. 27. Januar 1808. — Westphälisches Dekret v. 21. September 1808.

d) Verkündigung des C.C. in Baden unter dem Titel: „Das Badische Landrecht nebst Handelsgesetzen," in offizieller Übersetzung, unter Aufhebung „des römischen und kanonischen Gesetzbuches und aller Land- und Stadtrechte und aller Rechtsgewohnheiten".
Bad. Landr. Art. 4b.

e) Österr. Patent v. 1. Juni 1811, Nr. 4.
Österr. bürgerl. Ges.B. §§ 10; 11.

f) H.G.B. Art. 1.

g) Sächs. Verordnung v. 2. Januar 1863, die Publikation des bürgerlichen Gesetzbuches betreffend, § 2.

h) Schweizer. Obl. R. § 881. —

13. (16.) Zwei Erbrechtsfälle:

a) Am 1. Mai 1892 starb zu Berlin der unverehelichte Rentner Faulmann. Sein hochbetagter Vater überlebte ihn; außerdem waren von nahen Verwandten noch am Leben: sein jüngerer

Bruder und zwei unmündige Enkel seines ältesten Bruders, der ebenso wie dessen Sohn, bereits verstorben ist.

b) Im Anfange dieses Jahrhunderts lebte zu Kemnath, einer kleinen Stadt in der bayerischen Oberpfalz, der Kaufmann Hofmockel. Nach dem Tode seiner Ehefrau Katharina, die ihm 1817 einen Sohn Georg geboren hatte, schritt Hofmockel zu einer zweiten Ehe mit Maria Veicht, der Tochter eines Apothekers aus München, aus welcher Verbindung drei Töchter entstammten, von denen die jüngste in jugendlichem Alter verstarb. Die älteste Tochter, Anna, blieb ledig; die zweite, Margarethe, verheiratete sich 1854 mit dem Postsekretär Babl, starb aber unter Hinterlassung eines Mädchens, Crescenz mit Namen, die späterhin den Rechtsanwalt Dr. Störrlein ehelichte und einem Knaben, Karl, das Leben gab; sie starb 1887.

In diesen Tagen ist nun Anna Hofmockel mit Tod abgegangen. Es erheben sowohl Joseph, der Sohn des vor Jahren gestorbenen Georg Hofmockel, als auch Karl Störrlein Anspruch auf die Erbschaft derselben.

Hiernach fragt es sich:

a) Wie ist in den beiden mitgeteilten Fällen die gesetzliche Erbfolge in Gemäßheit der jeweils in Geltung stehenden Rechtssysteme zu ordnen?

b) Wie würde statt dessen die Entscheidung lauten müssen, wenn die fraglichen Erbfälle aufgetreten wären in: Halle a. S.; — Königsberg i. P.; — Posen; — Breslau; — Görlitz in der Oberlausitz, Provinz Schlesien; — Sorau in der Niederlausitz, Provinz Brandenburg; — Wittenberg; — Leipzig; — Meiningen; — Erfurt; — Mainz; — Aschaffenburg (bis 1803 kurmainzisch); — Ingolstadt; — Nördlingen; — Redwitz am Fichtelgebirge; — Weiler im Algäu (ehedem zu Österreich gehörig, kam im Frieden von Preßburg an Bayern); — Freiburg im Breisgau (vorderösterreichisch bis 1797, seit 1805 badisch); — Stuttgart; — Mannheim; — Neuwied; — Düsseldorf; — Wesel; — Schleswig; — Wilhelmshafen? —

Materialien aus den Rechtsquellen, die der Bearbeitung zu Grunde zu legen sind:

a) Nov. 118 c. 2, 3. Nov. 127 c. 1.

b) Sachsenspiegel I, 17 § 1; II, 20, vgl. I, 3 § 3.

c) Konstitution und Ordnung der Erbfälle, Testamente, Abschoßgelder von Erbfällen u. s. w. (*Constitutio Joachimica*), von 1527.

„. . . Dieweil unser Churfürstenthumb Brandenburg im Röm. Reich begriffen, so ordnen und setzen Wir, als des Heil. Reichs Churfürst (wie sich auch wohl ziemet), daß in unsern Landten, in allen gemeinen Erbfällen Kayser Recht gesprochen werde.

. . . Wiltu wissen Erbesfall.
Sich an dis Baumes Grad und Zahl,
Lerne wohl den Stam und Äste kennen.
Die Freund und Sypschaft eben nennen,
So findestu der Lienien drey
Die Grad bezeichnet noch darbey,
Darauß kannstu dich balt entsinnen,
Wer das Erbtheil soll gewinnen.

. . . So aus der Linie der absteigenden niemands befunden, alßdann und nicht ehe kommen die aufsteigenden in der Geraden Linien zum Erbe, also daß der nechste im *Grade* der aufsteigenden Linien mit sambt des verstorbenen Bruders, von voller Geburth, in die Haupter oder auch mit des verstorbenen Bruders Kindern von voller Geburth, welche in die Stammen treten, aus Gnaden der Recht, gleich zum Erbe gelassen werden.

. . . So Brüder und Brüder Kinder von voller Geburth nicht vorhanden weren, alßdann, und nicht ehe werden zum Erbe gelassen, Brüder und Brüder Kinder von halber Geburth, in die Häupter, aber Brüder Kinder halber Geburth in Bedeutung ihrer Eltern, in die Stammen."

d) Die Constitutionen des Kurfürsten August von Sachsen, von 1572. (In der Ober- und Niederlausitz als partikulares Provinzialrecht eingeführt.)

P. III const. 18: „. . Wann aber ein halber Bruder und Schwester, und vollbürtiger Geschwister Kinder verblieben, so sollen dieselbigen zugleich zugelassen werden, und das Erbe nach deren Personen Anzahl in *capita* nehmen und theilen. . . .

Wir wollen aber mit diesem Unsern Gesetze und *Constitution* das *Jus repraesentationis* auf Sächsischem Boden, Unserer Lande nicht eingeführt haben, sondern Unsere Meynung und Gemüth ist, daß es solches *juris repraesentandi* auch anderer Personen und Fälle *Succession* halben, auf Gleichheit oder Ordnung derer Graden, allenthalben gehalten, gesprochen und erkannt werden soll, wie es nach

Sächsischen Rechten versehen, und in Unseren Landen gebräuchlich und Herkommens ist."

e) Jütisch Low, von 1590 (die vom Stadtschreiber BLASIUS ECKENBERGER aus dem Dänischen in das Plattdeutsche gefertigte Übersetzung ist in Schleswig offizieller Text geworden).

Es enthält über unsere Fragen nur folgendes: I, 4 § 7 „Vorth mehr, ervet de Broder de Süster, unde de Süster den Broder: men de Broder nimmpt twe Deele, unde de Süster det drütte Del, beide na Vater, unde Moder, unde ock na Süstern, unde na Brodern."

f) Landrecht des Fürstentums der obern Pfalz, von 1657. (Stimmt hier mit dem rheinpfälzischen Landrecht ganz überein.)

Th. III Tit. 7 § 4: „Es werden aber durch die Verwandten in aufsteigender *Linien*, alle anderen Gesipten der Zwerch oder beyseitlichen *Linien*, außgeschlossen: außgenommen Brüder und Schwestern, so den verstorbenen, von Vatter und Mutter, und also beyden Banden, zugethan . . .

Da auch der Verstorben neben den Geschwistrigen von beyden Banden und Eltern auch Schwister-Kinder, deren Eltern gleichfalls mit dem Verstorbenen von beyden Banden Geschwisterig gewesen, . . erben solche Geschwister-Kinder mit deß Verstorbenn Eltern, . . in die Stämme, an ihrer Vatter oder Mutter statt, als ob dieselben noch lebten."

Th. III Tit. 9 § 3: „Jedoch da einer seines Bruders, oder Schwester, die ihme von beyden Banden zugethan, aines oder mehr Enickel, vnd dan halb Geschwisterig, oder derselben Kinder hinter jhm verlassen hätte, wollen wir, daß in solchem fall berürte Enickeln mit ihren Vettern oder Basen auch in die Stämme erben, vnd von denselben mit nichten ausgeschlossen werden sollen."

g) Churfürstlich Mayntzische Land-Recht und Ordnungen für sämtliche Chur-Mayntzische Landen, außschließlich deren Erffurtischen und Eichsfeldischen, von 1755.

Tit. XIV: „§ 6. Hat das verstorbene Kind nebst seinen Eltern rechte Geschwister von beyden Bänden, die erben dasselbe mit diesen in gleiche Theil, wie auch der etwan abgelebten rechten Geschwister-Kinder, jedoch erben diese letztere nur in die Stämme; die Halb-Geschwister aber und deren Recht- und Halb-Geschwister Enckel oder Ur-Enckel sollen mit denen Elteren nicht zu der Erbschafft deren Verstorbenen kommen.

§ 7... Wann aber keine vollbürtige Brüder oder Schwestern, noch auch deren Kinder vorhanden seynd, so werden alsdann die Halb-Geschwistere zur Erbschafft gelassen,...

§ 9. Nach denen Geschwister-Kinder sollen erben die nächste aus der Neben-Linie, sie seyen aus einem Vatter und Mutter, 'oder zweyen Vätteren und Mutteren erzielet, und zwar in die Häupter."

h) Attestat des Magistrates der (bis 1803) freien Reichsstadt Nördlingen vom 11. Oktober 1763: „daß nach der statutenmäßigen Observanz eine indisputierliche Sache sei, daß im Fall ein Sohn oder Tochter ohne Kinder und *ab intestato* verstorben, dessen Eltern sofort in nachgelassene Erbschaft dergestalt und privative succediren, daß des *Defuncti* Geschwistrigte keineswegs zu der Erbschaft zugelassen sondern davon ausgeschlossen werden."

i) Cod. Max. Bavar. civ. III. 12 §§ 3; 4.

k) Patent Joseph's II. vom 11. Mai 1786) eingeführt „in den gesammten deutschen und galizischen Erbländern für alle Stände ohne Unterschied").

„3.... Zur zweyten Linie gehören Vater, und Mutter, sammt jenen, so sich mit dem Erblasser unter Vater, und Mutter vereinigen, nämlich seine Geschwister, und deren Nachkömmlinge.

7... Leben beyde Aeltern des Erblassers noch, so gebühret diesen die ganze Erbschaft, und wird zwischen ihnen in gleiche Theile getheilet. Ist Eines von den Aeltern gestorben, so treten die von demselben nachgelassenen Kinder, und deren Nachkömmlinge in sein Recht ein..

8... Wenn aber nebst ihnen [sc. vollbürtigen Seitenverwandten] noch Kinder vorhanden sind, die von dem Vater, oder der Mutter, oder von beyden Aeltern in einer andern Ehe gezeuget wurden, so haben die von Vater und Mutter gemeinschaftlich erzeugten, oder derselben Nachkömmlinge, sowohl an der väterlichen, als mütterlichen Hälfte ihren gebührenden, mit den einseitigen Geschwistern gleichen Antheil."

l) A.L.R. II, 2 § 489; II, 3 §§ 31, 35, 41.

m) Das ostpreußische Provinzialrecht hat über Erbfolge (während das westpreußische Provinzialgesetzbuch darüber ganz schweigt) nur die eine Bestimmung in Zus. 99 zu A.L.R. II, 2 § 581, Kinder aus Ehen zur linken Hand betreffend.

n) C.C. Art. 733, 734; 739, 742 und 743; 748; 750—752.
o) Bad. Landr. stimmt mit n) überein.
p) Österr. bürgerl. Ges.B. §§ 735; 736.
q) Preuß. Gesetz wegen Aufhebung der im Herzogtum Schlesien nnd der Grafschaft Glatz geltenden besonderen Rechte über die ehelichen Güterverhältnisse und die gesetzliche Erbfolge, vom 11. Juli 1845.
r) Sächs. bürgerl. Ges.B. §§ 2026; 2037; 2040 und 2041, 2031.—

Über das Verhältnis dieser Rechtsquellen zu einander siehe die Citate am Schluße der vorhergehenden Aufgabe Nr. 12.—

II.

1. Abschied des Reichstags zu Worms von 1521, § 18 und dem entsprechendes Nürnberger Edikt von 1521:

„..Und dieweil auch in gemeinen Rechten versehen, wie Brüder- oder Schwester-Kinder mit ihres abgestorbenen Vatter- oder Mutter-Brüder oder Schwestern in die Stämme erben sollen: Und aber solches aus Unwißenheit und Mißbrauch an vielen Enden nicht gehalten... Demnach so ordnen, setzen und erklären Wir, daß Brüder- und Schwester-Kinder nun hinfortan mit ihres abgestorbenen Vatter- oder Mutter-Brüder oder Schwestern, die andern abgestorben ihres Vatters- oder Mutter-Brüdern oder Schwestern nach laut gemeiner geschriebener Rechte auch in die Stämme zu erben zugelaßen werden sollen: Aller und jeder Gewohnheit, so an einigen Orten darwider seyn, oder verstanden werden möchten, unverhindert. Welche Gewohnheiten, als den Rechten und dieser Unser Ordnung zuwider und ungemäß, Wir obgedachtem Beschluß nach, und aus Vollkommenheit unser Macht und rechter Wissen, hiermit abthun, derogiren und vernichten..“

a) Welche Rechtssätze sind durch diese Reichsgesetze aufgestellt? Wie nehmen sich deren Rechtsfolgen in praktischen Beispielen dargestellt aus?
b) Wie verhalten sich die fraglichen Bestimmungen zu den entsprechenden Sätzen des römischen Rechtes, in den verschiedenen Zeiten von dessen Entwickelung, und insbesondere der Nov. 118?
c) Auf welche Rechtsquellen ist in den obigen Verfügungen überhaupt Bezug genommen? Wie ist das Verhältnis derselben zu einander?

d) Durch das Lauenburger Stadtrecht von 1599 wurde in II, 8 bestimmt, daß, in Übereinstimmung mit dem ältern sächsischen Rechte, das Repräsentationsrecht für die Kollateralen nicht bestehen solle. Das Herzogtum Lauenburg wurde nach dem Aussterben des lauenburgischen Hauses 1689 mit dem Fürstentum Lüneburg vereinigt, und in diesem am 16. Oktober 1798 eine Verordnung erlassen, nach welcher für die Stadt Lauenburg das Sachsenrecht in Successionsfällen abgeschafft sein solle. — Welches war die rechtliche Kraft und Wirkung aller hier angeführter Rechtsquellen bezüglich ihres sich vielfach widersprechenden Inhaltes?

2. Der Besitzer einer zum Domanium des Großherzogtums Mecklenburg-Schwerin gehörigen Erbpachtstelle begehrte von der Kammer, welche sich im Erbpachtvertrage das Jagdrecht vorbehalten hatte, Erstattung des Wildschadens, der ihm durch Rehe zugefügt war; indem er behauptete, daß in dem betreffenden Jagdgebiete ein übermäßiger Rehbestand gehegt würde.

Beklagte bestritt ihre Verpflichtung zum Ersatze jenes Schadens, weil eine solche weder in dem römischen Rechte, noch in der mecklenburgischen Landesgesetzgebung erwähnt sei. Wogegen klägerischerseits angeführt wurde, daß eine Verbindlichkeit des Jagdberechtigten zur Erstattung des Wildschadens seit dem sechzehnten Jahrhundert in Deutschland allgemein angenommen und gerichtlich durchgeführt worden sei.

Entscheidung?

3. Der Landwirt Rieck wird von Ehrenhauß auf Lieferung verkauften Getreides, für das der Kaufpreis schon bezahlt sei, verklagt. Der Beklagte bringt vor: Er habe den fraglichen Roggen im Frühjahre in augenblicklicher Not auf dem Halme verkauft und in seiner Zwangslage einen Preis angenommen, der hinter dem damaligen Marktpreise um 40 ℳ für 1000 Kilogramm zurückgeblieben sei; inzwischen sei der Preis noch mehr gestiegen, so daß er nach bestehendem Gesetze nicht zu liefern brauche.

Reichs-Polizei-Ordnung von 1577, Tit. XIX § 3:

Hierauf setzen, und ordnen wir abermals, daß gleichwol männiglich dem armen Mann in der Noth, und damit er seine Güther desto stattlicher erbauen, auch sonst mit anderer Nothdurfft sich erhalten mög, auf Wein, Frucht, und anders fürzuleyhen, oder zuvor auszugeben, oder auch *jährlich Wein- und Treyd-Gülten,* um eine bestimbte Geld-*Summa,* von ihme zu kauffen, erlaubt seyn soll: Jedoch daß dasselbig fürleyhen, oder zuvor ausgeben, anders und mehrers nicht, als auf den Schlag, und gemeinen Kauff, was nemlich der Wein, oder Treyd, zur Zeit des *Contracts,* oder aber vierzehn Tag die nechsten nach dem Herbst, oder Ernden gelten wird, beschehe: . . . Wofern auch hinfüro durch jemand anders, dann jetzo obvermelt, gehandelt, und hierin einiger Vortheil, Argelist, Gefahr oder Betrug gebraucht würde, so wollen wir hiemit ernstlich, daß solcher Abkauffer, oder Ausleyher die Haupt-*Summa* verlohren . .“

Kläger repliziert, daß dieses alte Gesetz jetzt nicht mehr gelten könne, da das frühere Reich nicht mehr bestehe, und die Rheinbundsakte in ihrem § 2 sogar ausdrücklich bestimmt habe: Toute loi de l'empire germanique, qui a pû jusqu'à présent concerner et obliger les Rois, Princes et Comtes (dénommés à l'article premier), leurs sujets, leurs états ou parties de ceux sera à l'avenir nulle et de nul effet.“ Hiernach sei wieder auf das römische Recht zurückzugehen, das die Bestimmung des Kaufpreises ganz frei lasse und als Grundsatz sogar aufstelle: naturaliter licere contrahentibus se circumvenire“, l. 16 § 4 D. de minor. (4, 4).

Wie hat hiernach das Gericht zu erkennen?

4. Ein Angehöriger des fürstlichen Hauses Salm hatte 1810 mit einer Dame bürgerlichen Standes eine Ehe geschlossen, welcher 1819 ein Sohn entsproß. Das Haus Salm war vordem reichsunmittelbar gewesen; bei der Gründung des Rheinbundes am 12. Juli 1806 waren die beiden Fürsten Salm-Salm und Salm-Kyrburg als Souveräne diesem Bunde beigetreten; durch Dekret vom 10. Dezember 1811 wurden die beiden Fürstentümer in Frankreich einverleibt; nach dem Sturze Napoleons kamen sie an Preußen.

Der obenerwähnte Sohn des alten Fürsten Salm verlangt nun von den derzeitigen Häuptern dieses fürstlichen Hauses, daß er als Agnat und als successionsfähig in die Familienstammgüter anerkannt werde. Er stützt dieses darauf, daß durch die Aufrichtung des Rheinbundes das alte Reichsrecht über Ebenbürtigkeit und Sonderstellung der Reichsunmittelbaren überhaupt abgeschafft und durch die Einführung des französischen Rechtes das Institut der Mißheirat mit allen seinen Rechtsfolgen dergestalt beseitigt sei, daß auch eine vorher eingegangene derartige Ehe vom Tage jener Einführung ab zu einer in jeder Beziehung, namentlich auch bezüglich der nachher geborenen Kinder, vollwirksamen geworden sei.

Die Familienhäupter weigern die Erfüllung des erhobenen Anspruches. Das Recht der Ebenbürtigkeit und der Mißheiraten ruhe auf allgemeinem Herkommen der alten reichsständischen Häuser; die Reichsgesetze haben es nur bestätigt, — vgl. Wahlkapitulation Karls VII. von 1742: „Wir wollen und sollen . . § 4. Noch auch denen aus ohnstrittig notorischen Mißheiraten erzeugten Kindern eines Standes des Reiches, oder aus solchem Hause entsprossenen Herrns, zur Verkleinerung des Hauses, die väterliche Titul, Ehren und Würden, beilegen; viel weniger dieselbe zum Nachteil der wahren Erbfolgern, und ohne deren besondere Einwilligung für ebenbürtig und successionsfähig erklären"; die Auflösung des Reiches müsse also hier ohne Einfluß auf den überkommenen Rechtszustand geachtet werden. Vollends stehe dem gegnerischen Verlangen die Bundesakte vom 8. Juni 1815 entgegen, welche in Art. 14 ausspreche: „Um den im Jahre 1806 und seitdem mittelbar gewordenen ehemaligen Reichsständen und Reichsangehörigen in Gemäßheit der gegenwärtigen Verhältnisse in allen Bundesstaaten einen gleichförmig bleibenden Rechtszustand zu verschaffen, so vereinigen sich die Bundesstaaten dahin: a) daß diese fürstlichen und gräflichen Häuser fortan nichtsdestoweniger zu dem hohen Adel in Deutschland gerechnet werden und ihnen das Recht der Ebenbürtigkeit in dem bisher damit verbundenen Begriff verbleibt." — Dieser Artikel ist durch besondere königliche Verordnung vom 21. Juni 1815 für Preußen wiederholt und anerkannt worden.

Es ist Urteil mit Entscheidungsgründen auszuarbeiten.

5. Allgemeine deutsche Wechselordnung, publiziert als Reichsgesetz am 24. November 1848 und 5. Juni 1869, Art. 41 Abs. 2: „Die Erhebung des Protestes ist am Zahlungstage zulässig, sie muß aber spätestens am zweiten Werktage nach dem Zahlungstage geschehen."

Preußisches Einführungsgesetz vom 15. Februar 1850, § 4: „Proteste dürfen nur von 9 Uhr vormittags bis 6 Uhr abends, zu einer frühern oder spätern Tageszeit aber nur mit Zustimmung des Protestaten erhoben werden."

Wie war und ist das juristische Verhältnis dieser Gesetzesbestimmungen zu einander? Ist der angeführte Satz des preußischen Rechtes noch heute in rechtlicher Geltung?

---

6. Hausbach hat von Steinweg ein bei Holzminden im Braunschweigischen gelegenes Gut mit allem Inventar und Viehbestand gepachtet. Nauck erhebt Anspruch auf einen dortselbst befindlichen Ochsen, der angeblich ihm zu Eigentum gehöre; da Hausbach denselben nicht herausgeben will, lauert Nauck ihm eines Tages beim Heimfahren vom Felde mit Knechten auf, nimmt ihm das Tier ab und verbringt es auf seinen Hof.

Hausbach klagt nun gegen Nauck wegen gewaltsam entzogenen Besitzes. Der Anwalt des Beklagten entgegnet, daß ein Pachter nicht juristischer Besitzer sei und deshalb auch keine Besitzesklage habe. Wenn die braunschweigischen Gerichte seither diesen Satz nicht immer durchgeführt hätten, so sei dieses zu Unrecht geschehen; denn seit Anfang dieses Jahrhunderts sei derselbe — im Gegensatz zu dem seither in Geltung gewesenen Gewohnheitsrechte des usus modernus pandectarum — durch den Einfluß der Lehre Savignys in allen anderen Gebieten des römischen Rechtes in Deutschland zur Anerkennung gelangt und darum jetzt als ein gemeinrechtlicher anzusehen.

Welche rechtlichen Erwägungen sind maßgebend? Und wie hat hiernach das Gericht zu entscheiden?

7. Nach einer früher weit verbreiteten Meinung, die auch vom vormaligen Reichs-Kammergericht angenommen wurde, sollten servitutes discontinuae nur durch unvordenkliche Verjährung ersessen werden können. Diese Meinung war nach römischen Rechte grundlos; und sie ist in diesem Jahrhundert immer mehr aufgegeben worden und wird jetzt fast nirgends mehr befolgt. Nur in Neuvorpommern und Rügen, woselbst die Praxis des frühern Tribunales in Wismar seit dem siebzehnten Jahrhundert jener Ansicht sich angeschlossen hatte, haben die Gerichte auch in der neueren Zeit dieselbe als die richtige festgehalten.

Was folgt hieraus für den praktisch geltenden Rechtszustand?

8. Nach römischem Rechte hat im Falle einer Ehescheidung ein als schuldiger Teil anzusehender Ehemann keine gesetzliche Verpflichtung, seine geschiedene, unschuldige aber bedürftige Ehegattin bis zu ihrer etwaigen Wiederverheiratung zu alimentieren. Vielfach ist aber ein solcher Satz in Deutschland von Gerichten zur Anwendung gebracht worden, indem man glaubte, daß sich nach der Rezeption des römischen Rechtes ein gemeinrechtliches Gewohnheitsrecht des angeführten Inhaltes gebildet habe; insbesondere ist diese Meinung in Hannover in konstanter Praxis der dortigen Rechtsprechung stets zum Ausdrucke und zur Durchführung gelangt.

Neuere Untersuchungen haben ergeben, daß eine derartige gemeinrechtliche Praxis, im Gegensatze zum römischen Rechte und ohne genügende Stütze im kanonischen Rechte, nicht als vorhanden behauptet werden kann; und fragt es sich nunmehr: wie es mit genanntem Satze in Hannover weiterhin zu halten sei?

9. Seit langen Zeiten ist es in der Doktrin und Praxis des gemeinen deutschen Rechtes streitig: ob uneheliche Kinder jemandes beim Tode des letztern einen erbrechtlichen Anspruch auf einen Teil des Nachlasses ihres unehelichen Vaters haben?

Es ist zunächst auf folgendes Quellenmaterial acht zu haben:

a) § 22 I. de nuptiis (1,10); — § 4 I. de successione cognatorum (3,5).

b) Nov. 18 c. 5; Nov. 89 c. 12.

c) Petri exceptiones legum Romanarum (XI. Jahrh.), I, 8: „. . . Si intestato patre mortuo, naturales tantum remanserint, nullo ex legitimis existente, duas (sc. uncias) in bonis patris accipiant, id est sextam partem."

d) C. 6 dist. 34: „. . Concubinas vobis habere non licet: et si non habetis uxores; tamen non licet vobis habere concubinas, quas postea dimittatis, et ducatis uxores: tanto magis damnatio vobis erit, si volueritis habere uxores et concubinas."

e) Reichs-Polizeiverordnung von 1548, Tit. 25, § 1: „Dieweil auch viel leichtfertige Personen, außerhalb von GOtt auffgesetzter Ehe, zusammen wohnen, so ordnen und wollen Wir, daß eine geistliche und weltliche Obrigkeit, der solches ordentlich zugehört, ein billichs Einsehens haben soll, damit solch offentlich Laster der Gebühr nach, ernstlich gestraft und nicht geduldet werde."

f) Carpzov (1595—1666), Decisiones illustres, dec. 167 n. 4: „Alia est ratio liberorum naturalium ex concubina, quam quis solutam et eo unicam indubitato affectu domo loco uxoris habuit, procreatorum . . . Prohibito ergo concubinatu liberi ex eo nati spurii erunt . . adeoque non magis quam spurii ad successionem patris admittendi . . . Verum enim vero nec facultati iuridicae nec scabinis Lipsiensibus illationem hanc approbare visum fuit, in partes liberorum naturalium inclinantibus eosque ex praescripto iuris civilis in terris etiam principum evangelicorum ad successionem patris admittentibus, si defuncto nec coniunx legitima nec liberi sint superstites. Recte omnino. . . . Ac certe, cum liberis naturalibus ius successionis iure semel fuerit concessum, quo praetextu sine iuris auctoritate hoc ipsis auferri rursus poterit? Non itaque est, quod ullum nobis facessere queat negotium ratio illa dubitandi ex prohibitione concubinatus desumta, quippe quae ipsos solummodo concubinarios delinquentes concernit, eisque poenam minatur; ad liberos vero naturales eorumque iura tam quoad successionem quam legitimationem neutiquam extendi debet, ne ex alterius facto alteri iniuria inferatur praeter mentem legislatoris."

Lauterbach (1618—1678), Collegium theor.-pract. pandect. ad D. ad S. C. Tertullianum et Orphitianum, de successione iuris novissimi ex nov. 118 § 18; — disput. ad ius provinc. Wurtemb. p. IV § 15.

Schilter (1632—1705), Praxis iuris Romani in foro Germanico, exerc. 36 § 131; exerc. 38 § 130.

g) Entscheidung des Reichs-Hofrates von 1708, die natürliche Tochter eines Grafen von Cronberg betreffend: „. . *rescribatur dominis commissariis ad immittendum,* dahin zu sehen, damit denen Supplikanten in ihrem an sich nicht unbilligen Ansuchen aus der gesamten Erbschaft ein ergiebiges ausgeworfen, und, wie es geschehen, *termino 2. mensium* zum Reichs-Hofrat berichtet werde."

Entscheidung des Reichs-Kammergerichts von 1747, s. bei Cramer, Wetzlarische Nebenstunden, Th. IV S. 109 ff.

h) Bei dieser Sachlage haben die hessen-darmstädtischen Gerichte seit längeren Zeiten allen unehelichen Kindern ein gesetzliches Erbrecht gegen ihren Erzeuger, im Sinne der Stellen sub b) als dem damaligen gemeinen Rechte entsprechend, zugestanden. Von Interesse ist hier ein Urteil des vormaligen O.-A.-G. zu Darmstadt vom 8. Januar 1810, welches sich gleichfalls für dieses Intestaterbrecht aussprach und dabei ausdrücklich bezeugte: „daß die in der Theorie streitige Rechtsfrage qu., insbesondere in dem Gerichtsbezirke des ehemaligen Consistorii zu Gießen und des dermaligen dasigen Hofgerichts seit langer Zeit in vorgekommenen Fällen durch übereinstimmenden Gerichtsgebrauch bejahend zum Vorteil der unehelichen Kinder entschieden worden ist, und da ein solcher Gerichtsgebrauch — zumal im Fall, wo wie hier die Frage in der Theorie unter den Rechtslehrern wirklich streitig ist — die Stelle des geschriebenen Rechtes vertreten und in allen ähnlichen Fällen zur Entscheidung dienen muß . . ."

Bei diesem Grundsatze ist die hessische Rechtsprechung seitdem übereinstimmend verblieben.

i) Im Laufe unseres Jahrhunderts haben alle anderen oberen Gerichte der gemeinrechtlichen Gebiete Deutschlands durchgängig sich dafür erklärt, daß das im römischen Rechte nur den Konkubinenkindern erteilte Erbrecht in den väterlichen Nachlaß mit dem römischen Konkubinate selbst als hinfällig erachtet werden muß; und ein Erbrecht unehelicher Kinder in den Nachlaß ihres Erzeugers nach heutigem gemeinem Rechte nicht begründet ist.
Ebenso Urteil des Reichsgerichtes vom 16. Januar 1885: „Das Intestaterbrecht der unehelichen Kinder kann als ein im gemeinen Rechte bestehendes nicht anerkannt werden und ist nur da zur Anwendung zu bringen, wo es partikularrechtlich, sei es im Wege der Gesetzgebung oder des Gewohnheitsrechtes zur Geltung gelangt ist".

Kann bei diesem Stande der Quellen des gemeinen Rechtes die seitherige Praxis der rechtsrheinischen Gerichte des Großherzogtums Hessen fernerhin aufrecht erhalten werden, oder ist dieselbe fallen zu lassen?

III.

1. Der Bildhauer Malchow in Berlin fertigte die Modelle zu einem die Hermannsschlacht darstellenden Schachspiele: die Könige repräsentiert durch Augustus und Hermann, die Offiziere und Bauern durch römische und deutsche Krieger; und verkaufte dieses Ende 1875 zum Zwecke mechanischer Vervielfältigung an die Kunstgießerei Schreiner in Offenbach. Diese hatte kaum mit dem Verkaufe ihrer Originalabgüsse begonnen, als sie in den Kommissionslagern der Kunstgießerei Seekatz zu Offenbach Nachgüsse dieses Kunstwerkes zum Verkaufe ausgestellt fand.

Die Firma Schreiner teilte diesen Thatbestandt dem Anwalte Dr. Huß mit und fragte an, ob sie gegen Seekatz im Wege Rechtens vorgehen könnte.

Die einschlagenden Gesetzesbestimmungen sind:

a) Beschluß der Bundesversammlung vom 9. November 1837. „Die im Deutschen Bunde vereinigten Regierungen kommen überein, zu Gunsten der im Umfange des Bundesgebietes erscheinenden litterarischen und artistischen Erzeugnisse folgende Grundsätze in Anwendung zu bringen:
Art. 1. Litterarische Erzeugnisse aller Art, sowie Werke der Kunst . . . dürfen ohne Einwilligung des Urhebers oder des-

jenigen, welchem derselbe seine Rechte am Original übertragen hat, auf mechanischem Wege nicht vervielfältigt werden."

b) Gesetz, betreffend das Urheberrecht an Werken der bildenden Künste, vom 9. Januar 1876.

§ 1. Das Recht, ein Werk der bildenden Künste ganz oder teilweise nachzubilden, steht dem Urheber desselben ausschließlich zu.

§ 2. Das Recht des Urhebers . . kann durch Vertrag . . auf andere übertragen werden."

Dr. Huß setzte sich darauf mit der Handlung Seekatz in Verbindung, welche ihn durch ihren Rechtsbeistand mittels Schreibens vom 15. Juni 1876 auf folgende Punkte aufmerksam machte: Der Deutsche Bund habe keine Gesetzgebungsgewalt gehabt. Jener Beschluß vom 9. November 1837 sei aber in Hessen nur „zur Wissenschaft und Nachachtung" bekannt gemacht worden; wogegen dortselbst nicht, wie in Preußen 1837 und 1854 geschehen, ein besonderes Landesgesetz im Sinne jenes Beschlusses ausgearbeitet und erlassen wurde. Zudem sei das frühere Recht überhaupt durch Reichs-Verfassung (Art. 4: „Der Beaufsichtigung seitens des Reichs und der Gesetzgebung desselben unterliegen: 6) der Schutz des geistigen Eigentums; — in Verbindung mit Art. 2) ohne weiteres beseitigt. Das neue Reichsgesetz bestimme aber in § 17: „Das gegenwärtige Gesetz tritt mit dem 1. Juli 1876 in Kraft;" so daß die am 18. Januar erfolgte Ausgabe des Gesetzes in Nr. 2 des Reichs-Gesetzblattes von 1876 in diesem Falle wohl gleichgültig sei.

Was konnte Rechtsanwalt Dr. Huß der fragenden Firma Schreiner anraten?

2. Hillner klagt gegen die Leipzig-Reudnitzer Maschinenfabrik, weil er bei einem Besuche der Fabrik durch Nachlässigkeit des Betriebsaufsehers eine Körperverletzung erlitten habe, und fordert: 25 ℳ Kurkosten, 500 ℳ Schmerzensgeld, 60 ℳ entbehrten Arbeitsverdienst und 3000 ℳ für die erlittene Verunstaltung.

Es sind folgende Gesetzesstellen zu vergleichen:

a) Sächs. bürgerl. Ges.-B. § 1489: „Wer durch seine Verschuldung jemanden an dessen Körper verletzt, ist verpflichtet, dem Beschädigten die Heilungskosten zu ersetzen, ein angemessenes Schmerzensgeld zu bezahlen, und wegen des entgangenen . . Verdienstes Schadenersatz nach richterlichem Ermessen zu leisten."

§ 1490: „Hat die Körperverletzung eine Verunstaltung .. zur Folge, so ist auch deshalb Schadenersatz nach richterlichem Ermessen zu leisten.“

b) Reichs-Haftpflichtgesetz vom 7. Juni 1871: § 2: „Wer ... eine Fabrik betreibt, haftet, wenn ein Bevollmächtigter oder eine zur Leitung oder Beaufsichtigung des Betriebes angenommene Person durch ein Verschulden in Ausführung der Dienstverrichtungen den Tod oder die Körperverletzung eines Menschen herbeigeführt hat, für den dadurch entstandenen Schaden.“ § 3: „Der Schadenersatz ist zu leisten ... 2. im Fall einer Körperverletzung durch Ersatz der Heilungskosten und des Vermögensnachteils, welchen der Verletzte durch eine infolge der Verletzung eingetretene zeitweise oder dauernde Erwerbsunfähigkeit oder Verminderung der Erwerbsfähigkeit erleidet.“ § 9: „Die Bestimmungen der Landesgesetze, nach welchen außer den in diesem Gesetze vorgesehenen Fällen der Unternehmer einer in § 2 bezeichneten Anlage .. für den bei dem Betriebe der Anlage durch Tötung oder Körperverletzung eines Menschen entstandenen Schaden haftet, bleiben unberührt ... Die Vorschriften des § 3 finden auch in diesen Fällen Anwendung, jedoch unbeschadet derjenigen Bestimmungen der Landesgesetze, welche dem Beschädigten einen höheren Ersatzanspruch gewähren.“

Welches Urteil hat das Gericht hiernach zu fällen?

3. Das E. G. zur R. C. P. O. sagt in § 14:

„Die prozeßrechtlichen Vorschriften der Landesgesetze treten für alle bürgerlichen Rechtsstreitigkeiten, deren Entscheidung nach den Vorschriften der Civilprozeßordnung zu erfolgen hat, außer Kraft, soweit nicht in der Civilprozeßordnung auf sie verwiesen oder soweit nicht bestimmt ist, daß sie nicht berührt werden.

Außer Kraft treten insbesondere: 2. Die Vorschriften, welche in Ansehung gewisser Rechtsverhältnisse einzelne Arten von Beweismitteln ausschließen oder nur unter Beschränkungen zulassen.“

Hiernach fragt es sich, wie es heute mit der Geltung folgender Gesetzesbestimmungen sich verhalte?

a) C. C. Art. 1341; „Il doit être passé acte devant notaires ou sous signature privée, de toutes choses excédant la somme ou valeur de cent cinquante francs, même pour dépôts volontaires; et il n'est reçu aucune preuve par témoins contre et outre le contenu aux actes, ni sur ce qui serait allégué avoir été dit avant, lors ou depuis les actes, encore qu'il s'agisse d'une somme ou valeur moindre de cent cinquante francs."

b) Cod. Max. Bavar. civ. II, 4 § 9; „Eine Verjährung von unfürdenklichen Zeiten (Praescriptio Temporis immemorabilis) wird genannt, da Niemand mehr lebt, der die Sache in einem andern Stande, als sie ist, entweder selbst, oder durch andere erfahren hat. Solchemnach müssen die hierinfalls beygebrachten Zeugen 1mo wenigst 54 Jahre alt seyn, und 2do nicht nur 40 Jahre zurück von der streitigen Sache aus eigenem guten Wissen, sondern auch, daß sie 3tio ein anderes niemal gehört, und den Anfang der streitigen Sache weder selbst wissen, noch anderwärts in Erfahrung gebracht haben, deponieren."

c) Nach preußischem Rechte ist im Falle einer Ehescheidung der schuldige Teil verpflichtet, den unschuldigen wegen der künftigen Erbfolge aus seinem Vermögen abzufinden; es kann aber statt dessen die Frau aus den Mitteln des schuldigen Mannes standesmäßige Verpflegung, bis an ihren Tod, fordern. Hierüber bestimmt nun A. L. R. II, 1 § 799: „Diesen standesmäßigen Unterhalt müssen die Gerichte, nach Verhältnis des Gewerbes oder Verdienstes, oder der sonstigen Einkünfte des schuldigen Ehemannes, bestimmen." § 800: „Jedem Teile steht frei, zum Behufe dieser nähern Bestimmung, einen Standes- oder Zunftgenossen des Mannes vorzuschlagen, und zwischen dem Gutachten derselben giebt der Befund des Richters den Ausschlag."

d) C. C. Art. 340: „La recherche de la paternité est interdite." Cf. Art. 334: „La reconnaissance d'un enfant naturel sera faite par un acte authentique, lorsqu'elle ne l'aura pas été dans son acte de naissance."

IV.

1. A. will dem B. schenkungsweise zwei Gemälde überweisen. Er macht dem letztern darüber Eröffnung und bedingt sich dabei aus, daß die Schenkung jener Gemälde, von denen das eine einen Wert von etwa 400 ℳ, das zweite dagegen einen solchen von mindestens 10000 ℳ besitzt, erst beim Ableben des A. definitiven Erwerb dem B. verleihen soll und die Gemälde bis dahin bei dem Schenkgeber verbleiben. B. ist damit einverstanden.

Sie wenden sich nunmehr an einen Juristen mit der Anfrage: ob nach dem dort maßgebenden gemeinen Recht der genannte

Vertrag zu seiner Rechtsgiltigkeit einer gesetzlichen Form bedürfe?

Die einschlägigen Quellenstellen sind:

a) Fragm. Vaticana §§ 259; 266; 294; 312.
b) L. 21 § 1 D. de donat. (39, 5); l. 5 § 5 D. de doli exc. (44, 4).
c) § 1, 2 I. de donat. (2, 7).
d) L. 4 C. de mort. caus. donat. (8, 56 [57]).
e) Nov. 87 pr.
f) Reichs-Notariats-Ordnung von 1512. I. Von Testamenten, § 2: „Und sollen die Notarien Aufmerckung haben, daß nach Kayserlichen Rechten, zu Aufrichtung aller . . Testamenten aufs minst sieben Zeugen nöthig sind, zu denen der Notarius auch gezehlt wird; aber in *Codicillen*, nemlich darinn einem außerhalb Ansetzung oder Machung anderer Erben, etwas nach eines Todt, von desselben Erben zu reichen und zu empfahen gesetzt, vermacht, verlassen, oder zu treuen Händen befohlen wird, oder in Ubergaben, so von Todes wegen geschehen, . . . aufs minst fünff Zeugen."

2. Der Landrat von Eberstein hatte mit seiner Haushälterin außerehelich zwei Knaben erzeugt. Kurz vor seinem Tode heiratete er jenes Fräulein. Nachdem er gestorben, nahmen seine Söhne mittels Klage die Lehenfolge in die kurhessischen Lehen derjenigen Linie der Familie von Eberstein, zu welcher ihr Vater gehört hatte, gegen die Agnaten einer andern Linie, welche als Lehenfolger in Ansehung jener Güter aufgetreten waren, in Anspruch.

Die Agnaten bestritten die Erbberechtigung der Kläger, weil diese unehelich geboren seien.

Zur Entscheidung dieses Falles ist das Studium nachstehenden Quellenmaterials erforderlich:

a) Sachsenspiegel I, 38 § 1: Kempen unde ir kindere, spelüde, unde alle die unecht geborn sin, unde die düve oder rof sünet oder weder gevet, unde se des vor gerichte verwunnen werdet, oder die ir lif oder hut unde har ledeget, die sint alle rechtlos."

   Rechtsbuch nach Distinctionen I, 24 § 3: „Had eyn man unde wip kinder, dy unrecht zcusammene komen sin, unde had daz wip sinth zcu der ee genomen, dy kinder, dy sy vor hatten, dy nemen keyn erbeteyl, unde bliben unelich; zcu lautrechte und zcu wichbilde. Abir zcu bebistlichen geseccze zcweyget sich daz unde ouch noch Keyserrechte, also vor beschreben steht in deme capittele von der geborth."

b) Nov. 89 c. 8. — Cf. l. 10, 11 C. de nat. lib. (5, 27); Nov. 74 pr.

c) II Feud. 26 § 11: „Naturales filii, licet postea fiant legitimi, ad successionem feudi nec soli nec cum aliis admittuntur."

d) C. 6 X. qui filii sint legitimi (4, 17): „Tanta est vis matrimonii, ut qui antea sint geniti post contractum matrimonium legitimi habeantur."

e) Am 17. März 1576 legte Landgraf Wilhelm IV. von Hessen-Cassel, als es in der von Buttlar'schen Familie zu einem Rechtsstreite darüber gekommen war, ob Mantelkinder für das Lehen successionsfähig seien, einen förmlichen Protest ein: daß, wie auch der Rechtsstreit ausfallen möge, er die Mantelkinder als Vasallen anzunehmen nicht gemeint sei, „weil dergleichen bei Uns und Unseren leyblichen Voreltern, Fürsten zu Hessen, niemals beschehen noch herkomen." — Die fragliche Sache wurde durch Vergleich erledigt.

f) Mynsinger, Singularium observationum imperialis camerae (1563—84), centuria V, obs. 42: „Illud controversum fuisse memini in ardua quadam causa: An filii legitimati per subsequens matrimonium, sicut in allaudialibus, ita etiam in feudis succederent .. Sed per Dominos Camerales decisum fuit, contrarium [eos esse successibiles] esse verius, . . . hanc esse magis receptam opinionem, et ab eo in iudicando et consulendo non esse recedendam."

Lauterbach, Colleg. theor.-pract. pandect. I, 6 § 25: Per legitimationem „ergo tempus matrimonii retrotrahitur ad tempus nativitatis et omnia praecedentia vitia purgantur. Quod multis autorit. et praeiud. Camerae Imp. comprobat Gaill, pract. observat. II obs. 141 n. 2 .. nisi legitimati in statuto expressis verbis exclusi fuerint." — § 28: „ . . . exceptio a dictis videtur in feudis. In Praxi tamen aeque contrarium observatur, etiamsi feudum sit acceptum *vor sich und seine Ehlich-gebohrne, mannliche, leibliche Lehens-Erben.*"

Stryk, Usus modernus pandectarum, I, 6 § 9: „Nemo dubitat, legitimationem per subsequens matrimonium hodie plenum ius liberorum legitimorum tribuere."

g) Reichs-Gutachten vom 22. Juni 1731, „wegen der Handwercks-Mißbräuche, Beil. 11: „Demnach auch öffters vorkommen, daß bei denen Handwerckern, zwischen denen unehlich erzeugten, und vor oder nach der Priesterlichen Copulation gebohrnen Kindern ein Unterschied gemacht werden wolle, wie auch denen so von Kayserl. Majest. oder sonst aus Kaiserlicher Macht *legitimi*ret worden, . . . so solle erst-gemeldter Unterschied aufgehoben seyn, und die auf jetzt-besagt-einen oder andern Weg *legitimi*rte Manns- oder Weibs-Personen wegen Zulassung zu denen Handwerckern einander gleich geachtet, und denenselben nichts mehr in den Weg gelegt werden."

h) Schreiben der Regierung zu Kassel an die Regierung zu Paderborn vom 18. Februar 1790: „Mögen übrigens nicht verhehlen, daß da, nach der beständigen Gewohnheit des hiesigen Lehnhofes, keine per subsequens matrimonium Legitimierten zum Lehen gelassen werden, man sich auf keine Weise von dieser Gewohnheit drängen lassen könne."
Entscheidung des O.A.G. zu Cassel vom 1. Juli 1826: Richtiger Ansicht nach haben nach gemeinem Rechte Mantelkinder kein Successionsrecht in Lehen; und ist in dem kurhessischen Patrikularrechte kein Grund enthalten, der zu einer Abweichung von dem gemeinen Rechte zwinge.

Hiernach sind folgende Fragen zu beantworten:

a) In welchem Verhältnisse und welcher rechtlichen Kraft stehen diese Rechtsquellen zu einander?
b) Welcher Widerspruch liegt zwischen ihnen vor; und wie ist diese Dissonanz zu begreifen?
c) Was folgt daraus für das heute anzuwendende Recht und im besonderen für die Entscheidung unseres obigen Rechtsfalles?

3. Georg Winter in Bremen heiratete daselbst 1882 die Friederike Bult. Nach dem bremischen Stadtrecht von 1433 gilt als System des ehelichen Güterrechtes die allgemeine Gütergemeinschaft in der Weise, daß das Vermögen beider Ehegatten sich in der Hand des Mannes vereinigt, welcher dasselbe völlig frei wie ein Eigentümer verwaltet; nach dem Tode des Mannes bleibt die Witwe als Beisitzerin zwar im völlig freien Besitze des Samtgutes, so daß sie sogar Immobilien veräußern darf, jedoch gilt das ganze Samtgut als ipso iure unter die Witwe und die Kinder nach Kopfteilen dem Eigentume nach geteilt.

Jene Ehe, aus welcher vier Kinder entstammten, wurde 1889 durch den Tod der Frau gelöst. 1891 schritt Winter zu einer zweiten Ehe, bei welcher er jedoch durch Ehepakten das bremische eheliche Güterrecht ausschloß und Dotalrecht wählte. 1892 starb er.

Jetzt tritt die Witwe auf und verlangt von ihren Stiefkindern Auszahlung des ihr, als bedürftiger Witwe, zukommenden Erbteiles, welcher sich nach Nov. 117 c. 5 (vgl. auch Nov. 53 c. 6) auf einen Kopfteil, also ein Fünftel des Nachlasses ihres verstorbenen Mannes belaufe.

Die Vormünder der Kinder bestreiten die Berechtigung dieses Anspruches: Das bremische eheliche Güter- und Erbrecht gehe von ganz anderen Prinzipien aus, wie das römische Recht; Klägerin hätte deshalb die besondere Rezeption des außerordentlichen römischen Erbrechtes der armen Witwe in Bremen darthun müssen und sei in Ermangelung dessen abzuweisen.

Es ist Urteil mit Entscheidungsgründen auszuarbeiten.

4. Es kommt sehr häufig vor, daß Grundstücksnachbarn wegen der in der Nähe der Grenze stehenden Bäume in Streit geraten, nämlich dann, wenn die Zweige von solchen Bäumen über den Grund des Nachbars hinüberragen und von diesen vielleicht Früchte zu ihm überfallen, oder auch wenn die Wurzeln dieser Bäume unter dem Boden in das benachbarte Grundstück eindringen.

Für diese Fragen kommen nach römischem Rechte folgende Sätze in Betracht:

a) L. 7 § 13, l. 8 pr. D. de A.R.D. (41, 1); l. 26 § 1 eod.; l. 40 D. de A.E.V. (19, 1).
b) L. un. de glande legenda (43, 28).
c) L. 2 D. de arboribus caedendis (43, 27).
d) L. 1 § 1, 2, 6 D. de carboribus caedendis (43, 27).
e) L. 6 § 2 D. arborum furtim caesarum (47, 7); l. 1 C. de interd. (8, 1).

Von anderen Prinzipien geht das gemeine Sachsenrecht aus.

Sachsenspiegel II, 52: „§ 1. Vlichtet hoppe over enen tun, sve die wortelen in deme hove heret, die gripe deme tune so he nest moge unde tie den hoppen; svat is ime volget, dat is sin; svat is in anderhalf blift, dat is sines nakebures.

§ 2. Siner bome telge ne solen over den tun ok nicht gan, sime nakebure to scaden."

Bei einer Vergleichung dieser Rechtssysteme wird man finden, daß das zuletzt genannte nur einen Teil der vom römischen Rechte geregelten Fragen ausdrücklich normiert. Und es entsteht sonach der Zweifel: ob für die vom Sachsenrechte nicht berührten Fragen das römische Recht zufolge der allgemeinen Rezeption desselben tritt; oder ob das sächsische Recht in analoger Ausdehnung anzuwenden ist; oder ob man für die Länder des sächsischen Rechtes eine besondere Rezeption der angeführten römischrechtlichen Sätze darthun muß und kann?

---

5. In einer Klagesache wegen Forderung wandte der, inzwischen nach Halle a. S. verzogene, Beklagte ein, daß der von ihm in Schwerin ausgestellte Schuldschein über eine Spielschuld laute. Das Gericht verurteilte aber den Beklagten, weil derselbe nicht nachgewiesen habe, daß nach dem im Großherzogtum Mecklenburg-Schwerin geltenden Privatrechte Spielschulden nicht klagbar seien.

Bietet eine etwa zu ergreifende Berufung Aussicht auf Erfolg?

6. Der Kaufmann Heinrich Traub in Hamburg hatte seinen Sohn Alfred als Erben hinterlassen und seinem entfernten Verwandten Gustav Caesar in New-Providence in Brittisch-Westindien ein Vermächtnis von 9000 *M* ausgesetzt. Gustav Caesar verstarb kurz nach Heinrich Traub, und es forderte nun die Witwe jenes von Alfred Traub klagend das Vermächtnis, da sie nach dortigem Rechte Erbin ihres Mannes geworden sei.

Der Beklagte bestritt ihre Legitimation, weil nicht sie, sondern ein Vetter des Gustav Caesar, als dessen nächster Blutsverwandter, diesen beerbt habe; dieser Erbe aber habe ihm, dem Beklagten, gegenüber auf das Vermächtnis verzichtet.

Wovon wird die Entscheidung des Falles abhängen?

7. Paul aus Mainz hat zur Durchführung einer rechtskräftigen Forderung gegen Steiner in Mühlheim a. d. Ruhr am 1. März 1892 Bauholz pfänden lassen, welches letzterer bei Darmstadt liegen hatte. Da tritt Albert aus Düsseldorf auf und behauptet, durch einen mit Steiner am 20. Februar 1892 in Düsseldorf abgeschlossenen Kaufvertrag das Eigentum an jenem Holze erworben zu haben.

In dem Prozesse urteilt das Amtsgericht: „Wenn Albert schwört, daß nach dem in Düsseldorf geltenden Rechte er durch den Vertrag schon Eigentümer geworden ist, so soll Paul verurteilt werden u. s. w.

Albert legt hiergegen Berufung ein.

Wird er Erfolg haben?

8. Der Rentner Maurer klagt gegen den Restaurateur Feidel in Cassel auf Räumung der dem Beklagten zum Betriebe seines Gewerbes vermieteten Lokalitäten; er habe, so führt die Klage aus, dem Feidel vor einem Vierteljahre gekündigt, wodurch nach dem in Cassel geltenden Gewohnheitsrechte bei einem ohne Zeitbestimmung abgeschlossenen Mietvertrage die gesetzliche Kündigungsfrist gewahrt sei.

Beklagter schützt vor, daß das genannte Gewohnheitsrecht nur für Mietverträge über Wohnungen gelte, dagegen auf solche über Gast- und Wirtschaftslokale keine Anwendung finde; für diese habe sich vielmehr in Cassel ein besonderes Gewohnheitsrecht gebildet, nach welchem halbjährige Kündigungsfrist gewahrt werden müsse.

Hiernach ist nun zu untersuchen:

a) Wie sind die von beiden Teilen vorgebrachten Behauptungen juristisch zu charakterisieren? Und welche rechtliche Bedeutung kommt jeweils denselben zu?

b) Welcher der streitenden Teile ist genötigt, einen Beweis für hier relevante Behauptungen oder Bestreitungen zu erbringen?

c) Was hat nach bestehendem Rechte das Gericht zu thun? Und wie wird es je nach dem Ergebnisse der Beweiserhebungen dèn Rechtsfall zu entscheiden haben?

V.

1. Dogmengeschichtliche Aufgabe.

a) Quellen:

Gai. II, 38, 39; L. 25 § 2 D. de usu fructu (7,1).—
L. 8 § 5 D. de novationibus et delegationibus (46,2);
L. 22,23 C. de procuratoribus (2,12[13]).
L. 55 D. de procuratoribus et defensoribus (3,3),
L. 13 § 1 D. de pactis (2,14);
L. 2 C. de novationibus et delegationibus (8,41[42]);
L. 1,2 C. de obligationibus et actionibus (4,10),
L. 33 C. de donationibus (8,53[54]).—

b) Litteratur:

Glossa ad L. 1 C. de O. et A. (4,10), v. *mandatum*:

„1. Aliud est cedere actionem, et aliud mandare: nam primo casu nil penes cedentem remanet, secundo casu remanet directa, secundum quosdam. 2. Sed Jo. dixit quod qui cedit, retinet directam, utilem transfert: sed qui mandat, tantum committit causae exercitium, et non transfert directam vel utilem: nisi in casibus *ut dixi* [in not. a]. vel nisi in subsidium *ut in hoc casu*: vel nisi fiat mandatum ut fiat procurator in rem suam quo casu idem est cedere, quod mandare: et ita hic potest accipi. 3. Tertii dicunt ut Azo inter cedere actionem, et mandare, nullam esse differentiam quoad cedentem vel mandantem: quia semper remanent penes eum directae: licet quoad eum cui fit cessio differentia sit . ."

GLOSSA ad L. 2 eiusd. tit., v. *emerit*:

„ . . his ergo casibus statim competit utilis: sed facta cessione competit directa nomine cedentis. ut enim in vindicatione rei corporalis non transit dominium nisi facta traditione, sic ille cui venditur nomen, vel cui datur in dotem, non habet directam nisi facta cessione, utilem tamen in casibus: ut dixi . ."

GLOSSA ad L. 5 C. quando fiscus vel privatus etc. (4, 15).

GLOSSA ad L. 35 pr. D. de donationibus (39,5) v. *portionibus*.

AZO, Summa Codicis, ad rubricam tit. C. de O. et A. (4,10).

BARTOLUS DE SAXOFERRATO, Comment. in Codic. Justin., ad L. 1 C. de O. et A., n. 6—26.

„ . . Quaero quae differentia est inter cedere actionem et mandare, et hoc tractat hic gl. 2. Tu dicas breviter quod respectu cedentis inter cedere et mandare non videtur differentia: nam semper directae remanent penes cedentem, quae non possunt ab eius ossibus separari . . sed respectu eius cui fit cessio bene est differentia. Nam quando mandantur actiones, transfertur solum exercitium directarum quas debet exercere nomine mandantis, sed quando cedentur, transfertur utilis quam exercebit nomine suo; illud enim quod operatur traditio in rebus corporalibus, illud operatur cessio in istis iuribus incorporalibus . . . Quae autem differentia sit inter cedere et concedere, dic ut dixi in ff. l. fi. de donat. . . Et ideo propter tollendas istas dubitationes notarii apponunt in instrumento omnia ista verba *dedit, cessit, concessit et transtulit atque mandavit.* Sed de significatione verbi *transtulit,* quid importet, dubitatur, an sit idem quod *cessit* vel *concessit* . . . Quaero unde oriatur actio utilis. Gl. videtur velle quod actio utilis sit data a lege nec nascatur ex matre obligatione . . quod est verum indubitanter in utili quae competit ex cessione. Nam inter eum cui ceditur et debitorem nullum negotium est gestum ex quo actio possit oriri, merito dicitur dativa, non nativa, quia non habet praeexistentem materiam ex qua oriatur. . . Aliae vero utiles possunt dici dativae habito respectu ad edictum praetoris . . Hoc praemisso quaerit Gl., utrum ille, qui intentat utiles, debeat dicere, adversarium sibi obligatum. Gl. dicit quod non. Non enim ista actio utilis competit sibi ex obligatione, sed datur a lege. Tu dicas breviter, quod si quidem intentatur utilis ex cessione, non possum eum dicere fuisse obligatum mihi, sed habeo eum dicere fuisse obligatum cedenti: quare debet condemnari mihi. Sed si intento alias utiles de quibus feci mentionem, recte eum potero mihi dicere obligatum. Et sic vides, quod illa difficultas utrum utilis sit dativa vel nativa, reducitur ad hoc, utrum possim dicere eum mihi obligatum vel non . .“

Baldus de Ubaldis, Comment. in Codic., ad L. 1 C. de O. et A. (4,10), n. 17 sqq.

Bartholomaeus de Saliceto, Comment. in Codic., ad L. 1 C. de O. et A. (4,10), n. 1 sqq., n. 11.

Jason Maynus, Comment. in Codic., ad L. 9 C. de procuratoribus (2,12 [13]).

Donellus, Commentarii iuris civilis, lib. XV c. 44:

„. . . Cessione in nos transfertur actio, cum qui eam habuit, vult eam in nos translatam esse, et propriam nostram fieri, quibus modis ad nos transferri potest. Proprie quidem tunc cessae dicuntur actiones, cum sunt mandatae, *l. Modestinus D. de solut* . . . . Ut ceterae res, quae sunt in bonis voluntate domini transferri possunt, eaque voluntas rata est: *§ per traditionem Instit. de rer. divis. l. si in emtione. § 1 D. de actio. emt.* sic iure fit, ut actiones, quae semel nostrae esse coeperint, eadem voluntate in alium transferantur, quoad earum natura pati potest. nam et hae sunt in bonis *l. bonorum D. de verb. signif.* . . . Hoc videndum in hac translatione, an, quod transit, fiat proprium accipientis et quatenus? Hoc eo pertinet quaerere, ut sciatur, nullone modo iam pendeat actio cessa ex cedentis persona, ita ut nec ex poenitentia eius possit revocari, nec eius morte finiatur. Et de utilibus actionibus convenit, eas isto modo accipientis fieri proprias. Id enim significat, quod dicitur, eum, cui nomen datum est, utiles actiones habere suo nomine. *d. l. ult. C. si fis. vel priv. l. ult. C. de hered. vel act. vend.* . . .“

Sande, Comment, de actionum cessione, cap. VIII §§ 19 sqq., IX § 1; V § 3.

Schilter, Praxis iuris Romani in foro Germanico. Exerc. 28 § 19: „. . . *Procuratorem in rem suam* Romani vocant creditorem, cui debitor solutionis causa actiones adversus debitorem suum mandavit, ut inde sibi ipse solveret. At *cessionarium* usus fori nostri eum vocat, qui statim acquirit dominium nominis per cessionem, sive ea donationis sive venditionis titulo facta fuerit. . .“ — Exerc. 30 § 62: „. . . . Quod in alienatione rerum corporalium traditio est, id in alienatione iurium cessio dicebatur. Quae quasi traditio habuit hunc effectum a lege indictum, ut semper tacite reservatum intelligeretur dominium, ius atque actio directa, cessum vero utile tantum ius agendi. Ut itaque cessio sit modus acquirendi dominii utilis, non pleni, sed subordinati: titulus vero seu causa sit venditio, nec ille solus, sed ceteri ad transferendum dominium habiles..." § 63: „... Verum enim vera ea pertinent ad forum Italicum. Contra vero si advertimus formulas cessionum fori Germanici, observare licet nullam ibi fieri solere mentionem aut mandati aut procuratoris in rem suam, sed e contrario potius solennem formulam: *Erb und eigentümlich cedieren und übergeben*, cum renunciatione omnis iuris et actionis directae et utilis: *sich daran aller weiteren An- und Zusprüche krefftiglich verzeihen* ... Scilicet optime observavit Lauterbachius ad h. t. § II nr. 21 MERA iuris SUBTILITATE directam actionem retineri a cedente, eamque subtilitatem in eo consistere quod ICti Romani eam voluerint esse naturam obligationum et actionum personalium, ut a persona primi acquirentis in totum avelli non possint et transferri in alium, itemque realium actionum naturam, et iuris in re, ut per cessionem non transiret. Quare nec personales nec reales formaliter cessione transferri. Verum ut in aliis plerisque omnibus usus fori Germanici meram iuris Quiritium subtilitatem haud recepit, ita etiam in hoc iuris articulo videre est." § 64: „Ex quibus conficitur moribus et usu fori nostri venditionem ac cessionem iurium plene transferre dominium et absque mandato, atque efficere cessionarium non procuratorem tantum in rem suam, sed plene dominum, absque reservatione seu iuris directi ..."

Mevius, Decisiones super causis praec. ad sup. trib. Wismariense delatis, dec. VIII, 440.

Leyser, Meditationes ad pandectas, spec. 199 med. 1, 2, 6, 7.

Berger, Joh. Heinr., Oeconomia iuris, II, tit. VI, 1 n. 3.

Böhmer, Just. Henning, Exercitationes ad pandectas, II, exerc. 28 cap. 1 § 22.

Mühlenbruch, Die Lehre von der Cession der Forderungsrechte, 3. Aufl., bes. § 18 „... Cession ist die Übertragung der Befugnis, ein fremdes Forderungsrecht als eigenes geltend zu machen." — § 3: „... eine Forderung mit völliger Vernichtung seines Rechtes an derselben veräußern, heißt im Grunde nichts anderes als: eine Sache zerstören, hinterher aber sie noch auf andere übertragen wollen. Daß nun die Römer eben diesen Gesichtspunkt mit Konsequenz berücksichtigten, ergiebt sich aus sehr bestimmten Anwendungen, und in der That sind die Folgerungen aus dem Gesagten zum Teil von der Art, daß selbst der Wille des Gesetzgebers schlechterdings nicht imstande sein würde, etwas daran zu ändern." — § 4: „. . . Ein Verkehr mit Schuldforderungen war nun allerdings bei den Römern möglich; . . Allein wenn auch ein praktisches Bedürfnis sie veranlaßte, Konsequenzen aufzuopfern, mit denen das lebendige Wesen des Rechts sich nicht verträgt, so wußten sie doch glücklich das Extrem zu vermeiden, in das, wenn einmal von einer Regel abgewichen ist, eine unwissenschaftliche Praxis nur allzu leicht verfällt, und wovon die notwendige Folge Unsicherheit der Grundbegriffe des Rechts und eine Verwirrung der auf sie sich beziehenden positiven Einrichtungen ist!"

Puchta, Pandekten § 280.

Kuntze, Die Obligation und die Singularsuccession §§ 7 ff.; vgl. §§ 85 und 86. Lehre von den Inhaberpapieren §§ 54—58, bes. S. 220. Die Obligationen im römischen und heutigen Recht §§ 45 und 46.

Brinz, Kritische Blätter civilistischen Inhaltes No. 2 S. 34 ff. Lehrbuch der Pandekten, 1. Aufl. § 130 S. 560, 2. Aufl. § 284.

Windscheid, Die Actio des römischen Civilrechts vom Standpunkte des heutigen Rechts. S. 1: „. . . Die Strömung der Zeit trug das römische Recht hoch empor, und ganz hat sich dieser Strömung niemand entzogen. Jetzt ist eine Richtung wach geworden, und gewinnt immer mehr an Boden, deren Charakteristisches gerade in dem besondern Maße von Eifer liegt, womit sie sich davor zu hüten bestrebt ist, daß ihr nicht ein römischer Rechtssatz als allgemeingültiger Ausdruck des rechtlichen Gedankens erscheine, ohne es wirklich zu sein. — Und danach vgl., als hierher gehörig, aus der angeführten Monographie §§ 14—18, bes. S. 133 ff.; 148. — Lehrbuch des Pandektenrechtes II § 329.

Bähr, Zur Cessionslehre, in Jahrbücher für die Dogmatik des heutigen römischen und deutschen Privatrechts, Bd. I S. 351 ff.

c) Wegeleitung:

Welcher Grundsatz des römischen Rechtes ist in den oben vorangestellten Fragmenten zum Ausdrucke gelangt?

Welche Modalitäten hat derselbe, laut den übrigen beigefügten Quellenstellen, in der Entwickelung jenes Rechtssystemes erfahren?

Welche Auffassung dieser Aussprüche der römischen Rechtsquellen, insbesondere des zum Grunde liegenden Gedankens unseres

Institutes, ist bei den einzelnen angeführten Schriftstellern in Verschiedenheit zu erkennen?

Wann und wo lebten dieselben?[1]

Welche allgemeine Tendenz in der Behandlung und Bearbeitung des römischen Rechtes läßt sich bei jedem einzelnen dieser Autoren erkennen? Und wie können sie hiernach gruppiert werden?

---

2. In entsprechender Weise ist zu bearbeiten:

a) Quellen:

L. 38 § 17 D. de verborum obligationibus (45, 1).

L. 6 C. si quis alteri vel sibi sub alterius nomine vel aliena pecunia emerit (4, 50);

L. 11 D. de obligationibus et actionibus (44, 7).

L. 1 C. per quas personas nobis adquiritur (4, 27). —

L. 9 pr. D. de administratione et periculo tutorum etc. (26, 7).

L. 2, 4 C. quando ex facto tutoris vel curatoris minores agere vel conveniri possunt (5, 39),

L. 2 D. eod. tit. (26, 9);

L. 5 § 1 D. eod. tit. (26, 9).

L. 5 § 9 D. de pecunia constituta (13, 5).

b) Litteratur:

Glossa ad L. 38 § 21 D. de V. O. (45, 1), v. *fieri.*

Glossa ad L. 11 D. de O. et A (44, 7), v. *inanem actum.*

Glossa ad L. 38 § 17 D. de V. O. (45, 1), v. *nihil interest.*

Glossa ad § 19 I. de inutilibus stipulationibus (3, 20).

Dissensiones dominorum (ed. Haenel) § 256.

Azo, Summa Codicis, in tit. C. per quas personas nobis adquiritur (4, 27), n. 10 sqq., praes. n. 14; in tit. C. de pactis (2, 3), n. 28 sqq.; in tit. C. si quis alteri vel sibi emerit (4, 50), n. 1—5.

Bartolus, Comment. in Digestum Novum, ad l. 38 § 20 D. de V. O. (45, 1).

Baldus, Comment. in Codic., ad l. 1 C. per quas personas nobis adquiritur (4, 27). Comment. ad Digest., ad l. 38 § 20 D. de V. O (45, 1); ad l. 9 § 3 D. de R.C. (12, 1).

Cujacius, Comment. in Dig. tit. de V. O. (O. O. ed. Neapol. I p. 1152 sqq., ed. Paris. I p. 1179 sqq.), ad l. 38 § 17. Comment. in Codic. ad tit. 4, 50 (ed. Neapol. X p. 659 sqq., ed. Paris. IX. p. 401 sqq.).

---

[1] Biographische und bibliographische Notizen hinsichtlich der einzelnen Juristen, sowie Angabe weiterer Litteratur über dieselben, findet man in Holtzendorffs Rechtslexikon, 3. Aufl., 1880.

DONELLUS, Commentarii iuris civilis, lib. XII c. 16, 17.

ZASIUS, Opera omnia, t. III, Comment. in Dig., ad l. 38 § 17 D. de V. O. (45, 1) c. 1 n. 4 sqq., c. 3 n. 36 sqq.; ad l. 11 D. de O. et A. (44, 7) n. 4.

GROTIUS, De iure belli ac pacis, lib. II c. 11 §§ 12, 13; 18.

WOLF, CHR., Institutiones iuris naturae et gentium, §§ 433,434.

VOET, Commentarius ad pandectas, ad tit. mandati (17, 1) n. 9.

STRYK, Usus modernus pandectarum, XVII, 1 § 6.

PUFENDORF, FRIEDR. ESAIAS, Observationes iuris universi, t. II obs. 38 §§ 10—12, 20.

GLÜCK, Ausführliche Erläuterung der Pandekten, Bd. XIV § 882 S. 197 ff., auch S. 266; Bd. XV § 958 S. 323 ff. Vgl. auch Bd. IV. § 343 S. 564.

SAVIGNY, System des heutigen römischen Rechtes, Bd. III § 113 S. 90 ff. Das Obligationenrecht als Teil des heutigen römischen Rechtes Bd. II §§ 54—60, bes. S. 36 ff.

PUCHTA, Cursus der Institutionen, § 203. Pandekten §§ 273; 275, 276; 278, 279.

VANGEROW, Lehrbuch der Pandekten, Bd. III § 608.

JHERING, Geist des römischen Rechts auf den verschiedenen Stufen seiner Entwickelung, Bd. III. § 53 a. E. S. 166 (2. Aufl. S. 173).

WINDSCHEID, Lehrbuch des Pandektenrechts, Bd. I § 73.

VI.

1. Welche Privatrechtsverhältnisse liegen in folgenden Fällen vor?

a) In einer Restauration bestellt jemand ein Glas Bier, eine Portion Essen.

b) Man leiht ein Klavier gegen monatlichen Betrag.

c) Jemand leiht sich 100 ℳ gegen Pfand.

d) Man erbittet Bücher aus der Universitätsbibliothek.

e) Eine Köchin leiht von derjenigen einer andern Herrschaft Eier oder Butter.

f) Ein Dienstmann soll ein Packet an eine bestimmte Adresse bringen.

g) Man bestellt in einer Buchhandlung ein Buch, welches erst vom Verleger besorgt werden muß.

h) Man giebt einem Antiquar Bücher und erhält dafür andere.

i) Jemand besorgt auf Bitten seines Freundes diesem ein Theaterbillet.

k) Ein Weinreisender erhält von einem Privatmann Auftrag für 100 Flaschen Wein. Die Handlung läßt durch ihren Küfer den Wein abfüllen; und durch einen Spediteur der Eisenbahn für den Besteller überliefern.

l) Einsteigen in die Pferdebahn: entweder mit einheitlicher Taxe, etwa von 10 ₰ (vom Fahrgast in eine Büchse einzuwerfen), für beliebig lange Strecken der Fahrt, — oder mit verschiedenem Preise je nach der Länge des zurückzulegenden Weges (worüber Verhandlung mit dem Schaffner und Lösung einer Fahrkarte bei diesem); — Annahme einer Droschke zum Bahnhofe, — oder auf Zeit.

m) Ein Herr hat ein „Vielliebchen“ gewonnen und ein Andenken von der Dame erhalten; er beauftragt, um sich erkenntlich zu zeigen, eine Blumenhandlung, der Dame einen Korb Blumen namens des Bestellers zu übersenden.

n) Überlassung von Spielkarten seitens des Wirtes: 1. gegen Kartengeld; — 2. ohne solches; — 3. in Übereignungsabsicht an die Gäste zum Einkaufspreis; — 4. oder mit Aufschlag.

o) Hingabe eines Buches zum Einbinden.

p) Trinkgeld an den Hausknecht im Gasthofe, an den Kellner in der Restauration.

q) Man bestellt sich bei dem Schuhmacher ein Paar Stiefel.

r) Man erwirbt in einer Tuchhandlung Stoff und giebt ihn dem Schneider zur Anfertigung eines Kleidungsstückes.

s) Der A. erlaubt seinem Nachbarn B., daß dieser seinen Wagen auf den Hof des A. stelle.

t) R. übergiebt bei Antritt einer Reise seine Blumen und seinen Kanarienvogel seinem Freunde X. zur Pflege und Wartung.

u) F. übernimmt von dem Domänenpächter W. die Ausbeutung eines auf dem Gute vorhandenen Torflagers, indem er für den gestatteten Torfstich eine bestimmte Summe bezahlt.

v) (y) „Ein junger Geschäftsmann wünscht einem geselligen kaufmännischen Vereine beizutreten. Gef. Off. unter F. B. 10."

w) (aa) „Schirm vertauscht — am letzten Vortragsabend in Bremer's Musikinstitut, Umtausch daselbst dringend erbeten."

x) (bb) Jemand überläßt altertümliche Gegenstände an ein Museum: 1. auf Zeit und unter Rückgabepflicht; — 2. in endgültiger Überweisung.

y) (ee) Man abonniert in einer Badeanstalt. — Man läßt seine Wäsche u. dgl. dortselbst in Bewahrung; — oder übergiebt am Eingange seine Uhr, Geldtasche und andere Wertsachen dem Bademeister.

z) (ff) „Freundliche Schlafstelle offen. Mainzer Thor 5."

aa) (gg) „Guter Mittagstisch in gebildeter Familie. Königstraße No. 10.

bb) (hh) „Reitunterricht wird gründlich erteilt. Kapuzinergasse 1."

cc) (ii) „Ein Landpfarrer wünscht einen Pensionär aufzunehmen. Gymnasium 25 Minuten von der Pfarre entfernt. Strenge Aufsicht. Kontrolle der Schularbeiten und Nachhilfestunden. Näheres in d. Exp. d. Bl."

dd) (kk) „Die Volksküche befindet sich Brunoswarte 16. Das Lösen von Marken für den folgenden Tag ist nicht mehr erforderlich, da eine ausreichende Portionenzahl stets vorrätig sein wird. Anweisungen auf ganze Portionen à 25 Pf., auf halbe à 13 Pf., welche an beliebigen Tagen verwendet werden können, sind bei Herrn . . . . zu haben. Die Verwaltung der Volksküche."

ee) (ll) „Rückladung wird gesucht für fünf große Wagen von Berlin nach Leipzig. — Meyer's Möbel-Transport-, Verpackungs- und Aufbewahrungsgeschäft."

ff) (mm) „Bezug von Rheinwein in Leihkisten. Um auch für diejenigen Konsumenten, denen der Bezug des Weines im Faß wegen der Umständlichkeit der Abfüllung nicht zusagt, den direkten Bezug von Tischwein aus dem Produktionsgebiet zu billigem Preis zu ermöglichen, versende ich seit einigen Jahren diese Weine auf Flaschen gefüllt auch in sog. Leihkisten von 50 Flaschen einer Sorte. Die Leihkisten sind auf oftmaliges Hin- und Hersenden berechnet, daher besonders dauerhaft gearbeitet und, um das Auspacken zu erleichtern, mit verschraubbarem Klappdeckel versehen. Bei Benutzung dieser Einrichtung bleiben Kisten, Flaschen und Strohhülsen mein Eigentum, es kommt also nur der Wein selbst, mit geringem Aufschlag für Abfüllung und Packung, zur Berechnung, und es stellen sich demgemäß die Preise äußerst niedrig. Die Rücksendung der Kisten und leeren Flaschen muß franko und möglichst gleich nach dem Auspaken erfolgen. Bei dem ersten Bezug bringe ich die Flaschen mit 10 Pfennig per Stück in Anrechnung, so daß dieselben Eigentum des Empfängers werden und die Leihkiste gleich nach dem Auspacken leer an mich zurückgehen kann. Bei den späteren Bezügen fällt diese Berechnung der Flaschen von selbst fort, weil dann stets als Ersatz die inzwischen leer gewordenen Flaschen der jeweilig vorhergegangenen Sendung in den Leih kisten zurückgesandt werden."

gg) (nn) Eine Butterhandlung (B.) schließt mit der Gutsverwaltung des Freiherrn von Reitzmann in Dutzenrod einen Milchpachtvertrag, zunächst auf ein Jahr. Hiernach soll die Milch der auf dem Gute gehaltenen Kühe an B. abgeliefert werden, und zwar auf dem Gute selbst, wobei die Verwaltung dem B. zum Zwecke des mit der Empfangnahme und Verladung u. s. w. verbundenen Geschäftsbetriebes ein Zimmer auf dem Gute einräumt.

hh) (oo) „Brauereiausschank von ca. 600 Hektolitern Jahresumsatz in mittlerer Provinzialstadt soll zu Anfang April an einen Wirt, der nachweislich gute Küche führt, auf Bierpacht vergeben werden. Off. mit Angabe der bisherigen Thätigkeit unter 812 F. an d. Exped. d. Ztg. erbeten."

Bei solchen Geschäften bleiben nach dermaliger Übung Wirtschaft und Inventar im Eigentume der Brauerei, und der verschenkende Wirt bezahlt entweder eine im voraus fest bestimmte Summe für die Benutzung jener mit beliebigem Bierbezug (doch nur aus dieser Brauerei), oder aber er erhält von dem von ihm verzapften Bier prozentual eine Vergütung. Die Küche geht auf seine Rechnung.

---

2. (3.) Am Ausflusse der Weichsel haben sich in der Ostsee fünf Inseln gebildet, welche der Forstfiskus okkupiert hat und nutzt. 1889 hat der Fischer Költen mit mehreren Genossen diese Inseln zum Zwecke der Ausübung der Fischerei betreten und der Aufforderung der staatlichen Beamten auf Entfernung nachzugeben sich geweigert.

Vor welcher Behörde und in welchem Verfahren kann gegen die Fischer vorgegangen werden?

3. (4.) 1872 hatte sich eine Aktiengesellschaft zum Bau und Betriebe einer Eisenbahn von Berlin nach Dresden gebildet. Die preußische und sächsische Regierung schlossen am 6. Juni 1872 einen Staatsvertrag über das gemeinschaftlich zu ordnende Verhältnis der Regierungen zum Unternehmen und konzessionierten dann dasselbe auf ihren beiderseitigen Gebieten. Durch Vertrag vom 5. Mai 1878 übertrug die in schlechten Verhältnissen stehende Gesellschaft sofort für immer die Verwaltung und den Betrieb der Bahn auf den preußischen Staat. Letzterer forderte von der sächsischen Regierung ihre Zustimmung, welche aber von dieser wegen anderer Auffassung des Vertrages vom 6. Juni 1872 verweigert wurde.

Auf welchem Wege Rechtens war diese Streitfrage zum Austrage zu bringen?

4. (5.) Ist in nachstehenden Streitfällen, für welche partikularrechtliche Einzelentscheidungen nicht bestehen, der Rechtsweg zulässig?

a) (c) Die Gemeinde Weinheim verlangt vom badischen Fiskus eine Entschädigung von 2311 ℳ, weil derselbe eine Wegstrecke, welche der Gemeinde gehört hatte, im öffentlichen Interesse in die Klasse der staatlichen Landstraßen eingezogen hat.

b) (f) Im Fürstentume Waldeck wurden 1852 und 1853 durch die Staatsverfassung und ein ergänzendes Gesetz die Verhältnisse des Domanialvermögens geregelt. Über die Auslegung und Anwendung dieser Normen entstanden aber in der Folge Streitigkeiten zwischen Fürst und Ständen. 1878 erhob die Landesverwaltung Klage gegen den Fürsten, weil dieser von 1868—1877 die Amortisationsbeträge der Rothschild'schen Schuld nicht aus den laufenden Revenuen, sondern aus dem Domanialstammvermögen bestritten habe. Der Fürst habe durch landesherrliche Verfügung die Verfassung verletzt und müsse daher aus seiner Privatkasse es ersetzen.

c) (g) Der Förster Elburg klagt gegen den Grafen Erfluth auf Auszahlung einer Pension, die ihm nach Beendigung seines Beamtenverhältnisses laut der ihm erteilten Anstellungsurkunde zukomme.

d) (h) Durch Truppenübungen des 3. Armeekorps sind die Felder des K. beschädigt worden. K. hält die Entschädigung, welche ihm von der im Reichsgesetze vom 13. Februar 1875, über die Naturalleistungen für die bewaffnete Macht im Frieden, vorgesehenen Kommission zugebilligt worden ist, für nicht ausreichend und beantragt klagend, den Militärfiskus zur Zahlung des verlangten Mehrbetrages zu verurteilen.

e) (i) Durch militärische Schießübungen, welche von der augsburgischen Garnison, und zwar sowohl von der Artillerie, als der Infanterie, auf dem großen Exerzierplatze in der Nähe Augsburgs vorgenommen werden, erachten sich die Angehörigen der angrenzenden Gemeinden beeinträchtigt, weil durch einzelne über die abgegrenzte Schießfläche hinausfliegende Kugeln nicht nur ihr Eigentum, sondern auch ihre eigene Sicherheit bei Einbringung der Feldfrüchte gefährdet werde.

f) (k) Neben dem Rittergute des Herrn von Kupke liegt der Schießstand der sechsten Artilleriebrigade; die Schießstände sind so eingerichtet, daß nach dem Kupke'schen Walde zu geschossen wird. Weil aber die ihr Ziel verfehlenden Kugeln über den Schießplatz hinaus einschlagen können, so ist während der Schießübungen jenseits der Ziele und Kugelfänge ein Raum von 425 Morgen Wald und etwa 750 Morgen Ackerland durch eine Postenkette abgesperrt. Durch diese Absperrung, welche vom 12. Juli bis 12. August stattgefunden hat, behauptet von Kupke, in den Erntearbeiten bedeutend benachteiligt worden zu sein; er stellt dessentwegen Besitzstörungsklage an.

5. (6.) A. klagt gegen die katholische Kirchengemeinde X., deren Mitglied er ist, daß sie gestatte: daß die Leiche seines im Duell getöteten (auf einem auswärtigen Kirchhofe provisorisch beerdigten) Sohnes auf dem im Eigentum der Gemeinde stehenden Kirchhofe zu X. „in der Reihe" ein ehrliches Begräbnis erhalte.

Gestützt wird die Klage darauf, daß die Mitglieder der Gemeinde, wie sie zu den Kosten beizutragen verpflichtet sind, die Berechtigung haben: die Anstalten, hier den Friedhof der Gemeinde für sich und ihre Familie bestimmungsgemäß zu benutzen; während die Beklagte die Zulässigkeit des Rechtsweges verneint, weil das Begräbniswesen dem öffentlichen Rechte angehöre und mit Rücksicht auf das Gemeinwohl geregelt sei.

Entscheidung?

6. (7.) Scheuermann schreibt an seinen Rechtsanwalt: Die Stadt Hungen habe den Marktplatz, an welchen sein Haus grenze, bei einer Umpflasterung höher gelegt und in gleicher Weise auch mit dem an seinem Hause sich hinziehenden ungefähr fünf Meter breiten, ihm eigentümlich zustehenden, Grundstücke verfahren. Da er hierdurch belästigt, auch der seitherige Abfluß des Regenwassers gehindert werde, so bitte er, die Stadt zu verklagen, daß sie sein Eigentum anerkenne, den gegenwärtigen Zustand der Straße, soweit dadurch seinem Anwesen Wasser zugeleitet werde, beseitige und den angerichteten Schaden ihm ersetze.

Wohin wird sich der Anwalt wenden?

7. (8.) Der Fuhrmann Leonhardt Märkle kam am 5. August mit seinem Frachtwagen auf einen in der Nähe von Mainroth neu angelegten, einen Teil der dortigen bayerischen Staatsstraße bildenden, Damm zu fahren, und als er mit solchem beiläufig die Mitte des Dammes erreicht hatte, gab letzterer in der Art nach, daß der Wagen sich ganz auf die Seite senkte und in die Böschung hinabstürzte.

Märkle verlangt von dem bayerischen Fiskus Vergütung des ihm zugegangenen Schadens, der durch die schlechte Herstellung des erwähnten Dammes verursacht worden, während der Staat die Verpflichtung habe, die öffentlichen Staatsstraßen in gehörig fahrbarem Zustande herzustellen und zu erhalten; auch sei unterlassen gewesen, an der unfahrbaren Stelle ein Zeichen aufzustecken, wodurch die Fuhrleute aufmerksam gemacht worden wären, daß das Befahren derselben mit Gefahr verbunden sei.

Der Beklagte weigert die Einlassung auf die Sache, weil die Gerichte hier nicht zuständig wären, da die Unterhaltung der Landstraßen Sache der Baupolizei, also Gegenstand der Regierung, sei.

Wie ist zu erkennen?

8. (9.) Auler hat seine Base, Ida Schäfer, die sich auf Besuch in seiner Familie aufhielt und schwer erkrankte, vom 1. Januar bis 2. Mai, ihrem Todestage, verköstigt, verpflegt, mit Arzt und Arznei versehen und beerdigen lassen. Es sind ihm dadurch Kosten im Betrage von 350 ℳ erwachsen. Den Ersatz derselben verlangt er nunmehr von der Gemeinde Hainichen, gestützt auf nützliche Geschäftsführung: Ida Schäfer habe ihren Unterstützungswohnsitz in Hainichen gehabt, sie sei arm und zur Unterhaltungsforderung gegen den Ortsarmenverband berechtigt gewesen; er, Auler, habe an sie in der Absicht der Ersatzforderung geleistet und auch die Gemeinde von der Notlage der Verpflegten während ihrer Krankheit in Kenntnis gesetzt.

Die Gemeinde bestreitet die Zulässigkeit des Rechtsweges.

Es ist Reichsgesetz vom 6. Juni 1870, bes. § 61 und § 28, zu vergleichen und hiernach Urteil zu entwerfen.

Noch fragt es sich, ob bei sonst gleicher Sachlage die Entscheidung verschieden auszufallen hätte, wenn

a) nicht ein Privatmann, sondern ein Landarmenverband für vorläufigen Unterhalt der Bedürftigen gesorgt hätte?

b) nicht die Gemeinde Hainichen, sondern der vermögende Vater der Verpflegten auf Grund seiner gesetzlichen Alimentationspflicht auf Ersatz hätte angegangen werden können?

VII.

1. A. hatte die B. mit Zustimmung von deren verwitweter Mutter C. geheiratet; und es hatte C. mit den jungen Eheleuten eine gemeinsame Wohnung bezogen. Das gute Einvernehmen unter ihnen hörte aber bald auf, und zwar wesentlich durch Schuld der C., welche eine unbedingte Herrschaft über ihre Tochter ausübte. A. bezog darum mit seiner Frau eine eigene Wohnung. Bald darauf traf er, nach Hause zurückkehrend, die B. nicht an und machte ausfindig, daß dieselbe von C. und deren Sohn gewaltsam abgeholt sei. Die B. ist infolge dieser That schwermütig und dann völlig geistesgestört geworden.

A. stellte Klage gegen C. an, wurde aber abgewiesen, weil es sich nicht um einen Gegenstand des Privateigentums handle. Bietet eine Berufung Aussicht auf Erfolg?

Cf. l. 1 § 5 D. de lib. exhib. (43, 30); l. 2 eod.; l. 11 C. de nuptiis (5, 4); freilich auch l. 13 D. ad exhib. (10, 4).

2. Der Oberförster Kreisig kommt mit seiner Ehefrau, die faktisch von ihm getrennt lebt, dahin überein, daß das Kind aus ihrer Ehe, als vorerst noch der mütterlichen Pflege und Erziehung bedürftig, bis zum sechsten Jahre bei der Mutter sich aufhalten und erzogen werden soll.

Später reut es den Vater, und er fordert das Kind mittels gerichtlicher Klage zurück, indem er geltend macht, daß jene Vereinbarung keinen gültigen obligatorischen Vertrag ausmache, da den Gegenstand desselben das Kind bilde und die Mutter kein materielles Interesse an der Durchführung des Kontraktes aufweisen könne.

Entscheidung?

3. (5.) Samuel Katz schreibt an einen Rechtsanwalt:

„Ich habe dem Landwirte Heinrich Bär zu verschiedenen Zeiten im Laufe der letzten Jahre Darlehen gegeben, die schließlich die Höhe von 6000 ℳ erreicht haben. Nun ist Bär vor kurzem mit Tod abgegangen, ohne mich bezahlt zu haben; sein Vermögen hat ein Schwestersohn Andreas Köhler an sich genommen.

Ich bitte Sie, mir über folgende Fragen Auskunft zu geben:

a) Sind auf den Andreas Köhler durch die Übernahme des Vermögens auch die Schulden seines Oheims übergegangen?

b) Muß ich beweisen, daß er zu einer solchen Übernahme der Schulden sich bereit erklärt hat, oder ist es seine Sache, darzuthun, daß er sich gegen diese Übertragung verwahrt hat?

c) Der Heinrich Bär hat in der letzten Zeit sehr schlecht gewirtschaftet; ich fürchte sehr, daß sein Aktivvermögen überhaupt kaum ausreichen wird, um meine Darlehnsforderung vollständig auszugleichen. Was würde ich in diesem Falle zu thun haben?

d) Soviel ich gehört habe, beabsichtigt Andreas Köhler die Grundstücke aus dem Bär'schen Nachlasse, welche allein einigen Wert haben, zu verkaufen oder vielleicht auch zu verschenken: vermutlich, um wegen des Nachlasses keine Schwierigkeiten zu bekommen. Kann ich diese Weggabe der fraglichen Immobilien nicht hindern, oder wie komme ich sonst zu meinem Rechte?"

Bei Durchsicht der nachstehenden Gesetze wird sich finden, daß in denselben verschiedene Grundsätze zum Ausdruck gekommen sind. Dieselben sind festzustellen; und ist hiernach dem Samuel Katz auf seine einzelnen Fragen Antwort zu erteilen.

a) L. 8 pr. D. de acquirenda vel omittenda hereditate (29, 2); — l. 7 § 17 D. de pactis (2, 14). — L. 22 §§ 4, 5, 7, 12 C. de iure delib. (6, 30).

b) Cod. Max. Bavar. civ. III, 1 § 6 n. 2, § 18 n. 10, 11.

c) A.L.R. I, 9 §§ 413, 418, 419, 422.

d) C.C. Art. 802; 793, 794.

e) Österr. bürgerl. Ges.B. §§ 800, 801, 802.

f) Zürcher Ges.B. § 1999, 2005, 2007, 2008.

g) Sächs. bürgerl. Ges.B. § 2328.

Vgl. Sachsenspiegel I, 6 § 2. —

4. (6.) Im August des Jahres 1890 starb der Kaufmann Phoebus mit Hinterlassung zweier Töchter, von welchen die älteste, Emma, an den Fabrikanten Senner verheiratet war, während die jüngere, Elise, noch unter Vormundschaft verblieb. Die Erbschaft wurde von seiten der Töchter nur unter der Rechtswohlthat des Inventars angetreten, — eine Vorsicht, die sich keineswegs als überflüssig erwies, da sich der Nachlaß als gänzlich verschuldet herausstellte.

Nunmehr erhob der Kaufmann Koch Klage gegen Emma Senner auf Zahlung von 6000 ℳ Kaufgeldschuld ihres verstorbenen Vaters, weil das Vermögen des letztern zur Hälfte auf sie übergegangen sei, zu dem Vermögen auch die Schulden gehören und jene Hälfte zur Deckung seiner kleinen Forderung vollauf ausreiche.

Die Beklagte beruft sich auf ihr oben angegebenes Benefizium und stellt nach diesem ihre Haftung in Abrede. Zudem habe sie von der Erbschaft überhaupt nichts erhalten, sondern der Vormund ihrer Schwester Elise habe den ganzen Nachlaß in Besitz genommen und bis jetzt behalten.

Die gesetzlichen Unterlagen der Entscheidung sind am Schlusse der vorhergehenden Aufgabe Nr. 3 angegeben; und es fragt sich jetzt: wie ist nach denselben in unserem Falle zu erkennen?

VIII.

1. Ein Bauer B. bestellte seiner Mutter M. das lebenslängliche Einsitzrecht im Dachgeschoß, als auf dem Hofe haftend. Das erste Stockwerk vermietete er an demselben Tage, dem 1. August 1883, auf 5 Jahre an den Tierarzt T. Am 9. September desselben Jahres errichtete er zu Gunsten seines Darlehnsgläubiger G. eine Hypothek auf seinem Hause. B. starb am 10. April 1884 und wurde von E. beerbt, der das fragliche Grundstück an K. verkaufte.

Es ist Gutachten über folgende Fragen abzugeben:

a) War E. der M. oder dem T. oder G. gegenüber haftend? Auch den etwaigen Erben dieser drei gegenüber?
b) Ist es (in gleicher Weise gefragt) der K.?
c) Wer haftet dem G. für seine Darlehnsforderung?
d) Wenn G. das verpfändete Haus in Anspruch nimmt: welche Rechtsfolgen treten zwischen den verschiedenen Beteiligten ein?

2. Im Konkurse des S. melden sich:

a) $G.^1$ mit einer Restforderung auf Kaufgeld für verkaufte und dem S. überlieferte Waren.
b) $G.^2$, weil er dem S. Säcke und Fässer geliehen habe.
c) $G.^3$ wegen rückständiger Schneiderrechnung für einen letzthin dem S. gefertigten und übermittelten Anzug.
d) $G.^4$ unter Beanspruchung eines Pferdes, das ihm S. verkauft, aber trotz erhaltenen Kaufpreises noch nicht übergeben habe.
e) $G.^5$ auf Grund eines Darlehns, für das ihm eine Hypothek am Hause des S. zustehe.

f) G.[6] als Pachter eines Ackers des S. Früchte fordernd, die S. im letzten Jahre vertragswidrig selbst eingeheimst habe.

Es fragt sich: Welche *actio* ist in jedem Falle begründet? — Welche Gläubiger können die fraglichen Gegenstände (Waren, Säcke, Kleider, Pferd, Haus, Früchte) aus der Konkursmasse voll für sich beanspruchen?

3. Susmann fragt bei einem Anwalt brieflich an:

„Ich ließ vor ungefähr zwei Monaten einen Pfandbrief über 1500 *M* bei einem Bankhause lombardieren und entnahm darauf 1200 *M*. Vor einiger Zeit schickte ich jemanden mit den geborgten 1200 *M*, um dagegen den Pfandbrief wieder einzulösen. Diesem wurde dort aber die Antwort, die Kasse sei geschlossen, weil das Bankhaus zahlungsunfähig sei.

Werde ich nun den doch nur verpfändeten Pfandbrief zurückerhalten oder das, was das Darlehn weniger als den effektiven Wert des Pfandbriefes betrug, verlieren, oder was sind sonst wohl für Eventualitäten anzunehmen?"

4. Der Arabist S. erhielt nach dem Tode seines Freundes und Fachgenossen T. von des letztern Witwe die Mitteilung, daß er aus dem Nachlasse das arabische Wörterbuch von Freytag, das der Verstorbene mit zahlreichen eigenen Zusätzen handschriftlich versehen hatte, erhalten sollte. S. nahm das Werk in Empfang, ordnete aber aus freien Stücken die Angelegenheit so, daß jenes Lexikon nach seinem Ableben wieder zu der Bibliothek der deutschen morgenländischen Gesellschaft in Halle a. S., an welche die übrige Bücher- und Schriftensammlung von T. gefallen war, kommen sollte. Nachdem er sich dahin mit dem Bibliothekar der Gesellschaft verständigt, ließ S. den Stempel der Bibliothek derselben auf die Titel der Bände des erwähnten Wörterbuches setzen, entlieh aber das Buch auf Lebenszeit.

Welche Rechtsstellung kommt nun hier den Beteiligten zu? Wie würde es stehen, wenn eine juristisch kritische Lage durch Ausbrechung eines Konkurses über einen derselben entstehen sollte? Oder, wenn hinterher Streitigkeiten über das endgültige Haben jenes Buches Dritten gegenüber anzufechten wären?

5. (6.) Ein Student mietet bei dem Mieter eines Stockwerkes ein Zimmer. Bald darauf will der Hauseigentümer das Treppenhaus erweitern lassen und jenes Zimmer dazu ziehen.

Muß der Student sich dieses gefallen lassen? Und in welcher Weise sind die streitigen Rechte auseinanderzusetzen?

Ist dieser Fall demjenigen gleich zu erachten, da der Mieter eines Hauses dem Nachbarn das Verbauen von Licht untersagen will, weil des letztern Grundstück mit einer dahingehenden Servitut zu Gunsten des vermieteten Hauses belastet ist?

6. (7.) Boodstein verkaufte 1886 seine Hofraite an Krasting für den Kaufpreis von 14000 ℳ, mit dem Vorbehalte, daß, wenn der Verkäufer nach Verlauf von zwei Jahren wieder im stande sein sollte, die Hofraite zu kaufen und zu bezahlen, Krasting solche für denselben Preis und zu den nämlichen Bedingungen abzutreten hätte; es dürfe jedoch die Hofraite an einen Dritten von dem jetzigen Erwerber nicht verkauft werden.

Nach einem Jahre veräußerte Krasting trotzdem den betreffenden Hof an Allendorf.

Welche Rechtsverhältnisse, und rechtlichen Einzelfolgen daraus, sind nun zwischen den genannten Personen begründet?

7. (8.) Handelsmann Nathan Staudinger in Fulda kommt mit dem Friedrich Löwenstein daselbst überein, daß sie das Haus Grünstraße Nr. 4 in Frankfurt a. M. gemeinschaftlich erwerben wollen. Löwenstein reist nach Frankfurt und erwirbt jenes Grundstück auf seinen Namen. Inzwischen reut ihn die mit Staudinger eingegangene Gemeinschaft, und er weigert sich, jenen in dem Grundbuche als Miteigentümer eintragen zu lassen.

Staudinger will nun klagend gegen den zur Zeit noch in Fulda wohnhaften Löwenstein vorgehen; und fragt es sich vor allem: welches Gericht für die mögliche Klage zuständig ist?

Gesetzesstellen:

C.P.O. § 12: „Das Gericht, bei welchem eine Person ihren allgemeinen Gerichtsstand hat, ist für alle gegen dieselbe zu erhebenden Klagen zuständig, sofern nicht für eine Klage ein ausschließlicher Gerichtsstand begründet ist."

§ 13: „Der allgemeine Gerichtsstand einer Person wird durch den Wohnsitz bestimmt."

§ 25: „Für Klagen, durch welche das Eigentum, eine dingliche Belastung oder die Freiheit von einer solchen geltend gemacht wird, für Grenzscheidungs-, Teilungs- und Besitzklagen ist, sofern es sich um unbewegliche Sachen handelt, das Gericht ausschließlich zuständig, in dessen Bezirke die Sache belegen ist."

8. (9.) Im Jahre 1890 errichtete L. gemeinschaftlich mit K. auf der Grenze ihrer Grundstücke eine Scheidemauer, wobei beredet wurde, daß jeder die Hälfte der Kosten tragen solle. L. legt die gesamten Unkosten mit 350 ℳ vor. 1892 verkauft K. sein Grundstück an E.

Welche Rechte und Pflichten liegen unter den genannten Personen vor?

9. (11.) Die Witwe W. vermietete an den Handelsmann H. auf fünf Jahre eine Wohnung in einem Hause, welches zur Hälfte ihr Eigentum war und zur Hälfte Eigentum ihres minderjährigen Sohnes S.; sie war nämlich die gesetzliche Vormünderin ihres Sohnes, und es stand ihr an dessen Hälfte des Hauses in ihrer Eigenschaft als Mutter nach dortigem Partikularrecht das Nutznießungsrecht zu. Der Mietvertrag war ohne weitern Vermerk nur von H. und W. unterschrieben. Nach Ablauf von drei Jahren, als der Sohn großjährig geworden war, starb die W. und wurde von ihrem Bruder B. beerbt. Dieser verkaufte an S. die der W. früher gehörige Hälfte des Hauses.

Nun verlangt S. von H. Räumung der Wohnung. H. wendet ein, daß S. als damaliger Miteigentümer, der von der W. vertreten worden sei, ihn wohnen lassen müsse, oder ihm die Hälfte des durch den Umzug erwachsenden Schadens ersetzen solle. Wogegen S. den H. an den B. verweisen will; der seinerseits wieder erklärt, daß ihn die streitige Sache gar nichts angehe, da er das fragliche Haus niemals im Besitz gehabt habe.

Es ist Entscheidung mit Gründen abzugeben.

10. (12.) Graf Adelmann hat der Zuckerfabrik zu Dalkowitz das Recht eingeräumt, einen gemauerten Wasserleitungskanal durch die gutsherrlichen Gründe zu führen, wogegen sich die damaligen Eigentümer der Fabrik, Gebrüder Salchow u. Cie., „für sich und ihre Besitznachfolger“ verpflichteten, am 1. Januar jedes Jahres dem Grafen Adelmann und seiner Descendenz, solange dieselbe im Besitze des Gutes Dalkowitz sein werde, zwei Centner des schönsten Meliszuckers in die Haushaltung unentgeltlich zu verabfolgen. Später ward die Fabrik verkauft, die Gesellschaft löste sich auf; der Graf Adelmann starb.

Wie steht es nun mit den durch jenen Vertrag begründeten rechtlichen Ansprüchen und Pflichten?

11. (13.) Anton verpachtete an Wiedemeyer ein Grundstück, mit der Beredung, daß die Pacht auf unbestimmte Dauer bestehen sollte, aber von jedem Teil mit Einhaltung einer sechsmonatlichen Kündigungsfrist gelöst werden könnte. Bald darauf starb Anton unter Hinterlassung eines Testamentes, in welchem er seinen Neffen, Friedrich Wache, zum Universalerben einsetzte, seinem Freunde Ziervogel aber den Nießbrauch der Immobilien als Vermächtnis hinterließ.

Thatsächlich trat nun zunächst keine Veränderung ein: nur, daß Wiedemeyer von nun ab an Ziervogel die Pachtgelder zahlte. Erst als der letztere starb, gab es Streit, indem Wache — ohne daß irgendwann einmal eine Kündigung geschehen war — das verpachtete Grundstück in Besitz nahm und dadurch den Wiedemeyer zu einer Klage auf Geltendmachung seines Pachtrechtes nötigte.

Nach verhandelter Sache, wobei der angegebene Thatbestand festgestellt wurde, wies das Gericht die erhobene Klage ab. Dadurch, — so führen die Entscheidungsgründe aus — daß Ziervogel den Nießbrauch des verpachteten Grundstückes bekommen hätte, wäre der Vertrag mit Anton zu Grunde gegangen, da die Bestellung irgend welcher dinglicher Rechte dieselbe Wirkung habe, wie die des Eigentumes, die bekanntlich durch den Satz: Kauf bricht Miete ausgedrückt werde. Der Vertrag, den Wiedemeyer mit Ziervogel abgeschlossen hätte, wäre ein ganz neuer Vertrag gewesen, der den Beklagten nichts angehe; also wäre er dem Kläger gegenüber zu nichts verpflichtet. Hätte damals Ziervogel den Wiedemeyer ausgetrieben, so hätte dieser nur Schadensersatz fordern können; da das damals nicht geschehen, so sei kein Anspruch auf Schadensersatz entstanden, der nun geltend zumachen wäre.

Wiedemeyer bringt dieses Urteil einem Rechtsanwalt und bittet um ein begründetes juristisches Gutachten: ob er Berufung gegen die Entscheidung erster Instanz einlegen solle?

Es ist dieses Gutachten auszuarbeiten.

12. (14.) Wagner hat dem Neumann erlaubt, ein von letzterm mitgebrachtes Pferd in dem Stalle des Wagner für einige Tage abzustellen. Danach glaubt Wagner Grund zu der Annahme zu haben, daß dieses in seinem Stalle befindliche Tier gar nicht Eigentum des Neumann, sondern das des Kaemmerer sei, welchem ein solches Pferd gestohlen worden ist.

Wer kann das Pferd von Wagner verlangen; und mit welchem Rechtsgrunde?

13. (15.) Der praktische Arzt Dr. Blasius hatte seinem Freunde Hillebrand eine auf den Inhaber lautende Lebensversicherungspolize in Verwahrung gegeben. Bei seinem Tode wird dieselbe sowohl von dem Bankhause Wöllstein beansprucht. weil Blasius vor einiger Zeit ihm dieses Papier an Zahlungsstatt für eine alte Schuld überwiesen, als auch von der Witwe des Verstorbenen gefordert, indem ihr Gatte ihr dasselbe schon während ihres Brautstandes geschenkt habe.

Um diesem Dilemma zu entgehen, deponiert Hillebrand die streitige Polize bei der nach der preußischen Hinterlegungsordnung vom 14. März 1874 zuständigen Behörde, indem er erklärt: daß es ihm nicht im mindesten einfalle, seine Verpflichtung zur Herausgabe der Polize an den Berechtigten zu bestreiten, und daß er bei den dargelegten obwaltenden Zweifeln bitte, dieselbe dem als berechtigt Legitimierten auszuhändigen.

Dies veranlaßt nun Wöllstein, gegen die Frau Dr. Blasius Klage darauf zu erheben, daß sie des Klägers Berechtigung auf die deponierte Polize anerkenne.

Der Anwalt der Beklagten bestreitet von vornherein die Zulässigkeit der erhobenen Klage. Ein dingliches Recht an jener Urkunde habe Kläger selbst für sich nicht behaupten können; in einem obligatorischen Rechtsverhältnisse ständen aber die jetzigen Prozeßparteien ganz und gar nicht. Er beantragt deshalb Klagabweisung.

Es ist Urteil mit Gründen zu entwerfen.

IX.

1. Welche *actio* steht in nachfolgenden Fällen in Frage?

a) K. verklagt den B. — weil dieser eine verkaufte Sache nicht liefere; — weil derselbe eine verkaufte Sache schlecht geliefert habe; — weil B. eine Sache verkauft habe, die gar nicht dem B., sondern dem C. gehört hatte, der sie nun von K. herausverlange; — weil B. aus früherem Kaufe noch Kaufgeld schulde.

b) Anspruch gegen ein Dienstmädchen, welches sich weigert, den angenommenen Dienst anzutreten.

c) Klage eines standesherrlichen Försters auf zugesicherte Pension.

d) Der ausziehende Mieter wird wegen Beschädigung der innegehabten Wohnung in Anspruch genommen.

e) Klage eines Baumeisters auf Honorar nach ausgeführtem Bau.

f) Verlangen des Mieters, daß der Vermieter das durch Sturm schadhaft gewordene Dach ausbessern lasse.

g) Anspruch eines Bergmannes gegen einen Bergwerksbesitzer, der jenen, ohne die vertragsmäßige Kündigungsfrist einzuhalten, entläßt.

h) Vorgehn gegen einen Fabrikarbeiter, der kontraktwidrig einen Tag von der Arbeit wegbleibt.

i) Anspruch gegen die Post auf Beförderung einer am Schalter gekauften Postkarte.

k) X. ist gestorben. Y. tritt die Erbschaft aus Testament an. Es verklagen ihn: A., weil sein Pflichtteil 1000 betrage und er nur 800 von X. hinterlassen erhalten habe; — B., weil das Testament wegen damaliger Unzurechnungsfähigkeit des X. nichtig und er, B., der nächste Verwandte des X. sei; — C., weil er pflichtteilsberechtigt sei, und das Testament ihn ganz übergehe; — D., weil ihm X. ein Vermächtnis von 100 ausgesetzt habe.

l) Im Falle k) hatte Y. dem D. das Legat bezahlt; dann dringt B. mit seiner Klage gegen Y. durch.

m) G. hat dem S. 100 ℳ geliehen gegen Verpfändung der Sache p. S. verkauft p. an K.; dann stirbt S. und wird von H. beerbt. Ansprüche des G.?

n) Im Falle m) hatte H. gutwillig 100 ℳ an G. bezahlt; dann findet er eine Quittung, wonach G. von S. schon bezahlt war.

o) A. behauptet, das Recht zu haben, seinem Nachbarn B. das Anlegen von Fenstern nach dem Garten des A. hin verbieten zu dürfen.

p) Der Eigentümer E. klagt gegen A., weil A. den Hof des E. als ständigen Durchgang benutze; — gegen B., weil dieser ihm seinen, des E., Wagen vorenthalte; — gegen C., weil er eine ihm von E. geliehene Sache betrüglich verkauft habe; — gegen D., der ihm in Fahrlässigkeit ein Fenster zerschlagen habe.

q) A. hat eine von B. auf längere Zeit in Verwahrung gegebene Sache gegen Feuer versichert und die Prämien ausgelegt.

r) Ein alter Herr (A.) wird auf der Straße unwohl. B. schafft ihn in das benachbarte Haus des C. und giebt einem Dienstmann, D., den Auftrag, einen Arzt (E.) zu holen.

s) Jemand verlangt nach Erlangung des pubertas, daß sein Vormund ihm Rechnung ablege.

t) Das einem Zwanzigjährigen gehörige Haus war durch Blitz angezündet worden; der Vormund hatte aus seinem Vermögen Geld zum Wiederaufbau vorgeschossen. Er fordert Ersatz.

u) Ein pubes minor hat mit Zustimmung des Vormundes einem Käufer das Kaufgeld gestundet, obgleich die dringendsten Anzeichen von dessen Kreditunwürdigkeit vorlagen; der Schuldner fällt bald darauf in Konkurs. Der Vormund soll haften.

v) Der Vormund eines kleinen Mädchens hat den Schmuck, den dasselbe von seiner Mutter ererbt hatte, verkauft und das Geld sich angeeignet.

w) Der Bruder (B.) einer Braut (A.) hat dem Bräutigam (C.)

ohne Wahrung von Formalitäten versprochen, ihm ein dem B. gehöriges Landgut als Mitgift zu geben. C. fordert jetzt von B.

x) B. hatte im vorigen Falle das Gut freiwillig gegeben. Nun wird die Ehe geschieden. Die Frau verlangt das Gut von C. heraus.

y) Die Hausierer Fuchs und Rabe vereinbaren, gemeinsam Verkaufsgeschäfte zu betreiben. Rabe giebt hierauf an Fuchs für 160 *M* Spitzen, welche dieser für 180 *M* verkauft, an Rabe aber nur 160 *M* zurückbringt. Rabe fordert den Rückstand heraus.

z) „50000 *M* werden von einem pünktlichen Zinszahler auf zweite, aber noch mündelsichere Stelle zu leihen gesucht. Offerten unter 1208 T. an die Expedition dieser Zeitung."

Rechtsverhältnisse zwischen Ansucher, Zeitung, Hypothekengläubiger, zweitem Kapitalisten? *Actiones* unter denselben? Im besondern: wenn das Darlehn versprochen, dann aber nicht gewährt wird? wenn es gegeben ist und Zinsen rückständig bleiben; oder das fällige Kapital nicht zurückgezahlt wird? Hypothekarische Rechtsmittel des ersten, — des zweiten Gläubigers gegen den Schuldner oder Dritte? Anspruch des Schuldners, wenn er seinerseits seinen Verpflichtungen ordnungsgemäß nachkommt?

---

2. Aus dem Leben des Lucius Titius.

Diese ihrer Zeit viel genannte Persönlichkeit hat ein bewegtes und nicht immer rühmliches Dasein gehabt. Indem wir nach zuverlässigen Berichten einige ihrer Hauptschicksale hervorheben, wird hier zur Aufgabe gestellt: die citierten Quellenstellen deutlicher Übertragung und Erläuterung zu unterziehen; und bei jeglicher begründet anzugeben, von welchen Rechtsverhältnissen die Rede ist, und welche *actiones* für oder wider unsern Helden begründet sind.

Wie aus gerichtlichen Akten hervorgeht, hat Lucius Titius bei der Erbteilung mit seinen Brüdern Gelder unterschlagen.[1] Um seinen Bruder Seius zu besänftigen, gestattete er ihm eine Wasserleitung.[2] Eine Schwestertochter nahm er zu sich und gewährte ihr Unterhalt; nach einiger Zeit aber suchte er auch hier zu seinem Nutzen zu kommen, und er bedrängte die arme Person mit einer Kostgeldrechnung.[3] Pupillen, über die er Vormund

---

[1] L. 35 D. de pactis (2, 14).
[2] L. 37 D. de serv. praed. rust. (8, 3).
[3] L. 26 (27) § 1 D. de neg. gest. (3, 5).

war, betrog er;[1] Geschäfte, die ihm aufgetragen waren, behandelte er mit ungehöriger Nachlässigkeit, oder sogar mit schädigender Arglist.[2] Geld, welches er schuldig war, deponierte er bei Gericht in versiegelten Packeten, die weniger enthielten, als die Schuldsumme betrug.[3] Den letzten Willen seines sterbenden Vaters führte er nicht aus,[4] so daß man sich wundern muß, wie er in vermögenden Kreisen so beliebt war, daß es zeitweise zum guten Tone gehörte, ihm letztwillige Zuwendungen zu machen.[5] In der That sind ihm ungewöhnlich viele Vermächtnisse zugeflossen, an Grundstücken[6] und Sklaven,[7] an Geld[8] und Forderungen;[9] einzelne bekam er mit anderen zusammen,[10] manche auch nur unter zweifelhaften Bedingungen;[11] zuweilen erhielt er letztwillige Zuwendungen mit lästigen Auflagen,[12] die ihm manchmal gar nichts übrig ließen,[13] oder ihm geradezu noch Mühe und Arbeit verursachten[14] und nur selten noch zu seinem Vorteile ausschlugen.[15] Bei solcher weitgehender Anerkennung wurde er übermütig und versäumte es gelegentlich, einen ganz sichern Erwerb zu machen.[16] Übernahm auch unüberlegterweise Verpflichtungen für schlechte Zahler, die ihn nachher sitzen ließen.[17] Seine Wirtschaft war keine gute: Häuser ließ er ohne Reparatur aus Altersschwäche baufällig werden;[18] und auf seine Sklaven gab er so schlecht acht, daß dieselben andere Leute bestahlen.[19] Er

---

[1] L. 5 D. de dol. mal. (4, 3).
[2] L. 20 (21) § 3 D. de neg. gest. (3, 5). — L. 2 § 1 D. si mensor fals. (11, 6).
[3] L. 41 § 1 D. de usuris etc. (22, 1)
[4] L. 37 § 3 D. leg. III. (32).
[5] L. 108 § 7 D leg. I. (30).
[6] L. 34 §§ 14, 15 D. leg. I. (30); l. 23 D. leg. II. (31); l. 41 pr. eod.
[7] L. 84 §§ 8—12 D. leg I. (30); l. 100 pr. D. leg. III. (32).
[8] L. 80 D. leg. I. (30); l. 69 pr. D. leg. II. (31).
[9] L. 34 pr. D. leg. III. (32).
[10] L. 89 D. leg. III. (32); l. 36 § 2 D. leg. I. (30).
[11] L. 12 § 1 D. leg. II. (31).
[12] L. 122 § 1 D. leg. I. (30); l. 44 § 1 D. leg. II. (31); l. 61 pr. eod.; l. 54 D. leg. III. (32).
[13] L. 84 pr. § 1 D. leg. I. (30).
[14] L. 88 § 1 D. leg. II. (31).
[15] L. 17 pr. D. leg. II. (31).
[16] L. 36 pr. D. de usu et usu fructu etc (33, 2).
[17] L. 62 § 1 D. mand. (17, 1); cf. l. 60 eod. — L. 48 pr. D. de fideiuss. (46, 1).
[18] L. 32 § 5 D. de usu et usu fructu etc. (33, 2).
[19] L. 70 pr. D. leg. I. (30).

geriet in Schulden;[1] das wertvolle, mit allem Zubehör ihm zugefallene Cornelianische Grundstück mußte er anderen wieder zu Eigentum abtreten.[2] Und nachdem ihm die Spekulation, durch Landankäufe in Germanien jenseits des Rheins seine Vermögensverhältnisse zu bessern, gänzlich fehlgeschlagen war,[3] kam er so weit herunter, daß er seine Fruchtsäcke verpfänden mußte.[4] Aber auch dieses rettete ihn nicht vor dem Schicksale, daß er seine zahlreichen Gläubiger nicht befriedigen konnte;[5] so war es jedenfalls nur ein resignierter Galgenhumor, wenn einer derselben einem Verwandten mit ironischer Wendung „alles, was er vom Lucius Titius eintreiben könnte,“ hinterließ.[6]

Leider war auch das Familienleben unseres Mannes nichts weniger wie ungetrübt. Von seinem Vater wurde er zur Ehe mit einer ungeliebten Maevia bewogen, auf deren Veranlassung nachmals die Ehe geschieden wurde.[7] Seine Tochter mußte er an einen Sklaven verheiraten.[8] Bald darauf verliebte sich eine ältere Dame, Seia, in ihn, und bewog ihn, unter Verkauf seiner Habe, zu ihr zu ziehen.[9] Aber er löste dieses Verhältnis nach kurzem und heiratete wieder eine Maevia — und wieder nicht glücklich: er hatte gerade eine Anklage wegen Ehebruches gegen seine Gattin erhoben,[10] als er, wahrscheinlich durch letztere vergiftet, mit Tod abging.[11]

Ein Testament hatte er ohne juristische Beihilfe errichtet, und es war auch danach.[12] Über seinen Nachlaß mußte nun Konkurs eröffnet werden;[13] und der Versuch einiger Gläubiger, seinen Neffen Publius Maevius durch die Vorspiegelung, er sei Erbe seines Oheims geworden, haftbar zu machen, mißlang ihnen.[14]

---

[1] L. 13 pr. D. leg. II. (31); l. 105 D. leg. I. (30).
[2] L. 27 § 1 D. de instructo vel instrumento legato (33, 7). — L. 36 § 1 D. de usu fructu (7, 1).
[3] L. 11 pr. D. de evictionibus (21, 2).
[4] L. 43 § 1 D. de pigneraticia actione (13, 7).
[5] L. 67 § 2 D. de condictione indebiti (12, 6).
[6] L. 50 § 2 D. leg. II. (31).
[7] L. 38 D. soluto matrimonio (24, 3).
[8] L. 27 D. depositi (16, 3).
[9] L. 61 § 1 D. de oblig. et act. (44, 7).
[10] L. 3 pr. D. de accusationibus (48, 2).
[11] L. 9 D. de iure fisci (49, 14).
[12] L. 88 § 17 D. leg. II. (31).
[13] L. 20 D. de institoria actione (14, 3).
[14] L. 31 D. de pecunia constituta (13, 5).

Wogegen dieser letztere wiederum vergeblich es unternahm, eine testamentarische Zuwendung, die ihm der Verstorbene schon zu seinen Lebzeiten ausgezahlt hatte, jetzt noch einmal zu erhalten.[1]

X.

1. Am 17. Juli war Herr von Tusen verstorben; am 20. September wurde von seiner Witwe ein Kind geboren, das sich lebensunfähig erwies. Nun klagt der Bruder des von Tusen gegen die Witwe auf Herausgabe der Erbschaft ihres Gatten.

Im Prozesse giebt der als Zeuge vernommene Hebearzt Dr. Zenker die Aussage: „daß er bei dem vollends zur Welt gebrachten Kinde einige Pulsationen des Herzens wahrgenommen habe . . es sei ihm aber scheintot vorgekommen, weil er keine weiteren Lebensäußerungen an demselben bemerkt habe; das Kind habe, obgleich es ganz ausgebildet war, ein unvollkommenes, ein Scheinleben geführt."

Entscheidung?

2. A. stirbt, mit Hinterlassung seiner schwangeren Frau und seines Bruders B., am 1. Januar. Am 1. April stirbt B. und wird von seinem Sohne L. beerbt. Einen Monat später gebiert die Frau des A. ein totes Kind.

Wie steht es mit der Erbschaft des A.?

3. Kurze Zeit nach dem Tode des Kaufmanns Hentschel kommt dessen Witwe mit einem Kinde nieder. Sie hatte, als sie die Wehen kommen fühlte, ihr Mädchen nach der Hebamme geschickt; das Zurückkommen beider hatte sich aber verspätet, und so fanden sie die Witwe bewußtlos und das schon geborene Kind tot vor.

Die etwas verspätete Beweisaufnahme ergiebt nur, daß dasselbe ein vollständig ausgetragenes Kind war.

Erhält die Witwe des Hentschel oder dessen noch lebende Mutter das von Hentschel hinterlassene Vermögen?

---

4. Die Witwe Wisch legte am 2. Juni 1891 das Klostergelübde ab und machte als Chorschwester Emerentiana unter dem 8. Januar 1892 eine Stiftung, zu deren Ausführung sie am 2. Februar ihrem Kloster zwei Hypothekenkapitalien im Gesamtbetrage von 8000 ℳ cedierte.

---

[1] L. 22 D. leg. II. (31).

Bald darauf wurde die Emerentiana ihres Ordensgelübdes wieder entbunden. Nun widerrief sie jene Zuwendung, da sie nach bestehendem Rechte während jener Zeit als tot anzusehen sei: c. 8 C. 16 qu. 1 „quia mundo mortuus est, Deo autem vivit." Der Konvent des Klosters aber war anderer Ansicht und verwies auf l. 54 (56) § 2 C. de episcopis et clericis (1,3).

Wer war im Rechte?

5. Im Jahre 1891 wurde gegen den im Kloster Beuron in Hohenzollern als Mönch sich aufhaltenden Prinzen Edmund Radziwill ein Prozeß auf Zahlung von 12 000 *M* gerichtet. Der Beklagte, der bis zum Jahre 1886 in Ostrowo gelebt hatte, war im Herbst 1887 in das Kloster Beuron eingetreten. Ende der 70er Jahre, als er dem Kloster noch nicht angehörte, hatte der Prinz dem Probst Illig in Schroda mehrere Vollmachten erteilt, für ihn Gelder einzuziehen, vor Gericht aufzutreten, Darlehn aufzunehmen u. s. w. Der Probst ist vor einiger Zeit gestorben, über seinen Nachlaß wurde Konkurs eröffnet. Nun meldete sich der Gutsbesitzer von Geyer mit der Behauptung, der Probst habe bei ihm zu Lebzeiten ein bares Darlehn von 12 000 *M* für den Prinzen aufgenommen. Beklagter beantragte Abweisung der Klage, weil er, nachdem er das Gelübde abgelegt, nicht mehr prozeßfähig sei.

Im Termine machte der klägerische Anwalt geltend, daß Mönche und Nonnen doch handlungsfähig seien, da es staatsrechtlich unzulässig sei, sich freiwillig seiner selbständigen Rechte zu entäußern. Ein Mönch könne zwar vermögens-, aber nicht handlungsunfähig sein. Der Anwalt des Beklagten stellte sich dagegen auf den Standpunkt, daß ein Mönch, der das Gelübde abgelegt habe, bürgerlich tot und der Welt entrückt sei, sich durch bürgerliche Verträge nicht mehr binden könne und unter allen Umständen die Fähigkeit, Prozeßpartei zu sein, verloren habe.

Wie wird das Gericht zu entscheiden haben?

6. Ein Bremser der Eisenbahn in Elsaß-Lothringen ist während der Fahrt ohne eigenes Verschulden verunglückt und dienstunfähig geworden. Die Kaiserliche Generaldirektion jener Eisenbahn hat ihre Schadensersatzpflicht ohne Prozeß anerkannt und sich mit dem Verunglückten auf eine deshalb zu zahlende lebenslängliche Jahresrente von 785 *M* geeinigt.

Nach einigen Jahren hat der Bremser im rechtsrheinischen Bayern einen Mord verübt und ist zum Tode verurteilt, aber zu lebenslänglichem Zuchthaus begnadigt worden, welche Strafe er zur Zeit verbüßt.

Die Eisenbahnverwaltung hat nun klagend das Gesuch gestellt: die Rente für die Dauer der Inhaftierung aufzuheben.

Sie beruft sich auf das Reichs-Haftpflichtgesetz vom 7. Juni 1871, § 7 Abs. 2: „Der Verpflichtete kann jederzeit die Aufhebung oder Minderung der Rente fordern, wenn diejenigen Verhältnisse, welche die Zuerkennung oder Höhe der Rente bedingt hatten, inzwischen wesentlich verändert sind;" — sowie darauf, daß sowohl nach römischem Rechte (§ 1 I. quib. mod. ius pot. 1,12; l. 13 § 1 D. de donat. int. virum et uxorem 24,1), wie nach dem C. C. (Art. 23: „la condamnation à la mort naturelle emportera la mort civile") ein zum Tode Verurteilter und dann (zu deportatio in insulam oder zu Freiheitsstrafe) Begnadigter rechtlich für tot zu erachten sei.

Beklagtischerseits wird die Geltung, wie die Anwendbarkeit dieser Gesetzesbestimmungen bestritten.

Wie ist hiernach zu erkennen?

---

7. In Paris wurde Anfang 1887 eine reiche ältere Dame Marie Regnault in ihrer Wohnung von unbekannter Hand ermordet aufgefunden. Bei ihr hatten nur ihre Kammerfrau Annette Gremeret und deren achtjähriges Töchterchen gelebt, welche beide von dem Verbrecher ebenfalls ermordet wurden. In dem Nachlasse fand sich ein Testament der Dame zu Gunsten des Kindes. Es erhob sich ein Streit zwischen den Verwandten der Regnault und den Erben der Kammerfrau.

Wie würde derselbe nach römischem Rechte zu schlichten sein?

8. Bei einem Eisenbahnunglück kommen ein Vater mit seinem zwanzigjährigen Sohne um das Leben; die Mutter und ein zweiter Sohn leben noch. Der Vater hinterläßt 30 000 ℳ, jener Sohn 300 ℳ.

Wie sind die Erbschaften zu verteilen?

9. Der Arbeiter Bock, welcher in der Eisengießerei von Michaelsen als Former angestellt war, verunglückte bei der Arbeit und starb im Alter von 49 Jahren an der hierbei erlittenen Verletzung.

Der Witwe wurde auf Grund des Reichs-Haftpflichtgesetzes eine Rente zugesprochen, und zwar so lange, als der Verstorbene ohne jede Verunglückung wahrscheinlich noch gelebt haben würde, oder bis zu ihrem frühern Tode.

Nachdem die Rente elf Jahre ausbezahlt worden ist, weigert sich Michaelsen, sie weiter zu bezahlen; und es beruft sich sein Anwalt auf erhobene Klage der Witwe Bock auf l. 68 pr. D. ad leg. Falc. (35,2).

Ist diese Weigerung berechtigt?

Vgl. auch noch l. 8 § 10 D. de transact. (2,15).

10. Der Ackermann Michael Grebe übergab mittels gerichtlichen Anschlagsvertrages vom 25. November 1888 sein gesamtes Vermögen, unter Vorbehalt eines lebenslänglichen Einsitzes und Auszuges seinem Sohne Johannes Grebe; der jüngern Schwester Katharina, verehelichte Ruppel wurde dabei eine Abfindungssumme ausgesetzt. Als Zeitpunkt wirklicher Ausführung der Gutsübergabe, mit welchem die beiderseitigen Verpflichtungen, insbesondere also auch die den Leibzuchtvorbehalt betreffenden des Gutsempfängers, allererst in Kraft treten sollten, war jedoch der 25. Juli 1895 festgesetzt.

Bereits am 23. März 1889 verstarb indessen Michael Grebe, so daß dessen Leibzuchtrechte niemals Wirksamkeit erlangt haben.

Im Jahre 1891 erhebt nun Katharina Ruppel wider ihren Bruder eine Klage auf Ergänzung ihres Pflichtteiles, unter Zugrundelegung einer hier nicht im einzelnen interessierenden Berechnung des Wertes, den das von Michael Grebe übergebene Vermögen gehabt habe.

Der Beklagte giebt diese Wertberechnung an sich als richtig zu, aber er will diesen Gesamtwert um denjenigen Betrag gekürzt sehen, zu welchem die von dem verstorbenen Vater vorbehaltene Leibzucht auf Grund einer Ausmittelung von dessen mutmaßlicher Lebensdauer zu schätzen wäre; und zwar müsse der 25. November 1888, als Tag der gerichtlichen Bestätigung des Übergabevertrages, den Ausgangspunkt dieser Berechnung bilden. Gehe man aber auch vom 25. Juli 1895 aus, und berechne, wie lange von da ab der Verstorbene nach der Vorschrift des corpus iuris mutmaßlich noch gelebt haben würde, so liege — wie im einzelnen ziffermäßig nachgewiesen wird — nach Abzug des vorbehaltenen Einsitzes keine Verletzung des schwesterlichen Pflichtteiles mehr vor.

Dieser Deduktion wird von klägerischer Seite widersprochen: einesteils, weil die Lebensdauer des Erblassers durch dessen am 23. März 1889 erfolgten Tod außer Zweifel gestellt sei, also nicht erst einer, stets nur annähernd richtigen, Ausmittelung bedürfe; andernteils, weil der Leibzuchtvorbehalt durch die Voraussetzung, daß der Erblasser den 25. Juli 1895 erlebe, bedingt gewesen, durch das Ausfallen dieser Bedingung aber ganz in Wegfall gekommen sei.

Es ist Urteil mit Gründen auszuarbeiten.

---

11. Der 1820 geborene X. war 1850 nach Amerika ausgewandert und seit dieser Zeit verschollen. Als 1891 ein Testament eines alten Freundes eröffnet wurde, in welchem dem X. ein Vermächtnis ausgesetzt worden war, beantragten seine Erben gerichtliche Todeserklärung, welche auch 1892 erfolgte. Der Erbe jenes Freundes weigert indessen die Auszahlung des Legates.

Mit Recht?

In einem anderen, sonst gleichen, Falle war das Vermächtnis dem X. schon 1885 angefallen.

Ist dieses von Einfluß auf die zu treffende Entscheidung?

12. Der Geometer Kalb ist 1875 nach Sydney ausgewandert und hat durch Cessionsakt vom 5. Mai 1875 alle seine ausstehenden Forderungen dem Gastwirte Möser abgetreten, darunter auch eine Forderung auf Auszahlung einer Erbschaft seines verstorbenen Bruders beim Tode von dessen hinterlassener Witwe.

Kalb ist seit langer Zeit verschollen. Am 5. Januar 1890 stirbt die Witwe seines Bruders.

Wie steht es mit dem Anspruche des Möser?

13. Die Leunis Eheleute hatten sich in einem wechselseitigen Testamente zu Erben eingesetzt, dabei aber bestimmt, daß das nach dem Tode des Letztlebenden von ihnen noch vorhandene Vermögen halb auf die nächsten Verwandten des Mannes, halb auf die der Frau fallen solle. Die des Mannes waren eine Schwester, zwei Töchter einer verstorbenen Schwester und ein Sohn (A.) eines verstorbenen Bruders, dessen Frau wieder geheiratet und zwei Kinder zweiter Ehe hatte, vor kurzem aber gleichfalls mit Tod abgegangen war. A. war verschollen.

1885 starb Leunis; die Witwe trat freiwillig das Vermögen des Mannes den Erben ab; der den A. treffende Teil wurde von dessen Kurator in Empfang und Verwaltung genommen. Nachdem A. darauf in ordnungsmäßigem Verfahren für tot erklärt worden war, nahmen sowohl seine Halbgeschwister, wie die Verwandten des Leunis den auf A. gefallenen Erbteil des alten Leunis in Anspruch.

Wie war zu erkennen?

14. (15.) Es ist dem A. ein Haus vermacht, und auf den Fall seines Todes B. ihm fideikommissarisch substituiert.

Nach dem Anfalle des Vermächtnisses ist A. verschollen. B., welcher A. für tot hält, klagt nunmehr gegen die als Erben desselben bezeichneten Personen auf Herausgabe des in ihrem Besitze befindlichen Hauses, indem er ihnen über den Tod des A. einen Eid anträgt.

Ist diese Klage an sich zulässig?

15. (16.) Elbe ist von Krailsheim als Erbe eingesetzt und ihm die Pflicht auferlegt worden, nach dem Tode des Daudt die Erbschaft dessen Kindern herauszugeben. Daudt ist in seinem späten Alter verschollen.

Zu welcher Zeit können die Kinder des Daudt die Herausgabe jener Erbschaft fordern?

Wie stände es, wenn Daudt zur Zeit seiner Auswanderung bereits 72 Jahre alt gewesen wäre?

16. (17.) Die Samuel und Eva Pfeil'schen Eheleute, von denen der Ehemann 1811 geboren war, hatten in ihrem 1882 errichteten Testamente sich wechselseitig zu Erben eingesetzt, mit der Verpflichtung, an die Verwandten des Erstversterbenden gewisse Legate abzuführen.

Als die Ehefrau 1887 starb, war der Ehemann bereits mehrere Jahre verschollen. Er ist aber erst 1891 rechtskräftig für tot erklärt worden.

Es fragt sich nunmehr: wie es mit Testament und Erbfolge stehe?

XI.

1. Ein junger Jurist erhält von einem auswärtigen Freunde folgenden Brief mit der Bitte um baldige Auskunft:

„Als unmündiger Seminarist habe ich mich zur Abnahme eines Konversationslexikons schriftlich verpflichtet. Meine jetzigen Verhältnisse gestatten mir eine weitere Abnahme des Werkes nicht. Die verschiedenen Bitten um Aufhebung des Kontraktes sind von der Buchhandlung mit Klagedrohung beantwortet worden.

Kann ich zur Abnahme des ganzen Werkes gezwungen werden?“

2. Der minderjährige Sally Kautz hat unter Genehmigung seines Vormundes dem Hermann Sommer Vollmacht gegeben, mit einem Schuldner des Kautz zwecks endlicher Begleichung der Schuld in Verhandlung zu treten und demselben, wenn er die Hälfte des Ausstandes bar bezahlt, den Rest zu erlassen.

Ehe die Angelegenheit geordnet ist, wird Sally Kautz großjährig und die Vormundschaft erlischt.

Ist dieses auf die erteilte Vollmacht von Einfluß?

3. Karl Sandmann in Darmstadt wird als angeblicher Erzeuger eines unehelichen Kindes von dessen Mutter, Elisabeth Niedner, auf Alimentation in Anspruch genommen, und dieser Anspruch, da es nach einem hessischen Gesetze vom 30. Mai 1821 verboten ist, gerichtlich zu untersuchen, wer der Vater eines unehelichen Kindes sei, auf eine außergerichtliche Anerkennung des Beklagten als Vaters des Kindes (durch Bekenntnis bei der Geburtsanmeldung auf dem Standesamte) gestützt.

Von seiten des Beklagten wird Ungültigkeit der Anerkennung deshalb behauptet, weil Sandmann zur Zeit der Anerkennung minderjährig gewesen sei und deshalb sein Vermögen rechtsgültig nicht habe verpflichten können.

Ist dieser Einwand erheblich?

4. Ein Primaner, welcher, 19 Jahre alt, im Hause seines Vaters lebt, ist von einem Dritten bewogen worden, ihm ohne Vorwissen und Genehmigung des Vaters ein von der Mutter des Schülers ererbtes Bildwerk zu schenken. Später fordert der Schenkgeber das Kunstwerk wieder zurück, wird aber von dem Beschenkten auf l. 141 § 2 D. de V.O. (45,1) verwiesen.

Ein Jurist, den der Primaner nun befragt, meint, daß diese Stelle nach heutigem Rechte nicht mehr gelte, und citiert dafür die Reichs-Polizeiordnung von 1548, Tit. 31 § 1: „. . daß den *Pupillen* und Minderjährigen Kindern, jederzeit, biß sie zu ihren Vogtbaren und Mannbaren Jahren kommen, Vormünder und Vorsteher, so die ihnen von ihren Eltern in Testamenten oder letzten Willen nicht verordnet . . wären, gegeben werden."

Wer hat Recht?

5. B. war dem C. 9 600 *M* schuldig; diese Forderung schenkte C., der später unter Kuratel gesetzt werden mußte, der A., mit welcher er, wie es scheint, in unerlaubtem Verhältnisse stand. Die A., welche damals $20^3/_4$ Jahre alt war, hatte schon vier Jahre vorher das Haus ihres Vaters verlassen, war auf mehreren Bühnen aufgetreten, hatte sich verheiratet, war Mutter geworden und lebte nun geschieden von ihrem Manne. In der Besorgnis, daß die Schenkung anfechtbar sein könnte, schloß sie mit B. ein

Übereinkommen, wonach sie ihm die Forderung für 750 ℳ bar in Form einer Cession erließ.

Sie tritt nun gegen B. mit einer Klage auf Nichtigerklärung der Cession auf, indem sie sich auf ihre Minderjährigkeit beruft; wogegen B. um Abweisung der Klage bittet, unter Anziehung von l. 44 D. de minor. (4, 4).

Entscheidung?

---

6. (11.) Ein Bauer war auf Bezahlung von 300 ℳ verklagt worden, die der Gläubiger an einen Bierwirt zu fordern hatte, für welchen sich der Beklagte in einer Urkunde verbürgt hatte.

Beklagter entgegnete, daß er bei Übernahme der Bürgschaft in hohem Maße betrunken gewesen und dieser trunkene Zustand vom Kläger arglistig dazu benutzt worden sei, um den Beklagten zur Übernahme der Bürgschaft zu veranlassen.

Das Gericht verurteilte, weil nach dem behaupteten Thatbestand die Gesetzesworte von c. 7 C. 15 qu. 1 „nesciunt quid loquantur — iacent sepulti“ nicht erfüllt seien. Cf. auch l. 11 § 2 D. de poenis (48,19); l. 12 pr. D. de custodia etc. (48,3).

Beklagter ergreift Berufung unter Verweisung auf l. 48 D. de reg. iur. (50, 17).

Entscheidung?

7. (12.) Kahlert war im Testamente des Sauer als Legatar bedacht gewesen; Sauer hatte aber durch ein späteres Kodizill das Vermächtnis wieder aufgehoben. Kahlert ficht dies an, weil Sauer damals geisteskrank und willensunfähig gewesen sei.

Das Beweisverfahren ergiebt: daß Sauer an einem Intelligenzdefekte äußersten Grades gelitten habe und altersschwach und stumpf gewesen sei; das Kodizill war ihm von seinem Bruder, dem Testamentserben, vorgeschlagen und aufgesetzt worden, Sauer hatte es nur unterschrieben, obgleich er im allgemeinen gewußt habe, daß er damit dem Bruder alles frei zuwende.

Welches Urteil ist abzugeben?

8. (13.) Ein vom Gerichte aufgenommenes Testament der Witwe Otto wurde von übergangenen Intestaterben angefochten, weil die Erblasserin zur Zeit der Aufnahme ihres letzten Willens totkrank gewesen sei und deshalb der Akt, als *in morbo sontico* errichtet, nicht rechtsgültig sei.

In der Beweisaufnahme versicherte das beim Testamente beteiligte Gerichtspersonal: daß die Witwe Otto zwar krank und schwach, aber doch bei vollem Bewußtsein während des ganzen Testieraktes gewesen sei.

Der als Zeuge vernommene Arzt der Otto gab an, daß er dieselbe, welche nur einige Tage krank gewesen, an einem Unterleibsleiden behandelt habe; daß er unmittelbar darauf, nachdem die Gerichtsdeputation sie verlassen, zu ihr gekommen sei, sie ganz bewußtlos gefunden, daß sie auf keine Frage mehr geantwortet, die Kälte des Körpers stetig zugenommen habe, und ihr Zustand so gewesen sei, daß er ihr Ende für nahe gehalten; welches auch nach einigen Stunden erfolgt sei.

Von den Sachverständigen sprachen sich zwei, darunter der behandelnde Arzt, dahin aus: daß, wenn auch die Testatrix zur Zeit des Testieraktes noch nicht ohne alles Bewußtsein gewesen sei, daher noch dieses oder jenes aus ihr habe herausgefragt werden können, sie doch für unfähig angesehen werden müsse, ihre letzte Willensmeinung in allen ihren Beziehungen und Konsequenzen zu beurteilen. — Der dritte Experte erklärte dagegen: infolge der Krankheit, welche man für eine schon vorgeschrittene Darmentzündung halten müsse, habe eine teilweise Lähmung der Nerven des Unterleibs und demgemäß Erschwerung der Sprache und Atmung eingetreten sein können, ohne daß die Lähmung schon auf die Centralorgane des Nervensystems, namentlich des Gehirns, sich erstreckt habe.

Es sind die rationes dubitandi und decidendi abzuwägen und formuliert gegenüber zu stellen; und ist hiernach der Streitfall abzuurteilen.

9. (14.) Gegen den Exkolonen Rach war wegen Verschwendung von seinem Bruder Antrag auf Entmündigung gestellt und diesem Antrage vom Amtsgerichte stattgegeben worden. Diesen Beschluß ficht Rach durch eine bei dem Landgericht eingereichte Klage an. Sein Anwalt führt aus, daß Rach bei gesunden Geisteskräften sei; der prodigus werde aber im römischen Rechte dem furiosus analog behandelt, cf. l. 1 pr. D. de curatoribus furioso et aliis extra minores dandis (27,10), wo die beiden „curae“ nebeneinander stehen.

Der Beklagte behauptet, daß die Verschwendung an und für sich genüge, auch ohne krankhafte Geistesbeschaffenheit und abnorme Willensschwäche des Verschwenders. Er beruft sich auf l. 12 § 2 D. de tutoribus et curatoribus etc. (26,5).

Wie ist zu erkennen?

10. (15.) Johannes Peppler errichtete während der Zeit, da er wegen Verschwendung unter Kuratel stand, ein Testament. Nach seinem Ableben entspann sich zwischen den von ihm berufenen Erben, als Klägern, und den Intestaterben, als Beklagten, ein Rechtsstreit, der sich um die Frage drehte: ob ein von einem Prodigus während der Zeit seiner Entmündigung errichteter letzter Wille rechtsgültig sei?

11. (16.) X. war wegen Verschwendung entmündigt und unter Vormundschaft gestellt worden. Nach kurzer Zeit verlobt er sich und wünscht zu heiraten. Sein Vormund aber verweigert seine Genehmigung.

Mit Fug?

Cf. l. 20 D. de ritu nuptiarum (23,2); l. 8 C. de nuptiis (5,4). S. auch Reichsgesetz vom 6. Februar 1875, § 39.

12. (17.) Die Scholtheß Eheleute in Fulda hatten sich bei Eingehung ihrer Ehe dem dort geltenden Rechte der allgemeinen Gütergemeinschaft unterworfen, nach welchem eine wahre und ungeteilte Gemeinschaft aller Vermögensrechte unter grundsätzlich alleiniger Verwaltung des Ehemannnes stattfindet.

Der Ehemann Scholtheß wirtschaftete aber schlecht. Er ergab sich dem Trunke und begann, ihr Vermögen zu verschleudern. Deshalb brachte ihn seine Frau zum Abschlusse eines Vertrages, wonach ihr nicht nur — wie schon gesetzliche Vorschrift — bei der Veräußerung von Immobilien, sondern bei jeder größern sonstigen Versilberung oder Verpfändung ein Einspruchsrecht zustehen sollte.

Aber auch dieses erwies sich nicht als genügender Schutz gegen den durch Faulheit und Verschwendungssucht des Scholtheß drohenden Vermögensverfall. Und als wiederum ein halbes Jahr verflossen, bewirkte die Ehefrau einen zweiten schriftlichen Vertrag, durch welchen unter Aufhebung jenes frühern, Scholtheß auf das Recht der Verwaltung des ehelichen Vermögens vollständig und unwiderruflich verzichtete und die Verfügung über dasselbe seiner Ehefrau allein überließ.

Welche rechtliche Wirksamkeit hatten die angegebenen Verträge für die Handlungsfähigkeit der Kontrahenten?

---

13. (18.) Ein Ehemann war in A. wohnhaft; er starb am 6. Februar. Seine Witwe wird krank und begiebt sich nach B. in ärztliche Behandlung. Nach einigen Monaten beschließt sie, bei anscheinender Besserung, nach dem gesundern Orte C. überzusiedeln. Sie läßt durch einen Bekannten dortselbst eine Wohnung mieten und ihre Möbel am 10. Oktober nach C. schaffen. Im Begriffe, dorthin abzureisen, stirbt sie am 16. November.

Bei welchem Gerichte (in A. oder B. oder C.) kann ihr Testament angefochten werden?

C.P.O. § 28: „Klagen, welche Erbrechte . . zum Gegenstande haben, können vor dem Gerichte erhoben werden, bei welchem der Erblasser zur Zeit seines Todes den allgemeinen Gerichtsstand gehabt hat.“ — § 13; „Der allgemeine Gerichtsstand einer Person wird durch den Wohnsitz bestimmt.“

14. (19.) An welchem Orte haben nachstehende Personen ihr Domizil?

a) Ein „Sachsengänger“ (Taglöhner, welche für den Lauf des Sommers, von dem Osten herkommend, auf landwirtschaftlichen Gütern, besonders der Provinz Sachsen, in Arbeit gehen.)

b) Zwei Ehegatten, welche zufolge getroffener Übereinkunft dauernd faktisch getrennt leben.

c) Ein Geisteskranker, der wegen unheilbaren Wahnsinnes von seinem Geburtsorte weg in eine Irrenanstalt verbracht wird.

d) Ein Offizier, der einem in Mainz garnisonierenden Regimente angehört und für die Dauer einer dienstlichen Verwendung in Deutz wohnhaft ist, — entweder seine Familie mitnehmend oder sie in Mainz zurücklassend.

e) X., welcher 1878 als Professor an der Königlichen technischen Hochschule zu Berlin angestellt worden ist, nachdem diese vom 1. Oktober 1884 in den Neubau auf dem Hippodrom im Stadtbezirke Charlottenburg verlegt worden ist; während X. mit Erlaubnis seiner vorgesetzten Behörde seine Wohnung in Berlin beibehalten hat.

15. (20.) Arenz wird beim Amtsgericht Halle a. S. von Herz auf Bezahlung einer Warenschuld von 280 ℳ verklagt, schützt aber Unzuständigkeit des Gerichts vor, weil er in Weimar wohne und sich dermalen nur besuchsweise bei seiner in Halle a. S. einen selbständigen Handel betreibenden Ehefrau aufhalte.

Ist der Einwand begründet?

16. (21.) Die Ehefrau Lauber in Kirchgöns klagt gegen ihren Ehemann auf Rückkehr zu ihr, weil sich derselbe, obgleich in dem Ehevertrag bestimmt gewesen: „ihren Wohnsitz nehmen die jungen Eheleute in Kirchgöns bei dem Vater der Braut“, doch von hier weg nach Dornholzhausen, seinem frühern Heimatsort, begeben habe.

Der Beklagte wendet ein, daß er als Ehemann den Wohnsitz zu bestimmen und beliebig zu verändern berechtigt sei; und verlangt zugleich widerklagend, daß die Frau sich zu ihm nach Dornholzhausen zu begeben verurteilt werde.

Entscheidung?

17. (22.) X. ist in Hamburg als ehelicher Sohn eines dortigen Kaufmannes am 21. Januar 1869 geboren. Am 1. Oktober 1885 tritt er als Einjährig-Freiwilliger in Marburg i. H. ein. Am 1. Oktober 1886 bezieht er die technische Hochschule in Braunschweig für $2^1/_2$ Jahr; um dann eine Lehrstelle in einem Bremenser Exportgeschäft anzunehmen, in welcher Stellung er bis 1. Dezember 1889 verbleibt. An diesem Tage geht er im Auftrage seines Hauses nach Melbourne in eine Zweigniederlassung desselben. Im Januar 1891 zurückgekehrt, erhält er eine Anstellung in einem Handlungshause in Lübeck.

a) Welche Domizile hat X. gehabt?
b) Wo war im Herbst 1892 sein Unterstützungswohnsitz? Was hätte hierüber zwei Jahre später gegolten?
c) Welche Staatsangehörigkeit besitzt er?
d) Wie wäre es damit, wenn er in Australien das Bürgerrecht erworben hätte?
e) In welcher Zeit würde nach römischem Rechte ein ihm von seinem Vater in Hamburg zugefallenes Grundstück von einem Dritten ersessen werden können?

18. (23.) Ein Bruder des Vorigen, geboren am 3. Mai 1858, beabsichtigte Mitte der siebziger Jahre gänzlich nach Amerika auszuwandern.

a) Hatte er ein Recht auf Entlassung?
b) Er kehrt im Sommer 1892 nach Deutschland zurück und will wieder Deutscher werden: Welcher Rechtsakt steht da in Frage? Hat er ein Recht auf dessen Vornahme? Überall, oder nur in Hamburg?

19. (24.) Ein Mann, ursprünglich Deutscher, lebte seit 1868 in Schweden. 1874 wurde ihm ein Sohn geboren. 1889 ist er von Schweden nach Holland gezogen.

Würde nun, wenn der Vater jetzt das holländische Bürgerrecht erwürbe, der Sohn in Bezug auf seine Militärpflicht als Schwede oder als Holländer angesehen oder von Deutschland aus in Anspruch genommen werden?

20. (25.) Anfrage an einen Rechtsanwalt:

„Militärpflichtig war ich in Preußen und stellte mich in der

Kreisstadt Bitterfeld in der Provinz Sachsen. Mit einem preußischen Heimatscheine, der nur auf ein Jahr gültig war, und den ich nie prolongieren ließ, ging ich 1870 nach Ostindien. 1878 kehrte ich zur Erholung nach Deutschland zurück, verheiratete mich in Bayern und reiste wiederum 1879 nach Ostindien. Diesmal war ich mit einem preußischem Reisepaß versehen, den ich durch Vermittelung des Bürgermeisters in Düben, wo mein Vater ansässig war, vom Landrate des Kreises Bitterfeld erhielt. Ohne irgend welche Legitimationspapiere hielt ich mich wieder 1889 in Bayern auf und ließ bei meiner Abreise nach Ostindien zwei meiner Mädchen in Erlangen zur Erziehung zurück.

Jetzt nun, nach Verlauf von zwei Jahren verlangt der Magistrat von Erlangen für meine beiden Töchter einen Heimatschein. Von wem soll ich einen solchen einfordern? Welche Heimat und Staatsangehörigkeit besitze ich nun eigentlich? Und wie steht es in dieser Hinsicht mit meinen beiden Töchtern?"

XII.

1. Wer ist in den kommenden juristischen Thatbeständen das berechtigte Subjekt?

a) Abonnement auf eine Zeitung bei dem Kaiserlichen Postamt Nr. 4 in Halle a. S.

b) Einem Jägerbataillone werden Fahnen verliehen; — das Offizierkasino eines bestimmten Regimentes schafft für seine geselligen Räume eigene Möbel an.

c) Durch freiwillige Sammlungen werden Mittel zur Erbauung eines Diakonissenhauses aufgebracht, in welchem Diakonissinnen ausgebildet und Kranke aufgenommen und verpflegt werden sollen.

d) „Ausschreiben. Die Domäne Salza soll vom 1. April 1893 bis dahin 1911 verpachtet werden... Die Pachtbedingungen liegen in unserer Domänen-Kontrolle im Regierungsgebäude hier zur Einsicht aus . . . Erfurt, 7. April 1892. Königliche Regierung. Abteilung für direkte Steuern, Domänen und Forsten."

e) Reichsbanknebenstelle; — Kreiskasse des Saalkreises; — Königliche Bibliothek der Universität; — die Gräflich von Zech'sche Renteinnahme zu Gosek.

f) (g) A. bedingt sich beim Verkaufe von Grundstücken aus, daß für alle Zeiten die Besitzer des verbleibenden Stammgutes das Gang- und Fahrtrecht über das verkaufte Areal haben sollen.

g) (k) Eine Studentenverbindung erwirbt ein Haus: entweder auf den Namen eines frühern Mitgliedes; — oder der Vereinigung der gesamten früheren Mitglieder; — oder des studentischen Vereins selbst; — oder einer besonders zu jenem Zwecke gegründeten Aktiengesellschaft.

h) (l) X. hinterlässt letztwillig der Redaktion einer Zeitung eine Summe, um in dauernder Weise deren Erträgnisse zu gewissen politischen Zwecken zu verwenden.

i) * Der 1894 verstorbene Graf Schack hatte vor etwa 20 Jahren den Entschluß geäußert, seine berühmte Gemäldegallerie „der Stadt Straßburg" letztwillig zuzuwenden. Aus Verdruß über die unpatriotische Haltung der dortigen Protestler unterließ er es und wollte sie nun „dem Deutschen Reiche" überweisen, soll aber bedeutet worden sein, daß dies juristisch nicht möglich sei. So vermachte er sie „dem deutschen Kaiser."

k) (m) Ein ungarischer, der liberalen Partei angehöriger Abgeordneter hat beschlossen, eine in ihrer Art einzige Stiftung zu errichten. Er bestimmt dafür ein Kapital von 150 000 Gulden und eine schöne Villa auf dem Svabhegy. Das Erträgnis des ersteren, sowie die Benutzung der Villa sind jeweilig für den besten lebenden ungarischen erzählenden Schriftsteller bestimmt, der bis an sein Lebensende diese Nutznießung behält. Wer dies sei, hat von Fall zu Fall eine Jury zu entscheiden, welche aus je zwei Mitgliedern der Akademie, der Kisfaludy- und der Petöfi-Gesellschaft und zwei namhaften Verlegern besteht; die Jury wählt mit Stimmenmehrheit einen Präsidenten.

l) (n) Ein in Mariahilf verstorbener Wundarzt Kehrer hat in seinem Testament u. a. folgende Bestimmung getroffen: „§ 4. Zu Erben meines Nachlasses ernenne ich die armen, alten Leute in Wien, zu Händen des Herrn Bürgermeisters von Wien, welcher über meinen Nachlass in dieser Richtung ganz nach Gutdünken zu verfügen berechtigt sein soll." Außer zwei Häusern sind noch Wertpapiere und Sparkassenbücher, letztere im Werte von 140 000 Gulden, im Nachlaßvermögen vorhanden.

2. Der verstorbene K. S. hat in seinem Testamente 500 000 ℳ mit der Bestimmung gestiftet, daß die Erträgnisse dieser Summe

unter „den alten, armen, arbeitsunfähigen Männern der Stadt G.“ zu verteilen seien; „daß aber das Geld der städtischen Armenkasse in keiner Weise zu gute kommen solle.“

Es fragt sich:

a) Wie ist diese Verfügung rechtlich aufzufassen und zu verwirklichen?

b) Wer ist legitimiert, die Klage gegen die Erben des Stifters auf Vollzug jener testamentarischen Verfügung anzustellen?

c) Wer hat für die Verwaltung des Kapitals und die Verteilung der Erträgnisse zu sorgen?

Cf. l. 28 C. de ep. (1, 3); l. 48 (49) eod.; Nov. 131 c. 10, 11.

3. Velten besaß eigentümlich ein Hofgut, mit welchem eine Berechtigung auf Holzlieferungen aus den fiskalischen Forsten verbunden war. Dieses Gut veräußerte er an die Königliche Eisenbahndirektion Hannover, und diese verkaufte es später an den Ackermann Sell. Dieser erfährt nachmals von dem frühern Rechte des Hofes auf Holzlieferungen und nimmt nun diese Berechtigung der Königlichen Forstverwaltung gegenüber in Anspruch. Dieselbe erwidert, daß das Recht durch den Kauf des Gutes seitens der Direktion doch wohl erloschen sei.

Entscheidung?

4. Bei einem Rechtsanwalte läuft folgende schriftliche Anfrage ein:

„Durch Zuwendung einer wohlhabenden Witwe kam im vorigen Jahre die hiesige Stadtgemeinde in Besitz und Genuß einer „Witwenstiftung für bedürftige und würdige Witwen in Eilenberg“, mit einem Stiftungskapital von 4000 ℳ, dessen Zinsen alljährlich verteilt werden sollten. Nun werden uns plötzlich 4 % Erbschaftssteuer von dieser ausgesetzten Summe abgefordert, wodurch ein Genuß, der vom Todestage der Witwe eintreten sollte, ganz illusorisch wird, d. h. für dieses Jahr.

Ist überhaupt eine solche wohlthätige Stiftung oder deren Vermögen erbschaftssteuerpflichtig? Kann nicht vielleicht, wenn vorstehende Frage bejaht wird, die für die Stiftung geforderte Steuersumme (160 ℳ) den anderen Erben der Witwe auferlegt werden?“

Der Anwalt schlägt nach und findet folgende Gesetzesbestimmungen, deren allgemeine rechtliche Bedeutung festzustellen, und deren Anwendung auf den vorliegenden Fall vorzunehmen ist:

Preußisches Gesetz, betreffend die Erbschaftssteuer, vom 30. Mai 1873.

§ 3: „Vermögen, welches zur Begründung einer angeordneten oder einem Erben aufgetragenen Stiftung gewidmet ist, wird hinsichtlich der Versteuerung ebenso behandelt, als ob dasselbe der schon begründeten Stiftung angefallen wäre . .“

§ 4: Sind ohne Begründung einer Stiftung Zuwendungen zu milden gemeinnützigen oder öffentlichen Zwecken angeordnet oder einem Erben Leistungen zu gleichen Zwecken aufgetragen, so werden dieselben hinsichtlich der Versteuerung ebenso behandelt, als ob zu demselben Zwecke eine Stiftung im Betrage der Zuwendung beziehungsweise Leistung angeordnet wäre. — Die auf solche Zuwendungen entfallende Steuer ist von den mit der Zuwendung Belasteten zu entrichten und kann, wenn dieserhalb keine andere Anordnung getroffen ist, auf die Zuwendung beziehungsweise Leistung selbst angerechnet werden.“

Tarif. — „Von der Erbschaftssteuer befreit ist: 2. jeder Anfall, welcher gelangt an: g) öffentliche Armen-, Kranken-, Arbeits-, Straf- und Besserungsanstalten; ferner Waisenhäuser, vom Staate genehmigte Hospitäler und andere Versorgungsanstalten oder andere milde Stiftungen, welche vom Staate als solche ausdrücklich oder durch Verleihung der Rechte juristischer Personen anerkannt sind.“

5. Der Kaufmann Kunz hatte sich 1886 auf dem Verbandstage der Vereine „Kreditreform“ für den Fall, daß er sich gewisse Handlungen zu schulden kommen lassen sollte, verpflichtet, eine bestimmte Konventionalstrafe zu zahlen. Der damalige Geschäftsführer des Vereins, Reinhardt, schloß, weil die Vereine und der Verband derselben keine juristische Persönlichkeit hatten, den Vertrag mit Kunz nicht als Vertreter des Verbandes, sondern in der Weise, daß der Anspruch auf die Konventionalstrafe dem jedesmaligen Geschäftsführer des Vorort-Vereins für seine Person zustehen sollte.

Als später Kunz gegen die Vertragssatzung sich verging, klagte Pleischer, ein Amtsnachfolger des Reinhardt, die Konventionalstrafe ein.

Es fragte sich: Lag in jenem Abkommen ein rechtsgültiger und vollwirksamer Vertrag vor? Und wie ist derselbe des näheren juristisch zu charakterisieren?

6. Am 25. Oktober 1742 errichtete der Geheime Medizinalrat Dr. Friedrich Hoffmann zu Halle a. S. ein weitläufiges Testament, in welchem es im § 20 hieß:

„Da ich auch auf meinem Erb- und Geschlechtsbogen auf dem Gottesacker allhier ein vieles gewendet, und ein *monumentum* allda aufrichten lassen, mithin nicht gerne wolte, daß solches, wie es bey *alienationibus* leider geschiehet, *ruini*ret werde; So verordne ich hiemit, daß dieses Erb-Begräbniß je und alle Wege zwar vor meine alhier lebende *Descendenten* als ein Hoffmannisches Erb-Begräbniß verbleiben, und dieselben bey Ihren Absterben darinn Ihre Ruhestatt haben sollen, jedoch so ferne keines von meinen *Descendenten* alhier wohnhafft, will ich in solchem Fall und so lange sich niemand davon alhier befindet, die hiesige *Löbl. Medicini*sche *Facultät* dergestalt *substitu*iret haben, daß wenn daraus, jedoch nur von *Professoribus Medicinae* männlichen Geschlechts jemand versterben solte, desselben Leichnam darin geleget werden solle, jedoch ohne eintzige Veränderung meiner und meiner Erben angehenden *epitaphiorum* und *inscriptionum*. Und habe ich dagegen zu erwaehnter *Löbl. Facultät* das Vertrauen, Sie werde auf die *conservation* dieses immerwährend zu benennenden Hoffmannischen Erb-Begräbnisses, auch meines und der meinigen *monumentorum* ein beständiges Aufsehen haben und löblich übernehmen, wie ich denn alle künfftige Herren *Professores* in dieser *Facultät* deshalb hiemit noch dienstlich ersuchet haben will."

Wie ist diese Verfügung juristisch aufzufassen? Welche Rechtsfolgen knüpfen sich an dieselbe? Wer ist nun hinsichtlich des „Geschlechts-Bogens" das berechtigte Subjekt?

7. (8.) Das Dorf Wallenrod hat sich vor vielen Jahren mit den Freiherrn Riedesel zu Eisenbach über eine Verpflichtung zur Brennholzlieferung an die Einwohner von Wallenrod vergleichsweise dahin geeinigt, daß jeder Hausbesitzer jährlich zwei Stecken Buchenholz und zwei Stecken Tannenholz gegen Zahlung des Hauelohnes — das Schulhaus aber, wegen mehr zu heizender Räume, vier Stecken — erhalten solle.

Vor kurzem wurde ein neues Schulhaus nötig; und es tauscht die Gemeinde das seitherige gegen die Hofraite des Adam Sippel um, die sie zu einem Schulhaus umbaut.

Jetzt beansprucht Sippel für sein Haus die erwähnten vier Stecken Brennholz; das „Schulhaus" sei keine juristische Person, sondern berechtigt seien die einzelnen Gehöfte und ihre jeweiligen Eigentümer; — wogegen die Gemeinde behauptet, daß sie als Korporation den Freiherrn gegenüber berechtigt sei und frei bestimmen könne, wie sie das Holz verteile.

Entscheidung?

8. (9.) Gegen Ende des vorigen Jahrhunderts wurde in Bamberg unter Mitwirkung der Gewerbemeister eine Einrichtung getroffen, deren Zweck darin bestand, den Lehrlingen und Gehilfen im Falle der Erkrankung eine entsprechende Pflege und Heilung zu verschaffen. Die hierfür entworfenen Statuten wurden von dem Fürstbischof Franz Ludwig von Erthal genehmigt.

Nach dem Reichsgesetz über die Krankenversicherung vom 15. Juni 1883 konnte der ursprüngliche, in § 1 der Statuten ausgedrückte Zweck dieses „Institutes kranker Handwerksgesellen“ nicht mehr erreicht werden. Die Gewerbemeister beschlossen daher in einer der während der Jahre 1885—86 abgehaltenen sog. Generalversammlungen, den erkrankten Gesellen anstatt der Pflege eine Geldunterstützung zukommen zu lassen.

Dies veranlaßte drei Handwerksgesellen in Bamberg, Klage gegen das Institut zu erheben, mit dem Antrage: festzustellen, daß die sog. Generalversammlung der Meister den Zweck des Instituts nicht ändern könne.

Der satzungsgemäße Vorstand schützt Unzulässigkeit des Rechtsweges vor, unter Berufung auf das bayerische Gesetz über den Verwaltungsgerichtshof vom 8. August 1878, Art. 8: „Verwaltungsrechtssachen im Sinne dieses Gesetzes sind . . . 35. Rechtsansprüche auf den Genuß oder Mitgenuß von Stiftungen; Rechte in betreff der Stiftungsverwaltung und der Verleihung des Stiftungsgenusses.“

Die klagende Partei bezeichnet dagegen das Institut als Korporation der Meister. Aber auch wenn man es als eine örtliche Stiftung eines durch eine bestimmte Anzahl von Personen verwalteten Zweckvermögens, das durch Vermächtnisse und Schenkungen vermehrt worden sei, auffassen wolle, so sei doch die Grundlage das „Zweckvermögen“, das nach richtiger Theorie dasselbe sei, wie die juristische Person; dieses Zweckvermögen sei dann mit einer Auflage belastet, mit nichten aber liege eine eigene selbständige Person einer „Stiftung“ vor.

Wie ist zu erkennen?

XIII.

1. Welchen Rechtscharakter tragen nach gemeinem Rechte folgende Vereinigungen?

a) Ein auf Gegenseitigkeit gegründeter Vieh-Versicherungsverein unter einem Gesamtnamen; der Austritt von Mitgliedern soll nach den Satzungen für das Weiterbestehen des Vereins gleichgültig sein, vielmehr soll derselbe „bis zur Selbstauflösung existieren". Nach vorzunehmender Anmeldung bei der Polizei soll der Vorstand den Verein in allen Rechtsverhältnissen, insbesondere auch den Behörden gegenüber vertreten.

b) Elf Schiffsleute haben sich, ohne die Absicht, einen Gewinn zu ziehen oder zu spekulieren, miteinander verbunden, um die durch die Gefahren der Schiffahrt Einem oder dem Andern von ihnen drohenden Verlust gemeinschaftlich zu tragen. Zu diesem Behufe wurden von ihnen Einlagen zu einem gemeinsamen Grundstock zusammengeschossen und verabredet, daß das etwa Fehlende durch außerordentliche Zuschüsse aller Verbundenen gedeckt werden sollte.

c) Drei zu einem Schulverbande vereinigte Gemeinden haben auf gemeinschaftliche Kosten ein Schulgebäude errichtet und unterhalten dasselbe zu ihren gemeinsamen Schulzwecken.

d) Ein Hagel-Versicherungsverein, welcher von der Behörde genehmigt worden war, und bei dem durch sog. Plenarversammlungen Beschlüsse über die auszuschreibenden Beiträge und dergleichen Fragen gefaßt und von dem Vorstande ausgeführt werden; wobei den Mitgliedern freies Austrittsrecht mit Kündigungsfrist zusteht.

e) Mehrere Kapitalisten haben sich geeinigt, ohne eine gemeinschaftliche Firma anzunehmen, Flußdampfschiffe auf gemeinsame Rechnung anzuschaffen und damit den Transport von Frachten und die Beförderung von Personen auf der Weichsel zu betreiben. In dem Vertrage wurden drei Personen beauftragt und ermächtigt, namens der Gesellschaft die Dampfboote zu erwerben, die Besatzung zu engagieren und alles zum Betriebe der Beförderung der Frachten und Personen Erforderliche vorzunehmen.

2. Anfrage eines Geistlichen bei seinem Rechtsbeistande:

„Der hiesige evangelische Männer- und Jünglingsverein, dessen stellvertretender Präses ich bin, bedarf zu seiner weitern Entwickelung der Rechte einer juristischen Person. Wie kann dieses erreicht werden; und welche Schritte haben wir dieserhalb zu thun?"

3. Der „Börsenverein der deutschen Buchhändler in Leipzig" ist eine, auf Grund des sächsischen Gesetzes, die juristischen Personen betreffend, vom 15. Juni 1868, mit juristischer Persönlichkeit ausgestattete Genossenschaft. Die Mitglieder derselben können nach den Statuten, bei geflissentlicher Nichtbeachtung satzungsgemäßer Verfügungen des Vorstandes, in einem näher vorgeschriebenen Verfahren durch Beschluß der Hauptversammlung, zu dessen Gültigkeit eine Mehrheit von zwei dritteln der abstimmenden Mitglieder erforderlich ist, aus dem Vereine ausgeschlossen werden.

Der Buchhändler Ehlers ist nach Maßgabe dieser Bestimmungen ausgeschlossen worden. Er klagt nun auf Anerkennung, daß diese Ausschließung zu Unrecht erfolgt sei, und erbietet sich zum Beweise, daß er die ihm zur Last gelegten Verstöße gegen die Satzungen in der That nicht begangen habe.

Beklagte bestreitet die Zulässigkeit der erneuten Nachprüfung durch das Gericht, das keine Instanz über den Beschlüssen der Hauptversammlung sei.

Wie wird das Gericht zu befinden haben?

4. Vereinssatzungen:

§ 1. Der am 8. Dezember 1864 in A. (im Gebiete des Pandektenrechtes) konstituierte Verschönerungs-Verein hat den Zweck, für die Verschönerung . . . zu wirken.

§ 2. Mitglied des Vereins kann jeder werden, der jährlich zu den Vereinszwecken mindestens drei Mark zahlt.

§ 3. Die Organe des Vereins sind die Generalversammlung und der Vorstand.

Die Generalversammlung ist mindestens zweimal des Jahres einzuberufen.

Sie wählt den Vorstand.

§ 4. Der Vorstand, das ausführende Organ des Vereins, besteht aus sieben Mitgliedern.

Der Vorsitzende vertritt den Verein und den Vorstand, auf dessen Namen die Rechtsgeschäfte abgeschlossen werden, ausschließlich als dessen Syndikus in allen Prozessen, die derselbe als Kläger oder Beklagter zu führen haben sollte.

§ 5. Bei Auflösung des Vereins fällt dessen etwaiges Vermögen der Stadt A. unter der Bedingung zu, daß es zu Verschönerungszwecken verwandt wird.

Sie darf beschlossen werden, wenn das Jahreseinkommen des Vereines die Höhe von dreihundert Mark nicht mehr erreicht.

§ 6. Zur Statutenänderung sind die Stimmen von zwei dritteln der in der Generalversammlung anwesenden Stimmberechtigten erforderlich, für die Auflösung des Vereines aber drei viertel der Stimmen.

Fragen:

a) Was liegt hier juristisch vor?
b) Wer haftet den Gläubigern des Vereins?

c) Wie ist der Eintritt neuer Mitglieder aufzufassen?
d) Wie ist der Vorstand zu wählen; insbesondere bei Meinungsverschiedenheiten der Mitglieder?
e) Von wem ist eine etwaige Prozeßvollmacht auszustellen?
f) Wer hat bei Miet- und Pachtverträgen zu Zwecken des Vereins mitzuwirken?
g) Durch wen wird die Person des Vorsitzenden bestimmt?
h) Was ist in § 5 Abs. 1 gegeben?
i) Kann die Generalversammlung nicht gegen § 5 Abs. 2 handeln?
k) Steht § 6 mit den entsprechenden gemeinrechtlichen Sätzen im Einklang?

5. In der Gemeinde Meerholz bestanden 45 Gemeindenutzungsberechtigte. Der fragliche Gemeindenutzen wurde nach privatrechtlichen Grundsätzen erworben, verkauft, vererbt u. s. w. Zu dem Gemeindenutzen gehörte auch die Berechtigung auf Bauholz aus dem Gemeindewald. Seither hatte jedes Mitglied, das bauen wollte, auf Anmeldung Holz zugewiesen erhalten. 1884 faßten die Gemeindenutzungsberechtigten einen Mehrheitsbeschluß, wonach das verfügbare Bauholz nicht mehr an einzelne nach dem jeweiligen Bedürfnisse abgegeben, sondern alljährlich verkauft und der Erlös verteilt werden sollte. Die Minderheit von drei Mitgliedern fühlt sich verletzt und klagt.

Rechtsfolgen?

6. In Hassenheim bestand eine Korporation von 19 Mitgliedern zum Zwecke der Erbauung und Unterhaltung von mehreren Schleusen. Als nach einigen Jahren Neubauten im Flusse nötig wurden, beantragte ein Teilnehmer in einer Versammlung aller Beteiligten, daß zwei Mitglieder ihre den Schleusen zunächst gelegenen Grundstücke zum Behufe jener Bauten hergeben sollten. Dieser Antrag wurde mit allen Stimmen gegen diejenigen der beiden Betroffenen zum Beschlusse erhoben. Letztere wollen sich dem Beschlusse nicht fügen.

Entscheidung?

7. Zwei Mitglieder einer Gewerkschaft neuen Rechtes haben gegen die Gesellschaft geklagt auf Aufhebung eines Gewerkschaftsbeschlusses, durch welchen dem Grubenvorstand mit Stimmenmehrheit Decharge über die Rechnung von 1887 erteilt worden war, weil die Rechnung legenden Vorstandsmitglieder in ihrer Eigenschaft als Mitgewerke für Entlastung mitgestimmt hatten.

Von beklagtischer Seite wird entgegnet, daß das hier maßgebliche preußische Berggesetz vom 24. Juni 1865 keine Bestimmung aufweise, die ein besonderes Verbot gegen solches Mitstimmen der im Vorstande sitzenden Gewerke enthalte; aus allgemeinen Grundsätzen der Lehre von den juristischen Personen folge es nicht, da Korporation, Mitglieder und Vorstand dreifach verschiedene Rechtssubjekte seien. Kläger hätten sich nur — was sie nicht gethan haben — auf den § 115 des angeführten Berggesetzes berufen können: „Binnen einer Präklusivfrist von vier Wochen, vom Ablaufe des Tages, an welchem ein Gewerkschaftsbeschluß gefaßt ist, kann jeder Gewerke die Entscheidung des ordentlichen Richters, in dessen Bezirk das Bergwerk liegt, darüber, ob der Beschluß zum Besten der Gewerkschaft gereiche, anrufen und gegen die Gewerkschaft auf Aufhebung des Beschlusses klagen."

Wie ist zu urteilen?

8. Kaufmann Lindeker schreibt seinem Anwalte:

„Im Mai dieses Jahres ist der Vorstand der hiesigen Vorschußkasse e. G. gewahr geworden, daß die Kasse ein bedeutendes Defizit hatte. Er hat dieses verheimlicht, um dem betrügerischen Rendanten in aller Stille, was für den Verein ja auch das Beste war, den Raub, soweit noch vorhanden oder von dem Rendanten gutwillig zu erlangen, abzunehmen.

Am 8. September bin ich Mitglied des Vereins geworden, ohne eine Ahnung von jenem Thatbestande zu haben, ich habe alles erst später erfahren. Am 5. November wird der Rendant verhaftet, und jetzt, Anfang Dezember, kommt es zum Konkurse unserer Kasse.

Bin ich verpflichtet, einen Beitrag zur Deckung des Defizits, so, wie jedes andere Mitglied, zu zahlen?"

9. (10.) Eine Korporation ist in Vermögensverfall geraten. Ein Mitglied beruft endlich eine Generalversammlung, in welcher fast alle Mitglieder erscheinen, obgleich die Einladung erst am Vormittage ergangen war, während die Statuten vorschreiben, daß zwischen Einberufung und Abhaltung 24 Stunden liegen müssen. In der Versammlung wird nun ein Ausschuß gewählt, welcher auch sofort in Thätigkeit tritt, Kapitalien leihweise aufnimmt, Schuldner der Korporation verklagt u. s. w.

Hierbei ereignet es sich, daß einer der verklagten Schuldner die Einrede der mangelnden Aktivlegitimation vorschützt.

Es ist über dieselbe zu entscheiden.

---

10. (11.) Im Jahre 1409 schloß die Stadt Alsfeld in Hessen mit dem Stephansstift zu Mainz einen Vergleich ab, wonach sie versprach, einen infolge übernommener landesherrlicher Verpflichtung entstandenen Rückstand von 470 Gulden in bestimmten Jahreszielen mit je 50 Gulden zu bezahlen.

Da sie ihrem Versprechen nicht nachkam, wurde sie bei dem Kaiserlichen Hofgericht verklagt und in contumaciam verurteilt; worauf am 19. September 1418 Kaiser Sigismund von Ulm aus anordnete: „daß Wir von Römischer, Königl. Macht und Gewalt die Bürgermeister, Schöffen, Rat und Bürger gemeinlich, Mannsgeschlecht und über vierzehn Jahr alt, zu Alsfeld in unsere und des Reiches Acht gethan und gekündet . .“

Welcher eigentümliche Rechtsgrundsatz ist hier befolgt und zur Durchführung gebracht? Findet sich derselbe im römischen oder im heutigen gemeinen Rechte?

11. (12.) An wen kann sich in den folgenden Fällen der Geschädigte halten?

a) Die Generalversammlung einer Korporation beschließt, einen Dritten durch unerlaubte Drohungen zum Abschlusse eines Geschäftes zu bewegen.

b) Der Schaffner einer Eisenbahn schädigt einen Reisenden durch falsche Auskunft; — oder er unterschlägt liegen gebliebene Gepäckstücke des letztern.

c) Ein Bote einer Privat-Stadtbrief-Beförderungsanstalt, einer Gesellschaft mit juristischer Persönlichkeit, bringt nachlässiger Weise Briefe an falsche Adresse oder besorgt sie gar nicht.

d) Der Verwaltungsrat einer Stiftung schließt für sie einen Kaufvertrag ab und betrügt dabei den Käufer.

e) Eine Korporation hatte sich zur gewerbsmäßigen Beförderung von Waren mittels Schleppschiffahrt gebildet. Durch schuldhaftes Benehmen einiger ihrer angestellten Schiffer entsteht Schaden an den zum Transporte übergebenen Gütern.

12. (13.) Durch den Bau einer Eisenbahn war die Verlegung einer Staatsstraße und zu diesem Zwecke die Wegsprengung eines Felsens nötig geworden. Durch die Sprengungen, welche von dem Königlich preußischen Regierungsbauführer Canegießer angeordnet worden waren, haben wiederholt Sprengstücke das dem Klar gehörige Wirtshaus, einmal auch den darin befindlichen Klar selbst getroffen. Klar beschwerte sich bei Canegießer; allein auf Verfügung dieses letzteren wurden die Sprengungen und dabei weitere Beschädigungen trotzdem fortgesetzt; sogar in der Weise — wie sich später herausstellte —, daß überhaupt keine nötigen Vorsichtsmaßregeln bei der Vornahme der Sprengungen getroffen wurden.

Wen kann nun Klar wegen des ihm zugefügten Schadens belangen: den Bauführer; — die sprengenden Arbeiter; — die Unterbeamten, welche die Anordnung des Bauführers in der gedachten Art ausführten; — den Fiskus; — irgend einen der Genannten nach seiner Wahl; — oder den Fiskus subsidiär, hinter anderen?

---

13. (14.) Einer in Darmstadt von Privatleuten unter dem Titel „Witwen- und Waisen- und Sterbekasse-Verein" gegründeten Gesellschaft war von der Staatsregierung die Genehmigung erteilt und ihr zugleich die Eigenschaft einer juristischen Person verliehen worden.

Die Mehrheit der diese Gesellschaft bildenden Personen sah sich nach Verlauf einiger Jahre veranlaßt, die Gesellschaft aufzulösen und dann gegen die Minderheit auf Teilung des gemeinschaftlichen Vermögens zu klagen.

Der Klage wurde entgegengesetzt, daß die zur Auflösung nach gemeinem Rechte erforderliche Genehmigung der Staatsregierung noch nicht eingeholt worden sei und deshalb der Verein noch nicht als aufgelöst betrachtet werden könne.

Entscheidung?

In den Statuten fand sich ein § 51: „Die Gesellschaft kann aufgelöst werden, wenn vier fünftel der Mitglieder die Auflösung beschließen."

Ist diese Bestimmung von rechtlicher Bedeutsamkeit? Und vielleicht für unsern Fall von irgend welchem Interesse?

14. (15.) In X. — im Gebiete des gemeinen Rechtes, und ohne einschlägiges Partikulargesetz — bestand vor längeren Jahren ein akademischer Schachklub, der aus Mangel an Mitgliedern seiner Zeit „sich suspendierte". Die der Korporation gehörigen Schachbretter, Spiele, Bücher und Mobilien wurden einem befreundeten Turnvereine zur Aufbewahrung übergeben.

Es fragt sich:

a) Wer ist nun Eigentümer der bezeichneten Gegenstände?
b) Wie steht es mit etwaigen Schulden des Klubs?
c) Wenn nach einigen Semestern sich Jünger Caïssa's in genügender Anzahl finden, um den Schachklub „wieder aufzuthun": sind diese dann Rechtsnachfolger der früheren Mitglieder, — oder wie ist sonst die Rechtslage?
d) Wer ist überhaupt legitimiert, jene übergebenen Objekte von dem Turnverein herauszuverlangen?

15. (16.) Es giebt in Bayern 17 367 Stiftungen mit einem Gesamtvermögen von $573^1/_2$ Millionen Mark, wovon 400 Millionen rentieren.

Von den bayerischen Stiftungen entfallen nach ihrer Begründung auf die Zeit vor das Jahr 1000: 199, auf das 11. Jahrhundert: 127, das 12.: 171, das 13.: 223, das 14.: 371, das 15.: 728, das 16.: 944, das 17.: 2616, das 18.: 8438, wobei jedoch zu bemerken ist, daß viele Stiftungen erst in unserem Jahrhundert zur amtlichen Kenntnis und unter staatliche Aufsicht gelangten, die viel älter sind. Gegenwärtig werden jährlich etwa $1^1/_2$ Millionen Mark durch Stiftungen festgelegt.

Von manchen solchen Vermächtnissen gilt allerdings das Goethesche Wort: „Vernunft wird Unsinn, Wohlthat Plage". Was vor 500 und 1000 Jahren angebracht war, ist jetzt oft nicht mehr erforderlich oder segenbringend. Man denke an solche Stiftungen, wie sie z. B. aus Lübeck berichtet werden. Dort hatte eine Stiftung den Zweck, Bürgersöhne, die in türkische Gefangenschaft gefallen waren, loszukaufen; eine zweite verfügte, daß 546 ℳ jährlich an eine Magd vergeben würden, die sechs Jahre lang in der Breitenstraße, zwischen Pfaffen- und Milchstraße, bei einem Bürgermeister oder Ratsherrn gedient hatte; eine dritte wollte 50 ℳ jährlich zur „Zähmung mutwilliger Gesellen aus der Verwandtschaft" angewandt wissen. Von einer mitteldeutschen alten Reichsstadt erzählt man, ihre Spitäler seien so wohl dotiert, daß es für Bürgersöhne das Klügste sei, sich nach erlangter Mündigkeit in ein Spital aufnehmen zu lassen.

Hier interessiert nun die Rechtsfrage: Sind wir an diese Stiftungen unabänderlich gebunden, oder ist eine Aufhebung oder zeitgemäße Umgestaltung derselben auf irgend welchem rechtlichen Wege möglich?

XIV.

1. Die Aktiengesellschaft „Städtische Elektrizitätswerke" in Berlin hatte sich durch Vertrag vom 19. Oktober 1884 der Generalintendantur der Königlichen Schauspiele zu Berlin gegenüber zur Lieferung des elektrischen Stromes für die elektrische Beleuchtung der beiden Königlichen Theater in Berlin verpflichtet. Der Steuerfiskus verlangt für diesen Vertrag Stempel, weil es „ein Lieferungsvertrag von Sachen" sei.

Mit Recht?

2. Was ist in den folgenden Fällen der Gegenstand: des Privateigentums; — des juristischen Besitzes; — des jeweiligen obligatorischen Vertrages?

a) Ein Zweigespann.
b) Eine Rinderherde.
c) Ein Bauerngut mit allem Inventar.
d) Ein Paar Handschuhe.
e) Eine Mandel Eier, — ein Dutzend Austern.
f) Ein Tafelservice, — eine Tasse, aus Ober- und Untertasse bestehend, — ein Besteck Messer und Gabel.
g) Ein Bienenstand.
h) Ein Konversationslexikon in 16 Bänden, — in Lieferungen erscheinend.
i) Ein Reißzeug oder Farbenkasten.
k) Ein Gestüt.
l) Ein Cigarrengeschäft.

3. Ein Testator hatte einem befreundeten Landwirte, namens Weidig, eine Herde von 320 Schafen als Vermächtnis hinterlassen. Dieselben befanden sich weidend auf den Feldern, die dem Karl Gröber gehörten; welcher die Herausgabe verweigert, weil 100 von den betreffenden Schafen gar nicht dem Erblasser, sondern dem Heinrich Gröber, einem Bruder des Karl, und 10 Stück ihm, dem Karl Gröber selber, gehörten.

Wie steht es mit dem Eigentumsbeweis? Was und von wem ist zu beweisen?

4. Öffentliche Mitteilung:

„Im Januar d. J. *übernahm ich* das besonders auf dem Gebiete der Rechts- und Staatswissenschaften sehr reichhaltige Bücherlager der früheren *Firma* Weiß u. Schack . . .

Angebote von *ganzen Bibliotheken,* sowie einzelnen Werken sind mir stets willkommen und werden sogleich nach Eingang sorgfältig erledigt."

Fragen:

a) Was ist hier als Kaufobjekt zu denken?
b) Auf welche Weise wird auf den Erwerber Besitz und Eigentum übergehen können?
c) Welches ist die Folge, wenn in dem übernommenen Bücherlager oder der gekauften Bibliothek Dritten gehörige Bücher sich befinden?
d) Der Käufer der Bibliothek will bei der Wegführung auch die Büchergestelle mitnehmen; die Verkäufer aber verlangen,

daß er zu dem verabredeten Preise dann noch einen Zuschlag zahle. Wer ist im Rechte?

5. Die gleichen Fragen sind für folgende Ankündigungen aufzuwerfen und zu beantworten:

a) „Ein gutes Produktengeschäft mit Flaschenbierumsatz und Schlachten krankheitshalber billig zu verkaufen.“

b) „Zu verkaufen ganz oder geteilt wegen Krankheit ein seit 1874 bestehender Kunstverlag.“

6. Nöllner übersendet der Brauerei Fürst in A. durch den Fuhrmann Bitter 16 Ballen Hopfen im Werte von je 35 *M*. Auf dem Transporte gehen vier Ballen zu Grunde. Die übrigen zwölf werden, da Fürst die Annahme mit Fug verweigert, in A. für 310 *M* (anstatt 420 *M*) versteigert.

Es fragt sich, ob Nöllner nur viermal 35 *M* oder auch noch 110 *M* ersetzt verlangen kann.

H.G.B. Art. 395: „Der Frachtführer haftet für den Schaden, welcher durch Verlust oder Beschädigung des Frachtguts seit der Empfangnahme bis zur Ablieferung entstanden ist . . .“. 396: „Wenn auf Grund des vorhergehenden Artikels von dem Frachtführer für Verlust oder Beschädigung des Guts Ersatz geleistet werden muß, so ist der Berechnung des Schadens nur der gemeine Handelswert des Guts zu Grunde zu legen. — Im Falle des Verlustes ist der gemeine Handelswert zu ersetzen, welchen Gut derselben Art und Beschaffenheit am Ort der Ablieferung zu der Zeit hatte, in welcher das Gut abzuliefern war. . . “.

7. Ein Privatmann hatte zwei Pferde als ein Gespann für einen im ganzen verabredeten Preis gekauft. Bald darauf entdeckt er, daß das eine Pferd zur Zeit des Kaufes bereits mit einem geheimen Krankheitsfehler behaftet gewesen war.

Kann er von dem Vertrage vollständig zurücktreten und auch bezüglich des gesunden Pferdes Auflösung des Handels verlangen?

8. Johann Baptist Müller verkaufte an Joseph Kinscher sein gesamtes Warenlager, „soweit dessen Artikel gangbar und verkäuflich seien“.

Der Verkäufer fertigte zur Ausführung des Vertrages zwei detaillierte Verzeichnisse an und überlieferte nach diesen dem Kinscher die fraglichen Waren. Als er aber sein Geld forderte, weigerte der Käufer die Bezahlung, weil verschiedene untaugliche Objekte geliefert und andere in schlechtem Zustande übergeben seien.

Ist dieses Vorbringen rechtserheblich? Wer muß für seine von dem Gegner bestrittenen Behauptungen Beweis erbringen, um zum Siege zu gelangen?

9. Der Konkursverwalter der falliten Firma Günther klagt gegen denjenigen der ebenfalls in Konkurs verfallenen Firma Naumann auf Ausantwortung der gesamten Naumann'schen Masse, da Naumann laut beigebrachter Vertragsurkunde vor einem Vierteljahre sein ganzes Vermögen käuflich auf Günther übertragen habe und mithin Günther, der den Kaufpreis durch Aufrechnung mit ausstehenden Forderungen gegen Naumann sofort getilgt habe, Eigentümer jenes Vermögens geworden sei.

Ist dieser Anspruch begründet; und warum oder warum nicht?

10. Kullmann war Gläubiger des Pözl und sollte ihm weitere Vorschüsse geben. Zum Zwecke der Deckung verkaufte und tradierte Pözl an Kullmann das gesamte zum Inventar seines, des Pözl, Gutes gehörige Vieh.

Dabei wurde in besonderer Urkunde folgender Vertrag unter ihnen noch abgeschlossen:

„Pözl behält auch noch nach der Tradition das verkaufte Vieh bis auf weiteres zur landwirtschaftlichen Benutzung in Miete, dergestalt, daß er, wie seither, selbiges verwenden, gebrauchen und sämtliche Aufkünfte davon ziehen soll, hinwiederum aber auch verpflichtet ist, für die Fütterung und Erhaltung des Ganzen nach besten Kräften zu sorgen. Selbst der Verkauf und das Schlachten einzelner abgängiger und überflüssiger Stücke ist dem Pözl gestattet, insoweit solches bei einem ordentlichen Wirtschaftsbetriebe üblich und nötig ist. Doch sollen an die Stelle der demgemäß ausrangierten, oder auf sonstige Art, also auch durch Absterben etwa wegfallenden Stücke eine entsprechende Zahl von Zuzucht und die von Pözl mit dem gelösten Kaufgelde neu erworbenen Stücke stets sofort wieder eintreten.“

Als nun Pözl später in Konkurs verfiel, vindizierte Kullmann das vorhandene Vieh.

Wie ist dieser Anspruch rechtlich zu beurteilen?

11. Die Witwe des Kaufmanns Zumbusch verkaufte am 2. November 1888 ein ihr zugehöriges Warenlager „nebst allen Wagen, Gewichtsteinen, Ölkannen, Trichtern, der in dem Geldkasten befindlichen Kasse, sowie dem in der Wohnstube befindlichen Komptoir nebst neuen Geschäftsbücher“ dem Heinrich Olt für 23 000 ℳ, für welche Summe die Witwe des Rentners Herf, Elise geborene Gehre, jetzige Ehefrau des Olt, als Selbstschuldnerin unter Verzichtleistung auf die Rechtswohlthat der Vorausklage, nach dortigem Partikularrecht gültig, sich verbürgte.

Letztere, von Bindseil, dem Cessionar der Verkäuferin, auf Zahlung des rückständigen Kaufgeldes belangt, leugnet die erfolgte Übergabe der verkauften Waren.

Wer trägt bei dieser Sachlage die Beweislast? Und worauf ist von dem Pflichtigen der Beweis zu richten?

XV.

1. Durch außergerichtlichen schriftlichen Vertrag hatte Kern einen Anbau an einer Scheune in der Weise gekauft, daß er diesen Anbau abzubrechen und fortzuschaffen habe. Kern weigert sich später dessen, weil Verträge über Immobilien nach dortigem Partikularrecht gerichtlich errichtet sein müßten, um gültig zu sein.

Hat er Recht?

2. Dieckmann hat an Elbers 400 Schachtruten Kies verkauft, welche unausgeschachtet in der Kiesgrube des erstern lagerten, und bezüglich deren die Kaufurkunde besagte, daß die Übergabe durch Abgrenzung der auszuschachtenden Kiesfläche am Tage des Vertragsschlusses geschehen sei. Ehe aber etwas in der Sache weiter geschieht, wird über Dieckmann Konkurs erkannt.

Elbers verlangt den Kies als sein Eigentum. Der Konkursverwalter bestreitet es ihm, weil nach dortigem Partikularrecht Immobiliarveräußerungsverträge zu ihrer Gültigkeit der gerichtlichen Aufnahme bedürfen, die hier nicht vorliege, von Eigentumserwerb aber überhaupt nach dem vorgetragenen Thatbestand keine Rede sein könne.

Wie ist zu urteilen?

3. A. vindiziert ein auf seinen Namen lautendes Sparkassenbuch von B. Dieser entgegnet, daß er es bona fide von dem Kaufmann X. erworben, der ihm glaubwürdig versichert habe, es seinerseits dem A. abgekauft zu haben.

Wird B. mit diesem Einwande Erfolg haben können.

H.G.B. Art. 306: „Wenn Waren oder andere bewegliche Sachen von einem Kaufmann in dessen Handelsbetrieb veräußert und übergeben worden sind, so erlangt der redliche Erwerber das Eigentum, auch wenn der Veräußerer nicht Eigentümer war. Das früher begründete Eigentum erlischt."

4. Ein Gerber hatte zum Betriebe seines Handwerks einen

hölzernen, dem Windzuge allseitig offenstehenden Schuppen auf gemietetem Grund und Boden errichtet, und zwar in der Weise, daß sechs gemauerte Pfeiler aufgestellt wurden, auf welchen die hölzernen Säulen, die durch hölzerne Spangen verbunden waren, frei standen, ohne in eine Vertiefung der Pfeiler eingelassen zu sein.

Es entstand die Frage nach dem Eigentume des Schuppens.

Cf. l. 60 D. de A.R.D. (41, 1).

5. Uhrig verpfändete dem Allwohn sein Grundstück für verschiedene von letzterem vorgeschossene Darlehen. Späterhin wurde auf dem Grundstücke des Becker, welches unmittelbar neben dem des Uhrig lag, ein Haus errichtet, das zum kleinern Teil über das Grundstück des Becker hinausging und auf demjenigen des Uhrig stand. Balhorn, welchem — jedoch später wie dem Allwohn — sowohl das Grundstück des Uhrig wie das des Becker wegen Darlehns verpfändet waren, brachte beide zur Versteigerung.

Nach welchen Grundsätzen wird die Verteilung des Steigerlöses zu erfolgen haben?

6. Die Wasserwerke-Gesellschaft in Potsdam hatte durch eine dem Militärfiskus gehörige und von Kind gepachtete Wiese in der Tiefe, ohne die Genehmigung des Kind, eine Wasserrohrleitung gelegt. Nachmals klagt Kind in Stellvertretung des Fiskus gegen die Gesellschaft auf Entfernung jener Rohrleitung, da die Verfügungsgewalt der Grundberechtigten bis in die erreichbare Tiefe sich erstrecke.

Entscheidung?

7. Zwei Geschwister, welche ihre Eltern beerbt haben, kommen bei der Erbteilung dahin überein, daß A. das Eigentum am Erdgeschoß, B. dasjenige am oberen Stockwerke ihres elterlichen Hauses haben solle.

Was für ein Rechtsverhältnis liegt hier vor? Wie steht es mit dem Dache, den Kaminen, Treppen, der Wasserleitung?

8. Richel erhebt bei dem Landgericht Weimar gegen Herrmann folgende Klage:

Herrmann verkaufte mir für 18600 ℳ das Haus in Rittergasse Nr. 4, neben seinem Wohnhause Nr. 5 gelegen. In dem Kaufbriefe hieß es: „Zu dem verkauftem Hause soll der unter dem Hause Nr. 5 befindliche Keller und die aus dem Hofe des letztern in jenen führende Treppe käuflich und eigentümlich überlassen werden; Verkäufer wird eine Thür über der Treppe und dem Kellerhalse gewölbt herstellen.“ Die 18600 ℳ habe ich bezahlt. Ich bitte, den Beklagten zu verurteilen, daß er für die mir zugesicherte Übereignung des Kellers sorge.

Beklagter beantragt Abweisung der Klage. Er hätte ja dem Kläger gern das Eigentum an Keller und Treppe verschafft, aber ein Jurist habe ihn auf die weimarische Verordnung vom 12. März 1841 aufmerksam gemacht, mit § 166: „Bei Teilung von Gebäuden hat das (um Bestätigung eines Veräußerungsvertrages angerufene) Gericht, mit Beachtung des Rechtsgrundsatzes, daß kein Grundeigentum über oder unter fremdem Grundeigentum stattfinden kann, für genaue Angabe der abzutretenden Räume zu sorgen." Er sei also ganz unverschuldet in der gesetzlichen Unmöglichkeit, der Klage nachzukommen, die deshalb lediglich zu verwerfen sei.

Was ist Rechtens?

Wie würde zu urteilen sein, wenn eine landesgesetzliche Bestimmung, wie die angeführte, nicht bestände?

9. Gieg erhob auf Teilung einer ihm zu $^3/_8$, dem Beklagten Ullmann zu $^3/_8$ und dem Beklagten Eidenmüller zu $^2/_8$ gemeinschaftlich zustehenden Hofraite, auf dem Wege öffentlicher Versteigerung, Klage. Der gleichzeitig beantragte Augenschein ergab, daß die im untern Stockwerke befindlichen Räumlichkeiten rechts des Einganges von Gieg, die links desselben gelegenen Räume von Ullmann und die Räume im obern Teile des Wohnhauses über denjenigen des Gieg von Eidenmüller bewohnt wurden, daß ferner die vorhandenen Keller und Speicherräume zur Benutzung der drei genannten Eigentümer abgeteilt und jedem Teile zur gesonderten Benutzung überlassen waren. Im übrigen wurden Einfahrt, Hofraum, Eingang zum Wohnhaus und eine in die oberen Räume führende Treppe als gemeinschaftlich behandelt.

Die Beklagten beriefen sich darauf, daß dieser eben erwähnte Thatbestand auf früheren festen Verträgen beruhte. Hiernach wären die Anteile an dem Wohnhause bereits reell abgeteilt und besäßen sie alle jene gesondert. Die Klage sei also nicht begründet.

Es ist Urteil mit Gründen abzufassen.

---

10. Das Bankhaus Lochmann hatte im Auftrag des Meyer für 5100 fl. Elisabethbahn-Prioritäten gekauft und mit ihren Nummern bezeichnet auf Depot-Konto dem Meyer gutgeschrieben.

Nachmals klagte Meyer auf Herausgabe, und zwar im Urkundenprozeß.

Das beklagte Bankhaus wollte verschiedene sachliche Einwendungen und Gegenansprüche vorbringen und bestritt deshalb die Zulässigkeit der gewählten Prozeßart.

C.P.O. § 555: „Ein Anspruch, welcher die Zahlung einer bestimmten Geldsumme oder die Leistung einer bestimmten Quantität anderer vertretbarer Sachen oder Wertpapiere zum Gegenstande hat, kann im Urkundenprozeß geltend gemacht werden, wenn die sämtlichen zur Begründung des Anspruchs erforderlichen Thatsachen durch Urkunden bewiesen werden können.“

Entscheidung?

11. Die Maschinenfabrik von Röhrig und König in Magdeburg hatte einer in der Provinz Sachsen gelegenen Zuckerfabrik zwei Maschinen zum Zwecke des Fabrikbetriebes der Bestellerin nach speziellem Anschlage und auf Grund besonderer Zeichnungen zu liefern.

Welchen Gesetzesbestimmungen unterliegt dieser Vertrag?

A.L.R. I, 11; 8. Abschnitt: Von Verträgen, wodurch Sachen gegen Handlungen oder Handlungen gegen Handlungen versprochen werden. 4. Verträge über ein verdungenes Werk. § 956: „Ist die Auswahl und Anschaffung der Materialien dem Werkmeister überlassen worden, so muß er auch dabei ein geringes Versehen vertreten.“

H.G.B. Art. 338: „Nach den Bestimmungen über den Kauf ist auch ein Handelsgeschäft zu beurteilen, dessen Gegenstand in der Lieferung einer Quantität vertretbarer Sachen gegen einen bestimmten Preis besteht.“

XVI.

1. Es ist einer großer Bauernhof verkauft worden; bei der Übergabe entstehen Zweifel und Streit darüber: ob die nachbenannten Gegenstände dem Käufer mit zu liefern sind oder von dem Verkäufer fortgeführt werden dürfen?

a) Die Zaunpfähle, mittels deren der Hof von der Straße und von dem Garten abgetrennt ist.

b) Die Hundehütte; — der Kettenhund.

c) Der Röhrentrog am Brunnen; — die Kette des Ziehbrunnens; — der Eimer an dieser Kette; — die Welle, um welche die Kette sich windet.

d) Gardinen im Wohnhause; — Gardinenstangen; — eingegipste Haken für Spiegel.

e) die auf der Kellertreppe hängenden Feuereimer; — die Glocke an der Hausthüre; — Klingelzüge und Drähte in den Zimmern.

f) Eine im Hause eingebaute Uhr; — Öfen; — Wandleuchter; — Laternen vor dem Hause und Stalllaternen.

g) Kasten und Fenster zu Mistbeeten; — Blumenstäbe und Bohnenstangen; — vorhandener Dünger.

h) Topfbutter in der Küche; — die zum Betriebe, sowie die zur Veräußerung bestimmten Vorräte an Getreide, Stroh, Holz und anderen Gutserzeugnissen.

i) Krippen und Tröge; — Melkschemel; — Regale, Anrichten, befestigte Weinschränke; — Ketten an der Stallwand, um das Vieh daran zu binden.

k) Ein in der Brennerei angebrachter Brennerei- und Destillierapparat.

l) Werkzeuge und landwirtschaftliche Geräte; — eine Dreschmaschine.

2. * Anfrage bei einem Rechtsanwalt.

„Ich habe mir in meiner Wohnung als Mieter zwei Privatklingeln anlegen lassen; bestehend aus fünf Elementen und zwei Klingeln nebst dazu gehörigem Draht. — Das Haus ist jetzt in Subhastation gewesen, und der neue Besitzer verlangt nun, daß ich bei meinem jetzigen Auszug meine Privatklingeln nebst Zubehör unentgeltlich da lassen soll, weil sie das rechtliche Schicksal des Hauses zu teilen hätten. Bin ich dazu verpflichtet?“

3. Gegen den Schuhmachermeister Stein zu Fulda erhebt der Rentner Wilhelm von da Anzeige bei dem Staatsanwalt: Stein habe ihm für ein Darlehn sein Haus verpfändet; bei der Zwangsversteigerung sei es ihm, dem Wilhelm, gerichtlich zugesprochen worden; bei der Besitznahme habe sich gezeigt, daß Stein zwei große eiserne Öfen und einen Kochherd mit sich genommen habe, als er nach der Versteigerung mit seiner Familie das Haus verlassen habe.

Es fragt sich, ob Stein strafrechtlich verantwortlich ist?

4. Von dem Weinberge eines Ökonomen, woselbst die Weinbergpfähle ausgezogen und in sechs verschiedenen Haufen zusammengestellt waren, wurden im Januar 1892 von A. und B.

etwa 40 Stück dieser Pfähle entwendet. Der Staatsanwalt erhebt Anklage wegen Diebstahls (R. St. G. B. § 242). Das Strafgericht betrachtet aber jene That als Felddiebstahl, strafbar nach partikularem Polizeistrafgesetzbuch. (E. G. z. R. St. G. B. § 2 Abs. 2: „In Kraft bleiben die besonderen Vorschriften des . . Landesstrafrechtes, namentlich über strafbare Verletzungen der . . . Forst- und Feldpolizei-Gesetze . .") Gründe: jene Pfähle seien Pertinenzen der Weinstöcke; Aneignung von letzteren sei nur Feldpolizeiübertretung, so könne die der Zubehör nicht härter bestraft werden.

Der Staatsanwalt legt hiergegen Revision ein; und ist über selbige nun zu erkennen.

5. Die Herzoglich von D.'sche Verwaltung war verpflichtet, die Kirche im Dorfe Rimbach zu unterhalten.

Es entsteht Streit, ob dies auch auf die innere Einrichtung (Altar, Kirchenstühle u. s. w.) gehe? Und ob sie auch für gute Glocken sorgen müsse?

6. Durch Bergbau wurden Gasleitungsröhren so verletzt, daß Brüche und Undichtigkeiten entstanden, und die Gasanstalt durch die schadhaften Röhren nun um so viel mehr Gas den Konsumenten zuleiten mußte.

Kann sie diesen Schaden ersetzt verlangen?

Preuß. Berggesetz vom 24. Juni 1865, § 148: „Der Bergwerksbesitzer ist verpflichtet, für allen Schaden, welcher dem Grundeigentume oder dessen Zubehörungen durch den Betrieb des Bergwerkes zugefügt wird, vollständige Entschädigung zu leisten."

7. Durch einen künstlichen Kanal, der zwischen der Staatsstraße und den Feldern des Perrot geht, wird der Mühle des Gilbert das zum Betriebe derselben nötige Wasser zugeführt. Perrot nimmt den Kanal als sein Eigentum in Anspruch, während Gilbert ihn für sich behaupten will.

Für wen spricht im Hinblick auf notwendigen Eigentumsbeweis bis auf weiteres die Vermutung?

8. Der Müller Hofmann hat sein Wohnhaus Plan Nr. 1097, mit Stall und Dreschtenne, Mahl- und Sägemühle und Hofraum, am 24. Februar an Rost verkauft. Bei der Überlieferung entdeckt Rost, daß Hofmann die im verflossenen Oktober neu angeschafften und in das Mühlwerk eingefügten Mühleneinrichtungsgegenstände wieder entfernt und durch die entsprechend früher dort befindlichen ersetzt hat, da hierüber im Vertrage keine Bestimmung getroffen gewesen war.

Kann Rost Auslieferung der neuen Einrichtung gegen die alte verlangen?

9. Kriege hatte seine Mühle dem Bruch verpachtet. Eine, von den im Pachtvertrage aufgeführten Räumlichkeiten umgebene, bedeckte Halle war in dem Kontrakt nicht erwähnt. Bruch brachte seinen Müllerwagen darin unter. Der Verpachter wollte dies nicht zugeben und verlangte Auflösung des Pachtvertrages. Bruch erwiderte, daß die Halle Pertinenz der Mühle sei.

Wer ist im Rechte?

---

10. (11.) Ein verpachtetes Grundstück wurde überschwemmt, und es blieb auf demselben eine Art von Sand zurück, welche wegen ihrer Brauchbarkeit für verschiedene industrielle Zwecke ziemlich gesucht ist. Der Pachter ließ den Sand wegschaffen und verkaufte ihn. Dagegen erhob der Verpachter Einsprache, weil der Sand keine Frucht, sondern ein Zuwachs seines Grundes sei.

Wer hat den rechtlichen Anspruch auf den Sand, oder dessen Erlös, oder dessen Wert?

11. (12.) Eine Wiese steht im Nießbrauche. Dieselbe gewährt nach einiger Zeit keinen rechten Grasertrag mehr, weil der Grund torfartiger Natur ist.

Darf nun der Nießbraucher den Torf ausheben und für sich verwenden?

12. (13.) Die Witwe Littmann war Nießbraucherin eines Bauerngutes, zu welchem ein beim Beginne ihres Nießbrauches mit Holz bestandenes Grundstück gehörte. Sie ließ dieses Holz, das infolge der früheren Urbarmachung der anstoßenden Waldungen im Absterben begriffen war, fällen und verkaufen und zog den Erlös im Betrage von 450 ℳ ein, indessen das betreffende Grundstück zu Ackerland umgewandelt wurde.

Der Vormund des noch minderjährigen Eigentümers verlangte nun jene Summe heraus, weil sie nicht als Frucht zu betrachten sei.

Mit Recht?

13. (14.) Eine trächtige Kuh wird mit Ausschluß des zu gebärenden Kalbes verkauft und dem Käufer sofort übergeben.

Steht dem Verkäufer in betreff des später geborenen Kalbes die Vindikation oder nur ein persönlicher Anspruch zu?

Müßte, wenn die Kuh auf dem Transporte das Kalb wirft, für dieses besondere Frachtgebühr bezahlt werden?

Cf. l. 19 § 7. D. locati (19,2).

14. (15.) A. verkauft dem B. einen Garten im Mai und überträgt alsbald das Eigentum auf den B.; nimmt aber, wie die Vertragsurkunde sagt, die Obsternte des laufenden Jahres von der Veräußerung aus.

Wie ist das rechtlich zu charakterisieren und durchzuführen?

15. (16.) P. hat von E. einen Acker gepachtet und auf diesem Weizen gesäet. Als derselbe geschnitten werden soll, finden seine Knechte auf dem Felde Leute des E. vor, welche den Schnitt hindern wollen. Die ersteren aber vertreiben letztere mit Gewalt und bringen das Getreide nach Hause.

Wie steht es mit dem Eigentum am Weizen; und wie mit obligatorischen Ansprüchen?

16. (17.) Der Pachter der Domäne Burow hat vom Fiskus Gestattung erhalten, auch den zur Domäne gehörigen Wald in ordnungsgemäße forstliche Behandlung und Nutzung zu nehmen. Er schließt daher mit einem Holzhändler einen Kaufvertrag über eine bestimmte Anzahl von Stämmen, die von dem Käufer selbst gehauen und abgeholt werden sollen; die hierzu bestimmten werden von dem Händler mit einem Holzhammer gezeichnet.

Verschiedene Umstände machen es bald danach dem Pachter wünschenswert, sein gesamtes Verhältnis zur Domäne zu lösen; er wird vom Fiskus seines Kontraktes entlassen.

Wie steht es nun mit den von dem Holzhändler gekauften Stämmen? Welche Rechtsverhältnisse liegen vor; welche *actiones* sind begründet? An wen kann sich im besondern jener Händler halten, und worauf?

17. (18.) Schaal hatte von der Gemeinde Neuenhaus gewisse Flächen in dem sog. westlichen Pfarrsteinbruch behufs Ausbeutung derselben zur Gewinnung von Steinen gepachtet. Die Pachtzeit endigte mit dem 31. Januar 1892. Zu dieser Zeit lagerten 36 große Steinblöcke in dem Steinbruche, welche Schaal auf Lagern hatte zur Seite wälzen lassen.

Da die Parteien über diese Blöcke in Zwistigkeiten gerieten, so beantragte die Gemeinde Neuenhaus klagend: festzustellen, daß dem Beklagten das Recht nicht zustehe, diese Steine jetzt noch im Bruch zu zerkleinern; gerade weil sie ohne Zerkleinerung nicht fortgeschafft werden könnten, so gehörten sie zu den Immobilien und wären noch Bestandteil des klägerischen Grundstücks; es sei aber auch an sich schon klar, daß nach dem Ablaufe der Pachtzeit der Beklagte den Pachtgegenstand nicht mehr zu irgend einer, dem Willen der Verpachterin nicht entsprechenden Thätigkeit benutzen dürfe.

Beklagter schreibt sich dagegen Eigentum und freies Verfügungsrecht an den Steinblöcken, als an Früchten der Pachtsache zu und hat widerklagend beantragt: die Klägerin schuldig zu erkennen, ihm die Zerkleinerung der fraglichen Steinblöcke, soweit sie zur Abfuhr notwendig sei, und die Abfuhr selbst zu gestatten.

Welches Urteil ist abzugeben?

18. (19.) A. hat eine trächtige Kuh auf dem Viehmarkte gekauft, welche nach einiger Zeit ein Kalb wirft. Nun stellt sich plötzlich heraus, daß der Verkäufer gar nicht der Eigentümer war, sondern der E. Dieser tritt jetzt gegen A. auf.

a) Kann er auch das Kalb herausverlangen?

b) Wie ginge es rechtlich, wenn dieses schon an einen Metzger verkauft und bei diesem noch vorhanden wäre? Oder etwa von diesem schon geschlachtet worden wäre?

c) Ist es gleichgültig, ob das junge Tier ein oder drei Jahre alt ist?

19. (20.) Meyer Höchster zu Lauterbach verkaufte im Jahre 1890 an Konrad Becker VII von Maar eine trächtige Kuh zum Preis von 230 *M*; mit 100 *M* bar, den Rest in vorbestimmten Teilzahlungen, bis zu deren völliger Erledigung Verkäufer sich das Eigentum vorbehielt. Im Juni 1890 kam das Kalb zur Welt, im Januar 1891 krepierte die Kuh.

Becker geriet in zerrüttete Verhältnisse; die von ihm geschuldeten Zahlungen blieben aus und waren nicht beizutreiben, da er nur das notdürftigste Mobiliar noch besaß und das damalige Kalb, jetzt trächtiges Rind, das einzige Stück Vieh im Stalle war. (C. P. O. § 715: „Folgende Sachen sind der Pfändung nicht unterworfen: 3. eine Milchkuh oder nach der Wahl des Schuldners statt einer solchen zwei Ziegen oder zwei Schafe nebst dem zum Unterhalte und zur Streu für dieselben auf zwei Wochen erforderlichen Futter und Stroh, sofern die bezeichneten Tiere für die Ernährung des Schuldners, seiner Familie und seines Gesindes unentbehrlich sind.")

Nun klagt auch Höchster wegen seiner Forderung und beantragt zugleich, den Beklagten zu verurteilen: anzuerkennen, daß das im Juni 1890 geborene Kalb unter dem zu seiner Sicherheit vereinbarten Eigentumsvorbehalt stehe. Beklagter bestreitet die Verhaftung des Rindes, da mit dem Zugrundegehen der Kuh die

Sicherheit erloschen sei und sich nicht durch Rechtsnachfolge auf das Kalb übertragen habe; vielmehr habe durch die Geburt des Kalbes die Kuh keine Veränderung als Sache erlitten, und nur bezüglich dieser speziellen Sache habe der Eigentumsvorbehalt bestanden.

Entscheidung?

XVII.

1. Der Eigentümer einer an der Klunkau, einem öffentlichen Flusse, gelegenen Wassermühle, zu deren Betrieb das Wasser des Flusses seit länger als Menschengedenken als ein Recht benutzt worden ist, erhebt folgende Klage:

Vor einiger Zeit sei oberhalb seiner Mühle eine Zuckerfabrik angelegt worden, welche aus der Klunkau Wasser entnehme, dasselbe, nachdem es gebraucht worden, zum Zwecke der Desinfektion über Rieselfelder leite und es hiernach, noch oberhalb der Mühle, in den Fluß zurückführe. Dabei gingen mindestens 20% Wasser verloren, und könne er seine Mühle nicht wie bisher betreiben, da die Zuckerfabrik auch bei niedrigem Wasserstande, wo das ganze Wasser zum Mühlenbetrieb erforderlich war, abgeleitet habe.

Die Beklagte macht geltend, daß ein öffentlicher Fluß von allen Anliegern frei benutzt werden dürfe; die Mühlen hätten in dieser Hinsicht vor den übrigen gewerblichen Anliegern nichts voraus.

Wie ist zu entscheiden?

2. Die Beer durchfließt das Dorf Niederbeerbach. Bei ihrem Austritte aus dem Orte zweigt ein Mühlgraben nach der dem Geibel gehörigen Mühle ab; bevor der Graben abzweigt, liegen im Flüßchen zwei Fachbäume quer aufeinander.

Die Gemeinde klagt gegen Geibel, weil derselbe den obern Fachbaum vor einiger Zeit unbefugterweise selbst gelegt habe, wodurch sich das Wasser im Übermaße staue und häufig die Ortsstraße überschwemme. Verlangt wird Entfernung des obern Fachbaums und Schadensersatz.

Der Beklagte wendet ein, daß er ein Recht auf den Besitz des Wehres in der durch den oberen Fachbaum angezeigten Höhe ersessen habe, da jener Fachbaum in der That schon über zehn Jahre so liege. Die Beer sei weder schiff- noch flößbar.

Welches Urteil ist abzugeben?

3. (4.) Zwischen dem gewöhnlichen Leinpfade an dem Orte Filzen und dem Lahnflusse tritt bei kleinerem Wasser der Boden hervor, auf welchem Gras wächst und von der Wasserbaubehörde vor Jahren zum Zwecke der Stromkorrektion Buhnen angelegt und mit Weiden bepflanzt worden sind. Die Gemeinde Filzen beansprucht nun, als Eigentümerin des Bodens zur Gras- und Weidennutzung berechtigt zu sein; indessen sich der Fiskus auf l. 1 § 7, l. 3 D. de flumin. (43, 12) beruft.

Wer ist im Rechte?

4. (5.) Der Freiherr von Vach, welcher auf beiden Seiten der Fulda Ländereien eigentümlich besitzt, läßt diese durch eine auf seine Kosten errichtete Brücke miteinander verbinden.

War er nach den Grundsätzen des gemeinen Rechtes hierzu ohne weiteres befugt, oder kann von irgend jemandem dagegen rechtlicher Einspruch geschehen?

5. (6.) Das Flüßchen Liederbach, das noch heute munter durch alle Straßen der Stadt Alsfeld plätschert, ist in dieser eigenartigen Weise schon im Jahre 1350 durch dieselbe geleitet worden. Landgraf Heinrich II. beurkundete in jenem Jahre, daß, „weil seine lieben getreuen Bürger zu Alsfeld Kosten und Arbeit davon hätten, die Liederbach in die Stadt zu karen und zu geleiten, er ihnen das, was desselben Wassers genießen, wohl gönne, weil es mit seinem guten Willen sei."

Vor kurzem entstand Streit zwischen der Stadt Alsfeld und dem Wiesenbesitzer Kalbfleisch von Altenburg, von welchem man entdeckte, daß er mittels Zuleitungsgräbchen, die am Ufer der Liederbach angebracht waren, Wasser auf seine angrenzenden Wiesen leitete.

In dem daraus erwachsenen Prozesse kam es auf folgende Rechtsbehauptungen der Streitteile an:

Kalbfleisch erkannte an, daß die Liederbach ein öffentlicher Fluß sei, stützte sich aber darauf, daß an ihren Ufern schon seit unvordenklichen Zeiten dergleichen Wasserleitungsgräbchen sich befänden und die auf seine Wiese führenden schon über dreißig Jahre existierten. In der Urkunde von 1350 liege auch gar kein Privilegium.

Die Stadt Alsfeld dagegen berief sich darauf, daß man die letztere allerdings so verstehen müsse und niemals anders aufgefaßt habe. Im besonderen wurde angeführt: „Unter dem 11. Juli 1558 verliehen „Bürgermeister, Rath und vier Mannen von Zünften und Gemeinde" dem Fürstlichen Rentmeister Georg Gerigk, — der das bestehende Rechtsverhältnis doch kennen mußte — einen „Wasserfall auf der Liederbach" zur Anlegung einer Mühle: „doch soll er auch nicht daraus zu wässern haben, sondern soll ihm dasselbige wie anderen Bürgern ganz und gar verboten sein und bleiben"; auch in der Folge hat die Stadt das alleinige Verfügungsrecht über den Lauf und die Verwendung der Liederbach, wo es ihr von Privaten mißachtet wurde, mit Erfolg gehandhabt (es werden aus dem 17. Jahrhundert aus den städtischen Akten und dem Salbuche der Pfarrei Alsfeld eine Reihe von Fällen dargethan), zuletzt 1742 der Pfarrei gegenüber. Gegen das hiernach feststehende Privilegium könne dem Gegner seine angebliche Verjährung nichts helfen; umsoweniger, als an dem in Rede stehenden flumen publicum Privatrechte in gewöhnlicher Weise nicht beginnen und bestehen könnten.

Welche der Parteien hat das bessere Recht für sich?

---

6. (7.) Der Kommerzienrat Nölthy hat von der Walpurgiskirche für sich, seine Familie und seine Nachkommen einen abgeschlossenen Kirchenstuhl gekauft.

Wie ist das juristisch aufzufassen? Ist der Vertrag rechtlich gültig und bindend?

7. (8.) Der Freiherr von Finck erhebt gegen die Gräfin Bundau Klage, weil auf dem an sie verkauften Rittergute Gelmershausen das dortselbst befindliche Erbbegräbnis derer von Finck durch die Käuferin zerstört worden sei.

Letztere erwidert, daß das Gut ohne Vorbehalt an sie verkauft worden sei. Worauf Kläger repliziert, daß durch die vormalige Konsistorialgenehmigung zur Anlegung des Erbbegräbnisses dieses extra commercium geworden sei und zur persönlichen Verfügung der betreffenden Familie stehe; er beruft sich im besonderen auf l. 3 pr. § 8, l. 7, l. 9 D. de sepulcro violato (47, 12).

Entscheidung?

8. (9.) Ein vormaliger Kirchhof ist seit langen Zeiten nicht mehr als Begräbnisplatz benutzt worden; die Einfriedigung besteht gleichfalls seit Menschengedenken nicht mehr, und es ist der ganze Platz als öffentliche Anlage, als Zugang zu der anliegenden Kirche, deren Friedhof er früher gewesen war, und als allgemeiner Verkehrsplatz vom Publikum benutzt worden.

Jetzt erhebt sich Streit über Eigentumsrecht und Verkehrsfähigkeit des Platzes. Was ist hierüber zu bemerken?

9. (10.) Die Landwirte Nikolas und Lehm erheben, zugleich im Namen von dreißig anderen Bauern, gegen die Leiningen'sche

Kammerverwaltung Anspruch auf eine Leseholzgerechtigkeit, die sie durch Ersitzung an den fürstlichen Wäldern erworben hätten.

Die beklagte Kammer entgegnet, daß der bezeichnete Wald zum Leiningen'schen Familienfideikommißgut gehöre, deshalb unveräußerlich und dem Verkehr entzogen sei und daher auch nicht mit Servituten belastet werden könne.

Ist dieses Vorbringen stichhaltig?

Cf. auch l. 3 §§ 2, 3 C. comm. de leg. etc. (6, 43).

10. *In Brooklyn hatte vor kurzem Dr. Hawthorn dem Millionär Bridges sein rechtes Bein amputiert. Um sich nun Reklame zu machen, hat der Doktor das Bein in Spiritus in seinem Wartezimmer aufgestellt und es mit der Aufschrift versehen: „Dieses Bein gehörte einst Mr. Dasy Bridges, ich habe es ihm am 14. August 1894 glücklich amputiert.“ Mr. Bridges will aber „sein“ Bein nicht zu Schau- und Reklamezwecken hergeben.

Kann er es im Wege Rechtens verhindern?

11. Der Professor Dr. med. Meckel in Halle a. S. hatte letztwillig bestimmt, daß er nach seinem Tode auf der Anatomie seziert und sein Skelett dortselbst, in fachgemäßer Behandlung zusammengesetzt, dauernd aufgestellt werden sollte.

Es ist auch thatsächlich genau nach seinem Wunsche verfahren worden; fragt sich aber:

a) Hätten die Erben gegen ihren Willen zu der Ausführung jener Disposition gezwungen werden können?

b) Es wird des öfteren von sog. Verkäufen an die Anatomie berichtet, wobei heruntergekommene Subjekte gegen Zahlung einer kleinen Geldsumme sich bereit erklären, nach ihrem Tode auf der Anatomie seziert zu werden. Sind sie daran gebunden? Oder können sie wenigstens unter Zurückzahlung des erhaltenen Geldes zurücktreten?

c) Wem steht im obigen Falle das Eigentumsrecht an dem Skelett zu?

d) Wer war Eigentümer des Verstorbenen, ehe die genannte Verfügung zur Ausführung kam?

12. Ein Mädchen verkauft ihr noch unabgeschnittenes Haar einem Friseur für 30 *M*. Später weigert sie sich, dasselbe abschneiden zu lassen.

a) Ist eine Klage auf Überlieferung des verkauften Gegenstandes zulässig?

b) Welches würde die privatrechtliche Folge sein, wenn der

Haarkünstler, der das Geld schon bezahlt hat, den Zopf der Verkäuferin mit Gewalt oder unversehens abschneidet?

c) Ist privatrechtlich ganz dasselbe, wie betreffs jenes Haares, zu sagen für: das Gold in plombierten Zähnen; — einen angeschnallten Stelzfuß; — die eiserne Hand des Götz von Berlichingen?

---

13. Der Gasthofsbesitzer Thylmann klagt gegen die Stadt H. und nimmt einen vor seinem Hause gelegenen gepflasterten Streifen an der öffentlichen Straße für sich in Anspruch. Seit mehr wie dreißig Jahren sei dieser Fleck von ihm und seinen Gästen mit Ausschluß Dritter dazu benutzt worden, um Fuhrwerk daselbst stehen zu lassen, Tische und Stühle im Wirtschaftsbetriebe dort zu haben. Jetzt wolle die Stadt es nicht dulden. Er behauptet, das Eigentum ersessen zu haben, und macht eventuell Servitut geltend.

Kann der Beklagten zur Aufnahme und Durchfechtung des Rechtstreites juristisch zugeraten werden?

14. (16.) Aus dem „Baseler Festungsstreit."

Der Kanton Basel unterlag 1831 der Revolution; es trennte sich von dem Kanton die Landschaft, und diese wurde von der Tagsatzung als besonderer Kanton anerkannt.

Hierauf wurde ein eidgenössisches Schiedsgericht angeordnet, welches das gesamte Staatsvermögen unter beide Kantone zu verteilen hatte, und welches hinsichtlich der um die Stadt Basel befindlichen Festungswerke, Schanzen und Gräben durch Urteil vom 19. November 1833 entschied: „1. Es stehe die Verfügung über die fraglichen Festungswerke fortan einzig dem Kanton Basel-Stadtteil zu, und seien dieselben sonach ihrer Substanz nach von dem Inventar des in Teilung fallenden Staatsvermögen ausgeschlossen; . . . 3. Sei auf den Fall, daß durch die zuständige Behörde des Kantons Basel-Stadtteil die Schleifung der Festungswerke verfügt und dadurch nach Abzug der Kosten wirkliches Staatsvermögen begründet werden sollte, dem Kanton Basel-Landschaft sein Recht, daran in gleichem Verhältnis, wie bei der gegenwärtigen Teilung des Staatsgutes Anteil zu nehmen, vorbehalten, . ."

Ende der fünfziger Jahre wurden die Festungswerke geschleift. Sie wurden teils zu Straßen und öffentlichen Anlagen verwendet, teils als Bauplätze an Privatpersonen verkauft.

Nun verlangte Basel-Land Teilung des zuletzt erwähnten

Kaufpreises und außerdem Entschädigung wegen der zu Promenaden etc. verwendeten Festungsteile.

Der Entscheidung ist das gemeine Recht zu Grunde zu legen. Wie war nach diesem die Streitfrage zu entscheiden?

15. (17.) Waker fragt bei einem Rechtsanwalte an:

„Ich besitze in der Altenwieker Feldmark vor der Stadt Braunschweig ein Grundstück, auf dem ich ein Feuerwerkslaboratorium betreibe. Dasselbe war auf einem, dem öffentlichen Gebrauche offen stehenden Fahrwege in gerader Linie von der Stadt zu erreichen; allein vor kurzem ist auf Verfügung des Herzoglichen Staatsministeriums eine Strecke dieses Weges dem öffentlichen Verkehr entzogen und zur Ausführung einer die Straße durchschneidenden Bahn verwendet worden.

Da ich nun durch den aufgenötigten Umweg von meinem Laboratorium nach der Stadt einen beträchtlichen Vermögensschaden erleiden würde, der leicht festzustellen und auszurechnen wäre: so habe ich mich schon weiter in der Sache umgesehen und erfahren, daß die Eisenbahn einer konzessionierten Aktiengesellschaft, jener Weg aber der Altenwieker Feldmarksinteressentschaft, zu deren Interessenten ich auch gehöre, eigentümlich zusteht.

Wollen sie mir hiernach in Bälde angeben, ob ich nach unserm Rechte gegen irgend jemand wegen des mir zugefügten Schadens gerichtlich vorgehen kann?"

16. (19.) Der Kaufmann Achilles verklagt die Halle'sche Straßenbahngesellschaft und verlangt Ersatz desjenigen Schadens, welcher ihm als Eigentümer des Hausgrundstückes Leipziger Straße 63 durch die nachträgliche Legung eines zweiten Geleises in der Leipziger Straße entstanden ist, und welchen er auf 41 250 *M* beziffert.

Er führt an, daß durch den Betrieb der Straßenbahn auf zwei Geleisen die Ausfahrt aus seinem Thorwege in einer sein Geschäft (wie näher berechnet) schädigenden Weise verzögert und erschwert werde, und daß Wagen, die früher auf dem Straßendamme vor seinem Hause hielten, während ihre Insassen bei ihm Geschäfte erledigten, dies jetzt nicht mehr können, weil sie nun auf das zweite Geleis zu stehen kommen, dort aber den in Zwischenräumen von wenigen Minuten sich folgenden Pferdebahnwagen Platz machen müssen.

Da die beklagte Gesellschaft die juristische Begründetheit des erhobenen Anspruchs bestreitet, so fragt es sich nunmehr: wie in dieser Streitsache rechtlich zu erkennen ist?

XVIII.

1. Sind die nachstehend verzeichneten Rechtserwerbungen originär oder derivativ? Und liegt in den einzelnen Fällen eine Rechtsnachfolge vor oder nicht; bejahenden Falls, welche Art derselben?

a) A kauft gutgläubig vom Nichteigentümer B. eine Sache des C. und veräußert sie später weiter an D. Der ersitzt sie und verschenkt sie an E., welcher nach seinem Tode von F. beerbt wird.

b) X. kauft in dem Laden des Kaufmanns Y. eine Sache, welche dem Z. gehört, ohne von dem Eigentume des letztern etwas zu wissen. (Gesetzesstelle in § 15 Nr. 3.)

c) M. legt auf sein Grundstück ein Wegerecht zu gunsten des Nachbars N. und eine Hypothek für seinen Gläubiger O.; M. stirbt und wird von P. beerbt, während dem Q. der Nießbrauch an jenem Grundstücke vermacht ist. N. verkauft sein Haus an R.; O. tritt sein ganzes Vermögen durch Vertrag unter Lebenden an S. ab. Dieser übt sein hypothekarisches Recht aus, T. ersteht bei der Zwangsversteigerung das Grundstück.

d) G. hat dem H. eine Wohnung auf drei Jahre vermietet. H. verzieht bald darauf nach einer andern Stadt und vermietet deshalb jene Wohnung an den J. — Oder: er kommt mit G. überein, daß G. ihn des Mietvertrages ganz entlasse, wenn er ihm einen andern passenden Mieter in der Person des L. stelle. — Nachdem dieses zuletzt Genannte geschehen, verstirbt G. mit Hinterlassung zweier Kinder, U. und V., während er dem W. jenes Haus als Vermächtnis ausgesetzt hat.

e) Eine Ehefrau übergiebt ihrem Manne ihr ganzes Vermögen als dos; — oder: sie kam (— nach welchem Rechtssysteme? wann, wie?) in die manus ihres Ehemannes; — oder: sie tritt mit ihm in allgemeine Gütergemeinschaft.

f) Zwei Gutsnachbarn, A. und B., einigen sich nach längerem Streite dahin, daß eine zwischen ihnen gelegene Brücke in ihrem Miteigentume stehen und A. zwei, B. ein drittel zu ihren Unterhaltungskosten beitragen solle. A. stirbt und hinterläßt C. als Erben, B. verkauft sein Gut an D.

2. Zwei Ehegatten hatten ihr gesamtes Vermögen, in einem Hause, zwei Gärten, Mobilien und vorzugsweise in bedeutenden Kapitalien bestehend, an ihren einzigen Sohn, als ihren künftigen

Erben abgetreten und sich in dem schriftlich abgeschlossenen Vertrage nur vorbehalten, daß ihr Sohn sie bis zu ihrem Lebensende alimentiere und stets mit kindlicher Liebe und Anhänglichkeit behandele, was der Sohn gern zusicherte.

Fragen:

a) Wie ist dieses Rechtsgeschäft juristisch zu charakterisieren?

b) In welcher Art wird dabei der Sohn Eigentümer? Wie steht es mit den Forderungen und Schulden?

c) Ist dieser Fall ganz gleich dem nachstehenden zu erachten?

Ein Bauer, der aus Altersschwäche zu der fernern Bewirtschaftung seines Gutes nicht mehr fähig ist, tritt dieses mit allem seinem Vermögen an seinen ältesten Sohn ab, indem er diesen zu seinem vollständigen Rechtsnachfolger ernennt, dabei das übergebene Gesamtvermögen anschlägt und berechnet, und hiernach den jüngeren Geschwistern, als gleichfalls gesetzlichen Erben, bestimmte Abfindungssummen ausbedingt, die der ältere Sohn auszuzahlen hat.

d) Oder einem Vertrage folgenden Wortlautes, den zwei Brautleute vor Eingehung ihrer Ehe gemeinsam errichtet haben?

„Im Falle unbeerbter Ehe setzen wir uns gegenseitig Eines das Andere zu seinem Universalerben ein.

Im entgegengesetzten Falle soll aber unter allen Umständen der überlebende Teil Zeit seines Lebens die freie Verwaltung und Nutznießung des gesamten hinterlassenen Vermögens haben.“

3. Der Kaufmann Süß nahm die Handlungsfirma Teller und Sohn aus Wechsel klagend in Anspruch. Im Verhandlungstermine meldete sich für den verklagten Teil ein Kaufmann Pincus mit der Angabe, daß er der jetzige Inhaber der Handlungsfirma Teller und Sohn sei, da er dieses Papierfabrik-Etablissement durch notariellen Vertrag von den Vorbesitzern erworben habe und es unter der alten Firma mit deren Erlaubnis weiter betreibe; er bestritt jedoch seine Verpflichtung zur Zahlung des Wechsels, weil er nur einzelne Geschäftsschulden in jenem Vertrage übernommen habe.

Der Kläger aber erwiderte, daß Pincus die Firma als Ganzes übernommen und mit dieser universitas auch die Schulden derselben erhalten habe; um so mehr, als ja „die Firma“ als solche verklagt sei und hafte.

Entscheidung?

4. Peter Eisenmenger setzte in seinem Testamente dem Kipping ein Vermächtnis von 1200 *M* aus. Dieses Legat wurde dem Testamentserben Wilhelm Eisenmenger auferlegt, von diesem aber nicht entrichtet.

Später verkaufte der genannte Erbe die Erbschaft an Gerhard Eisenmenger. Da auch dieser jenes Vermächtnis nicht auszahlte, verklagte ihn Kipping hierauf, weil mit der Erbschaft auch alle Forderungen und Schulden übergegangen seien.

Ist die angestellte Klage begründet?

5. Testament:

„Als Erben setze ich meine Ehefrau, mit der ich in kinderloser zweiter Ehe lebe, hierdurch ein. Sie soll aber von meinem Vermögen nur 6000 *M* für sich behalten, im übrigen meine Hinterlassenschaft zur Hälfte der Stadt H. zur Förderung gemeinnütziger Zwecke, zur andern Hälfte den vier Töchtern meines verstorbenen Bruders zu gleichen Teilen zuwenden."

Das Vermögen betrug beim Tode des Erblassers 54000 *M*. Nach der Teilung meldete sich ein Gläubiger des Verstorbenen mit einer Forderung von 18000 *M*.

Wie kommt dieser zu seinem Gelde?

6. Testament:

„Von meinem Vermögen sollen meine drei Kinder erster Ehe jedes 15000 *M* erben, der Rest aber meiner jetzigen Ehefrau zufallen."

Beim Tode des Testators fand sich ein Vermögen von 90000 *M* vor. Die genannten Personen befolgten thatsächlich den Willen des Erblassers.

Es fragt sich: an wen sich die Gläubiger des Verstorbenen zu halten haben?

7. Am 1. Oktober 1886 starb in Oldenburg der Kaufmann Jantzon, ohne Descendenten zu hinterlassen. Seine nächsten Verwandten waren die Kinder und Enkel seiner fünf vor ihm verstorbenen Geschwister. Rücksichtlich seines Nachlasses hatte er unterm 1. Juli 1883 letztwillig verfügt. Diese „Mein Testament" überschriebene Disposition lautet in ihren Hauptpunkten:

„Hierdurch bestimme ich, wie es nach meinem dereinstigen Ableben mit dem von mir hinterlassenen Vermögen gehalten werden soll. — Zu meinen Erben ernenne ich die Enkel meiner Schwester Dorothea Gail aus Dankbarkeit gegen diese. Diese Erben berufe ich nach Linien zur Erbschaft, nämlich:" (hier folgen die Namen der vier Gail'schen Kinder, deren Kinder zu Erben berufen waren). „Jede Erblinie wird auf den Betrag von 75000 *M* zur Erbschaft berufen, und soll dieser Betrag in

Hypothekenkapitalien überwiesen werden . . ." Dann setzt der Erblasser eine Menge Legate zu wohlthätigen Zwecken und für einzelne Personen aus; und unter diesen sind auch sämtliche Kinder und Enkel seiner vier übrigen Geschwister mit Vermächtnissen bedacht, und nur zwei Enkel seines Bruders sind nicht mitberücksichtigt. Schließlich folgt die Ernennung eines Testamentsvollstreckers mit der ausgedehntesten Vollmacht in betreff der Verwaltung, der Versilberung und Ausantwortung der Erbteile und Legate.

Einer jener übergangenen Brudersenkel ersucht nun um ein juristisch wohl begründetes Gutachten: ob er nicht als gesetzlicher Erbe etwas verlangen könne; er meint, daß es auf die von einem Laien gebrauchten Ausdrücke nicht ankomme und es in der Sache hier doch an einer einheitlichen Gesamtnachfolge fehle.

8. Zwischen dem Rittergute Lossen und den Einwohnern dieses Dorfes schweben seit langem Streitigkeiten über das Hutrecht der letzteren auf den Wiesen und Äckern des Gutes. Zur Beilegung wurde am 10. Februar 1872 ein Vergleich geschlossen, bei dem sich die Dorfeinwohner durch den Ortsrichter Sänder vertreten ließen. Dieser aber handelte betrüglich, indem er einen sehr einflußreichen Rezeß vom 17. November 1787, wonach jedem Stellenbesitzer das Recht, Wiesen und Anger des Gutes mit Pferden, Schweinen, Gänsen und 8 Stück Milchkühen zu behüten, zustand, zwar dem Vertreter der Gutsbesitzerin Frau Dahne mitteilte, vor seinen Auftraggebern denselben aber geheim hielt. Dazu und zur Abschließung des für die Hutberechtigten ungünstigen Vergleiches wurde er durch eine besondere Vergütung von 4 Morgen Land seitens jenes Vertreters bewogen.

Das Rittergut wurde nach dem Tode der Frau Dahne von deren Erben an den jetzigen Inhaber Cornelius verkauft.

Jetzt treten die Einwohner der Gemeinde Lossen klagend gegen Cornelius auf, nachdem sie inzwischen den Rezeß vom Jahre 1787 erfahren haben; sie fechten den Vergleich vom 10. Februar 1872 an, weil derselbe durch doloses Handeln der Stellvertreter, von deren Vorgehen die beiderseitigen Vertretenen keine Ahnung gehabt, zu stande gekommen sei.

Der Beklagte bestreitet, daß er passiv legitimiert sei.

Mit Recht?

9. Dem Külp war vom 1. Juli ab das Schulzenamt in der Gemeinde X. übertragen worden. Sein Vorgänger, Barg, setzte aber den Besitz und die Ausübung seines seitherigen Nießbrauchsrechtes an dem der Gemeinde gehörigen Schulzenland auch noch über den 1. Juli hinaus bis nach gezogener Ernte fort.

Külp verklagt nun Barg wegen der Ernte auf Entschädigung, da er der Rechtsnachfolger des Barg sei und dessen Rechte nun ihm, dem Külp, zuständen. Barg bestreitet, daß Külp ein dingliches oder obligatorisches Recht als Klagegrund gegen ihn anführen könne, und leugnet insbesondere das Vorhandensein einer Succession.

Wie ist zu erkennen?

10. Beifuß hat für die richtige Lieferung eines von Asser verkauften Tieres dem Käufer desselben Bürgschaft geleistet. Durch schuldhafte Behandlung des Asser geht das Tier zu Grunde.

a) Muß der Bürge Beifuß auch für die auf Geld gehende Ersatzforderung des Käufers gegen Asser einstehen?

b) Wie steht es mit der Verjährung des Anspruches auf Schadensersatz gegen den Verkäufer: beginnt sie jetzt erst mit dem Tode des Tieres oder von der vertragsmäßig vorher bestimmten Zeit der, nun unentschuldigt ausgebliebenen, Lieferung an?

XIX.

1. (2.). Als die Franzosen im Jahre 1813 Wittenberg besetzt hielten, hatten sie auch ein starkes Observations-Kommando in eine auf der Elbe befindliche Schiffsmühle gelegt. Der damalige Müller war aber durchaus kein Franzosenfreund, und er braute seinen ungebetenen Gästen deshalb eines schönen Abends einen steifen Grog, dem er auch wohl ein Tröpflein Mohnsaft zugesetzt haben mag. Als nun die Besatzung nebst dem Lauerposten schlief, schnitt der Müller die Ankertaue seiner Mühle durch und trieb fein still im Sternenschein mit seiner ganzen Gesellschaft die Elbe hinab bis nach Apollensdorf, wo die vorher benachrichtigten Preußen die Mühle auffingen, und sich die erwachenden Franzosen entwaffnet und gefangen fanden. Die gefährliche und patriotische That des Müllers aber wurde vom König Friedrich Wilhelm III. durch eine Kabinettsordre gelohnt, nach welcher der Müller sich für seine Schiffsmühle bei Wittenberg die beste Stelle in der Elbe aussuchen konnte, von welcher ihn und seine Nachkommen niemand verdrängen dürfe.

a) Wie ist jene Verfügung rechtlich zu bestimmen?

b) Hat dadurch der Müller wirklich ein dingliches oder sonstiges Privatrecht an der Elbe erlangt? Oder ist es vielleicht gar kein rechtliches Verhältnis, so daß eine Klage vor den Gerichten überall nicht möglich wäre?

c) Könnte nach heutigem gemeinem Rechte eine derartige Verfügung mit Rechtswirkung erlassen werden?

d) Wenn sich die Schiffahrt durch „die beste Stelle“ belästigt fühlt: welcher Weg ist zur Beseitigung der genannten Mühlenanlage einzuschlagen?

2. (3.) Welche Rechtsfolge tritt ein, wenn — so lange man nur denken kann:

a) ein Handlungshaus seinen Warenbedarf aus einer bestimmten Fabrik bezogen hat?

b) die Mitglieder einer bäuerlichen Gemeinde aus dem herrschaftlichen oder fiskalischen Walde Holz auf Verlangen in bestimmter Qualität und Quantität käuflich oder unentgeltlich geliefert erhalten haben?

c) eine Familie ein gewisses Haus mietweise bewohnt hat?

3. (4.) Der Fährmann Geisel zu Gifte hat seit langen Zeiten die Einwohner der Gemeinde Besse ohne besondere Bezahlung über die Eder gefahren und dafür jährlich von jedem Hausgesessenen in Besse einen Laib Brod und eine Bratwurst erhalten. Nach Anbruch unserers Jahrhunderts verweigert jedoch die Gemeinde plötzlich die fernere Leistung aus dem Grunde, weil sie die früher auf dem jenseits des Flusses gelegenen Vorwerke Breitenau ihr obgelegenen Dienste jetzt nicht mehr zu verrichten brauche, daher der Überfahrt über die Eder nicht mehr bedürfe.

Geisel bringt einen Leihebrief Philipps des Großmütigen von 1538 bei, wodurch einem seiner Vorfahren die Fähre auf der Eder bei Gifte gegen Entrichtung von 100 Gulden und jährlichem Geldzins erblich dergestalt überlassen wird, daß sie dabei eine Behausung aufrichten und innehaben dürfen; und beruft sich darauf, daß an die 100 Jahre jenes eingangs erwähnte Verhältnis gedauert habe.

Die Gemeinde entgegnet, über die Eder könne jeder fahren, wer wolle; ein solches Recht, wie Kläger es beanspruche, könne man nicht haben noch erwerben.

Entscheidung?

4. (5.) Im Jahre 1492 hatten die Gemeinden Lichtenau und Helmlingen für den ihnen gehörigen sog. Scherzheimer Wald ein Heimburger Geding errichtet, wonach dieselben eine feste Ordnung für die grundsätzlich gleiche Nutzung jenes Waldes bestimmten; es sollten danach die Gemeinden aus dem Walde Bau- und Brennholz in gewissem Maße und nach bestimmter Anordnung erhalten, ebenso Schweine zur Mast in den Wald treiben, auch denselben „mit Weidegang gebrauchen" dürfen.

Wie lange dieses gehalten worden ist, kann nicht mehr festgestellt werden, da in den späteren Kriegszeiten die Gegend sehr entvölkert wurde. Die Dokumente in Helmlingen sind verbrannt, die Lichtenauer besitzen noch eins. Diese letzteren haben nach und nach fast alle Nutzungen an sich gezogen, indem in einem großen Teile des alten Waldes Äcker und Wiesen angelegt worden waren und von Lichtenau allein benutzt wurden, teils in Natur und eigener Bewirtschaftung, teils durch Verpachtung und Einstreichen des Zinses.

Erst in neuerer Zeit ist der Gemeindeverwaltung von Helmlingen ein Licht hierüber aufgegangen, als sie zufällig Kenntnis von dem alten Dokumente erhielt. Sie verlangt nunmehr klagend, daß jener Vertrag von 1492 vollständig ausgeführt und sie wieder in den Mitgenuß des damaligen Scherzheimer Waldgebietes eingesetzt werde.

Lichtenau beruft sich auf unvordenkliche Verjährung. Klägerin repliziert, daß man auf beklagtischer Seite nicht in gutem Glauben gewesen sei, und die Voraussetzungen jener Verjährung nicht vorlägen.

Wie ist zu urteilen?

5. (6.) Die politische Gemeinde Stiepelse behauptet, daß bis zum Inkrafttreten des Fischereigesetzes vom 30. Mai 1874 alle männlichen Einwohner der Gemeinde befugt gewesen seien, den Fischfang in der blanken Elbe, soweit diese die Grenzen der Feldmark Stiepelse bilde, mittels der sogenannten kleinen Fanggeräte, jedoch nicht in Ansehung der Lachse, Störe und Neunaugen auszuüben. Dieser Fischfang sei seit unvordenklicher Zeit so ausgeübt worden und wird nun gegen den Fiskus, der ein ausschließliches Fischereirecht in Anspruch nimmt, 1887 klagend geltend gemacht.

Der Beklagte entgegnet: Seit 1874 sei dieser Fischfang nicht mehr so wie früher ausgeübt worden; auch sei früher schon, in den Jahren 1862 und 1863, gegen denselben von fiskalischen Beamten Einspruch erhoben worden, ohne daß die Stiepelser darauf gehört hätten.

Das Beweisverfahren ergiebt: Jener Fischfang ist seit 1783 ausgeübt worden, vorher nicht; die klägerischen Zeugen sagen aus, daß sie geglaubt hätten, im Rechte zu sein, weil sie in dem alten Herkommen durch Strafen nicht gestört worden wären.

Welche Entscheidung ist hiernach abzugeben?

Fischereigesetz für den preußischen Staat vom 30. Mai 1874, § 6: „Fischereiberechtigungen, welche, ohne mit einem bestimmten Grundbesitze verbunden zu sein, bisher von allen Einwohnern oder Mitgliedern einer Gemeinde ausgeübt werden konnten, sollen künftig in dem bisherigen Umfange der politischen Gemeinde zustehen.“

XX.

1. Sind nachstehende Privatverfügungen rechtlich zulässig:

a) Kausti verspricht der Ehefrau des Neff eine bestimmte Summe Geldes, weil sie mit ihm Ehebruch getrieben habe; — oder: damit sie ihm ehebrecherischen Umgang gestatte.

b) Otto Miller war wegen körperlicher Mißhandlung des X. zu einer Gefängnisstrafe verurteilt worden; unmittelbar nach der Verhandlung that der Zeuge Lettner in einem Wirtshause unvorsichtige Äußerungen, aus denen hervorging, daß er, und nicht der Otto Miller, der Thäter gewesen sei. Lorenz Miller, der Bruder des Verurteilten, stellt den Lettner zur Rede, giebt sich aber zufrieden, als dieser ihm einen Schein ausstellt, wonach er ihm 1000 ℳ verspricht, „damit derselbe ihn nicht mehr wegen der That, deren Otto Miller schuldig erkannt wurde, aufbringe, und letzterer auch keinen Schaden leide, d. h. für die unschuldigerweise zu verbüßende Strafe entschädigt werde“.

c) Eine Frauensperson läßt sich von X., von dem sie geschwängert worden ist, 100 ℳ versprechen: „wenn sie den X. nicht als Schwängerer angebe“; — oder: „damit sie den Y. als solchen bezeichne“.

d) Z. verspricht 300 ℳ: einem Dienstboten für den Fall treuer Dienstleistung bei seinem verwitweten Schwager; — einem Studierenden für regelmäßigen Kollegienbesuch im kommenden Semester; — einer erwachsenen Tochter für sorgfältige Pflege und Wartung ihrer alten und kranken Mutter; — einem Gewohnheitssäufer für den Fall andauernder Besserung von seinem Laster.

e) Versprechen des A. an den B. für die Vermittelung einer Verheiratung des A. mit der C.; und zwar soll B., sobald durch seine Thätigkeit diese Ehe zu stande kommt, von der von C. mitzubringenden Mitgift zwei vom Tausend durch A. ausgezahlt erhalten.

2. Einem Fuhrmann wurden Waren mitgegeben, um dieselben in das Ausland einzuschmuggeln. Da er sie nicht ordentlich ablieferte, wurde von dem Auftraggeber Ersatzklage erhoben.

Welche *actio* steht hier in Frage? Ist dieselbe rechtlich zulässig?

3. Der Holzhauer Kiesel klagt gegen Veit eine Forderung auf 500 ℳ ein, darauf gestützt: Veit habe mit des Kiesel Ehefrau in verbrecherischem Umgange gelebt, dieses ihm, dem Kiesel, auch auch eingestanden und ihm dafür, daß ihn dieser „nicht verklage, sondern die Sache verschweige“, jene Summe versprochen.

Ist die Klage statthaft?

4. Ein Kaufmann ist insolvent. Er schlägt seinen Gläubigern, um ein förmliches Konkursverfahren zu vermeiden, einen Akkord zu 20 Prozent vor, hätte aber sehr gut 35 Prozent zahlen können. Er schließt nun mit dem einen Gläubiger einen Vertrag, daß derselbe voll bezahlt werden solle, wenn er die anderen Gläubiger zu dem Akkorde berede und denselben zuerst unterschreibe.

Nachdem er seinen Zweck erreicht, will er nun auch dem erwähnten Gläubiger nur 20 Prozent bezahlen. Ist er dazu befugt?

5. „In via duo licitatores forte conveniunt, eodem animo expositum hastae fundi emendi, et heus tu! unus alteri: quantum licitatus es! mille, respondit thaleros. Tunc ille: apage, ego tria millia dabo. Sed quoniam amici sumus, desiste quaeso! dabo, ni gravis sis, ne superando et licitando me urgeas, tibi aureos quinque. Acceptato promisso is ergo desistit.

Sunt, qui dicunt, initum inter utrosque pactum turpe esse, et subhastationem quidem subsistere, sed curatori bonorum actionem ad id, quod interest, dari contra seductorem. Aliis tamen visum, hoc initum inter utrumque licitatorem pactum esse licitum et fraudem honestam, de qua curator bonorum conqueri non possit.“

Quid iuris?

(Aus Hommel, Rhapsodia quaestionum in foro quotidie obvenientium nec tamen legibus decisarum.)

6. A. und B. haben ihre Kinder, den C. und die D. als diese sechs und zwei Jahre alt waren, verlobt, unter urkundlicher Festsetzung einer Konventionalstrafe von 10 000 ℳ, falls einer zurücktreten wolle.

Was liegt rechtlich vor?

7. X., um den Neckereien des Y. und Z. zu entgehen, verspricht diesen in Rechtsabsicht ein Abendessen und Wein, falls er mit einer bestimmten jungen Dame sich verloben werde. Nachmals geschieht dieses, aber X. weigert sich, dem Y. und Z. zu leisten.

Kann er gerichtlich darauf verklagt werden?

8. Zwei Ehegatten kommen überein, ihre Ehe lösen zu lassen; die Frau solle die Rolle des schuldigen Teils übernehmen, kein Teil dürfe der Ehescheidung etwas in den Weg legen; nach der Scheidung solle dem Manne für seine Zustimmung zu diesem Vertrage die Frau 5000 ℳ zahlen.

Nach dem Gerichtsurteil weigert die Frau die Zahlung.

Mit Recht?

9. Elias Wild hat ohne Vorwissen seiner Ehefrau an seinen Bruder Albert eigene und errungenschaftliche Grundstücke verkauft und ist mit dem einkassierten Kaufpreise nach Amerika entwichen.

Die Ehefrau klagt jetzt gegen Albert Wild, mit dem Antrage: daß jener Kaufvertrag als nichtig festgestellt werde, weil derselbe von vornherein darauf gerichtet war, dem Elias Wild die Mittel zum böslichen Verlassen seiner Familie zu verschaffen.

Entscheidung?

---

10. Wie steht es mit der Rechtswirksamkeit folgender Versprechen:

a) Es verspricht jemand einem andern 10 ℳ, wenn er sich eine Ohrfeige von ihm geben lasse. — „Contractus locationis cum meretrice initus.“ — Schein des Shylock: „Wenn ihr mir nicht an dem bestimmten Tag, an dem bestimmten Ort die und die Summe, Wie der Vertrag nun lautet, wieder zahlt: Laßt uns ein volles Pfund von eurem Fleisch, Zur Buße setzen, das ich schneiden dürfe Aus welchem Teil von eurem Leib ich will.“

b) Zwischen den Steyer's Eheleuten war ein schriftlicher Vertrag geschlossen worden, wonach der Ehemann bezüglich der Verwaltung und Verwendung des ehelichen Erwerbes sich unter die Kontrolle der Ehefrau stellte und insbesondere eine stete genaue Ablegung einer Rechnung versprach.

c) Ein Arzt hatte sich einem andern Arzte gegenüber gegen Zahlung einer Geldsumme verpflichtet, in einem angegebenen Distrikte seine ärztliche Praxis nicht mehr auszuüben.

d) Die Ziegeleibesitzer eines Landes schließen einen Vertrag zur

Regelung des Preises ihrer gewerblichen Erzeugnisse und zur Innehaltung bestimmter Maßnahmen, behufs Vermeidung von Überproduktion.

e) In einer Stadt hatten die Maurermeister sich kontraktlich gebunden, bei der Vergebung städtischer Arbeiten nie unter bestimmten, von der Vereinigung festgesetzten Preisen ihre Arbeit anzubieten, bei Meidung einer hohen Konventionalstrafe.

f) Geller hatte dem Wien 5000 ℳ für dessen publizistische und agitatorische Thätigkeit zu Gunsten des Zustandekommens eines bestimmten Branntweinsteuergesetzes mit der ausdrücklichen Bedingung versprochen, daß nur im Falle des Erlasses desselben jenes Honorar zu zahlen sei.

11. Zwei Ehegatten lebten in Unfrieden. Sie schlossen einen Vertrag: a) Die Ehe solle zwar formell fortbestehen, die eheliche Gemeinschaft aber aufgehoben sein und die Frau die Wohnung des Mannes verlassen dürfen. b) Keinem Teile solle das Recht zustehen, auf Fortsetzung der Ehe zu klagen. c) Die Ehefrau dürfe die Kinder bei sich verpflegen und erziehen.

Nach einiger Zeit reut es den Mann, und er möchte die Kinder gern zurückhaben.

Ist das rechtlich möglich?

12. Ein Kassierer hatte sich verpflichtet, lebenslänglich in einem Geschäftshause auszuhalten. Später will der Kaufmann das Geschäft aber veräußern.

Wie ist jenes Abkommen rechtlich zu erachten? Und ist der Kassierer verpflichtet, in dem Geschäfte bei dem neuen Inhaber zu verbleiben?

13. Thatbestand:

Beklagter hat sich dem Kläger durch Vertrag vom 1. Juli 1889 verpflichtet, kein in Asphalt- oder Theerproduktenfabrikation einschlagendes Geschäft in den nächsten fünf Jahren in Deutschland zu betreiben — bei Vermeidung einer Konventionalstrafe.

Am 10. September 1891 hat Beklagter doch ein derartiges Geschäft errichtet und der auf Zahlung der bedungenen Konventionalstrafe erhobenen Klage gegenüber sich auf Gewerbefreiheit und Unzulässigkeit der persönlichen Freiheitsbeschränkung berufen.

Wie ist zu erkennen?

14. Ein Wirt hatte sich einer Brauerei gegenüber verpflichtet, so lange das für seine Wirtschaft nötige Quantum Bier von derselben zu beziehen, bis das ihm von der Brauerei gegen hypothekarische Verpfändung seines Anwesens gegebene Darlehn in der Weise getilgt sein würde, daß er außer dem ortsüblichen Preise des Bieres für den Hektoliter eine Mark mehr bezahle. Der Wirt verzichtete dabei ausdrücklich auf das Recht der Kündigung des Kapitales; während für den Fall, daß der Wirt Bier aus einer andern Brauerei beziehen oder das Anwesen veräußern würde, der jeweilige Rest der Schuld sofort zur Zahlung verfallen sein sollte. Zugleich verpflichtete sich der Wirt, sein Anwesen nur an einen solchen Käufer zu veräußern, welcher in diesen Bierabnahmevertrag einzutreten bereit sei; und wurde diese Bestimmung als Dispositionsbeschränkung in das Hypothekenbuch eingetragen.

Dann entnahm der Wirt doch Bier von einer andern Brauerei und wurde nun von jener ersten in Gemäßheit des angegebenen Vertrags verklagt.

Er wandte ein: Der Vertrag sei ungültig, weil er seine persönliche Freiheit in einer gegen die guten Sitten verstoßenden Weise beeinträchtige; derselbe suche ein Krugsverlagsrecht zu begründen, was nicht mehr zulässig sei.

Wie ist zu urteilen?

Reichs-Gewerbeordnung vom 21. Juni 1869, § 8: „Vom 1. Januar 1873 ab unterliegen der Ablösung: 2. das Recht, den Inhaber einer Schankstätte zu zwingen, daß er für seinen Wirtschaftsbedarf das Getränk aus einer bestimmten Fabrikationsstätte entnehme.“ — § 10 Abs. 2: „Realgewerbeberechtigungen dürfen fortan nicht mehr begründet werden.“

15. Hebel erzählt einmal von einem Pferdehandel zwischen einem Rittmeister und einem jüdischen Händler, der in folgender notarieller Urkunde zum Abschlusse kam: „Wenn der Inhaber dieses fünf Stockprügel von unterzeichnetem Offizier wird erhalten haben, so wird ihm dieser ohne weitere Lasten und Nachforderung seinen Reitgaul, den Schweißfuchs, als sein Eigentum zustellen. Geschehen den und den, an dem und dem Orte.“

Im Beisein des Notars und der Gäste des Wirtshauses, in dem der Vertrag abgeschlossen, begann man auch alsbald mit der Ausführung desselben. Der Offizier hieb dem Juden in längeren Pausen vier Streiche über, so daß dieser endlich um schnelle Erledigung bat.

Da sprach der Offizier: „Sohn Jakobs, auf den fünften Prügel könnt ihr lange warten!“ und er stellte den Stock wieder an den Ort, wo er ihn genommen, und alles Bitten und Beten um den fünften Hieb war vergebens. Da fingen die Gäste an zu lachen. Der Jude aber wandte sich an den Notarius, mit der Behauptung, er müsse ihm zu dem fünften Prügel verhelfen. Doch der Notarius sagte: „In der Erklärung, welche ich ausgefertigt, steht nicht, daß der Herr Baron dazu verpflichtet sei. Thut er es nicht freiwillig, so kann ihn niemand dazu zwingen."

War diese Auskunft juristisch korrekt erteilt?

---

16. Ein Ehemann hatte kurz vor seinem Tode seiner Gattin das ihm gehörige wertvolle Haus mit Garten für 2000 ℳ verkauft und in der Urkunde bezeugt, daß er den Kaufpreis in Anrechnung auf ihm zur Last fallende Schulden seiner Ehefrau gegenüber richtig erhalten habe.

Nach seinem Tode behaupteten seine Verwandten Ungültigkeit des Geschäftes, indem sie sich auf l. 1 D. de donationibus inter virum et uxorum (24, 1) und l. 29, 30 D. de legibus (1, 3) beriefen.

War diese Opposition rechtlich begründet?

17. Im Herzogtume Braunschweig gelten für Bauernhöfe noch die sog. Reunionsedikte (Verordnungen vom 27. März 1705 und 15. Januar 1712; Deklaration vom 2. November 1751). Diese wollen die prinzipielle Geschlossenheit der Bauerngüter dadurch begünstigen, daß Pertinenzländereien eines Bauernhofes nicht selbständig veräußert werden dürfen.

Unter der Herrschaft dieses Verbotsgesetzes schloß der Erwerber eines solchen Bauernhofes mit dem früheren Eigentümer über einige Grundstücke, welche Zubehörungen des Hofes waren, einen Pachtvertrag auf die Dauer von 60 Jahren ab. Nachher wollte er aber nicht mehr an denselben gebunden sein und glaubte, daß dieser Vertrag, durch welchen jenes gesetzliche Verbot sonst so gut wie illusorisch gemacht werde, gleichfalls nicht gelten könne.

Wie steht es damit?

18. Für eine Schuld des Kaufmanns Sparig in Hamburg hatte Steinberger dortselbst Bürgschaft übernommen, dieselbe auch, als jener in Zahlungsschwierigkeiten gekommen war, für ihn bezahlt. Sparig versprach nun dem Steinberger, daß er das für ihn also Ausgelegte ordentlich ersetzen werde, und übertrug ihm zur Sicherheit das Eigentum an Silbergeschirr, laut einer Übereignungsurkunde, in der Steinberger seinem Schuldner gestattete, dieses jetzt ihm, dem Steinberger, gehörige Silberzeug leihweise zu haben und zu gebrauchen.

Bald darauf wird über Sparig der Konkurs erkannt, und Steinberger vindiziert die genannten Wertsachen als ihm gehörig.

Der Konkursverwalter verweigert aber die Herausgabe und hält jenen Vertrag für ungültig. Er verweist auf E. G. zur K. O. § 14: „Faustpfandrechte . . bestehen an beweglichen körperlichen Sachen nur, wenn der Pfandgläubiger oder ein Dritter für ihn den Gewahrsam der Sache erlangt und behalten hat.“ Da hier die angebliche Eigentumsübertragung überhaupt nur zum Zwecke der Sicherstellung einer Forderung geschehen sei, so liege eine ungültige Gesetzesumgehung vor; umsomehr, als das hamburgische A. G. zur K. O. im § 4 bestimme: daß ein Pfandrecht an einer beweglichen Sache überhaupt nur durch eine solche Verpfändung bestellt werden könne, welche nach den Vorschriften der Reichs-Konkursordnung ein Absonderungsrecht gewährt.

Steinberger erhebt nun Klage, worin diese Rechtsansicht des Konkursverwalters als irrtümlich bezeichnet wird, da es ihm nicht eingefallen sei, mit dem jetzigen Gemeinschuldner Sparig nur ein Scheingeschäft zu schließen; sie hätten ganz ernsthaft und entschieden den Eigentumsübergang auf ihn, den jetzigen Kläger, beabsichtigt.

Es ist Urteil mit Entscheidungsgründen auszuarbeiten.

XXI.

1. In welchen Formen wurden nach römischem Recht nachstehende Rechtsgeschäfte abgeschlossen? Welche Rechtsverhältnisse und *actiones* stehen in Frage?

a) A. erhält von V. ein Gemälde gegen Zahlung von 1000 *M*.
b) Er erhält es gegen ein anderes Bild.
c) Um es bezahlen zu können, nimmt A. von G. das Geld auf.
d) Sein Freund B. verbürgt sich für ihn bei G.
e) B. verpfändet dem G. für die Schuld des A. eine ihm, dem B., gehörige Sache.
f) Ein Kunstkritiker K. hat den A. zum Ankaufe bewogen, indem er Gewähr leistete, daß es ein Originalwerk eines alten Meisters sei.
g) Um das Bild bestimmen zu können, holt sich A. ein Buch aus einer Leihbibliothek.

h) C. läßt sich von A. versprechen, daß dieser ihm das Bild schenke.
i) Ein Freund des A., der D., übernimmt es, den Transport durch seine Leute ohne Gebühr zu besorgen.
k) Diese treffen den C. nicht an und geben es dessen Nachbarn in Verwahrung.
l) C. vereinigt sich mit E. und F., um ihre Gemälde gegen Eintrittsgeld auszustellen.
m) C. legt für beide die Kosten vor; nach der gemeinsamen unbeanstandeten Abrechnung ist E. dem C. 5, F. dem C. 7 schuldig.
n) C. überläßt nachmals das Gemälde dem H., damit dieser für sich eine Kopie anfertige.
o) Der J. macht dem C. das Bild streitig. Sie beschließen, ihre Sache dem Urteile des L. zur unparteiischen endgültigen Entscheidung zu unterbreiten.
p) L. findet bei der Sachuntersuchung, daß dem J. die Leinwand zu Eigentum gehört hat, auf die der an V. verkaufende Maler gemalt.
q) Da das Bild schadhaft geworden, giebt es C. einem sog. Bilderarzt zur Ausbesserung.
r) Dieser macht C. darauf aufmerksam, daß das Bild schon zur Zeit des Ankaufes einen unverbesserlichen Fehler gehabt haben müsse.
s) C. will das Bild verkaufen. Er läßt es taxieren und giebt es einer Kunsthandlung mit der Beredung, daß diese nach einem halben Jahre entweder das Bild zurückgebe oder die angesetzte Taxe bezahle.

2. Nach manchen Partikularrechten müssen Mietverträge schriftlich abgeschlossen werden, bei Meidung der Nichtigkeit. Der unter der Herrschaft eines solchen Rechtes lebende Klincke tritt mit Philipp in Briefwechsel, in dessen Verlauf sie sich über die Vermietung des oberen Stockwerkes im Klinke'schen Hause, und zwar über alle wesentlichen Punkte, einigen.

Nachmals will Philipp den ihm von Klincke in Übereinstimmung mit jener Korrespondenz aufgesetzten, von dem Vermieter bereits unterschriebenen, Mietvertrag nicht unterzeichnen?

Was ist Rechtens?

3. Die mittellose Rosalie Koller in Darmstadt hat von ihrem verstorbenen Oheim eine jährliche Rente letztwillig ausgesetzt erhalten. Sie einigt sich mit dem dort lebenden Erben, dem

Registrator Schütz, auf eine Abfindungssumme; und wird dieser Vertrag auch gemäß der vorgeschriebenen gesetzlichen Form abgeschlossen.

Als Schütz aber dann die gesamte Abfindungssumme zahlen soll, macht ihm das Schwierigkeiten; er sucht dieser Verpflichtung ledig zu werden und macht nun Folgendes ausfindig.

Nach dem hessischen Ausführungsgesetz zum Reichs-Gerichtsverfassungsgesetz vom 3. September 1878 Artikel 10 haben sich mehrere Amtsrichter desselben Amtsgerichts gegenseitig in der vom Präsidium des Landgerichts bestimmten Reihenfolge zu vertreten. Das war nun in unserem Falle nicht befolgt worden; sondern der an sich dazu berufene, an jenem Tage gerade behinderte, Oberamtsrichter hatte einen andern Amtsrichter, als den vom Präsidium bestimmten, ersucht, ihn augenblicklich zu vertreten, und dieser hatte die gesetzlichen Formalitäten des Vergleichs gewahrt.

Wie steht es nun mit der rechtlichen Gültigkeit des obigen Vergleiches?

4. Thatbestand:

Die Klägerin behauptet, mit dem Beklagten am 15. November 1889 in Gegenwart mehrerer Zeugen ein Verlöbnis geschlossen zu haben, über welches eine von beiden Teilen unterschriebene Urkunde aufgenommen worden sei, und hat auf Erfüllung des Eheversprechens und Vollziehung der Ehe geklagt.

Beklagter räumt ein, eine vom Mandatar Dalcke entworfene Urkunde über einen mit der Klägerin abzuschließenden Ehe- und Erbvertrag unterschrieben zu haben, bestreitet jedoch, daß am 15. November 1889 ein Verlöbnis zwischen ihm und der Klägerin definitiv zu stande gekommen sei, denn es sei verabredet gewesen, daß Dalcke von der Ehestiftung eine Reinschrift anfertigen, und diese vor dem Amtsgerichte Osten am 18. November verlautbart werden sollte. Dieses sei nicht geschehen, und daher der Vertrag nicht zu stande gekommen.

Entscheidung mit Gründen?

Cf. l. 17 C. de fide instrumentorum (4,21).

5. Es bietet jemand schriftlich einem andern eine Ware für einen bestimmten Preis zum Kaufe an und fügt hinzu, er werde das Anerbieten für angenommen ansehen, wenn der andere es nicht binnen acht Tagen ablehne. Dieser schweigt. Nach Ablauf von acht Tagen sendet jener ihm die Ware zu. Der andere nimmt sie jedoch nicht an.

Ist der Kauf für geschlossen zu erachten? Und wie steht es im besonderen mit der Tragung der entstandenen Versendungskosten?

6. „D . . . Unterzeichnete bestellt hierdurch in der Buchhandlung von Schröder in H. . . . . Exempl. Marlitts Gesammelte Romane und Novellen. Neue illustrierte Ausgabe. Vollständig in ca. 70 Lieferungen à 40 Pfennig (alle 14 Tage eine Lieferung). Ort und Datum: . . . Name und genaue Adresse: . . .“

Mit vorstehendem Zettel fand N. N. eines Tages die erste Lieferung des Werkes, schön ausgestattet und illustriert, in seinem Briefkasten an der Corridorthüre vor. Mit Bleistift stand besonders vermerkt: Preis 40 Pf.

Fragen:

a) Was bedeutet rechtlich die Subskription auf ein Lieferungswerk?
b) Muß N. N. zahlen? und wie viel?
c) Er will der Buchhandlung Nachricht geben, daß sie das Heft abholen soll, vergißt es aber. Rechtsfolge?
d) Der Auslaufer kommt nach acht Tagen, aber das Heft findet sich nirgends mehr.
e) N. N. hat dasselbe aufgeschnitten und gelesen.
f) Er hat es seinen Kindern gegeben, welche die Bilder herausgeschnitten haben.
g) Er hat es an seinen Freund X. verschenkt.
h) Kommt etwas darauf an, ob N. N. mit dem zusendenden Buchhändler persönlich bekannt ist oder nicht?
i) Wie sind die Fragen zu beantworten, wenn seitens der Buchhandlung vermerkt war: „Nicht Gewünschtes erbitte baldigst zurück“; oder: „Falls nicht binnen 14 Tagen Rücksendung erfolgt, werden wir Ihnen auch die folgenden Lieferungen senden“; oder: „Durch Annahme von Lieferung 1 tritt Verpflichtung zum Bezuge des ganzen Werkes ein“?

7. (9.) X. hat einen Arzt, welcher ihn im vergangenen Jahre in einem schweren Erkrankungsfalle behandelt hat, mehrfach um Zusendung einer Rechnung vergeblich ersucht; schließlich rät ihm jemand, dem Arzte nochmals zu schreiben und einen bestimmten Termin zu setzen, bei dessen Verstreichen er annehmen würde, daß der Arzt auf das Honorar verzichte.

Ein eingeschriebener Brief dieses Inhaltes geht an den Arzt ab, dieser regt sich nicht; — Folge?

8. (10.) Thatbestand:

Der Kläger hatte dem Beklagten, dem er ein Warenlager verkauft, darüber eine Rechnung zugestellt und darin die Preise festgesetzt, die er für die vertragsmäßig bestimmten („die laufenden billigsten") erachtete. Beklagter hatte diese zu hoch gefunden, sie ermäßigt und sodann nach Voraussendung des Verzeichnisses der vorgenommenen Ermäßigungen das hiernach berechnete Kaufgeld dem Kläger übermacht, der dasselbe annahm.

Jetzt klagt der Verkäufer den Rest des von ihm seiner Zeit angesetzten Kaufpreises ein. Beklagter beruft sich darauf, daß Kläger hierauf stillschweigend verzichtet habe.

Wie ist zu erkennen?

---

9. (11.) Sind nachstehende Rechtsgeschäfte gültig?

a) Bei Vertragsverhandlungen durch Fernsprecher wird „Juli" statt „Juni" verstanden.

b) Jemand findet in der Zeitung, daß sein Lotterielos gewonnen habe und kauft teuere Sachen; jenes war ein Druckfehler.

c) Beteiligung an einer Kollekte aus Furcht vor gesellschaftlichen Unannehmlichkeiten.

d) X. wird zur Unterschrift eines Schuldscheines gebracht, während er betrunken ist.

e) Zur Benachteiligung seines einen Kindes hatte jemand vor seinem Tode dem andern Kinde angeblich sein Haus verkauft, in der That aber es ihm unentgeltlich überwiesen.

f) Ein mündlich Testierender setzt einem Anwesenden ein Vermächtnis aus, nachdem er vorher heimlich einem andern mitgeteilt hatte, daß das nur Schein sein solle.

g) Absicht, in einen bestimmten Verein zu treten, während zwei desselben Namens am Orte sind; die Meldung kommt zu dem nicht gemeinten.

h) Einsteigen in die Pferdebahn in der falschen Meinung, daß sie in die Nähe einer bestimmten Straße führe.

i) Ein Dritter leiht dem Verkäufer, ohne dessen Wissen, falsche Gewichte, um den Käufer zu schädigen.

k) Ein alter Mann wird durch Schmeicheleien zur Enterbung seines nächsten Verwandten, eines Vetters, gebracht.

l) Oder: der Erbschleicher bringt den schwachen Mann durch Drohungen dazu.

m) Oder: durch die Behauptung, daß jener Vetter ihm feindlich gesinnt sei und es bethätige: — sei es, daß diese Behauptung thatsächlich begründet, — oder aber erlogen war.

n) Ein Vermieter verlangte ausdrücklich für die zu vermietende Wohnung einen kinderlosen Mieter, der betreffende Mieter eine trockene Wohnung. Sie schlossen auf Grund dahingehender wechselseitiger Versicherungen, die aber falsch waren, den Mietvertrag ab.

10. (12.) Zwischen dem Rentner Bull in Bahrenfeld und dem Eisenbahnweichensteller Lüdemann entsteht ein Civilprozeß, indem letzterer behauptet, Bull habe ihm für den Fall, daß die Frau des Eisenbahnbeamten das zwölfte Kind bekomme, eine Villa versprochen, und nun, nachdem der vorgesehene Fall eingetreten, auf Herausgabe derselben klagt.

Wird sich der Beklagte irgendwie erfolgreich verteidigen können?

11. (13.) Nach der „Verfassung der Feuerversicherungsbank für Deutschland zu Gotha“ § 41 Abs. 3 verliert der Versicherte seine Ansprüche auf Schadensersatz gegen die Bank, wenn er auf die versicherten Gegenstände bei einer andern Anstalt Versicherung nimmt, ohne der Bank davon Anzeige zu machen.

In einem kürzlichen Streitfalle, in welchem dieser Thatbestand verwirklicht war, berief sich der Versicherte darauf, daß er diese Spezialbestimmung nicht gekannt habe; sie sei ihm von dem Agenten nicht mitgeteilt worden, und er habe überhaupt gar kein Exemplar der Statuten erhalten.

Wie steht es hiernach mit seinem Ersatzanspruch?

12. (14.) F. hat sich laut schriftlichen Vertrages gegen M. und N. verbindlich gemacht, das Hofgut des A. zu kaufen; es sollte aber M. und N. das Geld hergeben und F. nur als Scheinkäufer auftreten und das Gut an jene abliefern.

F. schließt mit A. den Kauf, ohne von M. und N. etwas zu sagen. Von A. auf das Kaufgeld belangt, beruft er sich auf Simulation.

Was ist die Folge?

13. (15.) G. leiht dem S. 1000 ℳ. S. will seinen Viehbestand dafür verpfänden. Nach dortigem Partikularrecht ist bei beweglichen Sachen nur Faustrecht zulässig. Vertrag: G. kauft das Vieh, bezahlt aber nichts und läßt dasselbe bei S.; die Urkunde soll bei Rückzahlung jener 1000 ℳ lediglich vernichtet werden.

S. fällt in Konkurs. Rechtliche Stellung des G.?

14. (36.) B. hatte dem A. einen Schuldschein auf 20 000 ℳ ausgestellt, in welchem bestimmt war, daß, wenn der Schuldner eine Zinsenrate nicht pünktlich zahle, der Vertrag aufgelöst und der Gläubiger berechtigt sein solle, das ganze Kapital sogleich zurückzufordern. Da B. die erste Rate nicht zahlte, klagte A. auf Zahlung des Kapitals samt Zinsen.

Aus dem darüber geführten Rechtsstreite ergab sich, daß B. von obiger Summe nur 11 630 ℳ bar, das übrige mittels einer Cession erhalten hatte, die sich aber nicht nur auf eine uneinbringliche Forderung bezog, sondern sich als Scheingeschäft darstellte, das der Schuldner nur aus dem Grunde eingegangen war. um in seinen Bedrängnissen bares Geld zu erhalten.

Wie wird das Gericht in rechtlich genauer Weise zu entscheiden haben?

---

15. *Wie sind die folgenden Fälle juristisch zu beurteilen?

a) In Schöneberg wollte eine Schneidersfrau einem auf dem Hofe spielenden Leiermann ein Zweipfennigstück spenden. Sie entnahm ihrem Portemonnaie eine Münze, wickelte sie in Papier und warf sie hinab. Nachträglich sah sie dann ihr Portemonnaie nochmals nach und hierbei entdeckte sie zu ihrem Schrecken, daß sie dem Orgelspieler statt des Zweipfennigstückes ein — Zehnmarkstück hinabgeworfen hatte.

b) Der Besitzer eines Hotels in Neustädtel, welcher die Angewohnheit hatte, statt Mark Meter zu sagen, beauftragte seinen Haushälter, in der Kunstgärtnerei für einen gewissen Zweck ein Tafelbouquet zu einem „Meter“ zu bestellen. Dienstbeflissen führt der Beauftragte den Befehl peinlichst aus und erscheint am Abend zu aller Erstaunen mit einem thatsächlich einen Meter hohen und dem entsprechend voluminösen Bouquet, das indessen verschiedene „Meter“ kosten sollte.

c) (37.) Ein italienischer Kaufmann schrieb an seinen Korrespondenten in Ostindien, er möge ihm einen oder zwei Affen (*una o due simie*) besorgen. Dieser aber las das 1 o 2 für hundert und zwei und sandte diese letztere Anzahl Affen.

d) Nach dem Tode einer unverheirateten älteren Dame kam zwischen den zwei Kindern ihres verstorbenen Bruders und den drei Enkeln ihrer Schwester, die samt ihren Kindern auch schon mit Tod abgegangen war, ein Vertrag zu stande, wonach man übereinkam, die Erbschaft vergleichsweise nach Stämmen zu teilen. Dabei waren alle Kontrahenten der

Meinung gewesen, daß sie als gesetzliche Erben gleichberechtigt wären. Jetzt erfolgt nachträglich ihre Aufklärung über nov. 118.

e) Als 1892 die Einweihung der Wittenberger Schloßkirche erfolgte, hatte eine Miß Cleveland vor dem Feste mit der Eigentümerin des Gasthofes zum „Adler“ in Wittenberg, Frau Huster, schriftlich wegen Überlassung eines zweifenstrigen Zimmers für den 30. und 31. Oktober verhandelt. Frau Huster hatte der Dame und deren Gesellschafterin ihr bestes nach dem Markte gelegenes Zimmer für 250 ℳ auf zwei Tage zur Verfügung gestellt, und diese hatte beides angenommen und gut geheißen. Als die Miß nun aber ankam, da stellte es sich heraus, daß sie die 250 ℳ für 2 ℳ 50 ₰ gelesen hatte.

16. A. giebt dem B. Geld in der Absicht, es ihm zu schenken. B. nimmt das Geld in der Meinung, es sei ihm bloß dargeliehen. Später erfahren beide, was jeder im Sinne hatte, und erklären sich nun zu gleicher Zeit mit dem vom andern Gewollten einverstanden.

Ist nun eine Schenkung oder ein Darlehn anzunehmen?

17. M. tritt mit N. über dessen Reitpferd in Kaufunterhandlung; N. fordert 800 ℳ, M. will nur 600 ℳ geben. Beide trennen sich, werden aber bald darauf anderen Sinnes: M. will 800 ℳ geben, N. nur 600 ℳ haben, und jeder von ihnen benachrichtigt den andern schriftlich hiervon. Auf der Mitte des Weges treffen die Boten zusammen und wechseln gegenseitig die Briefe aus. M. will nun das Pferd für 600 ℳ haben, N. dagegen es nur für 800 ℳ geben.

Wie ist zu entscheiden?

18. Ein Schweinehändler veräußerte an einen Bauern einige zwanzig Stück Schweine unter scheinbar sehr günstigen Bedingungen für den Käufer. Der Verkauf wurde dahin abgeschlossen, daß das erste Schwein nur 1 ₰ kosten, dagegen für jedes nächstfolgende der doppelte Preis des vorherigen gezahlt werden sollte. Natürlich weigerte sich nach angestellter Berechnung der Käufer, den Betrag, welcher für das 21. Schwein schon die Höhe von 10 421,76 ℳ erreicht, zu zahlen, und mußte der seltsame Kauf, da eine Einigung nicht zu stande kam, die zuständige Gerichtsbehörde beschäftigen.

Mit welchem Ergebnisse wohl?

19. X. erwirbt eine Apotheke, nachdem er mit sachverständigen

Freunden, die sich mit dem Provisor unterhalten hatten, herausgerechnet, daß sie etwa 35000 ℳ Umsatz haben müsse. Sie hat aber nur 14000 ℳ.

Ist der Kauf rechtsgültig?

20. B. kauft von A. eine diesem zustehende Superficies am Hause des Z. Jenen beiden war aber unbekannt gewesen, daß nach dem alten Bestellungsbriefe des Erbbaurechtes der Eigentümer von 1896 ab ein Ablösungsrecht gegen Zahlung von 4000 ℳ an den Superficiar habe.

Kann B. zurücktreten?

21. (22.) Valentin heiratet die Tochter des Jöckel unter Errichtung von Ehepakten, worin „Hut bei Schleier und Schleier bei Hut“[1] gesetzt wird. Die jungen Leute ziehen auf das Gut des Jöckel und helfen bei der Bewirtschaftung, um es dereinst nach dem Tode des Vaters zu übernehmen.

Nach einem Jahre stirbt die junge Frau. Valentin und Jöckel schließen nun folgenden Vertrag: „Da Valentin wegziehen will, erhält er von Jöckel als Entschädigung für die während der gemeinsamen Gutsbewirtschaftung geleisteten Arbeiten und Vermögenseinwendungen 1425 ℳ. Dagegen entsagt Valentin allen etwaigen sonstigen Ansprüchen aus obigen Ehepakten.“

Als Valentin später auf Zahlung klagt, entgegnet Jöckel: Er habe, bestärkt durch die Belehrung eines Rechtsgelehrten, irrig angenommen, daß Valentin durch die Ehepakten ein Recht auf die Hälfte des Gutes gehabt habe; nur unter dieser Annahme habe er den Vertrag geschlossen, der also wegen wesentlichen Irrtums ungültig sei.

Wogegen Valentin vorbringt, daß er in obigem Vertrage ja ausdrücklich auf seine Ansprüche aus den Ehepakten verzichtet habe.

Entscheidung mit Gründen?

22. (23.) H. L., durch Veröffentlichung guter Feuilleton-Artikel bekannt geworden, wird vom Verleger C. aufgefordert, in die Redaktion einer Zeitschrift einzutreten. Die brieflichen Verhandlungen führen zur Einigung. Bei der Vorstellung zeigt sich, daß C. mit *Helene* L. paktiert hat. Er will nun vom Vertrage abgehen, beruft sich auf l. 11 § 1 D. de C.E. (18,1.)

Ist er dazu befugt?

23. (24.) O. hatte mit seinen Eltern einen Vermögensübergabsvertrag unter der Verpflichtung lebenslänglicher Verpflegung derselben

[1] Vgl. HILDEBRAND, Deutsche Rechtssprichwörter S. 131.

abgeschlossen. Später verlangt er Aufhebung des Vertrages, weil in demselben das Alter der Mutter auf 58 Jahre angegeben gewesen wäre, während sie in der That erst 48 Jahre alt war; er, der O., habe das nicht gewußt und nicht wissen können.

Ist sein Verlangen gerechtfertigt?

24. (26.) Seume und Abel handelten um den Verkauf von 10 Malter Getreide. Seume, aus Böhmen, forderte 26 öst. fl. per Malter und Abel erbot sich, dem Seume eine Forderung an X. von 607 fl. gegen Herausgabe des Überschusses nach Abzug des Kaufpreises für das Getreide zu cedieren; Abel berechnete auf einem Papier diesen von Seume zu zahlenden Überschuß (Kurs 100 fl. = 175 *M*) auf 507 *M* 25 *Pf*; und Seume erklärte: es solle so gehandelt sein. Nachmals sagt Abel, daß er sich um 100 *M* geirrt habe, und weigert wegen dieses Rechnungsfehlers Vertragserfüllung.

Mit Recht?

25. (34.) In Hameln wurde vor kurzem ein Rechtsstreit wegen Lieferung eines Kubikmeters Schweinefleisch zum Kaufpreise von 100 *M* anhängig. Die Parteien hatten diesen ungewöhnlichen Vertrag unter Handschlag geschlossen, wobei der versprechende Schlachter keine Ahnung hatte, daß ein Kubikmeter Schweinefleisch einen Wert von etwa 800 *M* darstelle; während dem anderen Kontrahenten dieses sehr wohl bekannt war.

Da letzterer, wie erwähnt, jetzt auf Lieferung jenes Quantums gegen Zahlung der 100 *M* geklagt hat, so fragt es sich: welches Urteil das Gericht fällen muß?

26. (38.) „Es war einmal ein Rittersmann, der zog aus mit Knappen und Reisigen nach dem heiligen Grabe und zum Kampfe gegen die Ungläubigen und ließ Eltern und Braut und alle Verwandte zurück. Aber er kam nimmer heim. Und waren schon viele Jahre hingegangen, da stand eines Abends vor dem Thore ein Mann, der zeigte sich als der Ausgezogene, ob er gleich durch die Zeiten und Schicksale gar vielfältig verändert erschien. Doch als er seinen Ring vorwies und sein Gewaffen und Schild, und alles so wohl erkannte und in guter Erinnerung hatte, so im Schlosse war und geschehen, da freuten sich alle und nahmen den Verlorenen wieder unter sich auf. Und erhielt selbiger das väterliche Erbe und alle seine Güter und machte auch in Bälde Hochzeit mit der verbliebenen Braut, und lebte herrlich und in Freuden.

Aber es war alles eitel Betrug und Schalkstreich gewesen; und das war also gekommen. Der da ausgezogen, lag schon seit

Jahr und Tag im Morgenlande begraben! dieser aber, so zurückgekehrt, das war sein Freund gewesen, mit welchem er gar vieles stets von seiner Heimat und den Leuten dorten gesprochen, und der auch seinen Schmuck und Rüstung, als jener tötlich gefallen, zu sich genommen . . . ."

Welche Folgen würde die nüchterne juristische Betrachtung des heutigen Pandektisten an den Thatbestand dieser altdeutschen Sage zu knüpfen haben? Wie stände es hiernach im besonderen mit der abgeschlossenen Ehe?

27. (39.) Der Baumeister L. befand sich eines Abends als Gast auf der Kneipe der Studentenverbindung S. Es kam das Gespräch auf den Plan der Erbauung eines eigenen Verbindungshauses, und L. äußert: „Da wäre ich gern bereit, einen Plan zu entwerfen." P., ein ihm gegenüber sitzender angehender Assistenzarzt und „alter Herr" jener Verbindung, erwidert: „Das wäre sehr liebenswürdig von Ihnen."

Tags darauf begegnet P. dem L. und bemerkt: „Also mit dem Plane hat es seine Richtigkeit"; worauf L. ihm die Fertigung eines solchen wiederholt verspricht, ihm auch nach einiger Zeit einen solchen zusendet; darauf aber eine Rechnung über zu zahlendes Honorar von 200 ℳ dem P. mitteilt. Dieser weigert die Zahlung, da er, wie bewiesen werden könne, als sicher angenommen habe, daß L. den Plan aus Gefälligkeit und schenkungsweise habe entwerfen wollen.

Was ist Rechtens?

28. (40.) Dem Schweinehändler Wagner werden von Fischer zwei fette Schweine zum Verkaufe angeboten, und zwar zu 60 ₰ das Pfund Fleischgewicht. Wagner erklärt: Da er die Tiere weiter verhandle, so könne er nur entweder „über den Kopf" oder „auf lebend Gewicht" kaufen, in welchem letzteren Falle er 36 bis 38 ₰ für das Pfund zahle; — eine Art der Berechnung, die dem Fischer nicht geläufig ist, und auf die er sich nicht einlassen will.

Wagner erzählt nun, daß er an demselben Tage dem Heermüller Schäfer zwei Schweine in dieser Weise abgenommen; worauf Fischer bemerkt: Wenn der Genannte, der das Geschäft verstände, so handle, so wolle er auch danach verkaufen, wenn Wagner ihm dasselbe gebe, wie dem Schäfer. Das könne er nicht, sagt Wagner, weil des Fischer Schweine nicht mit Kleie gemästet seien; aber, da er dem Schäfer 38 ₰ gegeben, so wolle er hier 36 bieten. Nach langem Hin- und Herreden einigen sie sich auf 37 ₰; und

Fischer sagt im Weggehen: „Da bekomme ich also einen Pfennig weniger, wie der Heermüller“; und verpflichtet sich, in 14 Tagen die Schweine Bahnhof Lauterbach zu liefern.

Am nächsten Tage trifft er den Schäfer und erfährt, daß diesem 42 ₰ für das Pfund zugesichert worden seien: worauf er seinem Käufer schreibt, daß er ihm nach diesem 41 ₰ zahlen müsse.

Wagner antwortet: Er habe zu 37 ₰ gekauft, und wenn Verkäufer die Schweine nicht, wie versprochen, liefere, so werde er sich wegen seines Schadens und aller seiner sonstigen Ansprüche klagend an ihn halten. Welches letztere, bei wiederholter Weigerung des Fischer, denn auch geschieht.

Hiernach ist Erkenntnis mit Gründen zu entwerfen.

29. (41.) Zur Wiederherstellung der Liebfrauenkirche in Arnstadt wurde eine Lotterie veranstaltet. Bei der am 12.—14. November 1885 geschehenen Ziehung wurde seitens des Notars H., welcher die Ziehungen der Lotterie zu leiten hatte, insofern ein Versehen gemacht, als statt der festgesetzten 180 000 Lose nur 179 500, also 500 zu wenig, in das Glücksrad eingezählt wurden. Dieses Manko hat sich erst nach der Ziehung ergeben. Es wurde daraufhin keine amtliche Gewinnliste ausgegeben; und die Ziehung ist demnächst von der Behörde für ungültig erklärt worden.

Hierdurch entstanden aber für viele, deren Lose gewonnen hatten, Verwickelungen, indem sie bereits mit Rücksicht auf jenes Ergebnis Rechtsgeschäfte abgeschlossen haben. Können sie dieselben rückgängig machen?

Humoristischer ist die Affaire mit einem biedern Landmann dortiger Gegend, dessen Los mit einem größern Gewinn (500 ℳ) herausgekommen war. In der Freude seines Herzens, und wer kann ihm dies auch verdenken, verjubelte er bei einem Restaurateur 15 ℳ, blieb dieselben aber schuldig und versprach, sie bei Abholung des Gewinnes zu bezahlen.

Die letztere Voraussetzung ist hinfällig geworden, wer zahlt nun?

30. (42.) Der Dr. med. Wagner in Grünberg in Oberhessen kaufte von dem Wagenfabrikanten Linsenbarth in Halle a. S. einen Wagen. In den brieflichen Verhandlungen war dessen Größe nach Fuß und Zoll angegeben; Linsenbarth aber fertigt ihn nach preußischen Fußen an, während Dr. Wagner hessische gemeint hatte.

Wie steht es mit der Rechtsgültigkeit des Vertrages und den Berechtigungen und Verpflichtungen der Kontrahenten?

31. (45). In dem Lokalblatt einer kleineren Universitätsstadt fand sich eines Tages folgende Anzeige:

„Weidigs Brauerei. Heute Abend nach 9 Uhr hochfeines Bockbier (Ale), per Liter 20 Pfennig.“

Das Lokal war infolge dessen ganz außerordentlich besucht. Als die ersten Gäste sich entfernen wollten und es an das Bezahlen ging, stellte es sich heraus, daß jenes Inserat von irgend einem Unbekannten, der sich einen schlechten Spaß erlaubt, ohne Wissen des Wirtes eingerückt worden war. Der Wirt fordert den üblichen und angemessenen Preis von 40 Pfennig für den Liter.

Ist diese Forderung im vorliegenden Falle außer Zweifel?

---

32. (27.) Berlich hatte eine Urkunde unterschrieben und in dieser sich für Rommel verbürgt. Als er später deshalb von dem Gläubiger belangt wird, setzt er der Klage entgegen, daß letzterer ihn zum Unterschreiben der Bürgschaftsurkunde nur durch die betrügliche Vorspiegelung verleitet habe, daß Berlich dadurch nicht haftbar werde, sondern Rommel der Schuldner bleibe.

Ist die Einrede von Belang?

33. (28.) Kegel hatte den Rawatsch zum gegenseitigen Umtausche zweier ihrer Sachen durch betrügliche Manipulationen, nach denen Rawatsch der eingetauschten Sache einen entsprechenden Wert beimessen mußte, vermocht; und alsbald nach vollzogenem Tausche den erhaltenen Gegenstand an Tiergen weiter verkauft.

Welche Ansprüche hat Rawatsch gegen Kegel; — und gegen Tiergen?

34. (29.) Kunow klagt gegen Vöhl auf Rescission des zwischen ihnen abgeschlossenen Kaufvertrages, weil ihm der Beklagte wider besseres Wissen versichert habe, sein den Gegenstand des Verkaufes bildendes Mühlengut halte 50 Acker, während es in Wirklichkeit nur etwa 40 umfasse. Vöhl bestreitet, daß nach gemeinem Rechte hier Nichtigkeit oder Rescissionsklage begründet wäre; zu einer etwaigen Minderung des Preises sei er bereit.

Entscheidung?

35. (46,) Der Handelsmann Topp und der Seiler Widen standen in Unterhandlungen wegen des dem Topp gehörigen Hauses; dieselben führten jedoch wegen Differenzen über die Höhe des Preises nicht zum Abschlusse. Als sie eben abgebrochen werden sollten, erklärte Topp dem Widen wahrheitswidrig: „Er beziehe von dem Hause 1900 *M* jährliche Miete und sitze selbst frei.“ Hierauf bewilligte Widen die von Topp geforderte Kaufsumme von 42000 *M*.

Auf Zahlung des rückständigen Kaufgeldes verklagt, wandte Widen ein, daß der ganze Vertrag ungültig wäre, weil er durch jene wahrheitswidrige Erklärung zum Abschlusse des Kaufes veranlaßt worden sei.

Die erste Instanz verwarf jedoch diese Einrede und verurteilte den Käufer zur Zahlung des rückständigen Kaufgeldes.

Gründe: Es liege nur ein *dolus incidens* vor, und zwar ein solcher, welcher den Vertrag nicht ungültig mache, weil kein Irrtum im Wesentlichen des Geschäftes oder im Hauptgegenstande der Willenserklärung vorhanden sei, auch die Angabe hinsichtlich der Höhe des Mietsertrages keine ausdrücklich vorausgesetzte Eigenschaft des Hauses betreffe.

Widen legt nun dieses Urteil einem Juristen vor und bittet um Gutachten: ob er dagegen Berufung ergreifen solle?

36. (47.) Bei Hebel, Schatzkästlein des rheinischen Hausfreundes, findet sich — unter anderen für korrekte juristische Beurteilung nicht uninteressanten Anekdoten — folgende Geschichte, welche hier nach Grundsätzen des Pandektenrechtes zu erwägen und zu begutachten ist:

„In einem schönen Garten vor Straßburg vor dem Metzgerthor saß ein wohlgekleideter Mann, der sein Schöpplein trank, und hatte einen Ring am Finger mit einem kostbaren Edelstein und spiegelte den Ring. So kommt ein Jude und sagt: „Herr, Ihr habt einen schönen Edelstein in Eurem Fingerring, dem wär' ich auch nicht feind.“ Der Fremde sagte ganz kurz und trocken: „Der Stein ist falsch.“ Der Jude bat um Erlaubnis, den Ring einem Kenner zu zeigen, und kam zu einem Goldschmied, der auch in dem Garten saß. „Herr“, sagte er, „soll dieses kein echter Edelstein sein?“ Der Goldschmied sprach: „Ich verschaffe Euch 90 Dublonen für den Ring. Was Ihr ihn wohlfeiler bekommt, ist Euer Schmuhs.“ Der Jude kehrte zu dem Fremden zurück. „Echt oder unecht, ich gebe Euch 6 Dublonen“, und zählte sie auf den Tisch. Der Fremde steckte den Ring wieder an den Finger und sagte jetzt: „Er ist mir garnicht feil. Ist der falsche Edelstein so gut nachgemacht, daß Ihr ihn für einen rechten haltet, so ist er mir auch so gut“, und steckte die Hand in die Tasche, daß der lüsterne Israelit den Stein gar nicht mehr sehen sollte. — „8 Dublonen“. Nein. — „12—15 Dublonen“. „Nun denn“, sagte endlich der Fremde, „wenn Ihr mir keine Ruhe lassen und mit Gewalt wollt betrogen sein. Aber ich sage es Euch vor allen diesen Herren da, der Stein ist falsch, und ich gebe Euch kein gut Wort mehr dafür. Denn ich will keinen Verdruß haben. Der Stein ist Euer." Jetzt brachte der Jude voll Freude dem Goldschmied den Ring. „Morgen komm' ich zu Euch und hole das Geld." Aber jener machte große Augen. „Guter Ereund, das ist nicht mehr der nämliche Ring, den Ihr mir vor zwei Minuten gezeigt habt. Dieser Stein ist 20 Kreuzer wert unter Brüdern. So macht man sie bei Sankt Blasien in der Glashütte". Denn der Fremde hatte wirklich einen falschen Ring in der Tasche, der völlig wie der gute aussah, den er zuerst am Finger spiegelte, und während der Jude mit ihm handelte und er die Hand in der Tasche hatte, streifte er mit dem Daumen den echten Ring vom Finger ab und steckte den Finger in den falschen, und den bekam der Jude."

---

37. (30.) A. hat dem B. widerruflich ein Gangrecht erlaubt. Dann sucht er den B. zum Abschlusse eines Kaufvertrages über ein Pferd zu bewegen, wobei er dem widerstrebenden B. gegenüber die Drohung anwendet, daß er sonst jenes Gangrecht widerrufen werde. So versteht sich B. zu dem Kaufe.

Ist dieses Kaufgeschäft gültig?

38. (31.) Zwei Kaufleute kommen wegen einer von dem ersten dem zweiten in Kommission gegebenen Quantität Sirup in Differenzen. Da der Empfänger die Ware nicht behalten und nicht bezahlen will, wie er nach der Behauptung jenes zufolge ihres Vertrages verpflichtet sei, so teilt ihm sein Gegner mit, daß er die behauptete Forderung in den gelesensten Lokalblättern der Stadt und des Kreises des Empfängers zum Verkaufe ausbieten werde; „sollte ich binnen acht Tagen ohne Antwort sein, so darf ich mich wohl Ihrer freundlichen Zustimmung zu der oben erwähnten Veräußerung Ihrer Schuld versichert halten."

Ein anderer Brief in der mittlerweile immer gereizter werdenden Korrespondenz lautete: „Wenn Sie bis 1. Oktober d. J. Ihre zu Unrecht von Ihnen bestrittene Schuld bei mir nicht getilgt haben, so lasse ich dieselbe durch die Schutzgemeinschaft für Handel und Gewerbe in Ihren dortigen Blättern als zu verschenken annoncieren. Dies zur Notiz."

Wenn der Empfänger, um sich Unannehmlichkeiten zu entziehen, auf den ersten — oder auf den zweiten — Brief hin seinen Widerspruch aufgegeben und bezahlt hätte: könnte er es später nicht doch wieder rückgängig machen?

39. (33.) A. und B. haben einen Lieferungsvertrag geschlossen.

Dann weigert B. die Erfüllung, mit folgender Begründung: Der Vertrag sei von ihnen mündlich während der Leipziger Messe eingegangen worden. B. habe damals von A. 26000 ℳ zu fordern gehabt und das Geld auf das allerdringendste nötig gehabt, um Wechselschulden zu tilgen, deren Protestirung seinen Kredit und seine kaufmännische Existenz bedroht, vielleicht gänzlich vernichtet haben würde. A. habe aber erklärt, daß er nicht bezahle, wenn B. nicht den jetzt fraglichen Vertrag mit ihm schließe.

Ist die Einrede für wirksam zu erachten?

40. (43.) Grahn hatte gegen Uhlig eine bedeutende Forderung, konnte aber zu seinem Gelde nicht kommen, da Uhlig notorisch *frustra excussus* war, obschon seine Ehefrau Privatvermögen hatte. Grahn vollführte nun folgenden Plan: Er erschien eines Morgens mit einem Gerichtsvollzieher zum Zwecke der Pfändung des Uhlig in dessen Wohnung und machte Anstalt, die dort befindlichen Möbel durch den Vollstreckungsbeamten mittels eines zugleich mitgebrachten Wagens sofort nach dem Pfandlokale abführen zu lassen. Die Frau Uhlig, erklärte er, könne zusehen, ob sie später die Möbel auf dem Wege der Klage wieder erhalte; er sei aber bereit, von allen weiteren Maßnahmen abzustehen, wenn Frau Uhlig einen Bürgschaftsschein für die Schuld ihres Mannes, wie nach dortigem Rechte möglich, gleich ausstelle.

Da er der Überraschten nicht die geringste Zeit ließ, in der sie die Hilfe des Gerichtes zur Abwendung des Vollstreckungsmaßregel hätte anrufen können, so ließ sie sich bewegen, die angesonnene Urkunde zu unterschreiben, worauf Grahn sich entfernte.

Nachher scheint es ihr, daß sie zu rasch gehandelt habe. Sie geht zu einem Anwalte und fragt, ob sie die Bürgschaft nicht rückgängig machen könne.

Was wird ihr der Anwalt antworten?

XXII.

1. In den folgenden Fällen erscheint im Verhandlungstermine vor dem Gerichte nur der Kläger. Bei Aufruf der Sache tritt er auf, trägt die jeweils angegebene Klage vor und beantragt, den Beklagten in Gemäßheit des betreffenden Antrages zu verurteilen.

C.P.O. § 296: „Beantragt der Kläger gegen den im Termine zur mündlichen Verhandlung nicht erschienenen Beklagten das

Versäumnisurteil, so ist das thatsächliche mündliche Vorbringen des Klägers als zugestanden anzunehmen.

Soweit dasselbe den Klagantrag rechtfertigt, ist nach dem Antrage zu erkennen; soweit dies nicht der Fall, ist die Klage abzuweisen."

Wie wird in den einzelnen Fällen das Gericht zu entscheiden haben?

a) „Der Beklagte kaufte und empfing von mir zwei Pfandbriefe der Meininger Hypothekenbank ... und versprach Zahlung des damaligen Kurswertes am folgenden Tage. Ich hatte dem Beklagten, um ihn zu dem Kaufe zu bewegen, angegeben, daß die Pfandbriefe zu jener Reihe gehörten, die vor 1900 nicht kündbar seien; dies war nun freilich nicht der Fall, aber die Auslosung ist jetzt eine so langsame, daß ich nicht glaube, daß Beklagter geschädigt ist. Da er trotzdem in Güte nicht zahlt, beantrage ich ..."

b) „Mein Vetter, der dreizehnjährige E. M., hat mir vor kurzem in Rechtsabsicht fest versprochen, zum Andenken an seinen verstorbenen Vater dessen Schreibtisch zu schenken; ich habe das dankend angenommen, dann aber von dem Vormunde jenes die Nachricht erhalten, daß aus der Schenkung nichts werden könne und ich darauf verzichten möge. Dazu habe ich aber keinen Grund; sondern erhebe Klage ..."

c) „Vor vier Wochen bin ich mit der A. Z. die Ehe eingegangen. Sie ist die Tochter eines Jugendfreundes meines Vaters, der diese Verbindung sehnlichst wünschte. A. Z. setzte dem Plane unserer Verheiratung langen Widerstand entgegen; da ich aber gleichfalls derselben geneigt war und ihr Vater mir, als Erben des meinigen, gänzlich verschuldet war, so stellte ich ihr in Aussicht, daß ich ihren Vater bei fortgesetzter Weigerung ihrerseits gänzlich ruinieren und sie mit in das Elend stoßen würde. So entschloß sie sich, mit mir die Ehe abzuschließen; weigert mir jedoch die eheliche Folge. Ich bin daher zur Klage genötigt ..." (Prozessualisches Verfahren nach C.P.O. § 578).

d) „Über meinen Vater ist vor vierzehn Tagen Konkurs eröffnet worden. Allein noch acht Tage vorher, also zu der Zeit seiner vollen Dispositionsfähigkeit über sein Vermögen, hat er mir, laut beiliegender Urkunde, die Summe von 10000 ℳ zwecks bessern Betriebes meiner Studien schenkungsweise überwiesen. Der — heute hier nicht erschienene —

Konkursverwalter hat sich aber geweigert, diese Forderung bei Verteilung der Masse zu berücksichtigen, und klage ich . . .“

e) „Der verstorbene S. war mir aus Darlehn 6000 *M* schuldig. Bei seinem Ableben hat er ein Testament hinterlassen, in dem er aber sein Vermögen, unter gänzlicher Übergehung seiner beiden Kinder, einer frommen Stiftung zuweist. Da dieses nach den Rechten nicht angängig ist, so habe ich von den Kindern als gesetzlichen Erben jene Summe eingefordert, aber die Antwort erhalten, daß sie die Sache nichts angehe. Dieser rechtsirrtümlichen Auffassung gegenüber muß ich den Klageweg beschreiten, und bitte, die ausgebliebenen Beklagten zu verurteilen . . .“

2. Brems hat seinem frühern Prinzipale Exter bei seinem Austritte aus des letztern Geschäft unter hoher Konventionalstrafe versprechen müssen, daß Brems auswandern und dem Geschäfte des Exter in Deutschland niemals Konkurrenz machen solle.

Brems empfindet später über diesen Vertrag Reue. Er hält denselben auch für ungültig; möchte aber gern juristisch darüber belehrt sein: wie er sich rechtlich zu verhalten habe? und ob, und auf welche Weise, er den ihm lästigen Vertrag beseitigen könne?

3. Es ist jemand durch Betrug veranlaßt worden, eine Sache zu kaufen. Er macht von dem gesetzlichen Rechte Gebrauch, den Vertrag anzufechten, und erwirkt die rechtskräftige Verurteilung des Verkäufers; später aber wird er, da diese Sachen inzwischen im Preise bedeutend gestiegen sind, andern Sinnes und will nunmehr bei dem Kaufe stehen bleiben.

Hat der Verkäufer ein Recht, die Rückgabe der Sache gegen Erstattung des Kaufpreises zu verlangen?

4. Unter der Herrschaft des Dotalrechtes hat ein Ehemann von dem Vater seiner Frau als Mitgift ein Landgut erhalten, von welchem er nachmals in augenblicklicher Not mehrere Äcker heimlich verkaufte. Da sich seine Vermögensverhältnisse nach einiger Zeit wieder bessern, so will er jene Parzellen zurückerwerben, stößt aber auf Weigerung des Käufers.

Ein juristisch gebildeter Freund rät ihm, sich doch einfach auf die lex Julia de adulteriis zu berufen.

Wie ist das gemeint? Ist der gegebene Rat begründet?

5. Die ledige A. hatte zusammen mit ihrem einzigen Bruder B. ihre Eltern beerbt. Zu einer Teilung des elterlichen Erbes war es dann aber gar nicht gekommen; sondern die A. schloß mit B. einen Schenkungs- und Verpflegungsvertrag ab, laut dessen sie ihm ihren ganzen Anteil an der Erbschaft mit etwa 40 000 ℳ überwies und dafür in seinem Hause volle Beköstigung und Pflege erhalten sollte; gerichtliche Insinuation war nicht vorgenommen. Bald darauf starb die A.

Seitens der fiskalischen Steuerbehörde wird nun bei ihrem Anwalt angefragt: ob nicht der Fiskus gegen den B. wegen Zahlung der Erbschaftssteuer die nach dortigen Gesetzen von allen an Seitenverwandte fallenden Erbschaften zu entrichten ist, vorgehen könne?

Würde der Anwalt die gleiche Antwort erteilen müssen, wenn die A. nur einen Teil ihres Vermögens an eine dritte Person C. ohne Wahrung der gesetzlichen Formalitäten verschenkt hätte?

Oder nur einen Teil desselben an ihren Bruder B.?

---

6. (7.) Ein Minderjähriger schließt einen Kauf über ein ihm gehöriges Grundstück ab. Oder: er erläßt einem seiner Schuldner auf dessen dringendes Bitten die von diesem noch zu zahlende Schuld.

Kann der Vormund es einfach gutheißen? Welcher Rechtsbegriff kommt in Anwendung?

7. (8.) Die Eigentümerin eines Schmuckes im Werte von 10000 ℳ verschenkt denselben. Nach einiger Zeit erfährt sie, daß diese Schenkung, soweit sie einen gewissen Betrag übersteige, wegen mangelnder vorgeschriebener Förmlichkeiten ungültig sei; und nimmt daher nunmehr zusammen mit dem Beschenkten diese Formalität vor.

Kommt die Schenkung rechtsgültig zu stande? Auf welche Zeitpunkte ist das maßgebliche juristische Augenmerk zu richten?

8. (9.) Ein Bauspekulant hatte einen kleinen Kapitalisten zum Ankaufe eines Anwesens bestimmt, indem er ihm doloserweise die falsche Thatsache vorspiegelte, daß von der städtischen Verwaltung die Anlegung einer Straße beschlossen sei, durch welche jenes Grundstück eine nahe und bequeme Verbindung mit der innern Stadt erhalten haben würde. Der Kaufvertrag war am 1. April abgeschlossen worden.

Der Käufer, welcher nach besonderer Erklärung nur durch diese Aussicht zu jenem Handel bewogen worden war, fand aber nachher trotz der mangelnden direkten Verbindung mit der Stadt Gefallen an dem erkauften Hause; er sprach sich dahin aus, daß er mit dem Kaufe ganz zufrieden sei und es bei demselben belassen wolle, und teilte dieses auch unter dem 9. September dem Verkäufer mit.

Am 1. Dezember und den folgenden Tagen entdeckt jedoch der Käufer, daß das Haus an verschiedenen Teilen ganz mangelhaft gebaut war; er will nun die Wandlungsklage anstellen.

Der Verkäufer schützt die Einrede der Verjährung vor.

Ist dieselbe begründet?

9. (10.) A. hat von B. eine Landstelle gekauft, bewogen durch erschwindelte betrügliche Angaben des letztern. Der Handel war im April 1891 abgeschlossen und am 9. November desselben Jahres notariell beurkundet worden, obgleich inzwischen A. von den vorgespiegelten falschen Thatsachen genaue Kenntnis erhalten hatte.

Jetzt möchte er gern von dem Geschäfte zurück. Sein Anwalt ist im Zweifel, ob dies möglich sein werde, sowohl wegen l. 24 und l. 26 §§ 7, 8 D. de condictione indebiti (12, 6), als auch wegen l. 25 D. de V. O. (45, 1), glaubt aber doch, die Anfechtung vornehmen zu können, weil A. erst nach dem notariellen Akte erfahren habe, daß er die ihm vorher schon bekannten Betrugsthatsachen durch Zeugen auch wirklich sicher zu erweisen in der Lage sei.

Wie ist die Sachlage rechtlich zu beurteilen?

10. (11.) Die Viktoria Kranzel war zwangsweise zur Eingehung ihrer jetzigen Ehe mit Xaver Naus gebracht worden. Sie bewies durch Zeugen, daß sie durch das Benehmen ihres Vaters gegen sie bis zur Eheschließung in gerechter Furcht vor körperlichen Leiden gewesen war, indem derselbe, wenn sie, mittelbar oder unmittelbar, ihre nicht unmotivierte Abneigung gegen den vorgeschlagenen, zwanzig Jahre ältern Bräutigam äußerte, gegen sie fluchte und ihr mit Schlägen oder mit Verstoßen aus dem Hause drohte; sie konnte auch an der etwaigen Vollziehung dieser Drohung nicht zweifeln, da ihr Vater, wie er von bekannten Zeugen geschildert wurde, ein Mann war, welcher, „wenn er einmal in die Hitze geraten, unbeugsam und nicht wohl wieder zu besänftigen sein soll“.

So wurde sie dazu gebracht, ihren jetzigen Ehemann zu heiraten; hat auch anderthalb Jahr bei diesem gelebt und ihm ein Kind geboren. Jetzt aber behauptet sie, es in dem Hause ihres Mannes nicht fürder aushalten zu können, da dieser roh und lieblos gegen sie und ihr Kind sei. Und sie beruft sich auf den Zwang, den sie erlitten, und der sie zur Ehe allererst gebracht.

Ihr Mann aber will nichts von Scheidung wissen; da sie die Ehe mit ihm vollzogen habe und seither mit ihm zusammengewesen sei und ihn als Ehemann geduldet habe, so sei jener Fehler des Eheabschlusses, meint er, längst geheilt.

Was ist Rechtens?

11. (12.) Der Rentner Berthold Lücking hatte mit seinem Neffen Friedrich eine Scheinschenkung unter Lebenden eingegangen, um den Fiskus um die Erbschaftssteuer zu schädigen. Er wies ihm hiernach ein dem Schenkgeber gehöriges Haus schon jetzt zu. Ernstlich gemeint war eine Schenkung von Todes wegen gewesen.

Vor kurzem aber hat nun Friedrich Lücking, der inzwischen mit seinem Oheim in ein etwas gespanntes Verhältnis gekommen war, Klage auf Ausführung der ordnungsmäßig abgeschlossenen und urkundlich festgestellten *donatio inter vivos* erhoben; auf den Einwand der Simulation, den Beklagter erhob, replizierte der Kläger mit Beibringung eines Briefes, in welchem Berthold Lücking dem jetzigen Kläger gegenüber — unter dessen nachheriger Annahme — auf die Einrede der Simulation verzichtet hatte.

Der Anwalt des Beklagten stellte gegen diesen, schon oft von dem Schreiber bereuten Brief die Behauptung auf, daß selbiger rechtlich wirkungslos sei.

Wie ist zu erkennen?

XXIII.

1. Unter welchen juristischen Begriffen sind folgende Rechtsgeschäfte zu fassen:

a) Die Erklärung des Eigentümers, daß er einem andern eine bestimmte Sache um einen von diesem angebotenen Preis käuflich überlassen wolle, wenn im gegenwärtigen Augenblicke sein dazu befugter Bevollmächtigter sie nicht schon an einen Dritten verkauft haben sollte.

b) Eine Feuerversicherungs-Polize enthält die Bestimmung: daß alle nicht innerhalb sechs Monaten nach einem etwaigen Brande entweder festgestellten oder eingeklagten Entschädigungsansprüche erloschen seien.

c) Zusage, daß die Bewohner eines Hofgutes je eine Ziege halten dürfen, wenn der Gutsbesitzer selber solche halte.

d) Die Eltern einer Braut geben dieser eine Aussteuer von 2500 ℳ, und zwar 1000 ℳ sofort, je 500 ℳ zu Lichtmeß der folgenden zwei Jahre und den Rest „zu der Zeit, wenn die Eltern ihr Hofgut an eins ihrer Kinder abgeben".

e) Ein Gläubiger hat einen Vorschuß auf eine noch zu liquidierende Forderung erhalten, vorbehaltlich der Zurückzahlung des etwa zu viel Erhaltenen.

f) „Ich setze den X. zu meinem alleinigen Erben ein, wenn er bis zu meinem Tode sein religiöses Bekenntnis geändert haben und zum katholischen Glauben übergetreten sein sollte."

g) A., der sich in bedrängten Vermögensverhältnissen befindet, hat von seinem Bruder B. ein verzinsliches Darlehn von 500 ℳ erhalten und in dem darüber ausgestellten Schuldscheine die Rückzahlung dieser Summe, „sofern seine Vermögensverhältnisse es ihm möglich machen sollten", versprochen.

h) In einem Anschlagsvertrage zwischen Eltern und Kindern hieß es: „Die Käufer sind gehalten, den Verkäufern auf Verlangen Zahlung aus dem vorbehaltenen Überrest des Kaufschillings zu leisten."

i) Unter den Bedingungen eines Versteigerungs-Protokolles fand sich: „Es wird eine dreimal vierundzwanzigstündige Zeit zur Erteilung der Genehmigung vorbehalten, jedoch ist der Käufer an sein Gebot gebunden."

k) „Garantie: Kostenfreie Zurücknahme jeder Sendung (verkaufter Butter), falls dieselbe nicht gefällt."

2. Ein Testator verordnet: sein ältester Bruder A. solle als Haupterbe sein gesamtes Vermögen bekommen und jedem seiner beiden Geschwister B. und C. als Vermächtnis 5000 ℳ, beiden jedoch erst dann herauszahlen, „wenn der jüngste Bruder C. ein Gewerbe für eigene Rechnung zu betreiben anfängt".

Nun fragt es sich:

a) Wenn C. vor Eintritt dieses Zeitpunktes stirbt, wann ist dem B. seine Abfindung auszuzahlen?

b) Können die Erben des C. etwas fordern?

c) Was gilt, wenn C. kein Gewerbe betreiben will? oder es nicht kann?

3. Der Bauer Heinrich Erb zu Rengersdorf verkaufte 1885 seinem ältesten Sohne Andreas das Bauerngut Nr. 81 für den Preis von 11000 ℳ und bestimmte über das Kaufgeld, daß Käufer je die Hälfte an den jüngern Bruder und an seine Schwester zahlen sollte. Betreffs der letztern lautete § 4 des notariellen Vertrages: „Der Kaufanteil der Tochter Marie mit 5500 ℳ soll nicht durch Eintragung sichergestellt und erst ein halbes Jahr nach der Verheiratung des Käufers an die Tochter Marie, verehelichte Pilz abgezahlt werden. Auf Sicherstellung und Verzinsung wird verzichtet."

Mit dem Vortrage dieser Thatsachen und Urkunden erscheint Heinrich Erb im Frühjahr 1892 bei einem Rechtsanwalt, erklärt, daß sein Sohn Andreas noch immer keine Miene zum Heiraten mache, und fragt an: ob derselbe nicht auf Zahlung an die Tochter verklagt werden könne?

4. A. und B. standen in Unterhandlung über den Kauf eines dem A. gehörigen Grundstückes. Sie kamen brieflich über die Hauptpunkte des abzuschließenden Vertrages und namentlich darüber überein, daß A. den vollständigen und befriedigenden Nachweis seines Eigentumsrechtes zu führen habe, und daß sodann der definitive Vertrag bis längstens 21. Juli 1890 abgeschlossen werden müsse — ein Termin, der später bis zum 5. August verlängert wurde. B. erklärte jedoch, durch die ihm innerhalb dieser Frist gelieferten Nachweisungen nicht befriedigt zu sein, und glaubte sich durch den Ablauf derselben jeder weitern Verbindlichkeit enthoben.

Wie ist die durch die angeführten Thatsachen geschaffene Rechtslage zu charakterisieren? Ist die Meinung des B. richtig; oder könnte A. in irgend welcher rechtlich begründeten Weise gegen B. vorgehen?

5. M. und N. schließen einen Kaufvertrag, — der M. hatte gemeint unter einer Bedingung, N. ohne eine solche. Daß beide in diesem jeweiligen verschiedenen Glauben gewesen waren und demnach ein Mißverständnis obgewaltet hatte, läßt sich hinterher beweisen.

Ist der Kaufvertrag gültig zu stande gekommen?

6. Pahl klagt aus einem nach seiner Behauptung von Brust ihm dahin gegebenen Versprechen, an einem bestimmten Tage eine näher angegebene Summe zu zahlen. Brust gesteht das Versprechen zu, behauptet aber, daß die Nebenberedung getroffen gewesen sei: wenn eine, genauer angegebene Gewerbeausstellung zu stande kommen würde; — was nicht geschehen sei. Pahl bestreitet, daß dieses als bindende Klausel beigefügt worden.

Wer ist gehalten, den Beweis für seine Behauptungen zu erbringen?

7. Einer aus einem Tausche über Ochsen angestellten Klage setzte der Beklagte die vom Kläger bestrittene Behauptung entgegen, daß der Handel nur „auf Probe" geschlossen und, weil demnächst die Ochsen von ihm nicht annehmbar befunden worden wären, gar nicht zu stande gekommen sei.

Wem fällt die Beweislast zu?

8. R. klagt gegen S. auf Zahlung von 60 ℳ, wofür er ihm einen kleinen amerikanischen Füllofen verkauft habe; S. habe die Annahme verweigert. S. entgegnet, daß er den Kauf nur dahin abgeschlossen habe: wenn seine, des Beklagten, Ehefrau damit einverstanden wäre, was nicht der Fall sei. R. widerspricht dem, da S. nur gesagt habe, er hoffe, daß seine Frau den Kauf billigen werde. Beide Teile haben nur den Eid als Beweismittel benannt.

Wem ist er aufzuerlegen? Und worauf hat derselbe zu gehen?

9. Der Ökonom Hussel kommt mit seinem Nachbarn Marx in Streit, indem letzterer das Recht geltend macht, sein Vieh bei kalter Witterung in den Stall des Hussel neben dessen Vieh zu stellen; während dieser behauptet, es stehe dem Marx nach der mit ihm desfalls geschlossenen Übereinkunft dieses Recht nur insoweit zu, als er selbst nicht den Stall mit eigenem Vieh gänzlich bestellt hätte.

Wie steht es hier mit der Beweislast?

10. Uhrmacher Loë klagt gegen den Handelsmann Schnur den Kaufpreis mehrerer dem Beklagten käuflich gelieferten Uhren ein. Schnur giebt zu, die Uhren gekauft zu haben, aber nur unter der Bedingung, daß Loë Garantie übernehme, daß die Uhren gut reguliert seien und regelmäßig genau gingen; das sei aber beides nicht der Fall.

Da der Kläger von vornherein bestreitet, unter dieser Bedingung verkauft zu haben, so fragt es sich: wem der Beweis aufzuerlegen ist?

---

11. „Ich setze meine Frau (F.) zu meiner Erbin ein. Bei ihrem Tode soll meinem Bruder (B.) ein Vermächtnis von 1000 ℳ zukommen."

Was ist die Folge, wenn B. vor F. stirbt?

12. Zwischen Dr. Jerusalem und der Stadtgemeinde Halle war ein Vertrag zu stande gekommen, wonach ersterer das Verlagsrecht des „Halle'schen Tageblatts" gegen eine an die Stadtkasse zu zahlende Summe von 5000 ℳ erwarb. Obgleich zur

Gültigkeit des Vertrages die Genehmigung des Regierungspräsidenten zu Merseburg erforderlich war, in dem Vertrage auch ausdrücklich eine bezügliche Bestimmung Aufnahme fand, übernahm Dr. Jerusalem doch alsbald nach Vertragsabschluß das Verlagsrecht einstweilig in einem Privatverhältnis zu dem bisherigen Pachter, Buchdruckereibesitzer Nietschmann; und die festgestellte Entschädigung von 5000 ℳ wurde an die Stadtkasse gezahlt mit der vertragsmäßigen Bedingung, daß die Rückzahlung samt Zinsen erfolgen solle, sobald der Regierungspräsident die Genehmigung des Vertrages versagen sollte.

Während seiner Thätigkeit als Verleger und Redakteur hat Dr. Jerusalem dann die Erfahrung gemacht, daß seine früheren Annahmen in Bezug auf die Aussichten des Unternehmens irrige gewesen sind. Er wünscht deshalb, von jenem Vertrage abstehen zu dürfen; während die städtischen Behörden dazu nicht recht geneigt sind.

Wie ist die Sachlage rechtlich aufzufassen? Muß erst die Entscheidung des Regierungspräsidenten abgewartet werden? Oder können nicht jetzt schon Schritte gegen die Stadt mit Fug geschehen?

13. (14.) A. vermacht dem B. ein Legat von 400 ℳ und einen Hund mit der Bedingung, daß B., solange der Hund lebt, nur die Zinsen von den 400 ℳ, nach dem Tode des Tieres aber das Kapital selbst ausgezahlt erhalten soll. Bald nach dem Ableben des A. verläuft sich der Hund, kann auch nicht wiedergefunden werden. B. verlangt nun die 400 ℳ; die Erben des A. aber wünschen zuvor den Nachweis, daß der Hund tot sei.

Können sie dieses mit Fug thun? Und wie ist dem B. eventuell zu helfen, wenn er keinen Totenschein beschaffen kann?

14. (15.) Nach einem notariellen Übergabsvertrage vom 25. Juli 1886 hat sich der 24jährige Übernehmer verpflichtet, außer dem Übergabeschilling von 15000 ℳ noch 1750 ℳ an die Übergeberin zu bezahlen, wenn er vor seinem dreißigsten Jahre eine andere Frauensperson, als eine Tochter der Schwester der Übergeberin ehelichen sollte. Er wird nun verklagt, weil er im Jahre 1890 ein anderes Mädchen geheiratet hat.

Beklagter entgegnet, daß er um die drei Nichten der Klägerin angehalten habe, aber abgewiesen worden sei, und man ihm nicht zumuten könne, zweimal bei derselben Person anzuhalten; während Klägerin dagegen aufstellt, daß dieses Vorbringen bei Rechtsgeschäften unter Lebenden gleichgültig sei.

Wie ist zu entscheiden?

15. (16.) Der Winkeladvokat Mencken erteilte einem jungen Manne, namens Schulze, Unterricht im Handels-, Bank- und Wechselwesen, sowie in den zur juristischen Beratung im gewöhnlichen Verkehr und zur prozessualen Vertretung vor dem Amtsgerichte nötigen Rechtskenntnissen. Es war vertragsmäßig bestimmt, daß der Unterricht in sechs Monaten abgeschlossen sein sollte, und Mencken, der den jungen Mann genau kannte, verpflichtete sich, ihn in dieser Zeit soweit zu bringen, daß er selbständig ein derartiges Geschäft werde führen können. An Honorar sollten 600 *M* gezahlt werden; die Zahlung dieser wurde aber von der Bedingung abhängig gemacht, daß Schulze seinen ersten Prozeß vor dem Amtsgerichte gewinnen würde: sollte er ihn verlieren, so brauche nichts bezahlt zu werden.

Die sechs Monate verliefen programmäßig. Schulze ließ sich nach dieser Zeit als Rechtskonsulent und „Volksanwalt“ nieder und erteilte kleinen Leuten gegen gutes Honorar juristischen Rat, übernahm aber niemals die Vertretung in einem Prozesse vor Gericht und bezahlte an Mencken nichts. Nach verschiedenen Mahnungen trat letzterer klagend auf.

Er sagte: Beklagter muß mich unter allen Umständen bezahlen. Denn entweder wird er verurteilt, so muß er auf Grund des rechtskräftigen Urteiles leisten, oder er gewinnt den Prozeß, so muß er in Gemäßheit unseres Vertrages zahlen.

Dagegen meinte Schulze: Ich brauche in keinem Falle zu leisten. Entweder ich verliere den Prozeß, so habe ich wegen unserer Vertragsberedung nicht zu zahlen, oder Kläger wird mit seiner Klage abgewiesen, so brauche ich wegen des absolvierenden Erkenntnisses nichts zu geben.

Wer war im Rechte?

16. (17.) Ein Landwehroffizier wünscht sich für den Fall, daß innerhalb der nächsten zwei Jahre, während deren er voraussichtlich noch der Landwehr angehören wird, ein Krieg ausbricht, eines Pferdes zu versichern. Zu diesem Zwecke kauft er unter der Bedingung einer Mobilmachung während der Zeit, da er in der Landwehr sich befinden würde, ein Pferd, das ihm vorgeführt und in jenem Sinne tradiert wird, nach dem aber natürlich beim Verkäufer verbleibt.

Nach einiger Zeit verpfändet der letztere das Pferd.

Wenn nun ein Krieg ausbricht:

a) Welche rechtliche Wirkung hat jetzt dieser letzte Umstand?

b) Bleibt das Pfandrecht bestehen oder nicht?

c) Wem kommt das von der betreffenden Stute inzwischen geworfene Füllen zu? Ist der Zeitpunkt von dessen Geburt dabei von Belang?

17. (18.) Herr von Berlo überläßt am 10. März 1888 seinem Vetter Hülsen ein Landgut schenkungsweise, mit der Bestimmung, daß wenn dem Schenkgeber ein Sohn geboren werden würde, das Gut wieder an von Berlo zurückfallen solle.

Hülsen legt am 9. Juni 1891 eine Hypothek zu gunsten seines Gläubigers Berck auf das Gut. Am 2. Februar 1892 wird dem Herrn von Berlo ein Sohn geboren.

a) Welche Rechtsfolgen treten ein?

b) Wie stände es, wenn von Berlo am 30. Januar 1892 plötzlich verstorben wäre?

c) Wer hätte im Streitfalle die angegebene Klausel des etwaigen Rückfalles zu beweisen?

---

18. (20.) Bei einem Manöver wird eine Stadt mit Einquartierung belegt. Ein Arzt, welcher für sieben Tage drei Mann zugesagt bekommt, dem es aber an Platz für diese mangelt, schließt mit einem Wirte einen Vertrag, wonach dieser jene Mannschaft gegen näher bedungene Vergütung bei sich aufnehmen will.

Nachträglich wird nun aber der Manöverplan geändert; und nach viertägiger Einquartierung verläßt das Militär jene Stadt wieder.

Kann der Wirt Vergütung für sieben Tage verlangen? Wie ist es, wenn er bereits besondere Anschaffungen und Vorrichtungen vorgenommen oder anderes abgesagt hätte?

19. (21.) Der Kaufmann A. hatte mit dem Fabrikanten B. einen Vertrag abgeschlossen, inhaltlich dessen B. dem A. für den Gesamteinkaufspreis von 2000 *M* netto Waren auf Bestellung promptest zu liefern, aber erst nach vollständiger Effektuierung des Auftrages Zahlung zu erhalten hatte.

Wegen nicht vollständiger Lieferung erhob A. Klage auf Vertragserfüllung und Schadensersatz, kam aber mittlerweile in Konkurs. Dieser wurde von dem Konkursgerichte wegen Mangels einer zureichenden Masse wieder aufgehoben. B. meint nun, daß man ihm die weitere Lieferung unter solchen Umständen nicht zumuten könne.

Entscheidung?

20. (22.) Der Kaufmann Reil kaufte am 24. Februar 1888 von dem Gärtner Hoppe ein dem letztern gehörendes in der Luisenstraße in Bockenheim belegenes Grundstück für 6000 ℳ. Er übernahm im Vertrage die auf das Grundstück entfallenden Straßenanlagekosten, nachdem er im Beisein des Hoppe den Bürgermeister von Bockenheim über die Höhe des im Falle eines Neubaues an die Stadt zu zahlenden Straßenanlagebeitrages befragt, und dieser denselben auf 530 ℳ angegeben hatte.

Am 20. März 1888 ließ Hoppe dem Reil auf dessen Ersuchen das fragliche Grundstück auf, und es erfolgte die Umschreibung auf den Namen des Reil. Als derselbe aber Anfang April um Erlaubnis zur Erbauung eines Wohnhauses auf dem fraglichen Grundstücke nachsuchte, erhielt er am 8. April vom Magistrate den Bescheid, daß dieselbe erteilt werden sollte, sobald er die nach dem Ortsstatut an die Stadtkasse zu erstattenden Straßengrunderwerbs-, Freilegungs- und Pflasterungskosten mit 3680 ℳ werde gezahlt oder sicher gestellt haben.

Nun klagt Reil gegen Hoppe mit dem Antrage, den Vertrag vom 24. Februar für aufgehoben zu erklären. Er habe das Grundstück nur unter der Voraussetzung der oben angegebenen geringen Straßenherstellungskosten gekauft, die nun ermangele; und sei also in einem wesentlichen Irrtum über die Bauqualität des Kaufobjektes gewesen, welcher Irrtum zur Auflösung des Vertrages berechtige.

Beklagter erwidert, daß Kläger die Lehren von Voraussetzung und Irrtum rechtsirrtümlich vermenge. Es stehe vielmehr so, daß sie beide in der gleichen entschuldbar falschen Annahme sich befunden haben, ein schädlicher Dissens unter ihnen, den Paciscenten, also gar nicht vorhanden gewesen sei,

Unter Berücksichtigung des beiderseitigen Vorbringens ist begündet zu erkennen.

21. (23.) Ein reicher Gutsbesitzer aus Schlesien hatte mit einer Berliner Dame vom Ballet ein Verhältnis angeknüpft. Als er eines Tages mit ihr durch die Friedrichsstraße ging, blieb seine Begleiterin plötzlich mit einem Ausruf des Entzückens stehen; ihr Auge haftete auf einem Brillantarmband, welches in dem Schaufenster eines bekannten Juweliers ausgestellt war. Sie äußerte ein brennendes Verlangen, das Kleinod ihr eigen zu nennen, und ihr Freund erklärte, daß er ihrem Wunsche willfahren wolle, wenn das Armband für 4000 ℳ zu haben sei. Man betrat den Laden; als der Juwelier den äußersten Preis des Schmuckes aber auf 6000 ℳ angab, verfehlten die schmachtenden Blicke auf den Gutsbesitzer ihre Wirkung; über 4000 ℳ gehe er nicht, lautete sein Ultimatum.

Am folgenden Tage erschien die Dame wieder allein beim Juwelier. Sie hatte folgenden niedlichen Plan ausgeheckt: Sie übergab dem Juwelier 2000 ℳ und bat ihn, sich nunmehr nach dem Hotel ihres Freundes mit dem Schmuck zu verfügen und ihm denselben für 4000 ℳ zur Verfügung zu stellen. Der Juwelier ließ sich überreden, begab sich zum Gutsbesitzer und überließ ihm das Armband für 4000 ℳ.

In freudiger Erwartung harrte nun die Dame auf das Erscheinen ihres Freundes, der sich zweifellos beeilen würde, den Schmuck zu ihren Füßen zu legen. Sie wartete vergebens und wurde grausam enttäuscht, als ihr die schriftliche Mitteilung wurde, daß unaufschiebbare Geschäfte den Gutsbesitzer plötzlich nach der Heimat zurückgerufen hätten. Dieser war inzwischen von seiner Leidenschaft geheilt und nach dem Ankaufe des Armbandes auf die vernünftige Idee verfallen, der Versucherin schleunigst den Rücken zu wenden.

Wie gelangt nun die Balletdame, das Opfer einer verfehlten Spekulation, zu ihren 2000 ℳ?

XXIV.

1. Welches ist die Rechtsstellung nachstehender dritter Personen hinsichtlich der Geschäfte der jeweils endgültig Beteiligten?

a) Vormund.
b) Bedienter.
c) Spediteur. — Briefträger.
d) Handlungsgehilfe. — Börsenmakler.
e) Köchin, auf dem Markte einkaufend.
f) Frachtfuhrmann. — Prokurist. — Dolmetscher.
g) Testamentsexekutor.
h) Kommissionär. — Stellenvermittelungs-Bureau.
i) K. schickt den Dienstmann D. zu V., um eine von K. bei V. gekaufte Sache abzuholen.
k) Kellner; — insbesondere „Zahlkellner“.
l) Korporationsvorstand. — Rechtsanwalt. — Notar.
m) Kassierer. — Kassenbote. — Auktionator.
n) Solennitätszeugen.

o) Gesellen und Lehrlinge.
p) Sortimentsbuchhandlung.

2. In derselben Richtung, wie in der eben angegebenen Frage sind folgende Inserate aus Zeitungen juristisch zu charakterisieren:

a) Eine leistungsfähige Rippen-Tabak-Fabrik sucht für Provinz Sachsen gegen hohe Provision oder Fixum tüchtigen Vertreter.

b) Die Vertretung unseres Rositzer Werkes haben wir für Distrikt Halle (Saale) Herrn Wilh. Reupsch übertragen. Derselbe verkauft unsere Briquetts, jedes Stück mit nebenstehender Fabrikmarke versehen, zu Werkpreisen und sind uns zugedachte Aufträge an denselben zu richten.

Braunkohlenabbau-Gesellschaft „Germania", Altenburg.

c) Eine der ältesten und angesehensten Versicherungsgesellschaften sucht in Halle a. S. für den Saalkreis einen tüchtigen Vertreter unter günstigen Bedingungen.

d) Mit Kapitalbeteiligung wünscht ein, auch technisch sehr erfahrener Kaufmann mit ausgedehnten Verbindungen im Auslande sofort die Filiale oder Vertretung einer angesehenen gut eingeführten Firma zu übernehmen.

e) Eines der bedeutendsten Butter-Import- und -Export-Geschäfte Hamburgs sucht einen mit den hiesigen Platzverhältnissen vollkommen vertrauten, tüchtigen Agenten.

f) Haasenstein u. Vogler, A.-G., Helmstraße 31, Fernsprech-Anschluß 347, befördern Annoncen an alle hiesigen und auswärtigen Blätter zu Originalpreisen. Katalog gratis.

g) „Vorsicht" Auskunfts- und Inkasso-Bureau. Erteilung von geschäftlichen und Privat-Auskünften. Einziehung von Forderungen aller Art. Kein Mitgliedsbeitrag.

3. Der A. hatte in seinem Testamente den B. als Testamentsvollstrecker ernannt, und dieser nach dem Tode des A. die übertragene Aufgabe auch übernommen. In dem Testament war dem Exekutor „das Recht authentischer Interpretation" eingeräumt worden.

Bei der Erbteilung beschwert sich der eine Erbe, daß B. gegen den erkennbaren Willen des Testators verfahre. Kann dieser Erbe seiner Beschwerde gerichtlichen Ausdruck mit Fug verleihen?

Wie stände es bei obigem Thatbestande, wenn nach geschehener Auseinandersetzung ein Nachtrag zum Testamente des A. aufgefunden würde, in welchem eine andere Verteilung der Erbschaft, als die von B. beliebte, angeordnet wäre?

4. Nach dem Tode des Gerichtsassessors Stumm wendet sich dessen Vater an Dr. Küfer, einen in Leipzig wohnhaften Freund des Verstorbenen, mit der Bitte, ein dem letztern gehöriges Exemplar von Seuffert, Archiv für Entscheidungen der obersten Gerichte in den deutschen Staaten" an einen dortigen Antiquar nicht unter 60 ℳ zu verkaufen. Küfer erklärt sich dazu bereit. Als er aber das Werk erhält, faßt er den Entschluß, es für sich selbst zu behalten, und sendet einfach an den Vater seines Freundes 60 ℳ „als Erlös aus dem Verkaufe".

Später erfährt der Vater den Sachverhalt und ist nun unschlüssig, ob er sich rechtlich dabei beruhigen müsse?

5. Für eine in Liquidation befindliche Aktiengesellschaft waren M. und N. als Liquidatoren bestellt. Diese beiden acceptieren nun einen von dem M. selbst in eigenem Namen auf jene Aktiengesellschaft gezogenen Wechsel zusammen.

War das Accept gültig?

---

6. Ein Kaufmann aus Magdeburg hat seinen in der Altmark lebenden Bruder, einen Landwirt, bevollmächtigt, für ihn und auf seinen Namen ein bestimmtes Quantum Obst zum Zwecke der Weiterveräußerung käuflich anzuschaffen.

Es fragt sich nun, ob dieses Kaufgeschäft, wenn der verabredete Preis 800 ℳ beträgt, der schriftlichen Form unterliegt oder nicht?

7. Haeberlin hat den Claudius beauftragt, in seiner, des erstern, Vertretung einen alten Kleiderschrank von einem Händler zu erstehen; der Kaufpreis solle bis 28 ℳ betragen dürfen.

Claudius kauft einen Schrank für 21 ℳ, übersieht aber in schwer begreiflicher Unachtsamkeit, daß derselbe morsch und wurmstichig ist.

Kann Haeberlin dem Antiquar gegenüber einen Anspruch erheben, oder steht diesem l. 14 § 10 D. de aedil. ed. (21, 1) hilfreich zur Seite?

8. Wer hat in folgenden Fällen den entstandenen Schaden zu tragen?

a) Ein Dienstmädchen läßt fahrlässigerweise des Abends die Wasserleitung offen.

b) Ein bei einem Spediteur als Rollkutscher beschäftigter Arbeiter hat mit dem durch ihn geführten Fuhrwerke des erstern einen Pferdebahnwagen unvorsichtiger Weise beschädigt.

c) Beim Herunterlassen einer Marquise vor dem Schaufenster eines Ladens verfährt der Angestellte des Kaufmans so ungeschickt, daß einem Vorübergehenden der Hut vom Kopfe geschlagen und ruiniert wird.

d) Ein Maschinenfabrikant hatte sich beim Verkaufe einer Dampfmaschine dem kaufenden Gutsbesitzer gegenüber verpflichtet, einen von diesem zu salarierenden Monteur behufs Anlernung der Leute des Käufers zu stellen. Der technisch tüchtige Monteur kam aber von der Reise in trunkenem Zustande an und brachte bei dem vergeblichen Versuche, Gang und Bedienung der Maschine zu zeigen, diese sogar in Schaden.

e) Der Vicewirt eines Miethauses hatte von dem Eigentümer Auftrag erhalten, dem Mieter X. zu kündigen, da er die betreffende Wohnung dem Y. vermietet habe. Der Beauftragte versäumt jedoch die rechtzeitige Kündigung, und Y. kann nun nicht einziehen.

9. Ein von Z. geschickter Bote schlägt gemäß der ihm von jenem erteilten Weisung einen verbotenen Weg über ein fremdes Grundstück ein, trifft dabei aber zufällig mit dem Grundeigentümer zusammen, welcher gegen die Fortsetzung des Weges Einspruch erhebt. Der Bote aber erzwingt dieselbe durch grobe Gewaltthätigkeit.

Ist Z. haftbar?

10. S. trifft bei dem Förster D. einen Dachshund, wie ihn sich einer seiner Freunde, M., seit längerem gewünscht hat. S. kauft den Hund von D. für den M. mit dem Bemerken, daß diesem es schon genehm sein werde.

Ist hierdurch bereits eine rechtliche Beziehung entstanden? Was hat M. zu thun, wenn D. nachmals — sei es mit oder ohne Bewilligung des S. — von dem Handel zurücktreten will, M. ihn aber aufrecht erhalten möchte?

11. A. hatte die Bauarbeiten an einem Pfarrhofe übernommen und im Auftrage des amtlich bestellten Bauaufsehers B. auch solche Arbeiten ausgeführt, welche in dem ursprünglichen Bauplane nicht angegeben waren; indem beide darauf rechneten, daß diese Bauten von der Behörde als notwendig erkannt, daher nachträglich genehmigt und dem A. aus dem Baufond vergütet werden würden. Die Verwaltungsbehörde verweigerte aber die Zahlung.

Wie steht es mit den Aufwendungen und Kosten des A.?

12. Die Geschwister Johann und Franziska Feick verkauften am 7. Januar 1884 an Vitus May für sich und namens ihrer Geschwister Georg und Anna Feick „unter Haftung für deren Zustimmung“ ihr im ungeteilten Miteigentum der sämtlichen genannten Geschwister stehendes elterliches Haus, wobei bis Georgi 1884 alle Miteigentümer ihre Zustimmung zu dem Kaufe erteilt haben sollten. Georg Feick stimmte auch zu, Anna aber nicht; vielmehr hat, nachdem sie im Juni 1884 wegen Geisteskrankheit entmündigt worden, ihr Kurator ausdrücklich die Zustimmmung verweigert.

May klagt jetzt gegen Johann und Franziska Feick: daß sie die von ihnen versprochene Zustimmung beibringen, das verkaufte Haus überliefern und ihm allen Schaden ersetzen sollten, der dadurch entstanden sei, daß er jenes Haus an einen Dritten weiter veräußert habe und diesem für nicht richtige Erfüllung nun hafte.

Die Beklagten machen darauf aufmerksam, daß sie gar nicht in der Möglichkeit seien, die beiden ersten Klagebitten zu erfüllen; den zuletzt erwähnten Schaden aber habe sich Kläger selbst zuzuschreiben, da er ein festes Recht auf Lieferung noch gar nicht gehabt habe.

Wie ist zu erkennen?

13. Auf dem Hausgrundstück der Eheleute Post waren folgende Hypothekenkapitalien eingetragen: a) 1050 ℳ für Viktor Kaiser; b) 1200 ℳ für Willibald Blei; c) 1350 ℳ für Simon Hamel. Das Grundstück kam auf Antrag der beiden ersten Hypothekengläubiger zur Versteigerung.

Im Bietungstermine erschien Siegfried Hamel und gab „für seinen Vater Simon Hamel“ das Bestgebot von 2200 ℳ ab. In der That aber hatte er eine Vollmacht seines Vaters nie besessen; und dieser weigerte sich jetzt, das Gebot des Sohnes zu genehmigen.

Das Versteigerungsgericht setzte hierauf einen neuen Verkaufstermin an. In demselben gab Vincenz Kaiser das Meistgebot von 1200 ℳ ab und erhielt dafür den Zuschlag.

Beil erachtet den Siegfried Hamel für verpflichtet, ihm denjenigen Schaden zu ersetzen, welcher dadurch entstanden ist, daß nur ein Kaufgeld von 1200 ℳ, anstatt 2200 ℳ zur Deckung der Hypothekenschulden vorhanden ist. Siegfried Hamel bestreitet dagegen, dem Beil zu irgend einer Leistung verbunden zu sein.

Wer ist im Rechte?

14. Ein Dienstbote (D.) war wegen Unredlichkeit entlassen worden. Bald darauf läuft bei der Herrschaft (H.) eine Rechnung des Krämers K. von 24 ℳ für geliefertes Petroleum und eine solche des Schuhmachers S. von 18 ℳ für gefertigte Stiefel, Reparaturen u. dgl. ein. D. war von H. stets mit dem betreffenden Kaufpreise zu K., sowie eines Tages mit 18 ℳ zu S. geschickt worden, auch von letzterem mit der Erklärung zurückgekommen, daß S. die Schuld in seinem Buche gestrichen habe.

Wie gestaltet sich das Rechtsverhältnis von H., D., K. und S.?

15. Grah hat für Döring unbevollmächtigt eine Sache gekauft, sich dieselbe am Verkaufstage, dem 1. Mai, für Döring übergeben und diesem den Kaufpreis kreditieren lassen. Am 12. Juni genehmigt Döring den Kauf.

Es fragt sich, ob Döring schon vom 1. Mai oder erst vom 12. Juni den Kaufschilling verzinsen muß?

16. Stöhr hatte namens des Dietrich mit Schönhals einen Immobiliarverkauf abgeschlossen, welcher, weil Dietrich zur Zeit der Vollmachterteilung an Stöhr, wie des Vertragsschlusses handlungsunfähig war, der Gültigkeit entbehrte. Nach dem Tode des Dietrich haben dessen Erben Genehmigung erteilt.

Rechtliche Wirkung?

17. Rechtsanwalt Hartmann war Vertreter des Duchardt und als solcher zur Entgegennahme von Geldern seitens des verklagten Schuldners Pfeffer bevollmächtigt. Am 26. August zahlt Pfeffer seine Schuld an Hartmann; er stirbt tags darauf an der Cholera. Sein Vetter und Universalerbe Schley, der ebenso wie der Gläubiger Duchardt von der geschehenen Zahlung nichts weiß, bittet den letztern um Aufschub oder völligen Erlaß der Schuld und erhält den letztgenannten bewilligt.

Am 6. September klärt sich die Sache auf. Duchardt sieht nun keinen Anlaß zu dem Erlasse mehr und genehmigt daher die an Hartmann geschehene Zahlung; Schley will dagegen das gezahlte Geld zurückhaben.

Was ist Rechtens?

18. A. ist dem B. feindlich gesinnt und äußert in Gegenwart des C. den Wunsch, daß B. einmal eine tüchtige Tracht Schläge erhalten möge. C. bringt aus Gefälligkeit diesen Wunsch zur Erfüllung. Als A. dies erfährt, giebt er seine lebhafte Freude und völlige Zustimmung zu erkennen.

Ist A., gleich dem C., zum Ersatze des dem B. zugefügten Schadens verpflichtet?

19. Die Stadt Gießen erhob gegen ihren Syndikus, den Advokaten Dr. Sundheim, Klage auf Aberkennung von Gehaltsansprüchen, da bei den städtischen Akten sich eine Urkunde fände, in welcher der Beklagte auf seinen Gehalt verzichtet hätte.

Beklagter giebt dagegen an, daß, nachdem er dem Andrängen einer Volksversammlung, auf seinen Gehalt als Syndikus zu verzichten, widerstanden, am 13. Juni 1848 eine Anzahl von Bürgern der Stadt ihm in das Haus und auf die Stube gerückt wäre, von ihm die Ausstellung einer Urkunde über Verzicht auf den Gehalt verlangt und diese auch erhalten hätte. Erst von diesen unbevollmächtigten Bürgern wäre der Bürgermeister von dem Geschehenen benachrichtigt worden; gegen dessen Verfügung, daß der Gehalt nach einem nunmehrigen entsprechenden Beschlusse des Gemeinderates nicht weiter auszuzahlen wäre, hätte er, Beklagter, sofort protestiert.

Wie war zu entscheiden?

20. Centgraf fordert von Döll Rückzahlung eines Darlehns. Der am 1. November 1888 zugestellten Klage ist ein Schuldschein des Döll vom 1. April 1881 über ein Darlehn von 5000 ℳ beigelegt, nach welchem dasselbe nach vorausgegangener halbjähriger Kündigung zurückgezahlt werden soll; ferner ein Schreiben eines Rechtskonsulenten Jungblut vom 26. April 1888, nach welchem dieser das Darlehn im Auftrage des Klägers kündigte.

Döll wendet ein, daß Jungblut damals gar keinen Auftrag gehabt, vielmehr Centgraf erst am 1. Juni 1888 von dem Vorgehen des Jungblut Kenntnis erhalten habe, mithin die dermalige Klage noch nicht begründet sei.

Replik des Centgraf: Er habe am 1. Juni die Handlungsweise des Jungblut ausdrücklich genehmigt.

Entscheidung?

21. Die Vorschußkasse zu Grünberg erhebt Klage gegen die unverehelichte Ida Alt auf Zahlung eines Darlehns von 500 ℳ, welches laut Schuldscheins ihr Vater Philipp Alt für sie aufgenommen hatte. Der Schein war unterschrieben: „Für meine Tochter Ida, Philipp Alt; — für vorstehende Schuld verbürge ich mich als Selbstschuldner, Konrad Diehl.“

In dem ersten Termine bestritt Ida Alt, das Darlehn jemals ausbezahlt erhalten zu haben. In dem daraufhin zur Beweiserhebung anberaumten Termine erscheint sie aber und erklärt: „Ich erkenne die klägerische Forderung an und verspreche Zahlung.“ — Bald darauf stellt sie sich aber als insolvent heraus.

Nun verklagt die Vorschußkasse den Bürgen Konrad Diehl. Der entgegnet: Ida Alt habe niemals das Darlehn erhalten, sondern Philipp Alt habe den Schuldschein, den er, der Konrad Diehl, bereits zur Verfügung der Ida Alt unterschrieben hatte, seiner Tochter entwendet, ihn heimlich unterschrieben und das Geld ohne Wissen und ohne Auftrag der Ida Alt erhoben und für sich verbraucht. Deshalb habe auch die Tochter zuerst das Darlehn bestritten und später, nur um ihren Vater vor krimineller Anklage zu schützen, das Anerkenntnis vorgenommen.

Es sind die rationes dubitandi et decidendi auf Grund der hier maßgeblichen Lehre klar zu stellen und ist danach das Urteil zu fällen.

XXV.

1. Wie steht es mit der Frage der Verschuldung und der etwaigen Beweislast betreffs derselben in folgenden Fällen?

a) M. bringt dem N. ein von demselben entliehenes Buch beschmutzt und zerrissen zurück.

b) Ein Fenster des A. wird von B. eingestoßen.

c) Ein Gesellschafter hat ein in gemeinsamem Interesse auszuführendes Geschäft saumselig abgewickelt und dadurch die Gesellschaft geschädigt, behauptet aber jetzt, daß er dabei vollständig den in seinem Hause seit langem üblichen Geschäftsgang beobachtet habe.

d) X. hat bei Y. Säcke mit Mehl — in einem Falle gegen Bezahlung, in dem andern unentgeltlich — hinterlegt; bei der Rückgabe findet sich, daß jene durch Feuchtigkeit verdorben sind.

e) Eine Ladung Tabak wurde dem Schiffer in Mannheim unversehrt übergeben, in Mainz in sehr schadhaftem Zustande von demselben abgeliefert. — Cf. l. 3 § 1 D. nautae etc. (4,9).

2. „Herrn Rechtsanwalt Ullrich in L.

Ein Berliner hat die hiesige Jagd gepachtet. Zur Vertilgung der Füchse ließ er durch andere Personen Gift, und zwar das schärfste, Strychnin, hinter den Wall meines Gartens legen. Meine und des Nachbars Hunde haben davon gefressen und waren infolge dessen sofort krepiert. Ich möchte daher um die gefällige Beantwortung folgender Fragen bitten:

a) Hat ein Jäger das Recht, ohne vorherige Bekanntmachung ein solch scharfes Gift in der Nähe des Dorfes zu legen?

b) Steht mir das Recht zu, auf Entschädigung zu klagen?

J. Malkus in A."

3. Zu Ende des Jahres 1891 wurde dem Reisenden einer Uhrenfabrik, welcher in Darmstadt in einem Gasthofe abgestiegen war, eine große Anzahl von Uhren entwendet, welche er in dem ihm angewiesenen Zimmer des Gasthofes in verschlossenen Behältern verwahrt hatte. Der eingeleiteten Untersuchung gelang es zwar, die Person des Diebes festzustellen, nicht aber auch den alsbald steckbrieflich verfolgten Dieb zu erreichen.

Es fragt sich nun:

a) Kann der Reisende den Eigentümer des Gasthofes in Anspruch nehmen? Welche *actio* kommt hier in Erwägung?

b) Würde es von Einfluß sein: ob der Diebstahl von einem Angestellten des Gasthofes, oder durch einen andern Reisenden, oder durch eine dem Wirte ganz fremde Person ausgeführt worden ist?

c) Oder: ob es ein Diebstahl mit Einbruch war? oder zur Nachtzeit? oder aus dem unverschlossenen, von dem Bestohlenen selbst offen gelassenen Zimmer?

d) Wie stände es, wenn der Schaden durch Feuer entstanden wäre, — das entweder in dem betreffenden Gasthofe selbst ausgebrochen, oder bei dem Brande eines Nachbarhauses auf jenen übertragen war?

4. Wer hat in den nachstehenden Fällen den jeweils eingetretenen Schaden zu tragen?

a) Eine Quantität Baumwolle war während des Eisenbahntransportes auf dem Bahnhofe einer Zwischenstation in Brand geraten und zerstört. Die fraglichen Wagen mit Baumwolle hatten zur Zeit der Entstehung des Brandes ohne Lokomotive auf einem Nebengeleise gestanden, und die Entzündung der Baumwolle war dadurch veranlaßt worden, daß Funken aus der vorbeifahrenden Lokomotive eines andern passierenden Zuges auf die Baumwollenballen geschleudert wurden, und zwar infolge eines damals herrschenden, ungewöhnlich heftigen Südwestwindes, der so stark war, daß sich die ordnungsmäßig beschaffenen und befestigten Wagendecken an den Seiten in die Höhe gehoben hatten und auf diese Weise eine Entzündung der Ballen durch jene Funken ermöglicht wurde.

b) Ein Schiff war im richtigen Fahrwasser der Lippe plötzlich von einem bekannten, sonst ungefährlichen, aber durch den vorhandenen ungewöhnlich hohen Wasserstand heftiger gewordenen Strudel gefaßt und zum Sinken gebracht worden, wobei das Frachtgut verloren ging.

c) An einem Sommerabend fuhr in Hamburg den Steindamm hinunter auf das Lübecker Thor zu ein Wagen, auf dessen Bock neben dem Kutscher ein Freund desselben Platz genommen. Auf dem Straßenbahngeleise kam ihnen von Wandsbeck her ein Dampfwagenzug entgegen. Das Pferd des Wagens scheute vor diesem Zuge und drängte, den Kopf rechtswärts, also vom Zuge fortwendend, den Wagen zurück, wodurch dieser in eine schräge Stellung zum Straßenbahngeleise in der Art geriet, daß die linke Spitze des Wagens vorn dem Zuge am nächsten stand. An dieser Spitze, und zwar an dem hervorstehenden Teile des sehr hohen Kutscherbockes, wurde der Wagen von der letzten, das Dach der Lokomotive haltenden Stange erfaßt und der Kutscherbock herabgeschleudert. Der Begleiter des Kutschers fiel zwischen die Lokomotive und den ersten Wagen des Zuges, und das Vorderrad dieses Wagens ging ihm über das rechte Handgelenk, wodurch dieses eine so schwere Verletzung erlitt, daß die rechte Hand nicht mehr gebrauchsfähig ist.

d) Ein dreijähriger Knabe hatte auf der Straße gespielt und war zwischen den Pferden und dem langsam fahrenden Wagen einer Straßen-Pferdeeisenbahn plötzlich vor den Wagen gelaufen und dabei überfahren worden.

e) Auf einem Bahnhofe drang der Beförderung harrendes Publikum auf einen einfahrenden Zug mit solchem Ungestüm und in so großer Zahl ein, daß ein Unfall erfolgte und Dritte zu Schaden kamen.

f) An einer Lokomotive war infolge von Frost ein Radreifen gesprungen und dadurch eine Entgleisung bewirkt worden, die beträchtlichen Schaden an Personen und Gütern zur Folge hatte.

Gesetzesstellen:

H. G. B. Art. 395: „Der Frachtführer haftet für den Schaden, welcher durch Verlust oder Beschädigung des Frachtgutes seit der Empfangnahme bis zur Ablieferung entstanden ist, sofern er nicht beweist, daß der Verlust oder die Beschädigung durch höhere Gewalt (vis major) oder durch die natürliche Beschaffenheit des Guts, namentlich durch innern

Verderb, Schwinden, gewöhnliche Leckage u. dgl. oder durch äußerlich nicht erkennbare Mängel der Verpackung entstanden ist."

Das gleiche bestimmt Art. 607 für den Verfrachter.

Reichs-Haftpflichtgesetz vom 7. Juni 1871 § 1: „Wenn bei dem Betriebe einer Eisenbahn ein Mensch getötet oder körperlich verletzt wird, so haftet der Betriebsunternehmer für den dadurch entstandenen Schaden, sofern er nicht beweist, daß der Unfall durch höhere Gewalt oder durch eigenes Verschulden des Getöteten oder Verletzten verursacht ist."

XXVI.

1. Das Nebengebäude des Moos wird auf der einen langen Seite von dem offenen Hofraum desselben, von der andern Seite vom Seitengebäude des Wurst und auf der Giebelseite durch einen Hausgarten des Wurst begrenzt, der bisher der Einsicht des Moos entzogen war. Moos baut nun auf dem Seitengebäude Zimmer, welche durch die Fenster nach dem Hofraum genügendes Licht empfangen; um sich aber eine hübsche Aussicht zu verschaffen, vielleicht auch die Neugierde zu befriedigen, legt er noch ein Fenster an der Giebelseite an, von welchem aus nun der Hausgarten des Wurst vollkommen überschaut werden kann.

Da dem letztern dieses unangenehm ist, so errichtet er in einer Entfernung von 86 cm von der Hauswand des Moos eine 7 m hohe Wand aus Eichenholz und Lehmfachwerk, welche dem obigen Fenster fast alles Licht entzieht und die Aussicht gänzlich benimmt.

Muß Moos sich dieses gefallen lassen?

Ist es vielleicht von Einfluß: ob jenes Fenster mit ausdrücklicher Bewilligung oder doch ohne besonderen Widerspruch des Wurst schon längere Zeit angebracht war?

Oder: ob die eingebauten Zimmer des Moos nach einer andern Seite hin durch Fenster Licht und Luft nicht erhalten können, als gerade nach dem erwähnten Garten des Wurst zu?

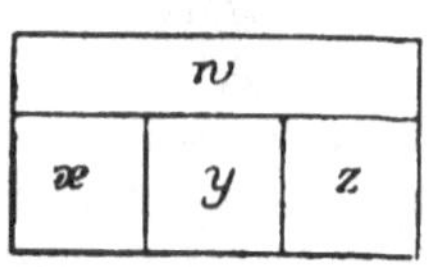

2. Dem Bose steht für das ihm gehörige Grundstück w ein Fahrtrecht über den Acker y zu, welcher sich, ebenso wie die angrenzenden Parzellen x und z, im Eigentume des Schrimpf befindet. Letzterer hat nun auf x einen Steinbruch angelegt und denselben allmählich

auf y ausgedehnt, so daß die Ausübung der Servitut dem Bose unmöglich gemacht ist.

Dies bewegt den Bose, da eine gütliche Vereinbarung nicht gelingt, zur Klage auf Anerkennung und weitere Ermöglichung des Fahrtrechtes, eventuell auf Geldentschädigung.

Schrimpf entgegnet: er habe dem Kläger die Parzelle z als *praedium serviens* angeboten, über welche derselbe ebenso gut auf sein Grundstück gelangen könne; dem Bose fehle es bei seiner Weigerung, dieses anzunehmen, an jedem vermögensrechtlichen Interesse und ein allenfallsiger Unterschied in der Annehmlichkeit, weil Kläger ein paar Schritte weiter fahren müsse und nicht gerade auf die Mitte seines Ackers gelange, verschwinde im Verhältnis zu dem Schaden, der ihm, dem Beklagten, durch das zugemutete Zuwerfen des Steinbruches entstehen und der über 2000 *M* betragen würde.

Wie ist zu erkennen?

3. Der Müller Flath stellt gegen den Müller Wieder, dessen Mühle unterhalb der seinigen an demselben Mühlkanal liegt, folgende Klage an:

Durch eine im Jahre 1773 zwischen den damaligen Besitzern und Rechtsvorfahren des Klägers und des Beklagten unter amtlicher Assistenz und Zustimmung geschlossene Übereinkunft und eine danach vorgenommene Regulierung des Gefälles und der Fachbaumshöhe gebühre der obern Mühle ein trockener Fall von vier Schuh sechs Zoll altes Maß, während das ganze Gefäll der untern Mühle nicht mehr als drei und einen halben Fuß alten Maßes betragen, auch der untere Müller seine Schutzbretter nicht höher als 20 Zoll haben dürfe. Seit einiger Zeit habe er, Kläger, wahrgenommen, daß in dem Gefälle von der Spannung des Wassers an der Wieder'schen Mühle ungehörige Veränderungen vorgegangen seien: der Beklagte habe seinen Fachbaum, sowie das sämtliche Wasserbauwerk und Gerinne an seiner Mühle um mindestens vier Zoll über seinen Normalstand erhöht und ebenso die Schutzbretter an derselben etwa acht Fuß höher gemacht, als dies rechtlich gestattet sei. Gebeten werde hiernach um Wiederherstellung des alten Zustandes.

Der Beklagte beantragte Abweisung der Klage. Ein jedes Recht setze zu seiner Geltendmachung ein rechtliches Interesse voraus; ein solches fehle aber hier, indem durch die fraglichen Vorrichtungen des Beklagten der Flath, als Obermüller, gar keinen

Nachteil erleide und eine Verletzung der dem Kläger zustehenden Berechtigung nicht vorliege.

Es ist Urteil mit Entscheidungsgründen auszuarbeiten.

4. Wie sind in den folgenden Fällen die widerstreitenden Interessen der verschiedenen Berechtigten auseinanderzusetzen?

a) Das verfügbare Vermögen eines Kaufmannes würde gerade noch hinreichen, die eine Hälfte seiner Gläubiger zu befriedigen, während alsdann die übrigen nichts erhalten würden.

b) In einem Gesellschaftsvereine sind u. a. mehrere pensionierte Beamte Mitglieder, welche sich jeden Nachmittag gegen fünf Uhr im Spielzimmer zu versammeln und die vorhandenen Tische zu besetzen pflegen, so daß später kommende Mitglieder dort keinen Platz mehr finden.

c) Ein Schuldner hat an zwei seiner Gläubiger für ihre jeweiligen Forderungen dieselbe Sache verpfändet.

d) Zwei Gerichtsvollzieher pfänden für ihre verschiedenen Auftraggeber nacheinander denselben Gegenstand des Doppelschuldners.

e) Z. verkauft eine Kuh zuerst dem X. und darauf dem Y. und tradiert sie sodann dem letztern gegen Zahlung oder unter Kreditierung des Kaufpreises.

f) In einem andern Falle hatte Z. die gleiche Manipulation mit einem Grundstücke vorgenommen, und zwar unter einem Partikularrechte, nach welchem die Erlangung des Eigentumes an Liegenschaften an den Eintrag in das Grundbuch geknüpft ist.

g) Bei dem Verkaufe eines Hausgrundstückes wurde von dem Verkäufer, zur Sicherheit des rückständigen Kaufgeldes, das Eigentum vorbehalten. Der Käufer baute ein Haus auf das Grundstück, verhypothezierte dasselbe einem Dritten und verkaufte es später an eine andere Person, die bald darauf in Konkurs verfiel.

h) Eine Forderung wird von dem Gläubiger in einzelnen Teilbeträgen nach und nach an verschiedene Personen abgetreten.

i) Mehrere Geschwister, die gemeinsam ihren Vater beerbt haben, können sich nicht einigen, wer die Familienpapiere und die erbschaftlichen Urkunden in Besitz erhalten soll.

k) Ein Mädchen hat nacheinander zwei Männern in rechtsgültiger Weise ein Ehegelöbnis gegeben. — Eine Köchin vermietet sich an dem gleichen Tage an zwei Herrschaften.

5. (6.) Auf der Gerichtsschreiberei des Amtsgerichts L. erscheint Tischler Martin und giebt gegen Dachs eine Klage zu Protokoll, wonach letzterer schuldig erkannt werden soll: den Kläger die Hälfte der gemeinschaftlich übernommenen Schreinerarbeiten an einer zu erbauenden Kirche machen zu lassen, den sich demnächst ergebenden Gewinn mit ihm zu teilen und ihm die Hälfte der von dem Bauherrn in Empfang genommenen Vorlage zu bezahlen.

In der mündlichen Verhandlung weist der Beklagte nach, daß er den zuletzt erwähnten Betrag noch gar nicht erhalten habe; den Abschluß des Vertrages giebt er, so wie ihn Kläger behauptet hatte, vollständig zu, auch leugnet er die geforderten Verbindlichkeiten nicht, thut jedoch dar, daß er sich vor kurzem zwar mit dem Kläger veruneinigt, die Erfüllung des Geschäftes aber niemals geweigert habe.

Da alle Versuche gütlicher Beilegung des Streites fehlschlagen, beraumt das Amtsgericht Termin zur Urteilsverkündigung über acht Tage an. Wie wird dieses Urteil lauten müssen?

6. (7.) Einer Klage des Vermieters auf Räumung einer Mietswohnung setzt der Beklagte den Einwand entgegen, daß die vertragsmäßig ausbedungene monatliche Kündigungsfrist vom Kläger nicht eingehalten worden sei; worauf jener erwidert, daß seit Zustellung der Klage, welche doch wohl die schärfste Form der Kündigung sei, weit längere Frist, als ein Monat, verstrichen sei. Entscheidung?

7. (8.) Zwei Gutsnachbarn leben in Unfrieden. Eines Tages werden von Angestellten des einen im Walde des andern Bäume gefällt und zerschnitten; was den Geschädigten bewegt, eine Klage auf Unterlassung fernerer Besitzstörung anzustellen.

Der Beklagte beeilt sich, bei seinem Gegner sich alsbald zu entschuldigen: seine Leute hätten nur im Irrtume über die Grenze des anstoßenden Waldes die Bäume geschlagen und verarbeitet. Zugleich bietet er Entschädigung für das gefällte Holz an und ersucht um Rücknahme der Klage.

Wenn nun der Kläger hierauf nicht eingehen will, sondern aus Feindseligkeit, sowie der schon erwachsenen Prozeßkosten halber auf Urteil es abstellt: wie wird das Gericht zu erkennen haben?

XXVII.

1. Ist mein Nachbar berechtigt, meinen Hund oder meine Katze, wenn dieselben durch eine Lücke im Zaune nach dessen

Grundstück gelangen, tot zu schießen; oder habe ich nur für den etwaigen durch die Tiere veranlaßten Schaden aufzukommen?

Wenn die erste Frage bejaht werden sollte: darf dann mein Nachbar auch meine Haustauben, wenn sich dieselben in ihrem Fluge einmal auf sein Dach setzen, wegschießen?

2. Die Ehefrau Kranz wurde eines Tages, als sie über den unbefriedeten, außerhalb des Gehöftes, jedoch dicht bei demselben gelegenen Grasgarten des Kraul ging, von dessen Hunde derartig in das Bein gebissen, daß sie einen nicht unbedeutenden Substanzverlust erlitt und etwa acht Wochen nicht arbeiten konnte.

Auf erhobene Schadensersatzklage ergab sich durch die Beweisaufnahme einerseits, daß jener Hund überhaupt ein bösartiges Tier war, welches ständig Vorübergehende anfiel und der Nachbarschaft als bissig und gefährlich bekannt war; andererseits, daß Kraul das Betreten des gedachten Grundstückes allen Dritten untersagt und dieses Verbot durch Aufstellen eines Strohwisches und einer daneben angebrachten Tafel mit entsprechender Inschrift deutlich gemacht hatte.

Wie steht es hiernach mit dem geltend gemachten Ersatzanspruch?

3. Einem Juristen wird folgende Rechtsfrage vorgelegt:

„Ich habe einen großen, von Gebäuden eingeschlossenen Hühnerhof, und es macht mir Vergnügen, meine Hühner auf dem Hofe selbst zu füttern. Sobald ich nun aber das Futter ausstreue, kommen von der nahen und entfernten Nachbarschaft eine große Menge fremder Tauben, stürzen sich begierig auf das Futter und fressen es trotz öftern Verscheuchens leider mindestens zur Hälfte meinen Hühnern weg.

Wie kann ich mich nun von diesen geflügelten Dieben befreien? Ist mir hier Selbsthilfe gestattet, indem ich die beharrlichen ungebetenen Gäste einfangen oder erschießen lasse?

4. Peppmüller hat auf seinem Hofe eine niedrige Bretterwand errichten lassen. Er klagt gegen seinen Nachbar Pietsch, der solche umgefahren habe, und beantragt, ihm jede weitere Besitzstörung zu untersagen und ihn zur Wiederherstellung der umgefahrenen Bretterwand zu verurteilen.

Der Beklagte leugnet die Besitzstörung; es stehe ihm eine Fahrtgerechtigkeit über den Hof des Klägers zu, deren Ausübung Peppmüller gerade durch jene Wand unmöglich gemacht habe;

er, der Beklagte, habe sich also nur in seinem Rechte geschützt, so wie er nach l. 9 pr. D. si servitus vindicetur (8, 5) und auch nach l. 3 § 13 D. de vi (43, 16) befugt gewesen wäre.

Wie ist zu erkennen?

5. Vor einiger Zeit wurde die Frage streitig: ob jedermann berechtigt ist, Hunde, die gegen polizeiliche Vorschrift ohne Maulkorb herumlaufen, einzufangen und für Fanggeld zum Wasenmeister zu bringen?

Welches ist die richtige Ansicht?

6. Der Besitzer eines Torfstichs betraf eines Tages auf demselben eine fremde Person, welche sich Torf aneignen wollte. Der Besitzer trat hinzu und hielt den Fremden, welcher sich entfernen wollte, fest, um das ihm gesetzlich zustehende Recht der Selbstpfändung auszuüben. Der Fremde suchte sich loszureißen und stürzte dabei zu Boden, worauf sein Gegner auf ihn kniete, ihn am Halse würgte und mit Schlägen traktierte.

Wegen dieser Behandlung, als einer Realinjurie, klagte der Mißhandelte gegen den Torfstichbesitzer.

Dieser machte dagegen geltend, daß er sich in der Notwehr befunden habe, um die Pfändung an dem widerstrebenden Gegner zur Ausführung zu bringen.

Entscheidung?

7. Einer Klage des Gallo gegen Reissert auf Zahlung rückständigen Mietzinses suchte der Beklagte mit folgender Geschichtserzählung rechtlich zu begegnen:

Als er bei Gallo gewohnt, habe dieser eines Tages in seiner, des Reissert, Abwesenheit die verschlossene Thüre seines Zimmers geöffnet und seinen Schreibtisch aus demselben weggebracht; und als er, nach stattgehabtem Streite darüber, sich für kurze Zeit entfernt habe und abends nach Hause gekommen sei, so habe er nicht in sein Zimmer gelangen können, da Gallo inzwischen das Schloß hatte verändern lassen; er habe sich seither noch nicht den Eintritt in das fragliche Zimmer, in welchem noch verschiedene ihm gehörige Gegenstände zurückgeblieben seien, verschaffen können. Nach dieser unerlaubten Selbsthilfe könne Gallo unmöglich gegen ihn gerichtlich auftreten.

Der Kläger gab zu, daß er den Verschluß des Zimmers habe ändern lassen, jedoch lediglich, weil Reissert bereits vor Ablauf der Mietzeit mit dem Wegschaffen seiner Sachen begonnen habe, und er sich das ihm gesetzlich zustehende Pfandrecht an den Sachen des Mieters habe sichern wollen. Ebenso habe er den

Schreibtisch nur als Pfand in Verwahrung. Die Selbsthilfe sei übrigens heute überhaupt nicht mehr strafbar.

Es ist Urteil mit Gründen zu entwerfen.

XXVIII.

1. Es ist auf Herausgabe eines Weinberges geklagt und Beklagter verurteilt worden. Muß er auch von den Ernten vergangener Jahre den Erlös herausgeben? Oder den davon vorhandenen Wein?

Wie stände es, wenn Beklagter, den Prozeßverlust voraussehend, sich gar keine Mühe mit der diesjährigen Ernte gegeben hätte? Könnte der Kläger sagen, daß gerade er, der Kläger, persönlich ganz besonders vorteilhafte Verkaufsgelegenheiten für den zu erzielenden Wein gehabt haben würde?

2. Anna Heddrich stellte gegen Fritz Arcularius eine Entschädigungsklage wegen Nichterfüllung eines Eheversprechens an und verlangte, unter näherer Darlegung der einschlägigen Thatsachen, 2500 *M*, während Beklagter nur 1000 *M* zuzubilligen bereit war.

Da das Gericht die von der Klägerin begehrte Summe für angemessen erachtete, so fragte es sich weiter: ob auch die von ihr geforderten Zinsen von 5% von jenem Betrage ihr zuzusprechen seien, — oder nur von 1000 *M*, — oder überhaupt nicht?

3. A. fordert von B. einen im Besitze des letztern befindlichen Hund, als dem A. gehörig. B. entgegnet, daß er das Tier vor mehr als drei Jahren gutgläubig von C. gekauft und daher zu Eigentum erworben habe. Worauf seitens des A. beigebracht wird, daß dem B. vor Jahresfrist schon einmal, damals allerdings zu Unrecht, von dem D. jener Hund klagend abgefordert worden wäre; durch diesen von D. freilich mit Fug verlorenen Prozeß sei aber wegen eingetretener oder doch rechtlich fingierter mala fides des B. die Ersitzung nach bekannten Grundsätzen des kanonischen Rechtes unterbrochen worden.

Wie ist zu entscheiden?

4. Im Verlaufe eines von der Ehefrau als Klägerin angestellten Ehescheidungsprozesses hatte das Landgericht wegen erwiesener wiederholter Mißhandlungen seitens des Mannes auf Scheidung der Ehe erkannt; dieser aber Berufung eingelegt.

Bevor in der obern Instanz entschieden war, starb der Beklagte; und es fragt sich: welcher Einfluß diesem Umstande auf den schwebenden Prozeß einzuräumen sei?

5. Der k. k. österreichische Kreiskommissär Freiherr von Humbracht in Wien stellt gegen den Rentner Friedrich Augustin, sich nennend von Humbracht, in Gießen eine Klage an wegen unbefugten Gebrauches des Namens, Wappens und Siegels der adeligen Familie von Humbracht.

Während die Sache vor Gericht schwebte, und nachdem inzwischen der Großherzog von Hessen den Beklagten mit dem Namen „von Humbrachts" in den Adelstand erhoben hatte, starb dieser mit Hinterlassung eines Sohnes, dessen Vormund den Prozeß aufnahm und und dabei beantragte: die Klage durch den Tod des ursprünglichen Beklagten in der Hauptsache für erledigt zu erachten; denn diese sei auf ein Delikt gestützt, das der Verstorbene begangen haben sollte, wofür der Sohn aber nicht hafte, da eine Vermögensbereicherung für ihn nicht eingetreten sei, er selbst aber an jenem angeblichen Delikte keinen Anteil habe.

Wie wird sich nun die rechtliche Lage gestalten?

6. Die Gemeinde Weiler hat gegen den Fiskus im Jahre 1883 eine Klage auf Anerkennung der ihr in einem bestimmten fiskalischen Walde zustehenden Holzgerechtsame, die von dem Beklagten bestritten wurde, angestellt und siegreich zu Ende geführt. Sie verlangt nunmehr, 1892, Ersatz des ihr durch die widerrechtliche Beeinträchtigung zugefügten Schadens, der im einzelnen von ihr näher berechnet wird.

Der Fiskus beruft sich auf die inzwischen eingetretene Verjährung, derzufolge bis 1862 alle Ansprüche gedachter Art untergegangen seien; wogegen der juristische Vertreter der Gemeinde die Meinung vertritt, daß seiner Klientin Ersatz des Schadens von 1853 an gebühre.

Wer ist im Rechte?

---

7. Wem liegt in den kommenden Thatbeständen der Beweis der jeweils bestrittenen Thatsachen ob?

a) Auf erhobene Darlehnsklage hat Beklagter zwar den Empfang des Geldes eingeräumt, behauptet aber, daß ihm solches vom Kläger habe geschenkt werden sollen; was dieser bestreitet.

b) In einem andern Darlehnsprozesse beantragte der Beklagte Abweisung der Klage, weil er schon bezahlt habe; — oder: weil ihm die Schuld vor kurzem vom Kläger erlassen worden sei. Der letztere stellt beides in Abrede.

c) A. behauptet, daß er eine Rechnung irrtümlich zum zweiten male bezahlt habe. Der Empfänger B. entgegnet, daß die zweite Zahlung in Schenkungsabsicht gemacht worden sei.

d) Gegen eine Klage aus Schenkungsversprechen wird vorgebracht, daß man bloß im Scherze miteinander gesprochen habe, und daß auch der Kläger vor kurzem selbst vertragsmäßig verzichtet habe.

e) G. klagt ein Darlehn ein; der Schuldner S. beruft sich auf einen kürzlich abgeschlossenen Stundungsvertrag. G. repliziert, daß er zu dieser Stundung dadurch verleitet worden sei, daß S. ihm seine Vermögenslage ungünstiger dargestellt habe, als sie in Wirklichkeit gewesen sei; S. bestreitet dieses.

f) Ein Käufer wendet gegenüber der Kaufgeldforderung ein, daß ihm der Verkäufer beim Vertragsschlusse $10^0/_0$ Skonto bewilligt habe; von welcher Beredung letzterer nichts wissen will.

g) Actio legis Aquiliae: Beklagter bestreitet, schuldhaft gehandelt zu haben. Kläger erwidert, daß jener dieses späterhin selbst anerkannt habe; worauf Beklagter vorbringt, daß er damals sinnlos betrunken gewesen sei.

h) X. verklagt den Y., weil er dem inzwischen verstorbenen Vater des Y. einen Krug geliehen hätte, welchen jener vor seinem Tode in beschädigtem Zustande, halb zerbrochen, zurückgegeben. Y. entgegnet: Er müsse wegen Nichtwissens in Abrede stellen, daß sein Vater den Krug erhalten habe; sollte dieses aber der Fall gewesen sein, so habe er ihn gewiß auch ganz richtig und unversehrt zurückgegeben; wenn das anders gewesen wäre, so hätte derselbe sicherlich keine Schuld an der Beschädigung gehabt.

i) O. hatte dem P. ein Hofgut in Pacht gegeben, welches P. infolge hiervon seit Petritag 1884 inne hatte. Im Mai 1890 klagte O. gegen P. auf Räumung des Pachtgutes, weil der Pachtvertrag auf sechs Jahre abgeschlossen worden sei und daher mit Petri 1890 sein Ende erreicht habe. P. leugnete, daß der Pachtvertrag nur auf sechs Jahre eingegangen gewesen sei, dies sei vielmehr auf zwölf Jahre geschehen.

k) Eine Klage auf Rückgabe eines Grundstückes wurde auf die Behauptung gestützt, daß dasselbe dem Beklagten von dem Kläger precario überlassen worden; während der Beklagte seinerseits behauptete, daß ihm das Grundstück von dem Kläger zum Eigentum übertragen worden sei.

l) Z. strengt die actio Pauliana an, weil sein Schuldner A. seiner Stiefschwester B. und deren Ehemann C. sein ganzes Vermögen überwiesen habe; jener Vertrag sei aber ein verschleierter Schenkungsvertrag gewesen, auch hätten die Beklagten die Benachteiligungsabsicht des A. wohl gekannt. B. und C. widersprechen beidem.

m) Der im Jahre 1821 geborene W. ist 1866 ausgewandert und seit dieser Zeit verschollen; 1891 wird er gerichtlich für tot erklärt. Sein Vermögen war seither von V., einem alten Freunde des W. verwaltet. U., die Schwester des W., klagt als Intestaterbin auf Ausantwortung der Hinterlassenschaft. V. bringt vor, daß 1849 dem W. ein Sohn geboren worden sei. U. entgegnet, daß auch dieser längst verschollen und tot sei. V. bestreitet dieses.

n) Als K. dem M. auf Zahlung auf Grund eines zwischen ihnen stattgehabten Kaufgeschäftes verklagt, setzt M. dem unter Widerspruch des K. entgegen, daß er jenen Kauf nicht in eigenem Namen abgeschlossen habe, sondern als Stellvertreter des N. dem K. gegenüber aufgetreten sei.

8. Ein Hamburger Kaufmann hatte von einem Stralsunder Geschäftsfreunde Waren empfangen und zur Zahlung des Kaufpreises einen Geldbrief im deklarierten Betrage von 576 ℳ abgeschickt, worin sich aber nach Versicherung des Empfängers, welcher den Brief ohne Monitur annahm und Quittung darüber erteilte, nur 526 ℳ befunden haben sollten.

Welche der beiden Parteien würde bei ausbrechendem Streite beweispflichtig sein?

9. Im Oktober 1891, als Möglich noch in Diensten des Will stand, ertrank ein der Führung des Möglich anvertrautes Pferd unter der Brücke bei Wetzlar in einer Untiefe der Dill.

Will klagte auf Schadensersatz. Der Tod des 400 ℳ werten Pferdes sei durch das Verschulden des Möglich insofern herbeigeführt worden, als Möglich, ohne dem angespannten Pferde das Leitseil anzulegen, durch die Dill gefahren, auch, indem das Pferd mit dem Wagen an dem jenseitigen Ufer angekommen, mit der Peitsche dergestalt auf den Kopf des Pferdes losgeschlagen, daß dieses sich ganz kurz umgedreht, mit dem Wagen wieder in die Dill zurück nach der Brücke zu gegangen, in die unter der Brücke befindliche Untiefe gefallen und dort ertrunken sei.

Der Beklagte bestritt die Ausführungen des Klägers. Unter

abweichender Darstellung des Sachverhaltes machte er geltend, das Pferd sei ohne sein Verschulden in der Dill ertrunken.

Es fragt sich nun:

Was hat der Kläger, und was hat der Beklagte zu beweisen? Und welches wird der Ausgang des Rechtsstreites sein, wenn die Beweisaufnahme das Verhalten des Beklagten bei dem fraglichen Vorfalle ganz im Dunkeln läßt?

10. Jakob Nold klagte gegen Nutz auf Bezahlung von ihm gekaufter Steinkohlen. Beklagter bestritt die Aktivlegitimation des Klägers und behauptete, daß er nicht mit dem Kläger Jakob Nold, sondern mit einem gewissen Johannes Nold kontrahiert hatte.

Darauf erklärte Kläger, daß Johannes Nold sein Sohn wäre, der für ihn wohl ab und zu als Bevollmächtigter Geschäfte schlösse und jedenfalls auch dem Beklagten gegenüber nur als Stellvertreter aufgetreten wäre. Worauf Nutz jedoch entgegnete, daß er von einer Vollmacht des Jakob an Johannes Nold nichts wüßte und eine solche deshalb bestreiten müßte; Johannes Nold hätte ihm kein Wort von seiner angeblichen Vertretereigenschaft gesagt.

Wie stand es in diesem Falle mit der Beweislast?

11. August Hallbauer hat an Felgner, welchem damals der Bruder des ersteren, Ivo Hallbauer, 3000 ℳ schuldete, diese Summe zu dem Zwecke behändigt, um damit die Schuld des Ivo Hallbauer zu tilgen. Er fordert jetzt jene Summe von dem letztern zurück, da er nur in der Absicht späterer Rückforderung damals bezahlt habe.

Ivo Hallbauer entgegnet, daß sein Bruder August das Geld gar nicht aus eigenen Mitteln hergegeben, sondern daß er, der jetzige Beklagte, den August Hallbauer mit den zur Zahlung erforderlichen Mitteln versehen habe.

Da der Kläger diesem Vorbringen Widerspruch entgegensetzt, so erhebt sich die Frage: von wem Beweis zu erbringen ist?

12. Thatbestand:

Kläger behauptet, sein Vater und Erblasser habe 1865 dem Beklagten einmal 150 fl. ausbezahlt. Als Gegenleistung dafür habe Beklagter zwei österreichische Hundertguldenscheine zu liefern versprochen; er sei aber damit im Rückstande geblieben. Da nun zugleich verabredet worden sei, daß jeder der beiden Kontrahenten gegen Rückgabe des Erhaltenen das Gegebene zurückverlangen dürfe, so klage er auf Rückzahlung der 150 fl.

Der Beklagte erwidert: er habe allerdings die 150 fl. erhalten, aber in unmittelbarem Austausche gegen zwei von ihm hingegebene Hundertguldenscheine. Ein Versprechen, wie es Kläger ihm unterschiebe, habe er niemals gegeben.

Beiderseits ist lediglich Eid als Beweismittel angegeben.

Wie wird gerichtlich zu erkennen sein?

XXIX.

1. Nach dem Inhalte eines Schuldscheines war der Gläubiger befugt, jederzeit, vom Tage der Ausstellung an über die geliehene Summe zu verfügen.

Von welchem Zeitpunkte an würde jene Forderung einer Verjährung unterliegen?

2. Ein Schuldner wird im Sommer 1892 wegen eines während des Jahres 1860 erhaltenen Darlehns belangt.

In welcher Art wird er sich gegen die Klage mit Erfolg verteidigen können?

3. Ein Darlehn war am 6. April 1794 unter Vorbehalt dreimonatlicher Aufkündigungsfrist gewährt worden. Der Erbe des Empfängers schützte, erst im Jahre 1888 auf Rückzahlung verklagt, die Einrede der Verjährung vor.

Ist dieselbe begründet?

4. Bien, von der Gemeinde Frankenhausen im Jahre 1888 auf Zahlung einer Schuld von 4260 ℳ belangt, will mit einer Gegenforderung von 2500 ℳ aufrechnen, welche sein Erblasser am 21. Juni 1845 der Klägerin, in damaligem Münzfuße, gegen Verzinsung von 5% dargeliehen hat, indem er zugleich Zinsen, als angeblich seit dem 21. Juni 1862 rückständig berechnet.

Die Gemeinde hält dafür, daß die Einrede wegen vorhandener Verjährung verworfen werden müsse; umsomehr, als schon seit 1856 keine Zinsen mehr von ihr bezahlt worden seien.

Welche rechtliche Bedeutung hat das beiderseitige Vorbringen? Und wer ist betreffs der bestrittenen Behauptungen beweispflichtig?

5. Als der Erbe eines Darlehnsgläubigers ein am 29. Juli 1859 gegebenes verzinsliches, nach sechsmonatlicher Kündigung rückzahlbares Darlehn, dessen Zinsen niemals entrichtet worden waren, am 31. Oktober 1890 nach kurz zuvor geschehener Kündigung einklagte, berief sich der Beklagte auf eingetretene Verjährung.

Mit Recht?

6. Wann beginnt die Verjährung der Klage auf Vernichtung eines Testamentes wegen Formfehlers?

7. Die Sparkasse Herbstein hatte an Vaupel ein Kapital verzinslich ausgeliehen. Bei Fälligwerden eines Zinspostens am 15. Mai 1887 und Säumnis des Vaupel in der Erledigung desselben bezahlt ihn ein Verwandter des Schuldners am 6. Juni, wobei er sich zugleich die Forderung an den Vaupel von der Kasse überweisen läßt.

Am 12. Juni fordert jener Verwandte den Vaupel unter Mitteilung des Geschehenen zur Rückzahlung auf; erhält aber keine Antwort.

Von wann ab läuft eine Verjährung der Zinsen?

8. Ein in Vermögensverfall geratener Kaufmann hatte von einem Bankier ein ansehnliches Darlehn aufgenommen, unter Hingabe einer wertvollen Sache zu Faustpfand. Erst nach langen Jahren gelingt es ihm, die Schuld in Abschlagszahlungen zu tilgen. Der Gläubiger aber weigert Rückgabe der Pfandsache, weil seit der Verpfändung mehr als 30 Jahre verflossen seien.

Welche *actio* steht hier in Frage? Was gilt über deren Verjährung?

9. Vor einer überseeischen Reise hatte ein Seemann seinem Freunde mehrere Waffen zur Aufbewahrung gegeben. Erst nach mehr als 30 Jahren kehrt er zurück und verlangt von den Erben des inzwischen verstorbenen Freundes jene Sachen heraus. Diese weigern sich, weil der Anspruch verjährt sei; er hält entgegen, daß er ja jetzt erst fordere, auch wegen Abwesenheit sein Recht gar nicht habe geltend machen können.

Quid iuris?

10. In einem Notfalle hatte A. einen alten Familienschmuck verkauft, sich dabei aber ein Rückkaufsrecht vorbehalten. Er selbst kommt nicht dazu, es auszuüben.

Können dies jetzt noch seine Nachkommen? Oder verjährt dasselbe von bestimmtem Zeitpunkte an?

11. A. und B. hatten 1836 zwei Höfe gegen einander vertauscht. 1878 wurde das von B. eingetauschte Haus von C., dem Erben der Ehefrau des A., gemäß ihrer vom Jahre 1835 datierenden Legalhypothek gegen A., zwangsweise in Anspruch genommen und dem C. zugeschlagen.

Der Erbe des B. will nunmehr gegen denjenigen des A. wegen Entwehrung vorgehen; erhält aber von letzterem die Entgegnung, daß die Sache verjährt sei.

Welche rechtlichen Erwägungen kommen hier in Betracht? Und welche der beteiligten Personen ist danach in der bessern Rechtslage?

12. Ein uneheliches Kind hat seither von seinem mutmaßlichen Erzeuger Alimente erhalten, und zwar in halbjährlichen Raten. Seit dem 2. Februar 1879, woselbst wieder eine fällig gewesen wäre, ist keine mehr erfolgt.

Wie steht es da mit der Verjährung?

13. Es hat jemand von der Darmstädter Renten- und Lebensversicherungs-Anstalt seither eine jährliche Rente bezogen. Die Anstalt aber weigert sich jetzt, weiter zu zahlen, weil bei dem Einkaufe wissentlich falsche Angaben von dem Eintretenden gemacht worden seien.

Die Renten waren stets am 1. Dezember bezahlt worden; jene Weigerung erfolgte am 15. Juli.

Was ist hier über eine mögliche Verjährung zu bemerken? Was verjährt, und von wann ab?

14. Bei der Verlegung eines Bachbettes, welche eine Gemeinde in ihrem Interesse vornahm, ließ dieselbe, um zu verhüten, daß einer Mühle das ihr aus jenem Bache bis dahin zufließende Wasser entzogen wurde, 1841 ein neues Wehr anlegen und bis 1886 unterhalten. Im letztgenannten Jahre wurde dieses Wehr durch eine große Flut zerstört, und es lief jetzt jener Mühle aus dem Bache kein Wasser mehr zu.

Der Müller klagte gegen die Gemeinde auf Wiederherstellung des Wehres; diese berief sich auf Verjährung, weil bei Erhebung der Klage seit der Verlegung des Bachbettes mehr als dreißig Jahre abgelaufen gewesen seien.

Entscheidung?

15. B. hat die Erbschaft des A. ab intestato angetreten und 31 Jahre lang besessen, als sich ein Testament des A. noch findet, in welchem C. als Erbe eingesetzt ist. Dieser tritt nun mit der hereditatis petitio gegen B. auf, erhält aber die Einrede der Verjährung entgegengesetzt.

C. wendet sich auch gegen D. und verlangt ein Darlehn zurück, welches A. dem D. gegeben hatte, verzinslich und auf Kündigung rückzahlbar. Auch D. hält diesen Anspruch für verjährt, obgleich er ständig und regelmäßig die Zinsen an den B. bezahlt hat, da ja Zinszahlung an einen Dritten, der gar nicht Gläubiger ist, die Verjährung nicht unterbreche; indessen C. meint, daß die Verjährung des Anspruches aus dem Darlehn überhaupt noch nicht begonnen habe, weil die verabredete Kündigung noch nicht vorliege.

Es ist über diese Einreden begründet zu erkennen.

---

16. G. fordert von S. einen angeblich ungetilgten Rückstand einer ältern Schuld; S. bestreitet diese Forderung, Da G. jedoch in seinem Drängen nicht nachläßt und verschiedene Beweisstücke beibringt, so läßt sich S. mit ihm in Vergleichsverhandlungen ein. Dieselben scheitern aber, und die Sache bleibt wieder liegen.

Nach Jahren bringt der Erbe des inzwischen verstorbenen G. die Angelegenheit wieder zur Sprache. Jetzt beruft sich S. kurzerhand auf die inzwischen eingetretene Verjährung. Der fordernde Erbe entgegnet, daß seit dem fruchtlosen Verlaufe der erwähnten Vergleichsverhandlungen keineswegs eine neue Verjährung sich vollendet habe.

Wie ist zu erkennen?

17. Der Kaufmann Spier fordert von dem Rentner Franquet die Summe von 302 *M* für gelieferte Waren, während letzterer die bereits geschehene Zahlung dieser Schuld behauptet. Spier erhebt endlich Klage bei dem Amtsgericht; die Zustellung erfolgt am 4. Dezember. In dem Termine beantragt Franquet Klagabweisung wegen Unzuständigkeit des Gerichtes, welchem Antrage das letztere Folge giebt.

Nun klagt Spier vor dem Landgericht mittels einer am 6. Januar des folgenden Jahres dem Beklagten zugestellten Klage.

Der Anwalt des Franquet macht jetzt Verjährung zu gunsten seines Klienten geltend, die nach den Bestimmungen des dortigen Partikularrechtes inzwischen am 31. Dezember eingetreten. Der klägerische Vertreter widerspricht dem, unter Hinweis auf die im Dezember schon vorhandene Rechtshängigkeit.

Entscheidung?

Würde es von Einfluß sein, wenn Spier zunächst im November des ersten Jahres dem Franquet einen Zahlungsbefehl durch das Amtsgericht hätte zustellen lassen?

18. A. fordert ein dem B. gegebenes Darlehn von C. zurück, indem er diesen als Erben des B. bezeichnet. Da dieses nicht der Fall ist, wird die Klage abgewiesen.

Nunmehr klagt A. mit der Behauptung, daß C. zu Lebzeiten des B. unter Zustimmung des Gläubigers die fragliche Darlehnsschuld vertragsmäßig übernommen habe.

Kurz vor Zustellung dieser zweiten Klage würde die Verjährung betreffs des Darlehnsanspruches sich vollendet haben.

Welches wird das rechtliche Schicksal der letzten Klage sein?

19. In der ehemals kurhessischen Grafschaft Schaumburg liegt eine sogenannte Interessentenwaldung, welche durch einen auf dem Kamme derselben herlaufenden, die Beganggrenze für das Aufseherpersonal bildenden Pfad in zwei ungleiche Hälften, eine westliche und eine östliche, zerfällt. Die Nutzungen dieses Waldes sind von jeher ausschließlich den Gemeinden Bensen und Haddessen zugefallen; und man pflegte seit langem dabei so zu verfahren, daß das im Osten gelegene Bensen aus der östlichen, Haddessen aus der andern Hälfte sein Deputat empfing.

Als im Laufe dieses Jahrhunderts die kleinere Ostseite zur Deckung des Holzbedarfes von Bensen nicht mehr ausreichte, verlangte dieses die Deckung des Fehlbetrages aus der westlichen Hälfte, indem es die ganze Waldung als Gegenstand einer untrennbaren gleichmäßigen Gesamtberechtigung beider Gemeinden angesehen wissen wollte und das seitherige hinsichtlich der Holzanweisung beobachtete Verfahren als nur auf Gründen örtlicher Zweckmäßigkeit beruhend darstellt.

Dem widersprach die Gemeinde Haddessen. Sie bezeichnete den obigen Pfad als Rechtsgrenze und nahm die Westhälfte für sich ausschließlich in Anspruch.

In dem nun entstehenden Prozesse wurde Bensen mit der angestellten actio confessoria abgewiesen, da ein Servitutrecht nicht nachweisbar war. Ein gleiches Schicksal hatte eine zweite auf Miteigentum gegründete Klage.

Allein die abgewiesene Gemeinde versuchte es zum drittenmale, indem sie in gründlicher historischer Darlegung ausführte, daß beide Gemeinden eine Markgenossenschaft in Ansehung der streitigen Waldung bildeten und letztere im Gesamteigentume der Märker stände.

Seitens der Beklagten wurde nunmehr vor allem die Einrede der Verjährung entgegengesetzt, die kurz vor Anstellung der letzten Klage eingetreten sei.

War dieses Vorbringen begründet oder nicht?

20. Im Jahre 1842 hatte sich der Bauer A. in den Besitz eines Grundstückes gesetzt und bei einer 1856 bewerkstelligten Vermögensübergabe an seine Kinder dasselbe seinem Sohne B. zugeteilt, der es in Besitz nahm und fortbesaß.

1872 erwirkten C. und D., welche mit A. zusammen Erben des verschollenen X. waren, die gerichtliche Todeserklärung des letztern und unternahmen eine Teilung von dessen Erbschaft.

Die Sache wurde aber verzögert, und erst 1887 erging ein Urteil, in welchem unter anderem A. verurteilt wurde, das eingangs erwähnte Grundstück mit Früchten in die Erbschaftsmasse einzuwerfen.

Da jetzt der berichtete Thatbestand klar wurde, stellten C. und D. eine Vindikationsklage gegen A. an, welcher dieser die Einrede der Verjährung entgegensetzte.

Es fragt sich, ob dieser Einwand gegründet ist?

21. Barth hatte von Purgold im Herbste 1890 auf Bestellung Röhren geliefert erhalten; mittels Briefes vom 18. November 1890 aber dieselben dem Verkäufer als unbrauchbar zur Verfügung gestellt, unter dem Anfügen, daß er die Röhren für seine Interessenforderung zurückbehalten werde. Am 1. August 1891 erhebt Barth eine Schadensersatzklage wegen der geschehenen schlechten Lieferung; worauf sich der Beklagte auf H.G.B. Art. 349 Abs. 2 beruft: „Die Klagen gegen den Verkäufer wegen Mängel verjähren in sechs Monaten nach der Ablieferung an den Käufer."

Der Kläger erwidert, daß die Verjährung, da er ein Retentionsrecht seither ausgeübt, nach Analogie von l. 7 § 5 C. de praescript. XXX vel XL ann. (7, 39) gehemmt und unterbrochen worden sei.

Wie ist zu erkennen?

22. Nach manchen neueren Gesetzen verjähren rückständige Pachtgelder in vier Jahren. Unter der Herrschaft eines solchen Rechtes klagte der Verpachter Frydag gegen Quetsch im Frühjahr 1891 den Pachtzins ein, welcher am 11. Mai 1883 fällig gewesen war.

Auf die Einwendung des Quetsch, daß die Forderung verjährt sei, bringt der Kläger vor, daß er nicht früher habe klagen können, da er einer Zurückweisung gewärtig sein mußte; auf dem Pachthofe wären verschiedene notwendige Reparaturen, die ihm, dem Frydag, obgelegen hätten, vorzunehmen gewesen; er wäre aber wegen schlechter Vermögensverhältnisse bis zum verflossenen Jahre, wo er sie ausgeführt, nicht dazu im stande gewesen. So lange eine Einrede gegen eine Forderung bestehe, laufe keine Verjährung.

Wie hat hiernach das gerichtliche Urteil zu lauten?

23. Einem Verkäufer, welcher das Kaufgeld aus einem vor zwei Jahren abgeschlossenen Kaufe einfordert, setzt der Käufer die Einwendung entgegen, daß die Kaufsache wegen verborgener körperlicher Mängel ganz unbrauchbar gewesen sei.

Ist zu diesem Einwande jetzt noch Zeit?

24. Eine in einer Erbschaft befindliche Sache war verkauft worden, während sie — was die Erben nicht wußten — gar nicht dem Erblasser gehört hatte. Nach mehreren Jahrzehnten entdeckt in späterer Generation ein Nachkomme den Sachverhalt aus hinterlassenen Papieren; zugleich aber auch, daß vor kurzem, etwa 50 Jahre nach jenem Vorfalle, der wahre Eigentümer von ihm, dem jetzigen Vermögensinhaber, beerbt worden sei. Er tritt nun gegen die Erben des Käufers der Sache auf, welche ihrerseits sich auf den früheren Kauf berufen.

Ist dieses letztere dermalen noch möglich?

25. Die Königl. bayerische Regierung der Pfalz, als Rechtsnachfolgerin der geistlichen Administrationskellerei Mechtersheim, geriet 1819 mit den Erben eines Schullehrers Andreas Nuß in einen Rechtsstreit, in welchem die Regierung behauptete, der Autor des Beklagten habe 1788 ein Kapital von 200 fl. von fraglicher Administration entliehen.

Beklagter schützt Verjährung vor.

Klägerin aber berief sich auf Unterbrechung und Stillstand derselben vermöge der vormaligen Kriege, in denen eine Abwickelung solcher Geldangelegenheiten nicht wohl möglich gewesen; im besondern aber gereiche es ihr, der Klägerin, nicht zu der vom Verjährungsrechte geforderten Schuld, wenn sie infolge der langwierigen Ordnung und Abrechnung, die bei der Übernahme der Regierung notwendig waren, erst jetzt zu der Geltendmachung des obigen Postens schreiten könne.

Urteil mit Gründen?

---

26. Der Landwirt Pfeiffer kommt mit seinem Nachbar Schröter in Streit, da dieser es fürder nicht dulden will, daß Pfeiffer über des andern Hof im Bedarfsfalle, wie bisher, mit seinem Wagen fahre. Pfeiffer kehrt sich aber nicht an das Verbot des Schröter und hat auch seit jenem, im Jahre 1859 geschehenen, Vorfalle das Fahrtrecht fernerhin ausgeübt.

1887 verkauft Pfeiffer seinen Hof an Jung, der nun gleichfalls die behauptete Servitut fortsetzt, im Sommer 1890 aber von Schröter auf Unterlassung der Ausübung verklagt wird.

Kann hier das Institut der Verjährung beigezogen werden?

27. A. verkaufte am 4. März 1854 dem B. ein Grundstück und räumte dem Käufer das Recht ein, den bei dem Hause des A. vorbeiführenden Fahrweg x zu benutzen, jedoch nur so lange, bis der Fahrweg y auf dem Nachbargrundstücke hergestellt sein werde, welches A. von C. gekauft und dem D. in Pacht gegeben habe. B. benutzte nun den Fahrweg x.

Im Jahre 1887 belangte A. den B. und beantragte Urteil, unter Anweisung des jetzt fertig gestellten Fahrweges y, daß B. nicht mehr berechtigt sei, den Weg x zu benutzen. B. schützt die Einrede der Verjährung vor.

Entscheidung?

---

28. Eine Ehe war am 18. Dezember 1891 geschlossen worden. Am 16. Juni 1892 wird nach dem kurz zuvor erfolgten Tode des Ehemannes von der Witwe ein Kind geboren.

Gilt dieses als eheliches Kind des Verstorbenen?

29. Ehrenpfort kaufte am Mittwoch, 3. Februar 1892, seiner Angabe nach morgens zwischen 11 und 12 Uhr von Böhm dessen Wohnhaus; die Perfektion des Kaufes wurde aber davon abhängig gemacht, daß der Käufer innerhalb acht Tagen, wie es im Kontrakte heißt „von heute an gerechnet", auf das Kaufgeld 1600 ℳ an den Vertreter des Böhm einzahle.

Als Ehrenpfort am Donnerstag, 11. Februar, das Geld abliefern wollte, wurde er von dem Mandatar des Verkäufers bedeutet, daß dieses bereits verspätet sei und nicht mehr angenommen zu werden brauche.

Er wünscht zu wissen, ob es sich wirklich so verhält?

30. Nach dem Statute einer Aktiengesellschaft mußte der Aktionär, der an einer Generalversammlung mit Stimmrecht teilnehmen wollte, seine Aktien acht Tage vor dem angesetzten Versammlungstage auf dem Bureau der Gesellschaft deponieren.

Nun war die Einladung zu der auf den 31. August einberufenen Generalversammlung in der „Neuen Preußischen Zeitung", einem der dazu bestimmten Blätter, erst in der vom 10. August datierten, tags zuvor in Berlin ausgegebenen Nummer veröffentlicht worden.

Am 26. August hinterlegte ein Aktionär seine Aktien; wurde dann aber wegen verspäteter Deponierung zur Abstimmung in der Generalversammlung nicht zugelassen.

Dieses veranlaßte ihn, auf Ungültigkeitserklärung der dortselbst gefaßten Beschlüsse Klage zu erheben, indem er sich auf H. G. B. Art. 238 stützte: „Die Berufung der Generalversammlung hat in der durch den Gesellschaftsvertrag bestimmten Weise mit einer Frist von mindestens zwei Wochen zu erfolgen. Ist in dem

Gesellschaftsvertrage die Ausübung des Stimmrechtes davon abhängig gemacht, daß die Aktien bis zu einem bestimmten Zeitpunkte vor der Generalversammlung hinterlegt werden, so ist die Frist derart zu bemessen, daß für die Hinterlegung mindestens zwei Wochen frei bleiben." Vgl. Art. 190a: „Ein Beschluß der Generalversammlung kann wegen Verletzung des Gesetzes oder des Gesellschaftsvertrages als ungültig im Wege der Klage angefochten werden . . ."

War der erhobene Klagantrag gegründet?

XXX.

1. Die Witwe Wiesand wird von einer Gläubigerin Gluck wegen eines Darlehns gedrängt und kann nur Frist erhalten, als ihre 19jährige Tochter Anna sich für sie verbürgt. Später erwirkt die Gluck gegen Anna Wiesand Zahlungsbefehl und Vollstreckungsbefehl. Gegen denselben erhebt die Mutter Wiesand als Vormünderin ihrer Tochter Anna rechtzeitig Einspruch, beantragt die Aufhebung des Vollstreckungsbefehles und verlangt Restitution wegen Minderjährigkeit.

Die Gluck widerspricht der Zulässigkeit der Wiedereinsetzung, da noch gar keine laesio — hier: Pfändung — vorliege; zudem habe sich Anna Wiesand nur im Interesse ihrer Mutter verbürgt, und sei diese damals ausdrücklich einverstanden gewesen, habe sogar ihre Tochter dazu veranlaßt; sie, die Gluck, habe auch die Anna Wiesand für großjährig gehalten und sei durch deren sicheres Auftreten darin nur bestärkt worden.

Entscheidung?

(Die „weiblichen Rechtswohlthaten" sind durch ein dortiges Landesgesetz aufgehoben.)

2. Ein Minderjähriger hat ein unvorteilhaftes Rechtsgeschäft abgeschlossen. Durch Bedrohung mit der Veröffentlichung einer von ihm begangenen unsittlichen Handlung läßt er sich verleiten, die Frist zur Wiedereinsetzung verstreichen zu lassen.

Kann ihm noch geholfen werden?

3. Ein Minderjähriger würde wegen eines ihm nachteiligen Vertrages zur Wiedereinsetzung in den vorigen Stand berechtigt sein.

Er stirbt nun:

a) mit 18 Jahren und wird von seinem 16jährigen Bruder beerbt;

b) mit 23 Jahren und wird von seinem 16jährigen Bruder beerbt;
c) mit 18 Jahren und wird von seinem 23jährigen Bruder beerbt;
d) mit 22 Jahren und wird von seinem 23jährigen Bruder beerbt.

Wie laufen die Fristen für die Nachsuchung um Wiedereinsetzung in den vorigen Stand?

4. Ein Vermächtnisnehmer hatte dem in dem Testamente eingesetzten Erben betrügerisch vorgespiegelt, daß die Erbschaft eine sehr reiche sei, und hatte jenen dadurch zu der Antretung derselben bewogen (weil bei Ausschlagung des Testamentserben das Vermächtnis auch hinfällig geworden wäre). Dann stellt sich heraus, daß die Antretung der Erbschaft wegen Überschuldung derselben sehr unvorteilhaft für den Erben gewesen ist.

Wie steht es mit rechtlichen Hilfsmitteln gegen diese Nachteile?

5. Aus früheren Verkäufen war K. noch eine beträchtliche Summe dem G. schuldig geblieben. Als aber letzterer dieselbe einfordert, droht ihm K., daß er ihn sonst wegen fahrlässigen falschen Eides, den G. einmal geleistet, denunzieren werde; G. unterläßt daher die Einklagung.

Als nach seinem Tode sein Erbe den K. verklagt, schützt dieser die Einrede der Verjährung vor, weil seit der Fälligkeit der Kaufschuld mehr wie 30 Jahre verflossen sind.

Was ist Rechtens?

6. Reuscher hatte sein Leben für 5000 ℳ bei der Lebensversicherungs-Gesellschaft Teutonia versichert. Er starb mit Hinterlassung eines einzigen unmündigen Kindes Konrad, dessen ordnungsmäßig bestellter Vormund Schmalz von der Teutonia jene Summe einforderte, die Auszahlung aber verweigert erhielt, weil Reuscher seinen Tod durch Folgen von Trunksucht selbst verschuldet habe; welcher Umstand nach den Statuten der Gesellschaft ein Recht auf Rückbehaltung der Versicherungssumme verleiht.

In den Versicherungsbedingungen heißt es sodann: daß binnen sechs Monaten nach erfolgter Verweigerung der Auszahlung der Versicherungssumme Klage erhoben werden müsse, widrigenfalls der Anspruch auf jene Summe überhaupt dauernd erloschen sei; Schmalz läßt aber diese Frist ungenützt verstreichen.

Kann nun in integrum restitutio begehrt werden? Welche einzelnen Gründe sprechen für und wider?

7. Ella Heere klagte gegen Paul Hansop auf Vollziehung der Ehe auf Grund eines rechtsgültigen Verlöbnisses, bei dessen Abschluß für den Fall des einseitigen Rücktrittes des einen Teiles eine Konventionalstrafe ausbedungen worden war.

Der Beklagte wandte ein, daß er zur Zeit der Verlobung noch minderjährig gewesen sei; er habe nicht die geringste Zuneigung zu der Klägerin gehabt, fühle auch jetzt solche nicht und sei nur von seinem damaligen Vormunde zur Abgabe des Eheversprechens gedrängt und überredet worden. Er bitte also um Restitution gegen das Verlöbnis; umsomehr, als er beweisen könne, daß die Klägerin sehr zänkischen Charakters sei, u. a. ihren eigenen Großvater geschlagen und mißhandelt habe.

Von klägerischer Seite wird dem entgegengehalten, daß niemand gegen ein ordnungsgemäßes Verlöbnis bloß wegen Minderjährigkeit Wiedereinsetzung in den vorigen Stand verlangen könne; der geforderte Abschluß der Ehe bedeute keine gesetzliche Läsion. Daß Klägerin zänkisch sei, müsse als gleichgültige, vage und unbeweisbare Behauptung bezeichnet werden.

Welches Urteil hat das Gericht zu fällen?

8. In Eisenharts Erzählungen von besonderen Rechtshändeln (1779) findet sich folgender Fall:

Der Forstmeister Isegrim, bis dahin unvermählt, hatte als betagter Mann mit einem — durch Zureden ihrer Eltern dazu bewogenen — 16jährigen Mädchen eine Ehe geschlossen, die sich sehr bald als eine äußerst unglückliche herausstellte. Die junge Frau stellte Antrag auf Ehescheidung und erwirkte auch solche rechtskräftig, worauf sie wieder zu ihren Eltern zurückkehrte.

Wenige Jahre darauf starb Isegrim und wurde von seinen nächsten Verwandten ab intestato beerbt.

Nunmehr kam seine geschiedene Ehefrau um Wiedereinsetzung in den vorigen Stand gegen die geschehene Ehescheidung ein, da sie damals noch minderjährig gewesen wäre und eine gar große Verletzung erlitten hätte, indem nach dortigem Partikularrechte der Ehefrau ein Erbrecht an der Hälfte des Vermögens ihres verstorbenen Ehemannes zustände.

Wie war hierauf zu erkennen?

9. Das Stift Wallenstein zu Homberg in Kurhessen verfolgte eine Forderung von 13000 Gulden an den derselben Widerspruch entgegensetzenden Grafen von Görz bei dem Reichs-Kammergericht; der Prozeß schwebte von 1792 und war 1806 noch nicht beendet.

Die Akte des Rheinbundes unterwarf den Grafen der Souveränetät des Großherzogs von Hessen. Durch hessische Verordnung vom 10. Januar 1807 wurden alle die, welche ihre bei den Reichsgerichten anhängig gewesenen, noch unentschiedenen Prozesse bei hessischen Gerichten fortführen wollten, aufgefordert, diesen Entschluß baldigst bei dem zuständigen Gericht anzuzeigen und sich bei den Kanzleien zu Wetzlar oder Wien wegen Auslieferung der Akten zu melden; Unterlassung binnen Jahresfrist werde als Verzicht auf die Fortführung des Prozesses angesehen.

Das Stift, das auch von der Katastrophe berührt wurde, die das Kurfürstentum Hessen damals ergriff, blieb zunächst passiv; erst 1822 trat es bei dem Oberappellationsgericht Darmstadt unter Berufung auf seine juristische Persönlichkeit mit einem Restitutionsgesuch hervor.

Der Gegner bezeichnete dieses als verspätet.

Die Stiftsvorsteher antworteten, daß die Regierung des Königreichs Westphalen ihnen 1807 alle Akten und Dokumente abgenommen hätte; sie seien erst vor kurzem an das Stift zurückgekommen; auch habe der damalige Vorstand von jenem hessischen Gesetze nichts erfahren.

War das Restitutionsgesuch begründet?

XXXI.

1. Wenn jemand eine Sache wegwirft und ein anderer sie aufhebt: wer ist nun Besitzer, und wer ist Eigentümer? Macht es einen Unterschied für beides, ob die Sache im Eigentum des Wegwerfenden stand oder nicht?

2. A. übergiebt dem B. ein Buch:

a) weil B. es gekauft hat;
b) um dasselbe vier Wochen lang unentgeltlich zu benutzen;
c) weil A. es dem E. gestohlen hat und B. es als Hehler weiter veräußern soll;
d) um an demselben lebenslänglichen Nießbrauch zu haben;
e) weil es dem B. von dem Erblasser des A. vermacht war;
f) weil es als Pfand für eine Schuld des S. an B. dienen soll;
g) gegen Vergütung, damit B. sich etwas daraus abschreibe;
h) weil B. dasselbe verloren hat und A. es ihm als redlicher Finder zurückbringt;
i) damit B. es als Bote dem X. überbringe;
k) um dasselbe zu behalten, bis ein Prozeß des A. mit dem C. darüber entschieden sei;
l) um es dem A. während einer Reise desselben aufzuheben;
m) indem er in Unterschlagungsabsicht das aus der Bibliothek erhaltene Buch an B. veräußert;
n) auf daß es der B. einbinde;
o) zur Ansicht, um es möglicherweise zu kaufen;
p) damit B. es auf Rechnung des A. verkaufe;
q) weil B. Vormund des M. ist und es für diesen von A. gekauft hat;
r) aus Gefälligkeit und auf Bitten des B., jedoch auf beliebigen Widerruf des A.;
s) welches der städtischen Bibliothek, deren Vorstand A. ist, zugehört, damit B., als Bibliotheksdiener, es drüben im Büchersaale an seinen Platz einstelle.

Fragen:

a) Welche Rechtsverhältnisse liegen vor?
b) Wie steht es in jedem einzelnen Falle mit dem Besitz des Buches?
c) Wie mit dem Eigentum?

3. A., Eigentümer eines Pferdes, welches er in seinem Stalle hat, wird von B. gebeten, ihm dasselbe zu einem Spazierritt nach x zu leihen. A. bewilligt diese Bitte. B. holt sich das Pferd aus dem Stalle, reitet dann nach x und übergiebt es dort in einem Gasthofe dem Hausknecht (H.), welcher es in den Stall des Wirtes W. führt. C. stiehlt das Pferd aus dem Stalle und reitet darauf fort. Es überfällt ihn D. und eignet sich das Pferd mit Gewalt an.

Besitz und Eigentum?

4. E. hat dem ihn besuchenden A. einen seidenen Regenschirm geliehen. Auf dem Heimwege spricht der dem A. begegnende X. den Schirm als sein angebliches Eigentum an, entreißt ihn dem A. und entläuft.

Wer ist Besitzer; wer Eigentümer? Welche *actiones* kommen in Frage?

5. Depots im Fonds- und Effektenverkehre. Wie steht es nachfolgend mit Besitz und Eigentum?

a) Ein Kapitalist (K.) übergiebt einem Bankier (B.) Wertpapiere zur Aufbewahrung und Verwaltung.
b) Oder zur Pfand- und Sicherheitsbestellung für ein gewährtes Darlehn.
c) K. sendet die Papiere in einem Packet durch die Post. — Dieselbe wird unterwegs durch R. beraubt.
d) B. benutzt jene Effekten zu Privatspekulationen seinerseits und giebt einen Teil davon, um Kredit zu erhalten, an einen seiner Gläubiger G. als Pfand; einen andern Teil verkauft er an H.; während der Rest wegen schlechter Aufsicht des B. durch den Einbrecher F. gestohlen wird.
e) K. zahlt 5000 ℳ in Reichskassenscheinen bei der Reichsbank auf das Konto des B. ein.
f) B. kauft für jene Summe am 1. Februar Pfandbriefe nach Auftrag des K.; — erhält sie am 3. von dem Verkäufer geliefert; — läßt sie am 4. in seine Bücher als dem K. gehörig eingetragen; — schreibt am 6. an K.: „Ich lege die Pfandbriefe Lit. . . . No. . . . ihr Ihr Depot“; — übergiebt sie am 15. einem von K. zur Abholung gesandten

Boten; — welcher sie auf der Straße verliert; — X. findet sie und verkauft sie an Y. zum Börsenpreise.

6. Ludwig Knaf erhob 1887 Klage gegen Kasimir Diemer und Henriette, Heinrich Kuppels Ehefrau, geb. Diemer auf Herausgabe etlicher ihm verpfändeter Grundstücke behufs Versteigerung derselben zum Zwecke seiner Befriedigung.

Die Beklagten setzten der Klage entgegen, sie seien nicht die richtigen Beklagten, da sie nicht im Besitze der Pfänder seien. Besitzer sei ihr Stiefvater, welcher dieselben vermöge eines ihm testamentarisch an dem Vermögen seiner verstorbenen Ehefrau zustehenden Nutzungsrechtes besitze und verwalte.

Kläger bestritt dieses Recht des Stiefvaters nicht, war aber der Ansicht, daß die Beklagten als Besitzer im rechtlichen, hier in Betracht kommenden Sinne zu erachten seien.

Wie war zu erkennen?

7. Vogt hatte an Mansbach ein Haus mit angrenzendem Hofe bis zum 1. April vermietet. Er gedenkt, dasselbe später selbst zu beziehen, und schließt mit einem Verwandten, dem Maurermeister Urban, einen Vertrag, wonach derselbe in dem Hause verschiedene bauliche Veränderungen vornehmen solle; zugleich weist er den Mansbach an, am 1. April die Schlüssel an den Urban zwecks Vornahme jener Arbeiten zu senden, was auch geschieht. Nachmals entsteht Streit zwischen Vogt und Urban; letzterer behauptet, auf Grund Erbrechtes selbst Eigentümer der fraglichen Hofraite zu sein und verweigert mit Bezug darauf die Herausgabe der Schlüssel. Worauf Vogt alsbald nach dem Hause sich verfügt, ein Fenster einschlägt und in dem so okkupierten Gebäude sich wohnlich einrichtet.

Es ist anzugeben, wie es nach den jeweiligen rechtlich relevierenden Handlungen mit Besitz und Inhabung gestanden hat?

8. Der Pachter einer fiskalischen Domäne hat auf einem zu derselben gehörigen, aber entfernt liegenden Vorwerke einen Verwalter eingesetzt, der die Verwaltung selbständig führt.

Es sind folgende Fragen zu beantworten:

a) Wer ist Besitzer? Und wie steht es mit Eigentum und obligatorischen Rechtsverhältnissen?

b) Ist es von Einfluß, ob der Verwalter auf dem Vorwerke eine Wohnung zur selbständigen Benutzung eingeräumt erhalten hat?

c) Der Verwalter hat Knechte angenommen, die auf dem Gute wohnen und schlafen und in den ihnen angewiesenen Kammern in mitgebrachten Kisten Kleider und andere Gegenstände verwahren. Besitzverhältnisse? Wie stände es, wenn ihnen Schränke zur Aufbewahrung eingeräumt würden, unverschlossene oder verschließbare?

d) Ein Händler, der mit dem Verwalter Geschäfte gemacht, hat einen Regenschirm vergessen; letzterer hat den Schirm aufgehoben und in seinen Schrank gestellt; weigert auch die Herausgabe, weil er den andern nicht für den Eigentümer hält. Wer ist Besitzer?

9. Bei einer Staatsanwaltschaft laufen zwei Anzeigen ein:

a) Gegen einen Uhrmacher, welcher eine Uhr zur Ausbesserung erhalten, dieselbe aber abhanden gebracht hat;

b) gegen einen Holzhauer, der von dem vor der Hausthür liegenden Holze, das ihm von dem im Hause wohnenden Mieter zum Kleinmachen überwiesen war, mit sich genommen hat.

Es fragt sich, ob gegen die beiden wegen Diebstahls oder wegen Unterschlagung Anklage zu erheben ist?

Diebstahl — St.G.B. § 242: Wer eine fremde bewegliche Sache einem andern in der Absicht wegnimmt, dieselbe sich rechtswidrig zuzueignen . .“

Unterschlagung — St.G.B. § 246: „Wer eine fremde bewegliche Sache, die er in Besitz oder Gewahrsam hat, sich rechtswidrig zueignet . .“

10. Unter der Herrschaft eines Partikularrechtes, das für Immobiliarveräußerungen bei Meidung der Nichtigkeit schriftliche Vertragsabfassung fordert, verkaufte Hertweg sein Haus und Hof durch mündlichen Vertrag an Blumb und räumt diesem alsbald das Grundstück ein, während er selbst nach einem andern Orte verzieht.

Nach einiger Zeit kommt Blumb in Streit mit seinem Nachbar Gundrum, der ihn durch häufiges Herüberwerfen von Gegenständen belästigt. Blumb wünscht nun ein Gutachteu, ob, und eventuell in welcher Weise, er gerichtlich gegen seinen Nachbar vorgehen könne?

11. Greb hat an Loos ein Bauerngut mit Inventar verpachtet. Eckert, ein Gläubiger des Loos, läßt wegen fälliger unbezahlter Forderungen verschiedene auf dem Hofe befindliche Mobilien durch den Gerichtsvollzieher pfänden.

Nun stellt Greb Klage auf Freigebung dieser Gegenstände von der Pfändung an, indem er sich darauf beruft, daß dieselben in seinem juristischen Besitze sich befinden, während Loos nur Stellvertreter sei.

Seitens des Beklagten wird Abweisung der Klage beantragt, da Greb Eigentum gar nicht habe behaupten können, eine Interventionsklage nach § 690 C.P.O. aber nur zulässig sei, wenn „ein Dritter behauptet, daß ihm an dem Gegenstande der Zwangsvollstreckung ein die Veräußerung hinderndes Recht zustehe“.

Wie ist zu entscheiden?

XXXII.

1. Der Vorstand der Striehl'schen Waisenstiftung beantragt klagend, den beiden Beklagten (Verwandten der von den Striehl'schen Eheleuten zuletzt verstorbenen Ehefrau Striehl) aufzugeben, sich jeder weitern Störung im Besitze des Striehl'schen Nachlasses zu enthalten, auch den widerrechtlich entzogenen Besitz einzelner besonders aufgeführter Erbschaftsgegenstände, insbesondere der Obligationenkiste und der darin befindlichen Wertpapiere, wieder einzuräumen.

Beklagte bestreiten die Möglichkeit eines Possesoriums, da der Besitz, als verkörperter Aneignungswille, einer Stiftung nicht zukommen könne, auch an einer hinterlassenen Erbschaft nicht stattfinde, also nur ihnen, den wirklichen Besitzern, zustehe.

Entscheidung?

2. Der Gutsbesitzer O. hat eine Schafherde von 120 Stück von V. gekauft. Jetzt tritt P. auf und weist nach, daß 50 davon ihm gehört hatten. Der inzwischen flüchtig gewordene V. hatte den Schäfer des P. bestochen und so jene 50 erhalten.

O. entgegnet, P. möge sich an seinen Schäfer und den V. halten, er könne sich jetzt, nach 4 Jahren, auf nichts mehr einlassen.

Ist dieser Einwand berechtigt?

3. Der Bauunternehmer A. hatte von seinem Nachbarn N. Steine gekauft, welche letzterer seit 2 Jahren bona fide besaß, ohne Eigentümer derselben zu sein. Der gutgläubige A. verbaut dieselben nach $^1/_4$ Jahr.

Es fragt sich nun:

a) Wie steht es mit der Ersitzung jener Steine?

b) Kann der Eigentümer der Steine gegen A. auftreten? oder gegen N.?

c) Vielleicht jetzt noch? oder nach $^3/_4$ Jahren? oder nach $7^3/_4$ Jahren?

d) Wie steht es mit Besitz und Eigentum, wenn das Haus bald wieder niedergerissen wird?

4. Nach dem Tode des kinderlosen Bäckers Georg Krömmelbein setzt sich dessen Neffe und nächster Verwandter Heinrich Krömmelbein in den Besitz des Wohn- und Geschäftshauses des Verstorbenen, läßt die ihm gehörigen Möbel und sonstigen Gegenstände in jenes nun von ihm bewohnte Haus bringen und betreibt als Nachfolger seines Oheims dessen Bäckereigeschäft weiter.

Kann sich Heinrich Krömmelbein, wenn hinterher sein Erbrecht zweifelhaft würde, wenigstens auf erlangten Besitz berufen? Was würde überhaupt als Gegenstand dieses Besitzes in Frage kommen können?

5. Der Gastwirt Speck hatte den vor seinem Gasthofe gelegenen Raum seit einiger Zeit in seinem Geschäftsbetrieb, zum Abstellen von Wagen u. dgl., ausschließlich benutzt, auch einen Teil des Platzes mit Bäumen und Blumen für die im Freien sitzenden Gäste abgegrenzt.

Jetzt untersagt ihm dieses die Polizeiverwaltung, weil der fragliche Ort eine öffentliche Straße sei.

Kann Speck nicht Besitzesschutz verlangen?

---

6. Zwei Jäger schießen, ohne von einander zu wissen, von zwei Seiten auf einen Rehbock und treffen bei dem verendenden Tiere gleichzeitig ein. Sie verabreden, ihn gemeinsam zu verwerten, und lassen ihn durch einen Waldarbeiter nach der Stadt schaffen.

Wie steht es mit dem Besitze?

Was ist die Folge, wenn ein Dritter sich den Bock aneignet, der eine der beiden Jäger aber zu gerichtlichem Einschreiten nicht zu bewegen ist?

7. Der Kaufmann Sachs will gegen seinen Vetter Weil klagen, da dieser die Sohle eines durch ihren gemeinschaftlichen Garten fließenden Grabens verändert habe, ohne ihn, den Sachs, vorher um seine Zustimmung zu ersuchen. Am liebsten wäre ihm eine rasche Erledigung durch einen Besitzesprozeß. Ist dies möglich?

8. A. und B. besitzen gemeinschaftlich eine Wiese. B. mäht die Wiese allein und erntet das Gras allein. A. stellt eine Besitzesklage an.

Welche kommt in Betracht? Und wie wird ihr Erfolg sein?

9. Die Gemeinde Allendorf und der Gutsbesitzer Dornstein befanden sich im gemeinschaftlichen Besitze einer Viehtrift. Die

Gemeinde nahm später für sich allein eine Erneuerung der Grenzen mit den Anliegern vor, versah die Grenzen mit ihren alleinigen Markzeichen und verpachtete einen Teil der Trift.

Dornstein trat nach zufällig erlangter Kenntnis von diesem Vorgehen gegen die Gemeinde Allendorf mit der Besitzstörungsklage auf.

Die erste Instanz hat diese Klage abgewiesen, weil Kläger gar nicht den ausschließlichen Besitz für sich habe behaupten können.

Kann dem Dornstein geraten werden, den Prozeß mit Rechtsmitteln weiter zu verfolgen?

10. Robra behauptet, daß er bis in die neueste Zeit den in gemeinschaftlicher Benutzung mit seinem Nachbar Bourguignon befindlichen Zwischenraum zwischen beiden Besitzungen zum Gehen und zum Fahren mit Karren und Handwagen benutzt habe, um durch die an seinem Hofe befindliche Eingangspforte in diesen Hof zu gelangen.

Vor einigen Tagen habe Bourguignon dicht vor jener Pforte einen Pfahl eingerammt und auf das Ersuchen der Wegnahme mit Weigerungen und Drohungen geantwortet.

Da ihm, dem Robra, dadurch die Benutzung des gedachten Zwischenraumes, sowie der Eingang zu seinem Hofe unmöglich gemacht sei, so bittet er, für ihn die geeignete Klage gegen seinen erwähnten Nachbar anzustellen.

11. Der Landwirt Strehmel trägt einem Rechtsanwalt vor: Mit seinem Nachbar Heinzerling besitze er schon seit einiger Zeit gemeinschaftlich eine Einfahrt zu ihren jeweiligen Hofraiten; als er aber jetzt in derselben habe seinen Heuwagen halten und das Heu nach seiner Scheune hinaufwinden wollen, so sei er von Heinzerling darin gewaltthätig gehindert worden.

Er fragt an: ob er nicht mit Fug gegen Heinzerling im Wege des Prozesses vorgehen könne?

12. A. und B. sind Mitbesitzer eines Hauses geworden. B. lebt im Auslande. A. bezieht ohne vorherige Verständigung mit B. das eine Stockwerk.

Nun verlangt dieser gerichtlich, daß A. zunächst die Wohnung wieder räume, bis sie sich über die richtige Verwaltung des Hauses geeinigt hätten.

Wie ist über diesen Anspruch zu erkennen?

13. Die beiden Brüder von Schwertzell sind Miteigentümer zur Hälfte eines fideikommissarischen Gutskomplexes. Sie befinden sich thatsächlich in real geteilter Benutzung, und Franz von Schwertzell hat das Holz eines in seiner Verwaltung befindlichen Waldes an die Kaufleute Wallach verkauft.

Gottfried von Schwertzell ist mit der angebotenen Zuweisung der Hälfte des Erlöses nicht zufrieden und verklagt die Wallach, als sie zu hauen begannen, wegen Besitzesstörung.

Welches Schicksal wird diese Klage haben?

XXXIII.

1. Ist in nachstehenden Fällen jeweils Besitz an dem betreffenden Gegenstande erworben? Und bejahenden Falles, von welchem Zeitpunkte an?

a) Ein jagdbares Tier wird angeschossen; — dabei vielleicht tödlich verwundet; — oder unmittelbar getötet.

b) Es haben sich Krammetsvögel in Dohnenstrichen gefangen, Aale in Grundangeln, Fische in Reusen.

c) Ein Fluß war über seine Ufer ausgetreten und dann, mit Hinterlassung großer Lachen auf den überschwemmten Äckern, in sein Bett wieder zurückgekehrt; in diesen Lachen fanden sich nun Flußfische.

2. Auf einer Treibjagd hatte ein Treiber einen von einem Gaste des Jagdpächters erlegten, auf den Schuß hin am Platze liegen gebliebenen Hasen bei dem den Treibern obliegenden Sammeln des erlegten Wildes aufgehoben und behufs späterer Abholung im Walde versteckt.

Dies wurde aber entdeckt; und fragte es sich nunmehr, wie diese Handlung juristisch aufzufassen sei: Besitz- oder Eigentumserwerb; — berechtigte oder straflose Okkupation; — Jagdvergehen; — Unterschlagung; — „Funddiebstahl"; — Versuch des Diebstahls; — vollendeter Diebstahl?

3. Ein Gemeinschuldner hatte vor einiger Zeit seine damalige Braut bei einem Besuche derselben zu einem Klavier geführt und gesagt; „Da ich nicht spiele, schenke ich es Dir"; worauf sich jene bei ihm bedankt, das Klavier geöffnet und einen Walzer darauf gespielt hatte.

Nachdem inzwischen die Verlobung gelöst und über den frühern Bräutigam der Konkurs eröffnet worden war, so fragt es sich: ob die damals beschenkte Braut jetzt das fragliche Instrument, als ihr gehörig, aus der Konkursmasse verlangen kann?

4. V. verkauft an K. am 1. Dezember sein Wohnhaus. In der Urkunde heißt es: „Der Verkäufer übergiebt hiermit das Haus . . . und setzt K. schon jetzt in den wirklichen ruhigen Besitz desselben.“

Welche rechtliche Wirkung kommt dieser Vertragsklausel zu?

5. Der Magistrat der Stadt Hannover hatte mit einer Baugesellschaft daselbst über verschiedene Grundstücke einen Tauschkontrakt abgeschlossen, in welchem u. a. bestimmt war: „Dagegen tritt hiermit der Magistrat nach Maßgabe der eingangs erwähnten Verpflichtung die auf der anliegenden Karte blau angelegten Flächen der zum Teil aufgehobenen früheren alten Straßen der Hannover'schen Baugesellschaft zu deren Eigentum ab.“

Kurz darauf ergriff eine andere Aktiengesellschaft von einigen jener Flächen, der frühern zweiten Bultstraße, Besitz; was jene Baugesellschaft zu einer Klage gegen die letztere bewegt.

Die Beklagte stellt Eigentum und Besitz der Klägerin in Abrede. Jener Vertrag, auf den sich die Klagseite allein berufen könne, sei zur Eigentumsverschaffung ungeeignet. Die Bestimmung der l. 18 § 2 D. de A. A. P. (41, 2), wonach man Besitz an Grundstücken „ex turre“ erwerben könne, passe für die zu ebener Erde gelegenen Amtsgerichtslokalitäten, in denen der oben erwähnte Tauschvertrag abgeschlossen, umsoweniger, als zwischen diesen Amtsräumen und der in einem ganz andern Teile der Stadt gelegenen Bultstraße eine Entfernung von mehr als einer halben Stunde bestehe.

Wie war hiernach zu erkennen?

6. Seitens der Stadt Schandau wurden Jahrmarktsbuden, welche sich in einem vor der Stadt gelegenen verschlossenen Schuppen befanden, versteigert; und dabei dem sie erstehenden Bieter die Schlüssel zu jenem Schuppen zum Zwecke der Abholung eingehändigt.

Wann erhält der Käufer Besitz und Eigentum?

7. In einem Mietvertrage war gesagt, daß eine etwaige Kündigung spätestens am 31. Dezember im Besitze des Vermieters sein müsse. Nachweislich hat der Mieter einen Kündigungsbrief am 31. Dezember kurz nach 7 Uhr abends in einen am Geschäftslokale befindlichen Privatbriefkasten des in einem Vororte seine Privatwohnung innehabenden Vermieters gelegt.

Ist die Kündigung in Ordnung?

8. K. hat eine von seinem Lieferanten S. übersandte und von der Eisenbahn ihm abgelieferte Quantität Gummi angenommen,

aber noch an demselben Tage dem S. brieflich angezeigt, daß die Ware nicht vertragsmäßig sei, und er sie deshalb nicht empfangen wolle, vielmehr ihm, dem S., zur Disposition stelle.

S. gerät aber kurz darauf in Konkurs.

Es fragt sich, ob K. oder die Konkursmasse jene Objekte als Eigentum beanspruchen können?

9. Bei dem Verkaufe eines Hauses wurde in den Kaufkontrakt ein § 3 aufgenommen, in dem es hieß: „. . . daß der Käufer der Familie Bock die unentgeltliche Benutzung der an dieselbe vermieteten beiden oberen Stockwerke des Hauses und der zu dieser Mietwohnung sonst gehörigen Räumlichkeiten noch bis zum 1. November 1894 verstatten müsse.“ Bei der Unterschrift fügte der Käufer dazu, daß er „unter der Bestimmung des § 3 von dem Hause Besitz ergriffen habe“.

Wie gestaltet sich nun nach diesem Thatbestande der Besitz an dem in Rede stehenden Hause?

---

10. Der Kaufmann Polack in Mainz schickt an Johannes Müller IX in Leusel ein Packet durch die Post. Der Briefträger giebt dasselbe am Eingange des Dorfes einem Mädchen von sechs Jahren, um es zu dem Adressaten zu bringen. Dieses trägt es irrtümlich zu Johannes Müller X, welcher das Paket behält.

Welches sind die Rechtsfolgen in betreff des Besitzes?

11. Wie würde die eben gestellte Frage zu beantworten sein, wenn

a) der Empfänger das Paket durch seinen Knecht an den richtigen Adressaten sendet;
b) der Knecht es auf der Straße den ihm begegnenden Kindern des Adressaten, im Alter von sechs und acht Jahren, übergiebt;
c) oder der Dienstmagd des Adressaten;
d) wenn er dasselbe durch das Fenster in die Wohnung des gerade abwesenden Adressaten wirft;
e) wenn der Bote es in Unterschlagungsabsicht dem dreijährigen Kinde seines Bruders schenkt.

12. Der Großhändler Braselmann in Augsburg hatte der Firma Orthmann & Kurz in Neustadt seit längeren Jahren Waren geliefert, auch vor kurzem wieder ihr solche auf Kredit verkauft und auf dahingehende Ordre der Bestellerin seinem Spediteur zur Verfrachtung an jenen übergeben, als die Nachricht eintraf, daß jene Firma in Konkurs verfallen sei. Braselmann stellt Nachforschungen nach den abgesendeten Waren an und findet dieselben in den Händen des Spediteurs Fabel in Neustadt, der auf das Ersuchen um Herausgabe antwortet, daß ihm die Waren von Orthmann & Kurz noch vor ihrer Insolvenz an Zahlungsstatt überwiesen worden seien.

Braselmann ist nun der Meinung, daß letzteres nicht mit voller Kraft habe geschehen können, da die Gegenstände noch gar nicht in den Besitz der jetzt verschuldeten Firma gekommen wären. Er wünscht aber vor der Ergreifung weiterer rechtlicher Maßnahmen ein genaues juristisches Gutachten hinsichtlich der seine Rechtslage betreffenden Zweifelsfragen.

Es ist solches auszuarbeiten.

13. Moldenhauer stellte gegen Klipstein eine Klage auf Herausgabe einer Nickelgrube an. Er habe mit Rübsamen einen Vertrag dahin abgeschlossen, daß derselbe für ihn Lager von nickelhaltigen Schwefelkiesen aufsuchen und erwerben solle, infolge wovon denn auch ein Kauf zwischen Rübsamen und dem frühern Eigentümer der Grube in der Art zu stande gekommen sei, daß Rübsamen für ihn, den jetzigen Kläger, stellvertretend erworben habe.

Der Beklagte brachte dagegen einen ordnungsgemäßen Kaufkontrakt zwischen ihm und jenem Rübsamen vor, der noch am Nachmittage desselben Tages, an welchem der letztgenannte die Grube gekauft hatte, abgeschlossen worden war. Des weiteren bewies er urkundlich, daß er, Klipstein, das verabredete Kaufgeld pünktlich an Rübsamen gezahlt, sowie durch Zeugen, daß Moldenhauer jenen ersten Kauf gar nicht genehmigt, ja sogar denselben erst vor kurzem ganz zufällig erfahren habe.

Wie ist de iure zu erkennen?

14. Ein Wollhändler in der Stadt Hanau hatte durch einen sog. Unterkäufer in Salmünster an dessen Wohnort und in der Umgegend Wolle ankaufen lassen, ihn mit genügenden Geldmitteln hierzu versehen und die angekaufte Wolle von Zeit zu Zeit bei demselben abholen lassen. Der Unterhändler trug die Wolle als für den Wollhändler erkauft in seine Bücher ein.

Nach einiger Zeit geriet er in Konkurs, und es wollten nun die Gläubiger die noch bei dem Unterkäufer gefundene Wolle zu dessen Konkursmasse gezogen wissen — l. 59 D. de A. R. D. (41, 1) —, während der Wollhändler dieselbe als sein Eigentum in Anspruch nahm — l. 13 pr. eod., cf. 9 § 7 eod.

Entscheidung?

15. Adam Kratz war vor langen Jahren ledigen Standes nach Amerika ausgewandert. Er hatte verschiedene Wertpapiere in den Händen seines Bruders Caspar zur Aufbewahrung und Verwaltung zurückgelassen. Diese Wertpapiere, in Lotterie-Anlehenslosen bestehend, waren im Laufe der Zeit ausgelost worden, und Caspar Kratz hatte von dem eingenommenen Geld verschiedene holländische Kommunallose bei einem Bankier in Frankfurt schon 1877 gekauft und in einem, mit der von ihm herrührenden Aufschrift „dem Adam Kratz gehörig" versehenen Papierumschlage verschlossen aufbewahrt.

Im Jahre 1891 verstarb Caspar Kratz kinderlos und wurde von einem dritten Bruder Dietrich beerbt. Bei der Inventarisation des Nachlasses wurden jene Lose entdeckt und dabei gefunden, daß auf eines derselben ganz kürzlich ein Gewinn von ungefähr 30 000 ℳ gefallen sei.

Zwischen dem Dietrich Kratz und dem neu bestellten Kurator des verschollenen Bruders Adam entstand nun die Streitfrage, wer auf den erwähnten Gewinn rechtlichen Anspruch zu erheben habe.

Wie ist diese begründet zu entscheiden?

16. Als bei dem Fuhrmann Wolff einige Mobilien wegen einer unbezahlten Forderung, zu deren Erledigung er rechtskräftig verurteilt worden, gepfändet waren, erhob der Schmied Hedtmann eine Interventionsklage, worin er, gestützt auf einen mit Wolff schriftlich abgeschlossenen Kaufvertrag, sein Eigentum an den Pfandstücken geltend machte.

Dieser Vertrag enthielt in betreff der Übergabe folgende Bestimmungen: § 2. „Die Übergabe der verkauften Gegenstände erfolgt sofort mittels Vollziehung dieses Kontraktes." § 5. „Verkäufer kann augenblicklich die jetzt verkauften Sachen nicht gut entbehren, und werden ihm daher solche von seiten des Ankäufers auf unbestimmte Zeit im mietweisen Besitze belassen."

Da im Termine der Beklagte nicht erschien, so trug Hedtmann seine Klage vor und bat um Urteil.

Wie hatte solches zu lauten?

17. Die Herrenhuter Brüdergemeinde zu E. in Thüringen hat an den Fürstlichen Rentmeister Klingelhöffer seit mehr als 20 Jahren ein Haus vermietet, das dieser gerne kaufen möchte; die Gemeinde giebt aber von ihrem Immobiliarbesitze nicht leicht etwas her.

Im August 1892, während Klingelhöffer im Seebade zu Norderney weilt, erhält er die briefliche Nachricht, daß die Gemeinde in Erwägung ihres langjährigen guten Verhältnisses und in Würdigung mancher von dem Rentmeister erhaltenen Dienste ihm das Haus käuflich überlassen wolle. Der Vertrag wird dann in weiteren schriftlichen Verhandlungen perfekt.

a) Es fragt sich, wie es bis zur Rückkehr des Erwerbers mit dem Besitze an jenem Hause steht?

b) Kommt vielleicht etwas darauf an, ob Klingelhöffer während seiner Abwesenheit einen Vertreter in seiner Wohnung hatte, oder ob diese in verschlossenem Zustande ohne Bewohner zurückgelassen war?

18. Der Kaufmann Löwenthal vindicierte von dem Pachter Mises 110 Schafe aus dessen Gutsherde, welche er von dem frühern Pachter Seume um den Betrag einer ihm zustehenden Warenforderung gekauft hatte. In der schriftlichen Vertragsurkunde war bestimmt, daß die Schafe in den nächsten Tagen nach dem Handelsabschlusse von beiden Kontrahenten ausgesucht und dem Käufer zu Eigentum übergeben werden, sodann aber einstweilen in der Detention des Verkäufers verbleiben und erst, wenn dieser nicht binnen vier Wochen von dem ihm bis dahin vorbehaltenen Rückkaufsrecht Gebrauch mache, zur freien Verfügung des Käufers stehen sollten. Durch Beweiserhebung wurde festgestellt, daß die Schafe von den Kontrahenten ausgewählt und gezeichnet worden waren.

Liegt darin ein für den Kläger genügender Besitzerwerb?

19. „Schenkungsvertrag:

§ 1. Huhn tritt an Pfau folgende Gegenstände .... schenkungsweise dergestalt ab, daß Pfau von heute ab darüber, wie über wohlerworbenes Eigentum, frei und ungehindert verfügen und die Übergabe und Auslieferung der geschenkten Objekte, welche zur Zeit noch in der Wohnung des Schenkgebers verbleiben und zu seiner eigenen Benutzung dienen sollen, jederzeit von ihm gefordert werden kann.

§ 2. Pfau acceptiert diese Schenkung bestens und gestattet dem Huhn bis auf Widerruf die Benutzung und den Gebrauch der geschenkten Gegenstände mit dem ausdrücklichen Vorbehalte, jederzeit diese Vergünstigung widerrufen und die Auslieferung der einzelnen Gegenstände verlangen zu können, zu der sich Huhn für solchen Fall sofort bereit erklärt."

Wer ist hiernach Besitzer und Eigentümer?

20. A. hatte von seinem Schuldner B. zur teilweisen Tilgung seiner Forderung verschiedene Pretiosen, welche sich für B. in

Verwahrung des C. befanden, zugewiesen erhalten; wobei C. von solchem in Kenntnis gesetzt wurde und in seinen Büchern das Nötige anmerkte. Bald darauf bricht über B. der Konkurs aus.

Kann A. jetzt jene Pretiosen voll für sich beanspruchen?

21. Der Kaufmann Salomon hat von Waren, die in Fässern und Kisten gepackt waren, dem Agenten Pabst von jedem Fasse und jeder Kiste ein Muster zugesendet, auf welchem die Nummer des Fasses und der Kiste, woraus es entnommen worden, aufgeklebt war. Pabst hatte hierauf den Kaufpreis bestimmt; und es hat nunmehr Salomon die Fässer und Kisten, mit den fraglichen Nummern sowie der Chiffre des Pabst versehen, in seinen Lagerraum gebracht und dem Pabst fakturiert.

Bald darauf fällt Salomon in Konkurs; und fragt es sich, ob Pabst aussonderungsberechtigt ist?

22. 1889 ließ die Firma Hölscher u. Cie. bei ihrem Schuldner, dem Spediteur Ernst zu Lüneburg, verschiedene Sachen pfänden. Darauf erhob der Kaufmann Brühl gegen jenen Klage, weil er durch Kaufvertrag vom 18. Juni 1885 von Ernst das Eigentum dieser Sachen erworben habe, und dieser seitdem nur für ihn, den Kläger, besitze. Er beantragt, daß die Beklagte sein Eigentum an den gepfändeten Sachen anerkenne und dieselben aus der Pfändung entlasse.

Beklagte stellt Antrag auf Abweisung der Klage, weil Ernst diese Sachen schon 1881 an die Firma Stoll in Hamburg verkauft und auf diese durch constitutum possessorium übertragen habe. Kläger habe also 1885 von Ernst — obgleich diesem eine böse Absicht nicht vorgeworfen werden solle — nicht mehr erwerben können, wie aus l. 18 pr., l. 32 § 1 D. de A.A.P. (41, 2) hervorgehe, und auch aus der Regel „nemo sibi causam possessionis mutare potest" folge.

Kläger stellt die Anwendbarkeit der letzten Regel in Abrede; macht auf l. 21 § 3 D. de A.A.P. (41, 2) aufmerksam, und repliciert endlich, daß er von jenem Vertrage des Ernst mit Stoll nichts gewußt und deshalb die fraglichen Sachen gutgläubig erworben habe.

Entscheidung mit Gründen ist auszuarbeiten.

---

23. Jemand hatte zu Ostern eine Schar Kinder zu sich geladen und in seinem Garten für sie bunte Eier versteckt. Eine ganze Anzahl der letzteren war aber von ihm so gut verborgen worden, daß er sich selbst nachher nicht mehr auf ihr

Versteck besinnen konnte, und dieselben trotz längern Suchens der ganzen Gesellschaft nicht gefunden wurden.

Kaum hatten sich aber jene, des vergeblichen Suchens müde, sämtlich entfernt, als mehrere Nachbarskinder, die von ihrem Fenster aus alles beobachtet hatten, herzukamen und die Eier mit sich nahmen.

a) Haben sich diese fremden Besitz zugeeignet?
b) Kommt etwas darauf an, ob das Verstecken der Eier im umfriedeten Grundstücke des Verbergenden oder draußen im Walde bei einem Ausfluge geschieht?
c) Ist etwa der Umstand eines zwischen Verstecken und jetzigem Finden liegenden längern Zeitraumes von Bedeutung?
d) Steht obiger Fall rechtlich demjenigen gleich, da jemand einen auf dem offenen Felde von einem Bauern über Nacht stehen gelassenen Pflug mit sich nimmt?

24. Der Käufer eines Grundstückes beginnt die an der Grenze stehende Hecke zu beschneiden. Alsbald tritt der Nachbar auf und behauptet, daß er im alleinigen Besitze der Hecke sei; Beweis: er habe dieselbe vor 11 und 18 Jahren je einmal hauen und beschneiden lassen.

Ist die Berufung des Nachbars auf seinen Besitz begründet?

25. Nach vielen Partikularrechten gebührt dem Finder einer verlorenen Sache ein bestimmter Finderlohn. Unter der Herrschaft eines solchen Rechtes ereignen sich nachstehende Vorgänge:

a) Jemand weiß den Ort genau, wo er eine Sache verloren hat, kann sie jedoch nicht wiederfinden. Während er den einen Teil des allein fraglichen Raumes absucht, wird die Sache auf einem andern Teil von einem Dritten gefunden und ihm überbracht.

Gebührt diesem der Finderlohn?

b) Auf öffentlicher Straße läßt jemand seine Geldtasche fallen, ohne es zu bemerken. Ein anderer, der den Verlust wahrnimmt, hebt die Tasche auf und giebt sie dem Eigentümer zurück.

Hat er auf Finderlohn Anspruch?

c) Wie steht es mit dieser Frage, wenn jemand einen auf der Straße ihm Begegnenden darauf aufmerksam macht, daß seine Uhr aus der Tasche heraushängt und die augenscheinlichste Gefahr des Verlustes vorhanden ist?
d) Es sieht jemand, wie einem über einen öffentlichen Platz fahrenden Fuhrmanne ein Paket vom Wagen fällt. Statt

ihn darauf aufmerksam zu machen, wartet er es ab, bis sich jener von dem Orte entfernt hat, nimmt dann die Sache an sich und bringt sie dem Verlierer zurück.

Kann er Finderlohn verlangen?

e) Ein Papagei entfliegt seinem Herrn und wird vergeblich von diesem verfolgt. Nachdem der Eigentümer den Vogel schon als verloren betrachtet hat, sieht ihn ein anderer auf einem Baume sitzen. Er zeigt dieses dem Eigentümer sofort an, und diesem gelingt es, den Papagei zu fangen. Nun fordert jener den Finderlohn.

Mit Recht?

f) Ein Reisender hat seine Brieftasche mit Geldinhalt verloren. Ein anderer, der von diesem Verluste hört, schickt den abgerichteten Pudel eines Dritten aus, um das Verlorene zu suchen. Der Hund findet die Tasche; doch ehe er sie zurückgebracht hat, wird sie ihm von einer vierten Person entrissen, welche nunmehr die Brieftasche dem Verlierer übergiebt.

Wem kommt der Finderlohn zu?

26. Der B. wurden von ihrer Dienstmagd Pretiosen gestohlen, worüber die B. Anzeige erstattete. Die gestohlenen Gegenstände wurden von dem städtischen Amtsdiener A. unter einer in der Einfahrt des Stadthauses stehenden Feuerspritze gefunden, woselbst sie von der Entwenderin untergebracht worden waren. Nach dortigem Partikulargesetz kann der Finder verlorener Sachen einen Finderlohn von 10 % der gefundenen Gegenstände beanspruchen. B. aber weigert sich dessen, weil hier die Voraussetzung dieses Anspruches nicht gegeben sei.

Ist sie mit dieser Weigerung im Rechte?

27. Eine Dame ließ in einer Droschke, welche sie zu einer Spazierfahrt benutzt hatte, eine Tasche mit Goldsachen und Juwelen liegen. Der ehrliche Droschkenkutscher entdeckte am Abend, als er mit seinem Wagen nach Hause kam und das Verdeck aufschlug, in diesem die Tasche und begab sich damit sofort zur Polizei. Dortselbst erfuhr er, daß bezüglich der vermißten Tasche bereits Depesche eingegangen sei. Worauf er die Tasche der Eigentümerin ordnungsgemäß zurückstellte, aber auch den gesetzlichen Finderlohn von über 300 ℳ verlangte; und denselben schließlich einklagte, weil die Dame ihm nur 30 ℳ anbot, „da sie die Tasche noch gar nicht als verloren ansehen könne“.

Wie ist dieser Rechtsstreit zutreffend zu entscheiden?

28. Der staatliche Kommissar für die Verwahrung und Verwaltung des Vermögens der aufgelösten Niederlassungen geistlicher Orden nahm am 3. April 1877 Besitz vom Klostergebäude der Ursulinerinnen in Fritzlar, beließ jedoch die Nonnen bis zum nächsten Morgen, wo sie abreisen sollten, in demselben.

Als sein Mandatar am folgenden Morgen in das Kloster trat, fand er die Thür verschlossen und in demselben einen Vertreter des Grafen Bocholtz-Asseburg im Besitze der Schlüssel, deren Herausgabe derselbe auf Grund eines Kaufvertrages von 1875 verweigerte. Man einigte sich, die Schlüssel vorerst im Besitze eines Dritten zu lassen und Entscheidung des Kommissars einzuholen.

Dieser ließ aber alsbald die Schlüssel dem Dritten unter Androhung exekutivischer Zwangsmittel abnehmen; worauf der Graf wegen Besitzentziehung Klage anstellte.

War diese begründet?

29. E. hat dem M. ein Gärtchen verpachtet. S. beansprucht es für sich und okkupiert es gewaltsam.

a) Ist der Besitz verloren?

b) Wie steht es, wenn M. vor oder nach der Gewaltthätigkeit des S. stirbt?

c) Oder: wenn M. mit S. im Einverständnis ist?

d) E. hat dem M. auch Gartenmöbel zum Gebrauche überlassen; gilt von diesen für den Besitzesverlust dasselbe?

XXXIV.

1. In einem vor dem Amtsgerichte anhängig gemachten Prozesse forderte Kläger von dem Beklagten die Herausgabe von zwei Sparkassenscheinen, welche der Beklagte eigenmächtig aus dem zu solchem Zwecke geöffneten Koffer des Klägers in seinen Besitz genommen hatte.

Beklagter erwidert, daß Kläger durch einen Übergabevertrag sein ganzes bewegliches Vermögen dem Beklagten übertragen, ihm auch versprochen habe, jene Scheine auf den Namen des Beklagten umschreiben zu lassen.

Wie war zu urteilen?

2. R. hatte ein von dem X. erpachtetes Grundstück im Herbst 1891 mit Roggen bestellt und den darauf gewachsenen Roggen am 1. August 1892 abgemäht und aufgestiegt. Am 3. August hatte V. diesen Roggen eigenmächtig abgefahren und eingescheuert.

a) Kann R. possessorisch klagen? Nach römischem, oder nach früherem und heutigem gemeinen Recht?
b) Wie geht es, wenn V. sich auf das Eigentum an dem Grundstücke beruft?
c) Wer war Eigentümer des Roggens?
d) V. verklagt den R. wegen eines Darlehns. Würde obiger Thatbestand auf den Darlehnsprozeß von Einfluß sein können?
e) Kann X. gegen V. auftreten?
f) V. hatte schon am 4. August den Roggen an K. verkauft und am folgenden Tage übergeben. Von welchem Zeitpunkte an wird K. Eigentümer?
g) Kann in Frage f) der K. von R. oder X. belangt werden, sei es possessorisch oder petitorisch?

3. A. bricht auf seinem Grundstücke Steine, so daß die Splitter auf das Nachbargrundstück fliegen. Auf die Klage des Nachbars (N.) entgegnet A., daß N. gar nicht Eigentümer sei, da das Testament des letzten Eigentümers, worin N. eingesetzt war, wegen Formfehlers für nichtig zu erachten sei.

Entscheidung?

4. Heilmann verpachtet ein Ackerstück an Bongartz. Die Quittungen über die gezahlte Pacht lauteten alle auf Martini, und die letzte Quittung war über die Pacht bis Martini 1883 ausgestellt. Im Herbste 1883 hatte Bongartz das Stück mit Winterfrucht bestellt. Im Frühjahr 1884 setzte sich Jaendges in den Besitz des Grundstückes, um es auszuziegeln, wobei natürlich die von Bongartz bestellte Frucht zerstört wurde.

Letzterer klagt nun gegen Jaendges, weil dieser unbefugter- und gleichsam gewaltsamerweise jenes Grundstück in Besitz genommen. Beklagter entgegnet, daß er von Heilmann zu seinem Vorgehen durch Vertrag mit diesem ermächtigt sei, und läßt diesem den Streit verkünden; worauf derselbe als Nebenintervenient auftritt und erklärt, daß er den Bongartz bei der letzten Pachtzahlung bedeutet habe, daß die ohne Zeitbestimmung abgeschlossene Pacht zu Ende sei, und er sich aller weitern Benutzung zu enthalten habe.

Urteil mit Gründen?

5. X. verklagt den Y., weil dieser aus seinen Fenstern fortdauernd Gegenstände auf des X. Grundstück werfe und ihn, den X., im ruhigen Besitz störe. Y. erhebt Widerklage gegen X. auf Anerkennung einer ihm zustehenden, zu seinem angeblich störenden Thun berechtigenden Servitut. X. weist darauf hin, daß es sich jetzt nur um possessorischen Streit handele. Der Anwalt des Y. citiert aber C.P.O. § 33: „Bei dem Gerichte der Klage kann eine Widerklage erhoben werden, wenn der Gegenanspruch mit dem in der Klage geltend gemachten Anspruche oder mit den gegen denselben vorgebrachten Verteidigungsmitteln in Zusammenhang steht"; diese allgemeine Bestimmung spreche so deutlich, daß der § 232 Abs. 2: „Die Besitzklage und die Klage, durch welche das Recht selbst geltend gemacht wird, können nicht in einer Klage verbunden werden" — eingeschränkt aufgefaßt werden müsse.

Wie wird das Gericht zu entscheiden haben?

6. Einem Rechtsanwalte wird von einem Bauersmanne folgender Thatbestand vorgetragen:

In seinem Keller befinde sich seit undenklicher Zeit ein Brunnen, der stets gutes Wasser hatte. Seit einiger Zeit aber fließe Jauche aus dem Nachbargrundstücke herüber, welche das Wasser vollständig ungenießbar gemacht habe. Er habe erfahren, daß sein Nachbar seit kurzem den nach seinem, des Erzählenden Grundstücke zu gelegenen Keller als Kuhstall eingerichtet habe, aus dem nun die Jauche in jenen Brunnen eindringt.

Der Bauer ersucht den Juristen, da alle gütlichen Vorstellungen bei dem ihm verfeindeten Nachbarn erfolglos sein würden, gegen denselben im Wege des Prozesses vorzugehen.

Der Anwalt erhebt daraufhin Klage wegen Besitzesstörung und beantragt, unter Vorführung obigen Sachverhaltes, gegen den im Termine nicht erschienenen Beklagten Versäumnisurteil; wird aber zu seinem Erstaunen abgewiesen.

Welche Erwägungen haben wohl das Gericht bei seiner Entscheidung bestimmt? Und sind dieselben in der That durchschlagend?

7. Die auf den Feldern des Morg stehenden Früchte werden gepfändet und von Wirth angekauft. Des Morg Kinder behaupten, daß jene Früchte ihnen schon früher von ihrem Vater abgetreten und dieselben in ihrem Besitze gewesen seien; sie verlangen klagend, weil ihnen der Besitz derselben ohne Grund entzogen worden, dieselben von Wirth heraus.

In dem von dem Amtsgerichte anberaumten Termine erklärte Wirth, daß er ja mit der Familie Morg gar nichts zu thun habe; er könne nicht glauben, daß nach dem Gesetze die erhobene Klage begründet sei.

Ist er mit dieser Meinung im Rechte?

8. Der Eigentümer eines verpachteten Hofguts hatte dasselbe verkauft, war sodann mit dem Käufer auf dem Gut zusammengetroffen und hatte ihm unter Hinweisung auf die Gebäude und das umliegende Feld erklärt, daß dieses alles von nun an sein Eigentum sei. Auf Grund dieses Übergabeaktes erhob der Käufer, gestützt auf den Rechtssatz: Kauf bricht Miete, gegen den Pachter die Eigentumsklage auf Verlassen des Pachthofs und auf Zurücklassung der seit jener Übergabe gezogenen Früchte.

Der Pachter indessen, welchem nach Inhalt des Pachtvertrags die Pacht noch zwei Jahre lang zu belassen gewesen wäre, und auf dessen Rechte von dem Verpachter bei dem Verkauf keine Rücksicht genommen worden war, erklärte dem Verpachter und dem Käufer schon gleich bei deren Zusammenkunft auf dem Hofgut, er räume den Hof nicht, er werde fortfahren, den Hof zu bewirtschaften und zu benutzen, bis der Verpachter mit ihm abgekommen sei, er lasse den Käufer nicht aufziehen, auch nicht seine Fahrnis unterbringen. Auf diese ablehnende Erklärung des Pachters hatte der Käufer einen weitern Versuch, den Hof in seinen Besitz zu nehmen, nicht mehr gemacht.

Die erhobene Eigentumsklage ward in allen Instanzen (mit Recht?) abgewiesen.

Nunmehr aber klagt der Verpachter gegen den Pachter in possessorio, da dieser sich durch Nichtzulassung des von dem Kläger, als juristischem Besitzer, bestimmten Erwerbers einer Besitzesstörung schuldig gemacht.

Der Pachter ersucht einen Juristen um Ausarbeitung eines Gutachtens darüber: ob er den Prozeß aufnehmen und wie er sich überhaupt dem Rechte gemäß verhalten solle?

9. C. hinterließ neun Kinder, welche seine Erbschaft antraten. Vor erfolgter Teilung wurde diese von zwei vom Gerichte dazu bestellten Personen verwaltet. Dennoch ließ eine der Erbinnen eigenmächtig eine zu der Verlassenschaft gehörige Wiese mähen. Die Verwalter der Erbschaft stellten gegen sie die Besitzstörungsklage an.

Wie ist über dieselbe zu befinden?

10. Eine durch viele Jahre stillschweigend fortgesetzte Pachtung einer Wiese war mündlich aufgekündigt worden. Dennoch hatte nach Ablauf der Pachtzeit der Pachter die Wiese mähen lassen; worauf der Verpachter dieselbe mit Bäumen bepflanzen ließ. Der Pachter stellte hierauf Klage wegen ihm gewordener Störung an.

Ist selbige begründet?

11. Kann wegen einer gewaltsamen Besitzentziehung oder eigenmächtiger Besitzstörung ein Erbe auftreten, wenn jene Handlungen

a) zu Lebzeiten des Erblassers begangen, von diesem aber nicht gerichtlich verfolgt worden sind?

b) von dem Erblasser im Besitzesprozesse mit siegreichem Ausgange rechtskräftig gerügt worden sind?

c) nach dem Tode des Erblassers, aber vor der Antretung der Erbschaft vorgenommen worden sind?

12. Der Besitzer eines Grundstückes sieht in gewissen Arbeiten, welche sein Nachbar, ein reicher Grundherr, vornehmen läßt, eine Störung seines Besitzes.

Er verlangt rechtlichen Rat, ob er in possessorio gegen den Grundherrn, als Veranlasser, oder gegen die Arbeiter, als die thatsächlichen Störer, vorgehen müsse?

13. Die Gemeinde A. klagt gegen zwei Beamte der Gemeinde B., welche im Auftrage derselben zwei Mitglieder jener Gemeinde A. an der Benutzung eines Fahrweges gehindert hatten, mit der Besitzstörungsklage auf Schutz im Besitze jenes Rechtes des Fahrweges und auf Unterlassung jeder Störung in diesem Besitze. Beklagte stellen im Termin die Aktiv- und Passivlegitimation in Abrede.

Entscheidung?

---

14. A. stiehlt dem B. eine Sache. B. will kein Aufhebens machen und holt sich die Sache heimlich wieder.

a) Welche petitorischen oder possessorischen Rechtsmittel kommen hier in Frage?

b) Wie wäre es, wenn C. dem A. die Sache wiederum gestohlen hätte?

15. Ein Stadtmagistrat hatte in einer zum Stadtgebiete gerechneten Burgruine auf einem Berge neben der Stadt die lange unbeachtete spärliche Grasnutzung verpachtet. Nach einigen Jahren klagt der Fiskus, der die Ruine als sein Eigentum ansieht, aber anfangs die Sache wegen ihrer Geringfügigkeit vernachlässigt hatte, wegen Besitzentsetzung; die Stadt habe die Ruine heimlich okkupiert, und der staatliche Förster habe nicht gewagt, den Pachter zu vertreiben.

Wie ist zu erkennen?

16. Gegen den für den wahnsinnigen Fleischergesellen Konrad Schodde gerichtlich bestellten Kurator Ariman erhob die Schwester des erstern, die unverehelichte Johanna Schodde, eine

Klage auf Herausgabe einer näher bezeichneten, auf den Inhaber lautenden Obligation, indem sie anführte, ihr Bruder habe ihr solche vor kurzem, bei seiner Abführung nach der Irrenanstalt, heimlich ohne ihr Wissen und ihren Willen aus ihrem Koffer entwendet; von den transportierenden Polizeibeamten sei die Obligation weggenommen und dem Beklagten zugestellt worden, welcher die Herausgabe verweigere.

Seitens des Beklagten wurde darauf aufmerksam gemacht, daß Klägerin gar nicht Eigentum an den Papieren behauptet habe; daß aber eine Besitzesklage nicht begründet sei, weil der Konrad Schodde nicht deliktsfähig gewesen sei, derselbe auch gar keine Gewalt angewendet habe und die heimliche Besitzentziehung keine Besitzesklage gewähre.

Hiergegen wurde von der Klagseite vorgebracht, daß die Eigentumsfrage hier gleichgültig sein müsse; es handele sich vielmehr um den von der Klägerin verlorenen Besitz. Auch durch die That eines furiosus könne man Besitz verlieren und alsdann denselben von dem dermaligen Inhaber zurückfordern.

Der Beklagte bestritt das letztere. Possessorischer Schutz werde nach römischem Recht nur gegen den Besitzesentzieher selbst gewährt. Zudem seien die interdicta nur bei Besitzesstreit über Immobilien anwendbar.

Es ist Urteil mit Entscheidungsgründen auszuarbeiten.

17. Mathilde Vorwerk erhebt gegen Ernst Wack Klage auf Räumung eines Hauses, welches sie in L. besitze, und das Beklagter unbefugt bewohne.

Letzterer entgegnet, daß ihm die Klägerin, mit der er seit längerer Zeit verlobt gewesen, das Haus, das sie demnächst gemeinschaftlich hätten bewohnen wollen, übergeben habe, um in dasselbe zu ziehen und es wohnlich einzurichten; daß er hierauf das Haus, welches baufällig gewesen sei, habe reparieren lassen, und daß er dieser notwendigen Verwendungen wegen es so lange retinieren könne, bis ihm Ersatz dafür geworden sei.

Der Vertreter der Klägerin verweigert darauf die Einlassung, weil es sich jetzt nur um possessorisches Verfahren handle. Da Beklagter unbefugter Detentor sei, müsse er zunächst das Haus räumen.

Wie hat das zutreffende Erkenntnis zu lauten?

18. Ein Grundeigentümer hatte von seinem Gutsnachbar die unentgeltliche Benutzung eines an seiner Grenze stehenden Schuppens überlassen erhalten, und behielt sich der Nachbar beliebigen Widerruf jener Gestattung vor, sobald unvorhergesehene Umstände eine andere Bestimmung des Schuppens ihm nötig erscheinen ließen.

Nach einiger Zeit brachen unter ihnen Zwistigkeiten aus. Der Nachbar sendet Dienstleute, welche die Räumung des Schuppens fordern und auf Protest des Inhabers dieselbe unter Anwendung von Gewalt gegen den letztern durchsetzen.

Dieser klagt nun mit dem interdictum de vi und de precario und sucht im Prozesse die Einrede des Beklagten, daß er das Precarium ja widerrufen habe, mit der Replik zu begegnen, daß eine exceptio vitiosae possessionis rechtlich unzulässig sei.

Wie ist hiernach zu urteilen?

19. Eine Ehefrau hatte sich am 10. April 1892 von ihrem Ehemanne wegen angeblicher fortgesetzter Mißhandlungen desselben entfernt und dann am 12. April, indem sie demnächstige Ehescheidungsklage in Aussicht brachte, einstweilen Antrag bei Gericht gestellt, ihre Trennung als eine provisorische für begründet zu erkennen und ihren Ehemann zur Verabreichung der für sie erforderlichen Alimente anzuhalten. Während die Entscheidung hierüber noch schwebte, drang die Ehefrau am 16. April, den Sonnabend vor Ostern, in Abwesenheit des Mannes in dessen Haus ein und eignete sich eine Reihe von Gegenständen mittelst gewaltsamer Erbrechung verschlossener Schränke und Kisten an.

Auf Grund dieser Handlungsweise beantragte der Ehemann die Einstellung des schwebenden Verfahrens bis nach erfolgter Rückgabe der weggebrachten Gegenstände; worauf das Gericht zur Verhandlung der Sache Termin auf Montag den 2. Mai anberaumte.

In diesem gab die Ehefrau ihre That zu, berief sich aber auf ihr Eigentum an den fraglichen Sachen; dabei bestand sie auf der provisorischen Zuerkennung der Alimente, da die Einwendung ihres Mannes ganz gleichgültig, unberechtigt und auch verspätet sei. Dieser erwiderte, daß die Terminbestimmung Sache des Gerichtes sei; er könne für eine etwaige Verzögerung hierbei nicht einstehen.

Wer ist in der besseren rechtlichen Lage?

---

20. Der Villenbesitzer Heinichen beklagt sich in einem Privatgespräch mit einem befreundeten Juristen über seinen Nachbar Waldeck und dessen Dienstboten, die dem großen Hunde des Heinichen immer Knochen und Fleischabfälle über den Zaun herüberwürfen, während er, Heinichen, das nicht wünsche, damit der Hund nicht bissig werde. Er habe schon mehrmals protestiert, aber die höhnische Antwort erhalten, daß für den Hund eines so genauen Herrn eben Fremde sorgen müßten. Er schließt mit der Frage, ob er sich nicht einmal zur Abstellung dieser Belästigung an die Polizei oder das Gericht wenden könne; und wie das zu machen und zu begründen sei.

Wie wird sein juristischer Freund ihm antworten?

21. (22.) Die Landwirte Kühl und Schnack geraten wegen einer Wiese in Streit, die sich vorher im Besitze des Erstgenannten befunden hat, während sie Schnack als ihm gehörig beansprucht. In diesem Sinne schickt Schnack im Sommer 1892 seine Dienstleute hinaus, um die Wiese abzumähen. Allein diese finden, daß das Abmähen bereits durch Kühl geschehen ist. Dies veranlaßt den Schnack, dem Kühl durch den Flurwächter jedes fernere Abmähen zu untersagen, mit der Drohung, daß er ihn andernfalls wegen Flurfrevels zur Anzeige bringen werde.

Bei solchen thatsächlichen Verhältnissen fragt es sich, ob Kühl gegen Schnack wegen Besitzstörung klagen könne?

22.* Der Bauer Biedenberg hatte auf dem Hofe des Antzer das Einsitzrecht; dieses erlosch am 1. Juni 1895 vertragsmäßig, während die Mutter des Biedenberg noch weiter, wie bisher, einsitzberechtigt blieb. Biedenberg besucht nun seine Mutter fast täglich und verursacht dabei in der Antzer'schen Hofraite großen Lärm, zankt sich mit dem Eigentümer und dessen Ehefrau, ruft Spitznamen jenes laut aus, pfeift Melodien anzüglicher Lieder u. s. w. Endlich verklagt ihn Antzer wegen Besitzesstörung. Der Beklagte bestreitet im Termine lediglich die rechtliche Zulässigkeit dieser Klage.

Wie ist zu erkennen?

23. Schnitzer erhob Klage gegen Zehrfeld, weil dieser über des Schnitzer Hofraum ohne Erlaubnis gefahren war, und beantragte, den Beklagten schuldig zu erkennen, sich bei Strafe aller fernern Störung des klägerischen Besitzes zu enthalten. Den Beweis des Eigentums hatte Kläger nicht angetreten und eine technische Bezeichnung seines Anspruches nicht vorgenommen.

Der Beklagte beantragte Abweisung der Klage. Dieselbe sei nicht begründet, weil er, Beklagter, sich gar nicht den Besitz an dem klägerischen Grundstücke zuschreibe. Ja er sei gar nicht Eigentümer und nicht Besitzer derjenigen Hofraite, nach welcher er durch den Hof des Schnitzer gefahren sei, sondern er habe die Fuhre nur im Namen und Auftrage des Eigentümers jenes

Hofes, des Wulff, gethan, welchem er das auf dem Wagen befindliche Holz zuzuführen hatte. Zudem habe Wulff ein Fahrtrecht über den Hof des Schnitzer, eine Behauptung, welcher der letztere im Termin nicht widersprach.

Es ist Urteil mit Gründen zu entwerfen.

Würde es für die Entscheidung von Einfluß sein, wenn

a) der Schnitzer nicht Eigentümer des befahrenen Hofes war, sondern Pächter desselben? oder vormundschaftlicher Verwalter für den minderjährigen Eigentümer? oder Einsitzberechtigter aus Schenkung? oder aus bloßer Vergünstigung? oder als Nießbraucher? oder als Okkupant ohne Rechtstitel?

b) der Zehrfeld das dem Wulff gehörige Grundstück gepachtet hatte?

---

24. „Obwol J. A. S. durch die *ad eius instantiam* vor dem Ober-Amt zu Budißin abgehörte Zeugen so viel beygebracht, daß er und seine Vorfahren von 50. und mehr Jahren her in der *possession vel quasi* sich befunden, das Poritzscher Vieh in dem Poritzscher Teiche bis an die in der Mitten desselben stehenden Gräntz-Pfähle weyden zu lassen; Dieweil aber E. E. Rath zu Z., nachdem er dem von S. die bis dahin gegen Zahlung eines jährlichen *Locarii* in dem Poritzscher Teiche genossene Weyde aufgekündigt, bald darauf eine Verplanckung von Säulen und Brettern vor den Teich machen lassen, daß das Poritzsche Vieh darauf ferner nicht kommen sollen, besagter von S. hingegen, deswegen nichts erinnert, sondern die gemachte Verplanckung gantzer neun Wochen unversehret stehen lassen, sodann aber im Angeben, daß besagter Rath zu der vorgenommenen Verplanckung nicht befugt gewesen wäre, eine Niederreißung der Plancken vorgenommen; So erscheinet daraus so viel, daß E. E. Rath der Stadt Z. wegen des Poritzscher Teiches, wider den von S. so lange billig zu schützen, bis besagter von S. wegen seiner *praetendirten* Weydegerechtigkeit in *possessorio ordinario,* oder *petitorio,* ein besseres Recht ausgeführet, V. R. W.“

(Nach Stryk, Usus modernus pandectarum.)

Es sind folgende Fragen zu beantworten:

a) Wer ist in obiger Streitsache als Kläger aufgetreten?

b) Welche Gründe haben das Gericht zu der angegebenen Entscheidung bestimmt?

c) Würde es nach klassischem römischen Rechte, oder nach

justinianischem, oder nach heutigem Rechte ebenso verfahren und urteilen müssen?

d) Wie ist die am Schlusse des Urteils erwähnte Möglichkeit weitern rechtlichen Vorgehens näher zu denken?

25. Zwei Fischerinnungen stehen im Prozeß wegen des durch alte Privilegien verliehenen Rechtes, auf der Spree Fischerei auszuüben.

Der Streit ist ein alter. 1720 erließ die kurmärkische Amtskammer eine Resolution, welche bestimmte, daß belangend die streitigen Grenzen zwischen beiden Teilen, weil solches noch nicht ausgemacht werden könne, es *ad interim salvo utriusque iure* dahin gerichtet sein solle, daß die Fürstenwalder Fischer nur bis zum sogenannten Sandport fischen und im übrigen jeder Teil sich ruhig und friedlich bis zur fernern Ausmachung der Sache aufführen solle.

Die Streitigkeiten hörten jedoch nicht auf. 1785 wurden einzelne Fürstenwalder, weil sie über die im Interimistikum gesetzte Grenze hinaus gefischt hatten, von der Fischerinnung Beeskow gepfändet; 1787 wurde ein Erkenntnis der kurmärkischen Kriegs- und Domänen-Kammer publiziert, wodurch die Fürstenwalder Fischer mit ihrer Klage wegen unbefugter Pfändung abgewiesen wurden, bis eine andere Grenze durch Urteil und Recht festgesetzt sei; in den Gründen dieses Urteils ist ausgeführt, daß die Pfändung, weil die Kläger gegen die Resolution von 1720 den Rechtsweg nicht beschritten hätten, eine rechtmäßige gewesen sei.

Seitdem haben die Fürstenwalder Fischer die Fischerei auf der Streitstrecke unterlassen.

Da ihre Innung jetzt wieder gegen die Fischerinnung zu Beeskow klagt, so verweist die Beklagte auf die unvordenkliche Zeit, während welcher sie nunmehr im Besitze des Rechtes gewesen; dadurch sei das ausschließliche Fischereirecht auf der bestrittenen Strecke von ihnen ersessen worden. Dagegen dringt die Klägerin auf die erneute Prüfung ihrer nun angeblich sicher nachzuweisenden Gerechtsame, mit dem Bemerken, daß durch jene Urteile des vorigen Jahrhunderts ein Ersitzungsbesitz für die Beklagte nicht begründet worden sei.

Wie ist nun zu erkennen?

26. In der Nähe von Rheinberg hat sich im Flußbette des Rheinstromes ein Grundstück gebildet, genannt die Gottlieber Welle, dessen Besitz und Eigentum zwischen dem Fiskus und den Ludwigs Erben, als Uferbesitzern, streitig ist. Letztere haben jetzt wegen Störung im Besitz geklagt, worauf seitens des Fiskus entgegnet wird, daß er sich ja selbst im Besitze befinde.

Die Erben beantragen hiernach einstweilige Einweisung in den Besitz, weil sie die letzte ruhige Besitzhandlung darzuthun vermöchten; gestützt wird dies auf das überlieferte gemeine Recht, sowie auf E.G. zur C.P.O. § 16: „Unberührt bleiben: 4. die Vorschriften des bürgerlichen Rechts, nach welchen in bestimmten Fällen einstweilige Verfügungen erlassen werden können."

Von seiten der fiskalischen Vertretung wird dagegen auf C.P.O. § 819 aufmerksam gemacht: „Einstweilige Verfügungen sind auch zum Zwecke der Regelung eines einstweiligen Zustandes in Bezug auf ein streitiges Rechtsverhältnis zulässig, sofern diese Regelung, insbesondere bei dauernden Rechtsverhältnissen zur Abwendung wesentlicher Nachteile oder zur Verhinderung drohender Gewalt oder aus anderen Gründen nötig erscheint." Da hiernach die C.P.O. das Verfahren und die Voraussetzungen der einstweiligen Verfügungen selbständig geordnet habe, so komme es auf die Regeln des frühern gemeinen Rechts über den Besitzstreit jetzt nicht mehr an; daß zu irgend welchen Besorgnissen im Sinne des Gesetzes kein Anlaß verliege, sei doch selbstverständlich.

Welches ist die richtige Entscheidung dieser streitigen Frage?

XXXV.

1. Wem steht in den kommenden Fällen das Eigentum an dem betreffenden Gegenstande zu? Und welche rechtlichen Verhältnisse sind sonst betreffs der jeweils Beteiligten anzunehmen?

a) „Meine beiden Kinder sollen meine Erben sein, das Vermögen aber erst nach dem Tode meiner Ehefrau erhalten, welche bis dahin die unbeschränkte Nutznießung und Verfügung über meine Hinterlassenschaft haben soll."

b) Ein alter Mann überträgt seinem nächsten Verwandten, in dessen Hause er Unterkommen und Pflege gefunden hat, alle seine Habe, behält sich aber Zeit seines Lebens ausschließliche und freie Verwaltung und Nutzung vor.

c) A. schenkt dem B. unter Lebenden zwei silberne Leuchter, die jedoch erst aus dem Nachlasse des A. an B. auszuliefern sind.

d) In Oberhessen bestand noch in diesem Jahrhundert die Mark Altenstadt, bereits in einer Urkunde vom Jahre 767, über eine Schenkung an das Kloster Lorsch, als „*Altunstater marca*" erwähnt; es waren vier Dörfer, die bezüglich eines Waldkomplexes von über 2000 Morgen und einer Weide, die mit 300 Stück Vieh hütbar war, in Gemeinschaft standen. Die Nutzungen kamen nach bestimmten Beschlüssen der Genossenschaft durch ihr Markgericht ausschließlich den einzelnen Mitgliedern der Markorte zu.

So war auf dem Märkergeding von 1703 beschlossen worden: Will einer bauen, so soll er dies dem Untermärker anzeigen; dieser soll dann die Baustelle einsehen, was an Holz dazu erfordert wird, specificieren und die Specifikation dem Obermärkermeister zur Unterschrift vorlegen; hat dieser seine Genehmigung erteilt, „so soll der Untermärkermeister mit seinen Beigegebenen durch den Förster das bewilligte Holtz mit dem gewöhnlichen Markzeichen versehen, anweisen lassen", „und soll auf andere Weise kein Holtz weder Bau- noch Brennholtz ausgegeben werden."

Und in dem Protokolle des Märkergedinges „Actum Altstadt, den 1. Junny 1707" findet sich: „Vermög Markbuchs *de Ao.* 1539 gehöre einem ackermann,[1] wan es Mastung[2] gibt noch soviel Vieh alß einem Einläufftigen, bei Außgebung des Holtzes aber zwen Wagen und 100 Wellen, dem Einläufftigen ein Wagen und 50 Wellen, dem zuwider aber werde an jetzo einem soviel gegeben, alß dem andern und dardurch der Walt gantz ruinirt. *Resolutum*, daß die bisherige *aequalitaet* mit Austheilung des Holtzes in Ansehung der *onerum*, so die Einläufftigen den andern gleich zu dragen hätten, mithin der Einläufftige dem vollen gleich gehalten werden sollte, die Beisassen[3] aber, so in der Mark nicht gesessen, noch zu der Erhaltung was condribuiren, sollen davon gäntzlich ausgeschlossen und ihnen nichts gereichet werden."

---

[1] D. h. einem Vollhufner. „Einläufftige" sind solche Märker, die keinen Ackerbau treiben.

[2] Wenn es Eicheln in den Markwaldungen gab, wurde je nach dem Erträgnis bestimmt, daß die Märker so und so viele Schweine in den Wald treiben durften, die dann von den Förstern zur Kontrolle eingebrannt wurden; war die Ernte eine so reichliche, daß mehr, als die in der Mark gezogenen Schweine davon ernährt werden konnten, so wurden noch Ausmärker gegen Vergütung zugelassen.

[3] Fremde, denen man in der Mark sich niederzulassen gestattete mit dem ausdrücklichen Bedinge, daß sie und ihre Nachkommen keine Nutzungsrechte anzusprechen hätten.

2. *Cammer-Gerichts-Ordnung zu Worms Anno 1521. aufgericht.*

XXXII § 2: „Und ob sich je zu Zeiten begebe, daß einer hohes oder niedriges Stands den andern entsetzt, und das mit Recht überwunden wäre, in Sachen, die den Friedbruch mit belangen, soll der Entsetzer dadurch *directum dominium,* das Eigentum, oder Haupt-Gerechtigkeit der Güter oder Gerechtigkeit, um die der Streit gewesen, verlohren haben. Wo aber dieselbige Güter oder Gerechtigkeit gedachtem Entsetzer mit ihrem Eigenthum nicht zugehören, soll er derselben Wehrt dem Entsetzten, nach Ordnung gemeiner Recht zu geben schuldig sein."

Es ist auf nachstehende Fragen zu antworten:

a) Welcher Rechtssatz ist hier ausgesprochen? Findet sich derselbe auch im klassischen römischen, im justinianischen oder im heutigen Rechte?

b) Von welchen einzelnen Möglichkeiten ist betreffs der Folgen der verbotenen Handlung die Rede?

c) Wie verhält sich zu dem Sprachgebrauche des obigen Gesetzes derjenige des *Instrumentum pacis Caesareo Suecicum Osnabrugis Anno 1648 erectum* XI § 12: „Regia quoque Maiestas Sueciae restituat Domino Electori pro se et successoribus suis haeredibus atque agnatis masculis, reliquam Pomeraniam ulteriorem cum omnibus appertinentiis, bonis et iuribus secularibus et Ecclesiasticis, pleno iure, tam quoad dominium utile quam directum"?

---

3. Als im August 1892 die Cholera in Hamburg ausbrach und vereinzelt auch andere Orte im Deutschen Reiche ergriff, wurde an den österreichischen Grenzstatienen, besonders in Tetschen an der Elbe, das Gepäck der aus Deutschland kommenden Reisenden in der Weise desinfiziert, daß es in einen geschlossenen Raum verbracht und alsdann durch dasselbe ein Dampfstrahl von der Lokomotive geleitet wurde. Viele Gegenstände, namentlich alle Ledersachen, verdarben dabei vollständig. Auf Protest von Reisenden erwiderten jedoch die Beamten, daß im öffentlichen Interesse das Privateigentum vernichtet werden dürfe.

Ein auf jene Weise Geschädigter fragt nun bei einem Juristen an, ob dieses richtig stehe? Und ob er nicht wenigstens von den Beamten Entschädigung verlangen könne?

4. Das Schulhaus eines Dorfes war baufällig geworden. Es wurde abgerissen und ein neues an einer andern, geeignetern

Stelle aufgebaut; der erste Platz aber leer gelassen. Durch das Abreißen war jedoch das Nachbarhaus, das nur drei Mauern besaß, auf der Seite des vormaligen Schulhauses frei geworden.

Kann der Eigentümer des Nachbarhauses wegen der ihm gewordenen Schädigung nicht im Wege Rechtens vorgehen?

5. **Thatbestand:**

Die Parteien sind Eigentümer zweier aneinander grenzender Planstücke des Stadtfeldes von Halle. Unmittelbar auf der Grenze ihres Planstückes hat der Beklagte eine Mauer errichtet. Der Kläger will hierdurch in seinem Eigentumsrechte verletzt sein, indem er bei Bestellung seines Ackerstückes an der Seite der Mauer überall mit dem Pfluge beinahe zwei Fuß zurückbleiben müsse; er verlangt Zurückschiebung der Mauer dergestalt, daß sein Acker bis unmittelbar an die Grenze mit dem Pfluge bestellt werden könne. Beklagter bestreitet seine Verpflichtung hierzu, weil der zwei Fuß breite Streifen längs der Mauer der nur wenig teuern Bestellung durch den Spaten nicht entzogen sei.

Welches Urteil ist nun zu erlassen?

6. Der Rittergutsbesitzer Dalkowitz besitzt eine Wiese, deren Ränder in der Entfernung von 2—4 Fuß von der Grenze mit Pappeln bepflanzt sind. Dieselbe stößt an ein Ackerland des Gärtners Wilpert. Dieser stellt gegen Dalkowitz Klagantrag: daß Beklagter verurteilt werde, die unter dem Grund und Boden des Klägers fortlaufenden Wurzeln, sowie die über die Grenze herüberhängenden Zweige der oben genannten Pappeln zu entfernen. Beklagter bestreitet, daß hierzu eine gesetzliche Verpflichtung vorliege.

Cf. l. 1 § 7 D. de arbor. caedend. (43,27).

Wie ist zu erkennen?

7. Der Pachter Leers wird von dem Landwirte Neff verklagt wegen unbefugten Eingriffes in das Eigentumsrecht des die dortigen Ufer des Schwalmflusses besitzenden Neff. Der Beklagte macht geltend, daß seinem Verpachter dortselbst ein unbeschränktes Fischereirecht in der Schwalm verliehen sei; und da sich dieses Recht nicht ausüben lasse, ohne die Befugnis, die Ufer zu betreten, so müsse dem Fischereiberechtigten auch dieses letztere Recht zustehen.

Wer wird in dem Rechtsstreite mit Fug siegen?

8. Die Bauersleute Meinhold und Nickse leben in nachbarlichem Unfrieden. Meinhold hat auf seinem Grundstücke, in der Nähe des Gartens des Nickse, einen Bienenstand. Zur Zeit des Schwärmens lassen sich mehrere dem Meinhold gehörige Schwärme in jenem Garten des Nickse nieder. Meinhold, solches wahrnehmend, dringt mit seinen Leuten durch die umfriedigende Hecke in den Garten und fängt die Bienenschwärme glücklich ein.

Nickse sieht in dem Eindringen in seinen Garten eine Besitzstörung und klagt gegen Meinhold auf Schutz im Besitze und Ersatz des ihm an der Hecke zugefügten Schadens. Der Beklagte beruft sich dagegen auf das ihm zustehende Eigentum an den Bienenschwärmen und auf die Pflicht jedes Grundeigentümers, die auf seinen Grund und Boden gelangten fremden beweglichen Gegenstände dem Eigentümer herauszugeben.

Eine ausdrückliche Sonderentscheidung für unsern Fall findet sich in den Quellen des römischen Rechtes nicht. Es kann dessen Stellungnahme zu der hier streitigen Frage aber aus folgenden Fragmenten mit Sicherheit geschlossen werden: § 14 I. de R. D. (2,1); l. 49 pr. D. ad leg. Aquil. (9,2); l. 5 §§ 3, 4, 5 D. ad exhib. (10,4); l. 15 eod.; l. 5 § 2 D. de A. R. D. (41,1); l. 7 § 10 eod.; l. un. D. de glande legenda (43,28).

Welches Ergebnis liefern dieselben?

---

9. Zwischen dem Wohnhause des Rüger und den Comptoir- und Geschäftsgebäuden des Schnorr befindet sich eine schmale Gasse, welche beiden Teilen gemeinschaftlich gehört. Rüger klagt jetzt, weil Schnorr das sämtliche von seinen Gebäuden abfließende Regenwasser mittels künstlicher Vorrichtungen in diese gemeinschaftliche Gasse leitet. Worauf Schnorr behauptet, daß er dieses schon seit mehr wie zehn Jahren ungehindert und im guten Glauben an sein Recht gethan und dadurch also letzteres ersessen habe.

Die juristischen Vertreter der Parteien kamen in Zwiespalt über die rechtliche Beurteilung der Sachlage. Seitens des Rüger wurde auf l. 26 D. de servit. praed. urban. (8,2) und l. 6 § 3 D. communia praediorum (8,4), von dem Gegner auf l. 30 § 1 D. de servit. praed. urban. (8,2) verwiesen.

Wie ist hiernach zu erkennen?

10. Haller hat durch Vertrag vom 1. Juli 1883 dem Heiden einen ideellen Teil seines Grundstückes Flur 1 Nr. 676 verkäuflich abgetreten, unter Vorbehalt des Rechtes, einen darauf befindlichen Weg zur Bewirtschaftung eines andern, benachbarten, in seinem Sondereigentume gebliebenen Grundstückes nach wie vor zu gebrauchen. Durch Vertrag vom 21. Januar 1888 übertrug er noch das ganze ihm verbliebene Miteigentum auf Heiden.

Da in dem letzten Vertrage von jenem Wege nichts erwähnt war, so entstand Streit darüber: ob Haller das Wegerecht noch habe?

11. M. hatte dem F. ein Ackerstück auf 12 Jahre vom 1. Oktober 1879 an verpachtet. M. starb im Jahre 1890 und hinterließ als Erben seine zwei Söhne A. und B. Nach Ablauf der Pachtzeit stellte A. bei noch ungeteiltem Nachlasse gegen F. die Räumungsklage an; welcher seinerseits den Einwand der mangelnden Aktivlegitimation erhob.

Welche *actio* war angestellt? War der angeführte Einwand begründet?

12. Ein Grundeigentümer führte zum Zwecke der Erweiterung seines Hofraumes auf der Kirchbergödung Pl. Nr. 8 eine Mauer auf. Diese Ödung wird aber als gemeinsames Eigentum der Besitzer von Hs. Nr. 4—10 in jenem Dorfe in Anspruch genommen; und es haben deshalb drei Hausbesitzer gegen jenen Bauenden auf Anerkennung ihres Eigentums an der in Frage stehenden Grundfläche und auf Entfernung jener Mauer geklagt.

Ist die Klage statthaft?

13. Von vier Brüdern, die einen Garten zusammen geerbt haben, hält es der eine für geboten, das Grundstück mit einer Mauer zu umfrieden und mit einer verschließbaren Thüre zu versehen. Zwei der Geschwister schließen sich seiner Ansicht an; der vierte aber ist der hohen Kosten halber entschieden dagegen und hält die Maßregel für ganz unnötig.

Wie ist nun die Meinungsverschiedenhait rechtlich auszutragen?

14. Zwischen den Häusern des Graf und des Stankowicz befindet sich ein fünf Fuß breiter gemeinschaftlicher Gang, den die Eigentümer seither dazu benutzt haben, um auf dem kürzesten Wege von der vor den Häusern laufenden Ortsstraße nach ihren hinter jenen liegenden Höfen zu gelangen. Jetzt beschwert sich Graf, daß Stankowicz seit kurzem nicht nur, wie seither allein üblich, zu Fuße durch den Gang schreite, sondern auch auf Karren Mist abfahre, wodurch für die Vorderhäuser ein ganz unausstehlicher übler Geruch verbunden sei.

Da die beiden Nachbarn nicht im besten Einvernehmen leben, so fragt Graf bei einem Anwalte an: ob er wegen des gemeldeten Sachverhaltes gegen Stankowicz mit Erfolg gerichtliche Schritte werde thun können?

15. Der Metzger Sack klagte gegen den Kaufmann Hirsch auf Beseitigung eines von letzterem errichteten Abtrittes und stützte diese Klage auf sein Miteigentum an dem Winkel, in welchem der Abort angebracht worden war.

Der Beklagte entgegnete, daß der gemeinschaftliche Winkel der Gefahr der Verunreinigung durch Fremde seiner Lage nach sehr ausgesetzt und deshalb die getroffene Anlage zum Besten aller Miteigentümer sei, namentlich den Kläger nicht im geringsten belästige; dieser habe auch während der Herrichtung des Abtrittes gar nicht protestiert. Einen Ersatz von Kosten wolle er, der Beklagte, gar nicht beanspruchen.

Allein der Anwalt des Klägers stellte dem gegenüber auf, daß ein Miteigentümer die Entfernung der von dem Condominus auf der gemeinschaftlichen Sache ohne Zustimmung jenes errichteten Anlagen unbedingt verlangen könne; und führte namentlich l. 28 D. communi dividundo (10,3) und l. 26 D. de servit. praed. urban. (8,2) an.

Wie war zu erkennen?

16. Ein mündiger und zwei unmündige Brüder erben gemeinschaftlich ein Wohnhaus, auf 20000 ℳ geschätzt. Das Haus hat äußerlich und innerlich ein gutes Aussehen, und es werden darauf von einem Dritten 24000 ℳ geboten; es soll aber vorläufig in Gemeinschaft bleiben. Der Vormund wohnt entfernt; der ältere Bruder bewohnt es und findet hinter den hübschen Tapeten baufällige Wände. Diese erneuert er auf eigene Faust mit einem notgedrungenen Kostenaufwand von 5000 ℳ. Als aber nunmehr infolge dieses Gebahrens das Haus verkauft wird, werden mit Mühe und Not 25000 ℳ erlöst.

Der Vormund weigert sich jetzt, für die jüngeren Brüder an den Reparaturkosten teilzunehmen; der ältere hätte ruhig das Haus lassen sollen, anstatt dem gemeinschaftlichen Interesse einen Schaden von 4000 ℳ zuzufügen.

Ist dieser Standpunkt juristisch korrekt?

17. Von zwei Miterben eines Landgutes hat der eine seither in sehr dürftigen Verhältnissen gelebt, während der andere reich ist. Sie kommen nun in Streit über die Reparatur eines baufälligen Gewächshauses, das zur Unterbringung kostbarer exotischer Pflanzen und als prunkhafter Wintergarten eingerichtet war.

Der an erster Stelle Genannte will durchaus das kostspielige Gewächshaus eingehen lassen, indessen sein Genosse droht, daß er es jedenfalls reparieren und dies dann auf gemeinsame Rechnung stellen lassen werde.

Wenn nun der zweite sein Vorhaben wirklich ausführt: welches ist die Rechtsfolge?

18. Die verstorbene Ehefrau Klöttschen hatte letztwillig über das ihr gehörige Vermögen bestimmt: „. . Der Schürmans Kotten soll von meinen Manne und meinem Kinde stets gemeinschaftlich besessen werden, so daß mein Mann die eine und mein Kind die andere Hälfte desselben bekommt. Nach dem Tode meines Mannes soll meine Tochter das Recht haben, den Kotten für den Taxwert zu übernehmen, und deshalb meinem Manne es nicht gestattet sein, seine Hälfte zu veräußern oder zu belasten."

Welche rechtliche Bedeutung hat diese Verfügung?

Was hat zu geschehen, wenn sich späterhin die beiden Erben über die Verwaltung nicht einigen können?

19. Dem Begehren zweier Miteigentümer eines Hauses: es solle dieses Haus öffentlich feilgeboten und der Erlös geteilt werden, widersetzt sich der dritte Miteigentümer; er wolle seinen Anteil behalten, wenn die anderen die ihrigen verkaufen wollten, sei das ihre Sache. Jene verklagen ihn nun, mit dem angegebenen Antrage.

Wie hat der Ausspruch des Gerichtes zu lauten?

20. Zwischen den Häusern des A. und des B. befindet sich ein schmaler Raum, welcher den beiden Hauseigentümern gemeinschaftlich gehört. A. erhebt nun Klage mit dem Antrage: den Beklagten für schuldig zu erklären, sich die Naturalteilung des genannten Raumes oder die Aufhebung der Gemeinschaft mittels öffentlichen Verkaufes gefallen zu lassen. B. widerspricht der Klage, weil jener Raum nur als Zubehör, ja als ein Teil der beiderseitigen Hausstellen anzusehen sei, zwischen denen er sich befinde, da ein solcher Zwischenraum die wesentliche Bestimmung habe, die Feuchtigkeit, welche sich vor und zwischen den benachbarten Häusern sammelt, aufzunehmen und abzuführen: cf. l. 19 § 1 D. comm. divid. (10, 3).

Entscheidung?

21. (22.) Ein Wohnhaus gehörte zur ungeteilten Hälfte der Witwe Polzin und zur andern Hälfte ihren beiden Kindern. An den Anteilen dieser letztern stand der Polzin der lebenslängliche Nießbrauch zu. In Ausführung der Erbteilung wurde das Haus verkauft und das gesamte Eigentum daran von dem Kaufmanne Gally erworben.

a) Was für ein Rechtsverhältnis lag zwischen der Mutter und Kindern vor? Hätten sie dasselbe gemeinsam durchführen können, sei es einstimmig oder nach Mehrheitsbeschluß? Was wäre alsdann bei späterem Streite die Rechtsfolge gewesen?

b) Wie stellt sich das Rechtsverhältnis nach dem Kaufe des Gally? Was folgt, wenn sich Gally und die Polzin jetzt über Gebrauch und Nutzung des Hauses nicht einigen können?

XXXVI.

1. Wird in den kommenden Fällen von dem die betreffende Sache sich Aneignenden Eigentumsrecht an ihr erworben?

a) B. hat eine von F. ihrem Eigentümer E. gestohlene Sache dem gutgläubigen Besitzer C. abgekauft. Nachmals derelinquiert er dieselbe. A. bemerkt dieses und eignet sich die Sache an.

b) Es findet jemand eine vom Eigentümer weggeworfene Sache und eignet sie sich, unter Verschweigung des Fundes, in dem Glauben an, daß der Eigentümer die Sache wider Willen verloren habe.

c) Jemand eignet sich eine verlorene Sache in der Meinung an, daß dieselbe von ihrem bisherigen Eigentümer aufgegeben worden sei.

d) Der Eigentümer eines kranken Pferdes stößt es von sich. Ein anderer nimmt das Tier in Besitz. Statt jedoch für dessen Pflege und Wiederherstellung zu sorgen, tötet er es und eignet sich das Fell an. (Vgl. hierzu auch l. 2 C. de infant. expos. (8, 51 [52]).

2. Der Eigentümer eines Parkes hat in der ihm zugehörigen Umschließung dieses Parkes Öffnungen mit Klappen anbringen lassen, welche so beschaffen sind, daß durch diese Öffnungen das Wild in den Park dringen, aber nicht wieder herausgelangen kann. Es belangt ihn wegen dessen der Nachbar, aus dessen Jagdgebiet hierdurch jenes Wild entfernt wird.

Mit Recht?

3. Der Steuermann Schubant hatte bei Gelegenheit des Passierens der Saale bei niedrigem Wasserstande entdeckt, daß an einem früher mit Holz bestandenen Grundstücke auf dem Saalegrunde ein großer Baum liege. In Gemeinschaft mit seinen Leuten machte er sich daran, mittels Scherenzeuges den Baum zu heben und nach dem Ufer zu schaffen, so daß das Stammende der mächtigen Eiche, die schon Jahrzehnte im Wasser gelegen haben mochte, von ihm mittels dreier fingerstarker Strählen eines Taues an einem auf dem festen Lande befindlichen Weidenbusche befestigt wurde.

Als er seinen Fund der Polizeibehörde mitgeteilt hatte und infolge deren Erlaubnis den Eichstamm am dritten Tage wegschaffen wollte, fand er, daß der Stamm fort war: der Schiffer Netzker hatte, wie Schubant später in Erfahrung brachte, mit seinen Leuten jenen Stamm nach Abbindung der Strählen vom Weidenbusche gehoben und zwischen zwei Kähnen auf der Saale fortgeführt, dann ihn zerschnitten und das Holz für 75 ℳ verkauft.

Kann nun gegen Netzker und Genossen Anklage wegen Diebstahls nach St.G.B. § 242 erhoben werden?

4. Mit einer Ausstellung war eine Lotterie verbunden; zu verschiedenen ausgespielten Sachen meldeten sich die Gewinner nicht, die dafür festgesetzte Frist verstrich, und es eigneten sich verschiedene Angestellte die Sachen als herrenlos an.

War dies ganz unbedenklich?

5. Ein Fremder fand in den Anlagen des Palmengartens zu Frankfurt a. M. eine Brieftasche, in der sich die Summe von 210 ℳ befand. Er gab diesen Fund alsbald in dem Bureau ab, damit derselbe zur Ermittelung des Verlierers an die Direktion der Aktiengesellschaft des Palmengartens gelange.

Als er sich nach Jahr und Tag wieder nach dem Fund erkundigt, erfährt er, daß sich noch immer niemand als Eigentümer gemeldet habe. Daraufhin verlangt der Fremde von der Direktion Rückgabe der von ihm gefundenen Summe. Diese aber weigert sich, weil der Finder an den gefundenen Sachen selbst kein Recht habe; und weil sie, die Inhaberin, mit dem Fremden überhaupt in keinem juristischen Verhältnisse stehe und daher nur an den unbekannten Verlierer, dessen Vertreter der Petent nicht sei, herausgeben werde.

Der Fremde wendet sich nun an einen dortigen Juristen, der ihm auf sein Befragen mitteilt, daß im Gebiete der vormals freien Stadt Frankfurt bezüglich des Findens verlorener Sachen besondere partikularrechtliche Normen nicht in Geltung seien, sondern lediglich das gemeine Recht Anwendung finde, dessen Inhalt freilich in dieser Frage nicht außer Zweifel stehe. Worauf jener ein Rechtsgutachten wünscht, in welchem unter Erwägung aller rationes dubitandi et decidendi klargestellt werde: ob er gegen die Direktion rechtlich auftreten und die Brieftasche mit Erfolg herausverlangen kann?

6. Vor der Schlacht bei Leipzig 1813 rückte ein preußisches

Armeekorps in einem Orte des Königreichs Sachsen ein; hierselbst befand sich ein Königlicher Holzhof. Der Befehlshaber des Korps ließ durch einen Offizier eine Versteigerung anstellen; und nachdem diese eine Zeit lang gedauert hatte, schlug der Beauftragte um schneller fertig zu werden, dem Händler Tietze alles Holz gegen einen festen Preis zu.

Nach der Wiederkehr des Friedens forderte die sächsische Regierung, da sich nicht ermitteln ließ, wohin das als Preis gezahlte Geld gekommen war, von Tietze das Holz heraus.

War sie dazu befugt?

7. Ein standesherrlicher Förster hatte von seinem Dienstherrn die Erlaubniss erhalten, in ordnungsgemäßer Weise in den ihm unterstellten Waldungen zu jagen; er sollte aber das erlegte Wild bei der gräflichen Kammerverwaltung abliefern.

Eines Tages hat der Förster einen Rehbock geschossen; ihn aber heimlich zu seinem Nutzen verkauft.

Welche Rechtsfolgen knüpfen sich an diese Handlungsweise?

8. Der Rechtsanwalt Wüthig erhebt gegen den Rechtanwalt Schäler folgende Klage:

Im Herbst 1882 pachtete ich mit dem Beklagten gemeinschaftlich eine Jagd auf mehrere Jahre. Ich habe dieselbe früher wenig benutzt, erst im letzten Pachtjahre etwas mehr. Gegen Ende dieses, im Juni 1886, veranstaltete ich mit mehreren Freunden ein Treibjagen, auf welchem von meinen Jagdgästen sechs Rehe geschossen wurden. Ich ließ dieselben durch die Frau des Bahnwärters Krailing nach der Stadt schaffen; als diese an dem Gartenthor des Beklagten vorüberkam, trat dieser, welcher augenscheinlich auf das Wild gewartet hatte, hervor und nahm der Frau drei Rehe ab. Ich schickte, als ich nach Hause kam, sofort die Frau Krailing zu dem Beklagten, um die Rehe wieder zu holen; sie erhielt aber nur den Bescheid, daß er die Rehe an anderm Orte, als ich, vorteilhafter verkaufen könnte. Am nächsten Morgen forderte ich brieflich wiederholt die Rückgabe; die Antwort lautete, daß die Rehe schon verkauft seien. Ich klage nun auf Herausgabe der Rehe oder auf den Ersatz des mir durch die Wegnahme entstandenen Schadens im Betrage von 60 *M*. Eine Abrechnung meinerseits wird am Schlusse des Pachtjahres erfolgen, so wie es Gebrauch in solchen Verhältnissen ist.

Von dem Beklagten wird entgegnet:

Der Kläger hat nach vorgefallenem Streite unter uns im letzten Jahre die Jagd stark abgeschossen, weil er wußte, daß ich Lust hatte, die Jagd später allein wieder zu pachten. Am fraglichen Tage nun gewahrte ich auf einer Spazierfahrt, daß auf der gemeinsamen Jagd völlig unwaidmännisch der Bestand im Treibjagen abgeschossen wurde; unter den sechs Rehen befanden sich fünf Rehgeisen. Als Socius war ich nun Eigentümer von drei Rehen geworden, um so zweifelloser, als alle Jagdgäste sehr wohl wußten, daß ich der Mitpächter der Jagd sei. Sonach nahm ich die drei Rehe mit Recht einstweilen an mich und gab sie deshalb nicht gleich heraus, weil Kläger stets schlechte Verkaufspreise erzielte und auch hierin durch das unzeitgemäße Abschießen die Sozietät geschädigt hat. Daß die Abrechnung am Ende jedes Pachtjahres stattzufinden hat, ist richtig; gerade deshalb aber kann Kläger nicht jetzt schon den ganzen Erlös für die drei Reihe herausverlangen. Diese selbst habe ich ja auch gar nicht mehr, und habe sie aus dem ganz zwingenden Grunde schnell veräußern müssen, weil sie sonst bei der damaligen sehr heißen Witterung verdorben wären.

Es sind die einschlägigen Rechtssätze in Erwägung zu ziehen, und ist hiernach Urteil mit Gründen abzufassen.

9. A. hat ein Haus mit sämtlichen Fahrnissen gekauft und entdeckt alsdann in einer Maueröffnung ein Säckchen mit Geld, welches vor 18 Jahren der damals verstorbene Vater des jetzigen Verkäufers verborgen hatte.

Wie steht es mit diesem Geld?

Würde es von Einfluß sein, wenn A. nachweisen kann, daß das Verstecken des Säckchens schon vor 31 Jahren stattgefunden hat? — oder vor 81 Jahren?

10. Die Kinder des Zahnarztes H. in H. spielen auf der öffentlichen Promenade an einem Sandhaufen, wobei der eine kleine Junge seine Botanisierbüchse mit Sand und Erde füllt. Zu Hause schüttet er die Büchse aus, und es fällt Geld zu Boden. Ein anwesendes fremdes Kind nimmt schnell davon verschiedene Geldstücke (wie sich später zeigte, waren es 90 ℳ) und läuft davon.

Kann H. von dem Vater dieses Kindes Herausgabe der 90 ℳ verlangen?

11. Der Hund des A. scharrt auf dem Grundstücke des B. in einem kürzlich erst gegrabenen Loche, stößt auf einen Lederbeutel mit ganz alten Münzen und läuft mit diesem fort. Unterwegs nimmt C. ihm denselben ab.

Nun macht A. als Eigentümer des Hundes, B. als der des Grundstückes, C. als Finder Anspruch auf den Schatz, und der Fiskus meldet sich auch noch dazu.

Wem gebührt das Eigentum des Beutels mit den Münzen?

12. Gaius schickt seinen Bedienten Stichus zum Kaufmanne Sempronius nach Kreide. Stichus holt ein Stück, läßt es aber unterwegs, als er über den Hof des Seius geht, fallen und findet unter den Trümmern einen kostbaren Stein.

Gaius verlangt diesen nun als Eigentümer der Kreide, Stichus als Finder, Sempronius, weil er nur die Kreide und nicht den Stein verkauft hat, Seius als Eigentümer des Bodens, auf welchem der Stein gefunden worden ist, und endlich der Fiskus, weil der Stein eine herrenlose Sache sein soll.

Wer hat ihn rechtmäßig zu bekommen?

13. Drei Geschwister, zwei Brüder A. und B. und eine Schwester C., beerben gemeinschaftlich ihre Großmutter. Die Schwester C. erhält bei der Erbteilung eine Kiste, welche sie gegen einen Schrank an den Bruder A. vertauscht. Während einer Reise stellt A. die Kiste zu seinem Bruder B. Dieser findet in einem verborgenen Fach derselben 6000 ℳ in Thalerstücken aus diesem Jahrhundert.

Der zurückkehrende Bruder, welcher von diesem Funde Kenntnis erhalten, verlangt die ganze Summe als Accessorium der Kiste für sich; der Finder will aber höchstens die Hälfte der Summe herausgeben, weil er auf die andere Hälfte als Finder eines Schatzes Anspruch macht, während die Schwester ein Dritteil der Summe fordert, weil das Geld als eine nicht geteilte Erbschaftssache zu betrachten sei, da die Vermutung dafür streite, daß die Großmutter (eine reiche und geizige Frau) das Geld in der Kiste, in deren Besitz sie lange gewesen war, verborgen habe.

Welcher Gesichtspunkt hat bei der Entscheidung des Streites den Ausschlag zu geben?

14. In der Elbe hat sich durch allmähliche Anschwemmung eine neue Insel gebildet, „Steert“ genannt. Dieselbe liegt ihrer ganzen Ausdehnung nach in der der holsteinischen Küste zugekehrten Flußhälfte längs der Uferländereien der adeligen Güter Haseldorf und Haselau, unterhalb einer dem Staatsfiskus gehörigen ältern Elbinsel, „Twielenflether Sand“ genannt; von Grenze zu Grenze gemessen war der Steert der letztgenannten Insel näher, als jenen Uferländereien.

Zwischen den Eigentümern der letztern und dem Fiskus entstand nun Streit über das Eigentumsrecht an der Insel; indem sich jene auf l. 7 § 3 D. de A. R. D. (41, 1) und § 22 I. de R. D. (2, 1), der Fiskus dagegen auf l. 65 § 3 und l. 30 § 2 D. de A. R. D. (41, 1) beriefen.

Wem kommt die Insel zu?

15. Die in einem Flusse entstandene nicht bis in seine Mitte reichende Insel wird, nachdem sie von dem Eigentümer des zunächst liegenden Ufers sich angeeignet worden ist, durch Anschwemmung so vergrößert, daß sie über die Mitte des Flusses hinausgeht.

Sind die Eigentümer des gegenüberliegenden Ufers befugt, diesen Anwuchs für sich in Anspruch zu nehmen?

---

16. Die zwei Erben des verstorbenen X. lassen dessen Nachlaß durch den Rechtsanwalt R. ordnen. Dieser verkauft die Bibliothek des X. an einen Antiquar.

a) Ist dabei Tradition notwendig? Wie verhält es sich überhaupt hier mit Besitz und Eigentum an den einzelnen, aus dem Thatbestande sich ergebenden, einflußreichen Zeitpunkten?

b) Was ist die Folge, wenn X. von Z. Bücher geliehen hatte, die nun irrtümlich von R. mitverkauft werden?

c) Oder: wenn es Bücher des R. selbst waren?

17. B. verkauft dem A. eine Uhr, empfängt den Kaufpreis und beauftragt den C., selbige dem D. zu überbringen, welchen A. zur Entgegennahme beauftragt hat. Als C. im Begriffe ist, die Uhr zu übergeben, kommt er mit D. auf dessen Vorschlag überein, daß dieser die Uhr verkaufen und das Geld unter beide verteilt werden solle. Es geschieht.

Nach drei Jahren findet sich die Uhr im Besitze des gutgläubigen X.

Wer ist Eigentümer der Uhr?

18. H. setzt den E. zum Erben ein; legt ihm aber auf, keines der Erbschaftsgrundstücke zu veräußern, widrigenfalls die Verwandten des H., nämlich A. und B., an Stelle des E. treten sollen.

H. stirbt, E. tritt an. Nach seinem Tode verkauft sein Sohn F. eines jener Grundstücke an den A., ein anderes an X. Gegen diesen tritt nun B. klagend auf, beantragend, daß ihm das zuletzt genannte Grundstück herausgegeben werde.

Entscheidung?

19. Der Gutsbesitzer Greve nimmt das Recht in Anspruch, über den Hof des Dahmer zu fahren und Vieh zu treiben; und beruft sich dabei auf Ersitzung.

Dahmer bestreitet ihm aber jenes Recht, mit Berufung darauf, daß während des Laufes der Ersitzungszeit das angeblich dienende Grundstück ihm von seiner Ehefrau als Dotalsache zugebracht worden sei; woraus die Unmöglichkeit der Erwerbung einer Servitut folge.

Daraufhin beschließt Greve Klage anzustellen, da ihm sein Sohn, der im Begriffe ist, der ersten juristischen Prüfung sich zu unterziehen, versichert, daß jenem Servituterwerb kein gesetzliches Hindernis im Wege stehe und auch Dahmer überhaupt gar nicht berechtigt wäre, für seine Person die Dotalprivilegien geltend zu machen.

War diese Auskunft ganz zutreffend erteilt?

20. (21.) X. Wwe. in Würzburg überließ mittels Schreibens vom 12. November 1883 und der diesem angehängten Faktura dem C. in Hamburg 14 Körbe mit 700 Flaschen Champagnerwein und sandte sie auf seine Rechnung und zu seiner Verfügung an B. & Cie., Spediteure in Hamburg, gegen Tratte. Mittels Briefes vom 5. Januar 1884 trat C. diese 14 Körbe mit 700 Flaschen Wein dem A. ab, dem sie durch Vermittlung von B. & Cie. aus Frankfurt a. M., wo sie bei Z. eingelagert waren, zukommen sollten. B. & Cie. ersuchten dann auch mit Schreiben vom 2. Januar 1884 den Z., gedachten Wein ihnen zu senden, bemerkten jedoch in der Nachschrift, daß er für A. bestimmt sei, daher sowohl der Frachtbrief als das Aviso an ihn zu adressieren sei.

Am 14. Januar 1884 sandten aber B. & Cie. an Z. eine telegraphische Depesche, worin sie Z. anwiesen, den Wein nicht an A., sondern an sie selbst zu schicken, weil X. Wwe. sie nachträglich aufgefordert hätte, die gedachten Weine an den ursprünglichen Käufer C. nicht abzuliefern, da er den auf ihn gezogenen Wechsel nicht acceptiert und auch sonst den Betrag der Faktura nicht bezahlt habe.

A. belangt nun B. & Cie. auf Anerkennung seines Eigentumsrechtes an den 14 Körben mit 700 Flaschen Wein und auf Herausgabe derselben; indessen Beklagte dem Bestehen des behaupteten klägerischen Eigentumes widerspricht.

Es ist Urteil mit Gründen auszuarbeiten.

Würde es dabei von rechtlichem Einflusse sein, wenn X. Wwe. in Reims ihren Wohnsitz gehabt hätte, und der Wein von dort aus ursprünglich abzusenden gewesen wäre?

21. (22.) Ein Gerichtsvollzieher hatte bei einem X.-Straße 2c wohnenden Schuldner ein Zweirad gepfändet und ließ, als der Tag der Versteigerung herankam, das Zweirad durch einen mit schriftlicher Anweisung versehenen Dienstmann abholen. Der Dienstmann begab sich jedoch irrtümlicherweise in das Nachbarhaus, X.-Straße 2b. Hier wohnte zufällig ebenfalls ein Zweiradbesitzer, und in dessen Abwesenheit forderte der Dienstmann hier von der Wirtin des Radfahrers unter Vorzeigung der Anweisung die Herausgabe des Zweirades, worauf es ihm übergeben wurde. Die Fahrmaschine wurde hierauf von dem Gerichtsvollzieher versteigert.

Der so um sein Eigentum Geschädigte begab sich, sobald er von der Sachlage Kenntnis erhielt, zu dem Gerichtsvollzieher und forderte sein Fahrrad zurück. Jener erklärte aber, nur den Erlös für das Pfandobjekt — nach Abzug seiner Gebühren 151 ℳ — herauszahlen zu können, er habe ordnungsmäßig versteigert, und die C.P.O. enthalte über diese Frage nur die Bestimmung des § 718: „Der Zuschlag an den Meistbietenden erfolgt nach dreimaligem Aufrufe."

Wie ist die so entstandene Sachlage juristisch zu beurteilen?

22. (23.) Auf Antrag des Gläubigers Schönberger wurden dem Wirt Hottes verschiedene Mobilien gepfändet und zwangsweise versteigert, wobei Schönberger mit der Taxationssumme Bestbietender blieb und den Zuschlag erhielt; dabei aber mit Hottes übereinkam, daß die einstweilen bei diesem verbliebenen Pfandobjekte noch ein Vierteljahr im Besitze des Wirtes belassen werden sollten, wenn dieser für sie dem Schönberger einen Bürgen stelle.

Wie steht es mit dem Eigentum an jenen Gegenständen?

23. (24.) Ein Jäger war wegen unbefugten Jagens verurteilt und dabei zugleich auf Einziehung des von ihm benutzten Gewehrs rechtskräftig erkannt worden. Als aber dasselbe von ihm eingezogen werden sollte, fand es sich in seinem Hause nicht mehr vor: er hatte es an einen gutgläubigen, von der Sache nichts wissenden Dritten gegen bar verkauft und sofort übergeben.

Wer ist nun Eigentümer?

24. (25.) A. hatte von B. ein Pferd gekauft, dasselbe aber, als er es gegen bare Erlegung des Preises abholen wollte, nicht erhalten. Er stellt Klage an, und B. wird verurteilt, gegen Zahlung des Kaufpreises Zug um Zug das fragliche Pferd zu liefern.

A. fragt an, welche gesetzlichen Schritte er zu thun habe, um möglichst bald Eigentümer jenes Tieres zu werden?

Es sind dabei folgende Stellen der C. P. O. in Betracht zu ziehen;

§ 769: „Hat der Schuldner eine bewegliche Sache oder von bestimmten beweglichen Sachen eine Quantität herauszugeben, so sind dieselben von dem Gerichtsvollzieher ihm wegzunehmen und dem Gläubiger zu übergeben."

§ 779: „Ist der Schuldner zur Abgabe einer Willenserklärung verurteilt, so gilt die Erklärung als abgegeben, sobald das Urteil die Rechtskraft erlangt hat. Ist die Willenserklärung von einer Gegenleistung abhängig gemacht, so tritt diese Wirkung ein, sobald nach den Bestimmungen der §§ 664, 666 eine vollstreckbare Ausfertigung des rechtskräftigen Urteiles erteilt ist."

§ 664: „Von Urteilen, deren Vollstreckung nach ihrem Inhalte von dem durch den Gläubiger zu beweisenden Eintritte einer anderen Thatsache, als einer dem Gläubiger obliegenden Sicherheitsleistung abhängt, darf eine vollstreckbare Ausfertigung nur erteilt werden, wenn der Beweis durch öffentliche Urkunden geführt wird."

---

25. (26.) Ein Dieb läßt die gestohlene Stute belegen und verkauft das von ihr gezogene Füllen. Erwirbt der redliche Käufer das Füllen zu Eigentum — sei es durch Tradition oder durch Usucapion?

26. (27.) Dem A., welcher gutgläubig auf Grund eines Kaufes die Sache des E. seit einem Jahre besaß, wird dieselbe von B. gestohlen. Sie einigen sich aber dann dahin, daß B. die Sache behalten solle gegen Erstattung ihres Wertes an A.

Ist eine Ersitzung der fraglichen Sache möglich?

27. (28.) Der redliche Besitzer einer fremden Sache verpfändet dieselbe dem Eigentümer, der sie für ein Vermögensstück des Verpfänders hält.

Setzt jener den Usucapionsbesitz fort?

28. (29.) In einer Erbschaft befand sich eine Sache, von der der Erbe annahm, daß sie dem Erblasser gehört hatte; in der That hatte sie dieser nur von dem Eigentümer geliehen, und zwar 2 Jahre vor seinem Tode.

Wie verhält es sich mit der Möglichkeit der Ersitzung?

29. (30.) Der Käufer einer Sache war am 1. April, zwei Monate nach abgeschlossenem Kaufe, gestorben. Wenn nun die Kaufsache gar nicht im Eigentume des Verkäufers gestanden hätte: von wann ab würde eine Ersitzung laufen — vom Tage des Kaufes, oder der Übergabe an den Verstorbenen, oder der Antretung der Erbschaft, oder der etwa erst nachträglich an den Erben geschehenen Ablieferung der Sache?

Auf wessen bona fides kommt es an?

30. (31.) Zwei Ehegatten sterben gleichzeitig in ihrer gemeinsamen Wohnung. Der Erbe des einen Erblassers rechnet nun zu dessen Erbschaft irrtümlich Sachen des andern verstorbenen Ehegatten und nimmt sie an sich.

Kann er dieselben ersitzen?

31. (32.) Jemand hat ein Tier gutgläubig vom Nichteigentümer gekauft; er stirbt und wird von seinem Bruder beerbt. Wenn nun das Tier Junge geworfen hat, wem kommen diese zu, wenn ihre Geburt fällt: a) zu Lebzeiten des Erblassers, b) während ruhender Erbschaft, c) nach Antretung der Erbschaft?

Ist nachträglicher Erwerb durch Ersitzung in dem einen oder andern Falle möglich?

Würde es einen Unterschied machen, wenn der Erblasser nicht bona fide war, sondern z. B. das Tier geliehen hatte?

Oder: wenn er bona fide war, der Erbe aber mala fide ist?

32. (33.) Erst längere Zeit nach dem Tode des Q., als dessen Hinterlassenschaft längst von seinem nächsten Verwandten S. angetreten und in Besitz genommen war, fand sich ein Testament des Erblassers, in welchem R. gültig als Erbe eingesetzt war.

a) Ist nicht S. inzwischen durch Ersitzung Erbe geworden?
b) Einen wertvollen alten Schrank hatte Q. schon ein Jahr lang im Usucapionsbesitze gehabt; hatte ihn jetzt der S. ersessen?
c) Q. hatte verschiedenes Silberzeug zu seinen Lebzeiten von T. geliehen; S. hatte angenommen, daß es im Eigentume des Q. gestanden hatte. Wie verhält es sich hier mit der Ersitzung?

33. (34.) Im Jahre 1839 erhob die Domkirche zu Köln gegen den Großherzoglich hessischen Fiskus Klage auf Herausgabe einer Sammlung von Büchern und Manuskripten, 129 Bände begreifend; dieselben gehörten der Klägerin, seien aber während der französischen Revolution nach dem Kloster Weddinghausen im Herzogtum Westfalen (das bis 1803 zum Kurfürstentum Köln gehört, dann an den Landgrafen von Hessen-Darmstadt abgetreten und 1816 wieder an Preußen cediert wurde) geflüchtet und von dort 1815 dem Museum und der Hofbibliothek in Darmstadt einverleibt worden.

Der Beklagte berief sich auf Ersitzung. Er that dar, daß er guten Grund gehabt, zu glauben, die fraglichen Manuskripte im Kloster Weddinghausen hätten diesem gehört und sonach bei der

Einziehung desselben dem hessischen Fiskus gebührt, so daß die Eigentumsverhältnisse titulo putativo geändert worden seien.

Wie war zu erkennen?

---

34. (35.) Der redliche Besitzer eines fremden Silbergerätes hat dasselbe eingeschmolzen.

Ist er Eigentümer des rohen Silbers geworden?

35. (36.) Es läßt jemand fremde Eier durch sein Huhn ausbrüten.

Wem gehören die Küchlein?

Macht es einen Unterschied, falls die fremden Eier von dem Huhne des andern ohne dessen Zuthun ausgebrütet worden sind?

36. (37.) „Es hat ein Spizenhändler einem Klöppelmädgen Zwirn, und zugleich ein Muster gegeben, daß sie nach solchem und daraus Spizen verarbeiten solle, welches sie auch gethan, jedoch, nachdem ein Stücke fertig gewesen, dasselbe an ihre Muhme die Arethuse verkaufet, und es wird: Ob der Spizenhändler, ohne das Klöppelmädgen zu belangen, gedachtes Stücke Spizen von Arethusen zu vindiciren berechtiget sey? gesezmäßiger Unterricht begehret."

(Aus Hommel, Rhapsodia quaestionum in foro quotidie obvenientium nec tamen legibus decisarum.)

37. (38.) Ein Dieb läßt das gestohlene Silber durch einen Goldarbeiter, der von dem Diebstahle nichts weiß, zu einem Geräte verarbeiten. Da das Material nicht zureicht, thut der Goldarbeiter, nach der Anweisung des Bestellers, das Fehlende von seinem eigenen Silber hinzu.

Nach Fertigstellung der Arbeit durch den Goldschmied klärt sich die Sache auf.

Wer ist nun Eigentümer des fraglichen Gerätes?

38*. Der Windmüller Küde bestellte bei der Eisengießerei von Kohl's Söhnen eine Anzahl teils schmiede-, teils gußeiserner Gegenstände zur Einrichtung seiner Windmühle. Die Fabrikanten behielten sich bei dem Vertragsschlusse das Eigentum an den von ihnen zu liefernden Waren bis zur Bezahlung des Kaufpreises vor; und übermittelten dann die bestellten Sachen. Als Küde später nicht bezahlte, machten die Lieferanten von dem Vorbehalte Gebrauch und vindizirten die gelieferten Gegenstände. Der Beklagte stellte ihr Eigentum in Abrede.

Daraufhin beriefen sich die Kläger darauf, daß die gelieferten Räder, Zapfen, Hammer, Ringe u. s. w. von ihnen selbst aus rohem

Eisen angefertigt worden seien; wobei sie altes Eisen, englisches und anderes Roheisen verschmolzen und verarbeitet hätten.

Genügt dieses Vorbringen zur Begründung der angestellten Klage?

Cf. § 25 J. de R. D. (2,1); — l. 5 § 1 D. de R. V. (6,1).

39. A. verkauft dem B. eine Drehorgel für 300 ℳ und behält sich bis zur Abtragung des Kaufpreises das Eigentum vor. Die Orgel wird schlecht; und B. giebt sie einem andern Musikanten, dem C., zum Umarbeiten. Dieser setzt eine Walze ein, vergrößert den Kasten, bringt ein neues Register an, kurz stellt ein neues Instrument her; liefert sie dann an B. für 415 ℳ wieder ab und behält sich gleichfalls das Eigentum vor, bis seine Forderung befriedigt sei.

Nach kurzem fällt B. in Konkurs. A. und C. treten als Aussonderungsberechtigte auf.

a) Hat einer von ihnen, und wer, Aussicht durchzudringen?

b) Steht vielleicht einem von ihnen gegen den andern ein obligatorischer Anspruch auf irgend welche Schadloshaltung zu?

---

40. Welchen Einfluß hat in den folgenden Fällen die Verbindung von Gegenständen, die verschiedenen Personen gehören, auf das Eigentum an jenen?

a) Eine Wagenladung Steinkohlen wird von den Leuten des Lieferanten irrig mit den Kohlen eines Dritten statt mit denen des Bestellers zusammengeschüttet.

b) Ein Kaufmann nimmt des Abends die Ladenkasse zu sich und wirft das auf dem Ladentische liegende Geld noch hinein; dasselbe hatte aber dem Lehrlinge gehört.

c) In einem gesellschaftlichen Kreise zeigt jemand eine seltene ausländische Goldmünze; ein anderer droht im Scherze, sie in eine auf dem Tische stehende Armenbüchse zu werfen, und sie fällt aus Ungeschick jenes wirklich hinein.

d) In einem Gasthofe erlaubt sich jemand den schlechten Spaß, die vor den Thüren stehenden Stiefel am späten Abend durcheinander zu werfen.

e) Mehrere Holzhändler vereinigen am Oberlaufe des Flusses verschiedene ihnen jeweilig gehörige Baumstämme zu einem Floße, das an der Mündung wieder zerlegt werden soll.

f) Bei einem Umzuge sind zwei Kisten des umziehenden Privatmannes unter die des Möbel-Transportgeschäftes geraten und eine Zeit lang irrig benutzt worden.

g) Mehrere ausgezogene Bienenschwärme verschiedener Eigentümer vereinigen sich beim Anlegen.

h) In einer Schulklasse waren für die Schüler die gleiche Sorte von Stahlfedern angeordnet, und jedes Kind führte stets einige bei sich; ein Schüler mengt in der Pause die sämtlichen durcheinander.

i) Mehrere Blumenhändler setzen ihre Pflanzen zu einer großen schönen Gruppe zusammen; — später wird von einem derselben auf eine ihm gemachte Bestellung aus abgeschnittenen Blumen jener Gruppe ein Kranz gewunden.

k) Von einem Bauplatze stehlen zwei Fuhrknechte einen Wagen Backsteine und verkaufen ihn an einen benachbarten Hauseigentümer, welcher die Steine bei der Aufführung eines Pferdestalles verwendet.

41. Der Löwe von San Marco, das alte Wahrzeichen Venedigs, mußte im Jahre 1891 einer eingreifenden Reparatur unterzogen werden, wobei er von der roten Granitsäule der Piazetta herabgenommen wurde. Die Wiederherstellung des historischen Löwen erwies sich jedoch als ein hartes Stück Arbeit, weil die Verschiedenartigkeit des antiken und des heutigen Metalles eine Verschmelzung hinderte. Der Ingenieur Luigi Vendrasca überwand nun diese Schwierigkeit dadurch, daß er von der innern Konstruktion des Löwen einen Abdruck nahm und nach diesem einen Bronzeguß von entsprechender Stärke anfertigen ließ, welcher, unterstützt von einem Metallgerüst, nun im Innern des kostbaren Tieres sitzt und es hoffentlich auf weitere Jahrhunderte hinaus immun macht.

Gesetzt nun aber, daß er dabei Metall erwarb, welches gar nicht dem Verkäufer gehörte, wie würde dann der geschädigte Eigentümer jener Bronze rechtlich vorgehen können?

42. In einem neuern Pandektensysteme ist auf folgende Rechtsfrage aufmerksam gemacht:

Eine Champagnerfabrik hatte bona fide mehrere tausend gestohlene Korke angeschafft und dieselben zum Verstöpseln ihrer Flaschen verwendet. Nach einiger Zeit tritt der Bestohlene auf, weist sein Recht nach und verlangt Herausgabe der Korkstopfen.

Welche *actio* ist angestellt? Ist sie begründet? Könnte er auch gegen dritte käufliche Abnehmer der Fabrik vorgehen?

43. „Hier kann Schutt abgeladen werden"; — wie ist diese Aufschrift juristisch zu characterisieren?

Wenn später von Arbeitern in dem von Verschiedenen abgeladenen Schutte wertvolle Gegenstände gefunden werden: wem kommen diese zu?

44. Wenn ein Blumenfreund fremde Topfpflanzen in ihm gehörige Töpfe und Erde pflanzt, wird er Eigentümer derselben?

Ist es von Einfluß, wenn er dieselben aus fremdem Samen, oder fremden Stecklingen zieht?

45. Ein mit Wald bewachsener, dem A. zugehöriger Berg stürzt infolge eines Erdbebens auf das unter ihm liegende Grundstück des B., jedoch so, daß Bäume stehen bleiben und fortwachsen. Nun entsteht Streit über das Eigentum an den Bäumen zwischen beiden.

Wem gebühren diese?

46. Ein Bauer, der Fuhrwesen betreibt, hatte vor 6 Jahren von dem Kirchenvorstande einen Pfarracker gepachtet und auf diesem einen Pferdestall errichtet. Die Pachtzeit lief ab, und der Acker wurde an einen Dritten verpachtet. Der Bauer hatte nicht mehr darauf reflektiert, hat auch den Stall abgebrochen, aber das Pflaster desselben sitzen lassen.

a) Wer ist nun Eigentümer der Steine?

b) Kann sie die Pfarrei herausnehmen, sie verkaufen und den Mehrwert für sich behalten? Oder muß sie jenen Bauer um Erlaubnis angehen? ihm vielleicht eine Frist zur Entfernung bestimmen?

c) Kann sie der frühere Pachter jetzt noch wegnehmen? Ohne oder mit Erlaubnis der Pfarrei? Auf welche Weise würde er jetzt noch das Eigentum erwerben?

d) War eigentlich das Abbrechen des Pferdestalles durch den Bauer rechtlich zulässig gewesen?

47. A. hat einen sehr engen goldeneu Ring; B. bittet ihm denselben zu zeigen und probiert ihn im Scherze, trotz der Warnung von Umsitzenden, an. Der Ring geht an, aber trotz aller angewandter Hilfsmittel nicht wieder aus. Sie entzweien sich und kommen in Zank.

a) Kann A. im Wege Rechtens einen Anspruch erheben?

b) Würde es darauf ankommen, ob A. selbst den B. aufgefordert hätte, anzuprobieren, und im Scherze ihm den Ring an den Finger gedrückt hätte.

c) In einem andern ähnlichen Falle hatte jemand mit einer kostbaren Perle Kunststücke getrieben, wollte sie angeblich verschlucken und verschluckte sie wirklich. Rechtsfolge?

d) Wie stände es in solchen Fällen, wenn der Mensch, der den

Ring angezogen oder die Perle verschluckt hatte, nach Verlauf der nächsten Stunden plötzlich stürbe?

---

48. Jemand findet in seinem Garten, den er seit 32 Jahren bereits besitzt, vergrabene Silbersachen von Wert, die schon vor dem Erwerbe des Gartens durch diesen jetzigen Eigentümer dort eingebracht worden sein müssen. Die Sache wird bekannt, und es meldet sich der Eigentümer des Silbers.

Kann dieser sein Recht jetzt noch geltend machen?

49. In den nachstehenden Fällen hat sich jeweils ein Dritter eine dem Eigentümer abhanden gekommene Sache angeeignet; es fragt sich, ob der letztere gegen den Dritten auftreten kann?

a) Ein Grundeigentümer erlegt auf seinem Grund und Boden einen aus einem zoologischen Garten entsprungenen Hirsch.

b) Die Tauben jemandes pflegen nach denen eines benachbarten Hofbesitzers hinüberzufliegen; dieser schießt sie weg und schickt die toten Tauben in das Krankenhaus.

c) Ein Jäger in Graubünden erlegt einen Bären, als dieser gerade ein soeben geraubtes Schaf verspeisen wollte; er eignet sich mit dem Bären auch das Schaf an und läßt es zu Hause braten.

d) Küstenbewohner nehmen Sachen an sich, die im Meeressturme zur Erleichterung eines Schiffes ausgeworfen worden waren.

e) Von einem Spaziergänger wurde ein Konzertbillet gefunden, lautend auf den damaligen Abend. Da alle von ihm angestellten Bemühungen, den Verlierer zu entdecken, fruchtlos waren, ging er selbst des Abends auf die gefundene Karte in das Konzert. Am andern Tage meldet sich der Eigentümer bei ihm.

In dieser Frage ist in der seitherigen juristischen Litteratur die l. 44 D. de A. R. D. (41,1) noch nicht gehörig beachtet und verwertet worden. Welcher Rechtsgrundsatz ergiebt sich aus dieser Gesetzesstelle?

50. Ein Wiesenbesitzer, dessen an der Elbe gelegenes Grundstück bei Hochwasser überschwemmt wird, klagt gegen einen in dem dortigen Teile der Elbe Fischereiberechtigten, weil dieser im vergangenen Frühjahre, als die gedachte Wiese überschwemmt war, in der über der Wiese befindlichen Wasserfläche gefischt und dadurch in das Eigentum des Klägers an dem überschwemmten Grundstück eingegriffen habe.

Seitens des Beklagten wird darauf aufmerksam gemacht, daß das überschwemmte Wasser in ungetrenntem Zusammenhange mit dem Flußbette gestanden, so daß das Fischereirecht sich auch auf jenes erstreckt habe; der Widerspruch des Klägers hiergegen sei ganz unberechtigt, da jener über das ganz unter dem Wasser verschwundene Grundstück das Eigentumsrecht doch nicht festhalten könne.

Es kommt wesentlich auf die Erwägung folgender Quellenstellen an: §§ 23, 24 I. de R. D. (2, 1); l. 23 D. quib. mod. ususfr. (7, 4); l. 7 §§ 5, 6, l. 30 § 3, l. 38 D. de A. R. D. (41, 1); l. 1 §§ 7, 9 D. de flumin. (43, 12).

Wie ist hiernach zu erkennen?

XXXVII.

1. Ein Musiker (M.) hat eine Geige von A. gekauft. Bald darauf tritt E. auf und weist nach, daß er das Instrument dem A. verkauft, aber sich das Eigentum daran bei Ausbleiben der Zahlung vorbehalten habe. A. habe nicht bezahlt; nun verlange er, E., die Sache heraus.

a) Welche Rechtsverhältnisse stehen in Frage? und welche *actiones?*

b) Wie wäre es, wenn M. die Geige bei X. hätte stehen lassen und dieser nun die Herausgabe verweigert, da er bis zum Beweise des Gegenteiles bezweifle, daß M. der Eigentümer sei?

c) Wie, wenn sie nicht bei X., sondern bei E. stehen geblieben wäre und dieser sie als die seinige dabei erkennt?

d) Was wäre die Folge, wenn E. dem M. die Geige mit Gewalt abnähme?

2. S. ist dem G. zur Zahlung von 200 *M* rechtskräftig verurteilt worden. Der Anwalt des G. beauftragt einen Gerichtsvollzieher mit der Zwangsvollstreckung. Z. pfändet in der Wohnung des S. ordnungsmäßig ein Klavier. Nun reicht E. beim Amtsgericht eine Klage gegen G. ein, weil das Klavier ihm, dem E., gehöre und es dem S. nur vermietet sei; gerichtet auf Freigebung des Pfandes.

a) Wie ist die angestellte Klage rechtlich zu charakterisieren?

b) Macht es hierbei einen Unterschied: ob das Klavier mit dem Siegel des Z. in der Behausung des S. geblieben ist, — oder sich vielleicht bei G. befindet, — oder von Z. in das Versteigerungslokal verbracht worden ist?

3. A. hat auf dem Grundstücke des B. ohne Vorwissen desselben gebaut und alsdann das Gebäude an den C. verkauft.

Kann B. gegen C. auf Abbrechung und Wegschaffung klagen?

4. (6.) Böhling fordert von Lehmacker einen Garten als sein Eigentum. Letzterer erwidert, daß derselbe von Klägers Vater an einen Vorbesitzer des Lehmacker durch Pachtvertrag überlassen worden sei; Böhling hätte deshalb die Klage aus dem Pachtverhältnis anstellen und rechtfertigen müssen, die bloße Eigentumsklage genüge hier nicht.

Wer wird in dem Rechtsstreite siegen?

5. (7.) Das Vermögen des Metzger, der sich der wegen eines Verbrechens gegen ihn eingeleiteten Untersuchung durch die Flucht entzogen hatte, insbesondere eine auf seinen Namen eingetragene Mühle, war mit Beschlag belegt und Breitenbach zum Güterpfleger bestellt worden. Gegen diesen erhob die Mutter des Metzger Klage, mit welcher sie Anerkennung des Eigentums an der Mühle und Herausgabe dieser verlangte.

Der Beklagte bestritt seine Passivlegitimation, weil er keine weiteren Befugnisse habe, als diejenige, die Güter des Metzger zu bewahren; die facultas restituendi gehe ihm ab, und er könne nicht als Vertreter des Eigentümers aufgefaßt werden, höchstens sei er Mandatar des Arrestgläubigers, des Staats; gegen einen Mandatar könne aber eine Klage nicht gerichtet werden, er sei denn besonders als curator litis bestellt worden.

Wie war zu entscheiden?

6. (8.) A. hat vor Antritt einer Reise sein Silberzeug und andere Wertsachen dem B. zur Aufbewahrung übergeben. Bei seiner Rückkehr ist B. verstorben, und die Erben desselben wissen von jenen Gegenständen gar nichts. Endlich mittelt sie A. bei dem Trödler C. aus, welchem sie B. kurz vor seinem Tode verkauft hat.

a) Haften die Erben des B.? Vielleicht wollen sie die Sachen von C. zurückkaufen, aber dieser giebt sie nicht her.

b) Könnte A. nicht selbst von C. die fraglichen Objecte fordern? C. entgegnet, daß er dieselben gutgläubig erworben habe; — ist indessen bereit, sie gegen Erstattung des von ihm bezahlten Preises herauszugeben.

c) Ist es ganz gleichgültig, welche Zeit inzwischen verstrichen ist.

d) Wenn C. das Silberzeug in dem feuersichern Gewölbe des D. deponiert hat: kann außer C. sonst jemand von D. herausverlangen? Was würde insbesondere die Folge sein, wenn A. unmittelbar den D. verklagt?

7. (9.) V. verkauft an K. ein paar Ochsen und behält sich das Eigentum bis zur Zahlung suspensiv vor. Zahlung bleibt aus;

aber inzwischen hat K. an X. weiter verkauft; V. fordert von X. die Tiere. X. teilt mit, daß er an Z. weiter verkauft habe.

Kann V. den X. in Anspruch nehmen? X. war mit dem Thatbestande bekannt gewesen, entgegnet jedoch, daß er mit V. nie etwas zu thun gehabt habe und ihn nicht habe schädigen wollen; V. möge an Z. gehen.

8. (10.) Im vorigen Falle ist X. dermalen in Konkurs geraten; — oder vor kurzem gestorben.

Wie steht V. zur Konkursmasse; — oder zu den Erben?

9. (11.) Der Landwirt Knöll erachtete sich durch eine Neuanlage des Hammerbesitzers G. Hack in seinem Grundeigentum beschädigt und klagte den desfallsigen Schaden vor dem Landgericht ein. Im Termin erschien namens des Beklagten ein Rechtsanwalt, dessen Vollmacht unterzeichnet war: „p. p. G. Hack & Cie. J. Hack".

Im Verlaufe des sich hinziehenden Prozesses stellt sich heraus, daß J. Hack den Rechtsstreit in eigenem Namen und nicht als Stellvertreter des G. Hack hatte führen wollen.

Der Anwalt des Klägers erklärt darauf, dass J. Hack zu jenem Vorsatze gar keinen Anlaß gehabt; nun er aber sich dem Streite dargeboten, so müsse er auch unbedingt und ganz abgesehen von der Zuständigkeit eines Anspruches gegen H. Hack zur Leistung der eingeklagten Entschädigung, zum Schadensersatze und in die Kosten des verzögerten Prozesses verurteilt werden.

J. Hack hielt dieses nicht für gerechtfertigt, weil er sich für den rechten Beklagten, also für denjenigen, gegen welchen die Klage habe gerichtet werden sollen und gerichtet sei, gehalten, also nicht im Dolus sich befunden habe.

Wie ist auf diesen Sachverhalt hin zu urteilen?

10. (12.) Der Barbier Sternatz in Halle a. S. nahm am 20. Januar 1890 einen Gehilfen an, der aber schon am Nachmittag desselben Tages unter Mitnahme von Messern und Wäsche sich heimlich entfernte. Die Polizei mittelte aus, daß er diese Gegenstände am 21. Januar einem Uhrmacher in Giebichenstein gegen eine Uhr im Werte von 9 ℳ versetzt hatte. Der Gehilfe ist vorerst verschwunden.

Auf welchem Wege kommt Sternatz zu seinem Eigentum wieder?

Würde die gleiche Antwort zu geben sein, wenn der fragliche Vorfall sich in Dessau abgespielt hätte?

11. (13.) Dem X. ist ein Schwein gestohlen worden. Er

findet dasselbe bei Y., der es gutgläubig von dem Diebe gekauft hat und es jetzt nur gegen Erstattung folgender Unkosten seinerseits herausgeben will: des Kaufpreises; — der Futterkosten; — der Prämien bei der Versicherungs-Gesellschaft; — des Finderlohns, den er dem Wiederbringer des Tieres gezahlt, als dieses sich eines Tages im Felde verlaufen hatte.

Ist Y. zu diesen Forderungen berechtigt?

Wie stände es, wenn er, das Eigentum des X. kennend, bei dem Diebe das Schwein gerade in der Absicht eingelöst hatte, um es dem X. zu erhalten und zurückzugeben?

12. (14.) B. hat bona fide dem A. gehörige Tauben gekauft; er weigert dem A. die Herausgabe. A. läßt ihm eine Klage zustellen: allein in der folgenden Nacht werden die Tauben durch ein Raubtier vernichtet, weil B. in unverantwortlich leichtsinniger Weise auf die Zugänge zum Schlage nicht achtgehabt hatte.

Rechtsfolge?

13. (15.) B. hatte im Falle 12 den Schlag kulpos offen stehen lassen, und die Tauben waren entwischt. A. verlangt Ersatz.

Mit Recht?

Einige Zeit nach Erledigung der Sache zwischen A. und B. finden sie sich bei C.

Wer ist Eigentümer?

14. (16.) Die Direktion der Main-Weser-Bahn verklagt den Bergwerksbesitzer Buder auf Herausgabe einer vor Zeiten von ihr errichteten Baracke, welche — da sie unbenutzt dastand — irrigerweise von dem Stellvertreter des Beklagten in Benutzung genommen und den Arbeitern desselben angewiesen worden war. Beklagter giebt dies zu. Prozeß wird geführt, weil Klägerin 800 ℳ Ersatz verlangt, die Beklagter durch die ungerechtfertigte Benutzung erspart habe und die deshalb als „omnis causa“ dem Eigentümer gebührten; wogegen Buder bestreitet, daß jenes als „fructus“ angesehen werden dürfe.

Wer ist bezüglich dieses Streites in der bessern Rechtslage?

15. (17.) Der redliche Besitzer eines Obstgartens hat die Nutzungen desselben für mehrere Jahre im voraus verkauft und den gesamten Kaufpreis von dem Käufer bereits erhalten. Jetzt tritt der Eigentümer des Grundstückes vindizierend auf.

Wie geht es mit den Nutzungen?

16. (18.) Der gutgläubige Käufer einer fremden Sache hinterläßt einen Erben, der es weiß, daß jene einem Dritten gehört.

Was gilt hier in betreff der Herausgabe der vom Erblasser gewonnenen und noch vorhandenen Früchte.

Welche Rechtsfolgen treten im umgekehrten Falle ein: wenn der Erbe des unredlichen Besitzers sich in gutem Glauben befindet und in diesem Glauben die beim Tode des Erblassers noch vorhandenen Früchte als vermeintliche Erbschaftssachen verzehrt?

17. (19.) Eine Gemeinde nahm den benachbarten Standesherrn, dessen Vertreter Steine aus dem ihr gehörigen Steinbruche genommen und veräußert hatten, auf Ersatz des Wertes derselben in Anspruch.

Der Beklagte wendete ein, die Klage sei nicht begründet, da er nur verbunden sei, der Gemeinde so viel Steine von gleicher Beschaffenheit zurückzugeben, als er genommen habe.

Das Gericht erster Instanz hat den Beklagten nach dem Klagantrage verurteilt: Da die unversehrte Rückgabe, welche die Gemeinde in erster Linie verlangen könne, nicht mehr möglich sei, so sei Anspruch auf Entschädigung in Geld begründet.

Kann dem Beklagten zur Ergreifung eines Rechtsmittels geraten werden?

---

18. (20.) Kann in den folgenden Fällen ein Grundeigentümer wegen Verletzung seines Eigentums mit Fug klagend auftreten?

a) Durch die Kellerfenster der benachbarten Lichtgießerei und Seifensiederei wird ihm Rauch und Qualm zugeführt.

b) Aus den Kaminen einer in der nächsten Querstraße errichteten Fabrikanlage kommt ihm belästigender Steinkohlenruß zu.

c) Ein Schuppen ist durch Funkenauswurf zweier Lokomotiven in Brand gesetzt, welche fünf Minuten vor Wahrnehmung des Feuers an jenem Schuppen in einer Entfernung von etwa 12 Meter in ganz gewöhnlicher Weise des Bahnbetriebes vorübergefahren sind.

d) Der Nachbar hat an der Grenze eine Latrine angelegt, die üblen Geruch ausstrahlt.

e) Ein Wasserbehälter zum Aufsaugen des Regenwassers ist so fehlerhaft angelegt, daß dem Nachbarhause dadurch Schwamm verursacht ist.

f) (h) Es sind einzelne Stücke Vieh über den zum Trieb desselben bestimmten Raum hinaus auf Nachbargrundstücke getreten.

g) (i) Ein Imker hat in seinem Garten 120 bevölkerte Bienenstöcke aufgestellt, deren Insassen nun mit großer Zahl in die Nachbargärten hinüberfliegen.

19. (21.) Nachstehend sind aus Handakten eines Rechtsanwaltes Briefe verschiedener Privatleute mitgeteilt, auf deren jeweilige Anfragen juristische Antwort hier erteilt werden soll:

a) „Auf meinem Grundstück befindet sich ungefähr 13 Fuß von der nachbarlichen Grenze schon seit langen Jahren ein Brunnen, welcher immer gutes Trinkwasser geliefert hat. Nun hat der Nachbar seit einem Jahre 3 Fuß jenseits der Grenze, also 16 Fuß von meinem Brunnen, eine Jauchengrube angelegt, die aber nicht zweckentsprechend, d. h. nicht wasserdicht gemauert ist und fortwährend einen Teil ihres Inhalts durch das dazwischen liegende durchlassende Erdreich in den Brunnen gelangen läßt. Das Wasser ist durch diese Verunreinigung natürlich für den Gebrauch verdorben; auch ist bereits polizeilicherseits ein Schild mit der Inschrift „ungenießbares Wasser“ daran befestigt.

Die Frage ist nun: Muß ich mir diese Sachbeschädigung, der von meiner Seite in keiner Hinsicht auszuweichen ist, so ohne weiteres gefallen lassen, resp. ist der Nachbar berechtigt, auf seinem Grunde, so nahe an der Grenze Baulichkeiten dieser Art auszuführen, ohne auf den Schaden, den er seinem Nachbar hierdurch zufügt, Rücksicht nehmen zu müssen?“

b) „In der Nähe meines Baumgartens und Feldgrundstückes ist vor mehreren Jahren eine Zuckerfabrik erbaut worden, und werden durch den Schornstein derselben diese Grundstücke alljährlich mit Ruß bestreut, so daß die Gras- und Obstnutzung beinahe zu Grunde gerichtet ist und die Ernte des Feldgrundstückes sehr geschädigt worden.

Auf welche Weise kann ich Entschädigung bekommen? Oder aber kann ich die Zuckerfabrik zwingen, daß sie meine Grundstücke schütze?“

c) „Vor etwa 30 Jahren bepflanzte ich den ein Ackergrundstück umgebenden Rasenabhang mit 100 Obstbäumen, welche üppig wuchsen und bald reiche Frucht trugen. Etwa 400 Meter davon baute vor einigen Jahren eine Genossenschaft eine große Schmelzhütte, die von Jahr zu Jahr in ihrem Betriebe erweitert wurde. Wenige Jahre nach dem Betriebe der Hütte fingen meine Bäume von den Dämpfen und Niederschlägen teilweise an krank zu werden; die Blätter erreichten nie mehr die normale Größe und waren schon im Juni braun. Die wenigen Blüten versengten sogleich und entwickelten nie mehr Frucht; jetzt aber sind nur noch wenige grüne Schößlinge zwischen den abgestorbenen Ästen zu sehen. Mein Gesuch um Entschädigung wurde von der Genossenschaft mit dem Bemerken zurückgewiesen, daß eine Beschädigung durch Hüttenrauch von Rohhütten für gewöhnlich nur im Falle der Verbrennung durch zu heiße Gase anzuerkennen sei.

Ich bitte mir anzugeben, ob ich nicht gesetzliche Ansprüche erheben kann?"

d) „Ein in unserer nächsten Nachbarschaft wohnender Würstlermeister hat die Gewohnheit, das Hacken und Wiegen des Fleisches oft bis Mitternacht fortzusetzen, so zwar, daß die Wand unseres anstoßenden Hauses, wie auch das Küchengeschirr u. dgl. erzittern. An Schlaf ist unter solchen Umständen kaum zu denken.

Darf eine so störendes Geräusch verursachende Thätigkeit auch zur Nachtzeit ausgeübt werden?"

e) „Durch den Betrieb der jetzt überall auf den Gütern in Gebrauch befindlichen Dampf-Dreschmaschinen entsteht ein weithin hörbares sinnbetäubendes Gebrumme und Gesumme. Selbst, wenn der Ausdrusch auf dem Felde, von den benachbarten Ortschaften entfernt, vorgenommen wird, ist der Lärm einer solchen Maschine für die Bewohner der nächsten Orte kaum erträglich. Vollends unerträglich ist der Lärm, wenn der Dampf-Dreschkasten auf dem Gutshofe innerhalb des Dorfes arbeitet. Fenster und Gläser klirren, und das bald stärkere, bald minder starke Gedröhne macht, solange die Maschine arbeitet, was in der Regel Wochen und Monate hindurch dauert, jede geistige Arbeit unmöglich. Schreiber dieses ist während der ganzen Zeit gezwungen, abends und nachts zu arbeiten.

Ist es nicht möglich, im Wege Rechtens jenem rücksichtslosen Gebahren Einhalt zu thun?"

20. (22.) A. verklagt den B., weil dieser beständig und gegen sein Verbot einen über des A. Grundstück führenden Weg benutze. B. entgegnet, daß dieser Weg ja zum öffentlichen Gebrauche bestimmt sei.

Wie steht es mit der Beweislast?

21. (23.) Tieftrunk hat seither an dem Grundstücke des Born eine servitus aquae haustus und ein damit zusammenhängendes Fußsteigrecht thatsächlich ausgeübt; nach ausgebrochenem Streite unter ihnen legt ihm Born Hindernisse in den Weg, wird aber auf Klage des Tieftrunk wegen Störung im Besitze der Servitut verurteilt.

Nun erhebt Born Klage auf Anerkennung der Freiheit seines Eigentums, da die seither thatsächlich ausgeübte Dienstbarkeit in Wirklichkeit nicht zu Recht bestehe.

Was liegt jedem der Streitteile zu beweisen ob?

22. (24.) Ein Pachter hat nach Übernahme des Pachtgutes mehrmals einen Fahrweg über das Grundstück des Gutsnachbars benutzt, an welchem, wie der Verpachter ihm mitgeteilt, dem Pachtgute ein Fahrtrecht zustehe. Der Nachbar klagt aber gegen den Pachter auf Unterlassung; dieser erwidert, daß nicht er, sondern der Verpachter der richtige Beklagte sei.

Vgl. l. 8 § 5 D. si servitus vindicetur (8, 5); l. 80 D. de R. V. (6, 1).

Wie ist zu erkennen?

23.* Die Halle'sche Straßenbahn beabsichtigt, auf ihren, seither mit Pferden befahrenen Linien den elektrischen Betrieb einzuführen. Hiergegen hat die Universität Protest erhoben, weil die Straßenbahn in großer Nähe des neuerbauten physikalischen Institutes vorbeiführe und man von der Herstellung einer so nahen Starkstromleitung eine Beeinflussung der wissenschaftlichen Beobachtungen im Institute befürchten müsse, insbesondere alle Versuche, bei denen Magnet in Anwendung kommt, nicht mehr exakt möglich sein würden.

Ob die nach dem preuß. Kleinbahngesetz von 1892 erforderliche Regierungskonzession erteilt werden wird, steht dahin. Es fragt sich aber: ob im Falle der Genehmigung die Universität privatrechtlich mit Erfolg gegen die die Straßenbahn betreibende Aktiengesellschaft oder gegen die Stadt Halle Klage erheben kann?

24. (26.) Ein Händler verkauft einem Bauern ein Pferd und garantiert für alle Hauptfehler. Bald nach Empfang ist der Bauer mit dem Pferde nicht zufrieden und bringt es zu dem in einem andern Dorfe wohnenden Händler zurück, trifft diesen aber nicht zu Hause an. Da er weiß, daß jener bei dem benachbarten Wirte für seinen Pferdehandel einen Stall gemietet hat, bringt er das Pferd dorthin; allein der Stall ist gefüllt, und er stellt deshalb das Tier in den daneben befindlichen zweiten Stall des Wirtes. Von diesem letztern sieht er nichts; dagegen hinterläßt er in dem

Hause des Händlers bei dessen Gesinde, daß er das Pferd für den Verkäufer dorthin gestellt habe.

Der Wirt findet das Pferd vor. Weil es Winter ist, behält er es, giebt ihm Futter und sucht nach dem Eigentümer. Nachdem er den Thatbestand ermittelt, findet sich, daß weder der Händler noch der Bauer das Pferd nehmen will.

Der Wirt stellt bei dem Amtsgericht gegen den Bauer Klage an: auf Rücknahme des Pferdes und Ersatz der Futter- und sonstigen Kosten. Der Beklagte erscheint in der mündlichen Verhandlung nicht.

Welche juristischen Erwägungen hat das Gericht anzustellen, und wie muß hiernach sein Urteil lauten?

XXXVIII.

1. A. verliert eine Sache, B. findet sie und verkauft sie in Unterschlagungsabsicht an den gutgläubigen C. Hierauf verliert sie auch C. wieder; und D. nimmt sie an sich.

Kann C. das fragliche Objekt von D. heraus verlangen?

2. Der Käufer eines Ackers beschwert sich bei dem benachbarten Steinbruchbesitzer, daß in dem Bruche seit kurzem so unachtsam und rücksichtslos verfahren werde, daß beständig größere und kleinere Steine herüberflögen.

Der Besitzer bedauert, dies nicht gut abstellen zu können; stellt aber auch die Legitimation des Beschwerdeführers in Abrede, da derselbe noch gar nicht als Eigentümer im Grundbuche eingetragen sei. Worauf dieser aber erwidert, daß er ja als Nachbar überhaupt zur Rüge befugt sei.

Da er auf diesen Brief keine Antwort erhält, so wünscht er zu wissen: ob er gegen das andauernde störende Sprengen gerichtlich vorgehen soll?

3. Der Bauer Göppel war mit Hinterlassung dreier Kinder, Georg, Katharina, Anna, im Alter von 26, 22 und 19 Jahren verstorben. Die Geschwister schlossen einen Abfindungsvertrag, wonach Georg den väterlichen Hof gegen bestimmte Leistungen in Geld und Naturalien erhalten sollte.

Späterhin erwuchsen dem Georg Göppel Schwierigkeiten, weil seine Schwester Anna damals minderjährig und wegen mangelnden obervormundschaftlichen Veräußerungsdekretes der Abfindungsvertrag ungültig war.

Wie ist seine Lage hinsichtlich des väterlichen Gutes rechtlich zu charakterisieren?

Cf. l. 2 § 15 D. pro emtore (41,4).

4. Der großjährige einzige Sohn des Landgerichtsrats J. verkaufte während einer Krankheit seines Vaters in Geldverlegenheit einen jenem gehörigen Stich des Apostels Johannes (nach dem Gemälde des Domenichino ausgeführt von Fr. Müller) in der stillen Hoffnung, daß sein Vater späterhin ihm verzeihen und die Veräußerung genehmigen werde. Der Käufer S., der den Sohn für den Eigentümer halten mußte, zahlte den verabredeten Preis mit 25 ℳ bar, nahm das Bild mit sich und verkaufte es noch denselben Tag an K., gleichfalls gegen Barzahlung.

Der Gerichtsrat starb nach wenigen Tagen.

Es werfen sich nun folgende Fragen auf:

a) Wie steht es mit dem Eigentum an jenem Kupferstich?

b) Wie wäre es, wenn K. das Bild zum Einrahmen an den L. gegeben, welcher nun unter der Behauptung, daß K. gar nicht Eigentümer sei, dasselbe diesem nicht herausgeben will?

c) Der Lehrjunge des L. sollte das fertig gestellte Bild dem K. bringen; er giebt es aber irrtümlich bei dem Sohne J. ab, der es nun behalten will. Rechtsfolge?

d) Welche Folgen würde es haben, wenn der Sohn J. den Stich bei K. zufällig entdeckt und, um Weiterungen zu vermeiden, ihm denselben für 20 ℳ abgekauft hätte?

5. A., welcher nach dem Tode seiner Ehefrau im Besitze des ganzen Vermögens blieb, obwohl sechs Kinder vorhanden waren und diese die mütterliche Erbschaft unbedingt antraten, verschenkte als Witwer Liegenschaften, welche zur Gemeinschaft gehörten, an seine zwei ältesten Kinder.

Nach seinem Tode wurde seine Verlassenheit ebenfalls unbedingt angetreten; und verlangten sodann die jüngeren Kinder, daß die Liegenschaftsschenkung an die zwei ältesten Geschwister für nichtig erklärt werde, weil A. über das Gemeinschaftsvermögen, also über fremdes Eigentum, verfügt habe.

Wie ist über diesen Anspruch zu befinden?

6. Der Besitzer einer Sache (X.) war gestorben. Ein vermeintlicher Erbe E. verkauft jene Sache dem K., der sie in Besitz nimmt, einstweilen aber noch bei dem Verkäufer läßt. Ein anderer Erbschaftsprätendent (F.) greift gleichfalls in die Verwaltung der Erbschaft ein und verkauft dieselbe Sache an L., der sie bona fide mit sich nimmt.

Jetzt verklagt K., als erster Käufer, den L. Dieser hält entgegen: Das Eigentumsrecht des X. sei, wie er inzwischen erfahren, schon problematisch gewesen und jedenfalls nicht sicher nachgewiesen; daher halte er, bis solches dargethan, die Sache mit Fug einstweilen zurück.

Ist dieser Einwand begründet?

7. Mittels schriftlichen Vertrages vom 8. April 1890 kauft der Schneidermeister Feßler von dem Viktualienhändler Stephan eine Drehrolle für 600 *M*. Hinsichtlich der Übergabe lautete der § 3 des Vertrages: „Die Übergabe der gekauften Rolle hat zur Zufriedenheit des Käufers stattgefunden; es gestattet indessen Käufer dem Verkäufer die ordnungsmäßige Benutzung der Gegenstände auf unbestimmte Zeit von heute ab, und letzterer hat dem erstern hierfür eine Entschädigung von sechs Mark zu zahlen."

In diesen Tagen hat nun Feßler in Erfahrung gebracht, daß sich jene Drehrolle bei dem Schuhmacher Reibnitz in Gewahrsam und Gebrauch befindet. Auf entsprechende Nachfrage wurde ihm von Reibnitz geantwortet, daß er die Drehrolle durch Vertrag vom 1. Oktober 1891 von Stephan gekauft und gegen Barzahlung übergeben erhalten habe; zur Herausgabe derselben sehe er keinen Anlaß ein.

Kann dem Feßler geraten werden, den Reibnitz auf Ausantwortung der Drehrolle zu verklagen?

XXXIX.

1. Welche juristischen Begriffe finden auf nachfolgende Thatbestände Anwendung?

a) Befugnis, aus einer im Hofraume eines andern befindlichen Quelle Wasser zu schöpfen.

b) Ein Hauseigentümer nimmt Reparaturen am Dache seines Hauses vor und läßt sich von seinem Nachbarn versprechen, daß dieser bis zur Beendigung jener mit einem geplanten Um- und Höherbau warten werde.

c) Der Eigentümer einer Waldung hat den sämtlichen Bewohnern einer Gemeinde für immer das Recht eingeräumt, in seinem Walde zu jagen.

d) Auf einem Gute haftet die Last, für die Gemeinde das Faselvieh zu halten.

e) Ein Landwirt hat sich einem Cichorienfabrikanten gegenüber vertragsweise verbindlich gemacht, einen Teil seiner Felder auf die Dauer von sechs Jahren mit Cichorienwurzeln zu bebauen und an jenen die Frucht derselben abzuliefern.

f) Einer Gemeinde steht seit uralten Zeiten das Recht zu, in den benachbarten Staatsforst Schweine zur Mast zu treiben, dürres Holz und Beeren zu lesen, das für den Viehstand nötige Streuzeug, Moos und Heide dorther zu beziehen, sowie auch alljährlich ein bestimmtes Quantum Stockholz zur Verfügung gestellt zu erhalten.

g) Aus einem Hofe geht eine Rinne über den Nachbarhof, in welcher von dem erstern überflüssige Mistjauche abfließt. Der Eigentümer jenes behauptet, daß der Nachbar laut Vertrags verpflichtet sei, den Abfluß nicht zu hindern und die Rinne stets im stande und unverstopft zu halten.

h) Der untern Mühle eines Flusses kam zufolge unvordenklicher Verjährung die unbedingte Befugnis zu, bewegliche Schutzbretter anzubringen und durch Einsetzen derselben nach Bedürfnis der Mühle das Wasser zu stauen, mochte dadurch auch der Obermüller in Hinterwasser versetzt und dadurch geschädigt werden.

i) Ein Müller hatte seinen Mühlgraben ausschöpfen und den Schlamm auf die anstoßende Wiese eines Dritten niederlegen lassen, mit der Behauptung, daß er auf Grund von Rechtsersitzung dazu befugt sei und es dem Wieseneigentümer obliege, den Schlamm wegzuschaffen.

k) Der Besitzer einer Wiese hat seit langen Jahren zu bestimmten Perioden seine Wiese mit dem, durch sichtbare Gräbchen und Einschnitte in den Damm des anstoßenden Mühlkanals, aus diesem Kanal abgeleiteten Wasser gewässert.

l) Eine Handelsgesellschaft erwirbt ein Mühlengrundstück, das vor alten Zeiten zu dem anstoßenden Rittergute gehört hatte. 1766, als die Abtrennung jenes erfolgte, hat der damalige Besitzer des Rittergutes dem Erwerber der Mühle das Recht eingeräumt, zum Zweck der Zuleitung des Mühlwassers Mühlwehr und Mühlgraben auf dem Rittergut und dem dazu gehörigen Teile des Flusses zu haben; zugleich mit der Verpflichtung des Rittergutsbesitzers, das Wehr zu unterhalten. Das Gut hat in der Familie des damaligen Kontrahenten fortgeerbt, ist aber vor kurzem an eine fremde Person verkauft worden und in deren Eigentum übergegangen.

2. Der Malermeister Knittel hat vor einigen Jahren von seinem Nachbarn, dem Privatmanne Reinhold, die Erlaubnis erwirkt, auf dessen Grund und Boden längs einer, der Grenze nahe liegenden, Dunggrube eine Mauer ziehen zu dürfen, welche das Eindringen von Feuchtigkeit in den Keller des Knittel'schen Hauses verhindern sollte.

Nachdem Reinhold das Haus an den Bäcker Gastmeyer verkauft hat, stellt jetzt Knittel gegen diesen eine Klage auf Entfernung jener Grube an, da die angebrachte Mauer zwar gegen gewöhnliche Feuchtigkeit etwas schütze, nicht aber die nachteilige Einwirkung der durchsickernden Jauche auf das klägerische Grundstück hemmen könne. Beklagter entgegnet mit einer Widerklage auf Beseitigung der besprochenen Mauer; wenn die Verpflichtung zur Duldung der Grube falle, müsse die Gegenpflicht zu der der Mauer nach; übrigens gehe ihn, den jetzigen Käufer, die persönliche Gestattung seines Vorgängers so wie so nichts an.

Wie ist zu erkennen?

3. Ahner wünscht in der Giebelmauer seines Hauses gegen das Grundstück seines Nachbars Romanus ein Fenster auszubrechen. Um etwaigen Streitigkeiten vorzubeugen, kommt er mit Romanus in schriftlichem Vertrage überein, daß Romanus jenes Fenster gestatte, unter der Bedingung, daß Ahner dasselbe gehörig vergittere und Romanus nicht gehindert sei, dasselbe zu verbauen.

Da nach dortigem Partikularrechte alle Grunddienstbarkeiten zu ihrem rechtlichen Bestande in das Grundbuch eingetragen werden müssen, stellt Ahner entsprechenden Antrag. Der Grundbuchrichter aber hegt Zweifel, ob er demselben stattgeben solle.

Weshalb wohl? Und mit Grund?

4. Dem Zauß steht ein Fahrtrecht über das Grundstück des Nelke zu, an dessen Grenzen Zäune mit Thoren an den Wegen angebracht sind. Nelke klagt jetzt gegen Zauß, weil derselbe diese Thore stets offen ließe.

Zauß beantragte Klagabweisung, weil Nelke damit ein selbständiges affirmatives Recht beanspruche, das aus dem Eigentum desselben nicht folge, für das er aber einen Erwerbsgrund gar nicht angegeben habe; — wogegen freilich Nelke repliciert, daß ihm nicht zuzumuten sei, das Thor jedesmal hinter dem Zauß wieder zu schließen, da ihm infolge der Servitut nur ein „pati", nicht aber ein „facere", eine die Ausübung der Dienstbarkeit erleichternde Handlung, obliege?

Entscheidung?

5. Auf dem bei einer kleinen Stadt belegenen Schloßberge stehen die Ruinen eines Schlosses, welche mit Anlagen umgeben sind, in denen sich auch ein Schießstand und eine Kegelbahn befinden. Zu den Anlagen führen ein Fuß- und ein Fahrweg. Der Schloßberg mit beiden Wegen steht im Eigentume einer Witwe, deren verstorbener Ehemann, ihr Erblasser, mit der Stadt einen Vertrag auf Benutzung des Schloßberges geschlossen hatte, des Inhaltes: daß die Ruinen und Anlagen desselben mit dem Zugange über den Fußweg dem gesamten Publikum für ewige Zeiten zum Besuche und beliebigen Aufenthalte offen stehen sollen, und daß auch seitens des Publikums auf dem Grundstücke gesellige Belustigungen, insbesondere am Schießstande und auf der Kegelbahn, vorgenommen werden dürfen. Zugleich hatte er sich für sich und seine Rechtsnachfolger verpflichtet, die Ruinen und Anlagen stets in dem bisherigen Stande zu erhalten.

1892 verkauft die Witwe den Schloßberg an einen Rentner. Zwischen diesem und der Stadt entsteht ein Streit, in welchem der jetzige Eigentümer die Möglichkeit eines derartigen Rechtsverhältnisses in Abrede stellt, während die Stadt ihrerseits noch eine Erweiterung ihrer Berechtigung behauptet, nämlich ein Recht auf Benutzung des Fahrweges, weil seit vielen Jahren das Publikum denselben unbeanstandet auch benutzt hat.

Es ist Urteil mit Gründen zu entwerfen.

6. Die Schifferzunft zu Neckarsteinach in Hessen besaß zu Anfang dieses Jahrhunderts ein am Flusse gelegenes Grundstück, die sog. Baumgartenwiese, eigentümlich. Dieselbe wurde bei Auflösung der Zunft den 46 Mitgliedern derselben zu Eigentum zugesprochen (nach damaligem Gesetze über die Auflösung der Zünfte).

Diese 46 verkauften die Wiese 1841 an einen Gastwirt unter folgenden Bedingungen: „1. Den Verkäufern und ihren Nachkommen, jedoch von jedem Verkäufer nur ein Glied, bleibt für ewige Zeiten das Recht vorbehalten, ihre Wasserfahrzeuge zum Schutze gegen Eisgang, sobald es erforderlich ist, auf die Baumgartenwiese zu stellen. Keinem der Berechtigten ist es aber gestattet, sein Recht an Dritte abzutreten. 2. Falls Verkäufer oder ihre Nachkommen aussterben sollten, treten die zu Neckarsteinach sonst existierenden Schiffer in die Rechte der Betreffenden ein, so daß diese Rechte niemals erlöschen; doch darf die Zahl der Berechtigten 46 niemals übersteigen. 3. Die hier vorbehaltenen Rechte sollen durch Änderung des Eigentumes am Grundstücke nie berührt werden."

Die Wiese erbte in der Familie des Wirtes weiter, bis 1876 der größte Teil jener behufs des Baues der badischen Staatsbahn enteignet und dadurch das Grundstück für die Belegung mit Fahrzeugen unbrauchbar wurde.

Nun klagen 35 Schiffer gegen die General-Direktion der badischen Staatsbahnen, als in ihrem Rechte durch die Zwangsenteignung verletzt, auf Schadensersatz von 5000 ℳ, um ein anderes zur Unterbringung der Schiffe geeignetes Grundstück zu kaufen.

Was für ein Rechtsverhältnis liegt hier nun vor? Welches ist sein Inhalt, und wer ist das berechtigte und das verpflichtete Subjekt? Was ergiebt sich daraus des nähern für die angestellte Klage?

7. Dem verstorbenen Friedrich Christian Diez, dem Begründer der romanischen Philologie, wurde 1883 von seinen Schülern und Verehrern ein Denkmal dadurch gesetzt, daß an seinem Geburtshause in Gießen eine kostbare Marmortafel mit entsprechender Inschrift angebracht wurde. Das Haus befand sich im Eigentume eines der Familie Diez ganz ferne stehenden Privatmannes, der jedoch die Erlaubnis zur Anbringung der Tafel bereitwillig und ohne besondere Bedingung erteilte. Die nötigen Geldmittel waren durch Sammlung seitens eines frei gebildeten Komittees aufgebracht worden, welches auch die Anbringung der Tafel besorgen ließ, die an jenem Tage dabei stattfindende Festlichkeit leitete und sich dann wieder auflöste.

An diesen einfachen Thatbestand lassen sich folgende interessante juristische Fragen anknüpfen:

a) Welches Rechtsverhältnis ist durch die Gestattung des Hauseigentümers und durch die erfolgte Anbringung der Tafel in Ansehung der letztern entstanden? Wer hat das Eigentum an der Tafel?

b) Wenn der Hauseigentümer späterhin die Tafel nicht mehr dulden will, kann gegen ihn ein Anspruch auf Belassung derselben von den Diez'schen Nachkommen und Erben erhoben werden? Oder von der Stadt Gießen? Oder dem Komittee? Oder den Spendern der Beiträge, von allen zusammen oder einzelnen? Was für ein Anspruch wäre das?

c) Muß umgekehrt der Hauseigentümer von irgend jemandem Wegschaffung der Tafel dulden? Oder daran etwa notwendige Reparatur gestatten? Vielleicht Arbeiter in seine Wohnung lassen, mit oder ohne vorherige Kaution?

d) Das Haus muß neu angestrichen werden. Besteht eine Verpflichtung, zur Schonung der Tafel eigene Vorsichtsmaßregeln zu treffen? Wer kommt für derartige besondere Unkosten auf?

e) Welches ist die Rechtsfolge, wenn das Haus baufällig wird und eingerissen werden muß?

f) Wenn die Tafel von einem Dritten beschmutzt, beschädigt oder entwendet werden sollte, wer hat gegen diesen eine *actio*, und welche?

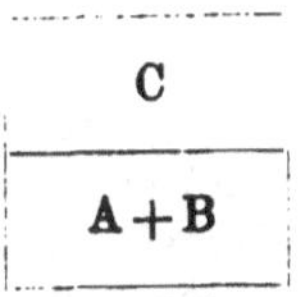

via publica.

8. Von den Miteigentümern A. und B. bestellt A. dem C. ein Gangrecht. B. ist auch gewillt, es zu thun. Inzwischen aber ist A. gestorben und von D. beerbt worden, der nichts davon wissen will.

Wie ist die Rechtslage?

Was hat es für Rechtsfolgen, wenn A. vor der Äußerung des B. seine Erlaubnis dem C. gegenüber zurückzieht?

Oder: wenn er seinen Anteil an den X. veräußert?

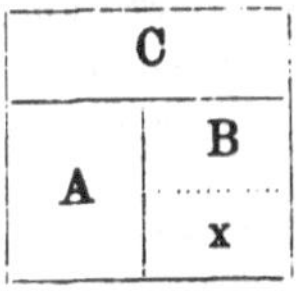

via publica

9. B. verkauft an A. das Stück x und behält sich für sich und den Nachbar C. das Recht vor, über x nach Bedürfnis der Bewirtschaftung ihrer Grundstücke zu fahren.

Rechtsfolgen?

10. A. hat Haus und Garten im Eigentum. Er verkauft gleichzeitig das Haus an X., den Garten an Y. und bedingt im Kaufvertrage mit X., daß nach dem Garten zu keine Fenster angebracht werden dürfen. Ist eine Servitut zu gunsten des jetzt dem Y. gehörigen Gartens zu stande gekommen?

11. Es kauft jemand die Hälfte eines Doppelhauses, an welchem die Einrichtung so getroffen war, daß sämtliches Dachwasser mittels eines Kandels auf der einen Seite des Hauses abfloß.

Da der Eigentümer des Restgrundstückes, dadurch belästigt, es fernerhin nicht mehr dulden will, so fragt es sich, ob der Käufer nicht einen Rechtsanspruch auf die Weiterdauer des Regenabflusses, so wie es zur Zeit des Kaufes gewesen ist, geltend machen könne?

12. Crusius besaß seit 1882 ein Haus mit einem ummauerten Garten und einem an letztern stoßenden umzäunten Stück Feld; in der Erwerbungsurkunde stand, daß die Grundstücke frei von Lasten und Servituten auf ihn übergingen.

1886 verkaufte die Konkursmasse des Crusius die Grundstücke an zwei verschiedene Personen, nämlich Haus und Garten an Niemann und das Feld an Ötte; in den Verkaufsbedingungen hieß es, daß die Grundstücke „mit den bisher ausgeübten Servituten" verkauft würden.

Nun war in der That seit mehr als dreißig Jahren, während welcher Zeit beide Grundstücke immer einen gemeinschaftlichen Eigentümer hatten, das Feld auf verschiedene Arten zum Vorteil des Gartens benützt worden. Ötte will jetzt aber die Benützung seines Feldes nicht länger dulden und stellt gegen Niemann die *actio negatoria* an.

Ist dieselbe begründet?

13. Jürgens ist Eigentümer zweier größerer Grundstücke Mit der Absicht einer zu errichtenden Genossenschaft verkauft er die ideelle Hälfte des einen Ackers an Pache und Wiget, bedingt sich dabei jedoch aus, daß er über das nun gemeinsame Grundstück das dingliche Recht des Fahrens auf dem Mittelwege für immer behalten solle.

Nachmals verkauft Jürgens den ihm verbliebenen Anteil an Pache; kommt aber bald danach mit diesem in Streit, als derselbe das weitere Fahren des Jürgens, so wie bisher, nicht gestatten will, weil in dem zweiten Kaufvertrage von demselben keine Rede mehr gewesen sei.

Von Jürgens wird gutachtliche Äußerung erbeten, ob er nicht gegen Pache, der inzwischen Alleineigentümer des fraglichen dienenden Grundstückes geworden ist, mit Erfolg gerichtlich vorgehen könne?

14. Einem jungen Juristen wird bei einem Besuche auf dem Lande während des Gesprächs folgende Frage vorgelegt:

„Die hiesige Pfarrei besitzt einen Garten, dessen einzig möglicher Zugang durch den Rasengarten eines Bauers führt. Der Bauer stellt nicht in Abrede, daß die Pfarrei einen Fußweg über sein Grundstück besitzt, dagegen verwehrt er, Erzeugnisse des Pfarrgartens mittels eines Karrens auf diesem Wege herauszubefördern. Hat er dazu das Recht?"

15. Jemand ist negatorisch verklagt worden, weil er gegen den Willen des Eigentümers über dessen Grundstück zu gehen pflege. Er entgegnet, daß dieses der einzige Zugang zu dem seinigen sei, und daß ihm deshalb gesetzlich der Notweg zukomme.

Welches Urteil hat das Gericht zu fällen?

16. (17.) Der Eigentümer eines Steinbruches kommt mit dem benachbarten Flurbesitzer überein, daß er gegen jährliche Bezahlung von fünf Mark einen über das Besitztum jenes führenden Privatweg benutzen dürfe.

Was ist die Folge, wenn dieser Zustand 10 — oder 30 — oder 90 — Jahre angedauert hat?

17. (18.) Zwei Gemeinden liegen in Streit über eine Weidegerechtigkeit, welche die eine auf der Flur der andern in Anspruch nimmt. Sie stützt sich dabei auf Ersitzung des Rechts, mit dem Nachweise, daß sie die fraglichen Felder schon seit Jahrzehnten mit ihrer Schäferei befahren und beweidet habe.

Die Beklagte macht dem gegenüber darauf aufmerksam, daß die Klägerin sich früher selbst das Eigentum an den angeblich dienenden Grundstücken zugeschrieben habe; erst vor zwei Jahren sei der hierüber obwaltende Streit zu gunsten der jetzigen Beklagten entschieden worden.

Wie ist nach diesem Sachverhalt über das behauptete Weiderecht zu urteilen?

18. (19.) Bald nachdem ein Privatmann ein Haus gekauft, fühlt er sich durch Rauchausströmungen der benachbarten Ziegelfabrik derartig belästigt, daß er bei derselben um Abstellung der Qualmung vorstellig wird. Da sie nicht darauf eingeht, so erhebt er Klage.

Die Gesellschaft, in deren Eigentum die Fabrik steht, entgegnet, daß der gerügte Zustand schon über zehn Jahre in der jetzigen Weise bestehe, so daß sie das Recht zu einer derartigen Immission ersessen habe. Ihre bona fides sei nicht zu bezweifeln, da aus den Aussagen ihrer sie vertretenden Beamten hervorgehe, daß diese gar kein Bewußtsein davon gehabt haben, daß die Immissionen übermäßige, die benachbarten Grundstücke schädigende seien.

Welches wird das Schicksal des Rechtsstreites sein?

19. (20.) Bienen jemandes flogen in großer Menge in die Nachbargärten und belästigten in gefährlicher Weise. Ein Streit des Imkers mit einem Nachbarn hierüber nahm gerichtliche Formen an.

Der Imker berief sich auf Ersitzung des Rechtes, seine Bienen in der Weise ausschwärmen zu lassen, wie er es seit mehr wie zehn Jahren gethan. Er habe nie anders gehört und gewußt, als daß dies das Recht jedes Grundeigentümers sei, das er im guten Glauben hiernach ausgeübt.

Von dem Kläger wird beantragt, die vorgeschützte Einwendung lediglich zu verwerfen, da ein Servitutrecht, wie es Beklagter behaupte, nicht möglich sei und ein noch so lange andauerndes derartiges Gebahren zu einem befugten nie werden könne.

Wie ist zu erkennen?

20. (21.) Als ein Nachbar des Gasthofes „zum Riesen“ in Miltenberg gegen Ende des 16. Jahrhunderts an seinem Hause eine

Miststätte anlegen wollte, wurde ihm dies von dem Rate der Stadt Miltenberg verboten, weil der Riese „eine Fürstenherberge" sei. Der Nachbar mußte es infolge dessen unterlassen; während andererseits dem Riesenwirte, als er 1621 der großen Einquartierung halber die Wirtschaft aufgeben wollte, auch dieses vom Rate untersagt und er zur Fortführung derselben genötigt wurde.

Kann der Rechtsnachfolger jenes Nachbars nun heute, nachdem an die 300 Jahre also verflossen sind, an besagter Stelle eine Miststätte anlegen? Ist vielleicht eine Servitut zu gunsten des noch jetzt bestehenden Gasthauses begründet? Oder liegt eine gesetzliche Eigentumsbeschränkung vor?

21. (23.) Marchese Lionardo hatte im Jahre 1805 zu Cremona ein aufgehobenes Kapuzinerkloster erworben und auf dem gewonnenen Areale Gebäude errichtet, welche einen großen Platz umschließen. Dieser Platz ist zwar zu jenem ehemaligen Kloster gehöriger und auf Lionardo übergegangener Grund; allein er führt seit 1808, dem Jahre der Vollendung jener Gebäude, den Namen Piazza Lionardo und wird gleich einem öffentlichen Platze vom Publikum zum Durchgehen und Durchfahren benutzt.

1879 kommt es zum Streite zwischen der Stadtgemeinde Cremona und Antelli, dem gegenwärtigen Nachfolger des Marchese Lionardo, indem letzterer die Unbeschränktheit seines Eigentums an jenem Platze behauptet und das allgemeine Gehen und Fahren über denselben nicht fürder dulden will, trotz aller Berufungen der Stadt auf das gewohnheitsrechtliche Herkommen, die ordentliche, außerordentliche und unvordenkliche Ersitzung.

In dem Absagebrief des Anwaltes des Antelli wird vielmehr ausgeführt: Daß in der Zeit der Anlegung des Platzes dortselbst der C. C. — bis 1816 — gegolten habe, der in Art. 691 die Erwerbung von Servituten durch Verjährung verbietet; und daß auch später der Marchese Lionardo den Durchgang nur gestattet habe, weil er seine Eitelkeit darin befriedigt fand, daß der Platz den Namen seines adeligen Hauses führen sollte. Dem Schreiben waren mehrere Zuschriften der Stadtbehörde beigelegt, in welchen diese gelegentlich von Antelli und seinen Besitzvorgängern die Erlaubnis erbeten hatte, Schnee u. dgl. zeitweilig auf jenem Platze ablagern zu dürfen.

Die Stadtverwaltung wünscht nun ein Gutachten darüber: ob gegen Antelli im Wege Rechtens vorgegangen werden könne?

Der Erörterung ist das heutige römische Recht zu grunde zu legen.

---

22. (24.) N. hat den Nießbrauch an einem Fischteiche auf dem Gute des A. Der Teich trocknet aus. A. will nun den Grund und Boden für sich bebauen, N. beansprucht die Nutzung für sich.

Wer hat Recht?

23. (25.) R. läßt sich von S. den Nießbrauch eines Gartens für sich und eine Erben versprechen. Sein einziger Sohn T. stirbt vor ihm.

Kann U., der Enkel des R., nach dem Tode des R. den Nießbrauch für sich beanspruchen?

24. (26.) Dem A. gehört ein Grundstück, an welchem dem B. eine Dienstbarkeit zusteht. A. setzt den B. zu seinem Erben ein und vermacht dem C. das dienende Grundstück, unter der Bedingung, daß C. sich verheirate. A. stirbt am 1. Mai; B. tritt am 15. Mai die Erbschaft an; C. heiratet am 15. Juni.

Rechtsfolgen?

25. (27.) Zwölf Jahre nach dem Tode des Ley findet sich ein Testament, wonach Zobel sein Erbe ist und nicht, wie seither angenommen wurde, der Verwandte Liersch. Dem Ley hatte ein Fahrtrecht an dem Grundstücke seines Nachbars zugestanden, Liersch hatte es hier und da ausgeübt.

Kann Zobel es noch geltend machen?

26. (28.) Einem Wohnhause steht eine servitus tigni immittendi am Nachbarhause zu. Allein die Balken, die das Dach stützen sollen, sind seit längeren Zeiten entfernt und die Löcher, in denen sie lagen, offen geblieben.

Wie steht es mit der Servitut?

27. (30.) Tempel klagt gegen Mügge mit der *actio confessoria*. Er nimmt für sein Haus die Servitut in Anspruch, daß das an sein Haus stoßende, dem Nachbar Mügge gehörige Gartengrundstück nicht überbaut werde; nun habe Mügge vor 12 Jahren einen Schuppen dortselbst errichtet und beginne soeben einen neuen Bau; Tempel bittet, den Mügge zur Wegschaffung des Schuppens und zur Unterlassung des Neubaues verurteilen zu wollen. Mügge schützt usucapio libertatis vor.

Entscheidung?

28. (31.) Es ist eine sichere communis opinio der heutigen Jurisprudenz, daß Landseen Gegenstände des Privateigentums sind, und die bekannten Sätze von der alluvio, wie dem alveus derelictus auf sie keine Anwendung finden. Wenn der Spiegel eines Sees sich senkt, so kommt also das freigewordene Land entweder in das Eigentum des Seeeigentümers oder es wird, beim gänzlichen Fehlen eines solchen, einfach res nullius. Zweifelhafter kann es mit der folgenden Frage stehen:

Einem Gutsbesitzer kam unbestrittenermaßen das Recht der Viehtränke in dem benachbarten Binnensee, der Schaf- und Zeugwäsche, sowie die Befugnis zu, am Ufer des Sees einen Kahn zu halten. Nun trat der See um fünf Fuß zurück, und es entstand dadurch freies Vorland.

Welchen Einfluß hat dies auf die erwähnten Berechtigungen?

29. (32.) Als ein baufälliges Hintergebäude abgerissen und an dessen Stelle ein neues Haus aufgeführt wurde, ließ der Bauherr in der Rückwand des Neubaues ebenso, wie es in dem abgebrochenen gewesen war, Fensteröffnungen nach dem Hofraume des Nachbars zu anbringen. Dieser giebt zwar an, daß dem abgerissenen Hause seinem Grundstücke gegenüber das Fensterrecht servitutmäßig zugestanden habe, will sich aber nicht dazu verstehen, die Fenster in dem neuen Gebäude zu dulden.

Muß er sich dieselben gefallen lassen?

30. (33.) Dem in Hamburg belegenen Hause Cath. B. 122 stand eine sogenannte Fleetganggerechtigkeit an dem an derselben Straße belegenen Grundstücke Cath. O. 231 zu. Das herrschende Grundstück wurde von Feldmann gekauft, mit anderen ihm gehörenden Grundstücken zu einem einzigen verbunden und mit einem einheitlichen großen, „Dovenhof" benannten, Gebäude bebaut.

Es besteht seitdem Streit zwischen Feldmann und Neelsen, dem Eigentümer von Cath. O. 231, über die erwähnte Servitut. Neelsen behauptet ihr Erlöschen, weil das alte Gebäude untergegangen und überhaupt das herrschende Grundstück in seiner Individualität vernichtet worden sei, und stützt sich namentlich auch auf l. 6 § 1 D. comm. praed. (8,4). Indessen Feldmann die l. 20 § 2 D. serv. praed. urb. (8,2) für sich anführt und bemerkt, dass er ja nur Anerkennung der Fortdauer seines Rechtes verlange, ohne es für den Dovenhof im ganzen ausüben zu wollen.

Der Streitfall ist zu begutachten.

XI.

1. Wie sind die kommenden Rechtsverhältnisse juristisch zu charakterisieren?

a) Ein Krämer hat in einer Nebenstrasse einen Laden zum Betriebe eines Viktualiengeschäftes gemietet. An der Ecke der Hauptstraße bringt er an einem Hause mit Bewilligung des Eigentümers ein Schild an, das auf sein Geschäft aufmerksam macht. Jenes Haus geht im Kaufwege durch mehrere Hände und kommt nach elf Jahren in das Eigentum eines Fremden, der das Schild nicht dulden will.

b) Einem Gutsbesitzer wird das Recht, auf benachbartem fremden Grunde zu jagen, vertragsweise bestellt; — oder das Recht, daselbst spazieren zu gehen.

c) Von einem Hofbesitzer wird das Recht in Anspruch genommen, durch eine in seinem Hause angebrachte Thüre über den Hof des Nachbars zu dessen Brunnen zu gehen, sowohl um für zeitweise notwendige Reinigung und Ausbesserung des von dorther kommenden Abflußkanales zu sorgen, als auch, unabhängig davon, um Wasser zu schöpfen.

d) Jemand läßt sich das Recht einräumen, das von dem Dache des benachbarten Hauses abfließende Regenwasser mittels einer hierzu eingerichteten Rinne nach einem Behälter im eigenen Hause abzuleiten, um es hier zu eigenem Bedarfe zu benutzen; — oder das Recht, aus dem Brunnen des Nachbars mittels einer in letzterem angebrachten Röhre Wasser nach seinem Gebiete zu leiten.

e) Durch ein Grundstück, das an zwei Parallelstraßen stößt, ist jemand seit ungefähr zwölf Jahren fast täglich gegangen, da er in einer etwa zehn Minuten entfernten Straße wohnt und nach seinem Geschäftslokale auf der andern Seite der Stadt durch jenen Durchgang erheblich nähern Weg hat.

f) Es wird ein Kanal oder Graben angelegt, in welchem Wasser aus einem öffentlichen Flusse abgeleitet wird, um bei dem Betriebe von Mühlen oder sonstigen gewerblichen Anlagen, oder behufs Wiesenbewässerung oder Benutzung für die Hauswirtschaft verwendet und nötigenfalls verbraucht zu werden Der Kanal oder Graben durchläuft die Grundstücke verschiedener Eigentümer und mündet sodann wieder in den Fluß ein, aus dem er abgeleitet worden ist.

g) Ein Hauseigentümer verspricht dem ihm befreundeten Nachbar vertragsmäßig, daß er einen Dachvorsprung über seinem Anwesen dulden wolle, so lange das überragende Haus im Besitze des Nachbars sich befinden werde.

h) M. schließt mit N. einen Vertrag ab, durch welchen ihm ein auf des N. Gutsareal befindlicher Felsen zum Ausbrechen von Steinen auf unbestimmte Zeit und längstens auf einen Zeitraum von 20 Jahren gegen eine bar zu bezahlende Summe von 400 ℳ und die Zusage der Lieferung eines bestimmten Quantums von Bruchsteinen überlassen wird.

i) Auf einer Wiese befindet sich ein cisternenartiges Behältnis, in welchem sich zeitweise Wasser sammelt. Ein benachbarter Grundeigentümer nimmt das Recht in Anspruch, aus jenem Behältnis das für sein Anwesen nötige Wasser zu schöpfen.

k) Der Käufer eines Hauses bedingt sich von dem Verkäufer, in dessen Händen zwei benachbarte Grundstücke verblieben sind, das Recht aus, Waren und andere Gegenstände, welche sich auf seinen, des Käufers, Haus- oder Geschäftsbedarf beziehen, und insbesondere die für seinen Geschäftsbetrieb erforderlichen Steinkohlen, über jene Grundstücke transportieren zu dürfen.

l) Eine Gemeinde nimmt „für ihre ärmeren Ortsbürger“ eine auf zwei Tage in der Woche beschränkte Leseholzgerechtigkeit in den Waldungen der dortigen Standesherrschaft in Anspruch.

m) Bei einem Gartenverkaufe wird dem Käufer ein Durchgang durch des Verkäufers Hof bewilligt, da der Käufer von dem ihm gehörigen Hause aus das erkaufte Grundstück sonst nur auf einem größern Umwege erreichen könnte.

2. Einem Rittergute ist in einem Rezesse das Recht eingeräumt, alle auf einem bestimmten benachbarten Grundstücke sich vorfindenden Erze, Steinkohlen, Kalke und edlen Steinarten in Besitz zu nehmen.

Es fragt sich, ob eine Eintragung dieser Berechtigung im Grundbuche erforderlich ist?

Preuß. Gesetz über den Eigentumserwerb und die dingliche Belastung von Grundstücken, vom 5. Mai 1872, § 12: „Dingliche Rechte an Grundstücken, welche auf einem privatrechtlichen Titel beruhen, erlangen gegen Dritte nur durch Eintragung Wirksamkeit und verlieren dieselben durch Löschung. Der Eintragung bedürfen jedoch nicht die gesetzlichen Vorkaufsrechte, die Grundgerechtigkeiten, die Miete und Pacht.“

3. Die preußische Gemeinde Pabstorf klagt gegen die braunschweigische Gemeinde Pabstorf auf Anerkennung ihres Eigentums oder Miteigentums oder sonst dinglichen Rechtes an dem obern Stockwerk des der beklagtischen Gemeinde gehörigen und auf deren Grund und Boden gelegenen Gemeindekruges zum Zwecke der Abhaltung von Gemeinde-Versammlungen und öffentlichen Festlichkeiten.

Die Beklagte bestreitet die juristische Möglichkeit eines solchen Rechtsverhältnisses.

Wie ist darüber zu urteilen?

4. An einen Juristen wird folgende Frage gestellt:

„Darf der Eigentümer eines Feldgrundstückes, das als Weide für Milchvieh ausgenutzt werden soll, auch gegen den Widerspruch der Nachbarn, die durch Ersitzung das Recht zur Benutzung eines darüber hinführenden Fußweges erworben haben, einen Zaun um das Grundstück aufführen, sobald er nur das Passieren desselben den Berechtigten durch Vorrichtungen im Zaune, etwa Anbringung eines schwebenden Kreuzes an den Durchgangsstellen, ermöglicht? Oder können die Nachbarn verlangen, daß der Fußsteig ganz ausgefriedigt wird?"

5. Nicht selten entsteht Streit darüber, wie weit eine zweifellos bestehende Servitut ausgedehnt werden dürfe. Beispiele:

a) Ist mit einer servitus aquae haustus auch das Recht des freien Zutrittes zum Brunnen ohne weiteres verbunden?

b) Darf derjenige, welchem eine Fahrtgerechtigkeit zusteht, den betreffenden Weg auch zum Reiten benutzen?

c) D. ist Eigentümer zweier hintereinander gelegener Grundstücke, a und dahinter b; dem a steht an dem zwischen jenen und der Straße gelegenen Grundstücke c, dem S. gehörig, ein Fahrtrecht zu.

Darf D. über c auch fahren zum Zwecke der Bewirtschaftung von b?

Oder umgekehrt: Muß S. die Fahrten über c zu gunsten von a dulden, wenn b das berechtigte Grundstück ist?

6. Die Bewohner eines Dorfes haben im einzelnen das Recht, aus einem fiskalischen Walde Holz, Laub u. dgl., in bestimmten Mengen zu holen. Jetzt schließt die Forstverwaltung einen Teil jenes Waldes ab, weil er im Interesse der Forstkultur 20 Jahre lang geschont werden müßte.

Ist sie hierzu berechtigt; oder können die Bauern als Entschädigung Geld verlangen; oder fordern, daß aus anderen benachbarten fiskalischen Forsten ihnen Holz geliefert werde?

Würde es für die Entscheidung von Einfluß sein, wenn der unbefriedigende Zustand des Waldes der Nachlässigkeit der Forstverwaltung zuzuschreiben wäre?

7. B. hat über das Grundstück des A. von e bis f das Fahrtrecht. Da in der Richtung von a über c eine neue Fahrstraße angelegt wird, so verkauft er sein Recht an C., der nur auf dem an der Grenze von b nach d laufenden Fußpfade an sein Grundstück gelangen kann. A. behauptet nun, daß damit das Fahrtrecht erloschen sei.

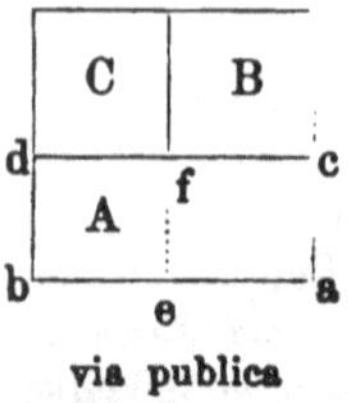

Mit Recht?

Wie wäre es, wenn B. sein Recht an C. nur vermietet hätte?

8. An dem Gute des Ameis bestand eine Wasserschöpf- und Bleichgerechtigkeit zu gunsten des benachbarten „Eßhofes". Das auf letzterem befindliche Wohngebäude ist von dem jetzigen Besitzer abgebrochen und ein anderes eine Strecke davon aufgeführt und dann an Ziegler verkauft worden.

Der Ameis will aber jetzt die Ausübung jenes Rechtes durch Ziegler nicht dulden, weil das neue Haus fast vollständig auf einem zu dem Eßhofe nicht gehörigen Grundstücke stehe und nur etwa 10 Fuß auf das alte Gebiet dieses herüberrage.

Entscheidung?

---

9. Ein Ehepaar hatte ein ihm gemeinschaftliches Hausgrundstück vertragsweise abgetreten und als Gegenleistung eine bestimmte Summe Geldes sowie „die Benutzung des verkauften Hauses zur eigenen Wohnung" für die Lebensdauer der veräußernden Eheleute zugesichert erhalten.

Welches Rechtsverhältnis ist hierdurch entstanden?

10. Welche Befugnisse kommen jemanden zu, dem das Gebrauchsrecht hinterlassen ist:

a) an einem Hause?
b) an einem Landgute?
c) an einem Walde?
d) an einer Schafherde?
e) an zwei Pferden?

In dem zuletzt erwähnten Falle hat der Legatar, ein Droschkenbesitzer, die Pferde einfach in sein Geschäft gesteckt. Der Eigentümer protestiert.

Mit Recht?

11. Unter anderen Gegenständen hat jemand auch den Nießbrauch an einer Herde von 100 Stück Schafen letztwillig hinterlassen erhalten. Bei seinem Tode sind davon nur noch 20 vorhanden. Der Nießbraucher hat 20 neue angeschafft, und 70 junge Lämmer sind aus der Herde da.

Wie steht es mit der Rückgabe der Herde an den Eigentümer?

12. Ein Erblasser hat den L. zum Erben eingesetzt und dem M. und N. gemeinsam den Nießbrauch eines Wohnhauses vermacht. Das Testament wird ausgeführt, und alle erwerben. Nach einem Jahre stirbt der N.

Welchen rechtlichen Einfluß hat dies auf die angegebenen Verhältnisse?

13. Eine Ehefrau bestellt ihrem Manne als Dos den Nießbrauch an einem ihr gehörigen Grundstücke. Nach kurzem wird die Ehe durch Tod oder Scheidung gelöst.

Was hat nun in Rücksicht auf die Restitution der Mitgift zu geschehen?

14. Ein Nießbraucher überträgt gegen bestimmten Entgelt einem Verwandten die Ausübung des Nießbrauchs zu selbständigem eigenen Rechte auf zwölf Jahre. Nach einem Jahre beerbt dieser Verwandte den Eigentümer dieses Grundstückes und setzt die Nutzung einfach fort. Kurz vor Ablauf der zwölf Jahre stirbt derselbe.

Was ist nun die rechtliche Lage?

15. „George Rudolph, der mit seiner Ehefrau 18 Jahre in der Ehe gelebt, und keine Kinder erzeuget, hat in anno 1788. das Unglück, daß ihn im Walde, bey dem Herrenholz machen, ein abgehauener Buchbaum im Niederfallen mit einem Aste trift, und am Kopfe tötlich verwundet, darauf er nach Hause gefahren wird, und den Richter nebst 2 Schöpfen zu sich berufen lässet, vor selbigen ein Testament errichtet, und darinnen seines Bruders Philipp Rudolphs 2 Söhne zu Erben einsetzet, seiner Ehefrau aber den *Usumfructum* von seinem Hintersiedlers-Güthgen *ad dies vitae* verordnet.

Diesen *Usumfructum* genieset dieselbe 5 Jahre lang, wird aber von einem Sachs-Eisenachischen Soldaten in ihren alten Tagen gereitzet, ihn zu heurathen, da sie denn den ihr geordneten *Usumfructum* an ihre Schwester Anna, George Villmars Ehefrau gegen etwas gewisscs *ad dies vitae cedi*ren will, in welche Cession aber Philipp Rudolphs Söhne nicht gehehlen wollen, sondern bey dem Gerichte dagegen *protestando* einkommen, da denn die Frage entstund: Ob die Wittib Rudolph ihren *Usumfructum* an ihre Schwester *cedi*ren könne?"

(Aus Theoph. Chr. Becker, Sammlung merkwürdiger Rechtsfälle.)

16. Nach dem Testamente eines verstorbenen Gutsbesitzers traten dessen zwei Kinder als Erben ein, während der Witwe der lebenslängliche Nießbrauch des hinterlassenen Gutes zugewiesen war. Nach einigen Jahren verheiratete sich die Witwe zum zweitenmal; und errichtete am 13. März 1894 mit ihrem jetzigen Ehemanne einen Vertrag, in welchem sie ihm die Mitbenutzung und Mitbewirtschaftung des Nießbrauchsgutes verschrieb. Zwischen den beiden großjährigen Kindern und ihrem Stiefvater brachen aber nicht lange danach Zwistigkeiten aus, die im Sommer 1896 zu einer Klage jener gegen letztern auf Räumung des ihnen eigentümlich zustehenden Hofgutes führten.

Der Beklagte machte geltend, daß ihm nach dem angeführten Vertrage das dingliche Recht zur Mitbenutzung des Hofes zustehe. Die Kläger aber bestritten, daß dieses der Fall sei, und führten noch an, daß ihre Mutter durch einen im Februar 1896 mit ihnen abgeschlossenen Kontrakt auf ihren Nießbrauch verzichtet habe, und daß auch ohne dieses der Beklagte durch schlechte Bewirtschaftung des Gutes — worüber nähere Thatsachen abgegeben wurden — alles Nutzungsrecht an demselben verloren haben würde.

Wie war zu erkennen?

17. Unter den zu Nießbrauch gegebenen Gegenständen befinden sich 100 Centner Weizen. Beim Tode des Nießbrauchers entsteht Streit zwischen seinen Erben und dem forderungsberechtigten Eigentümer, da der Preis des Weizens sehr gefallen war und der letztgenannte diese Differenz auch ersetzt verlangt.

Wer ist im bessern Rechte?

18. V. hat seiner Ehefrau W. den Nießbrauch seines Kapitalvermögens vermacht; Erbe ist sein Bruder F., und zwar durch Antretung der Erbschaft am 26. Juni. Das Kapital bestand aus vier Pfandbriefen der Meininger Hypothekenbank zu je 5000 ℳ. Nun weigert aber F., die am 1. Juli fälligen halbjährlichen Zinsen mit 400 ℳ an W. zu geben, ihr überhaupt die Papiere zu liefern, weil sie noch nicht die gesetzliche Kaution bestellt habe.

a) Wenn W. diese nun nachträglich am 1. August leistet (auf welche Art und Weise?): was kann sie alsdann verlangen?
b) Was ist die Folge, wenn nachmals einer jener Pfandbriefe ausgelost wird?
c) Welchen Einfluß würde es haben, wenn späterhin ein Nach-

trag zum Testamente sich fände, worin V. seiner Ehefrau die Kautionsbestellung überhaupt erlassen hatte?

19. Ein ganz verschuldetes Ehepaar hatte von dem noch vorhandenen eingebrachten Vermögen der Ehefrau für seinen 19jährigen Sohn, der im benachbarten Orte Schneiderlehrling war, einen Acker gekauft, einen andern gepachtet und vier Gänse gekauft, und alle diese Gegenstände für jenen in Gewahrsam, Verwaltung und Nutznng behalten.

Ein Gläubiger des Vaters ließ nun die noch ausstehenden Ernten des gekauften wie des gepachteten Ackers und die vier Gänse pfänden. (C. P. O. § 714.)

Der Sohn erhob, vertreten durch den Vater, Klage, weil ihm an den gepfändeten Gegenständen das Eigentum zustehe. (C. P. O. § 690.)

Die Klage machte geltend, daß der Vater nur Nießbraucher und nicht Eigentümer wäre, weder der Grundstücke noch der Gänse, noch der Ernten; wogegen der Beklagte behauptete, daß an den Gänsen zufolge des uneigentlichen Nießbrauches allerdings Eigentum bestände und der Vater durch die Verwaltung und Nutzung der Äcker an den Früchten Eigentum erwürbe, so daß sie auch gegen ihn gepfändet werden könnten.

Es ist Urteil mit Entscheidungsgründen auszuarbeiten.

XLI.

1. Ist bei den folgenden Thatbeständen *iuris quasi possessio* jeweils als erworben anzunehmen?

a) Nach einem Ortsstatut dürfen Gebäude, die unmittelbar an der Grenze stehen, keine Fenster nach dem Nachbargrundstücke haben. Trotzdem hat ein Eigentümer in seinem derartig gelegenen Gebäude solche Fenster anbringen lassen.

b) Der jenseitige Nachbar hat sich die eben erwähnten Fenster nur deshalb gefallen lassen, weil er selbst auf seinem Grundstücke bauen will, und dadurch jene Fenster wieder zugemauert werden. Er beginnt damit; der andere protestiert.

c) Eine Wasserleitung mit Schleusen ist fertig gestellt, aber noch nicht in Gebrauch genommen.

d) Der Eigentümer eines tiefer gelegenen Grundstückes hat auf demselben vor langen Jahren ein Bassin errichtet zum Aufsaugen und Benutzen des von dem obern Grundstücke von einer dort entspringenden Quelle ablaufenden Wassers. Jetzt hält der obere Eigentümer das der Quelle entströmende Wasser auf seinem Grundstück gänzlich zurück.

e) Ein Müller hat seit Menschengedenken ein öffentliches Flüßchen zum Betriebe seiner Mühle ungestört benutzt. Jetzt hat die benachbarte Dorfgemeinde begonnen, das Wasser des Flüßchens zur Bewässerung ihrer Wiesen abzuleiten.

f) Ein Gutsverwalter hat während mehrjähriger Abwesenheit des Eigentümers im benachbarten Forste Jagdrecht ausgeübt; — ein von dem Verwalter auf dem Hofe angestellter Schäfer hat auf dem Gemeindeland eine Triftgerechtigkeit thätlich unternommen; — Stammgäste eines Wirtshauses haben einen Fußpfad nach diesem über ein fremdes Grundstück als Recht in Anspruch genommen und so benutzt; — der Pachter einer Domäne hat ein Fischereirecht, als dieser zukommend, ausgeübt; — Mitglieder einer Stadtgemeinde sind häufig über den Kasernenhof, in der Meinung, ein bestehendes Recht auszuüben, gegangen.

2. Ein Maler hat sich in einem von ihm erworbenen Hause ein Atelier nach eigenem Plane und mit besonderer Rücksicht auf Lichtzuströmung hergerichtet. Kaum ist es beendet, so läßt sein Nachbar einen seit 15 Jahren schon bestehenden Flügel seines Hauses niederlegen und nimmt dadurch einen gegen lästiges Zustömen von Licht wertvollen Schutz weg.

Maß der Maler sich dieses gefallen lassen? Ist es von Einfluß, ob er das Atelier und den jetzigen Zustand seines Hauses schon länger als 10 — oder 30 — oder 80 — Jahre inne hatte?

3. Vor langer Zeit hatte der Vater des A. in einem Gasthause die Absicht geäußert, auf seinem Hause einen Stock aufzusetzen. Sein anwesender Nachbar B. nahm das zum Anlaß, um dem A. zu erklären, daß er dieses nicht zugeben könne, da seinem Hause, wie ihm sein Verkäufer garantiert habe, die servitus altius non tollendi zustehe. Der Angeredete war darauf still gewesen und hatte auch nicht gebaut.

Als jetzt nach mehr als zehn Jahren nach jenem Vorfall der A. doch höher baut, nimmt B. die oben angegebene Servitut in Anspruch, indem er sich, um alle Weiterungen abzuschneiden, lediglich auf Erwerb derselben durch Ersitzung beruft.

Wie ist darüber zu befinden?

4. Ein Gutsbesitzer hatte in dem Glauben, daß ihm ein dahingehendes Recht zustehe, seinem Hirten Anweisung gegeben, die

Herden auf des Gutsnachbars Weiden zu treiben. Dieses geschieht mehrere Jahre hindurch. Da stirbt der Nachbar, und sein Erbe erläßt Verbot an den Hirten, weil die seitherige Duldung des Weidens von seinem Erblasser nur aus Gefälligkeit und nicht aus Rechtsverbindlichkeit geschehen sei. Der Hirte aber macht seinem Dienstherrn von dem ergangenen Verbote keine Mitteilung.

Wird die laufende Ersitzung des Weiderechtes unterbrochen?

5. Ist in den nachstehenden Fällen eine Klage wegen Störung im Rechtsbesitze möglich?

a) Der Eigentümer bringt einen verschließbaren Schlagbaum an einem Wege an, über welchen einem andern ein Fahrtrecht zusteht.

b) Von 1875 bis 1890 hat ein Bauer alljährlich zu jeder Jahreszeit frei, offen und ohne Widerspruch seine Gänse und Enten aus seinem Gehöfte auf die Aue hinausgetrieben und an einer bestimmten Fläche sie aufhalten und weiden lassen. Er ging dabei von der Ansicht aus, daß allen Bauern des Dorfes dieses Recht an der dem Fiskus gehörigen Aue zustände. Jetzt kommt von dem letztern ein Verbot.

c) (d) Ein Kirchenvorstand ordnet das Anstreichen von Kirchenstühlen gegen den erklärten Willen der Inhaber derselben an.

d) (e) X. übt seit einiger Zeit auf dem Grundstücke des Y. ein Fahrtrecht aus. Y. will das nicht leiden; er klagt gegen X. mit der negatoria, und dieser wird auch in der ersten Instanz verurteilt, sich der Ausübung zu enthalten.

Er legt Berufung ein und fährt während dessen wieder über das Grundstück des Y. Nun pfändet ihn dieser.

Da klagt X. gegen Y. in possessorio.

6. Der Landwirt Hosch erhebt gegen seinen Nachbar Zimmermann Klage, weil dieser ein in der Grenzmauer befindlichen Loch, durch welches das Regenwasser und überflüssige Brunnenwasser vom Hofe des Klägers seit längerem abgelaufen sei, zugestopft und dadurch den Kläger im ruhigen Besitze gestört habe.

Auf stattgehabte Verhandlung, in welcher Zimmermann bestritt, daß Hosch ein Recht auf Verbleiben jener Öffnung habe, erkannte das Gericht auf Abweisung der Klage.

In den Entscheidungsgründen wurde bemerkt: Die erhobene Klage charakterisiere sich als interdictum de aqua. Bedingung dieses Interdikts sei der Besitz der Servitut, welche in der Überzeugung des vorhandenen Rechtes wenigstens einmal im letzten verflossenen Jahre ausgeübt worden sein müsse. Kläger hätte also behaupten und beweisen müssen, daß noch im letzten Jahre der Wasserabfluß stattgefunden und die denselben störende Handlung geschehen sei. Da er dieses auf dahin gerichtetes Befragen nicht gekonnt habe, so sei die erhobene possessorische Klage unbegründet gewesen.

Hosch bringt dieses Urteil einem Juristen mit dem Ersuchen, ihm in begründetem Gutachten Rat zu erteilen, ob er Berufung einlegen soll?

7. Die Gemeinde Ehringshausen beansprucht ein Fahrtrecht durch ein den Herren von Schenck zu Rülfenrod gehöriges Wäldchen. Letztere haben neuerdings, um die Gemeinde in der Ausübung der von ihnen bestrittenen Fahrtgerechtigkeit zu hindern, einen Graben vor dem Wäldchen ziehen lassen. Die Gemeinde betraut nun einen Anwalt mit der Vertretung ihrer Interessen. Sie ist nicht in der Lage, das behauptete Fahrtrecht schnell ganz zweifellos darzuthun, legt aber Gewicht darauf, sobald wie möglich wieder zu der thatsächlichen Ausübung desselben einstweilen zugelassen zu werden.

Nach welchen Thatumständen wird der Anwalt vor allem sich erkundigen müssen? Und wie wird er, bei befriedigendem Aufschlusse hierüber, die gewünschte Klage zu fassen und zu begründen haben?

8. Ein Gärtner klagt gegen seinen Nachbar wegen Verhinderung in der Ausübung des im zustehenden Rechtes, über den Hofraum des Nachbars nach seinem Lande mit Schiebkarren und Handwagen zu fahren, und erbringt den Beweis, daß er seit Jahresfrist in vielen Fällen, und zwar in 16 mit einem Schiebkarren, in zwei mit einem Handwagen und in zwölf durch bloßes Gehen, jenes Recht ausgeübt habe.

Wie ist zu erkennen?

9. Der Leineweber Maasen behauptet, sich im Besitze des Rechtes zu befinden, bei dem Abfahren des Düngers von seinem Hofe auf den des Nagler fahren und dort drehen zu dürfen; an der Ausübung dieser Befugnis sei er von jenem durch kürzliche Anlegung eines Zaunes verhindert worden. Er klagt auf Beseitigung dieser Störung.

Nagler erwidert, daß Maasen nicht die Voraussetzungen des Rechtsbesitzes nach l. 1 § 2 D. de itinere actuque privato (43,19) für sich habe; worauf Maasen erwidert, daß dieses auch gar nicht möglich sei, weil er, der nicht Ackermann von Profession wäre, höchstens ein Dutzend Fuder Mist zu fahren habe; übrigens handele es sich hier gar nicht um eine Wegegerechtigkeit und deren Besonderheiten.

Entscheidung?

XLII.

1. Z. hat ein Gut des Grafen W. als Emphyteuta. Z. möchte gern auswandern und sein Recht an seinen jüngeren Bruder O. gegen Zahlung einer Pauschalsumme abgeben.

Ist dies möglich?

2. An einem Grundstücke fand eine Emphyteusis statt. Der seitherige Berechtigte starb, und sein Sohn hat keine Lust, jenes Recht weiter zu übernehmen, da er keinen Landbau betreibt.

Kann er einfach darauf verzichten?

3. Bei dem Tode des seitherigen Emphyteuta findet sich ein Kodizill, in welchem er sein dingliches Nutzungsrecht dem Eigentümer vermacht, so daß dieser freies Eigentumsrecht erhalten soll. Allein der Eigentümer verweigert die Annahme dieses Vermächtnisses.

Was ist nun die Folge?

4. Ein Kloster hat seit alten Zeiten mehrere Äcker der Familie Y. als Emphyteusis überlassen. Der jetzige einzige Sohn des letzten Berechtigten bekümmert sich aber um jene Grundstücke gar nicht, da er Schiffsdienste genommen hat und im Auslande weilt. Das Kloster sieht sich daher im zweiten Jahre nach dem Tode des letzten Bebauers veranlaßt, die Fürsorge und Verwaltung selbst zu übernehmen. Nach 13 Jahren kehrt der Sohn zurück und fordert sein Recht, erhält aber die Erwiderung, daß dasselbe wegen unterlassener Ausübung nicht mehr anerkannt werden könne.

Muß er sich dabei beruhigen?

5. In einer Vertragsurkunde vom 20. Januar 1803 heißt es: „Der Canon ist frei von Zehnten, Lasten und Steuern zu entrichten, dieselben seien ordentliche oder außerordentliche, schon auferlegte oder noch aufzuerlegende, soweit sie sich auf den emphyteutischen Grund und die Gebäude beziehen."

In dem betreffenden Bundesstaate wurde nachmals die Einkommensteuer eingeführt und selbstredend auch von dem an den Eigentümer gezahlten Canon dem letztern fiskalisch verrechnet.

Wer trägt — und nach welcher rechtlichen Deduktion — den hierdurch entstandenen Ausfall?

6. Der freie Kolon Beermann schloß 1826 mit den Eheleuten Grote einen „Erbpachtkontrakt", wonach er diesen, ihren Erben und Descendenten von seinem aus der Ohrbecker Mark erworbenen Heidegrund ein Maltersaat in Erbpacht gab, wogegen Grote sich verpflichtete, dem Erbverpachter 40 Thaler pro laudemio und jährlich zwei Pistolen in Gold „an Erbpacht" zu bezahlen; ferner sollte jeder neue Erbpachter männlichen Geschlechtes 5 Thaler Münze als Weinkauf an den Erbverpachter zahlen; und der Erbpachter alle auf besagten Grund gelegten Lasten und Abgaben übernehmen.

Der jetzige Erbpachter, ein Enkel des alten Grote, hat seit vier Jahren die Erbpacht nicht bezahlt; daher verlangt Faust, der jetzige Eigentümer, Räumung wegen l. 2 C. de emphyt. iure (4, 66); wogegen der Beklagte durch nachträgliche Zahlung alles für ausgeglichen hält, da kein contractus emphyteuticarius, sondern eine deutschrechtliche Erbpacht vorliege, bei welcher dem Erbverpachter ein Entsetzungsrecht nicht zustehe.

Wie ist zu erkennen?

---

7. Ein Bauspekulant hatte zwei Häuser dicht aneinander gebaut. Er verkauft an einem Weinhändler das eine Haus und außerdem noch den größten Teil des Kellers des andern Hauses.

Was liegt vor?

8. Wenn der Weinhändler den Kellerraum des zweiten Hauses, der nicht mitverkauft war, von dem er aber sicher glaubte, daß er verkauft sei, lange Zeit hindurch mit dem seinigen benutzt hätte: wäre daraus ein Recht entstanden?

9. Es will jemand einer nahe befreundeten Person unentgeltliche Wohnungsbefugnis in einigen Räumen seines Hauses zuwenden.

Welche Rechtsverhältnisse stehen da zur Wahl? Und wie stellen sich die Rechtsfolgen bei den einzelnen?

10. Wenn X. letztwillig verordnet, daß zu gunsten des Z. und seiner Erben „ein dingliches freies Wohnungs- und Nutzungsrecht an den beiden unteren Stockwerken des X'schen Hauses nebst allem zur Zeit des Todes darin befindlichen Mobiliar und Inventar" stattfinden solle: wie ist dieses rechtlich durchzuführen?

11. Die Stadt G. hat 1791 der dortigen Klubgesellschaft einen Platz im Stadtholz zur Errichtung eines Klublokales gegen eine jährliche Abgabe überwiesen. Jetzt möchte die Stadt den Platz wieder haben. Ein von ihr eingefordertes juristisches Gutachten läßt sich über das in Frage kommende Rechtsverhältnis folgendermaßen ans: Ein dingliches Recht sei damals nicht bestellt worden; eine Emphyteusis nicht, weil kein fruchttragendes Grundstück, eine Superficies nicht, weil kein Gebäude gegeben war; ein Nießbrauch aber würde nach bekannten Grundsätzen erloschen sein. Zudem sei der fragliche Platz von dem Klub nur zum Teil bebaut worden, so daß höchstens ein Streit über das Haus bestehen könnte. Aber der erledige sich schon dadurch, daß die alte Klubgesellschaft ihr Recht an eine andere Korporation, die „Harmonie“, veräußert habe, ohne der Stadt davon Anzeige zu machen und ihr das Haus anzubieten.

Sind diese Erwägungen sämtlich durchschlagend?

12. Die an der ehemaligen Judengasse in Frankfurt a. M. gelegenen Grundstücke waren von alter Zeit her den daselbst angesiedelten Israeliten von der Stadt zu Superficiarrecht überlassen. Nach Niederreißung eines baufällig gewordenen Hauses war der Platz desselben von dem Superficiar seit Jahrzehnten thatsächlich aufgegeben gewesen und von der Stadt innegehabt. Jetzt aber wird er von jenem wieder in Anspruch genommen.

Die Stadt macht geltend, daß der Kläger den Grundzins jahrelang nicht gezahlt und dadurch sowie durch zehnjährigen non usus sein Recht verloren habe. Zudem habe die Stadt seit etwa 35 Jahren den fraglichen Platz zu Marktzwecken und als städtischen Lagerplatz benutzt und dadurch die Freiheit ihres Eigentums ersessen.

Dagegen führt Kläger an, daß die longi temporis praescriptio bei dem hier fraglichen Rechtsinstitute keine Anwendung finde, es auch in jedem Falle der Beklagten an einem geeigneten Titel und dem darauf begründeten guten Glauben fehle.

Worauf Beklagte aber doch bei ihrem Vorbringen bleibt, da sie ja schon außerordentliche Ersitzung für sich habe.

Welche Entscheidung ist zu treffen?

13. Die Häuser Nr. 39 (Eigentum des A.) und Nr. 41 (ebenso des B.) grenzen aneinander. Im Erdgeschosse des letztern befindet sich hinter und unter der in die oberen Stockwerke führenden Treppe ein Raum, welcher nach dem Hofe und dem Erdgeschosse des Hauses Nr. 39 offen und zugänglich ist, wogegen er von den übrigen Räumen des Hauses Nr. 41 durch eine Scheidewand getrennt wird, in welcher sich außer einer zugemauerten Thüre kein Zugang zu jenem Raume befindet.

Nun legt A. in diesem fraglichen Raume einen Abort an; und es klagt jetzt B. auf Anerkennung seines Eigentumes an dem Raume und auf Verurteilung des A. zur Entfernung des Abortes.

A. beruft sich auf ersessenes superficiarisches Recht, da er und seine Vorbesitzer von Nr. 39 seit mehr als 16 Jahren den streitigen Platz bei Ausübung des Bäckergewerbes und zur Aufbewahrung von Gerätschaften u. dgl. stets, und zwar ausschließlich benutzt hätten.

Wogegen B. die Möglichkeit dieses Rechtes bestreitet, da ihm gar kein solarium als Vergütung gezahlt worden sei; die Ersitzung als Erwerbsgrund hier überhaupt fraglich wäre und in diesem Falle gar nicht zur Anwendung kommen könne, da A. die Absicht, daß gerade eine Superficies ausgeübt werden solle, nicht behauptet habe.

Es ist Urteil mit Gründen auszuarbeiten.

XLIII.

1. Von vielen Rechtseinrichtungen im Sinne des römischen Rechtes ist nachstehend Gebrauch gemacht?

a) Ein Kaufmann leiht Geld und verpfändet dafür sein Warenlager.

b) Eine Flaschenbierhandlung verlangt von ihren Kunden Hinterlegung von 20 ₰ für jede Flasche, die bei Rückbringung der leeren Flaschen zurückvergütet werden.

c) Ein Gast ist nicht in der Lage, seine Zeche zu bezahlen, und läßt zur Sicherheit seine Uhr dem Wirte.

d) Jemand nimmt ein Darlehn auf und übergiebt dem Gläubiger zur Deckung einen Paß oder andere Legitimationspapiere.

e) Zur Sicherung eines Darlehns von 3000 ℳ überträgt der Schuldner dem Kreditierenden eine Reihe von Wirtschaftsgegenständen zu Eigentum, wobei sie ihm gegen einen Mietzins von 150 ℳ noch auf ein Jahr belassen werden. Gegen Zahlung von 3000 ℳ hat der Schuldner ein Wiedereinlösungsrecht.

f) Ein Grundeigentümer nimmt Geld zu Zwecken eines Neubaues auf und bestellt an diesem zu erwartenden Gebäude ein Pfandrecht.

g) Ein Arbeiter versetzt einen Mantel und ein Bett im Leihhause.

h) Ein Mühlenbesitzer erhält bei dem Vorschußvereine der benachbarten Stadt einen Kredit bis zum Betrage von 9000 ℳ eingeräumt; sein Bruder verbürgt sich für die pünktliche

Rückzahlung dieses Kapitals als Selbstschuldner. Um diesem für alle möglichen Fälle Sicherheit zu verschaffen, verkauft der Müller sein gesamtes Mobiliar an ihn, gegen die Verpflichtung des Käufers, die Benutzung der Gegenstände einstweilen dem Verkäufer zu überlassen. Sobald der letztere die Schuld von 9000 ℳ samt Zinsen abgetragen hat, „soll der Kaufvertrag mit allen seinen Folgen aufgehoben sein“.

2. Sind folgende Sicherheitsleistungen juristisch gleich zu beurteilen?

a) Ein Kassierer bestellt bei Antritt seiner Stelle eine Kaution.

b) Für ein von einer Bank aufgenommenes Darlehn hinterlegt jemand eine Schuldverschreibung des Staates.

c) Es verpfändet jemand einen versiegelten Beutel oder eine ebensolche Rolle mit Goldstücken.

d) In einer „Leihbibliothek“ giebt ein dem Inhaber Unbekannter einen Einsatz von 3 ℳ für einen entnommenen Band.

3. Der Pachter A. hatte der Verpachterin B. zur Sicherheit der aus dem Pachtvertrage entstehenden Verbindlichkeiten eine Kaution von 10000 ℳ derart geleistet, daß die B. berechtigt sein sollte, über diese Summe gegen 5 % Verzinsung zu verfügen.

Als später der Konkurs über das Vermögen des A. ausbrach, begehrte der Konkursverwalter von der B. Zahlung der 10000 ℳ und verklagt sie auf ihre Weigerung hin.

Wie ist zu erkennen?

---

4. Ein Schuldner, der ein Darlehn von 1000 ℳ aufgenommen, hat dafür eine Sache im Werte von 2000 ℳ verpfändet. Er stirbt und wird von seinen zwei Kindern zu gleichen Teilen beerbt.

Wie steht es mit Forderung und Pfandrecht?

5. Für käuflich gelieferte Waren ist der Empfänger den Preis schuldig geblieben, hat aber einen Wertgegenstand dafür bei dem Verkäufer versetzen müssen. Nach einem halben Jahre, da der Kaufpreis nach Verabredung fällig ist, erbittet und erhält der Käufer weitern Ausstand, muß aber nun die rückständige Schuld mit 6 % verzinsen.

Haftet das gegebene Pfand auch für die nun entstehenden Zinsschulden?

6. Als Fritz Trummler in die Gesellschaft von Wahnschaffe & Cie. als Mitglied eintrat, bestellte auf sein dahingehendes Bitten sein Bruder Karl Trummler ein Pfand an ihm gehörigen Wertpapieren für die auf Fritz Trummler entfallenden Sozietätspflichten.

Der letztere veruntreute später Gesellschaftsgut und entwich nach Amerika; worauf Wahnschaffe & Cie. das von Karl Trummler bestellte Pfand zur Deckung heranziehen wollen. Dieser aber protestiert; er schützt schlechte Vermögensverhältnisse vor und beruft sich auf § 38 I. de actionibus (4, 6): „si socius cum socio iudicio societatis agat, non plus actor consequitur, quam adversarius facere potest."

Welche Erwägung ist für die Entscheidung dieser Frage die maßgebliche?

7. Nachdem über einen Schuldner Konkurs erkannt worden war, brannte das ihm gehörige Wohnhaus ab. Die Assekuranzsumme wurde von der Feuerversicherungsgesellschaft zu der Konkursmasse eingezahlt. Ein Gläubiger des Gemeinschuldners, welchem an jenem Hause eine Hypothek zugestanden hatte, fordert nun vorzugsweise Befriedigung aus den Versicherungsgeldern, während der Konkursverwalter dieses verweigert.

Wer ist im Rechte?

8. Ein Förster hatte einem Krämer für rückständige Kaufschuld eine wertvolle Hündin verpfändet. Der Schuldner stirbt am 15. März; Erbe ist sein Sohn, die Witwe soll lebenslänglich den Nießbrauch des Nachlasses haben. Am 28. März wirft das Tier Junge.

In wessen Eigentum fallen diese? Und welche Rechtsfolgen treten sonst bezüglich ihrer ein?

9. Einem Darlehnsgläubiger war ein von dem Pfandschuldner später veräußertes und von den Erben des Käufers besessenes Wohnhaus verpfändet.

Kann der Gläubiger wegen rückständiger Zinsen oder auch wegen des Kapitals etwa fällige Mietgelder in Anspruch nehmen? Welche *actio* würde es sein? Gegen wen hätte sie sich zu wenden? Welche Rechtssätze und juristischen Begriffe kommen in Betracht?

10. Ein zu Fabrikbetrieb bestimmtes Gebäude ist mit einer Hypothek belastet worden. Nachmals hat der Schuldner Maschinen, die für jenen Betrieb erforderlich sind, angeschafft und an den Plätzen, die in dem Bau für sie eingerichtet waren, aufgestellt.

Es trat nun die Frage auf, ob der Hypothekengläubiger im Bedarfsfalle auch diese Maschinen in Anspruch nehmen kann.

11. Dem Zinnert ist ein Ackergrundstück für ein gewährtes Darlehn von dem Eigentümer hypothekarisch verhaftet worden. Der letztere verkauft dasselbe an die Gesellschafter Wunderling und Frohn, die als Miteigentümer eingetragen werden. Wunderling stirbt bald darauf; über seine Erbschaft entsteht Streit unter verschiedenen Prätendenten.

Da Zinnert von dem Verpfänder die Zahlung des jetzt fälligen Kapitals nicht erwirken kann, so verklagt er den Frohn, mit dem Antrage, bei Vermeidung der Zwangsvollstreckung in seinem ideellen Anteil an dem verpfändeten Gute die fällige, durch das Pfand gesicherte Summe des Kapitals nebst Zinsen zu zahlen.

Der Beklagte bittet um Klagabweisung, da dem Gläubiger das Grundstück als Ganzes verpfändet worden, und derselbe deshalb nicht berechtigt sei, einen einzelnen, persönlich nicht haftenden Miteigentümer der Pfandsache zu belangen und dessen Anteil zur Versteigerung zu bringen.

Wie ist zu entscheiden?

12. Das Solmser Landrecht (s. ob. § 1 Nr. 7) erfordert in Tit. XIV § 1 bei Verpfändung fahrender Habe eine „sondern ausdrückliche Verschreybung", und schreibt in Tit. XV § 1 für die Verpfändung liegender Güter vor: „. . Doch soll solches anders nicht, denn für Gericht geschehen und in das Schöffenbuch eygentlich eingeschrieben werden, mit ausdrücklicher Erklärung des geliehenen Geldes, der gemachten Frist und Ziel und dafür verlegten Unterpfande; ohne das soll solche Versetzung unkräftig und nichtig sein."

Wie verhalten sich diese Vorschriften zu den Grundsätzen des ältesten, des klassischen römischen und des justinianischen Rechts über Art der Eingehung und mögliche Gegenstände eines Pfandrechts?

13. Im Sommer 1773 übernahm Wolfgang Goethe, damals Advokat in Frankfurt a. M., die Anwaltschaft in folgendem Rechtshandel:

Am 5. April 1769 hatte der Frankfurter Buchhändler Raspe sein Haus, sein Handelsgeschäft und alles, was er sonst noch besaß, an den Geheimen Rat von Günderode gerichtlich verpfändet; am 4. Juli 1769 aber trat Raspe, um eine eingeklagte Wechselschuld zu bezahlen, 46 Ballen Bücher, welche in einem ermieteten Gewölbe des Weißfrauenklosters lagen, an Gebrüder Stiebel käuflich ab. Die Bücher blieben in jenem Gewölbe liegen, dessen Mietzins Raspe zu bezahlen fortfuhr. 1771 jedoch, als auf Günderodes Betreiben des Raspe Besitztümer unter gerichtliches Siegel gelegt wurden, ließen die Gebrüder Stiebel wenige Stunden vorher jene Bücher aufs eiligste in ihr Geschäftslokal überbringen.

a) Wie stand es mit Besitz- und Eigentumsverhältnissen?

b) Was war über Verpfändung und Pfandrecht zu bemerken?
c) Kam dem Herrn von Günderode gegen die Gebrüder Stiebel eine *actio* zu?

---

14. Ein Kleiderhändler hat von einem Minderjährigen alte Kleider gekauft und dieselben — unter der Herrschaft des römischen Pfandrechts — an verschiedene Personen nacheinander verpfändet. Nachdem er das Alter des Verkäufers erfahren hat, läßt er von diesem, der inzwischen 21 Jahre alt geworden war, sich ausdrücklich das Verkaufsrecht bestätigen.

Welche Wirkungen hat dieses rücksichtlich der erwähnten Verpfändungen?

15. Durch Vertrag vom 9. September 1882 hat sich eine Bank verpflichtet, einem Gutsbesitzer Kredit bis zur Höhe von 30000 ℳ zu gewähren, gegen Verpfändung von dessen Gut; dabei wurde verabredet, daß für den Fall eines etwa gewährten höhern Kredits das Gut gleichfalls der Bank als Pfand haften sollte.

Der Gutsbesitzer nahm nun auf:

a) am 9. März 1883 von der Bank ein Darlehn von 15000 ℳ;
b) am 14. August 1884 von seinem Bruder ein solches von 10000 ℳ;
c) im Jahre 1887 in kleineren Posten von der Bank 15000 ℳ;
d) am 5. Dezember 1888 von einem dritten Kapitalisten 6000 ℳ;
e) im Laufe des Jahres 1889 von der Bank gegen Wechsel 12000 ℳ.

Welchen Rang haben die verschiedenen Pfandrechte?

16. Ein Schuldner hatte dem A. eine Wiese, dem B. dieselbe Wiese und einen Acker, dem C. diesen Acker verpfändet. Unter den Gläubigern entstanden Rangstreitigkeiten, die durch rechtskräftiges Urteil dahin geschlichtet wurden, daß B. dem A., dieser aber dem C. vorzugehen habe.

Die Grundstücke kommen nun zur zwangsweisen Versteigerung; und es einigen sich während dessen A. und B. dahin, daß B. seine Befriedigung zunächst aus dem Erlöse des Ackers suchen und denjenigen der Wiese freilassen solle.

Hiergegen protestiert C.; das Recht des vorgehenden Pfandgläubigers sei kein schrankenloses, sondern erschöpfe sich in dem Anspruche, zuerst Befriedigung zu erhalten; wobei er aber nicht bestimmen könne, welcher der nachstehenden Pfandgläubiger ausfallen solle.

Von der andern Seite macht B. auf l. 8 D. de distractione

pignorum et hypothecarum (20, 5) aufmerksam, die dem Gläubiger das entschiedene Recht freier Wahl zugestehe; auch sei der nachstehende Pfandgläubiger nach römischem Rechte gar nicht in der Lage, die gleichmäßige Verteilung, wie C. sie fordere, durchzuführen, da ihm ja doch ein Recht auf Rechnungstellung gegen den privatim verkaufenden ersten Pfandgläubiger nicht zukomme.

Wessen Behauptungen sind die zutreffenden?

XLIV.

1. Es hat jemand zwecks Flüssigmachung von Geldmitteln Silberzeug verpfändet, das ihm aus einer Erbschaft zugekommen war. Dasselbe hatte aber nicht dem Erblasser eigentümlich gehört, sondern war bei ihm von einem auf Reisen gehenden Freunde hinterlegt worden. Der Erbe hatte diesen Sachverhalt nicht gekannt.

a) Welche Rechtsfolgen werden durch die vorgenommene Verpfändung geschaffen?

b) Kann der Gläubiger bei Fälligwerden seiner Forderung das versetzte Silber mit Rechtswirkung verkaufen?

c) Wie ist es, wenn der Schuldner nachmals das Depositum erfährt und nun den Hinterlegenden in Geld entschädigt, welches dieser auch annimmt, mit der Erklärung, daß der Zahlende nun Eigentümer des Silbers sein solle?

d) Was wäre die Folge, wenn der Schuldner den Deponenten beerbt? Oder umgekehrt: dieser jenen?

e) Welche Rechtsverhältnisse würden vorliegen, wenn der Verpfänder das Silber an eine dritte Person verkauft? Würde es von Einfluß sein, wenn er vor diesem Kaufe als Erbe des vormaligen Deponenten eingetreten wäre?

2. (5.) Als das Ehepaar Springer seine bisherige Wohnung verließ, behielt der Hauswirt Pieper mit Rücksicht auf eingeklagte Mietrückstände Mobilien jenes zurück. Nun klagte Frau Springer gegen Pieper, weil die zurückbehaltenen Möbel in ihrem Sondereigentum ständen und deshalb wegen der Schuld ihres Ehemannes, dem Pieper die Wohnung vermietet hatte, nicht hafteten.

Der Beklagte machte geltend, daß das dem Vermieter an den vom Mieter in die gemietete Wohnung eingebrachten Sachen zustehende gesetzliche Pfandrecht unabhängig von dem Eigentume des Mieters an diesen entstehe; wie schon daraus hervorgehe, daß nach l. 5 pr. D. in quibus causis pignus vel hypotheca tacite contrahitur (20, 2) und l. 11 § 5 D. de pigner. actione (13, 7) auch die von dem Aftermieter eingebrachten Sachen dem ersten Vermieter haften.

Der klägerische Anwalt indessen widersprach dieser Meinung; er führte aus, daß die stillschweigende Vereinbarung zwischen Mieter und Vermieter, auf welche nach l. 4 pr. und l. 6 D. in quibus causis etc. (20, 2) das Pfandrecht des Vermieters zurückzuführen sei, doch natürlich für solche Sachen keine rechtliche Wirksamkeit haben könne, über die der Mieter gar nicht zu verfügen in der Lage sei.

Welche Entscheidung der Streitfrage erscheint als die richtige?

3. (6.) Im Zwangsvollstreckungsverfahren gegen den Eigentümer von Grundstücken war die auf letzteren ausstehende Ernte gepfändet worden. Dem trat ein Dritter entgegen, indem er auf Grund der Behauptung, daß ihm die gepfändeten Früchte schon früher käuflich überlassen oder wenigstens die betreffenden Grundstücke vor vollzogener Pfändung pachtweise zur Benutzung eingeräumt worden seien, gegen den pfändenden Gläubiger Klage erhob, mit dem Antrage, sein Eigentum an den Früchten anzuerkennen und die erwirkte Pfändung aufzuheben.

Der Gläubiger dagegen beantragte Klagabweisung, weil eine Tradition der noch nicht vom Grund und Boden getrennten Früchte nicht möglich gewesen sei und der Kläger auch als Pachter, da er als solcher die Früchte erst mit der Perception erwerbe, die Pfändung nicht habe hindern können. Vgl. C.P.O. § 714: „Früchte können, auch bevor sie von dem Boden getrennt sind, gepfändet werden. Die Pfändung darf nicht früher als einen Monat vor der gewöhnlichen Zeit der Reife erfolgen."

Wie ist hiernach zu erkennen?

XLV.

1. S. ist dem G. aus Darlehn 100 ℳ schuldig und hat dafür am 10. Januar einen Schrank verpfändet; ferner hat er an X. noch 200 ℳ rückständiges Kaufgeld von früher her zu zahlen: G. kauft dem X. am 20. Januar seine Forderung um 150 ℳ ab. Als S. das Darlehn bezahlt hat, weigert G. die Herausgabe des Schrankes.

Mit Recht?

Dieselbe Sache war am 1. Februar auch dem H. für eine andere Darlehnsschuld des S. verpfändet worden.

Wie hat nun die rechtliche Auseinandersetzung zwischen den Beteiligten zu geschehen?

2. „Mit 4000 ℳ Anzahlung im Südviertel Bäckereigrundstück, sehr rentabel, für 47000 ℳ zu verkaufen. Nur mit einer Hypothek belastet. Rest bleibt stehen."

a) Welche Rechte hat der Hypothekengläubiger gegen einen hiernach eintretenden Käufer?

b) Muß er sich das Eintreten desselben auch gegen seinen Willen gefallen lassen, oder ist ein dagegen geschehener Kauf ungültig?

c) Kann sich der Pfandgläubiger auch nach dem Kaufe noch an den Verkäufer halten?

d) Welche Rechtsfolgen würden eintreten, wenn der Käufer des Grundstückes in dem Kaufvertrage dem seitherigen Eigentümer gegenüber die Darlehnsschuld, für welche die Hypothek bestellt ist, als seine persönliche Schuld übernimmt?

3. Als ein Witwer zu einer zweiten Ehe schritt, wurde den Kindern erster Ehe wegen ihres in der Verwaltung und Nutzung des Vaters stehenden mütterlichen Vermögens ein deckendes Pfandrecht an dem Hofe ihres Vaters bestellt.

Bald darauf sicherte der letztere seiner zweiten Ehefrau ein lebenslängliches dingliches Einsitzrecht auf dem verpfändeten Hofe zu.

Nach seinem Tode kam es zum Streite zwischen der Witwe und den Kindern erster Ehe. Während diese sich auf ihr Pfandrecht beriefen, behauptete die Witwe, daß das Eigentumsrecht ihres verstorbenen Ehemannes an dem Hofe für stärker zu erachten wäre, und daß die Kinder, da sie als sui heredes ohne weiteres Erben des Vaters geworden seien, dessen Verfügungen gelten lassen müßten.

Wie war zu entscheiden?

4. Der Käufer eines Hauses, auf welchem eine Hypothek ruht, hat dasselbe seiner Baufälligkeit halber niederreißen und ein anderes an die Stelle setzen lassen. Jetzt wird die Pfandklage gegen ihn erhoben.

Kann er wegen der auf den Neubau verwendeten Kosten Ersatz verlangen und bis dahin das Haus zurückhalten?

Wem kommen die aus dem Neubau gezogenen Nutzungen zu? Was hat es insbesondere für rechtlichen Einfluß, wenn diese, namentlich die Mietzinsen, infolge des Neubaues sich erheblich höher stellen als vorher?

5. B. hat die Pfändung und Überführung des dem N. gehörigen Viehes erwirkt. A., welchem als Verpachter jenes Vieh schon früher verpfändet war, klagt nun gegen den B. auf Anerkennung seines Pfandrechtes und begehrt zugleich die Rückführung des Viehes in den Stall des N. auf Kosten des B. Letzterer leugnet seine culpa nnd seine Pflicht zur Kostentragung.

Welches ist die zutreffende Entscheidung?

6. Der Bäcker Wäferling hat dem Kaufmann Levy wegen rückständiger Forderungen von 9000 ℳ für geliefertes Mehl sein Wohnhaus verpfändet; ein Verwandter des Schuldners, der Kürschner Pilger, hat sich nach Ausrechnung und Feststellung jener Schuld für pünktliche Tilgung derselben durch Abschlagszahlungen verbürgt.

Nachdem später Wäferling sein Haus an den Metzger Huett verkauft hat, tritt nunmehr Levy mit der Pfandklage gegen den letztern auf. Dieser nimmt den Prozeß auf und beantragt Klagabweisung, da ja der Bürge Pilger da sei, an den sich Kläger zunächst halten möge.

Dagegen bittet der den Levy vertretende Anwalt, diesen Einwand zu verwerfen, da der im Termine erschienene Beklagte gar nicht habe angeben können, ob jener Bürge überhaupt zahlungsfähig sei; dieses sei aber umsomehr zu verlangen, als man dermalen betreffs der Bezahlung auf den guten Willen des Pilger angewiesen sei, indem nämlich nach den Bestimmungen des dortigen Partikulargesetzes die persönliche Forderung gegen denselben verjährt sei und deshalb, vom juristischen Standpunkte aus, eine Verpflichtung zur Exkussion nicht vorliege.

Wie hat bei solchem Sachverhalte das Gericht zu entscheiden?

7. Für eine verzinsliche Darlehnsschuld von 2000 ℳ hatte Romberg unter dem 31. Mai 1873 dem Schalk eine Hypothek an seinem Wohnhaus nebst Gemeindenutzen bestellt und später dasselbe an den Handelsmann Buchholtz und dessen Ehefrau verkauft, welche letzteren die Verpflichtung übernahmen, die gedachte hypothekarische Schuld von 2000 ℳ zu berichtigen.

Da sie dieser Verpflichtung nicht nachgekommen sind, so klagt Schalk und beantragt, die Beklagten zu verurteilen, ihm zum Zwecke der Befriedigung seiner Forderung von 2000 ℳ nebst 240 ℳ rückständiger Zinsen sowie der Kosten das Pfand zum gerichtlichen Zwangsverkauf herauszugeben.

Beklagte schützen die Einrede vor, daß von seiten des Romberg eine dreimonatliche Kündigungsfrist bei der Kontrahierung der Darlehnsschuld vorbehalten worden sei; eine Kündigung sei noch nicht erfolgt, daher auch der Pfandanspruch noch nicht fällig.

Kläger repliciert: Romberg sei längst gestorben, und es sei nicht festzustellen, von wem derselbe beerbt worden sei.

Beklagte geben dies zu.

Es fragt sich, welches Urteil in dem nun schwebenden Prozesse abzugeben und wie solches zu begründen ist?

---

8. Ein Hypothekengläubiger hat den ihm verpfändeten Hof zwangsweise versteigern lassen; da der Steigerer nachher Schwierigkeiten in der Vertragserfüllung macht und die Unterschrift des Kaufbriefes verweigert, so verklagt ihn der Pfandgläubiger.

Während dieser Prozeß schwebt, tritt der Schuldner, dem es wegen beabsichtigter Auswanderung ebenfalls um schnelle Erledigung der Angelegenheit zu thun ist, gleichfalls gegen jenen Steigerer klagend auf, indem er Ausfertigung des Kaufbriefes und Zahlung des Kaufpreises an seinen Gläubiger bis zu dessen Befriedigung, des Überschusses aber an sich selbst verlangt.

Es sind die hier vorhandenen Rechtsverhältnisse klar zu stellen und juristisch zu charakterisieren, und danach folgende Fragen zu beantworten:

a) Muß der Steigerer sich überhaupt auf den zweiten Prozeß einlassen, oder kann er die Einrede der Rechtshängigkeit mit Fug vorschützen?

b) Wenn er — sei es freiwillig oder in rechtlicher Nötigung — auf die Sache eingeht: mit welcher Begründung wird er sich gegen die Klage erfolgreich verteidigen können?

c) Würde es einen Unterschied ausmachen, wenn in dem zweiten Prozesse nicht der Schuldner, sondern ein nachstehender Hypothekengläubiger mit dem angeführten Antrage klagend gegen den Steigerer aufgetreten wäre?

d) Welches wird das Schicksal des zuerst anhängig gemachten Prozesses sein, wenn der Steigerer darthun kann, daß der verpfändende Schuldner gar nicht Eigentümer des Pfandobjektes gewesen ist?

9. Ein Landwirt verpfändet einem Händler wegen einer bei diesem aufgelaufenen Schuld eine Kuh. Diese wird bei dem Gläubiger krank; derselbe läßt einen Tierarzt kommen.

Es fragt sich nun:

a) Kann der Gläubiger das dem Tierarzt bezahlte Honorar von dem Landwirte zurückfordern? Wer hatte überhaupt mangels besonderer Beredung die Futter- und Unterhaltungskosten des verpfändeten Tieres zu tragen?

b) Ist es betreffs der ersten Frage von Einfluß: ob die Kuh zur Zeit der Verpfändung bereits krank war oder dies erst bei dem Gläubiger wird? Oder: ob das Tier bei der Kur gesund wird, oder ob es mit Tod abgeht?

c) Was ist die rechtliche Folge, wenn andere Tiere in dem Stalle des Gläubigers angesteckt werden und zu Grunde gehen?

d) Wie steht es mit der letzten Frage, falls diese Tiere nicht dem Händler selbst gehörten, sondern ihm auch von Dritten verpfändet waren?

10. Der Eigentümer eines Waldes, welcher denselben hypothekarisch belastet hat, beginnt, ihn ohne Einwilligung des Gläubigers schonungslos auszuschlagen, wodurch der Wert des Unterpfandes ganz außerordentlich herabgesetzt wird.

Kann der Pfandgläubiger irgend welche rechtlichen Schritte hiergegen ergreifen?

11. Als der Roßhändler Michael Kohlhaas, der um die Mitte des 16. Jahrhunderts an der Havel lebte, dereinst mit einer Koppel junger Pferde nach Dresden zog, wurden ihm auf der auf sächsischem Gebiete gelegenen Burg des Junkers von Tronka unter dem falschen Vorgeben, daß er diesseits der Grenze eines Reisepasses bedürfe, zur Sicherheit, bis er solchen gelöst habe, zwei Rappen zurückbehalten. In Dresden überzeugte er sich davon, daß die Geschichte von dem Paßschein ein Märchen sei, und er verfügte sich zurück, um die Pferde zu holen.

Allein er traf diese in ganz verwahrlostem und entwertetem Zustande an; wie sein bei den Pferden zurückgelassener Knecht aussagte, weil die Tiere mit den übrigen Pferden des Hofes zu angestrengter Feldarbeit verwendet, auch bei einer Überfüllung der Burg mit fremden Rittern und deren Gefolge in einem elenden Schweinekoben untergebracht worden waren.

Dieser — hier nach der Novelle von Heinrich von Kleist dargestellte — Vorfall, der nachmals zu den geschichtlichen bekannten Verwicklungen tragischerweise geführt hat, kann zu folgenden privatrechtlichen Fragen Anlaß geben:

a) Unter welchen juristischen Standpunkt war der Anspruch des Kohlhaas zu bringen?

b) War eine Haftung des Junkers von Tronka auf Geldersatz begründet?

Der Schloßvogt berief sich darauf, daß die Pferde das

Futter, welches man ihnen gereicht, auf den Feldern hätten abverdienen müssen; mit Recht?

c) Wäre es von rechtlichem Einflusse gewesen, wenn der Junker selbst von der Verwertung und Behandlung der Pferde gar nichts gewußt, sondern alles dem Schloßvogt überlassen hätte?

d) Was hätte man bemerken müssen, wenn die Pferde durch einen bloßen Zufall erkrankt wären?

XLVI.

1. S. hatte eine ihm gehörige Sache dem G. verpfändet, aber in seinen Händen behalten. Nach dem Tode des S. verkauft dessen vermeintlicher Erbe E. jene Sache an K., der den E. fälschlich für den Eigentümer hält.

a) Wie steht es mit der Ersitzung?

b) Welche Schicksale hat das Pfandrecht des G.: jetzt, — nach 3, — 10, — 30, — Jahren?

c) Würde es Einfluß haben, wenn K., ohne es zu wissen, der Erbe des S. gewesen wäre, und dies sich erst nach längerer Zeit aufklärte?

2. Das Kaufunger Stift hatte an verschiedene Grundeigentümer eines hessischen Dorfes hypothekarisch gesicherte Forderungen, konnte aber aus dem Erlöse der Unterpfänder, soweit diese noch im Besitze der Schuldner befindlich waren, nicht befriedigt werden, weshalb das Stift die hypothekarische Klage gegen einen dritten Besitzer eines Pfandgrundstückes anstellte, der dasselbe nicht unmittelbar vom Schuldner selbst, sondern von dessen Sondernachfolger erworben und nun schon seit zwölf Jahren besessen hatte. Er behauptete deshalb Ersitzung der Pfandfreiheit. Allein das Stift berief sich auf das den pia corpora zukommende Privileg, wonach gegen sie nur vierzigjährige Verjährung stattfände.

Es kommt namentlich auf folgende Quellenstellen an: l. 44 § 5 D. de usurp. (41,3); l. 8 pr. C. de praescr. XXX vel XL ann. (7,39); nov. 111 c. 1, nov. 131 c. 6.

Wie ist hiernach zu entscheiden?

3. Eine Sache war dem G., dem H., dem J. nacheinander verpfändet worden. Der erste Pfandgläubiger G. bewirkt Verkauf der Sache; es kauft sie X.

a) Welche Rechtsfolgen hat dieses betreffs der verschiedenen Pfandrechte?

b) Ferner: kann auch H. den Verkauf bewirken? auch J.? Wie

unterscheidet sich das heutige Hypothekenrecht in dieser Hinsicht vom römischen?

4. Von zwei Hypothekengläubigern verschiedenen Ranges ist der vorstehende von dem Schuldner voll ausbezahlt worden. Da aber wenige Tage darauf der Zahlende in Konkurs verfiel, so hat der Konkursverwalter jene Zahlung als ungültig angefochten, und zwar (nach der Sonderbestimmung der K. O. § 23 Ziff. 1. a. E.) mit Erfolg; es hat laut rechtskräftigen Urteiles jener Gläubiger das erhaltene Geld zur Masse zurückzahlen müssen und nun in dem Konkurse seine Forderung angemeldet.

a) Es fragt sich, ob ihm noch ein Pfandrecht, mit bestimmtem Range, zukommt?

b) Wie würde zu entscheiden sein, wenn in der Zwischenzeit zwischen der Zahlung und Zurückzahlung ein Pfandrecht an dem fraglichen Gegenstande neu bestellt worden wäre?

5. Auf dem Hofe des Ökonomen Ungefroren lasteten für erhaltene Darlehen: eine erste Hypothek des Landwirtes Münch zu 10000 ℳ und eine zweite des Kaufmanns Türckheim zu 4000 ℳ. Im Jahre 1885 kaufte Münch dem Ungefroren, der auszuwandern beabsichtigte, den verpfändeten Hof ab, mit der Verabredung, daß der Kaufpreis durch Übernahme der an dem Hofe bestehenden Hypotheken seitens des Münch getilgt sein solle.

Nach sechs Jahren veräußerte Münch den Hof weiter an den Bauer Hülsemann, mit welchem er dabei vereinbarte, daß Hülsemann zur Berichtigung des auf 21000 ℳ festgesetzten Kaufpreises die oben erwähnten Hypotheken im Betrage von 14000 ℳ übernehme, bestimmte Ländereien dem Münch überlasse und den Rest von 2000 ℳ bar bezahle.

Als nun später Hülsemann in Konkurs geriet, so fragte es sich, wie es mit Bestand und Rang der angeführten Hypothekenschulden sich verhalte?

6. Ein Schuldner S. wird von seinem Gläubiger G., dem ein Pfandrecht an dem Hause jenes zusteht, hart gedrängt, während ein zweiter Gläubiger H., dem eine Wiese des S. verpfändet ist, Zahlungsfrist bewilligt hat. Nun bittet S. den H., die Wiese pfandfrei verkaufen zu dürfen, um mit dem Erlöse den G. zu befriedigen. Es geschieht.

Wie steht es hier mit Obligationen und Pfandrecht rücksichtlich des H.?

7. Der Bankier Birckenstock hatte, als er dem Kleiderhändler Rode einen bestimmten Kredit eröffnete, für alle Forderungen aus diesem von Rode eine Hypothek an dessen Haus erhalten. Als über Rode Konkurs ausbrach, meldete Birckenstock unter Erwähnung seines Pfandrechtes seine Forderung mit 4200 ℳ an. Der Konkurs wurde durch einen Vergleich beendet, wonach der Gemeinschuldner 50% der Forderungen in zwei gleichen Raten an bestimmten Terminen zu zahlen hatte. Birckenstock war als durch Pfand gesicherter Gläubiger zu den Verhandlungen nicht zugezogen worden. Aber er erhielt und nahm ohne jeden Vorbehalt auch auf seine Forderung die beiden Raten von je 25% seiner Forderung an.

Jetzt klagt er gegen Rode auf Zahlung des Restbetrages bei Vermeidung der Subhastation des verpfändeten Grundstückes. Rode dagegen erachtet die ganze Forderung für getilgt und beantragt widerklagend die Einwilligung in die Löschung der Hypothek, während Kläger darauf hinweist, daß trotz der infolge des Vergleiches erhaltenen Zahlungen das ganze Pfandrecht nach bekanntem Satz unteilbar fortbestehen müsse.

Welcher der Streitteile ist im bessern Rechte?

8. Der Notar Faber hat dem Müller Bopp von der Sommersmühle 4000 ℳ gegen Verpfändung der Mühle geliehen, später das Kapital gekündigt und das Unterpfand zur Versteigerung bringen lassen. Der Schuldner kommt der Zwangsversteigerung durch eine freiwillige zuvor, und es erhält Derpmann den Zuschlag. Nach stattgehabter Versteigerung wird dieselbe von dem Gläubiger, der deshalb von dem Gericht befragt wird, einfach genehmigt. Der Käufer der Mühle kommt auch in den Besitz derselben, ohne jedoch das Kaufgeld zu bezahlen.

Der Gläubiger erhebt hiernach gegen Derpmann, als Inhaber des Unterpfandes, Klage auf Herausgabe desselben, bemerkend, daß von dem ursprünglichen Schuldner nichts beigetrieben werden könne. Beklagter wendet ein, daß er die Mühle ja mit Genehmigung des Gläubigers besitze, und daß durch diese Genehmigung auch das Pfandrecht erloschen sei.

Es sind folgende Quellenstellen zu vergleichen: l. 4 §§ 1, 2; l. 8 §§ 12, 13 (auch §§ 6—11, 14—18) D. quibus modis pignus vel hypotheca solvitur (20, 6); l. 158 D. de R. I (50, 17); und ist hiernach zu erwägen, ob die angestellte Pfandklage für begründet zu erachten ist?

---

9. „Kapital-Gesuch. Auf ein sehr rentables, solides Grundstück im Werte von 300000 ℳ, Brandkasse 180000 ℳ, wird zur Abstoßung der kleineren Hypotheken eine 1. Hypothek von 80—90000 ℳ per 1. April gesucht. Hinter dieser Hypothek stehen noch mehrere Kapitale unkündbar eingetragen."

a) Von welcher Rechtseinrichtung soll nach vorstehender Aufforderung Gebrauch gemacht werden?

b) Müssen die kleineren Hypotheken die „Abstoßung" sich gefallen lassen?

c) Wenn dieselben — sei es freiwillig oder in rechtlicher Nötigung — darauf eingehen: zwischen welchen Personen wird alsdann verhandelt, und welche Rechtsverhältnisse entstehen?

d) Bietet für die nachstehenden Kapitalien der Umstand, daß sie „unkündbar" eingetragen sind, eine unbedingte Gewähr gegen unerwünschte Auszahlung derselben?

10. S. hat erst von G. und dann von H. je 1000 ℳ aufgenommen und dafür einen Flügel verpfändet. Von G. auf Zahlung gedrängt, nimmt er von A. 500 ℳ und später von B. 500 ℳ auf, um den G. auszuzahlen, wobei beiden zugesichert wird, daß ihnen das Instrument ebenso wie dem G. haften solle.

Welches ist das Rangverhältnis dieser verschiedenen Gläubiger nach römischem Pfandrecht?

11. Hintze hatte dem Schimpf für eine Kapitalschuld mehrere Äcker verpfändet, später aber dem Damrath eine zweite Hypothek an denselben bestellt. Er verkaufte alsdann diese Güter an Frister, der in dem Kaufbriefe angewiesen wurde, die Kapitalschuld an den Schimpf abzutragen. Noch ehe dieses aber geschehen war, erhielt Hintze von dritter Seite Geld aus alten schon aufgegebenen Forderungen; er bezahlte damit den Schimpf, erhob dann von Frister die Kaufsumme und wanderte mit dem so eingenommenen Gelde nach Amerika aus.

Nun stellt Damrath gegen Frister Pfandklage an, wogegen dieser einwendet, daß er nach l. 3 C. de his qui in priorum creditorum locum succedunt (8,18 [19]) das bessere Recht des vorgehenden Pfandgläubigers habe.

Wie lauten die hier maßgeblichen Rechtssätze? Und welche Entscheidung ist danach zu treffen?

12. Der Bauspekulant Fritz kaufte von dem Rentner Heinrich ein großes Grundstück, wobei auf dieses für den kreditierten Rest des Preises mit 60000 ℳ eine erste Hypothek aufgelegt wurde. Im folgenden Jahre wurde zu gunsten der Gothaer Kreditbank eine Hypothek von 30000 ℳ eingetragen; und bald darauf erhielt Fritz von der Süddeutschen Bodenkreditanstalt ein Darlehn von 80000 *M*, bestellte dafür Hypothek an dem gedachten Grundstücke und unterwarf sich der sofortigen Zwangsvollstreckung. Heinrich und die Gothaer Kreditbank räumten dieser neuen Hypothek den Vorrang vor ihren Hypotheken ein.

Nach einiger Zeit cedierte die Süddeutsche Bodenkreditbank von ihrer Forderung den Betrag von 20000 *M* nebst allen hypothekarischen und sonstigen Rechten an den Maurermeister Wachs; welcher alsbald mit Heinrich, seinem Schwiegervater, Prioritätscession beredete und diesem für dessen oben erwähnte Hypothek den Vorrang vor der seinigen vertragsweise einräumte.

Welches ist nun die Rangordnung der verschiedenen Pfandrechte?

XVLII.

1. Welche Rechtsverhältnisse werden mit folgenden Thatbeständen gegeben? Welche Folgen knüpfen sich jeweils an dieselben an?

a) „Darlehn von 100 *M* erbeten. Sparkassenbuch kann zur Sicherheit hinterlegt werden."

b) „4000 *M* werden gegen Verpfändung einer Hypothek von 17000 *M* gesucht."

c) „Auf eine industrielle Aktie im Werte von 5000 *M* werden 3000 *M* auf ein Jahr zu erborgen gewünscht."

d) „Beamten werden Darlehen gewährt gegen Versatz von Lebensversicherungs-Polizen."

e) Es wird eine Hypothek an einem verpachteten Zehntrecht bestellt.

2. (4.) A. tritt gegen B. klagend auf: Von ihm, dem A., sei dem S. ein Darlehn gegeben worden gegen Verpfändung einer dem S. gegen T. zustehenden Forderung. Diese Forderung habe S. vor kurzem an B. cediert und diesem dabei alle auf die Forderung bezüglichen Urkunden und Beweisdokumente überantwortet. Dieselben werden nun gerichtlich herausverlangt.

B. bestreitet, daß eine solche Klage rechtlich begründet sei; er habe mit A. nicht das Geringste zu schaffen, und es habe derselbe an den verlangten Papieren weder Eigentum noch Pfandrecht selbst behaupten können. Weshalb die Klage abzuweisen sei.

Welches Urteil ist zu fällen?

3. (5.) X. hat die ihm an dem Grundstücke des Y. zustehende Hypothek für ein von Z. aufgenommenes Darlehn unter Übergabe des Hypothekenbriefes verpfändet.

Jetzt klagt Y. gegen Z. auf Herausgabe der Obligation behufs Löschung der Hypothek, weil die Forderung des X. gegen Y. durch Zahlung und Verjährung getilgt worden sei.

Ist diese Klage begründet?

Cf. l. 13 § 2 D. de pignor. (20, 1); l. 5 § 1 D. in quib. causis pignus tacite contrah. (20, 2); l. 20 pr. D. de act. pigner. (13, 7); l. 40 § 2 eod.

6. Ackermann hat als Vermächtnisnehmer von Knierim eine alte wertvolle Musikdose zu fordern. Diese war dem Knierim vor Jahren durch Erbgang zugefallen; und nunmehr hatte ein Verwandter, der ihn zu seinem Erben eingesetzt hatte und am 11. Januar 1891 verstorben war, ihm die Verpflichtung auferlegt, binnen Jahresfrist jene Dose an den dem Testator befreundeten Ackermann herauszugeben. Letzterer hatte hierüber von Knierim einen Schuldschein erhalten, wonach ihm jene Dose am 24. Dezember 1891 überliefert werden sollte. Am 15. Mai 1891 nimmt Ackermann von Pückel ein Darlehn auf vier Wochen auf und verpfändet ihm dafür die ihm gegen Knierim zustehende Forderung, wobei er den ihm ausgestellten Schuldschein seinem Gläubiger übergiebt. Knierim wird hiervon in Kenntnis gesetzt; da aber seine Vermögens verhältnisse sich verschlechtern, verkauft er am 8. Juli 1891 die Musikdose an Lauer gegen Barzahlung. Nach einigen Tagen wird der Konkurs über ihn eröffnet.

Es wird bei uns angefragt, ob Pückel von Lauer Herausgabe der Spieldose verlangen kann? Oder ob er im Konkurse auftreten kann und worauf?

7. Achenbach hatte dem Wallau eine gewisse Summe darlehnsweise gegeben und dafür von dem Schuldner eine Wiese in antichretischen Versatz erhalten. Später hatte Achenbach dem Weiß, von dem er eine gleich große Summe als Darlehn empfangen hatte, dieselbe Wiese unter Behändigung des Wallau'schen Schuld- und Pfandbriefes weiter als antichretisches Unterpfand überlassen. Da Achenbachs Vermögensverhältnisse sich zerrütteten und er selbst über zehn Jahre lang in der Fremde weilte, so löste der Sohn des Wallau die Wiese von Weiß aus, indem er diesen voll bezahlte.

Als jedoch der zurückgekehrte Achenbach in Konkurs geriet, so verklagte der Konkursverwalter den Wallau junior auf Auslantwortung der verpfändeten Wiese zur Konkursmasse.

Seitens des Beklagten wurde entgegnet, daß er die Wiese von seinem Vater erblich überkommen, sie durch Zahlung der Forderung des Weiß von dem Pfandnexus befreit und seither, die

Verjährungszeit hindurch, als freies Eigentum besessen habe. Der Klaganspruch sei umsoweniger gegründet, als durch die in der Weiterverpfändung des Achenbach an Weiß gelegene Cession der an des Beklagten Vater zu stellenden Forderung diese aus dem Vermögen des jetzigen Gemeinschuldners ausgeschieden sei.

Wie war hiernach zu erkennen?

8. Die Witwe Gutermuth hat den Nießbrauch an dem Vermögen ihres verstorbenen Mannes, während ihren beiden Kindern das Eigentum zugefallen ist. Die Witwe verpachtet nun nach einiger Zeit einen Acker an Sparman auf zehn Jahre. Einer ihrer Gläubiger, Namens Fuchskehl, erwirkt nicht lange nachher Pfändung des Pachtgeldes.

Nach fünf Jahren wandert die Witwe nach Amerika aus, nachdem sie sich wieder verheiratet und auf ihren Nießbrauch verzichtet hat.

Die Geschwister Gutermuth lassen zunächst das Pachtverhältnis ruhig weiter bestehen. Da sie aber dann gern das Grundstück selbst bewirtschaften wollen, so schließen sie nach Ablauf eines Jahres einen Vertrag mit Sparman, wonach sie diesem das Pachtgeld erlassen, und derselbe in die Aufhebung der Pacht einwilligt.

Nun verklagt Fuchskehl den Sparman auf Zahlung der Pachtgelder des letzten Jahres; er verweist besonders auf C.P.O. § 733: „Das Pfandrecht, welches durch die Pfändung einer Gehaltsforderung oder einer ähnlichen in fortlaufenden Bezügen bestehenden Forderung erworben wird, erstreckt sich auch auf die nach der Pfändung fällig werdenden Beträge.“ Dagegen bestreitet Sparman, daß er im Hinblick auf den berichteten Sachverhalt zur Zahlung noch verpflichtet sei, und will den Kläger an die Geschwister Gutermuth verwiesen haben.

Welche rechtliche Erwägungen kommen in Betracht; und wie ist nach solchen der vorliegende Rechtsstreit zu entscheiden?

XLVIII.

1. X. leiht von der Universitätsbibliothek ein Buch und giebt es dann zur Benutzung an Y., welcher zur Entnahme von Büchern dortselbst nicht berechtigt ist.

Rechtsfolge?

Macht es einen Unterschied, ob X. gleich in der Absicht das Buch holte, um es dem Y. zu geben, oder nicht?

Wenn X. einen Bürgen (B.) für sich hat stellen müssen: haftet B. auch für Y.? Oder für die Erben des X.? Und ist es gleichgültig, ob eine Beschädigung des Buches zu Lebzeiten des X. durch diesen oder nach seinem Tode von seinen Erben schuldhaft geschieht?

2. An wen hält sich der Eigentümer eines Grundstückes wenn der Nießbraucher desselben es einem andern zur Nutzung überläßt? Kann diese Überlassung der Ausübung des Nießbrauches nicht in rechtlich verschiedener Weise geschehen? Und gestaltet sich hiernach die Rechtsstellung des Eigentümers verschieden?

Steht folgender Fall in Parallele: Der Gutsbesitzer S. hat auf seinem Gute eine Hypothek der Landschaft seiner Provinz von 110000 ℳ zu 4 % verzinslich stehen; er verkauft das Gut an K. und dieser nach einiger Zeit an L.

An wen hält sich die Gläubigerin wegen fälliger Zinsen, wenn dieselben vor dem ersten oder dem zweiten Verkaufe oder nach diesem letztern fällig werden?

3. Dem Mieter einer dem E. gehörigen Wohnung werden von X. schuldhaft Fenster eingeworfen.

Wie steht es mit der Berechtigung auf Schadensersatz?

4. K. hat von V. eine Kuh gekauft, welche auf dem Transporte zu dem K. durch lediglich Schuld des X. so beschädigt wird, daß sie zu Grunde geht. Nach bekanntem Rechtssatze muß K. trotzdem den vollen Kaufpreis zahlen.

Kann er sich wegen dieses Schadens nun nicht an den X. halten?

5. Zwei Kohlenhändler, Müller und Möller in G., beziehen von derselben Zeche Steinkohlen. Nachdem ersterer wieder einmal eine Bestellung gemacht hatte, diese aber aus später nicht aufgeklärtem Versehen unausgeführt geblieben war, bestellt Möller dortselbst; erhält auch am 1. Mai Nachricht von der Grube, daß die gewünschte Quantität per Bahn abgegangen sei. Die Kohlen kommen am 7. Mai in G. an. Der Bahnbeamte, welchem Müller abends vorher geklagt hatte, daß seine Kohlen so lange blieben, läßt ihm nun sagen, daß dieselben da seien; und Müller läßt sie durch einen Fuhrmann in sein Lager fahren, woselbst sie mit den dort lagernden — schlechteren — Steinkohlen vermischt werden. Möller erfährt noch am Nachmittage den Sachverhalt und will nun nicht gegen den armen Beamten, sondern gegen seinen gehaßten Konkurrenten vorgehen.

Ist dieses möglich? Er ist in der Lage, Schaden liquidieren zu können, weil eine sichere sofortige Lieferung ihm nun entgangen ist. Sein Anwalt trägt aber Bedenken, da er mit Müller in keiner Rechtsbeziehung stehe und überhaupt nur obligatorisch berechtigt sei. Läßt sich nicht trotzdem ein Weg finden, auf welchem man unter Benutzung der letztgenannten Rechtsstellung zu dem von Möller gewünschten Ziele gelangt?

6. Mennicke hat an Lauffs ein Haus zum Wirtschaftsbetriebe vermietet. Lauffs vermietet es weiter an Zander, dem er zugleich sein Wirtschaftsinventar verkauft; und zwar sollen für die Aftermiete dieselben Bedingungen gelten, wie für die Hauptmiete. Unter diesen steht, daß Mennicke in keinem der benachbarten, ihm gehörigen Häuser ein Konkurrenzgeschäft errichten dürfe. Nun thut Mennicke dies doch.

Zander will gegen ihn klagen, sein Anwalt belehrt ihn aber, daß er in keinem Rechtsverhältnisse zu Mennicke stehe; es wird deshalb eine Vollmacht an Lauffs geschickt, der sie unterschreibt. Der Prozeß beginnt, — aber eines Tages schließt Zander mit Mennicke einen Vergleich ab, und der Prozeß bleibt liegen.

Nun möchte Lauffs gern die Kosten, welche er vorgelegt, ersetzt haben.

Kann er sie von Zander fordern?

Am liebsten wäre es ihm, wenn er die Ehefrau des Zander, welche sich (partikularrechtlich gültig) für alle Verbindlichkeiten des letztern aus dem Mietvertrage selbstschuldnerisch verbürgt hat, belangen könnte.

7. In dem Familienstatut eines standesherrlichen Hauses war ein Familienrat eingesetzt worden, welchem die beiden Stammeshäupter und ein von ihnen zu wählendes rechtsgelehrtes Mitglied angehören sollten. Nach dem Wegfalle eines Mitgliedes der letztern Kategorie entstand Streit über dessen Wiederwahl, worauf der eine Majoratsherr gegen den andern gerichtliche Klage erhob, um denselben zur Vornahme einer gemeinsamen Wahl zu zwingen.

Beklagter entgegnet, daß dem Familienstatut die Bestimmtheit und Vollziehbarkeit mangele. Es sei nur vag und allgemein dem erwähnten Familienrate „die Wahrung der Samt-Interessen des Hauses" überwiesen, ohne irgend welche vermögensrechtliche Befugnisse; auch ständen ja gar keine Mittel zur Verfügung, um ihn gegen seinen Willen zu einer Beteiligung an der Wahl zu bestimmen. — Dagegeu wird von klägerischer Seite bemerkt, daß der Beklagte das Familienstatut seinerzeit auch für sich verbindlich anerkannt habe und man daher erwarte, daß er dieser Rechtspflicht — trotz l. 9 § 2 D. de statulib. (40, 7) — nachkommen werde.

Welchen Ausspruch wird das Gericht zu thun haben?

8. In der Friedrichstraße in H. steht ein Doppelhaus mit gemeinsamer Zwischenmauer, dem A. und dem B. gehörig, welches in die Straße vorspringt und den Verkehr hemmt, aber zunächst nicht zu beseitigen ist, da A. erklärt hat, daß er seinen Teil nicht hergebe.

Auf indirekte Veranlassung der städtischen Verwaltung kauft der Bauunternehmer F. das Haus des B. und läßt es niederreißen; so daß die nach der Südseite gelegenen Zimmer des A. eines Morgens nur noch drei Wände haben.

Fragen:

a) Welche *actio* steht dem A. gegen F. zu?
b) Worauf kann F. verurteilt werden? Nach römischem, früherem gemeinen und heutigem Rechte?
c) Wie wird nach dem letztgenannten Systeme A. rechtlich korrekt am zweckmäßigsten verfahren?
d) Wie wird sich je nach seinem Antrage die Zwangsvollstreckung verschieden gestalten?
e) Wie unterscheidet sich der Anspruch des A. grundsätzlich von dem in Nr. 7 vorgebrachten Klagebegehren?

9. Zwei Jugendfreunde beziehen gemeinsam die Universität, treten aber in verschiedene Verbindungen ein, welche sich dann verfeinden. In Gemäßheit der Beschlüsse ihrer Konvente würden die Freunde sich nicht mehr grüßen und keinen Verkehr fürder miteinander haben können.

Sind dieses rechtliche Verpflichtungen?

Wenn auf der ersten Übertretung nach den Statuten Geldbuße, auf der zweiten Dimission steht: wie ist das juristisch aufzufassen?

10. Sind in nachstehenden Fällen Obligationen im Rechtssinne gegeben? Und wie wird bei den zu bejahenden Fragen die Zwangsvollstreckung jeweilig durchzuführen sein?

a) Verpflichtung eines vermögenslosen Dienstboten zum Antritte des Dienstes.

b) Versprechen, einem gemeinnützigen Vereine beizutreten; — einem bestimmten Berufe sich zuwenden zu wollen; — ein von politischen Gesinnungsgenossen in Verruf gethanes Lokal zu meiden.

c) Aus dem Entwurfe eines Mietvertrages über das obere Stockwerk der „Villa Sanssouci“ in H.: „Nach 10 Uhr abends darf in der Wohnung des Mieters kein Klavier mehr gespielt werden; — die Fenster nach der Straße sind einheitlich mit weißen oder crêmefarbenen Gardinen zu dekorieren; — Haustiere dürfen ohne Bewilligung des Vermieters nicht gehalten werden.“

d) Vertrag, einen Wechsel auszustellen; — jeden Sonntag in die Kirche zu gehen; — als Kandidat bei Stadtverordnetenwahlen aufzutreten.

e) X. macht sich verbindlich, auf seinem tiefer gelegenen Grundstücke einen von dem obern kommenden Graben rein zu halten.

f) Verpflichtung bei der servitus oneris ferendi.

g) Y. verpflichtet sich, seine Einwilligung zur Löschung einer ihm zustehenden Hypothek zu geben.

h) Ein Schauspieler weigert sich, einen mit dem Theaterdirektor eingegangenen Kontrakt zu halten; — ein Schriftsteller hat einem Verleger ein Buch oder einen Artikel fest versprochen, liefert aber kein Manuskript.

i) Verpflichtung auf Vorlegung einer im Prozesse zu verwendenden Urkunde; — auf Herausgabe des Schuldscheines nach geleisteter Zahlung; — auf Einsicht in die Geschäftsbücher und Rechnungslegung eines Socius.

k) E. behauptet unberechtigten Eingriff des Z. in das Eigentum des E. und will, daß Z. einen überhängenden Balken entferne; — oder künftighin nicht mehr über das Grundstück des E. fahre.

l) E. beantragt Schutzmaßregeln gegenüber dem baufälligen Haus seines Nachbars N.

11. Von zwei Angehörigen der „legum cupida iuventus“, welche die Frage 10 besprachen, meinte der eine, daß man ganz gut auf die Schuldhaft zurückgreifen könne, da in dem letzten, vor etwa 30 Jahren (?) erlassenen Gesetze über die Schuldhaft diese nur bei Geldforderungen verboten worden sei; der andere aber glaubte sich zu erinnern, daß die neuere Prozeßgesetzgebung hier eingegriffen habe. Wer hat Recht?

12. Töwe verspricht dem Cremer zwei Tage vor einer Reichstagswahl, daß er 20 ℳ an die Armenkasse zahlen wolle, wenn er am Wahltage die Abgabe seiner Stimme versäumen werde.

Töwe vergißt es wirklich.

Rechtsfolge?

13. Ein Viehhändler hat mit einem Gutsbesitzer Streit bekommen und ist von diesem aus dem Hause hinausgewiesen worden. In dem Wirtshause des Dorfes kommt er mit einem, jenem Gutsbesitzer verfeindeten, Ökonomen zusammen, der ihn bei der Besprechung des Vorgefallenen erst zu der Äußerung, „wenn ich noch einmal den Hof dort betrete, sollen Sie 1000 ℳ von mir haben“, und dann zu einem dahingehenden, in schriftlicher Abfassung festgelegten Vertrag bringt.

Nachmals verträgt sich der Händler wieder mit dem Gutsbesitzer und macht mit ihm Geschäfte, nach wie vor.

a) Kann der Ökonom die 1000 ℳ einklagen?

b) Hätte er in Ermangelung eines Geldversprechens auf Unterlassung weiterer Geschäftsverbindung des Händlers und des Gutsbesitzers den erstern verklagen können?

XLIX.

1. Kläger hat 200 ℳ Kaufgeld eingeklagt; Beklagter entgegnet: er habe noch nicht alle dafür gekauften Gegenstände erhalten; Kläger bestreitet diese Behauptung.

Wer muß beweisen?

2. Jemand weist ein Paar bestellte Stiefel als zu eng oder unschön gearbeitet zurük; der Schuster behauptet, daß die gemachten Ausstände unbegründet seien.

Wer ist beweispflichtig?

3. X. hat mit Y. einen Mehlhandel abgeschlossen, nach

welchem das dem X. verkaufte Mehl frei Kahn Magdeburg geliefert werden sollte. Sofort nach der Ankunft des Mehls bemängelt X. die Ware, als den früher ihm übersandten und dem Geschäft zu Grunde gelegten Proben nicht entsprechend; muß aber auf entsprechende Aufforderung des Y. zugeben, daß er jene Proben nicht mehr besitze.

Rechtsfolge?

4. Ochs nimmt bei dem Privatlehrer Öhler Unterricht in der alten Geschichte auf 2 Monate, Preis 60 *M*.

Wenn nun ausbedungen war, daß Ochs nach einem Monate die Hälfte zahlt, er es aber nicht thut: ist der Lehrer dann berechtigt, den weiteren Unterricht so lange zu verweigern, bis Ochs bezahlt hat?

5. Ein junger Maler erhält von einem reichen Herrn den Auftrag, dessen beide kleinen Mädchen nach einer Photographie in ganzer Figur (Lebensgröße) für den geringen, zuvor verabredeten, Betrag von 25 *M* zu zeichnen.

Nach der Vollendung behauptet der Besteller, in dem Bilde Verzeichnungen vorgefunden zu haben, und verweigert daher Zahlung und Abnahme.

Ist der Auftraggeber verpflichtet, Zahlung zu leisten?

Welche Rechte stehen dem Hersteller des Bildes zu?

Wer von beiden hat die Beweislast?

6. Für die Weltausstellung in Philadelphia hatte ein Agent in Bremen gegen Provision verschiedenen deutschen Tabaksfabrikanten gegenüber es übernommen, deren Ausstellungsgegenstände hinzuschaffen, aufzustellen und zurückzubesorgen. Mit der Firma J. B. Noll in G. geriet er in Streit und verklagt sie auf Zahlung von Provision und Auslagen.

Beklagte erwidert, daß sie ihre Sachen noch nicht wieder erhalten habe.

Kläger repliziert, daß selbige in Bremen zu ihrer Verfügung lagerten und von ihm dortselbst reell offeriert seien.

Beklagte besteht darauf, sie an ihrem Wohnorte zu haben.

Wie ist die Beweislast über den richtigen Erfüllungsort zu verteilen?

7. Gegenüber einer Kaufgeldklage für Lieferung einer Partie Fensterglas beruft sich Beklagter darauf, daß beim Vertragsschlusse der Verkäufer die Lieferung besten, weißen, starken Glases von durchaus erster Qualität zugesagt, dieses Versprechen aber nicht gehalten, sondern statt des versprochenen blindes Glas und voll von Blasen geliefert habe. Der Verkäufer bestreitet sowohl jenes Versprechen, als auch die Fehlerhaftigkeit der Lieferung.

Wie steht es mit der Beweislast?

8. Ein Architekt hatte einem Gartenbesitzer einen Pavillon aufgeführt. Bei der, wie verabredet, rechtzeitigen Übergabe äußerte der Besitzer seine Freude und seinen Beifall über das vollendete Werk. Als aber nach einiger Zeit der Baumeister seine Bezahlung verlangte, verweigerte sie der Besteller, weil er inzwischen verschiedene (von ihm näher angegebene) Mängel an dem Bau entdeckt habe. Der Baumeister bestreitet dieselben und klagt gerichtlich auf den Lohn.

Hat der Kläger die Fehlerfreiheit oder der Beklagte die Mangelhaftigkeit zu erweisen?

9. In einem andern ähnlichen Falle wie unter Nr. 8 gestaltete sich der Thatbestand dahin: daß Kläger für einen von ihm beschafften Umbau im ganzen 1606 ℳ forderte und 675 ℳ erhalten hatte, Beklagter aber den Rest von 931 ℳ zurückhielt, weil die Ergänzung fehlender Arbeiten und die Beseitigung von Mängeln des von ihm sofort beanstandeten Baues einen Aufwand von nahezu 900 ℳ erfordern würden.

Das Untergericht wies das Vorbringen des Beklagten zurück, weil zwar die einzelnen Mängel angegeben wären, aber nicht speziell gesagt sei, was zur Ergänzung oder bessern Ausführung der Arbeiten benötige, und wie hoch sich die desfallsigen Kosten belaufen werden.

Bietet eine Berufung gegen dieses Erkenntnis Aussicht auf Erfolg?

10. Das Handlungshaus Sartori in Rostock hatte von Havernick in Kiel das Dampfschiff „Meta“ zu einer Tour mit Passagieren bei Gelegenheit des am 22. September 1875 auf der Ostsee vor Warnemünde bevorstehenden Manövers der deutschen Kriegsflotte für 800 ℳ gemietet, nachdem Havernick garantiert hatte, daß auf dem Decke des Schiffes 200 Passagiere in der Weise sitzen könnten, daß auf jeden Passagier ein Raum von 10 Quadratfuß komme.

Als die „Meta“ in Warnemünde eintraf, zeigte sich, daß ihr Verdeck nur für 125 Personen Plätze von der genannten Beschaffenheit gewähre Da aber nicht mehr Schaulustige da waren, so benutzte Sartori das Schiff, verweigerte aber später die Zahlung des vollen Mietpreises, wollte denselben vielmehr verhältnismäßig gekürzt haben. Wogegen Havernick durch seinen Anwalt ausführen ließ, daß nicht schlechthin 200 Sitzplätze von je 10 Quadratfuß, sondern das ganze Schiff vermietet worden wäre, und daß Sartori dann das letztere gar nicht hätte annehmen dürfen; auch sei dem Sartori Schaden ja gar nicht erwachsen.

Welches ist die hier zutreffende Erwägung und Entscheidung?

11. Christoph Martin Wieland hatte 1784 der Weidmann'schen Buchhandlung in Leipzig den Verlag seiner „Auserlesenen Gedichte" in 4 Bänden, wovon die beiden letzten den „Oberon" enthielten, überlassen; dagegen hatte diese Buchhandlung sich verpflichtet, bei jeder künftigen Auflage, die 1500 Exemplare nicht überstiege, dem Autor ein Honorar von 1 Dukaten für den gedruckten Bogen zu bezahlen.

Späterhin veranstaltete jene Buchhandlung mehrere Separatauflagen des „Oberon", besonders 1819 und 1844. Für diese nahmen die Erben des 1813 verstorbenen Dichters das in jenem Vertrage bedungene Honorar klagend in Anspruch.

Beklagte schützte vor, daß Wieland nach 1784 das Verlagsrecht seiner „Sämtlichen Werke" an die Göschen'sche Buchhandlung überlassen habe. Mit dem Verlagsrechte sei aber die Ausschließlichkeit ganz wesentlich verbunden, und es habe darum der Autor in diesem gegenseitigen Vertrage die ihm zukommende Verbindlichkeit nicht oder doch nicht vollständig erfüllt; somit sei der Anspruch auf jenes Honorar nicht begründet, und müsse die angestellte Klage daher abgewiesen werden.

Kläger berufen sich dagegen darauf, daß Beklagte durch ihre Neuauflagen jenes Verfahren gutgeheißen hätte; daß und wie hoch ihr ein Schaden erwachsen, sei von der Beklagten nicht behauptet, noch erwiesen.

Entscheidung?

---

12. Riemer vermietet an Mosle eine Villa auf 5 Jahre. Unter den Bedingungen findet sich, daß Mosle für Riemer in Anrechnung auf das Mietgeld die Grundsteuer zahlen solle.

Mosle versäumt es; Riemer wird von der Steuerbehörde gemahnt, muß selbst bezahlen und will nun von dem Mietvertrage zurücktreten.

Rechtliche Erwägung?

13. Zwei Briefmarkensammler Hernick und Hugen schließen einen Vertrag, wonach Hernick sechs näher bezeichnete Marken der portugiesischen Kolonien San Thomé und Principe liefern und Hugen dafür verschiedene seltene alte preußische Marken gewähren solle.

Hernick schickt dem Hugen jene, erhält aber keine zurück. Nachdem er 14 Tage vergebens gewartet hat, sendet er einen Boten zu Hugen, mit dem Auftrage, die portugiesischen Marken zurückzuholen. Hugen weigert die Herausgabe derselben.

Mit Recht?

14. Ein Schriftsteller schließt mit einem benachbarten Schlossermeister einen Vertrag ab, wonach letzterer, wenn jener ihm 500 ℳ gebe, sich verpflichtet, zu bestimmten Stunden in seinem Hofe sein Gewerbe nicht zu betreiben. Das Geld wird bezahlt; nach einiger Zeit hämmert es drüben doch wieder, gerade wie vordem. Nun klagt der Geber auf Rückerstattung der von ihm gezahlten Summe.

Welche *actio* ist hier angestellt? Wie ist dieselbe zu begründen?

15. Die Firma Langheinrich in Schlitz klagt gegen den Michael Schul von da auf Zahlung von 15 ℳ Darlehn.

Schul wendet in dem Verhandlungstermine ein, die Summe von 15 ℳ, die ihm am 15. Oktober Kläger gegeben habe, sei ihm nicht als Darlehn gewährt worden. Seine Frau sei im Oktober krank geworden, er habe viel Unkosten gehabt; und deshalb habe er, der seit Jahren für die klägerische Firma als Weber, und zwar als Jaquardweber, beschäftigt gewesen, im Oktober auf noch zu liefernde Arbeiten einen größern Vorschuß erhalten, den er bis auf die eingeklagten 15 ℳ abverdient habe. Er sei auch bereit, diese 15 ℳ Vorschuß durch Arbeitleistung abzuverdienen und bitte nur, ihm die entsprechende Arbeit zu geben.

Die Klägerin giebt zu, daß die 15 ℳ ein Vorschuß gewesen seien. Es habe sich aber der Beklagte nach dem am 20. Oktober 1891 erfolgten Tode seiner Frau noch mehr als vorher dem Trunke ergeben, seine Arbeiten seien mangelhaft, die Fäden sehr oft zerrissen, die Bilder fehlerhaft gewesen, so daß sie sich veranlaßt gesehen habe, ihn aus der Weberei zu entlassen, um nicht in großen Schaden zu kommen; es werde Rückgabe der im voraus bezahlten 15 ℳ verlangt.

Der Beklagte erklärt, nach wie vor bereit zu sein, durch sorgfältigste Arbeit die 15 ℳ abverdienen zu wollen.

Die Beweisaufnahme ergiebt, daß Schul mangelhafte Arbeit geliefert hat.

Welche Entscheidung wird das Gericht zu treffen haben?

16. Der Kaufmann Bierling, welcher von Cohn eine Lieferung von Kaffee genau bestimmter Qualität erwartete, erhielt am

5. März von Cohn eine Faktura mit dem Vermerk, daß die Ware so, wie vertragsmäßig beredet, als Frachtgut abgegangen sei und um Berichtigung der Rechnung hiemit ersucht werde. Als am 8. März Bierling seitens der Bahn die Mitteilung erhielt, daß der Kaffee in Ordnung angekommen sei, sandte er den Betrag des Kaufpreises an Cohn. Allein bei der Prüfung der Ware ergab sich, daß sie minderwertig sei und der vertragsmäßigen Eigenschaften entbehre. Bierling erklärt deshalb sofort dem Cohn, daß er vom Vertrage zurücktrete, den Kaffee ihm zur Verfügung stelle und um alsbaldige Rücksendung der eingezahlten Summe ersuche.

Cohn wiederspricht diesem Ansinnen: Er sei mit der Lieferung nicht im Verzuge gewesen und halte sich keinesfalls zur Rückzahlung des erhaltenen Kaufpreises für verpflichtet.

Entscheidung?

17. Nitsche hat gutgläubig ein Pferd gekauft, welches bei ihm erkrankt. Er kommt mit dem Tierarzt Zeising vertragsmäßig überein, daß Zeising das Tier bei sich in Kur und Behandlung nehmen solle, und giebt an Zeising eine Anzahlung von 25 *M*.

Andern Tages, als Nitsche gerade das Pferd zu Zeising überführen will, erscheint Ehrich und bringt für sein Eigentum an dem Pferde und die gegen seinen Willen geschehene Entwendung desselben derartige Beweise bei, daß ein Zweifel nicht möglich war. Um sich nicht in prozessualische Verwickelungen einzulassen, übergiebt Nitsche das Pferd dem Ehrich, welcher die Kur nun dem Tück überträgt.

Nitsche fordert nun von Zeising 25 *M* zurück, welche dieser verweigert; er bleibe zur Aufnahme und versprochenen Thätigkeit bereit, und nach l. 5 § 1 D. praescr. verb. (19,5) trage immer derjenige die Gefahr, der schon geleistet habe; wogegen Nitsche sich auf l. 16 D. cond. caus. dat. caus. non. sec. (12,4) beruft.

Wie ist zu erkennen?

L.

1. Zwei Erben, welche als solche Miteigentümer eines Grundstückes geworden sind, verkaufen dieses für 8000 *M*.

Wie steht es mit der Kaufgeldforderung?

* Wie ist es, wenn sie das Haus dem X. vermieten und die

Vertragsurkunde gemeinsam, aber ohne nähere Bestimmung ihrer Rechtsstellung unterschreiben; und zwar:

a) Welche Ansprüche hat X. gegen jeden der Vermieter?

b) Was ist im besonderen die Folge, wenn der eine Vermieter seinen Anteil am Grundstücke einem Dritten verkauft?

c) Wie haftet der Mieter den Vermietern gegenüber?

2. Die Fabrikanten Joh. Friedr. Chun & Söhne in Schwäbisch-Hall klagen gegen die Gebrüder N. und C. Schwarz zu Gedern auf Zahlung einer Schuld von 1374 *M* für empfangene landwirtschaftliche Geräte und Maschinen, unter ausdrücklichem Anführen, daß beide Beklagte in solidum in Anspruch genommen würden, da sie die Verwaltung ihres Landgutes gemeinschaftlich betrieben.

Auf diese Klage erklärte C. Schwarz: daß seine Eigenschaft als Teilhaber an dem fraglichen Geschäftsbetriebe niemals öffentlich bekannt gegeben und auch nicht der klägerischen Firma im besonderen erklärt worden sei.

Wie ist zu erkennen?

Ist es von Einfluß, ob N. Schwarz von seinem Bruder C. besondere Vollmacht zu solchen Geschäften, wie dem mit den Klägern eingegangenen, erhalten hatte? Und darauf vielleicht bei den Verhandlungen mit den letztgenannten Bezug genommen hatte?

3. Ein Handwerker wird von den Erben seiner verstorbenen Ehefrau auf Herausgabe von deren Nachlaß verklagt. Er entgegnet, daß er zwei Darlehen von 1000 *M* und 500 *M*, welche er gemeinschaftlich mit seiner Ehefrau aufgenommen, in ihrem ganzen Betrage mit seinen Mitteln zurückbezahlt habe und deshalb die Hälfte derselben von den Klägern zurückverlange; worauf diese erwidern, daß ein Korrealschuldner, der das Ganze bezahlt, nicht ohne weiteres die Hälfte ersetzt verlangen könne, ein besonderer Rechtsgrund hierfür vom Beklagten aber nicht angeführt worden sei.

Welcher der Streitteile ist im Rechte?

4. „Von Herrn F. Euler 1500 *M* bis Michaelis d. J. zu 4 % Zinsen unter näherer Verabredung vorgeliehen erhalten zu haben, bescheinigt

Braunschweig, 1. Mai 1886. Ernst Schacht,
Carl Schacht, Registrator.

Welches ist die Haftung der Unterzeichner?

5. Bei der Anlage der Zweigbahn Wittenberge-Buchholz beanspruchte die Berlin-Hamburger Eisenbahngesellschaft von Dern die Abtretung seines vor dem Altenbrückerthore belegenen Grundbesitzes. Bei der Überweisung dieses letztern fanden zum Zwecke der vorläufigen Feststellung der Entschädigungssumme am 25. Juni 1874 Verhandlungen zwischen den Parteien statt, welche zu einem Vergleiche dahin führten, daß die Gesellschaft dem Dern einstweilen 41000 ℳ überwies und für seine Rechnung an den Bankier Fackel in L. auszahlte: indes Dern sich verpflichtete, den etwaigen Überschuß über die gerichtlich endgültig festzusetzende Entschädigungssumme durch Fackel zurückzuzahlen. Fackel erklärt durch Unterschrift, daß er diesem Vergleiche beitrete. Das Gericht setzte die richtige Entschädigung auf 36000 ℳ fest.

In welcher Art haften Dern und Fackel?

6. „Meine zwei Kinder, welche mich zu gleichen Teilen beerben werden, sollen verpflichtet sein, meinem Bruher als Vermächtnis 1000 ℳ zu geben."

Wie sind die Erben verpflichtet? Jeder auf 500 — oder auf 1000 — oder nur einer auf 1000, und welcher?

7. In einem ähnlichen Testamente war bestimmt, daß die zwei Erben einen (näher bezeichneten) monumentalen Brunnen auf einem inmitten der Stadt L. gelegenen Grundstücke des Erblassers ausführen und Brunnen wie Grundstück der Stadt überweisen sollten?

Wie steht es hier mit der Verpflichtung der beiden Erben?

8. Der Verkäufer eines Hauses stirbt alsbald nach dem Kaufabschlusse und wird von zwei Söhnen beerbt.

In welcher Weise haften die beiden?

Oder umgekehrt: Der Käufer geht mit Tod ab und hinterläßt zwei Erben zu gleichen Teilen.

Wie treten diese ein?

9. Zwei Studenten bewohnen gemeinsam ein Zimmer. Juristische Erlebnisse:

a) Aus einem der drei nach der Fleischergasse führenden Fenster hat eines morgens der Dienstbote beim Aufräumen einen gefüllten Aschenbecher geleert, dabei denselben auch unvorsichtig hinausfallen lassen und hierdurch den unten vorbeigehenden H. beschädigt.

   Haften die auf einem Ausfluge befindlichen Studenten?

b) Dieselben haben auf den von ihnen zusammen erkauften

Hund nicht ordentlich acht gegeben, und dieser hat Sachbeschädigung und Körperverletzung angerichtet.

Müssen sie es zusammen bezahlen? Oder nur derjenige, welcher unachtsam war?

c) Sie haben den Hund, als sie zum Mittagessen gingen, zu Hause gelassen; derselbe hat nun Sopha und Teppich übel zugerichtet, auch der Wirtin gehörige Blumen zerbissen und beschädigt.

Sind sie zur Ersatzleistung verpflichtet?

d) Ein Freund hatte bei ihnen Bücher deponiert. Beide aber lassen, als sie zusammen ausgehen, in unverantwortlichem Leichtsinn die Thüre offen stehen, und jene Bücher werden gestohlen.

Haftung?

10. A. und B. hatten sich verpflichtet, dem C. gewisse, ihnen angeblich gehörige Bergwerksanteile zu 3000 ℳ zu verkaufen, und es war über den Empfang der Hälfte dieses Kaufpreises folgende gemeinschaftliche Urkunde ausgestellt: „1500 ℳ haben wir Unterzeichnete auf den verabredeten Preis für die verkauften Kuxe . . . erhalten, worüber quittiert wird mit dem Bemerken, daß der betreffende gerichtliche Vertrag morgen geschlossen werden soll." Das beabsichtigte Geschäft kam jedoch nicht zu stande, da sich später ergab, daß A. und B. an dem bezeichneten Bergwerke gar nicht beteiligt waren.

Es fragte sich nun, in welcher Weise C. sein bezahltes Geld zurückfordern kann?

11. Auf einer Kontrollversammlung kam es zu einem Streite zwischen Landwehrleuten, wobei der Arbeiter Henning von zwei Gegnern, Sabor und Edel, verfolgt und mit einem Totschläger und einem Besenstiele so geschlagen wurde, daß er mehrere gefährliche Kopfverletzungen davontrug und bald darauf an Entzündung der Gehirnhäute starb.

Sabor und Edel wurden durch Ausspruch der Geschworenen schuldig erkannt: „gemeinschaftlich vorsätzlich den Henning mittels eines gefährlichen Werkzeuges körperlich mißhandelt zu haben", — jedoch angenommen: „daß Sabor allein durch die mittels seines Totschlägers verübte Körperverletzung den Tod des H. herbeigeführt habe".

Es belangen nun die Witwe und Kinder des Getöteten die beiden genannten Personen auf Zahlung der für ihren Ehemann und Vater aufgewendeten Kur- und Beerdigungskosten und auf

Alimentation; wogegen Edel seine Haftung aus l. 11 § 2, l. 51 § 1 D. ad leg. Aqui. (9,2) bestreitet, weil feststehe, daß Sabor die todbringende Wunde geschlagen.

Urtheil mit Gründen?

12. Die offene Handelsgesellschaft Ulrich und Weber hat sich am 1. Februar 1892 aufgelöst. Am 2. März reicht der Fabrikant Lenzmann gegen Ulrich eine Klage auf Zahlung von 1000 ℳ ein, als Rest einer Kaufforderung für Waren, welche er der Gesellschaft noch am 15. Januar geliefert hatte. Gestützt wird dieselbe auf H. G. B. Art. 112: „Die Gesellschafter haften für alle Verbindlichkeiten der Gesellschaft solidarisch und mit ihrem ganzen Vermögen."

Termin wird auf den 20. April anberaumt und am 9. März die Klage dem Ulrich zugestellt.

Inzwischen überzeugt sich Lenzmann, daß Ulrich in sehr schlechten Verhältnissen lebt und ihn schwerlich wird befriedigen können. Er reicht deßhalb am 28. März eine Klage gleichen Inhaltes gegen Weber ein, welche mit Terminsbestimmung vom 4. Juni am 12. April dem Beklagten zugestellt wird.

Infolgedessen erscheint am 20. April niemand vor Gericht.

Im Termine vom 4. Juni dagegen schützt Weber die Einrede der Rechtshängigkeit vor.

Wie ist zu erkennen?

---

13. Zu einem Bankier kommen zwei Personen, welche gemeinsam ein Darlehn von 100 ℳ aufnehmen und für einander zu haften versprechen. Hinterher stellt sich heraus, daß die eine Person geisteskrank war.

Welchen Einfluß hat dieser Umstand auf die fraglichen Rechtsverhältnisse?

14. Mehrere Gesellschafter kaufen eine Partie Waren und versprechen dem Verkäufer, für das Kaufgeld solidarisch haften zu wollen; allein der eine macht seine Verbindlichkeit davon abhängig, daß er binnen 6 Monaten eine ihm in Aussicht stehende Erbschaft erhalten werde.

Ist das zulässig? Wie gestalten sich die Verpflichtungen?

Wenn der Verkäufer den letztgenannten Socius verklagt hat und wegen Nichteintrittes der Bedingung zurückgewiesen worden ist: kann er immer noch den andern belangen?

15. In eine Erwerbsgesellschaft tritt ein Socius neu ein und verspricht dabei dem betreffenden Gläubiger, unter dessen Annahme, daß er für eine schon länger ausstehende Kaufgelderforderung nun auch solidarisch mithaften wolle. Diese Forderung schwebt bereits zehn Jahre, ohne eingeklagt worden zu sein.

Verjährt sie nun in 20 oder in 30 Jahren?

16. Zwei Gesellschafter haben sich solidarisch verpflichtet. Der eine von ihnen leistet dem Gläubiger mehrere Abschlagszahlungen, während der andere gar nicht von diesem in Anspruch genommen wird.

Ist die Verjährung gegen den zweiten Schuldner durch jene Ratenzahlungen unterbrochen worden?

17. Ein Gläubiger hat von dem einen seiner Solidarschuldner eine Teilzahlung angenommen und ihm darüber ohne Vorbehalt und Bemerkung eine Quittung erteilt.

Kann sich darauf der andere Mitschuldner befreiend berufen, oder wirkt die Teilzahlung für ihn nicht?

18. Der X. war infolge einer Vermächtnisverfügung verpflichtet, entweder dem Blindeninstitut oder dem Krankenhause zu N. 3000 ℳ als Legat zu geben.

Wer ist hier berechtigt? Und in welcher Weise wird das Vermächtnis verwirklicht?

Wenn X. freiwillig an das Krankenhaus bezahlt, kann das Blindeninstitut von dem Empfänger etwas herausverlangen?

Vor Vollziehung der Verfügung stirbt X. und hinterläßt als Erben das bedachte Spital. Die Blindenanstalt erhebt Anspruch auf jene 3000 ℳ, welche nun das Krankenhaus als Nachfolger des Beschwerten bezahlen müßte; dieses weigert sich, weil das Vermächtnis durch die spätere Erbeseinsetzung erloschen sei.

Wer hat Recht?

19. Von zwei Solidarbürgen eines Pachters hatte der eine wegen Vermögensverfalles des Pachters dessen bei dem Verpachter befindliche Sachen mit Arrest belegt, war jedoch bald darauf selbst in Konkurs geraten. Der Verpachter läßt dem Pachter die Sachen frei, und dieser flüchtet. Es wird nunmehr der andere Bürge von dem Verpachter auf das Ganze in Anspruch genommen.

Kann dieser aus dem angeführten Thatbestande eine Einwendung gegen die Klage erheben?

20. Eine von A. und B. gemeinschaftlich, unter solidarischer Verpflichtung, in Verwahrung genommene Sache des C. wird von A. schuldhafterweise vernichtet.

Ist C. befugt, den B. auf den vollen Schadensersatz in Anspruch zu nehmen?

21. Mehrere Personen haben in einem gemeinschaftlich abgeschlossenen Vertrage und unter solidarischer Haftbarkeit eine ihnen nicht zugehörige, dem Käufer demnächst entwehrte Sache verkauft, in betreff deren nur der eine der Verkäufer wußte, daß sie eine fremde war.

Wie steht es mit der Haftung der Verkäufer?

22. Bei einem von mehreren Bevollmächtigten solidarisch übernommenen Geschäfte ist durch die alleinige Schuld des einen von ihnen dem Auftraggeber ein Schaden entstanden.

Sind zur Erstattung desselben die Bevollmächtigten solidarisch verpflichtet?

23. A. und B. verpflichten sich in einem gemeinschaftlich geschlossenen Vertrage solidarisch, dem X. 50 Schafe käuflich zu überlassen. Zur festgesetzten Zeit überliefert jeder von ihnen 25 Stück. Unter den von A. übergebenen befindet sich ein mit einer ansteckenden Krankheit behaftetes Tier, durch welches die ganze Herde zu Grnnde geht.

Ist B. zur Erstattung des dadurch erwachsenen Schadens dem Y. auf das Ganze verhaftet?

24. Zwei Gesellschafter, A. und B., haben eine gemeinsame Sache zusammen verkauft und sich solidarische Berechtigung bezüglich des Kaufpreises von 2000 ℳ ausbedungen. Gegen den A. erwirbt der Käufer C. eine Darlehnsforderung von 1000 ℳ.

Wenn B. den Schuldner C. ausklagt, kann letzterer aufrechnen?

25. Im Falle 24 waren A. und B. Käufer für 2000 ℳ gewesen und das Kaufgeld solidarisch schuldig geblieben. A. erwarb eine Darlehnsforderung von 2000 ℳ gegen den Verkäufer (V.). Nun klagt V. gegen B. Dieser will mit der Gegenforderung des A. kompensieren.

Ist dies möglich?

26. Aus Fahrlässigkeit hatte N. die Sache des X. beschädigt und war diesem dadurch die Summe von 50 ℳ schuldig geworden. Nun wird ein Testament eröffnet, in welchem es heißt: „X. und Y. sollen meine Erben sein. Einer von ihnen soll dem N. (nach dessen Wahl) 200 ℳ zahlen.“ N. belangt jetzt den Y.

Es fragt sich, ob dieser mit der Forderung des X. gegen N. dem letztern gegenüber aufrechnen kann?

27. A., B. und C. hatten unter solidarischer Haftung ein verzinsliches Darlehn von 12000 ℳ von D. aufgenommen. Als in der Folge der Konkurs über B. ausbrach, meldete D. die ganze Forderung gegen die Konkursmasse an. Zugleich trat A. auf und verlangte von der Konkursmasse die Liquidhaltung seiner Regreßforderung gegen B.

Wie ist dies rechtlich zu behandeln?

28. Der Gerber Ploch hat mit seiner Ehefrau gemeinsam ein Darlehn aufgenommen, wobei die letztere rechtsgültig auf die weiblichen Rechtswohlthaten verzichtet hat. Nach dem Tode des Ploch hat dessen Bruder, der ihn beerbt hat, das ganze Darlehn allein zurückgezahlt; er verlangt nun von der Witwe die Hälfte zurück, da das Darlehn im Interesse der Ehe aufgenommen gewesen sei. Die Witwe erwidert, daß sie von dem Gelde nichts zu sehen bekommen habe.

Wie ist zu entscheiden?

LI.

1. Zufolge eines formlosen Wunsches seines verstorbenen Vaters hat Dahms dem Crone ausdrücklich versprochen, daß er ihm, als dem nächsten Freunde seines Erblassers, eines von dessen Reitpferden, m oder n, zur Erinnerung an den Heimgegangenen und in dessen Sinn überlassen werde. Crone nimmt dieses Versprechen dankbar an.

Es fragt sich nun:

a) Wer hat die Wahl zwischen beiden Gegenständen?

b) Welchen Klagantrag würde Crone stellen müssen? Und wie würde das gerichtliche Urteil bei Kondemnation des Dahms lauten?

c) Dahms schreibt an Crone, er werde ihm m zusenden. Statt dessen kommt am andern Tage n an, weil Dahms sich anders besonnen habe. Ist das zulässig?

d) Wenn Crone brieflich den Wunsch geäußert hätte, daß er m vorzöge, kann er das noch widerrufen, falls ihm die Lieferung von n dann genehmer werden sollte?

e) Was ist die Rechtsfolge, wenn m bald nach dem Tode des Erblassers zu Grunde geht: α) durch Schuld des Dahms; β) oder durch Schuld des Crone, der das Pferd einmal probeweise geritten; γ) oder durch Zufall?

f) Wie ist es, wenn alsdann n auch noch zu Grunde geht, und zwar auch wieder: α) entweder durch Schuld des Dahms; β) oder durch die des Crone; γ) oder durch Zufall?

g) Crone stirbt bald nach seinem Freunde unter Hinterlassung des Alefeld als Erben. Hat dieser einen Anspruch gegen Dahms?

h) Würde das gleiche, wie sub g), gelten, wenn von vornherein ein rechtsgültiges Vermächtnis zu gunsten des Crone vorgelegen hätte?

2. Einem von zwei Miterben waren verschiedene Gegenstände von dem Erblasser zugewiesen, mit der Bestimmung, daß er die Hälfte des Wertes derselben in Geld an den Miterben herauszuzahlen habe; dieser Wert soll nach Wahl des Bedachten entweder durch Verkauf der vermachten Gegenstände oder durch eine Abschätzung Dritter festgesetzt werden. Der Bedachte schreibt nun einen Brief an seinen Miterben, in welchem er auf dieses Wahlrecht verzichtet und jenem die Wahl überläßt.

Welche Rechtsfolge tritt ein?

3. A. hat sich verpflichtet, dem B. zu einer bestimmten Zeit 100 Scheffel Getreide zu liefern oder, nach eigener Wahl, 1000 ℳ zu zahlen. Er stellt einen Bürgen. An dem bestimmten Tage liefert A. 50 Scheffel, welche B. auch annimmt. Wegen der rückständigen 50 Scheffel, die von A. nicht zu erlangen sind, nimmt B. den Bürgen in Anspruch?

Ist dieser berechtigt, statt der Getreidelieferung 500 ℳ an B. zu zahlen?

Cf. l. 34 pr. D. de aedil. ed. (21,1).

4. Eine arme Witwe hat in Not ihren letzten Schmuckgegenstand im Werte von etwa 250 ℳ an einen Trödler A. für 75 ℳ veräußert. Da fällt ihr ein Vermächtnis eines Verwandten zu, und sie will jenen Schmuck zurückkaufen. Derselbe findet sich jedoch bei dem Trödler nicht mehr vor.

Ein Jurist belehrt sie nun, daß sie wegen sog. laesio enormis von dem Trödler Nachzahlung von mindestens 50 ℳ fordern könne. Ist das richtig?

Ist vielleicht die Art und Weise, durch welche der Käufer den Schmuck verloren hat, von maßgeblichem Einfluß auf die Entscheidung?

5. „Mein Erbe E. soll unserem Verwandten V. meine Sammlung Meißner Porzellanfiguren als Vermächtnis überlassen; falls aber E. dieselbe für sich zn behalten wünscht, so soll er an V. 2000 ℳ zahlen.“

Infolge ungenauer Mitteilung — es läßt sich nicht mehr feststellen, durch wessen Schuld — erfuhr E. seitens des Testamentsvollstreckers nur den ersten Teil des Vermächtnisses und gab alsbald Anordnung, diesen auszuführen. Erst hinterher wurde ihm der Zusatz bekannt.

Kann er jetzt noch die Sammlung zurückfordern und dafür das Geld zahlen?

6. Haberkorn war verpflichtet, an Schlösser nach dessen Wahl jährlich entweder eine bestimmte Anzahl Kubikmeter Brennholz oder eine entsprechende Summe Geldes zu leisten.

Schlösser hat lange Zeit hindurch immer das Geld gewählt.

Steht ihm jetzt, nach 31 Jahren, noch frei, gelegentlich einmal die Naturallieferung des Holzes zu fordern?

Hätte er nicht wenigstens im zweiten Jahre letzteres verlangen können?

7. Die Rheinisch-Kölnische Dampfschiffahrts-Gesellschaft war rechtskräftig verurteilt, einen mit Biegel & Cie. abgeschlossenen Lieferungsvertrag durch Annahme einer Quantität Saarkohlen zu erfüllen oder dieser Firma vollen Schadensersatz zu leisten.

In Verhandlungen zwischen den Streitteilen gab die Gesellschaft am 19. November die Erklärung ab, daß sie auf die Annahme der Kohlen nicht eingehen werde: womit sie zugleich bestimmte Anerbietungen hinsichtlich der zu leistenden Entschädigung verband, welche der Vertreter der Firma in Ermangelung näherer Vollmacht lediglich zur Kenntnis nahm.

Am 25. desselben Monats widerrief aber die Gesellschaft und forderte nun die Firma zur nachträglichen Erfüllung des Vertrages auf. Worauf diese jetzt sich nicht mehr einlassen will.

Entscheidung?

8. Die Firma Fangmann war durch rechtskräftiges Urteil schuldig erkannt, dem klagenden Handlungshaus Schmitz den Kaufpreis für eine Quantität Soda gegen Lieferung derselben durch Wechselaccept zu bezahlen, und zwar im Betrage von 4,10 ℳ oder 4,70 ℳ à 100 Pfund, je nachdem sie, die Beklagte, die Lieferung in Newcastle oder in Hamburg verlange.

Schmitz forderte den Gegner wiederholt auf, anzugeben, wohin er die Ware verfrachten solle; erhielt aber keine Antwort.

Auf welchem Wege kann nun die nötige Wahlhandlung des Fangmann erzwungen werden?

9. In dem Falle 8 hat die Klägerin schließlich kurzerhand so verfahren: sie ließ die Ware nach Hamburg verladen und setzte die Beklagte alsbald in Kenntnis, mit der Aufforderung zur Empfangnahme.

Beklagte kam dem aber nicht nach, verweigerte auch die Annahme eines von der Klägerin auf sie gezogenen Wechsels; worauf Klägerin die Ware in Hamburg auf Lager gab, durch einen Handelsmakler öffentlich verkaufen ließ, den Erlös von ihrer Forderung absetzte und auf den Rest nun klagte. Sie berief sich auf ein Gutachten ihres Rechtsanwaltes, wonach wegen des Verzuges der Beklagten das Wahlrecht auf sie, die Klägerin, übergegangen sei.

Ist dieses richtig? Und was ist sonst noch über den Streitfall juristisch begutachtend zu bemerken?

10. Der Handelsmann Löb Schiff hatte mit Salomon Bodenheimer einen Akkord abgeschlossen, wonach letzterer die Fourage für eine Anzahl Pferde zu bestimmten Preisen der einzelnen zu liefernden Fouragegegenstände zu leisten verpflichtet war; und es war hiernächst Bodenheimer allgemein „zur Kontraktserfüllung oder zur Entschädigung des Klägers" rechtskräftig verurteilt worden.

Der Kläger verlangt nun, daß der Beklagte binnen bestimmter Frist zur Erklärung angehalten werde, ob er den Vertrag erfüllen oder aber von der ihm alternativ zustehenden Befugnis der Entschädigung Gebrauch machen wolle.

Beklagter stellt dagegen in Abrede, daß schon jetzt eine Pflicht zur Ausübung des Wahlrechts bestehe. Denn es müsse erst die Quantität beider Forderungen jeweils vom Kläger liquidiert sein; und man könne ihm, dem Beklagten, nicht zumuten, sich jetzt bereits bindend zu erklären, da er über jenes noch ganz im unklaren sei. L. 106 D. de verb. obl. (45, 1) und l. 138 § 1 eod. gestatteten ganz allgemein Wahlrecht des Schuldners bis zur Erfüllung.

Es ist Urteil mit Entscheidungsgründen abzufassen.

LII.

1. Ein Testamentserbe hat eine Erbschaft angetreten und zwei Vermächtnisse von je 500 ℳ ausgezahlt. Bei genauerer Berechnung findet er, daß die Erbschaft nur 1200 ℳ beträgt.

Kann er nicht etwas zurückfordern?

2. Ein Studierender, welcher 22 Jahre alt ist, nimmt ein Darlehn auf; er bezahlt es, wie versprochen, zurück. Dann wird ihm gesagt, daß er als Haussohn letzteres gar nicht nötig gehabt hätte.

Ist dies richtig? Und wie verhält es sich damit des nähern?

3. Der Sohn des Photographen Helffert ist in das Geschäft seines Vaters eingetreten, in dessen Haus er auch noch unverheiratet lebt, obschon er bereits 26 Jahre alt ist. Im Februar 1891 entleiht er, um eine Maskerade mitmachen zu können, von Wind 75 ℳ und stellt darüber einen Schuldschein aus. Diesen giebt Wind an Zahlungsstatt für gelieferte Waren dem Krämer Lange, von welchem Helffert für privatim ausgeführte Bilder 36 ℳ zu fordern hat. Als nun Helffert diesen Betrag verlangt, zeigt Lange den Schuldschein und will noch 39 ℳ bar herausbezahlt haben.

Welche Rechtsbestimmung steht in Frage?

4. Welche Rechtsfolgen würden noch im einzelnen festzustellen sein, wenn in dem Thatbestande der vorigen Frage Helffert dem Wind einen Bürgen hätte stellen müssen?

Oder wenn Helffert eine ihm gehörige Sache dem Wind zu Faustpfand gegeben hätte?

Oder wenn solches von einem Freunde des Helffert mit einer im Eigentume dieses Freundes stehenden Sache geschehen wäre?

5. Sind nachstehende Leistungen rechtsgültig oder vielleicht einem Rückforderungsrechte ausgesetzt?

a) V. hatte an K. Kolonialwaren geliefert und dafür 57 ℳ zu fordern. Die Forderung ist verjährt, K. bezahlt aber freiwillig, obgleich er die Verjährung weiß und kennt.

b) H. findet in dem Nachlasse seines Erblassers T. Schriftstücke, aus denen hervorgeht, daß T. ein Darlehn von 3000 ℳ von G. erhalten und noch nicht zurückbezahlt habe. Er tilgt die Schuld. Nachmals erfährt er, daß G. den T. schon vor 3 Jahren verklagt hatte, damals aber durch Versäumnisurteil rechtskräftig abgewiesen worden war.

c) Die Kinder eines Verstorbenen entdecken in dessen Hinterlassonschaft einen Brief, worin sie ohne rechtliche Formalitäten um Zahlung verschiedener Vermächtnisse gebeten werden. Sie führen dieses aus.

d) Im Falle c waren andere Vermächtnisse durch gültiges Kodizill ausgesetzt, die Erbschaft aber reichte für sie nicht aus, und die Erben setzen aus ihrem eigenen Vermögen zu.

e) In einem andern solchen Falle waren die Vermächtnisse im Vergleiche zur Erbschaft gering, aber es befand sich darunter ein Anspruch des X. auf jährliche Alimentenzahlung, über welchen Anspruch sich Erbe und Legatar ohne Wahrung der gesetzlichen Form (welcher?) verglichen; der Erbe zahlte hiernach eine einmalige Abfindungssumme.

f) Der Graf v. P. hatte der Witwe seines Sohnes einen Witwengehalt von jährlich 4500 ℳ ausgesetzt und war dieser —

wie es die Gräfin nannte — Anstandspflicht zweimal nachgekommen.

g) Nachdem die U. ihren Vater beerbt hatte, giebt sie, in dem irrigen Glauben, daß der Erblasser sich dazu verpflichtet hatte, ihrem Ehemann ein Kapital von 50000 ℳ als dos.

h) Ein Ehemann versichert sein Leben für 18000 ℳ und händigt die Polize seiner Frau ein, mit der er in kinderloser Ehe lebt.

i) Die unverehelichte K. klagt gegen ihren Vetter B.: Der Vater des letztern habe aus Pietät gegen seinen verstorbenen Bruder, den Vater der Klägerin, ihr eine jährliche Rente ausgesetzt, da er sich für moralisch verpflichtet erachtet habe, das gänzlich mittellose Kind seines einzigen Bruders nicht dem Mangel zu überlassen, während er selbst in guten Verhältnissen lebte. Rechtliche Formalitäten waren bei diesem ernstlich abgegebenen und angenommenen Versprechen nicht gewahrt worden.

k) Der Vormund V. hat seinem Mündel M., um diesem eine wissenschaftliche Reise zu seiner vollen Ausbildung zu ermöglichen, 2000 ℳ ohne Rückzahlungspflicht zugewendet. Das an ihrem Wohnorte Birkenfeld geltende Recht (welches?) fordert für jede Schenkung notarielle Beurkundung bei Meidung der Nichtigkeit.

l) Ein Vater hat, so wie es in seiner Gegend und seinem Berufskreise ganz allgemein Brauch und Sitte ist, seinem großjährig gewordenen Sohne ein Kapital zur Einrichtung und zum ersten Betriebe einer Papierhandlung überlassen.

m) Über den Kaufmann C. war Konkurs eröffnet und derselbe durch einen Zwangsvergleich nach K.O. §§ 160 ff. abgeschlossen worden. K.O. § 178 bestimmt: „Der rechtskräftig bestätigte Zwangsvergleich ist wirksam für und gegen alle nicht bevorrechteten Konkursgläubiger . . .“ Trotzdem bezahlt C., nachdem er später wieder in bessere Verhältnisse gelangt ist, die nachgelassenen Forderungen so viel wie möglich nach, da er sich hierzu, wie er einem Geschäftsfreund bemerkt, für „sittlich verbunden“ erachtet.

n) Ein in Paris ausgestellter und zahlbarer Wechsel war am Verfalltage nicht eingelöst worden. Der Inhaber ließ am zweiten Tage nachher Protest erheben, obgleich der Code de commerce Art. 162 spätestens den der Zahlungsweigerung nächstfolgenden Tag hierfür vorschreibt, und schickte den

Wechsel mit Protesturkunde an seinen Vormann, den Indossatar G., zurück, der ihn auch einlöste, da nach der deutschen Wechselordnung Art. 41 der Protest erst am zweiten Werktage nach dem Zahlungstage nötig ist. Später erfährt G., daß er gar nicht hätte zu bezahlen brauchen, und verlangt nun das Gezahlte mit der condictio indebiti zurück.

6. Der Graf v. d. Sch. war verstorben und von seinem einzigen Sohne, dem 13jährigen Goswin v. d. Sch., beerbt worden; Vormund war dessen Oheim. Als letzterer einmal verreist war, erschien P., ein Pachter eines gräflichen Hofes, im Schlosse und jammert vor dem jungen Grafen so sehr über mannigfaches Unglück, Viehsterben, Abbrennen eines unversicherten Schuppens u. dgl., daß derselbe ihm versprach, eine Summe von 1500 ℳ als einmalige Schenkung ihm zuweisen zu lassen. Sein anwesender Vetter, Eilhart v. d. Sch., welcher 10 Jahre älter war, fügte, zu P. gewendet, hinzu: „Gehen Sie ruhig nach Hause; ich bin Ihnen gut dafür, daß Sie dieses Geld bekommen werden.“

Nachmals will der Oheim jene Schenkung nicht genehmigen. Rechtsfolge?

Wie wäre es, wenn Goswin v. d. Sch. der Kasse bereits Anweisung erteilt und diese an P. gezahlt hätte?

Oder, wenn er bald danach gestorben und von einem Verwandten X. beerbt worden wäre, welcher jene Forderung des P. für zweifelsfrei hält und dieselbe erfüllt?

Was wäre Rechtens im Falle P. sich 8 Jahre lang nicht geregt hätte und nun gegen den großjährig gewordenen Goswin v. d. Sch. auftritt?

Haftet nach obigem Thatbestand der Eilhart v. d. Sch. dem P., oder kann er stichhaltige Rechtseinwendungen vorbringen?

In unserem Falle war es dadurch zum rechtlichen Streite gekommen, daß die gräfliche Kammer von P. das fällige Pachtgeld einforderte und dieser nunmehr mit der berichteten Schenkungsforderung wettschlagen wollte, so daß die Kammer auf gerichtliche Entscheidung provocierte. Wie hat solche auszufallen?

LIII.

1. Ein Bierhändler hat einem Privatmanne zu einer Festlichkeit 50 Flaschen importierten Bieres zu liefern versprochen. Am Morgen des betreffenden Tages kommt ein Bote mit 40 Flaschen und dem Ausdrucke des Bedauerns, daß der Verkäufer wegen

Ausbleibens eines bestellten großen Fasses heute nicht mehr Bier liefern könne.

Es fragt sich:

a) Ist der Besteller verpflichtet, die 40 Flaschen zu übernehmen?

b) Oder umgekehrt, wäre er berechtigt, jedenfalls die 40 Flaschen zu fordern, wenn der Verkäufer 50 nicht liefern kann?

c) Muß der Besteller späterhin noch 10 Flaschen nachnehmen?

d) Oder umgekehrt, kann er es späterhin verlangen, während etwa der Preis des nun eingetroffenen Bieres aufgeschlagen ist?

2. Einem Kaufmanne werden gleichzeitig eine en comptant zahlbare Rechnung über 2300 *M* für gelieferte Waren von X. und ein fälliger Wechsel über 1500 *M* von Y. zur Zahlung vorgelegt. In der Kasse befinden sich aber gerade nur 3000 *M*.

Kann er diese unter X. und Y. verhältnismäßig teilen?

Die Wechselforderung erscheint ihm als drückender und auch einheitlicher: er möchte also diese gern voll bezahlen und bietet dem X. 1500 *M* abschlägig an, was X. anzunehmen sich weigert. Mit Recht?

Von welcher Summe können X. oder Y. Verzugszinsen berechnen, falls ihnen je eine Teilzahlung angeboten wurde?

3. S. ist dem G. aus Darlehn 1000 *M* schuldig. S. wird von A. und B. beerbt.

Wie geht es mit der Darlehnsforderung?

4. V. hat dem K. ein Pferd verkauft und noch nicht überliefert. V. wird von A. und B. beerbt.

Wie steht es mit der *actio emti?*

5. Der A. hat seinem Nachbarn B. gegen Zahlung von 1000 *M* versprochen, ihm einen Fußpfad über sein, des A., Grundstück anzulegen und eine Ganggerechtigkeit daran einzuräumen. Ehe es geschieht, stirbt A. und wird von seinen Kindern M. und N. zu gleichen Teilen beerbt.

Kann B. von diesen die Servitutbestellung verlangen, und in welcher Weise?

Wenn die Erben inzwischen das Grundstück an den X. verkauft haben, — welche Ansprüche hat der B.: gegen wen und worauf?

6. Zwei Miteigentümer eines Pferdes haben dasselbe dem Gastwirte X. in Verwahrung gegeben.

Wie ist es mit der Zurückgabe? Müssen sie beide kommen

und es abholen? Oder wenigstens der eine mit genügend ermächtigender Vollmacht des andern?

7. A. hat seinem Nachbarn B. versprochen, daß letzterer auf eine von dem erstern an der Grenze aufzuführende Mauer einen beabsichtigten Bau des B. soll stützen dürfen. Dann aber führt A. gar keine oder eine ganz niedrige und schwache Mauer auf. Bald darauf stirbt er unter Hinterlassung von fünf ihn beerbenden Kindern. B. behauptet nun einen Schaden von 1000 *M*.

Wie steht es mit einer Forderung auf Ersatz desselben?

Wie wäre es, wenn A. bald nach der vertragsmäßigen Abgabe des Versprechens gestorben wäre und der älteste Sohn dann jene ungenügende Mauer aufgeführt hätte?

8. Schepky und Krummhaar haben sich über eine streitige Grundfläche verglichen, und ersterer hat sich von Krummhaar versprechen lassen, daß dieser von nun ab an diese Angelegenheit nicht wieder rühren wolle bei Meidung eines Ersatzes von 600 *M*. Krummhaar tritt trotzdem nach 6 Wochen prozessierend auf, stirbt aber nach wenigen Tagen mit Hinterlassung zweier Erben.

Kann Schepky gegen diese klagen?

9. Drei Miteigentümer eines Grundstückes haben ihrem Nachbarn zugesichert, daß er persönlich berechtigt sein solle, über ihr Grundstück zu gehen; bei etwaiger Nichtachtung dieser ihrer Pflicht versprachen sie 300 *M* an ihn als Buße zu zahlen. Bald darauf kommt der eine Miteigentümer mit dem Nachbarn in Streit und verbietet ihm unter Drohungen, weiter über das Grundstück zu gehen.

Was kann der Nachbar verlangen?

Kann er auch gegen die zwei anderen Miteigentümer auftreten?

10. K. hat von V. eine Zimmereinrichtung gekauft, welche noch nicht tradiert und noch nicht bezahlt ist. K. stirbt und wird von A. und B. zu gleichen Teilen beerbt. Rechtsfolge?

11. Thatbestand:

Kläger verlangt als Successor des frühern Verpachters eines in der Klageschrift näher bezeichneten Grundstückes dessen Herausgabe von der verklagten Stiftung, als Nachfolgerin des Pachters und jetziger Besitzerin. Beklagte hat eingewendet, daß Kläger nur Herausgabe einer ideellen Quote begehren könne, da er seine Succession in die Rechte des Verpachters nur zu einer Quote nachgewiesen habe. Kläger aber macht geltend, daß er die Herausgabe des ganzen Grundstückes zu fordern berechtigt sei, weil die obligatio tradendi fundum nach l. 72 D. de verb. obl. (45, 1) unteilbar sei.

Urteil mit Gründen.

---

12. (13.) Es verpflichtet sich jemand zur Zahlung einer Geldsumme für den Fall, daß er eine bestimmte Sache nicht geben sollte.

Wann kann der Berechtigte die Geldsumme fordern? Und welche juristischen Begriffe gelangen bei zutreffender Charakterisierung jenes Versprechens zur Anwendungs?

13. (14.) Das von einem Fabrikanten für die in seinem Puddlingswerke beschäftigten Arbeiter erlassene Reglement bestimmt:

„§ 4. Die Fabrikherren oder deren Beamte haben das Recht, Vergehen der Arbeiter durch Abzüge an ihrem Lohn zu bestrafen, und haben sich die betreffenden Arbeiter den gegen sie nach Maßgabe nachstehender Bestimmungen erkannten Strafen unweigerlich zu unterwerfen. — § 14: Vergehen, welche in dem obigen Reglement nicht vorgesehen sind, werden nach Ermessen der Fabrikherren oder deren Beamten mit einem Lohnabzuge, resp. mit sofortiger Entlassung bestraft."

Wie sind diese Bestimmungen rechtlich aufzufassen? Was bedeutet insbesondere hier „Reglement" — „Vergehen" — „Strafen"? Steht die Gültigkeit des „Reglements" außer Zweifel?

14. (15.) Wie verhält es sich mit der Rechtsgültigkeit nachstehender Versprechen?

a) Der Mühlenbesitzer Hotopp zu Gottbühren klagt gegen den Müller Wallbrod aus Nordheim auf Entrichtung von 3000 ℳ auf Grund eines bei Gieselwerder im Hessischen zwischen den Parteien, jedoch ohne Beobachtung der nach hessischem Rechte für Verträge über Immobilien bestehenden Formvorschriften über eine Mühle geschlossenen Kaufkontraktes, in welchem die gedachte Zahlung für den Fall, daß einer der Kontrahenten den Vertrag brechen sollte, stipuliert war.

b) A. hat sich mit der B. verlobt und mit dieser, welche 22 Jahre alt ist, vereinbart, daß bei Bruch des Verlöbnisses von dem Zurücktretenden 1000 ℳ an den andern Teil zu zahlen seien. Alsdann verweigert aber der Vater der B. seine Zustimmung.

c) Nach altem hessischen Rechte war zu Verlöbnissen bei Vermeidung der Nichtigkeit gerichtliche Anzeige vorgeschrieben. In einem besondern Falle war dies nicht gewahrt, aber verabredet: „daß, wenn vor der Hochzeit und vor der gerichtlichen Konfirmation der Ehepakten einer von beiden Teilen diesen Kontrakt nicht erfüllen wolle, der Zurücktretende schuldig sein solle, dem andern Teile für Entschädigung und Beschimpfung 400 *M* zu entrichten."

15. (16.) Zwischen einem Tabaksfabrikanten und dessen Werkmeister war ein Vertrag geschlossen, in dem der letztere sich verpflichtet hatte, während der Dauer des Vertrages und drei Jahre nach demselben in kein anderes Tabakgeschäft einzutreten, für den Fall der Zuwiderhandlung aber eine bestimmte Strafe zu entrichten.

Nach Ablauf eines Jahres erfolgte der Austritt des Werkmeisters aus dem Dienste und sofort der Eintritt in ein anderes an demselben Orte befindliches Tabaksgeschäft.

Worauf kann nun der frühere Dienstherr klagen?

16. (17.) In einem Verlagsvertrage war bestimmt, daß der Autor das Manuskript des zweiten Bandes des betreffenden Werkes ein Jahr nach Erscheinen des ersten Bandes druckfertig abzuliefern habe, unter der Verpflichtung, bei späterer Ablieferung auf die Hälfte seines Honorares zu verzichten.

Da der zweite Band nicht geliefert wurde, so klagte die Verlagshandlung auf Ansetzung einer richterlich zu bestimmenden Frist zur Lieferung des Manuskripts.

Der Beklagte entgegnete, daß gegen Übernahme des Verlustes des halben Honorares die Lieferung des Manuskriptes in sein Belieben gestellt sei.

Wie ist zu erkennen?

17. (18.) Immler sollte dem Zumpe vertragsmäßig das Balkengerüst seines Stallgebäudes liefern; die Anlieferung des fertig bearbeiteten Bauholzes hatte spätestens am 31. August zu geschehen, und waren bei verzögerter Lieferung für jeden Tag 10 *M* Strafe zu zahlen.

Als nun Immler späterhin Zahlung seiner Forderung verlangte, entgegnete Zumpe, daß die Lieferung sich um 80 Tage verzögert habe und daher vom Kläger 800 *M* verwirkt seien, durch welche die klägerische Forderung durch Kompensation getilgt worden. Immler entgegnet, daß Zumpe den Bau trotz der verspäteten Leistung ja angenommen habe.

Entscheidung?

LIV.

1. Heinrich machte auf dem Pferde des Walther gegen des letztern Verbot einen zu raschen Ritt und beschädigte hierdurch das Pferd. Sobald Walther die Beschädigung wahrnahm, erklärte er dem Heinrich, daß er das Pferd nicht wieder übernehme, bis die Beschädigung desselben gehörig festgestellt sei; er ließ demgemäß dasselbe bei einem Wirte in Kost und Pflege unterbringen und beauftragte einen Anwalt, ihm alles dasjenige anzugeben; was er nach gemeinem Rechte als Ersatz verlangen kann?

2. Der Metzger Weller in Frankfurt a. M. hat eines Tages statt des von ihm in dem Viehhofe gekauften und dortselbst eingestellten Ochsen den von dem Metzger Vaas ebenfalls dort eingestellt gewesenen Ochsen abgeholt, geschlachtet und in seinem Geschäfte verwendet.

Was muß er nun dem Vaas ersetzen: seinen, des Weller, Ochsen? — oder den Kaufpreis, den Vaas für den geschlachteten Ochsen bezahlt hat? — oder den höhern Wert, welchen das Tier zur Zeit des Schlachtens hatte? — oder sogar den Nutzen, den Vaas nach den damaligen Marktpreisen durch den Einzelverkauf des Fleisches hätte machen können? — oder vielleicht einen Vorteil, der gerade dem Vaas persönlich durch einen Gelegenheitsverkauf möglich gewesen wäre?

3. Bei dem Bau der Main-Weser Bahn hatte der Müller Pampe von der Hohenmühle dem Staate mehrere Grundstücke für eine vereinbarte Summe abgetreten, jedoch zugleich sich vorbehalten, daß ihm ein etwa durch den Ausbau der Eisenbahn an seinem übrig bleibenden Grundeigentum entstehender Schade besonders ersetzt werde.

Jetzt, nach der Fertigstellung der Bahn, beschwert er sich: In einer Kellerwand seines Gebäudes habe sich eine in einen Brunnen gefaßte Quelle befunden, welche zur Versorgung der Wirtschaft und zum Betriebe einer Potaschensiederei geeignetes Wasser in hinreichendem Maße anhaltend geliefert habe, durch die Eisenbahnanlage aber von der speisenden Quelle abgeschnitten und versiegt sei.

Die Direktion weigert den Ersatz, weil sie nur „Schaden an dem Grundeigentum" zu ersetzen habe, aber nicht wegfallende Annehmlichkeiten von subjektiver Affektion, wie das bequeme Wasserschöpfen in dem Hause selbst, odar imaginären Gewinn aus dem, mit dem Grundstücke nicht notwendig verbundenen, Betriebe jener Siederei.

Kann man dem Pampe raten, einen Prozeß um eine irgendwie zu berechnenhe Ersatzsumme zu beginnen?

4. Der Restaurateur Maxen befragt einige bei ihm verkehrende jüngere Juristen: Die Brauerei König habe sich ihm verbindlich gemacht, ihm für 1892 seinen ganzen Bierbedarf zu liefern. Durch Druck einer dem Maxen verfeindeten politischen Partei liefere König seit kurzem nicht mehr, und anderswo habe Maxen nicht schnell und ausreichend genug Bier als Ersatz erhalten können. An jedem Hektoliter habe er vier Mark verdient; und da er nun gegen König klagen wolle, so möchte er zuvor wissen, ob er rechtlich alles berechnen könne, was er für gewöhnlich umgesetzt habe.

Die Befragten sind verschiedener Ansicht: Der eine bejaht die Frage, weil das zu ersetzende Interesse allen positiven Schaden umfasse; während ein anderer zweifelhaft ist, da kein sicherer Nachweis vorliege, daß Maxen auch weiterhin soviel verkauft haben würde. Cf. l. 19 D. de peric. et commod. rei venditae (18,6), sowie l. 2 § 7 D. de eo quod certo loco (13,4); auch l. 21 § 3 D. de A. E. V. (19,1).

Welches ist die richtige Meinung?

5. Ein Einwohner in Darmstadt erhielt von dem Kollekteur ein Los (Nr. 72) zur fünften und sechsten Klasse der zweiundfünfzigsten Ziehung der (verpachteten) Großherzoglich hessischen Klassenlotterie, während dieses Los schon in der zweiten Klasse herausgekommen war. Er erhob darum Klage gegen die Direktion der Anstalt auf Auszahlung des größtmöglichen Gewinnes mit 25 000 ℳ: Ihm sei eine Nummer verkauft worden, welche schon gezogen sei; hätte er eine Nummer erhalten, deren Ziehung noch bevorstand, so wäre ihm die Möglichkeit des höchsten Gewinnes eröffnet worden.

Welche rechtliche Erwägung wird hier maßgeblich sein?

6. B. hatte von K. Gerste in 155 dem K. gehörigen Säcken erhalten. Nach vier Jahren trat K. auf und forderte als Entschädigung das nach Handelsgebrauch bei verspäteter Rücksendung von Säcken zu bezahlende „Leihegeld“ von einem Pfennig für Tag und Sack, also für vier Jahre 2232 ℳ. B. stellt jenen Handelsgebrauch nicht in Abrede, hält aber die Höhe der Forderung für übersetzt und rechtlich unbegründet.

Entscheidung?

7. Ein von H. zum Transporte defraudierter Waren benutztes, dem Z. gehöriges, kleines Dielenschiff war von einem Steuerbeamten in Beschlag genommen worden, obschon nach dortigem Partikulargesetz eine solche Festnahme und Zurückhaltung des Transportmittels durchaus nicht geschehen durfte. Da das Hauptzollamt zu D. trotzdem das Schiff längere Zeit behielt und bei endlich erfolgter Zurückgabe jede Entschädigung für Verschlechterung und für Entbehrung des Gebrauches verweigerte, so erhob Z. Klage gegen die Behörde, mit dem Antrage auf vollen Schadensersatz, der den Wert des kleinen Schiffes freilich um das Dreifache überstieg.

War die Klage begründet?

8. A. hatte mit B. einen Vertrag geschlossen, dem zufolge letzterer 25 Kubikmeter Sand für den A. aus einer Sandgrube nach der nahen Verladungsstelle an der Eisenbahn gegen eine Vergütung von 2,25 ℳ für den Kubikmeter fahren sollte. B. leistete die Fuhre trotz mehrmaligen Mahnens nicht, so daß endlich A. dieselben durch H. vornehmen ließ und diesem 9 ℳ für den Kubikmeter als damals üblichen und angemessenen Preis bezahlte.

A. forderte nun von B. Ersatz für die bezahlten 225 ℳ, abzüglich der 56,25 ℳ, die er dem B. hätte zahlen müssen, also 168,75 ℳ. Das Gericht aber erkannte nach verhandelter Sache dem Kläger nur 56,25 ℳ zu, weil Kläger als sein Interesse für die unterbliebenen Fuhren nur das Doppelte des für dieselben bedungenen Preises in Anspruch nehmen könne, an diesem Doppelten aber der vom Kläger selbst noch nicht gezahlte Preis abgehe.

Kann dem A. geraten werden, die Sache in oberer Instanz weiter zu verfolgen?

9. Ein Reisender war bei einer Eisenbahnfahrt getötet worden. Seine Witwe fordert vom Eisenbahnfiskus nach dem Reichs-Haftpflichtgesetz eine jährliche Rente von 700 ℳ, worin der durch den Tod des Ehemannes erlittene Vermögensschaden bestehe. Der Fiskus will aber von der geforderten Summe 200 ℳ abziehen, die der Klägerin als Pension von der Witwenverpflegungsanstalt, in die ihr Ehemann sie eingekauft hatte, nun bezahlt werden.

Wer ist im Rechte?

10. Ein Baumeister wird von einer Gemeinde auf Schadensersatz belangt, weil er den ihm übertragenen Bau einer Kirche

so mangelhaft ausgeführt, daß dieselbe eingestürzt sei. Der Beklagte erwidert, daß der entstandene Schaden durch freiwillige Sammlungen längst gedeckt sei.

Quid iuris?

11. Manke hat an Troll ein Schwein verkauft und klagt nun das Kaufgeld ein. Troll wendet ein, daß das verkaufte Schwein Finnen gehabt habe. Manke repliziert: Troll habe ja seinen ganzen Bestand an Schweinen gegen solche Unfälle versichert und von der Viehversicherungsgesellschaft den ihm erwachsenen Schaden schon ersetzt bekommen.

Wie ist zu erkennen?

12. A. bestellte in der Fabrik B. eine größere Anzahl Eisenbahnwagen, die zu bestimmten Terminen zu liefern waren, widrigenfalls es dem A. freistehen sollte, die fehlenden Wagen „auf Gefahr und Kosten der B. um jeden Preis auf die ihm am geeignetsten scheinende Art anderweitig zu beschaffen“.

B. erfüllte den Vertrag nicht, und A. mußte deshalb von C. Wagen mieten und von D. solche käuflich beziehen. Er fordert daraufhin von B. Ersatz der an C. gezahlten Mietpreise, während B. darauf hinweist, daß infolge gefallener Eisenpreise A. von D. die Wagen um 25⁰/₀ billiger bekommen habe, als er sie nach dem mit B. geschlossenen Vertrage erhalten haben würde.

Ist dieser Einwand zulässig?

---

13. Um ein verdrehtes Schloß zu öffnen, wird nach einem Schlosser geschickt; dieser sendet einen Lehrjungen, welcher das Schloß zurecht macht. Als er zu Ende ist, ersucht ihn die Hausfrau, einen großen Nagel, der in der Mitte des Zimmers aus dem Boden ragt und schon längst lästig war, zu beseitigen. Der Lehrling macht sich daran, hämmert fest darauf los und schlägt den Nagel in den Boden hinein, — als plötzlich in dem untern Stockwerke ein starker Fall gehört wird. Dort war nämlich ein Kronleuchter, der an dem durch die Decke gedrungenen Haken von dem einrichtenden Tapezierer befestigt worden war, infolge des Eintreibens des Hakens herabgestürzt.

Wer trägt den entstandenen Schaden; und weshalb?

14. Die schlecht beaufsichtigten Kühe des Viereck haben auf einem mit Rüben bepflanzten Grundstücke des Krelling durch Fressen und Zertreten Schaden angerichtet. Krelling ließ den in der benachbarten Stadt wohnenden Gerichtstaxator holen und den auf wenige Mark sich belaufenden Schaden abschätzen, wodurch Unkosten im Betrage von 11 ℳ entstanden.

Ist Viereck verpflichtet, auch diese letzteren Kosten zu ersetzen?

15. Findeisen hat den Erbes bestohlen und wird nun von letzterem civilrechtlich belangt. Muß Findeisen auch die Belohnung ersetzen, welche Erbes dem Entdecker des Thäters zugesichert und ausbezahlt hat?

16. Thatbestand:

Die Tochter des Klägers hat bei dem Beklagten, einem Landmanne, in Dienst gestanden. Während einer Krankheit der Frau des Klägers wurde das Schlafzimmer der beiden Dienstmädchen auch von den übrigen Hausgenossen, namentlich als Speisezimmer, mit benutzt; in dieser Zeit hat der Beklagte eines Tages eine geladene und mit Zündhütchen versehene Doppelflinte dort über zwei Nägel im Balken unterhalb der Decke gelegt, ohne davon einem andern Hausgenossen etwas zu sagen. Noch am selbigen Abend entdeckte ein 16jähriger Knecht die Flinte, nahm sie herab, und während er den Lauf auf die anwesende Tochter des Klägers richtete und an den Hähnen rührte, ging der Schuß los und verwundete das Mädchen am Arm. Der Beklagte wird auf Schadensersatz in Anspruch genommen, weil seine Handlungsweise schuldhaft die Verwundung veranlaßt habe.

Beklagter stellt sein Verschulden in Abrede. Sicherungsmaßregeln hätten sich an der Flinte nicht anbringen lassen, und die Schüsse habe er bei dem sich oft wiederholenden Gebrauche nicht jedesmal herausziehen können; er habe auch geglaubt, das Gewehr gut genug versteckt zu haben und nicht erwarten können, daß der Knecht es finden und unbefugterweise damit spielen werde.

Entscheidung mit Gründen.

17. An einem Kiesberge wurden abgrabende Arbeiter verschüttet und beschädigt. Sie hatten in einem Raume gestanden, welcher nur 2 Meter breit und bloß nach einer schmalen (Quer-) Seite offen gewesen ist, während zwei Seiten durch den Berg und die dritte (Längs-)Seite durch eine Reihe zusammenhängender Eisenbahnwagen geschlossen gewesen sind. Wenn diese Wagen mit Zwischenräumen aufgestellt gewesen wären, hätten sich die Arbeiter in diesem — freilich nicht in jedem andern — Falle retten können.

Kann der Unternehmer wegen verschuldeter Beschädigung belangt werden?

18. In einem Prozesse war einer Partei der Hauptеid zugeschoben, von ihrem Anwalte aber versäumt worden, darüber eine Erklärung abzugeben. Nach C.P.O. § 417 wurde nun der Eid als verweigert angesehen, und jene Partei verlor den Prozeß.

Nun verlangt sie Ersatz wegen des Prozeßverlustes; indes der Anwalt leugnet, daß dieser Schaden durch seine Unterlassung verursacht worden sei.

Entscheidung.

19. M. hat ein Tier des N. schuldhaft verletzt. Er wird deshalb belangt und leistet für die Wertsminderung Ersatz. Späterhin geht jedoch infolge jener Verletzung das Tier ganz zu Grunde.

Kann er nun abermals in Anspruch genommen werden?

20. A. kauft ein Pferd von B., welches an einem ganz bestimmten Tage zu liefern ist. B. versäumt dieses schuldhafterweise Am folgenden Tage entsteht großes Feuer, wobei der Stall des B. und das verkaufte Pferd zu Grunde gehen; dabei brennt indes auch das Gehöfte des A. ab.

Wie steht es mit der Forderung des A. gegen B.?

21. Ein Landmann (L.) hatte nach der in seinen Diensten stehenden Magd (M.) im Zorne mit einem Teller geworfen und ihr eine Verletzung an zwei Fingern der rechten Hand zugefügt. Infolge quacksalberischer Behandlung hatte M. eine Verkrüppelung und Unbrauchbarkeit beider Finger davongetragen.

Kann M. von L. Schadensersatz verlangen?

Kommt etwas darauf an, ob M. den Quacksalber aufgesucht, oder ob dieser von L. zugezogen worden ist? Oder darauf, ob ordentliche ärztliche Hilfe zur Stelle gewesen wäre? Und ob die letztere eine ordentliche Heilung hätte bewirken können, oder nicht?

22. Arnold verpachtet dem Moser ein Grundstück auf sechs Jahre. Da dasselbe in der Nähe des Kirchhofes liegt und man schon lange von einer Erweiterung desselben spricht, so wird, da alsdann die benachbarten Grundstücke enteignet werden würden, die Vertragsklausel eingesetzt, daß im Falle der Enteignung der Vertrag aufgehoben sein und Moser keine Entschädigung erhalten solle.

Nach einem Jahre verkauft Arnold in Geldverlegenheit jenes Grundstück ohne weiteres an Clemens. Dieser treibt den Moser aus.

Der letztere klagt nun gegen Arnold auf Ersatz des Schadens, der dadurch für ihn entstanden sei, daß er das Grundstück während der folgenden fünf Jahre nicht haben könne. Arnold sucht den

Prozeß hinzuhalten; derselbe dauert schon ein Jahr lang, da tritt jene Erweiterung des Kirchhofes und die Enteignung ein.

Es fragt sich:

a) Ist Arnold dem Moser regreßpflichtig? Welche *actio* steht in Frage? Oder hat sonst eine der drei Personen gegen eine andere einen Anspruch?

b) Wenn aus irgend einem Grunde Arnold ersetzen muß: wie wäre das Interesse des Moser zu berechnen? Kann er für 1, für 2, für 6 Jahre, oder für wieviel sonst seinen Schaden ansetzen?

23. Der Brothändler A. stand mit dem Bäcker B. seit längerem in Geschäftsverbindung, wobei er täglich in Kiepen Teig zu B. bringen und gegen ein Backgeld backen ließ. Späterhin merkt A., daß B. öfter von dem ihm gebrachten Teig verschiedene Quantitäten entnommen und sich angeeignet hat. B. entgegnet, daß A. gar keinen Schaden gehabt habe; denn A. habe die gelieferten Brote immer doch zu dem vollen Preise verkauft.

Was ist Rechtens?

---

24. Rasemann ritt an einem 1. April abends gegen 9 Uhr in gestrecktem Galopp eine Chaussee entlang, wobei er in der Dunkelheit an ein vor dem Hause des Leim stehen gebliebenes Fuhrwerk anprallte, was den Tod seines Pferdes zur Folge hatte. Beider Verhalten war polizeiwidrig.

Wie steht es mit dem Schadensersatz?

25. „Anno 1546 erzählte D. Martin Luther zu Eisleben diese Fabel, daß ein Müller hätte einen Esel gehabt, der wäre ihm aus dem Hofe gelaufen, und ans Wasser kommen. Nun steiget der Esel in einen Kahn, so im Wasser stand, und wollte daraus trinken. Dieweil aber der Kahn von dem Fischer nicht angebunden war, so schwimmt er mit dem Esel davon, und kommt der Müller um den Esel, und der Fischer um den Kahn, war also Schiff und Esel verloren. Der Müller klagte den Fischer an, daß er den Kahn nicht hab' angebunden. So entschuldigte sich der Fischer (*excipiendo*), und sagt (*reconveniendo*): Der Müller sollte seinen Esel auf dem Hofe behalten haben; und begehrete seinen Kahn bezahlt.

Nunc sequitur quid iuris? hat der Esel den Kahn, oder der Kahn den Esel weggeführt?"

(Nach Benjamin Lindner, Luthers Tischreden.)

26. Der Forstwart Röthe möchte seinen Nebenbuhler Volker gern aus dem Wege räumen. Da ihm bekannt ist, daß Volker zuweilen wildert, legt er an einem abgelegenen Orte des Waldes, den außer Wilddieben so leicht niemand betrat, ein Selbstgeschoß, obschon das Aufrichten derartiger Legebüchsen nach dortigem Gesetze unbedingt verboten ist.

Wenn Volker gemäß jenem Plane verletzt wird, kann er den Röthe haftbar machen?

Würde es von Einfluß sein, wenn Röthe ohne Beziehung auf Volker das Selbstgeschoß in der Absicht, ein Raubtier zu töten, gelegt hatte?

LV.

1. Die Gemeinde N. war rechtskräftig verurteilt worden, gewisse von ihr in Rückstand gelassene Geld- und Naturalabgaben, letztere in alljährlich abzugebenden sog. Trift- und in sog. Kauf-Hämmeln bestehend, mit Verzugszinsen zu 5 Prozent per Jahr an das Großherzogliche Rechnungsamt E. zu bezahlen und abzuführen. Es entstand nun Streit über die gesetzlich richtige Ansetzung und Berechnung jener Verzugszinsen in Ansehung der Hämmel.

Wie ist selbiger zu schlichten?

2. M. hatte im Auftrage des N. für diesen mehrere Geschäfte abgeschlossen und Geld dabei ausgelegt. Mit Rücksicht auf eine von dem Bruder des N. für diesen an M. gemachte Zahlung teilt M. dem ihm inzwischen verfeindeten N. mit, daß er auf die Zahlung der Auslagen selbst verzichte, aber darauf bestehen müsse, daß N. ihm Zinsen von 6% für dieselben zahle. Auf Weigerung des N. klagt M. diese Zinsen ein, unter Berufung auf l. 37 D. de usuris (22,1), l. 18 [19] § 4 D. neg. gest. (3,5), l. 12 § 9 D. mand. (17,1).

N. erwidert, daß die ersten Stellen gar nicht von einem Mandate redeten, und wenn man die letzte wirklich gelten lassen wolle, was zweifelhaft sei, so könne eine Zinsenforderung nach jenem Verzichte schwerlich noch statthaft sein.

Entscheidung.

3. Ein Gläubiger, welcher seine Forderung nebst Verzugszinsen eingeklagt hatte, nahm die Zahlung der Hauptforderung an und quittierte hierüber mit dem Bemerken, daß er sich alle Rückstände an Zinsen und Prozeßkosten vorbehalte. Als er diese aber weiter geltend machte, setzte der Schuldner dem den

Einwand des völligen Unterganges aller betreffenden Forderungen entgegen.

Ist dieser begründet?

4. Nachdem S. von G. im Jahre 1874 ein Darlehn von 10000 ℳ mit halbjähriger Kündigung zu 6 % verzinslich aufgenommen und die Zinsen immer regelmäßig bezahlt hat, weigert er sich nach Ablauf des Jahres 1891 weiterhin Zinsen zu bezahlen, da das hier maßgebliche Verbot des römischen Rechtes durch das Norddeutsche Bundesgesetz, und dieses durch die neue Wuchergesetzgebung nicht berührt worden sei.

Mit Recht?

5. Der Graf von H. hatte seinem Hauptgläubiger G. seit längerem keine Zinsen mehr gezahlt, so daß G. schließlich gerichtlich gegen den Grafen vorging. Der auf Grund seiner Klage eingeleitete Prozeß zog sich jedoch, vornehmlich durch stets daneben herlaufende Vergleichsverhandlungen, außerordentlich lange hin und blieb schließlich ganz liegen. — Nun behauptet der Vertreter des Grafen, daß wegen zu großer Höhe der rückständigen Zinsen von jetzt ab überhaupt keine mehr liefen. Wogegen G. anführt, daß nach den Quellen des gemeinen Rechtes wegen der Erhebung der Klage von jenem keine Rede sein könne.

Wie ist zu entscheiden?

6. (8.) Unsere Sparkassen verfahren in der Regel derart, daß die jährlichen Zinsen den Einlegern in den Büchern einfach zugeschrieben werden, und sich so das zu verzinsende Kapital auch ohne weitere Zuzahlung vermehrt.

Ist dieses nach dem heute geltenden Rechte ganz ohne Bedenken? Und worauf kommt es bezüglich der Zulässigkeit jenes Vorgehens des Näheren an?

7. (9.) A. klagt gegen seinen Darlehnsschuldner B. drei halbjährige Termine rückständiger Zinsen ein, mit dem Antrage, Beklagten zur Zahlung dieser, sowie von Verzugszinsen vom Tage der Klagezustellung an zu verurteilen. Im Termine bleibt B. aus. A. trägt die Klage vor und bittet um Urteil.

Wie hat dieses zu lauten?

8. (10.) Der Vormund eines Minderjährigen hat von einer Mündelforderung die rückständigen Zinsen der letzten Jahre im Betrage mit 1200 ℳ und nächstdem auch das Kapital mit 15000 ℳ eingezogen, aber bei der Abrechnung nicht eingestellt. Sein ehemaliger jetzt großjähriger Mündel klagt nun auf Herausgabe nebst Verzugszinsen.

Wovon dürfen diese berechnet werden?

9. (12.) Heinrich Schlief versprach der von ihm geschwängerten und niedergekommenen Hulda Rösel, daß er am 1. Januar 1875 ein Kapital von 600 ℳ in die Sparkasse des Ortes einlegen wolle, unter der Bedingung, daß die von der Sparkasse zu zahlenden Zinsen von 3 % jährlich zum Kapital geschlagen werden sollten; die Rösel sollte bei Meidung des Verlustes ihres Gesamtanspruches die Einlage nicht vor vollendetem 30. Jahre erheben, dann aber frei darüber verfügen dürfen.

Als Hulda Rösel 35 Jahre alt geworden, will sie das Kapital erheben; aber — Schlief hatte gar nichts eingelegt. Sie verklagt nun die Erben des mittlerweile verstorbenen Schlief auf jenes Kapital mit allen dazu zu schlagenden Zinsen von dem Augenblicke an, da die Einlage hätte geschehen sollen, bis zur Auszahlung, außerdem auf Verzugszinsen, die je nach dem Stande des Kapitales mit 5 % zu verrechnen seien, von ihrem vollendeten dreißigsten Jahre an.

Die Erben bestreiten die Berechtigung dieser Forderung, weil darin verbotene Zinseszinsen gelegen seien, und in jedem Falle nach dem dreißigsten Geburtstage der Klägerin gar keine Zinsen mehr zu laufen hätten.

Urteil mit Gründen.

---

10. (13.) Schuldscheine:

a) „Ich Endesunterzeichneter N. N. habe heute von L. L. in Geisa ein bares Darlehn erhalten mit 99 Reichsthalern oder 297 Reichsmark. Diese genannte Summe verspreche ich Unterzeichneter in sechs Monaten an L. L. retour zu bezahlen und verspreche eine Provision von 24 ℳ. Es macht sich N. N. verbindlich, diese genannte Summe ins Hypothekenbuch eintragen zu lassen; wo nicht, so kostet es jeden Tag eine Mark Provision, welches mit meiner Unterschrift anerkenne. N. N.“

b) „Ich Endesunterzeichneter N. N. bekenne, daß ich von M. Stern von Geisa nochmals bar geliehen habe 10 ℳ 50 ₰. Dieses verspricht Unterzeichneter in vier Wochen zu bezahlen außer der monatlichen Provision eine Extraprovision per Woche mit 20 Pfennig und so lange, bis die Provision mit der Hauptforderung bezahlt. Ferner hat N. eine Hose von M. Stern gekauft für 1 ℳ 20 ₰. N. N.“

Fragen:

a) Wie sind die hier angegebenen Leistungen und versprochenen Vergütungen rechtlich zu charakterisieren?

b) Sind dieselben rechtsgültig: nach römischem, — kanonischem, — früherem gemeinen, — heutigem Rechte?

c) Wieviel kann nun in jedem Falle der Gläubiger wirklich fordern?

d) Was ist die Folge, wenn der Schuldner bereits einzelnes — oder das Ganze — an den Gläubiger bezahlt hat?

11. (14.) Ein Geldverleiher hatte ein Darlehn von 1000 ℳ gegeben und sich ausbedungen, daß er im obern Stockwerke des dem Schuldner gehörigen Hauses umsonst wohnen dürfe und dafür auf Zinsen verzichten wolle. Der Mietwert der fraglichen Wohnung wird sachverständig auf jährlich 650 ℳ beziffert.

Es fragt sich, ob man gegen den Gläubiger wegen verbotener Zinsen vorgehen kann, oder ob nur „vilius conducta habitatio videtur“ (l. 14 C. de usuris (4,32)?

12. (15.) Bei Ablauf der Mietzeit bittet der Mieter den Hauseigentümer um Verlängerung des Mietsvertrages, weil die Frau des Mieters schwer erkrankt sei und er zur Zeit auch durch Umzugskosten schwer geschädigt werden würde. Der Vermieter bewilligt es ihm, benutzt aber die Notlage, um nunmehr einen ganz unverhältnismäßig hohen Mietzins sich versprechen zu lassen. Nach Ablauf des Quartals weigert sich der Mieter zu zahlen, weil unerlaubter Wucher vorliege.

Ist dieses — nach römischem oder heutigem Rechte — begründet?

13. (16.) Der Lieutenant A. brauchte dringend 800 ℳ, um einen Ehrenschein auszulösen. M., welchem dieses bekannt war, erbot sich, gegen Entgelt ihm ein Darlehn von B. zu verschaffen; er vermittelte auch wirklich ein solches zwischen beiden, wobei A. dem B. einen Schuldschein über 1200 ℳ ausstellte, aber nur 800 ℳ erhielt. Die Zwangslage des A. hatte M. aber verschwiegen, sie war dem B. überhaupt ganz unbekannt gewesen.

Welche rechtlichen Folgen haben nach heutigem Rechte einzutreten?

14. (17.) Der Kaufmann Hanusch und der Techniker Schmandt gründen eine offene Handelsgesellschaft zum Betriebe einer Waschmaschinenfabrik. Zu größerem Aufschwung des Geschäftes nehmen sie nach einem Jahre von dem Kaufmanne Nöckel in Leipzig ein Darlehn von 40000 ℳ auf. Der Vertrag, den während einer Krankheit des Hanusch der Schmandt, welcher in finanziellen Angelegenheiten ganz und gar unbewandert ist, mit Nöckel abschließt, sichert dem letztern außer 5 % Zinsen eine Reihe großer Vorteile zu: von jeder gewöhnlichen Waschmaschine, welche die Fabrik verkaufen werde, 2 ℳ, von jeder größeren 3 ℳ, von jeder Wringmaschine 50 ₰, u. s. w. Gebühr an den Gläubiger; das Darlehn wird dabei auf 25 Jahre unkündbar festgestellt und ist dem Gläubiger jederzeit Einsicht in die Geschäftsbücher zu gewähren und ohne seine Zustimmung jede wesentliche Veränderung des Geschäftes zu unterlassen. Hiernach würden Hanusch und Schmandt im ersten Jahre des erhaltenen Darlehns bereits etwa 10000 ℳ an Nöckel zu bezahlen haben.

Sind sie hierzu verpflichtet?

15. (18.) Der Hauptmann Jany in Frankfurt a. M. hat den Kaufmann Kramer daselbst um ein Darlehn von 22000 ℳ gegen 5 % Zinsen auf $2^1/_2$ Monate ersucht und solches erhalten. Dabei sind an Kramer 2000 ℳ „als Gratifikation" gegeben worden, was unter Berücksichtigung der bewilligten 5 % Darlehnszinsen einem Zinsfuße von nahezu 60 % entsprechen würde. Nachdem nun Jany verschuldet gestorben ist, fordert der Verwalter im Nachlaßkonkurse des Verstorbenen die 2000 ℳ als Zinswucher von Kramer zurück.

Der Beklagte bestreitet die rechtliche Begründetheit der Rückforderung: Die Jany'schen Eheleute hätten überall als reiche Leute gegolten; und auch er habe es nie anders gewußt und deshalb nur geglaubt, daß sich dieselben in ganz vorübergehender Verlegenheit befunden hätten. Auch habe er den Vermögensvorteil von 2000 ℳ nicht verlangt, sondern nur dessen Bezahlung angenommen, die Hingabe des Darlehns aber nicht von jener Vergütung abhängig gemacht.

Die Beweisaufnahme ergiebt durch Vernehmung eines Zeugen: Jany habe den der Sache abgeneigten Kramer dringlich gebeten, ihm 22000 ℳ zu geben, er brauche das Geld; dabei habe er hinzugesetzt: „Sie finden mich generös, ich bin Offizier." Darauf habe Kramer 22000 ℳ an Jany ausbezahlt. Jany habe nun 2000 ℳ von der Summe zurückgegeben und gesagt: „Das ist als Gratifikation"; worauf Kramer dieses Geld mit Kopfnicken wieder eingesteckt habe.

Es ist Urteil mit Gründen zu entwerfen.

LVI.

1. A. hat von B. eine an einem Flusse gelegene Wiese auf Grund eines Vermächtnisses, aber nur unter bestimmter Bedingung zu fordern. Ehe diese in Erfüllung geht, wird an der Wiese bei Hochwasser ein nicht unbedeutendes Gelände angeschwemmt.

Kann bei Eintritt der Bedingung A. auch die Anschwemmung fordern?

2. Ist nachstehender Fall dem sub 1 gleich zu behandeln:

B. hat eine Statue, an welcher ein Arm fehlt, an den A. verkauft und vor der Tradition den zur Statue gehörigen Arm aufgefunden und angeschweißt; — und warum oder warum nicht?

3. V. verkauft sein an der Straße gelegenes Grundstück x, an welchem zu gunsten des dahinterliegenden Ackers y eine Wegegerechtigkeit besteht, an den K. Vor der Übergabe an diesen erwirbt V. an y das Eigentum.

Nun erhebt sich Streit darüber, ob nach dem versprochenen Eigentumsübergang an x auf K. dieser mit der genannten Servitut belastet sein wird?

4. M. und N. sind übereingekommen, zwei Parzellen zu besserer Abrundung ihres jeweiligen Grundbesitzes auszutauschen. Vor dem Vollzuge des Vertrages findet N. auf seinem Grundstücke eine in alten Kriegszeiten versteckte Kiste mit Gold- und Silbersachen und alten Münzen. Als M. davon erfährt, möchte er jenen Fund gern, ganz oder zur Hälfte, für sich beanspruchen.

Hat er ein Recht darauf?

Wie steht es, wenn N. zu der angegebenen Zeit auf dem vertauschten Stücke Land noch Früchte eingeheimst oder jagdbares Wild erlegt hat?

5. Bei dem Amtsgerichte L. läuft folgende Klage ein:

„Am 6. November verkaufte ich dem Heinrich Vogel eine Kuh für 102 ℳ, um dieselbe am 9. November spätestens zu liefern, und zwar sollte sie vom Beklagten bei mir abgeholt werden. Derselbe ist aber am bezeichneten Tage nicht gekommen; und ist die Kuh am 20. November in meinem Stalle durch zufälliges Unglück krepiert. Da Vogel in Güte nicht zahlt, so muß ich auf den Kaufpreis nebst Verzugszinsen und meinen Unkosten Klage erheben. Ich lade u. s. w. Löb Stern."

Im Verhandlungstermine erklärt der Beklagte, daß er an Stern vor kurzem 90 ℳ geschickt habe, weil derselbe die Haut der Kuh im Werte von 12 ℳ für sich behalten; Kläger habe aber die gesandte Summe nicht angenommen. Auf Befragen des Amtsrichters meint der Kläger, daß er zu der geforderten Annahme rechtlich doch nicht verpflichtet sei.

Wie hat das Gericht zu erkennen?

Würde es von Einfluß sein, wenn die Kuh schon am 8. November verendet wäre?

6. Ein Müller verkaufte sein Besitztum. Vor der festgesetzten Überlieferung muß er einen Teil der Grundstücke zur Erweiterung eines Gemeindeweges hergeben. Der Käufer verlangt nun Abtretung der von der Gemeinde geschuldeten Entschädigung.

Mit Recht?

7. Reitz hatte von Meisel eine Kuh und einen Ochsen gekauft und verabredet, daß Meisel die Tiere in einem Monate bei Gelegenheit eines größern Viehtransportes überbringen solle. Meisel benutzt während dieses Monates eine an seinem Wohnorte veranstaltete landwirtschaftliche Ausstellung, um den Ochsen auszustellen, und erhält einen Preis. Zu derselben Zeit hatte die verkaufte Kuh ein Kalb geworfen. Reitz verlangt nun die Prämie und das Kalb mit heraus.

Sind diese Ansprüche begründet?

8. Was kann der Käufer einer Sache verlangen, wenn dieselbe

a) zur Zeit des Kaufabschlusses dem Verkäufer ohne dessen Wissen und Schuld bereits gestohlen war?

b) oder auf diese Weise nach dem Vertragsschlusse abhanden kommt?

c) oder im Eigentume eines Dritten stand und von dem Diebe an den jetzigen gutgläubigen Verkäufer weitergegeben worden war, indes nun der wahre Eigentümer von dem jetzigen Käufer sie fordert?

d) oder dem verkaufenden Eigentümer nach dem Verkaufe im ordnungsgemäßen Verfahren enteignet wird?

e) oder von dem Verkäufer — dolos oder gutgläubig — an eine zweite Person weiter verkauft wird?

9. Johann Helfrich von Mörlenbach verkaufte im November 1882 eine im Brandkataster um die Summe von 2700 *M* versicherte Scheuer nebst Stallung um den Preis von 1320 *M* an Jakob Zopf von Birkenau auf den Abbruch, unter der Auflage, daß das fragliche Gebäude bis Ende April 1884 abgebrochen sein müsse. Nach inzwischen erfolgter Zahlung des Kaufpreises brannte im April 1884 plötzlich jenes Gebäude ab. Der im Brandkataster als Eigentümer noch eingetragene Helfrich zog von der Versicherungsanstalt die Summe von 2691 ℳ ein und baute eine neue Scheuer und Stallung wieder auf.

Der Käufer Zopf sah sich infolge hiervon veranlaßt, gegen den Helfrich Klage zu erheben, worin er in erster Linie die Herausgabe der vom Verkäufer vereinnahmten Versicherungssumme, in zweiter Linie die Überlassung des neuen Gebäudes, — beides gegen Erstattung des bezahlten Versicherungsbeitrages —, in dritter Linie den Wertersatz des abgebrannten Gebäudes im Betrage von 2250 ℳ, endlich in vierter Linie Rückerstattung des entrichteten Kaufpreises in Anspruch nahm.

Der Anwalt des Helfrich bestritt die Rechtmäßigkeit eines jeden der erhobenen Ansprüche: weil die Versicherungssumme zum Wiederaufbau gesetzlich habe verwendet werden müssen, die Unmöglichkeit der Lieferung durch Zufall eingetreten sei und ein Rückforderungsrecht des Kaufpreises nach der Lehre von den gegenseitigen Obligationen nicht Platz greifen könne.

Es ist Urteil mit Entscheidungsgründen auszuarbeiten.

10. Dem C. war von E. ein Klavier leihweise überlassen worden. C. nimmt für das Instrument in eigenem Namen, ohne Auftrag des Kommodanten, eine Versicherung bei einer Feuerversicherungs-Gesellschaft. Mit anderem Mobiliar des C. geht auch das Klavier bei einem zufällig ausgebrochenen Brande zu Grunde. E. verlangt nun von den Erben des inzwischen verstorbenen C. die Verabfolgung der für das verbrannte Klavier empfangenen Entschädigungssumme. Die Erben weigern sich.

Entscheidung.

LVII.

1. Wie steht es mit der Gültigkeit nachfolgender Rechtsgeschäfte; und den daraus entspringenden Rechten und Pflichten?

a) „Mein Erbe soll meinem Freunde X. die vor dem Thore gelegene Villa . . lebenslänglich zur unentgeltlichen Benutzung überlassen.“ Das betreffende Haus hat aber dem Erblasser gar nicht gehört.

b) Die Erben eines Zimmermeisters verkaufen den ihrem Erblasser gehörigen Zimmerplatz. Bei näherer Besichtigung findet sich, daß der größere Teil desselben zu einem öffentlichen Platze gehörte, der nur des dortigen geringen Verkehrs wegen von dem Zimmermeister unbeanstandet einige Jahre hindurch benutzt worden war.

c) O. schließt mit N. einen Kaufvertrag über ein dem O. gehöriges, in der nahen Stadt belegenes Haus, und zwar in aller Form Rechtens. Am nächsten Tage erfahren sie, daß das Haus zur Zeit des Vertragsschlusses gerade abgebrannt war.

d) In einem gleichen Falle war jedoch durch das Feuer nur der Dachstuhl zerstört worden.

e) Roding, welcher im Begriffe ist, sich ein Haus zu bauen, wird mit Harpprecht einig, ihm nach Verlauf zweier Jahre, wo solches fertig sein soll, es zu vermieten. Der Bau wird aber nicht fertig.

f) A. hat fälschlich die Nachricht von dem Tode seines ausgewanderten Bruders B. erhalten. Er nimmt dessen in seiner Verwaltung verbliebenes Vermögen nun für sich und verkauft die gesamte Erbschaft um runden Preis an C. Da kehrt der totgeglaubte B. zurück.

g) J. verkauft dem K. eine Forderung an L., welche ihm von dem angeblichen Cessionar H. des Gläubigers G. abgetreten war, während der Cessionsschein von G. an H. von letzterem gefälscht war; — oder während die Schuld von L. an G. schon bezahlt war.

h) V. überträgt an W. einen Wechsel, der mangelnder gesetzlicher Formalitäten halber nichtig ist.

2. Die Stadt H. verkaufte ihr gehörige Bauplätze unter Zugrundelegung eines Bauplanes, welcher auf den Wert der Plätze von starkem Einflusse war. Unmittelbar nachher wurde seitens des Fiskus mitten über das fragliche Terrain eine Eisenbahn angelegt, und die Stadt sah sich deshalb notgedrungen veranlaßt, jenen Bauplan zu ändern, wodurch nun natürlich jene Bauplätze ihren Hauptwert verloren.

Können sich die Käufer derselben an die Stadt halten?

3. Im April 1889 brach in Halle ein allgemeiner Ausstand der Maurergesellen aus, welche einen Stundenlohn von 40 Pf, Verkürzung der Arbeitszeit und einige sonstige ihnen günstigere Arbeitsbedingungen forderten, indes die Meister davon fast nichts zu bewilligen bereit waren. Die Folge war, daß die Maurermeister und Bauunternehmer die von ihnen übernommenen Bauten nicht zur rechten, vertragsmäßig beredeten Zeit den Bestellern zur Verfügung stellen konnten.

Konnten die Besteller der Bauten die Maurermeister auf Schadensersatz belangen? Und die regelmäßig für Verspätung ausbedungene Konventionalstrafe einfordern?

4. Ein Maler (M.) hatte eine von ihm gefertigte Rembrandtkopie bei einem Bekannten (B.) deponiert. Ein Kunstliebhaber (L.), der das Bild auf einer Ausstellung gesehen hatte, besucht ihn und bietet einen sehr hohen Kaufpreis; sie werden handelseinig. Als aber der Maler zu B. kommt, war durch dessen Kinder, auf welche nicht sorgsam genug achtgegeben worden war, das Bild verkratzt und erheblich beschädigt worden.

Haftet B. dem M.?

Haftet dieser dem L.?

Wenn eine dieser Fragen bejaht würde: wie hoch ist die Ersatzsumme: ist es der von L. gebotene Preis oder nur ein durch Sachverständige objektiv zu schätzender Wert?

5. Als Rippe aus einer Bibliothek eine Handschrift entlieh, hat sich Sellheim für ordentliche Rückgabe derselben verbürgt. Das Manuskript wird aber durch die Schuld des Rippe vernichtet, der nunmehr den Verlust durch Geldzahlung ersetzen soll.

Haftet Sellheim auch für diese Forderung an Rippe?

6. (7.) Laut Vertrag sollte Schopach an Fahl 100 Sack Weizenmehl von bestimmter Qualität zu näher angegebenem Preise liefern und zwar von dem in der Mühle des Schopach hergestellten Mehl. Während der verabredeten Lieferungsfrist ist jene Mühle durch Explosion und Brandschaden zerstört und erst nach Ablauf von 8 Monaten wiederhergestellt worden.

Hiernach ist unter jenen streitig, ob Schopach von der übernommenen Lieferungsverbindlichkeit frei geworden ist oder dieselbe noch jetzt zu erfüllen hat?

7. (8.) Nach einem im Sommer 1870 abgeschlossenen Kohlenlieferungsvertrag waren werktäglich vier Waggons Kohlen ab Mannheim nach Basel zu liefern. Im Spätsommer trat aber bis zum 2. November 1870 eine den Verkehr hemmende Störung des Eisenbahntransportes durch den deutsch-französischen Krieg ein.

Was hatte dieses für Einfluß auf jenen Vertrag?

8. (9.) Der Gastwirt Y. hatte sich verpflichtet, den gesamten Bedarf von Bier für seine Gastwirtschaft ausschließlich von der Brauerei Z. nach Bedarf in Gebinden zu entnehmen, jährlich mit mindestens 200 Tonnen, anfangend 27. Juli 1889. Er hat aber im ersten Jahre nur 25 Tonnen abgenommen und wurde daher im Oktober 1890 von Z. auf Abnahme von 175 Tonnen und Zahlung von 3990 ℳ verklagt. Y. entgegnet, daß es ihm, wie auch aus jenem Vertrage hervorgehe, ganz unmöglich sei, jene in der Vergangenheit nicht abgenommenen Quantitäten nun auf einmal abzunehmen, um sie durch Ausschank zu verbrauchen.

Ist dieser Einwand stichhaltig und von rechtlichem Einflusse auf den anhängig gemachten Prozeß?

9. (10.) L. war von dem Altkatholikenverein zu N. als Leiter der für die Kinder der Vereinsmitglieder errichteten Privatschule angestellt worden, als durch Verfügung der Königlichen Regierung ihm die Erlaubnis hierzu entzogen wurde. Der Verein wurde von der Regierung hiervon in Kenntnis gesetzt und traf demgemäß andere Maßregeln hinsichtlich der schulpflichtigen Kinder. Auf Remonstration des L. wurde ihm jedoch noch ein Vierteljahr Frist zur Fortsetzung der Schule bewilligt; und verlangt er nun von jenem Vereine die Besoldung für dieses Quartal, in dem er zur Erteilung des Unterrichtes bereit und im stande gewesen sei. Der Verein lehnt die Zahlung ab.

Ist er dabei im Rechte?

10. (11.) Der ordentliche Professor der Physik Spinner war nach H. berufen. Er läßt ein wertvolles physikalisches Instrument durch einen Spediteur verpacken und zur Bahn geben und fügt bei, das er den Transport von dem Bahnhofe H. in das dortige physikalische Institut selbst besorgen wolle, damit es mit der nötigen besondern Sorgfalt geschehe. Der Spediteur vergißt, dieses auf den Frachtbrief zu setzen; das Instrument wird auf dem Rollwagen in gewohnter Weise abgefahren und geht — wie Spinner behauptet — dadurch entzwei.

Streitfrage: Muß Spinner beweisen, daß die Beschädigung auf dem Wege zwischen Bahnhof und Institut geschehen ist? — oder der Spediteur, daß sie vorher eingetreten ist? — oder hat letzterer ganz bedingungslos den Schaden zu ersetzen?

---

11. (12.) Ein Gutsbesitzer ist stark in Vermögensverfall gekommen und erheblich überschuldet. Einer seiner Gläubiger kauft die sämtlichen ausstehenden Forderungen auf, so daß dem Aktivvermögen des Schuldners von 220 000 ℳ eine Schuldenlast von 265 000 ℳ gegenübersteht?

Welches ist der juristische Weg zur Regelung dieser Angelegenheit? Und auf welche rechtliche Art und Weise kann jener Gläubiger zu seiner vollen oder teilweisen Befriedigung gelangen?

12. (13.) Es verspricht jemand seinem studierenden Neffen, am Beginne des nächsten Semesters 300 ℳ zur Unterstützung zu geben. Zu der betreffenden Zeit ist der Versprechende in seinem Vermögen etwas zurückgekommen: er hat eine Bürgschaft für einen insolvent gewordenen Freund übernommen und braucht in dem betreffenden Monate jene Summe dringend zum Unterhalt.

Kann er die 300 M zurückhalten? Und wem gegenüber?

Würde es einen Unterschied machen, wenn es sich um einen Kaufschilling von 300 M handelte?

13. (14.) Als sich A. im Jahre 1889 verlobte, versprach ihm sein Vater B. bei seiner Verheiratung eine Aussteuer von 10000 M zu geben. Am 15. Mai 1891 erfolgte die Verehelichung des A. und die Zahlung der letztgedachten Summe an ihn. Am 16. März 1892 fällt B. in Konkurs. Der Konkursverwalter ficht die Hingabe der 10 000 M an, nach K. O. § 25, 1: „Anfechtbar sind die in dem letzten Jahre vor der Eröffnung des Verfahrens von dem Gemeinschuldner vorgenommenen unentgeltlichen Verfügungen."

Die erste Instanz verurteilt A. zur Herausgabe der fraglichen 10 000 M an die Konkursmasse des B.: Der Vater hätte jenes Versprechen von 1889 nicht zu erfüllen brauchen, sondern das beneficium competentiae gehabt, also eine freiwillige unentgeltliche Zuwendung gemacht.

Läßt sich dieses Urteil mit Fug durch Berufung angreifen oder nicht?

LVIII.

1. Sachau inserierte in einem Lokalblatte ein Gesuch eines kleinen Kapitals und erhielt unter anderen Offerten auch eine: „Ich kann Ihnen mit Gewünschtem dienen — Rechtsanwalt und Notar Göring."

Sachau vermutete, daß Göring vielleicht eigenes Geld zu verleihen hätte, und fragte bei diesem persönlich an, in welcher Weise Göring ihm dienen könne. In kurzer Unterredung verlangte Göring vorerst Unterlagen, als Feuerversicherungspolice u. s. w. Sachau schickte ihm solche zu, erhielt aber am nächsten Tage die briefliche Mitteilung von Göring, daß er sich einer Reise halber um die Sache nicht bekümmern könne.

Nach einiger Zeit erhält Sachau von Göring eine Rechnung wegen Darlehnsgesuchs von 2 M 50 Pf und nach einigen Wochen einen Zahlungsbefehl, auf welchem Göring für sich 1 M 10 Pf Anwaltsgebühren im Mahnverfahren liquidiert.

Sind die Forderungen des Göring berechtigt?

2. Die Königl. preußische Staatsregierung hatte sich bereit erklärt, von Cölbe nach Laasphe eine Sekundärbahn auszuführen, wenn ihr freiwillige Beiträge in Höhe von 100 000 M zufließen würden. Unter vielen anderen zeichnete auch Cahn hiefür 3000 ℳ. Die Organe der Staatsregierung erhielten von diesen Zeichnungen Kenntnis, und es wurde, nachdem die genannte Summe also aufgebracht war, zufolge Gesetzes vom 7. März 1880 der projektierte Bahnbau ausgeführt.

Jetzt verweigert aber Cahn die Zahlung, weil ein rechtsgültiger Vertrag nicht zu stande gekommen sei.

Kann er gerichtlich zur Zahlung angehalten werden?

3. Im Jahre 1864 hat der Magistrat der Stadt München im Einverständnis mit den Gemeindebevollmächtigten beschlossen, die Kirche in Haidhausen aus Gemeindemitteln auszubauen.

Kann die Kirchengemeinde auf Grund dieses Beschlusses etwas beanspruchen?

Ist es von Einfluß: ob dieselbe den Beschluß amtlich mitgeteilt erhalten, — und ob sie auf denselben geantwortet hat?

4. (5.) Welches ist der Ort des Vertragsschlusses, wenn zwei Privatleute, in Halle a. S. und in Dresden wohnhaft, durch Briefwechsel einen Vertrag abschließen?

5. (6.) W. versprach am 28. Juni dem J. 200 Centner Rüböl käuflich zu liefern, wenn J. diese Offerte binnen acht Tagen annehmen werde. J. gab am 5. Juli einen Einschreibebrief mit Annahmeerklärung zur Post, der aber erst am 7. Juli in die Hände des W. gelangte.

Ist der Vertrag zu stande gekommen?

Wie wäre es, wenn der Brief am 6. Juli gegen Abend auf dem Kontor des W. abgegeben, von diesem aber erst am 7. Juli vormittags geöffnet und gelesen worden wäre?

6. (7.) Der Kaufmann Ostling bestellt von Hamburg aus eine Sommerwohnung für zwei Monate in Eisenach, und zwar bei denselben Vermietern und unter denselben Bedingungen, wie in dem letztvergangenen Jahre. Sein Brief kommt am 16. Juni an. Die Vermieter antworten zustimmend am 18. Juni. Zwei Stunden, nachdem sie diesen Brief zur Post gegeben haben, kommt ein Schreiben des Ostling, daß er die Wohnung nicht haben wolle. Der Brief war vom 17. Juni datiert und nach dem Poststempel an demselben Tage von Hamburg abgegangen.

Ist Ostling nun verpflichtet, den Mietvertrag zu erfüllen oder nicht?

7. (9.) F. hatte mit B. mündliche Verhandlung wegen Abschlusses eines Mietvertrages über ein dem F. gehöriges Fabrikgebäude gehabt. Der auf Grund dessen von einem Notar aufgenommene Vertragsentwurf wurde dem B. durch die Post gesandt. Derselbe schrieb darauf am 11. Januar an F.: „Den Kontrakt habe ich erhalten und bin in allem soweit einverstanden, es fehlt nur noch ein Paragraph, den wir auch mündlich verabredet haben, nämlich etc. etc.“. F. antwortete am 12. Januar: „ . . . komme Ihnen in der gewünschten Frage näher, daß, im Fall Sie für später größere Räume gebrauchen, für die projektierten Seitengebäude gern den Vorrang gegen entsprechenden Mietzins einräume, jedoch können Sie, bevor mit Herrn A. in Ordnung bin, keinen Anspruch darauf erheben etc. etc.“ Am 13. schrieb B. an F.: „Ich habe das Schreiben vom 12. erhalten, übersende die beiden Kontraktausfertigungen, ersuche dieselben abstempeln zu lassen, dann umgehend mit Unterschrift zurückzuschicken, worauf ich unterschreiben werde etc.“. Am 14. Januar sandte B. an F. ein Telegramm: „Ihren Brief erhalten, verzichte auf Mieten des Fabrikgebäudes und weitere Bemühungen.“ Dieses Telegramm gelangte früher in den Besitz von F., als der Brief des B. vom 13. Januar.

F. klagt nun auf Feststellung, daß der fragliche Vertrag gültig bestehe und B. verpflichtet sei, den geschlossenen Mietvertrag zu erfüllen.

Es ist Urteil mit Gründen zu entwerfen.

8. (10.) Thatbestand:

Die Klage stützt sich darauf, daß Lehrer Schellhas im Auftrage der Witwe Simon, der Beklagten, dem Kläger Breitwieser brieflich eine Verkaufsofferte wegen einer Wiese gemacht und dabei ausdrücklich eine Frist von 48 Stunden vorbestimmt habe, innerhalb welcher die Witwe Simon sich an ihr Angebot gebunden erachte, während sie nach deren vergeblichem Ablauf unterstelle, Breitwieser wolle den Verkauf nicht eingehen; der jetzige Kläger habe noch vor Ablauf der gestatteten Bedenkzeit die Offerte angenommen und noch an demselben Tage den Beauftragten der Simon hiervon benachrichtigt.

Dem entgegen hat die Beklagte behauptet, daß sie, bevor noch Kläger seine Offerte dem Lehrer Schellhas abgegeben, das fragliche Grundstück bereits dem Landrate Merian zugeschlagen gehabt habe; dieser Zuschlag sei auch sofort dem Lehrer Schellhas bekannt geworden, so daß hierin ein die Perfektion des Vertrages hindernder Widerruf der Offerte gelegen sei.

Wie ist zu erkennen?

9. (11.) A. hatte dem B. ein paar Pferde zuerst um 450 ℳ und hiernächst nach einem Gebote des B. von 400 *M* um 425 *M* offeriert. Ein zweites durch einen Postillon als Zwischenträger offeriertes Gebot von 412,50 *M* wurde nicht angenommen; und als darauf B. dem A. sagen ließ, er wolle die Pferde um die geforderten 425 *M* nehmen, von letzterem der Abschluß des Geschäftes verweigert.

Diese Verweigerung gab zu einer Klage von seiten des B. Anlaß, über welche nun zu befinden ist.

10. (12.) Am 21. Dezember 1873 erhielt Colditz folgendes Telegramm von Frenzel: „Senden Sie 30 Centner bessere Sorte Nüsse per Eilgut an A. Priebs, Ritterstraße 4 Dresden, sowie ein Faß Preißelsbeeren. Rückantwort ob Ja oder Nein sofort nach Freiberg bezahlt". Colditz depeschierte zurück: „Werde morgen früh 20 bis 30 Centner Nüsse an A. Priebs nach Dresden absenden," und schickte wirklich am 22. Dezember an die bezeichnete Adresse 23 Sack Wallnüsse, welche aber nicht angenommen, sondern dem Colditz zur Verfügung gestellt wurden, weil er nicht den ursprünglichen Antrag des Frenzel, sondern eine ganz neue, von Frenzel ignorierte Offerte ausgeführt habe.

Colditz verlangt Rechtsbelehrung, ob er nicht auf Grund geschlossenen Vertrages gegen Frenzel rechtlich vorgehen könne?

11. (13.) Nachdem A. und B. bereits einige Zeit resultatlos über den Verkauf von aufstehendem Holz in einem dem B. gehörigen Wald unterhandelt hatten, telegraphierte B. an den zu Posen wohnenden A. am 29. August, einem Sonntage: „Erlasse Ihnen Wald für 137 000 *M*, wenn umgehend Acceptation erfolgt." Diese Depesche gelangte um 7 Uhr abends in die Hände des A. Dieser antwortete, und zwar acceptierend, erst am andern Morgen.

B. ist der Ansicht, die Bedingung seiner Offerte, die umgehende Acceptation, sei nicht erfüllt und hat deshalb den Wald anderweit verkauft. Umgekehrter Meinung ist A.; er verlangt Schadensersatz, den er in der Klage näher beziffert. Der erste Richter hat verurteilt, der Berufungsrichter abgewiesen.

Kann dem A. angeraten werden, das Rechtsmittel der Revision zu verfolgen?

12. (15.) Der Essigfabrikant Silbereisen in Gießen kommt eines Tages in das Geschäftslokal des Lithographen Metz in Frankfurt a. M., um mit diesem über Anfertigung einiger tausend Etiketten, Plakate u. s. w. zu unterhandeln, welche Anfertigung Metz gewerbsmäßig betreibt. Es kommt jedoch ein Vertrag nicht zu stande: vielmehr verabreden sie, daß Metz bei Gelegenheit einmal einige Muster anfertigen und vorlegen solle, auf Grund deren dann Silbereisen eine eventuelle Bestellung machen wolle.

Nach einiger Zeit sandte Metz an Silbereisen ein größeres Plakat zum Aushängen in Läden und Gasthäusern, sowie zwei Etiketten für Flaschen und Krüge. Silbereisen aber ließ nichts von sich hören und keine Bestellung ergehen.

Nun klagt Metz 60 ℳ ein als Ersatz für die von ihm aufgewendete Arbeit und die Materialien. Silbereisen bestreitet. hierzu verpflichtet zu sein.

Wer ist im Rechte?

LIX.

1. Wie sind folgende Bekanntmachungen, Aufforderungen, Mitteilungen u. s. w. juristisch aufzufassen und zu behandeln?

a) Kaufmann A. schreibt an B.: „Können Sie 10 Oxhoft Spiritus (genau angegebener Qualität zu fest bezeichnetem Preise) brauchen?"

b) „Den uns durch unsern Herrn Willer mündlich erteilten Auftrag auf Fleischhackmaschinen haben wir dankend in Nota genommen und werden denselben baldigst zur Ausführung bringen."

c) „Ich besitze Ihr Geehrtes v. 21. d. M. und erlaube mir, Ihnen am Fuße Dieses die gewünschte Offerte vorzulegen, deren Notierung Sie hoffentlich zur Erteilung Ihres Auftrages veranlaßt."

d) „Wir empfingen heute wieder einen frischen Transport belgischer Spannpferde bester Qualität und offerieren dieselben zu äußerst soliden Preisen."

e) (f) Ein sog. „Schlawitzer" bringt auf einem Jahrmarkte seine Ware in der Art an den Mann, daß er z. B. ein buntes Tuch für 100 ℳ ausbietet und dann schnell bis auf 50 ₰ herabgleitet. Die Umstehenden greifen bloß danach, sobald der Preis ihnen zusagt.

f) (h) Ein Kellner bietet, an einem Eisenbahnzuge herlaufend, Erfrischungen an; ein Gemüse- oder Obsthändler durchzieht mit seinem Karren die Stadt.

g) (i) Preisangabe in Schaufenstern; oder in Plakaten; — öfter in der Art, daß jedes Stück einen allgemein bestimmten Preis (z. B. 50 ₰) kosten solle.

h) (k) Bitte um Zusendung von Mustern und Proben aus einer

Seidenfabrik. — (u) Eine Dame ersucht ein ihr bekanntes Konfektionsgeschäft um Zusendung von Kindermänteln zur Ansicht.

i) (l) Zusicherung einer Summe, wenn eine verkaufte Haarsalbe gegen Beseitigung einer Glatze nicht helfen sollte.

k) (m) Aufforderung zu einem Festessen vermittels eines Cirkulars in einem bestimmt abgegrenzten Kreise von Personen.

l) * Eine große Importfirma schrieb einer Handlung, mit welcher sie in Geschäftsverbindung stand, wörtlich folgendes: „Wir lassen Ihnen in 2 Packeten diverse Muster zugehen und teilen Ihnen dazu folgende Preise mit. (Es werden dann 14 verschiedene Sorten unter Beifügung der resp. Preise aufgeführt.) Vielleicht finden Sie hiervon etwas für Sie passend, und wollen Sie für diesen Fall die bezüglichen Muster zurückbehalten, das übrige an . . . senden.“ Der Adressat machte sofort telegraphisch eine grosse Bestellung. Die Importfirma antwortete nach einiger Zeit, sie könne die Artikel nur zu einem etwas höheren Preise liefern.

m) (o) Veröffentlichung eines Theaterzettels oder eines Konzertprogrammes oder einer Circusanzeige unter Angabe der Preise der Plätze. Oder Veranstaltung eines Maskenballes gegen Eintrittsgeld: dann wird eine Maske des Abends nicht zugelassen — ihres Äußern wegen — oder weil der Saal überfüllt ist — oder ohne Angabe von Gründen.

n) (p) Ein Verein gegen Bettelei, für Volkswohl u. s. w. fordert durch gedruckten Brief zum Beitritt auf und legt eine Postkarte bei, die gleichfalls die Beitrittserklärung vorgedruckt enthält und nur unterschrieben zurückzugehen braucht. Oder in dem Briefe hieß es: Bei Ausbleiben einer Antwort in 14 Tagen wird angenommen, daß Sie Mitglied sein wollen.

o) Ein fliegender Buchhändler verteilt in einem Restaurant Bücher auf den einzelnen Tischen, daß die Gäste selbige ansehen und sie sich beliebig aneignen können. Ähnlich scheint es zu sein, wenn eine Sortimentsbuchhandlung einem ihrer ständigen Kunden Neuheiten des Büchermarktes zur Ansicht in das Haus schickt.

p) „Aus Ihrem Antiquariatskataloge Nr. . . ersuche ich um Zusendung folgender Bücher zu den dort angegebenen Preisen . .“

q) Ein Gast bestellt in einem Restaurant Speisen und Getränke. Der Kellner verweigert im Auftrage des Wirtes — aus persönlichen Gründen — die Verabfolgung derselben; fordert vielleicht sogar direkt zum Verlassen des Lokales auf.

r) Öffentlicher Aufruf mit Bitte um Geldbeiträge für ein zu errichtendes Denkmal oder für Notleidende; — jemand sendet einen Betrag an die Sammelstelle ein.

s) K. erhält von G. einen eigenhändig geschriebenen Preiskurant und bestellt nach diesem, allerdings erst nach sechs Monaten, gewisse Holzquantitäten einer in jener Liste verzeichneten Art.

t) Der von Koblenz kommende Schnellzug macht in Gießen gegen 1 Uhr Mittagpause. Im Wartesaale stehen auf dem zum Mittagessen gedeckten Tische verschiedene Sorten Wein zur Verfügung der an der Tafel teilnehmenden Reisenden.

u) Wertheim hatte dem Kaufmann Heinemann eine Akte übergeben, derzufolge er bis zur Höhe einer bestimmten Summe die Bürgschaft für ihn als Selbstschuldner zu übernehmen erklärte. Ein bestimmter Gläubiger, dem gegenüber die Bürgschaft übernommen wäre, war in der Akte nicht bezeichnet, vielmehr lautete dieselbe auf Inhaber. Heinemann kontrahierte darauf eine Schuld bei den Kaufleuten J. H. und J. M. Katzenstein, Inhaber der Firma Michael Katzenstein, und übergab diesen zu ihrer Sicherung die von Wertheim ausgestellte Bürgschaftsakte.

2. „50 *M* Belohnung. In der Nacht zum Donnerstag wurde schon wiederum eine Spiegelglasscheibe unseres photographischen Schaukastens in der Poststraße durch einen Steinwurf absichtlich zertrümmert. Wir sichern demjenigen eine Belohnung von 50 *M* zu, der uns den Thäter so namhaft macht, daß er zur gerichtlichen Verantwortung gezogen werden kann.

M. u. P.

Atelier für Photographie.“

a) Wie würde eine solche Bekanntmachung juristisch heißen? Was für eine Willenserklärung liegt in ihr?

b) Was geschieht, wenn M. und P. zu gleicher Zeit zwei oder mehr Briefe erhalten, welche alle der oben gestellten Bedingung entsprechen?

c) Der Thäter hat sich freiwillig gestellt und Ersatz geleistet. Nach 3 Tagen läuft von X. eine Denunziation jenes ein, begleitet von dem Ersuchen um 50 *M*.

d) Die Zertrümmerung war von dem Thäter nur fahrlässig geschehen. Nun meldet er sich, will die Scheibe mit 30 *M* ersetzen und verlangt 20 *M*, eventuell unter Abzug der Insertionskosten, heraus.

3. „Verloren. Ein zweireihiges Simili-Armband gestern Abend von . . . . bis . . . . straße 17c verloren gegangen. Gegen Belohnung daselbst abzugeben.“

Als der Finder am nächsten Tage hinkam, wurde ihm von der Vermieterin eröffnet, daß die bei ihr wohnhafte Verliererin in der letzten Nacht verstorben sei.

Rechtsfolge?

4. Der Konditor Dawitt in H. erläßt durch die Zeitungen ein Preisausschreiben zu einem Entwurfe einer zweckmäßigen und schönen Umbauung seines Wohn- und Geschäftshauses. Nach einiger Zeit reut ihn die Sache, und er macht bekannt, daß er jene Aufforderung zurücknehme.

a) Ist er hierzu berechtigt? Kommt es darauf an, ob er einen Termin zur Einlieferung festgesetzt hatte, und ob der Widerruf nun vor oder nach diesem Termine stattfindet?

b) Ein Architekt hatte sich alsbald nach dem Ausschreiben ernsthaft mit dem Plane befaßt und beträchtliche Zeit und Kosten auf die Ausarbeitung eines Entwurfes verwendet. Er fordert den ausgesetzten Preis von 800 *M* und ist sogar bereit, zu beweisen, daß sein Entwurf allen zu stellenden Anforderungen entsprechen würde. Ist ihm dieser Beweis nachzulassen? Oder müßte an sich Dawitt darthun, daß diese Arbeit ungeeignet sei?

c) Die Unkosten des Architekten betragen 75 *M*. Er will auch diese von Dawitt ersetzt haben.

d) Ein anderer hatte sofort nach jener Publikation einen Brief an Dawitt gesandt, in welchem er die Aufforderung annahm und eine Lieferung versprach. Er hat auch einen Plan fertig gestellt. An welche *actio* könnte er denken?

5. Dem Lieutenant Dankemann war ein Hund entlaufen. Der Lehrer Wohlfahrt in einem bei dem Garnisonorte gelegenen Dorfe nahm das ihm bekannte Tier auf und schickte es am folgenden Tage durch einen Knecht dem Eigentümer zurück, der sich indes nur freundlich bedankte.

Dann erfährt Wohlfahrt, daß Dankemann im Lokalblatte eine Belohnung von 10 *M* auf das Wiederbringen ausgesetzt habe.

Kann er diese Summe noch jetzt fordern? Hat er nicht Ersatz auf Futterkosten und Botenlohn? *Quanam actione?*

6. Es war ein Preis auf eine bestimmte chemische Erfindung gesetzt worden. Ein Fachmann arbeitet daran und entdeckt das gewünschte Verfahren. Als er sich zu dem Preise meldet, wird ihm die Antwort, daß schon ein anderer den Preis erhalten habe.

Ist damit die Sache rechtlich erledigt?

Man setze den Fall, daß der Betreffende an demselben Abend, an welchem er seine Meldung an die ausschreibende Gesellschaft geschickt hatte, zu seiner Überraschung gewahrte, daß jene Entdeckung inzwischen von einem Dritten gemacht und in einer Fachzeitschrift veröffentlicht worden war.

Wie steht es juristisch mit dem Preise?

7. Dem Gutsbesitzer Axel wurde mittels Einbruches an Wertpapieren der Betrag von 17 000 ℳ entwendet. Er sicherte nun jedem eine Belohnung von 1000 ℳ zu, der ihm den Thäter des bei ihm verübten Diebstahles bezeichne und ihm hierdurch die Möglichkeit verschaffe, wieder in den Besitz des Gestohlenen zu gelangen.

Fiedler bezeichnete dem Axel den Dieb. Bei demselben fand sich die entwendete Summe bis auf 1200 ℳ vor, und wurde derselbe auch wegen Diebstahls bestraft. Axel weigerte sich aber, dem Fiedler die 1000 ℳ zu bezahlen, weil dieser selbst bei dem Diebstahl beteiligt gewesen, und er jedenfalls mit den nicht wieder erhaltenen 1200 ℳ kompensieren könne; auch habe er die Belohnung nur versprochen, wenn er das ihm gestohlene Geld zurückbekäme, was nicht eingetreten sei.

Kann Fiedler mit Fug Klage gegen Axel erheben?

---

8. (9.) „Nutzholz-Verkauf. Auf dem Forstreviere Möllendorf, Schlag Holzteichberg, sollen am Mittwoch, den 10. Februar 1892, von Vormittag 10 Uhr ab im Gasthofe zu Möllendorf meistbietend verkauft werden: 34 Eichen = 23,61 fm, 90 Rotbuchen = 49,00 fm.

Neu-Asseburg, den 1. Febr. 1892. Der Revierförster.“

a) Wie ist diese Ankündigung juristisch zu charakterisieren?
b) Welche Rechtswirkung kommt den einzelnen Geboten der Kauflustigen zu?
c) Welche insbesondere demjenigen des Meistbietenden?
d) Darf der Revierförster zwischen den einzelnen Bietern wählen?

9. (10.) „Kirchen-Neubau Leipzig-Volkmarsdorf. Submission für Zimmerarbeiten.

Die zum Bau erforderlichen Arbeiten sollen vergeben werden. Blanquets sind im Baubureau gegen 2,00 ℳ zu entnehmen. Bedingungen und Zeichnungen sind daselbst einzusehen.

Die Offerten sind bis 14. Dezember 1891, mittags 12 Uhr, auf genanntem Baubureau versiegelt und mit der Aufschrift „Submission für Zimmerarbeiten zum Kirchen-Neubau Leipzig-Volkmarsdorf“ versehen einzureichen.

Der Kirchenvorstand behält sich die Auswahl unter den Anschläge einreichenden Unternehmern, sowie das Recht vor, die Arbeiten einer andern, bei der Submission überhaupt nicht beteiligten Person zu übertragen.

Leipzig-Volkmarsdorf, den 21. November 1891.

Der Kirchenvorstand.“

Wie verhält sich dieses Ausschreiben in seiner rechtlichen Struktur und Folge zu dem obigen sub 8?

Öfter findet sich noch die Bestimmung beigefügt: „Die Bedingungen und Zeichnungen können in dem Bureau . . . gegen Entrichtung der Gebühren im Betrage von 50 ₰, welche eventuell in Briefmarken einzusenden sind, entnommen werden. Diese Gebühren werden den rechtzeitig aufgetretenen, aber unberücksichtigt gebliebenen Herren Bewerbern zurückgegeben, falls sie solche persönlich innerhalb acht Tagen nach der erfolgten Bekanntmachung zurückfordern.“

Wie ist dies aufzufassen?

10. (11.) „Die letzten 8 Fässer anerkannt vorzüglichen Weißweins (Rheinwein) kommen Sonnabend, den 28. November, nachmittags 3 Uhr à tout prix zur Versteigerung im Speditionsgeschäft, Bahnhofstraße 19.“

Dieselbe Frage wie sub 9 betreffs des Verhältnisses dieser Auktion zu den beiden vorigen.

11. (12.) Bei einem wissenschaftlichen Lesezirkel bestand die Einrichtung, daß die durchgelaufenen Bücher und Zeitschriften unter den Mitgliedern zu dem höchstgebotenen Preise versteigert wurden. Erfolgte auf ein Buch gar kein Gebot, so wurde es dem Ersteher des vorigen einfach überwiesen.

Rechtliche Beurteilung?

12. (13.) In einem neuerdings gerichtlich entschiedenen Falle war in den Versteigerungsbedingungen bestimmt: „Der Zuschlag erfolgt heute, sobald ein nach dem Ermessen des Versteigerers als annehmbar erscheinendes Angebot gemacht wird: der Käufer (Bieter) bleibt an sein Wort gebunden.“

Der Höchstbietende war nun deshalb mit der Klage auf Herausgabe der versteigerten Sache aufgetreten, weil während der Versteigerung verkündigt worden war, daß demjenigen, welcher das letzte Gebot mache, die ausgebotenen Gegenstände zum voraus zugeschlagen sein sollen; wogegen Beklagter bemerkt, daß dann aber später es zu einem Zuschlage und überhaupt einer abschließenden Annahmeerklärung des Versteigerers nicht gekommen sei.

Es fragt sich, wie die einzelnen hier vorkommenden Bestimmungen und Parteihandlungen rechtlich zu charakterisieren sind? Und wie hiernach der fragliche Streit entschieden werden muß.

13. (15.) In einem Versteigerungsprotokoll war bedungen, daß eine dreimal 24stündige Zeit zur Erteilung der Ratifikation vorbehalten werde, jedoch der Käufer an sein Gebot gebunden sei.

Wie ist dieses juristisch aufzufassen? Ist es nötig, daß seitens des Versteigernden eine besondere Erklärung irgendwann erfolgt?

---

14. (17.) Welches ist die zutreffende rechtliche Beurteilung nachfolgender Rechtsgeschäfte? Mit welchen Rechtswirkungen sind die einzelnen ausgestattet? Wie würde sich jeweils die Zwangsvollstreckung gestalten?

a) X. verspricht dem Y. schenkungsweise einen Wechsel über 1000 ℳ zu acceptieren.

b) Ein Gutsbesitzer verkauft einem andern ein Pferd mit der Bestimmung, daß die Höhe des Preises von einem gemeinsamen Freunde, einem gewiegten Pferdekenner, erst noch angesetzt werden soll.

c) A. ersuchte den B. im vergangenen Sommer, er möge die Lokalitäten ebener Erde in seinem Hause zu Michaelis nicht vermieten, sondern für ihn, den A., bereit halten. B. thut dies auch, A. erscheint aber nicht; B. hat Schaden.

d) M. mietet ein kleines Haus von V., der ihm im Vertrage ein Vorkaufsrecht einräumt, wonach M. nach Ablauf von sechs Jahren die käufliche Überlassung der Villa verlangen kann.

e) Jemand tritt mit einem Gutsbesitzer in Verhandlungen über den Ankauf des Gutes und läßt sich schließlich von demselben versprechen, daß der Besitzer drei Tage lang warte und ihm die Möglichkeit des Kaufes vorbehalte, daß auch jener in dieser Zeit mit dritten Kauflustigen in gar keine Vertragsverhandlungen sich einlasse.

f) Ein Wirt schließt mit einer Brauerei einen Vertrag, wonach er während der kommenden 5 Jahre nur von ihr seinen Bierbedarf entnehmen will, und zwar zu dem jeweils in der betreffenden Stadt üblichen Preise.

g) Ein Rentner kauft am 15. Mai Aktien der Cröllwitzer Papierfabrik, lieferbar ultimo, zu dem alsdann an der Börse geltenden Kurse.

h) Eisabonnement: Regelmäßiger Bezug von Eis für Eisschränke während des Sommers — entweder mit Vorausbezahlung für den ganzen Sommer, oder für einen Monat, oder mit Bezahlung jeder Lieferung, oder mit hinterheriger monatlicher Abrechnung.

i) Bei Eröffnung eines Kontokorrentes verpflichtet sich der eine, für das jedesmalige Saldo zu seinen Gunsten von dem andern Cigarren zu entnehmen.

k) * A. verpflichtet sich, eine dem B. gehörige Sache zu erwerben und sie dann dem C. zu verkaufen.

l) Seeversicherung mit folgender Klausel: „Wenn das Schiff eine andere Bestimmung bekommen sollte, nehmen wir an, durchlaufend im Risiko zu bleiben, doch soll alsdann die Prämie durch gegenseitiges Übereinkommen oder nötigenfalls durch Arbiter reguliert werden."

m) „Vertrag. § 1: Herr S. überträgt hierdurch dem Herrn L. den Neubau seiner beabsichtigten Anlage . . nach Maßgabe der im Auftrage des Herrn S. anzufertigenden und von demselben zu genehmigenden Zeichnung . . "

n) Einem Anwalt wird folgende Privaturkunde zur Begutachtung übergeben: „V. überläßt an K. seinen in M. ihm zugehörigen Grundbesitz, nämlich . . ., für den Preis von 150 000 ℳ nach in weiteren Verhandlungen noch zu vereinbarenden Zahlungsbedingungen."

o) Ein Bankier eröffnet einem Kaufmann Kredit bis zu 20 000 ℳ, indem er ihm verspricht, auf Verlangen jenes Darlehn im Gesamtbetrage bis zur Höhe jener Summe gegen jeweilige hypothekarische Sicherheit zu gewähren.

15. (18.) Ein Gutsbesitzer hatte, um die auf seinem Gute haftenden Schulden abzustoßen, bei einer Rentenanstalt ein Kapital von 60 000 ℳ zu 4 $^0/_0$ verzinslich, unter dem Versprechen erster Hypothek, gesucht und von der Direktion zugesagt erhalten. Als aber das Geschäft zum Vollzuge kommen sollte, wurde dieser von seiten des Kapitalsuchers verweigert.

Die Direktion hat nun auf Erfüllung, d. h. auf Annahme des

Darlehns gegen Einräumung der ersten Hypothek und auf Verzinsung von dem nachgesuchten Tage an geklagt.

Entscheidung.

16. (19.) Der Fabrikant Gelderbom schloß mit Ohmstede einen gerichtlichen Vertrag ab, inhaltlich dessen er von der Bauernstätte des Ohmstede das auf derselben bereits befindliche Fabrikgebäude nebst einem Areal von $2^1/_4$ Morgen für den Preis von 12 000 *M* kaufte. Ohmstede übernahm dabei die Verpflichtung, von seinem an das verkaufte Fabrikgrundstück anstoßenden anderweitigen Grundbesitz dem Käufer auf dessen Verlangen zwecks etwaiger Ausdehnung des Fabriketablissements in bestimmt angegebener Richtung während der nächsten 15 Jahre noch ein Areal bis zur Größe von 10 Morgen gegen Zahlung eines Kaufpreises von 1500 *M* für den Morgen käuflich abzutreten. Die erworbene Fabrikanlage samt dem bedingt zugesicherten Erwerbsrecht wurde von Gelderbom auf die Firma Bonne übertragen.

Bonne klagt nun gegen Ohmstede auf Abtretung eines Morgens der bezeichneten Länderei gegen Zahlung von 1500 *M*; während Ohmstede sowohl die Rechtsgültigkeit der Nebenstipulation, als die Übertragbarkeit des sich daraus ergebenden Forderungsrechtes bestreitet.

Wie ist zu erkennen?

17. (20.) Nach dem Reichsgesetz, betr. die Erwerbs- und Wirtschaftsgenossenschaften, vom 1. Mai 1889, § 15 bedarf es zum Erwerbe der Mitgliedschaft einer von dem Beitretenden zu unterzeichnenden Erklärung des Beitritts, welche von dem Vorstande dem Amtsgerichte des Bezirkes zur Eintragung in die Liste der Genossen eingereicht wird; durch die Eintragung entsteht die Mitgliedschaft des Beitretenden.

X. hatte dem Vorstande des Kredit- und Sparvereins e. G. zu W. mündlich erklärt, daß er beitreten wolle, und wird nun von letzterem auf Vollziehung der nötigen Unterschrift und Zahlung eines näher berechneten Beitrages von 2000 *M* verklagt.

Die erste Instanz hat X. verurteilt, das Berufungsgericht die Klage abgewiesen.

Kann es empfohlen werden, noch ein weiteres Rechtsmittel (welches?) zu ergreifen?

---

18. (22.) Rechtliche Charakterisierung folgender Willenserklärungen und Angabe ihrer Rechtsfolgen?

a) H. stellt namens seiner Ehefrau K. Klage gegen M. an:

Sein Schwiegervater habe 1879 seinem Sohne M. bei dessen Verheiratung Haus, Hof und Äcker um die Summe von 17 500 ℳ unter der Auflage angeschlagen, daß an die jüngere Schwester K. 4000 ℳ ausbezahlt würden. Die Übergabe sei erfolgt, M. zahle nicht. M. erwidert, daß der Vater verstorben sei, ohne die K. von dem Vertrage benachrichtigt zu haben.

b) Der Kaufmann C. hat von dem Chef des Handlungshauses St. & Cie. Procura erhalten und schließt in dieser seiner Eigenschaft während einer Reise des Herrn St. einen Lieferungsvertrag mit X. ab.

c) A. redet dem B. zu, er möge doch für sein, des B., uneheliches Kind etwas thun; B. sagt es ihm zu.

d) In einem Vertrage, durch welchen ein Grundeigentümer seinem Sohne sein sämtliches unbewegliches Vermögen abtrat, war bedungen worden, daß letzterer des ersteren Schulden tilgen sollte. Darauf gestützt, machte ein Anwalt seine Deservitenforderung an erstern gegen letztern geltend.

e) Zwei Brautleute schließen vor ihrer Verehelichung einen Ehe- und Erbvertrag, in welchem sie sich gegenseitig zu Erben einsetzen, jedoch mit der Auflage, daß das Überlebende jeweils den dritten Teil der ihm anfallenden Erbschaft an die nächsten Blutsverwandten des Erstverstorbenen herauszugeben habe.

f) M. bewegt den N., eine von N. geplante Bestellung von Waren bei A. zu machen, um diesem den Verdienst aus dem Geschäfte zuzuwenden.

g) Ein Verkaufskommissionär übernimmt für Rechnung eines Kaufmannes den Verkauf von Waren an Dritte gegen Vergütung in Prozenten des Kaufpreises.

h) Y. verspricht in einer Unterredung mit X., daß er einen Beitrag zur Erbauung eines Diakonissenhauses zeichnen werde.

i) Ein Gutsjäger hatte bei seiner Anstellung von dem Gutsherrn zugesichert erhalten, daß im Falle seines Todes seine Witwe eine Pension erhalten werde.

k) Ein Anwalt empfängt von dem Prozeßgegner seines Klienten Schuldbekenntnis und Zahlungsversprechen.

l) W. hatte mit der deutschen Lebensversicherungsgesellschaft in Lübeck sein Leben mit 7000 ℳ gegen halbjährige Prämie von je 116 ℳ versichert, so daß nach dem Tode oder bei Erreichung des 85. Lebensjahres des Versicherten die versicherte Summe an seinen Sohn Paul W. ausgezahlt werden soll.

m) Der Vormund eines Minderjährigen nimmt für diesen ein Schenkungsversprechen eines Dritten in Empfang.

n) Der Fuhrmann Kuhn nimmt Waren von Gebrüder Bücking in A. in Empfang, um sie dem Kaufmann Peppler in G. zu überbringen.

19. (23.) A. bestellte für seine Dampfschneidemühle eine Partie Sägen bei B., welche von diesem an den Spediteur C. zur Weiterbeförderung übergeben wurden; die Versendung an den A. wurde aber seitens des C. erheblich verspätet.

Kann A. deshalb, weil die Verspätung durch Nachlässigkeit des C. herbeigeführt sei, von dem letztern Entschädigung verlangen?

20. (24.) Die Witwe Stiehler übergab am 20. März 1879 an ihren Sohn Johann ihr Anwesen. In dem Vertrage wurde bestimmt, daß dem Übernehmer dereinst das Erbrecht an dem Nachlasse seiner Mutter zustehen solle, und daß derselbe verpflichtet sei, an Katharina Grosch, eine Enkelin der Übergeberin, 700 ℳ großmütterliches Erbteil zu zahlen.

Am 13. Januar 1885 wurde zu jenem Vertrage ein Nachtrag errichtet, inhaltlich dessen die Witwe Stiehler die in dem erstern mit ihrem Sohne getroffene Vereinbarung, soweit solche die Zahlung eines großmütterlichen Erbteiles an Katharina Grosch betraf, wieder aufhob.

Nach dem am 23. Mai 1887 erfolgten Tode der Witwe Stiehler trat Katharina Grosch wider Johann Stiehler auf Zahlung jener 700 ℳ auf, indem sie geltend machte, daß ihr vormals von dem Vertrage vom 20. März 1879 Kenntnis gegeben worden und deshalb die aufhebende Verfügung vom 13. Januar 1885 unwirksam sei.

Ist der Anspruch rechtlich begründet?

Würde es von Einfluß sein, wenn Katharina Grosch ihr Einverständnis mit dem ersten Vertrage der Witwe Stiehler oder deren Sohne oder beiden ausgesprochen hätte?

21. (25.) A. hatte während des Bestandes seiner mit vier Kindern gesegneten ersten Ehe sein Leben bei der Gesellschaft Konkordia versichert und in der zum Grunde gelegten Deklaration die Frage, ob die Versicherung zu gunsten einer dritten Person geschieht, mit: „nein, sondern zu gunsten meiner Erben (Frau und 4 Kinder)“ beantwortet.

Nach dem Tode seiner ersten Ehefrau schritt A. zu einer zweiten

Ehe und verstarb demnächst mit Hinterlassung dreier Kinder erster Ehe, seiner Witwe und eines nachgeborenen Kindes zweiter Ehe.

Wer kann einen Anspruch auf die Versicherungsgelder erheben?

22. (26.) In Seligenstadt besteht ein Gesellschaftsverein für ein israelitisches Frauenbad. Nach den Bestimmungen des Gesellschaftsvertrages sollen auch die Kinder eines Gesellschaftsmitgliedes berechtigt sein, gegen Einlage von 10 ℳ das fragliche Bad zu gebrauchen.

Der Schwiegersohn eines Gesellschaftsmitgliedes klagt nun gegen den Vorsteher des Vereins namens seiner Frau, weil dieser der Mitgebrauch des Bades gegen die vertragsmäßige Einlage verweigert werde.

Ist diese Klage rechtlich begründet?

23. (27.) Die Brüder Gustav und Hugo Wüstner hatten eine Ziegelei gekauft und betrieben. Das Geschäft wurde jedoch bald wieder aufgegeben, zumal Gustav Wüstner nach Amerika auszuwandern beabsichtigte; in Gemäßheit der beschlossenen Auflösung der Gesellschaft wurde dem Franz Korb, dem frühern Inhaber des fraglichen Geschäfts, von Gustav Wüstner der Auftrag erteilt, das Gesellschaftvermögen auseinander zu setzen und die eingenommenen Gelder an Hugo Wüstner auszuliefern.

Nach einiger Zeit klagt Hugo Wüstner gegen Korb, weil dieser den Auftrag des Gustav Wüstner in verschiedenen Punkten mangelhaft ausgeführt habe; die (näher berechnete) Ersatzsumme nehme er in Anspruch, da Beklagter aus dem mit Gustav Wüstner zu des Klägers Gunsten geschlossenen Vertrage ihm selbständig hafte.

Beklagter bestreitet die Aktivlegitimation des Klägers.

Urteil mit Gründen.

24. (24.) Der praktische Arzt Dr. Prinz in Rauschwedel sendet an seinen Freund, den Staatsanwalt Bönig in Halle, mittels Postanweisung 50 ℳ, wofür letzterer Weihnachtsgeschenke mit bestimmter Verwendung im Namen und Interesse des Absenders besorgen soll.

Bönig bekommt aber am folgenden Tage von der Post nur die Nachricht, daß die Anweisung da sei, daß jedoch noch einmal zur Klarstellung einiger Zweifel über Unregelmäßigkeiten bei der Expedition nach Rauschwedel an die dortige Postanstalt geschrieben werden solle; nach Behebung jener Zweifel würden ihm die 50 ℳ ausgehändigt werden.

Es entstehen nun folgende Fragen:

a) Kann Bönig nicht auf sofortige Herausgabe dringen? Man denke sich, daß es sich um eine größere Summe gehandelt hätte und der Adressat nun gegen Zinsen und Provision bei einem Bankhause einstweilen Geld aufgenommen hätte.

In welchem Rechtsverhältnisse steht überhaupt Bönig zu der Post?

b) Kann, wenn hinterher sich Unregelmäßigkeit eines Postbeamten herausstellt, Bönig auf Schadloshaltung klagen: α) gegen den Beamten? β) gegen die Post?

LX.

1. Wie sind nachstehende Beredungen juristisch aufzufassen? Und welche Rechtsfolgen knüpfen sich an sie?

a) Nach einem Todesfalle schließen die bei der hierdurch eröffneten Erbschaft Beteiligten mit den Mitinteressenten eine Übereinkunft ab, worin sie ihre gegenseitigen Berechtigungen und die Art der Schuldentilgung festsetzen.

b) Ein Schuldner erklärt seinen Gläubigern, daß er außer stande sei, ihre jetzt fälligen Forderungen zu bezahlen. Er bekommt eine Frist bewilligt. — Nach Ablauf derselben haben sich seine Verhältnisse aber noch nicht gebessert, und die Gläubiger gehen auf seinen Vorschlag ein, daß er 70 % der Forderungen bar zahle, und damit seine Verpflichtungen völlig getilgt sein sollen.

c) Ein Kaufmann hatte anerkannt, einem Geschäftsfreunde aus geschehener Abrechnung ultimo September 1891 eine bestimmte Summe schuldig zu sein, diesem aber erklärt, daß er wegen momentaner Geldverlegenheit nicht in der Lage sei, seine Schuld am Verfalltage abzutragen. Nach einigen Verhandlungen kam ein Abkommen zwischen beiden zu stande, wonach die Schuld in der Weise getilgt werden sollte, daß 343 ℳ am 15. November 1891 und gleiche Beträge am 15. Januar und 15. Februar 1892 bezahlt, diese Beträge mit 4 % vom 30. September 1891 verzinst würden und, falls die Ratenzahlungen nicht pünktlich eingehalten werden sollten, es dem Gläubiger freistehen sollte, den jeweilig bestehenden Schuldrest zu verlangen.

d) A. droht dem B. mit einer Klage, deren Berechtigung B. vollständig bestreitet, vor deren Erfolg er aber deshalb Sorge hegt, weil er den von A. ihm jedenfalls dann angetragenen

Eid aus religiösem Bedenken nicht leisten mag, während er bei Zurückschieben sich dessen zu versehen hat, daß A. gewissenlos genug ist und wider besseres Wissen schwört; er einigt sich daher mit A. über eine an diesen zu zahlende Abfindungssumme.

e) Der Pachter eines Gutes war zur Räumung desselben rechtskräftig verurteilt worden. Als mit der Zwangsvollstreckung gegen ihn vorgegangen werden soll, schließt er mit dem Eigentümer einen Vergleich, wonach er auf dem Pachtgute noch ein halbes Jahr lang wohnen bleiben darf, — sei es unentgeltlich oder gegen Zahlung des seitherigen Pachtpreises.

f) Unter einem Partikularrechte, nach welchem Zinsforderungen in vier Jahren verjähren, hat der minderjährige A. eine solche seit fünf Jahren fällige Forderung an B. Beide sind im Zweifel, ob jene kürzere Verjährung auch gegen Minderjährige laufe, und einigen sich dahin, daß die Forderung als noch nicht verjährt angesehen werden solle.

2. Dem Erben E. wird von T. eine Schuldurkunde seines verstorbenen Vaters S. über Darlehen von 3000 ℳ vorgelegt. E. einigt sich mit T. auf bare Zahlung von 1500 ℳ und Vernichtung der Urkunde. Erst später findet er, daß die Urkunde nur auf 300 ℳ gelautet hatte.

a) Kann E. etwas von T. zurückfordern?

b) Ist es von Einfluß, ob die Fälschung von T. selbst — oder von dessen Cedenten, dem ursprünglichen Gläubiger des S. — oder von dem Erblasser des T. vollzogen war?

c) Kommt nicht vielleicht in Betracht, daß T. mit sofortiger Verklagung und Einleitung der Zwangsvollstreckung dem E. gegenüber gedroht hatte?

3. F. erhebt Klage auf Anfechtung eines Vertrages mit der Gemeinde H., nach welchem er sich schuldig bekannt hatte, eine bestimmte Summe der Gemeindekasse zu schulden. Er war dabei von der Voraussetzung ausgegangen, daß ihm in seiner Eigenschaft als seitherigem Gemeinderechner ein größeres Defizit zu decken obliege, und hatte deshalb in jene Abfindungssumme eingewilligt; dann aber hatte sich nach nochmaliger besserer Prüfung der Rechnung herausgestellt, daß er, F., sogar ein Guthaben an die Gemeinde H. zu beanspruchen gehabt hatte.

Die Gemeinde bestreitet ihre Verpflichtung, jetzt noch einmal auf die Sache zurückkommen zu müssen.

Entscheidung?

Wäre es von Einfluß, wenn die aufklärenden Rechnungen erst später aufgefunden worden und ohne Schuld des Rechners zur Abrechnungszeit nicht vorhanden gewesen waren?

4. Die Witwe Holzapfel belangte 1882 ihren einzigen Sohn erster Ehe, den Rentner Theodor Hahn, auf Alimentation. Nach längerem Prozessieren kam am 29. Juli 1886 außergerichtlich ein Vergleich zu stande, in welchem die Mutter gegen eine Abfindungssumme von 350 ℳ auf alle gegen ihren Sohn geltend gemachten Alimentationsansprüche für die Vergangenheit und Zukunft verzichtete.

Hahn starb im Sommer 1887 und wurde von seiner Witwe testamentarisch beerbt. Von letzterer verlangt nun die Holzapfel, die gänzlich mittellos ist, die ihr gesetzlich zustehenden Alimente, da der Vergleich vom 29. Juli 1886 nach l. 8 C. de transact. (2,4) ungültig sei, was der Vertreter der Witwe Hahn unter Berufung auf l. 8 § 2 D. de transact. (2,15) in Abrede stellt.

Wer ist im Rechte, und wie ist zu urteilen?

5. Klage der Katharina Neusel gegen Andreas Seibert:

„Im November 1890 habe ich mit dem Beklagten geschlechtlichen Umgang gehabt, infolge dessen ich am 19. August 1891 einen Jungen geboren habe, dessen Vater der Beklagte ist. Im Dezember 1890 hat sich Beklagter als Urheber meiner Schwangerschaft ausdrücklich bekannt und mir 700 ℳ als Entschädigung versprochen, was ich annahm; die Zahlung dieser Summe sollte Ostern 1891 erfolgen. Beklagter hat mir aber nur dreimal 5 ℳ gegeben und zahlt in Güte nichts weiter . . .“

Im Verhandlungstermine vor dem Amtsgerichte kommt folgender Vergleich zu stande: Beklagter zahlt an die Klägerin zur Abfindung aller an ihn geltend gemachten Ansprüche den Betrag von 450 ℳ, zahlbar Weihnachten 1891. Mit dieser Zahlung will Beklagter nicht anerkannt haben, daß er der Vater des von der Klägerin geborenen Kindes ist; es geschieht dieselbe nur, um die Prozesse und die Gerichtslaufereien los zu sein. Die Klägerin nimmt den obigen Betrag an und verpflichtet sich, dem Beklagten mit allen weiteren Ansprüchen fern zu bleiben und insbesondere nicht mehr zu behaupten, daß Beklagter der Vater ihres Kindes sei.

Ist damit die fragliche Angelegenheit wirklich endgültig erledigt? Ist namentlich das Kind selbst vollständig gebunden?

6. Kaufmann Liebmann Reiß verklagt den Hausierer Roth wegen käuflich gelieferter Waren. Roth macht geltend, daß Reiß

teilweise Waren geschickt, die seiner Bestellung nicht entsprochen, besonders weiß gewebte Unterhosen, die er auf den Dörfern nicht verwerten könne; deshalb habe er die ganze letzte Sendung nicht angenommen.

Im Verhandlungstermin vom 6. Juni 1891 schließen die Streitteile nachstehenden Vergleich: Kläger nimmt die Bahnhof G. lagernden Unterhosen zurück, Beklagter verpflichtet sich zur Abnahme des Restes; die Bezahlung des Kaufpreises soll am 1. Oktober 1891 erfolgen, damit Roth Zeit habe, um aus dem Verkaufe der Waren die Mittel zur Zahlung zu gewinnen.

Die Waren kommen erst am 21. September bei Roth an, der die Annahme wieder verweigert. Am 2. Oktober erwirkt Liebmann Reiß eine vollstreckbare Ausfertigung des Vergleiches und läßt Roth sofort wegen 107 ℳ pfänden. Roth beantragt die vorläufige und durch Klage die definitive Aufhebung der Zwangsvollstreckung, sowie Urteil dahin, daß er aus jenem Vergleiche wegen verspäteter Lieferung des Reiß nicht mehr haftbar sei.

Wie hat das Amtsgericht zu erkennen? Wie steht es im besondern mit den Rechtsfolgen des abgeschlossenen gerichtlichen Vergleiches zu dem früher erhobenen Anspruche des Liebmann Reiß?

---

7. Bei Auflösung einer Gesellschaft hat die eine Partei der andern, welche zum Betriebe des Geschäftes bare Vorschüsse gemacht, eine Urkunde ausgestellt, in welcher sie bekennt, nach der heute gepflogenen Abrechnung 1800 ℳ zu schulden, und Zahlung dieser Summe verspricht.

Welche Bedeutung hat dies rechtlich? Kann der Anerkennende noch darauf zurückkommen, daß jene Abrechnung auf irrigen Voraussetzungen beruht habe? Oder: daß sie durch falsche und betrügliche Rechnung des andern hergestellt sei? Oder: daß der andere mündlich versprochen habe, daß diese Schuld erst nach vollständiger weiterer Auseinandersetzung der übrigen seitherigen Vermögensgemeinschaft bezahlt zu werden brauche?

8. Die Witwe (W.) des im Mai 1890 verstorbenen E. klagt gegen den Z. ein von ihrem Erblasser E. gegebenes Darlehn ein; die Klage schließt: „auch hat Z. im Sommer 1890 mir, der W., gegenüber wiederholt anerkannt, daß er zum Nachlasse des E. noch ein mit 4% verzinsliches Darlehn über 2000 ℳ schulde, und habe ich dieses Schuldanerkenntnis jedesmal sachdienlich acceptiert.“

Rechtliche Charakterisierung und Bedeutung dieses Thatbestandes?

9. Wie steht es mit der rechtlichen Bedeutung und Wirksamkeit folgender Willenserklärungen?

a) „Gutsbesitzer Karsten schuldet dem Apotheker Lindeck 28 ℳ, in Worten: zwanzig acht Mark, welche Karsten auf mein Verlangen zu bezahlen hat. Was hiermit anerkennt und unterzeichnet

Döbelnrod, 28. Mai 1891. Karsten.

Zahlbar bis Juli und August."

b) In der Verlassenschaft des A. wurde ein Paket mit Wertpapieren gefunden, auf dessen Umschlag die Aufschrift stand: „Mir anvertrautes Depositum, meiner Schwester B. gehörig. A. m. p."

c) „Zwei Monate nach dato zahlen wir dem Herrn Hermann Retter die Summe von 666 ℳ.

Windecker & Cie.

Ich verbürge mich für obigen Betrag.

Georg Schiffner."

d) „Schuldschein über 514 ℳ 29 ₰.

Wir, Endesunterzeichnete, urkunden und bekennen hiermit, daß wir unserer Tochter Karoline, Jacob Rollmann II. Ehefrau, zur Gleichstellung mit ihrem Bruder (der einen Prozeß gegen uns verursacht und ausgeführt hat, sogar mit Frau sich 300 fl. zugeschworen hat) dreihundert Gulden = 514 ℳ 29 ₰ schuldig geworden sind. Wir versprechen, solche Schuld als Kapital anzusehen und von heute an zu 5 % jährlich zu verzinsen, mit dem Bemerken, daß das Kapital nebst Zinsen nach unserem Ableben von unserem Nachlaß oder von unseren Erben bezahlt werden soll.

Geschehen Gedern, 30. November 1876.

Johannes Drehwald.
Karoline Drehwald."

10. Der Schuhmacher Pfeil lernt auf einem Ausfluge die unverehelichte Mathilde Kröll kennen; obschon dieselbe von einem Dritten her in anderen Umständen sich befand und dem Pfeil dieses genau bekannt wurde, so fand er doch solches Gefallen an ihr, daß er sie zu heiraten beschloß und sich mit ihr verlobte.

Als nicht lange Zeit darauf die Mathilde Kröll einem Kinde männlichen Geschlechtes das Leben gab, so erstattete Pfeil davon dem Standesamt vorschriftsmäßig Anzeige und meldete zugleich mit an, daß er der uneheliche Vater des von seiner Braut geborenen Knaben sei (Reichs-Gesetz über die Beurkundung des Personenstandes und die Eheschließung vom 6. Februar 1875 § 25).

Hiernach wird Pfeil unter Anklage gestellt, weil er „vorsätzlich bewirkt habe, daß Thatsachen, welche für Rechte oder Rechtsverhältnisse von Erheblichkeit sind, in einem öffentlichen Register als geschehen beurkundet worden seien, während sie überhaupt nicht geschehen waren“ (Reichs-Strafgesetzbuch § 271).

Der Verteidiger des Pfeil bestreitet, daß § 271 zutreffe; durch die Anerkennung werde eben das fragliche Rechtsverhältnis selbständig begründet und bestehe von da ab: wenn ein Beklagter im Civilprozesse bewußtermaßen fälschlich anerkenne, schuldig zu sein, so falle dieses sicher auch nicht unter § 271, obgleich es auch gerichtlich beurkundet werde, weil es eben Privatfreiheit des einzelnen sei, durch Anerkenntnis neue Rechte zu schaffen.

Wie hat das Gericht zu erkennen?

11. Im Großherzogtum Hessen wurde am 30. Mai 1821 für die rechtsrheinischen Gebiete ein Gesetz, Aufhebung der Fornikationsstrafen betreffend, erlassen, in dessen Art. 2 es heißt: „Ein gerichtliches Verfahren, welches den Zweck hat, den angeblichen Vater eines unehelichen Kindes zu entdecken oder zu überführen, findet nicht mehr statt.“

Die hessischen Gerichte haben dieses Gesetz von jeher in sicherer und bewußter Übereinstimmung dahin ausgelegt und angewendet, daß eine Alimentationsklage eines unehelichen Kindes sehr wohl darauf gestützt werden könne, daß der Beklagte jenes Kind als das seinige anerkannt habe.

Hiernach fragt es sich nunmehr: Ist jener Art. 2 noch jetzt in Geltung oder durch Einf.-Ges. z. C.P.O. § 14 Ziff. 2 aufgehoben? („Außer Kraft treten die Vorschriften, welche in Ansehung gewisser Rechtsverhältnisse einzelne Arten von Beweismitteln ausschließen oder nur unter Beschränkungen zulassen.“)

12. A. und B. hatten sich einem schiedsrichterlichen Verfahren unterworfen. Als der Schiedsspruch schon in Rechtskraft erwachsen war und A. teils gezahlt hatte, teils durch Schulderlaß von demjenigen befreit worden war, was er dem Schiedsspruche gemäß zu zahlen hatte, entdeckte er, daß die Schiedsrichter den Preis von 4544 Tafeln Holz, die Tafel zu 5 ℳ gerechnet, mit 12720 statt mit 22720 ℳ angesetzt hatten.

Kann A. irgendwie rechtlich vorgehen?

LXI.

1. Welche juristischen Besonderheiten liegen bei den folgenden Rechtsabtretungen vor? Wie unterscheiden sich die einzelnen nach ihrer rechtlichen Natur und Folge?

a) „Verhältnisse halber verkaufe mein solid gebautes Grundstück . . . Eine gute Hypothek wird in Zahlung genommen."

b) Der Verleger einer Zeitung hatte der Postverwaltung den Vertrieb des Blattes übertragen. Er cediert den Anspruch auf die für spätere Quartale bei der Post eingehenden Abonnementsgelder.

c) Einer Handlung, welche schwer eintreibbare Außenstände zur Einziehung übernimmt, wurde eine Forderung cediert. Sie hatte in ihren Bedingungen zuvor erklärt: „Wir zahlen Ihnen von den Eingängen 50 Prozent nach Eingang, die weiteren 50 Prozent sind unser Eigentum", — und sodann einen Revers ausgestellt, daß Cedent solange Eigentümer der Forderung bleibe, bis er die ihm zukommenden 50 Prozent erhalten habe; falls die Forderung binnen zwei Jahren durch Zahlung oder Vergleich nicht erledigt sei, wolle sie dieselbe zurückcedieren.

d) A. hat eine verzinsliche Hypothek von 20000 ℳ gegen Empfang von 14000 ℳ mit der Abrede abgetreten, daß es ihm frei stehen sollte, innerhalb vier Monaten die Hypothek mit 15500 ℳ zurückzukaufen.

e) Aus der Prozeßvollmacht eines Rechtsanwaltes: „Ich cediere meinem Anwalte unter Vorbehalt der Abrechnung und unter Haftung für Einbringlichkeit die von dem Gegner zu erstattenden Prozeßkosten bis zur Höhe seiner Forderung gegen mich."

f) Als S. von G. ein Darlehn aufnahm, cedierte er ihm zur Sicherheit dieser Darlehnsschuld ein Guthaben, welches S. an Z. hatte. Die Urkunde hieß: „Cedent darf den Betrag von Z. einziehen, sobald er dem G. dafür andere geeignete Forderungen abtritt. Eine Benachrichtigung des Schuldners Z. soll nicht erfolgen."

g) Fendt klagte als Cessionar eine Geldforderung ein und bezog sich zur Legitimation auf das der Schuldverschreibung von dem ursprünglichen Gläubiger beigesetzte Giro: „Für mich an din Ordre des Herrn Fendt. Wert empfangen. Benjamin Hanau."

h) Ein Beamter, welcher eine Kaution zur Staatskasse hinterlegt hat, verkauft, während er noch im Dienste ist, seinen gegen den Fiskus ihm zukommenden Anspruch.

i) Der Mieter einer größeren Wohnung tritt einem Verwandten zwei Zimmer gegen eine bestimmte, an ihn zu zahlende Vergütung ab.

k) Der Käufer und jetzige Eigentümer einer Ware, der über den Erwerb derselben von seinem Rechtsvorgänger eine Faktura ausgestellt erhalten hat, überträgt diese letztere auf einen neuen Käufer.

l) Der Eigentümer einer zum gerichtlichen Depositorium eingezahlten baren Geldsumme überträgt sein Recht zum Rückempfange dieser Summe auf einen Andern.

m) „Volks-Kaffee-Hallen, geöffnet von früh $^1/_2$6 Uhr an. Es wird verabreicht: Kaffee zu 5 ₰ etc. etc.

Marken zu 5 ₰, welche sich besonders zu Geschenken an Bedürftige eignen und in den drei Hallen verwendet werden können, sind in allen drei Hallen zu haben."

n) A. hatte dem B. gegenüber Lieferung von Getreide näher bestimmter Art und Menge unter der Bedingung der Preiszahlung Zug um Zug gegen Lieferung der verkauften Ware versprochen, dann aber alle seine Rechte aus diesem Handelsgeschäfte an den C. abgetreten.

o) Zwei Bauunternehmer hatten einen Bau auszuführen sich verpflichtet und von vornherein dem Bankhause, welches ihnen die Mittel zur Ausführung vorschoß, ihren Anspruch auf den ihnen nach Ausführung des Baues für denselben zu zahlenden Preis abgetreten.

p) „$^1/_8$ Theater-Abonnement, Seitenbalkon rechts, Serie braun, ist 1. Januar zu vergeben."

q) Zwei Personen betrieben in Gesellschaft ein Geschäft und lösten dieses dahin auf, daß das Geschäft mit allen Aktiven und Passiven auf den einen der Gesellschafter allein überging.

r) „Beabsichtige meine Hotelpachtung, erstes Reisehotel einer Kreis- und Garnisonstadt mit hohen Schulen und Gerichten, nur krankheitshalber zu cediren. Zur Übernahme sind 25000 ℳ erforderlich."

s) X. verkauft seinen Pfandschein zum städtischen Leihhause, wonach er ein Einlösungsrecht der versetzten Uhr hat.

t) Der Gutsbesitzer Fell verkaufte sein bei Bromberg gelegenes Gut an den Landwirt Bäcker und behielt sich bis zur völligen

Abtragung des Kaufpreises das Eigentum vor. Nachdem Bäcker die Hälfte des Kaufpreises ratenweise bezahlt hatte, cedierte Fell sein Forderungsrecht an Reinecke und übertrug demselben zugleich die aus dem Eigentumsvorbehalte ihm zustehenden Rechte.

u) Zwischen M. und N. kommt der Verkauf eines Gutes zu stande, wobei M., der mit dem Gutsnachbar O. über das Eigentum eines Ackers seit einiger Zeit in Streit lebt, seine, allerdings bestrittenen, Ansprüche auf besagten Acker dem N. mit zuweist.

Vgl. Revid. Land-Recht des Herzogtums Preußen von 1685 (verbessertes Land-Recht des Königreichs Preußen von 1721) Buch IV Tit. VI Art. V § 3: „Da auch jemands zu einem Zusprüche, Action oder Klage hätte, sie seyn zu eines Person, oder auff Güter: So mag er dieselben wo einem andern übergeben, cedieren und verkauffen . . .“

v) A. hatte sein gesamtes Haus- und Wirtschaftsinventar dem B. verkauft und überliefert, von demselben es aber mietweise bis auf weiteres überlassen erhalten. B. schließt mit C. einen Vertrag, der durch folgende, unter jenen Verkaufsvertrag gesetzte, Erklärung zum Ausdrucke kommt: „Vorstehenden Vertrag cediere ich mit allen Rechten und Klagen . . .“

2. S. hatte dem G., einem seiner Gläubiger, eine, ihm, dem S., zugehörige Schulverschreibung, in welcher ihm Erbrechte verpfändet waren, übergeben: „Aus derselben sollen Ihnen nunmehr dieselben Rechte zustehen, welche mir aus diesem Dokumente zustehen, für etwaige Forderungen, welche Sie an mich haben sollten . . . Sie sind berechtigt, dieses Dokument anderweit zu hinterlegen . . . nach Begleichung meiner Schuld geben Sie mir meine Sicherheit zurück.“

S. fiel später in Konkurs.

Welche Rechtsstellung kommt dem Gläubiger G. zu? Und was gehört zur Konkursmasse?

3. Ist in folgenden Rechtsfällen der klägerische Anspruch begründet?

a) T. hatte in seinem Testamente die mit ihm zusammenlebende Courtisane C. zu seiner Universalerbin eingesetzt, ihr aber mehrere Vermächtnisse auferlegt. C. hatte eines davon an den Legatar B. bezahlt, als A., der Bruder des T., gerichtsseitig gegen sie auftrat und wegen seiner gänzlichen Übergehung im Testament seines Bruders dessen letzten

Willen anfocht und auch durch rechtskräftiges Erkenntnis umstieß. Nunmehr verlangt A. von B. das gezahlte Vermächtnis zurück.

b) Bei der Aufstellung eines Signal- und Weichenstell-Apparates war ein dabei beschäftigter Arbeiter überfahren und getötet worden. Der Eisenbahnfiskus hatte deshalb nach dem Haftpflichtgesetz der Witwe des Getöteten Ersatz geleistet, und fordert diesen nun von der Firma, in deren Dienst der Getötete gestanden, zurück.

c) E. hat seinem Freunde F. Auftrag erteilt, Bücher des E., zu verkaufen, mindestens aber 100 ℳ dafür zu fordern. F. schließt mit G. einen Kaufvertrag, wonach dieser 110 ℳ verspricht; F. stirbt bald danach. E. möchte nicht erst die Regulierung der Erbschaft abwarten und fordert daher ohne weiteres von G. den Kaufpreis.

d) Heinrich Kümmel hatte in seinem Namen der Gemeinde Mannheim ein Darlehn gegeben. Später tritt Georg Kümmel, der Vater des Erstgenannten, auf und klagt jenes Geld mit der Behauptung ein: dasselbe habe ihm gehört, und er habe seinem Sohne den Auftrag gegeben, es in seinem, des Vaters, Namen auszuleihen.

e) Bei einer durch den Gerichtsvollzieher abgehaltenen Zwangsversteigerung hatte A. einen Schrank erstanden, der ihm aber nachmals durch den Eigentümer E. abgestritten wurde, welcher letztere das Möbelstück bei dem gepfändeten Schuldner B. nur deponiert hatte. A. verlangt nun von B. Ersatz des für den Schrank gezahlten Preises mit Unkosten.

f) M. hatte bei N. verschiedene Gegenstände unentgeltlich in Verwahrung gegeben. Bei einem im Hause des N. ausgebrochenen Brande rettet dieser auch die Sachen des M. und stellt sie mit den seinigen unter Erlaubnis des O. bei diesem ab. M. verlangt seine Depositen nun von O. zurück.

g) Der Kapitän Wallace hat im Kieler Hafen eine dorthin verbrachte Ladung Holz verkauft und steht ihm dieserhalb gegen Kars eine Kaufgeldforderung zu. Diese Forderung lassen seine Gläubiger Brown & Cie. pfänden, worauf Byring gegen letztere klagend auftritt und darthut, daß er Miteigentümer des von Wallace geführten Schiffes nebst Ladung gewesen sei und deshalb Anspruch auf den entsprechenden Teil des aus deren Verkauf zu machenden Erlöses habe, den er hiernach von der Pfändung freizugeben beantrage.

4. Richart hatte gegen Zenker eine Forderung von 1200 *M*, welche Richart an Magnus am 17. Januar cedierte. Am 9. Februar machte Magnus dem Zenker hiervon Anzeige. Inzwischen hatte aber Hasting, ein Gläubiger des Richart, auf Grund eines gegen den letztern erstrittenen obsiegenden Urteils bei dem Amtsgerichte den Antrag gestellt, jene Forderung des Richart an Zenker zu pfänden. Das Gericht gab dem statt und verfügte am 27. Januar die Pfändung jener Forderung, wobei es dem Zenker verbot, bei Meidung doppelter Zahlung weder an Richart noch an sonst jemanden zu bezahlen. Die Zustellung dieser Verfügung an Richart und an Zenker erfolgte am 29. Januar.

Hiernach erhob Magnus Klage gegen Hasting mit dem Antrage, den Kläger als Eigentümer der fraglichen Forderung anzuerkennen und die geschehene Pfändung aufzuheben.

Ist das Klagebegehren begründet?

5. Ein Cedent war am Tage nach der Cession verstorben. Sein Erbe gewährt dem Schuldner auf dessen Bitten einen Zahlungsaufschub von 6 Monaten. Nun erst wird durch Auftreten des Cessionars die Cession bekannt.

Kann der Schuldner sich auf die Fristgestattung berufen oder nicht?

6. G. cediert am 10. Juli eine Forderung auf Kaufgeld gegen den S. an den C. Am 12. Juli kauft S. eine Forderung, welche X. gegen G. hatte.

Kann er damit dem C. gegenüber kompensieren oder nicht?

7. Der Verkäufer hat seine Forderung auf Kaufgeld cediert:

a) Kann der Käufer dem Cessionar gegenüber sich darauf berufen, daß die verkaufte Sache nicht ordentlich im stande gewesen sei?

b) Oder darauf, daß der Cessionar den Preis für die ihm abgetretene Forderung noch nicht entrichtet habe?

c) Oder kann er vorschützen, daß soeben jemand von ihm die cedierte Schuld eingefordert — oder vielleicht schon einkassiert habe, dem der Verkäufer noch vor einer Stunde dieselbe, wie sich jetzt zeige, zum zweitenmal cediert hatte?

d) Wenn in dem erwähnten Falle der Drittschuldner noch nicht bezahlt hat: kann der jetzt auftretende Cessionar die Zahlung an den Cedenten oder einen andern Cessionar dadurch verhindern, daß er dem debitor cessus die notarielle Cessionsurkunde vorzeigt, oder müßte er ihm den cedierten Schuldschein vorweisen können?

8. Moor trat gegen Perpente als Cessionar des Reinach, welcher eine Geldforderung gegen Perpente hatte, gerichtlich auf. Beklagter opponierte, daß die Cession nur zum Scheine abgeschlossen sei. Moor aber erwiderte, daß dies nur ihn und den Gläubiger etwas angehe; der Schuldner habe kein verletztes Interesse, indem ihm gegen den Cessionar alle Einreden offen blieben, die er dem Cedenten selbst hätte entgegensetzen können.

Wie ist über diesen, sich nicht selten ereignenden Streitfall richtig zu erkennen?

9. Es kauft jemand ein Grundstück und bezahlt den Kaufpreis an den Cessionar des Verkäufers. Darauf meldet sich ein Dritter, weist nach, daß er der wirkliche Eigentümer des Grundstückes ist nnd evinciert selbiges dem Käufer.

An wen kann sich nun der letztere wegen des von ihm erlittenen Schadens halten?

10. Der Cessionar Laackmann verklagt den Drittschuldner Heindrichs wegen einer ihm von Mussaeus cedierten Darlehnsforderung auf 200 *M*. Heindrichs wendet ein, daß er von Schiebe eine Forderung auf rückständiges Kaufgeld gegen Mussaeus auf 300 *M* geerbt habe, wovon er nunmehr mit 200 *M* kompensiere, während er 100 *M* widerklagend von Laackmann herausverlange. Laackmann bestreitet die Zulässigkeit des Vorbringens.

Wer ist im Rechte?

11. Ein Belgier hat aus Lieferungsverträgen eine Forderung gegen einen in Halle a. S. wohnenden Kaufmann. Er cediert dieselbe einem Geschäftsfreunde in Magdeburg. Als letzterer gerichtlich gegen den Schuldner vorgehen will, verlangt dieser zuvor Kautionsbestellung nach C. P. O. § 102: „Ausländer, welche als Kläger auftreten, haben dem Beklagten auf dessen Verlangen wegen der Prozeßkosten Sicherheit zu leisten.“

Ist die Einwendung des Beklagten gerechtfertigt?

12. Kurth schuldete dem Maibier aus einem 1884 geschlossenen Hauskauf 15000 *M*, welche zu 4 % verzinslich in zehn Jahren zahlbar waren. Am 1. Juni 1891 wurde über das Vermögen des vorher flüchtig gewordenen Maibier Konkurs eröffnet, und es erhielt am 3. Juni Kurth Anzeige von Ivers, daß ihm schon vor fünf Jahren die Forderung an Kurth von Maibier abgetreten worden sei; nur um dessen Kredit zu schonen, habe er darüber geschwiegen und es geschehen lassen, daß sein Cedent die Zinsen weiter erhoben, die fortan ihm selbst zu entrichten seien. Ivers klagt hiernach auf den vorenthaltenen Teil der Zinsen gegen Kurth.

Dieser setzt der Klage die Einrede der Kompensation entgegen, zu deren Begründung er sich auf folgende, von dem Kläger nicht bestrittene Thatsachen beruft: Für eine Schuld des Maibier bei dem dortigen Bankverein habe sich Goldbach verbürgt; dieselbe sei am 4. Juni 1891 fällig. Am 28. Mai 1891 habe Goldbach mit ihm, dem Kurth, einen Cessionsvertrag geschlossen, über welchen er folgende Urkunde zu den Akten giebt: „Ich cediere hiermit an Kurth, nachdem ich wegen meiner Valuten befriedigt worden bin, von meiner Forderung aus geleisteter Bürgschaft an den Kaufmann Maibier den Betrag von 13000 ℳ, ohne Vorbehalt und Neuerung, aber auch ohne Gewähr."

Hiernach ist Urteil mit Entscheidungsgründen auszuarbeiten.

---

13. Der Handlungsgehilfe Kraus hatte in einem Kaffeehaus eine Zechschuld von 17 ℳ stehen; um Ausstand zu erhalten, giebt er seine Taschenuhr dem Wirt zur Sicherheit. Da er aber nicht zahlt, überweist der Wirt jene Schuld an Hirschel, einen Kollegen des Kraus, für bar gezahlte 12 ℳ, ohne von der Uhr etwas zu erwähnen.

a) Kann jetzt nicht Kraus seine Uhr zurückfordern? Oder kann Hirschel dieselbe verlangen? Wie gestaltet sich überhaupt, in genauer juristischer Erwägung und Fassung, das Rechtsverhältnis bezüglich der versetzten Uhr?

b) Ist es von Einfluß, ob Hirschel von der gewährten Sicherheit Kenntnis hatte? Hätte er sich dann nicht ausdrücklich ausbedingen müssen, daß ihm die Sache herausgegeben würde?

c) Wird, im Falle der Wirt die Uhr freiwillig bei der Zahlung an Hirschel giebt, dadurch ein Rechtsverhältnis zwischen letzterem und Kraus begründet?

d) Wenn Hirschel ein notorisch lüderlicher Mensch ist, der dann die wertvolle Uhr durchbringt: kann sich Kraus wegen des Schadens an den Wirt halten? Genügt es für Kraus, wenn er auf den Hinweis des Wirtes, daß Hirschel ja zahlungsfähig sei, entgegnet, daß derselbe jetzt in einem andern Amtsgerichtsbezirke, als sie beide, wohne?

14. Der Verkäufer eines Hauses hat einen Rest von Kaufgeld, den er noch zu fordern hat, einem armen Verwandten schenkungsweise überwiesen. Am nächsten Tage reut es ihn; und als der Schuldner wieder eine Abschlagszahlung bringt, verschweigt er ihm die Cession und nimmt die Zahlung quittierend an.

a) Da der Schuldner bezüglich dieser Rate nach bekannten Rechtsgrundsätzen (welchen?) befreit ist, so wirft sich nun die Frage auf: Kann der Verwandte gegen den Cedenten auftreten? Welche *actio* käme in Frage?

b) Was wäre zu bemerken, wenn der Drittschuldner überhaupt nicht zahlte und bei dem Vorgehen des beschenkten Verwandten gegen ihn sich als zahlungsunfähig herausstellte? Wäre es von Einfluß, ob derselbe schon zur Zeit der zwischen dem Verkäufer und seinem Verwandten getroffenen Verabredung insolvent war oder es erst hinterher wurde?

c) Wie stände es: wenn die fragliche Schuld zur Zeit der Cession schon getilgt gewesen wäre? Oder dieselbe wegen eines Nichtigkeitsgrundes bei dem Begründungsakt überhaupt nicht bestanden hätte?

15. A. cedierte am 1. Juni dem B. verkäuflich eine Forderung gegen C. und versprach, dem B. längstens binnen 14 Tagen eine Urkunde auszustellen, welche dem B. zur Beitreibung der cedierten Forderung nötig war. A. versäumte dies aber, und C. wurde insolvent.

Kann nun B. gegen A. mit einer Ersatzklage auftreten?

16. Konrad Lenz verkauft dem Georg Erdmann Wildpret für 52 *M*. Der Kaufpreis soll dadurch gedeckt werden, daß Erdmann dem Lenz eine Forderung auf 60 *M* gegen Michael Greim cediert. Wie aber Lenz von dem Schuldner Zahlung verlangt, ist dieser insolvent, und es stellt sich heraus, daß er es auch schon zur Zeit der Cession war.

a) Kann Lenz von Erdmann 52 *M* fordern?

b) Würde es von Einfluß sein, ob Erdmann gewußt hat, daß Greim nicht zahlungsfähig war?

c) Wie stände es, wenn beide, Lenz und Erdmann, hierüber im klaren waren, aber annahmen, daß Greim sich wieder erholen werde?

17. (18.) Unter einem Pfandrechtssystem, das an Mobilien nicht nur Faustpfand kennt, hatte ein Gläubiger eine durch eine Hypothek an beweglichen Sachen gedeckte Forderung einem Dritten käuflich cediert. Da der Drittschuldner insolvent ist, greift der Cessionar auf das Pfand, muß aber erfahren, daß an dem Gegenstand ein ihm vorgehendes Pfandrecht besteht.

a) Haftet ihm sein Cedent für den Ausfall?

b) Wie steht es, wenn das Pfandrecht des Cedenten den ersten Rang hatte, aber bei der Zwangsversteigerung das Pfandobjekt nur zu geringem Preise abgesetzt werden kann?

c) Würde es von Einfluß sein, wenn der Verpfänder der Sache nicht Eigentümer derselben gewesen wäre?

18. (19.) Daum hatte eine angebliche Kaufschillingsforderung gegen Horn eingeklagt und sie im Laufe des Prozesses an Speyer in Anrechnung auf eine Schuld des Daum cediert. Horn hatte eingewendet, daß das Kaufgeschäft nur ein Scheingeschäft gewesen sei (der wahre Käufer sollte Horns Schwiegersohn Eisenhauer gewesen sein) — und erbrachte diesen Beweis bis zum Erfüllungseid. Jetzt trat Speyer urkundlich „alle ihm aus der Cessionsurkunde gegen Horn, sowie gegen dessen Schwiegersohn Eisenhauer zustehenden Forderungs- und Klagansprüche mit allen ihm zustehenden Rechten an Marcus Nathan käuflich ab"; und nachdem dieser in den Prozeß eingetreten war, schwur Horn den Erfüllungseid, und die gegen ihn erhobene Kaufgeldklage wurde abgewiesen.

Nunmehr nahm Nathan sofort seinen Rückgriff an den ersten Cedenten Daum und verlangte von diesem, gestützt auf dessen Haftung für die Existenz der cedierten Forderung, Ersatz des Betrages derselben und der in dem Prozesse gegen Horn aufgewendeten Kosten. Daum bestritt die Zulässigkeit der Klage wegen mangelnder Aktivlegitimation des Nathan, gegen ihn, den ersten Cedenten, aufzutreten.

Wie ist zu erkennen?

---

19. (21.) G. hat gegen S. eine Forderung auf 800 *M*. Er verkauft dieselbe an den M. für 500 *M*, welcher sie nach einiger Zeit an N. für 600 *M* weitergiebt.

a) Wieviel muß S. an N. bezahlen?
b) Wie wäre es, wenn N. dem M. 800 *M* für die fragliche Forderung bezahlt hätte?
c) Wenn die Thatsachen streitig sind und als Beweismittel nur der Eid benannt ist: wem ist er aufzuerlegen und nach welcher Richtung hin?

20. (22.) Die vermögenslose Witwe eines Staatsdieners, welche eine in monatlichen Raten zahlbare Pension von 800 *M* jährlich bezieht, hatte zur Deckung einer Schuld von 3600 *M* monatliche Beträge von je 25 *M* an den Gläubiger abgetreten. Sie focht später die Cession als ungültig an, weil Alimentenforderungen nicht cessionsfähig wären.

War diese Klage begründet?

21. (23.) Bei einer Gutsübernahme hatte sich der übernehmende Sohn unter anderem verpflichtet, seinen Eltern „auf deren Verlangen" wöchentlich 8 ℳ Taschengeld zu geben. Diese Forderung wurde von einem Gläubiger des Vaters mit Beschlag belegt; der Sohn aber widerspricht der Berechtigung dieses und verlangt Aufhebung der Pfändung.

Entscheidung.

22. (24.) Einem Gutsbesitzer hat sich eine Bank verpflichtet, einen Kredit bis zur Höhe von 30 000 ℳ zu gewähren und ihm je nach Wunsch in den nächsten drei Jahren diese Summe leihweise zur Verfügung zu stellen.

Ein Gläubiger des mittlerweise ganz verschuldeten Gutsbesitzers erfährt dieses und fragt an, ob er die hier fragliche Forderung nicht zwecks seiner Befriedigung pfänden lassen könne?

23. (25.) Ein Bauunternehmer hatte einer Hypothekenbank für ein Darlehn, welches je nach dem Fortschritte des Baues auszuzahlen war, eine Hypothek bestellt. Dabei war besonders ausgemacht worden, daß der Darlehnsempfänger seinen Anspruch auf noch abzuhebende Raten nicht cedieren dürfe.

Später gerät der Unternehmer in Not und tritt noch ausstehende Summen einem Dritten trotz jenes Versprechens käuflich ab.

Welche Rechtsfolgen knüpfen sich hieran?

24.* Es ist neuerdings mehrfach festgestellt worden, daß Forderungen, die in ihrem Rechtsgrunde zweifelhaft und von dem Schuldner bestritten waren, von dem Fordernden an eine ganz arme Person cediert wurden, die nunmehr die streitige Schuld einklagt, nachdem sie sich das Armenrecht erwirkt hat. Wird der Prozeß gewonnen, so bekommt der Kläger eine kleine Entschädigung und liefert das Übrige ab; verliert er, so hat er an Kosten nichts zu zahlen, und der Gegner ist geprellt.

In einem derartigen Prozesse, der kürzlich vor dem Landgerichte Hamburg anhängig wurde, bestritt der Anwalt des Beklagten die Rechtsgültigkeit der Übertragung an den bettelarmen Kläger, weil dieser „ein mächtigerer Gläubiger" wäre.

L. 2 C. ne liceat potentioribus etc. (2, 13 [14]); cf. c. 2 X. de alienatione iudicii mutandi causa facta (1, 42).

Wie ist hierüber rechtlich zu befinden?

LXII.

1. Welche juristischen Begriffe treten in den kommenden Verfügungen in Anwendung?

a) Beim Verkaufe eines Hauses für 30 000 ℳ wird ausbedungen: 10 000 ℳ Anzahlung, für 10 000 ℳ Übernahme der auf dem Hause bestehenden Hypothek, der Rest bleibt verzinslich zwei Jahre stehen.

b) Wolffhardt vermietet an Schlosser ein Haus mit Garten, und letzterer verspricht, die Grund- und Gebäudesteuer zu tragen.

c) Unter einem Schuldschein bemerkt der Bruder des Darlehnsnehmers: „Für obige Summe bin ich gut und hafte selbstschuldnerisch dafür."

d) Der Gutsinspektor Kohl wird von Windig zu einem Viehhandel mit Feld bewogen, indem Windig erklärt, daß er bei berechtigten Regreßansprüchen der Gutsherrschaft an Kohl diesen Nachteil aus seiner Tasche bestreiten werde.

e) Schade kauft eine Holzschneidemühle und übernimmt von den Erben des seitherigen Inhabers alle mit dem Geschäfte verbundenen Aktiva und Passiva.

f) S. übermittelt seinem Gläubiger G. einen Schein, auf welchem er den A. ersucht, den dem G. geschuldeten Betrag in drei Monaten zu zahlen. A. setzt auf die Urkunde: „Einverstanden. A."

g) Regierungsrat Kiefer hat vom Bauunternehmer Perl eine Wohnung auf fünf Jahre gemietet, möchte sie aber nach einiger Zeit mit einer andern geräumigern Wohnung vertauschen. Perl erklärt, daß er nichts einwende, wenn Kiefer einen andern guten Mieter stelle. Dieser findet als solchen den Oberstlieutenant von Booch, mit welchem Perl nun einen Mietvertrag wieder auf fünf Jahre schließt.

h) Beim Kaufe eines Bauerngutes war ausgemacht worden: „ . . . Käufer übernimmt die Ansprüche der Elisabeth Theiß, welche die an den Verkäufer auf 800 ℳ angeblich rückständigen Erbgelder geltend macht, zu befriedigen."

i) Käufer erklärt, neben dem Kaufpreise von 1000 ℳ auch noch „alle Schutden" des Verkäufers übernehmen zu wollen.

k) Die Provinzialverwaltung der Rheinprovinz hatte einer Gasgesellschaft die Benutzung einer frühern Staatsstraße zu Gasleitungen gestattet. Bei der jüngsten Vergrößerung des Weichbildes der Stadt Köln hat die Provinzialverwaltung der Stadt die Verwaltung jener Straße übertragen und dabei die Bedingung gestellt, daß die zu Recht bestehenden Gebrauchs- und Nutzungsrechte zu achten seien, und die Stadt in die Rechte und Pflichten der frühern Verwaltung einzutreten habe.

1) Ein Hauseigentümer verkauft sein Grundstück und legt dem Käufer im Vertrage auf, daß er die Mieter während deren vertragsmäßiger Mietzeit gerade so wie der Verkäufer wohnen lassen werde.

2. Mühler wurde von Scholten auf Grund einer Urkunde verklagt, worin Beklagter in betreff einer Schuld seines Sohnes an den Kläger erklärt: „Mein Sohn hat mir gegen Übernahme seiner Schuld anderweit genügende Sicherheit gegeben, und übernehme ich hierdurch die Schuld meines Sohnes an Herrn Scholten", worauf die Stipulationen wegen Zahlung und Verzinsung der summierten gesamten Schuld des Beklagten an Scholten sich anschließen.

Welche Rechtsakte und Rechtsverhältnisse liegen hier unter den Beteiligten vor? Ist der Klaganspruch begründet?

3. Grosmann schuldete an Schaper ein auf dem Hause des erstern hypothekarisch eingetragenes Kapital von 4000 ℳ, zu dessen fernerer Sicherung er dem Schaper außerdem eine ihm, dem Grosmann, selbst zuständige hypothekarische Obligation als Faustpfand übergeben hatte. Grosmann veräußerte darauf sein Haus an den Rentner Rahn, welcher in dem Kaufvertrage jenes Kapital von 4000 ℳ als eigene Schuld übernahm; später übertrug Rahn das Grundstück verkäuflich an die Witwe Callmann, und auch diese übernahm dabei die fragliche Schuld von 4000 ℳ vertragsmäßig als die ihrige.

Hiernächst belangte Grosmann den Schaper auf Rückgabe der demselben zum Faustpfande gegebenen Obligation, mit der Behauptung, seine, des Klägers, Pfandschuld sei dadurch erloschen, daß Beklagter von Rahn Zinsen angenommen und jetzt der Witwe Callmann das Kapital gekündigt habe.

Beklagter hält dieses deshalb für gleichgültig, weil er den Grosmann aus seiner Schuld nicht ausdrücklich entlassen habe.

Wie ist zu erkennen?

4. A. hat der B. ein Darlehn von 8000 ℳ gegeben, welches Kapital auf zwei Häusern der letztern pfandrechtlich sicher gestellt wurde. Nachmals verkauft B. diese Häuser ihren Söhnen M. und N., läßt einen bedeutenden Teil des Kaufschillings auf den Grundstücken sicher stellen und vereinbart auch mit den Söhnen, daß sie die 8000 ℳ zur Bezahlung von A. übernehmen sollen. Auf späteres Ansuchen des M. und des N. willigt A. in die Löschung seines Pfandrechtes; worauf bei späterhin erfolgender Einforderung der 8000 ℳ von B. ihm entgegnet wird, daß

er sich nach den von ihm freiwillig übernommenen Verhandlungen mit M. und N. nun auch weiterhin ausschließlich an diese zu halten habe.

Ist dieses richtig, und haftet ihm die B. gar nicht mehr?

5. F. stellte eine Urkunde aus, in welcher er bestätigte, von seiner Schwester G. ein Darlehn von 7000 ℳ erhalten zu haben, sich verpflichtete, dasselbe mit 4 % jährlich zu verzinsen, und zugleich erklärte, daß er sie an jener Summe, welche er bei dem Bankhause H. zinstragend angelegt habe, derart beteilige, daß sie darüber jederzeit, gegen acht Tage vorausgehende Aufkündigung, nach Belieben verfügen könne. Die G. nahm diese Urkunde stillschweigend hin. Etwa 10 Jahre später verklagt sie den P. auf Zahlung der 7000 ℳ, und es wird ihr eingewendet, daß sie sich nur an das Bankhaus H., an welches sie angewiesen sei, zu halten habe.

Welche Entscheidung ist zu treffen?

6. R. kaufte von X. einen Komplex von Grundstücken um den Preis von 35 000 ℳ, den er schuldig blieb, und verkaufte die Grundstücke dem Z., welcher für Rechnung des Kaufpreises die Schuld des R. an X., ohne Intervention des letztern, übernahm. Später verkaufte Z. die Grundstücke dem S., wobei S. die übernommene Schuld, jedoch ohne Zuziehung des X. und des R., auf sich übernahm und in dem Vertrage ausdrücklich erklärte, in das zwischen X. und R. bestehende Rechtsverhältnis so einzutreten, als hätte er unmittelbar mit X. selbst kontrahiert.

Nach diesen Vorgängen erwirkte X. gegen S. ein rechtskräftiges Urteil auf Zahlung seiner von S. übernommenen Forderung und dann ein Erkenntnis gegen seinen ursprünglichen Schuldner R. auf Zahlung der nämlichen Forderung. Da nun X. auf Grund dieses letztern Urteiles Zwangsvollstreckung gegen R. einleitete, trat R. gegen S. klagend auf und beantragte, daß derselbe angehalten werde, die übernommene Schuld von 35 000 ℳ zur Befriedigung des X. bei Gericht zu hinterlegen.

Ist dieses Klagebegehren gerechtfertigt?

7. A. hatte von B. eine Fabrik gekauft und in Anrechnung auf das Kaufgeld hypothekarische Schulden, die auf der Fabrik lasteten, übernommen; dabei hatte A. versprochen, binnen bestimmter Frist jene Hypotheken zu tilgen, und die Schuldverschreibungen der Gläubiger mit einem Anerkennungsvermerke seinerseits versehen. Da A. aber nicht zahlte und die Gläubiger drängten, so entschloß sich B., dieselben zu bezahlen, indem er sich ihre Rechte aus den einzelnen Verschreibungen cedieren ließ.

B. verlangte nunmehr von A., nach erfolgter Kündigung, Zahlung auf Höhe der gedachten Forderungen.

A. entgegnete, daß nach dem Thatbestande doch nur von der Verkaufsklage die Rede sein könne; dieser aber setze er die Einrede drohender Eviktion entgegen, indem ein Dritter inzwischen eine auf der Fabrik lastende Realforderung angemeldet habe, von der bei den früheren Kaufverhandlungen keine Rede gewesen.

Der klägerische Vertreter replizierte, daß er die Klage nicht aus dem Verkaufe, sondern aus der Cession angestellt habe.

Hiernach ist Entscheidung mit Gründen auszuarbeiten.

8. Am 9. April 1885 entlieh Konrad Zinßer von der Sparkasse Groß-Felda die Summe von 1500 ℳ mit Zinsen zu 5 % auf vierteljährliche Kündigung; in der Schuldverschreibung verbürgte sich für ihn sein Bruder Heinrich Zinßer. Noch ehe die Forderung gekündigt war, wurde gegen Konrad Zinßer Konkursverfahren eingeleitet, in welchem am 18. Mai 1887 ein Vergleich zu stande kam, worin es unter anderem hieß: Heinrich Zinßer übernimmt sämtliche Schulden, darunter auch jene Forderung der Sparkasse, gegen Übergabe des gesamten gemeinschuldnerischen Vermögens an ihn. Ein Zahlungsziel wurde für die Sparkasse nicht bestimmt. Am 4. September 1887 wurde der Vergleich gerichtlich bestätigt und das Vermögen dem Heinrich Zinßer überwiesen, auch die Immobilien am 22. Juli 1888 auf ihn überschrieben.

Am 31. Dezember 1887 hatte die Sparkasse dem Heinrich Zinßer das Kapital gekündigt; da er nicht zahlte, erhob sie am 9. September 1888 Klage.

Beklagter beantragt Abweisung der Klage. Aus der alten Schuld könne nicht mehr geklagt werden, weil der Bürge nur accessorisch hafte, die Schuld des Konrad Zinßer aber durch die Übernahme derselben seitens des Beklagten nicht mehr bestehe; denn nach richtiger herrschender Ansicht scheide bei der Schuldübernahme der alte Schuldner aus und werde also der Bürge befreit. Aus dem Vergleiche wiederum sei die Klage verfrüht; aus diesem sei Beklagter erst vom 22. Juli 1888 an haftbar gewesen, da es sich um gegenseitigen Vertrag dabei gehandelt habe und vor der Erfüllung ihrerseits die Gläubiger gegen ihn nicht vorgehen könnten; erst von da ab hätte die Sparkasse kündigen können, was sie nun bis zum jetzigen Zeitpunkte überhaupt noch nicht gethan.

Wie ist daraufhin zu erkennen?

9. A. nimmt von der Bank X. ein Darlehn von 10000 ℳ auf, mit der Bedingung, daß jedes Jahr außer den Zinsen 1000 ℳ zurückbezahlt werden sollen; wird nicht pünktlich bezahlt, so kann das ganze Kapital gekündigt werden. Er verpfändet sein Haus, und es verbürgt sich der B. selbstschuldnerisch und unter Verzicht auf die Einrede der Vorausklage und der Abtretung der Klage. Dem B. gegenüber tritt der C. als Rückbürge für 5000 ℳ ein.

A. verkauft nun nach einem Jahre sein Haus an die Fabrik Z. für 10000 ℳ, mit der Bedingung, daß der Kaufpreis so getilgt werden soll, daß Z. die Schuld des A. als persönliche Schuldnerin übernimmt und A. völlig befreit werden soll. Der X. wird das angezeigt, und Z. ersucht sie, einen Teil des Grundstückes pfandfrei verkaufen zu dürfen, was X. auch genehmigt.

Die Ratenzahlungen bleiben aber aus, und X. kündigt deshalb der Z. das Kapital, bewilligt ihr aber noch eine Frist. Diese verstreicht, und es zeigt sich, daß Z. insolvent ist. X. tritt gegen B. auf und erwirkt dessen Verurteilung. Nun klagt B. gegen C. auf 5000 ℳ.

C. entgegnet: B. habe gar nicht zu zahlen brauchen, da sein Hauptschuldner, der A., ja ausgeschieden sei; jedenfalls möge er nun an diesen gehen. Worauf B. repliziert, daß er nach den Grundsätzen des heutigen Pandektenrechtes über Schuldübernahme allerdings bedingungslos gehaftet hätte; auch auf seinen, oben angegebenen, Verzicht verweist.

Es ist Urteil mit Entscheidungsgründen abzufassen.

LXIII.

1. Eckhold entnimmt von Borchholten zu Fritzlar ein Darlehn von 409 ℳ, rückzahlbar mit Zinsen in drei Monaten. Nach Verlauf dieser Frist treffen beide auf einem Jahrmarkte zu Fulda zusammen, und Eckhold will hier das Darlehn zurückzahlen. Da aber Borchholten die Annahme des Geldes bei dieser Gelegenheit weigert, so deponiert jener das Geld gerichtlich; durch Unterschleif eines Beamten kommt dasselbe abhanden.

Borchholten fordert nun von Eckhold Zahlung, worauf dieser die Einrede der Tilgung vorbringt.

Wer ist im Rechte?

2. Ein Erbe, der einem Vermächtnisnehmer laut Testament

eine bestimmte Erbschaftssache zu liefern hat, sendet ihm dieselbe durch einen Fuhrmann, dessen Wagen unterwegs durch Zufall umstürzt, so daß jene Sache ruiniert ist.

Wer hat den Schaden zu tragen?

3. Die Firma Windesheim in Halle a. S. offerierte an Fehrer in Eberstadt mittels Schreibens vom 12. November nach beigeschlossener Probe Nr. 0 500 Centner Chevaliergerste zu näher bestimmten Preise „ab Halle, gegen Cassa, Säcke franco retour."

Fehrer acceptierte am 15. dess. M. dieses Angebot „ab dorten, gegen Cassa, an seine Adresse, Station Eberstadt abladbar", und ersuchte zugleich die Firma Windesheim, den Versandt in zwei Waggons mit Unterbrechung von drei bis vier Tagen bewerkstelligen zu lassen.

Darauf antwortete Windesheim am 16.: „Wir nehmen die uns beorderten 500 Centner Gerste ab hier, per Cassa, bestens für Sie in Nota; mit Verladung werden wir laut Aufgabe vorgehen."

a) Welches ist der rechte Erfüllungsort, und zwar einmal für die Ware, sodann für die Geldzahlung?

b) In welchem Augenblick gehen im Falle der Effektuierung Besitz und Eigentum auf den Käufer über?

c) Wann wird das Kaufgeld fällig?

4. Wie steht es mit Gültigkeit und Fälligkeit von Leistungen, welche der Schuldner verspricht:

a) „sobald er dazu in der Lage sei"; — „nach Gelegenheit"; — „wie es ihm passe und in seinen Kräften stehe";

b) „gegen Ende Oktober";

c) „nach Möglichkeit in jährlichen Raten"; — „in beliebigen Jahreszielen"; — „nach und nach";

d) „nach dem Verkaufe des ererbten väterlichen Hauses"; — „wenn er, der Käufer, die erstandene Ware wird weiter verkauft haben";

e) „baldthunlichst"; — „sobald der Gläubiger das Geld brauche"; — „auf Verlangen des Gläubigers"?

5. Laut geschlossenen Vertrages sollte die Lieferung von 100 Centnern Rüböl spätestens am 30. Oktober geschehen. Die Wagen mit dem Öl kamen auch an diesem Tage, aber erst abends gegen 7 Uhr vor dem Hause des Bestellers an. Dieser verweigerte die Annahme, weil die Lieferung verspätet sei.

Mit Recht?

6. B. hat eine Urkunde ausgestellt, worin er anerkennt, dem X. 116 ℳ schuldig zu sein, „deren Bezahlung in monatlichen

Raten zu der Zeit und in der Art, welche noch bestimmt werden wird, erfolgen soll." X., welcher sich mit dieser Erklärung deshalb begnügte, weil B. an ihn eine Gegenforderung hatte, deren Höhe erst festgesetzt werden mußte, cediert die Forderung an A., welcher sie einklagt.

Wie ist im Falle der Bestreitung der Klage durch B. gerichtsseitig zu erkennen?

---

7. Der verstorbene Schulrektor Nicolai hinterläßt bei seinem Tode eine Schuld von nahezu 1200 ℳ bei dem Kaufmann Oberman. Die Witwe zahlt in kleinen Raten langsam ab. Als sie den letzten schuldigen Posten abführt und nun an Stelle der Abschlagsquittungen eine allgemeine Quittung verlangt, verspricht auch Oberman eine solche; allein er hält sie nachmals lange damit hin, unter dem Vorwande, weil er erst weiter nachsehen müsse, ob nicht, wie er zu vermuten Ursache habe, noch Posten rückständig wären.

Die Witwe Nicolai weiß aber zuverlässig, daß sie nichts mehr schuldig ist, und besorgt weniger bei ihrem Leben, als vielmehr nach ihrem Tode ungegründete Ansprüche. Dieser Besorgnis möchte sie gern zuvorkommen.

Wie kann sie solches auf rechtlichem Wege anfangen?

8. Henkel war als Steiggelderheber aus einer vorgenommenen Versteigerung der Witwe Necker 250 ℳ schuldig geblieben. Er erklärte sich zur Zahlung bereit, jedoch nur gegen eine von der Witwe Necker zu unterzeichnende Quittung. Diese verweigerte eine solche (aus welchem Grunde ist nicht ersichtlich), wollte vielmehr die Quittung nur von einem andern für sich unterzeichnen lassen. Da hiernach die Zahlung unterblieb, erhob die Witwe Necker Klage auf solche gegen Henkel. Derselbe entgegnete, daß er nur gegen ordnungsmäßige Quittung, deren Beglaubigung er sogar beanspruchen könne, zu zahlen schuldig sei.

Wie ist zu entscheiden?

9. Welche Rechtsfolgen knüpfen sich an nachstehende Vorkommnisse?

a) Ein Erblasser hatte bestimmt, daß sein Erbe eine bestimmte Pretiose von deren Eigentümer erwerben und sie nach seiner Wahl einem von zwei Freunden des Testators überlassen solle. Nachmals erwirbt der eine dieser Bedachten jene lange gewünschte Pretiose unmittelbar von dem Eigentümer derselben.

b) X. hat dem Y. versprochen, eine bestimmte Sache zu liefern; für den Fall, daß er diese Sache zu einer festgesetzten Zeit nicht liefern würde, ist eine Konventionalstrafe bedungen. X. kauft die von ihm an Y. zu leistende Sache von Z. Dieser liefert sie ihm aber nicht rechtzeitig, ungeachtet aller an ihn ergangenen Mahnungen; und X. entdeckt endlich, daß Z. den fraglichen Gegenstand an W. weiterbegeben hat. Um nun den Nachteil der Konventionalstrafe von sich abzuwenden, ist X. genötigt, die Sache zu einem hohen Preise von W. zu kaufen.

10. „Zahlung von Beträgen unter 20 *M* kann der Portoersparnis halber an meinen Leipziger Vertreter Herrn H. Hucke, Königstraße 2, geschehen; doch bitte ich, mir davon per Postkarte Anzeige zu machen.

H. Welter, Sortiment und Antiquariat, Paris, Rue Bonaparte 59."

a) Von welcher Rechtseinrichtung ist hier Gebrauch gemacht?

b) Welche Berechtigungen und Verpflichtungen ergeben sich für die einzelnen Beteiligten daraus?

c) In welcher Weise und in welchem Zeitpunkte wird die betreffende Schuld getilgt?

d) Steht die angegebene Beredung juristisch der Bemerkung gleich, die von Kohlengeschäften öfter auf ihre Rechnungen gesetzt wird: „Zahlungen an uns können auch in dem und dem Tabaksgeschäft geleistet werden"?

11. Wird in den folgenden Fällen die in Rede stehende Schuldforderung ordentlich getilgt?

a) R. verkauft eine Sache an den S. Dieser bleibt mit der Zahlung des Kaufgeldes in Rückstand und verkauft bald darauf jene Sache an den T. um den gleichen Preis. R. und T. kommen dahin überein, daß T. einfach an den R. zahlen soll; was auch geschieht.

b) Eine alleinstehende Dame hat eine größere Wohnung gemietet und verschiedene Zimmer im einzelnen wieder vermietet. Sie stirbt plötzlich, und der Hauseigentümer fordert und erhält von den Zimmermietern ihr fälliges Mietgeld, das er nun auf seine Forderung an den Nachlaß der Verstorbenen verrechnen will.

c) Ein Privatmann ist einem Weinproduzenten für erhaltene Weinlieferungen eine größere Summe schuldig geworden. Als er von dem Reisenden jenes wieder einmal behufs Empfangnahme von Aufträgen besucht wird, bezahlt er diesem den rückständigen Betrag gegen Quittung. Der Reisende liefert aber das Geld dem Weinproduzenten nicht ab.

12. Eine Seiltänzergesellschaft produziert sich auf dem Jahrmarkte in einer kleinen Stadt im Freien. Während sie in voller Thätigkeit ist, geht jemand mit einem Teller herum und sammelt Geld, — womit er sich aus dem Staube macht. Als der wirkliche Kassierer der Gesellschaft kam, hatten die Zuschauer alle schon bezahlt.

Quid iuris?

13. Bei einer Postanstalt erhebt ein Fremder postlagernde Wertbriefe, unter Vorzeigung einer gefälschten oder dem rechtmäßigen Besitzer entwendeten Paßkarte.

Oder: auf Grund einer ordnungsgemäß ausgestellten Vollmacht, welche inzwischen aber von dem Prinzipal widerrufen worden ist.

Ist die Post befreit?

14. In der Stadt Lauterbach haben verschiedene Gastwirte übereinstimmend die Einrichtung getroffen, daß sie zur bequemern Zahlungserledigung sogenannte Biermarken an die Gäste abgeben; diese müssen mindestens sieben Stück für eine Mark nehmen, haben dann aber ein Recht auf sieben Glas Bier zu je 15 ₰. Dabei haben die Wirte verabredet, daß in jeder Wirtschaft auch die Biermarken des andern in Zahlung genommen werden.

a) Wie ist die Abrede zwischen den Gastwirten rechtlich zu charakterisieren?

b) Welches ist das Rechtsverhältnis des Biermarken verkaufenden Wirtes zu dem kaufenden Gaste?

c) Haben die Käufer von Marken des einen Wirtes gegen den andern Wirt unmittelbar Ansprüche?

d) Was liegt juristisch vor, wenn in der einen Wirtschaft mit Marken des andern Gastwirtes bezahlt wird?

e) Wenn der eine Wirt in Konkurs fällt: müssen die anderen noch weiter Marken des jetzigen Gemeinschuldners annehmen? Können sie, wenn sie solche angenommen haben, als Konkursgläubiger auftreten?

15. Ein in Geldnot geratener Grundeigentümer verkauft sein mit Hypotheken belastetes Grundstück. Der Käufer bezahlt die hypothekarischen Gläubiger und liefert einen geringen Überschuß an den Verkäufer ab.

Nach einiger Zeit macht der Käufer den geschehenen Kauf unter Durchführung der Wandlungsklage rückgängig. Er verlangt nun von den damals von ihm abgefundenen Gläubigern die gezahlte Summe heraus, wird aber auf dahin erhobene Klage von dem Gerichte nach Antrag der Beklagten abgewiesen.

Welche Erwägungen haben wohl das Gericht zu seinem Urteile bestimmt? Sind dieselben vollständig durchschlagend, oder kann dem Abgewiesenen Verfolgung eines Rechtsmittels angeraten werden? Würde es sich vielleicht empfehlen, wenn er mit dem dazu bereiten Verkäufer des Grundstücks gemeinschaftlich gegen die befriedigten Gläubiger vorginge?

16. „*Abschied deß Reichs-Tags, Zu Regenspurg Anno 1654. auffgericht,* §§ 170—172:

„Nachdeme auch in dem Frieden-Schluß versehen, daß bey gegenwärtigem Reichs-Tag auf billige Wege und Mittel gedacht werden solte, wie denjenigen Schuldnern, welche durch den Krieg ins Verderben kommen, dergestalt geholffen würde, damit aus denen zwischen ihnen und den Gläubigern einkommenen Klagen und Strittigkeiten nicht neue gefährliche Unruhe und Weiterung im Reiche entstehen möchten, . . . Setzen demnach, ordnen und wollen . . .

So viel nun die *Capitalia* anlangt, . . . von den *Creditoribus* die sonsten auffkündlichen *Capitalia* vor drei Jahren *a dato* dieses Reichs-Abschieds nicht aufgekündigt werden sollen. Falls aber ein *Creditor,* nach Verfließung erstgemeldter drey Jahren solche Auffkündigung thäte, soll dem *Debitori* in den nächst darauff folgenden siebenden Jahren frey stehen und zugelassen seyn . . . auf den Fall er bey diesen Geld-klemmen Zeiten keine baare Mittel hätte, noch erlangen könte, durch Dargebung anderer beweg- und unbeweglicher Güther, an statt baarer Bezahlung (jedoch daß dem *Creditori* die Wahl nach Besag gemeiner Rechten frey stehe) auff derselben vorhergehende, zwischen den vorigen und gegenwärtigen Zeiten auf das Mittel gestellte billiche Schatzung abzulegen, der *Creditor* aber solche anzunehmen schuldig seyn."

Von welchem Rechtsinstitut ist hier die Rede? Findet sich dasselbe bereits im römischen Rechte? Was gelten „nach Besag gemeiner Rechten" über es noch für Besonderheiten?

17. Ein Bauer kann eine fällige Darlehnsschuld nicht bezahlen. Er bietet seinem Gläubiger an, daß dieser statt dessen ein Schwein annehmen solle; derselbe ist einverstanden.

a) Ist dadurch die Darlehnsschuld getilgt?

b) Wie ist es, wenn das Schwein dreimal soviel wert ist, als der Schuldbetrag?

c) Welche Rechtsfolgen treten ein, wenn das Schwein gar nicht dem Bauer zu Eigentum gehört hat?

18. Wie sind die kommenden Beredungen juristisch zu charakterisieren?

a) Ein Darlehnsschuldner zahlt seinem Gläubiger die fälligen Summen in Banknoten aus.
b) Die Reichsbank nimmt bei Geldeinzahlungen Noten von Privatbanken nicht an; man verfügt sich daher zu einem benachbarten Geldwechsler und erhält von diesem gegen die Noten Goldmünzen oder Reichskassenscheine.
c) „Bei Einkäufen von vier Mark nehme eine Annonce mit (25 Pfennig) in Zahlung. G. Ohm, Schuhwarenlager."
d) Ein Schuldner hat Wechsel über 1000 ℳ zu bezahlen. Er kommt mit seinem Gläubiger überein, daß dieser Sachen des Schuldners für 300 ℳ abnimmt, mit der Befugnis, das rückständige Kaufgeld auf die Wechselschuld anzurechnen.

---

19. Eine verkaufte Sache war vertragsmäßig am 29. Juni zu liefern; der Tag verstrich aber, ohne daß der Verkäufer seiner Verpflichtung nachgekommen wäre. Er wurde deshalb am folgenden Tage gemahnt. Als auch dieses fruchtlos blieb, so wiederholte der Käufer am 2. Juli die Mahnung, mit der Aufforderung, binnen drei Tagen spätestens zu erfüllen, was wiederum nicht geschah.

Nun klagt der Käufer auf Schadensersatz und Verzugszinsen. Der Beklagte wendet ein, daß er sich noch nicht *in mora* befinde; da nach der eigenen Angabe des Klägers die Lieferfrist bis zum 5. Juli erstreckt worden sei, so hätte, um Verzug herbeizuführen, nach diesem Tage noch einmal gemahnt werden müssen, was nicht geschehen sei.

Wie ist zu erkennen?

20. Ende August und Anfang September 1892 wurde an der hamburgischen Grenze wegen der in Hamburg herrschenden Cholera der Verkehr mit vielen Waren inhibiert. Namentlich wurden die Gemüsehändler in Altona und den Nachbarorten davon hart betroffen; sie verlangten deshalb von den hamburgischen Lieferanten Ersatz.

a) Ist dieser Anspruch rechtlich begründet? Welcher Rechtsgrundsatz kommt in Frage und zur Anwendung?
b) Steht der Fall demjenigen gleich, da jemand Geld zu einer Spekulation aufnimmt, inzwischen aber unverschuldeterweise bestohlen wird und deshalb an dem betreffenden Zahlungstage

nicht leisten kann, sondern sich erst nach einiger Zeit die Mittel dazu zu verschaffen vermag?

21. Leitzmann verkauft sein an Motsch vermietetes Haus mit Zubehör und mehreren Gerätschaften dem Greifenclau mittels Vertrages vom 7. April 1885, und zwar nach § 1 in dem Zustande, „worin sich alles jetzt befindet". Im § 2 heißt es: „Die Übergabe des Hauses mit Zubehör geschieht am nächsten Michaelistermin, frei von jeglichem Besitz."

Dem Mieter Motsch wird nunmehr von Leitzmann zur Räumung auf Michaelis 1885 gekündigt. Beide kommen aber in einen weitläufigen Prozeß, infolge dessen die Räumung erst einige Zeit nach dem genannten Termine durch gerichtlichen Zwang bewirkt wird.

Nun klagt Greifenclau gegen Leitzmann auf Schadensersatz: einmal wegen verschiedener Beschädigungen, welche Motsch in der letzten Zeit dem Hause zugefügt, sodann wegen verspäteter Vertragserfüllung. Leitzmann entgegnet, daß er an beidem schuldlos sei, und der Käufer nach dem Vertragsschlusse ja die Gefahr trage.

Welche Entscheidung ist abzugeben?

22. In einem Pachtvertrage hatte der Verpachter A. dem Pachter B. „in feierlichster Weise die Grundbedingung des Vertrages" auferlegt, daß wenn B. mit einer Rate ganz oder teilweise dreißig Tage nach der Verfallzeit im Rückstande bleibe, A. das Recht haben solle, den Vertrag vom nächstfolgenden 29. September an für aufgehoben zu erklären. Nun hatte B. am 31. Dezember 1886 eine Pachtzinsrate abzuführen; da indessen Ende Januar 1887 ein so heftiger Schneefall war, daß selbst auf der Poststraße der Verkehr unterbrochen wurde, auch B. zu jener Zeit kränklich war, fand er sich erst am 3. Februar 1887 bei dem in einem andern Orte wohnhaften Bevollmächtigten des A. ein, bezahlte und erhielt von diesem eine einfache, keinen Vorbehalt aussprechende Quittung.

A. klagt jedoch später auf Aufhebung des Vertrages, deren Berechtigung unter den vorgelegten Umständen B. bestreitet.

Wer ist im Rechte?

23. Im Oktober 1890 verkaufte der Gutsbesitzer Jost an den Gutsbesitzer Frohmann 10 Tonnen (Tonne = 20 Centner) Saatroggen zu 180 *M*, zu liefern ultimo August 1891.

Jost lieferte bis zum 1. September 1891 nicht und wurde deshalb von Frohmann auf Schadensersatz in Anspruch genommen. Zufolge einer überaus schlechten Roggenernte war der Preis des

Roggens vom Juli 1891 an stetig gestiegen und hatte im Anfange des September 1891 seinen höchsten Preisstand mit 250 ℳ die Tonne erreicht.

Später unter dem Einflusse des verminderten Zollsatzes von 5 ℳ auf $3^1/_2$ ℳ pro 100 Kilogramm und einer in Aussicht stehenden vorzüglichen Roggenernte begann der Preis für Roggen herunterzugehen und erreichte im August 1892 eine Höhe von 130 ℳ.

Wenn jetzt Frohmann auf endliche Erledigung des Handels dringt: was kann er rücksichtlich des ihm zukommenden Ersatzanspruches rechtlich verlangen?

24. In einem Darlehnsvertrage war verabredet, daß die Zinsen zu bestimmter Frist bezahlt werden müßten, widrigenfalls das Kapital sofort und ohne Kündigung fällig werde. Jene Bedingung trat nun ein; der Gläubiger aber nahm nachträglich die Zinsen ohne Vorbehalt an.

Wie steht es nun mit der Fälligkeit des Kapitales?

25. V. hat an K. eine Halde Kies verkauft, mit der Bedingung, daß K. selbige binnen Jahresfrist abfahren solle. K. hat bezahlt, macht aber keine Anstalt, die Abfuhr vorzunehmen.

Was hat nun V. für einen klagbaren Anspruch gegen K.?

26. Ein Privatmann hat von der städtischen Gasanstalt 30 Centner Cokes bestellt. Nachmals wird er andern Sinnes und verweigert bei der Zusendung des Cokes die Annahme. Hierauf hat der Führer des Wagens, welcher zur Ausführung anderer Bestellungen das Fuhrwerk notwendig brauchte, die Kohlen kurzerhand vor dem Hause jenes abladen lassen. Nun ist der größte Teil abhanden gekommen.

Rechtliche Folge?

27. Nach einem Kaufvertrage vom 18. Februar 1889 sollte das rückständige Kaufgeld in sechs Jahresraten von 1889—1894 abgetragen und mit 5 % verzinst werden. Am 19. November 1890 kündigte der Käufer den ganzen Rest und bot sofortige Zahlung mit Zinsen bis zum 19. Februar 1891 an. Nach anfänglicher Weigerung nahm der Verkäufer am 3. August 1891 diese angebotene Zahlung von Kapital und Zinsen an, behielt sich jedoch alle weiteren Ansprüche, die ihm aus dem angeführten Kaufkontrakte zukämen, vor.

Der Käufer stellt darauf Klage gegen ihn an, mit dem Antrage auf Feststellung, daß er dem Beklagten nichts mehr schuldig sei. Dieser bestreitet die Befugnis des Klägers, das Kapital zu kündigen; er, der Verkäufer, müsse deshalb weiterhin Zinsen bis zum 19. Februar 1894, jedenfalls aber doch bis zum 3. August 1891 beanspruchen.

Urteil mit Gründen.

LXIV.

1. Ein Studierender, der mit seinem Vermieter in Differenzen gekommen war, verließ mit Ablauf des Monates, für den er gemietet hatte, die innegehabte Wohnung. Am Morgen des Auszuges rechnete er mit der Frau des Vermieters mündlich ab, bezahlte ihr die berechnete Summe und fragte dabei: „Sind Sie nun auch vollständig abgefunden, und haben nichts mehr zu fordern?" Worauf jene antwortete: „Es ist alles bezahlt."

Nachmals aber entdeckt der Vermieter, daß er Porto und Frachtgeld für den damaligen Mieter ausgelegt und bei der Abrechnung nicht berücksichtigt hatte.

Kann er jetzt noch etwas nachfordern, oder ist die ganze Angelegenheit ein für allemal erledigt?

2. Aus verschiedenen Verkäufen und Darlehen hatte G. von S. 1200 *M* zu fordern. Er tritt diese Forderung dem C. ab; dieser zahlt 900 *M* bar, läßt sich jedoch, um seitens des S. die exceptio ex lege Anastasiana zu vermeiden, eine Quittung ausstellen, in welcher G. bekennt, die volle Summe von 1200 *M* richtig erhalten zu haben.

Unter Vortrag dieses Thatbestandes verlangt G. späterhin Nachzahlung von 300 *M*.

Ist diese Forderung rechtlich begründet?

3. A. verklagt den B. auf Zahlung einer Schuld von 15000 *M*; B. wendet ein, daß ihm A. die Schuld unentgeltlich mündlich erlassen habe. A. erwidert, daß dieses formlose Schenkungsversprechen einer so großen Summe nicht rechtsgültig sei.

Quid iuris?

4. Ein überschuldeter Handwerker bot seinen Gläubigern zur Vermeidung des Konkurses einen Vergleich an, nach welchem er 80 Prozent der Forderungen bar bezahlen, der Rest ihm erlassen sein sollte. Da durch die Eröffnung und Durchführung des Konkurses sicherlich weniger zu erlangen war, so gingen alle Gläubiger auf jenen Vorschlag ein.

Unter den Gläubigern befand sich auch einer, dem für sein Guthaben der Schwager jenes Handwerkers sich verbürgt hatte.

Kann der erwähnte Gläubiger diesen Bürgen wegen der ausgefallenen 20 Prozent mit Recht in Anspruch nehmen?

5. Bei der kaufsweisen Abtretung einer Geldforderung hatte der seitherige Gläubiger für die Einbringlichkeit der Forderung Gewähr geleistet. Allein der Drittschuldner erwies sich als insolvent; es wurde Konkurs eröffnet, der Cessionar meldete seine Forderung an und erhielt, da der Konkurs durch Zwangsvergleich geschlossen wurde, einen geringen Teil der Forderung bezahlt.

Es fragt sich nun, ob er einen Rückgriff gegen den Cedenten nehmen kann, obgleich er im Konkursverfahren für Eingehung des Zwangsvergleiches gestimmt hat?

6. Aus der offenen Handelsgesellschaft Eulau, Irmin und Schreck war der Erstgenannte ausgeschieden. Er ließ den auf eine bestimmte Summe festgesetzten Betrag seines Gesellschaftsanteiles gemäß dem Auseinandersetzungsvertrage auf Abzahlung in jährlichen Raten bei der Gesellschaft stehen; und es erklärten Irmin und Schreck neben der Verhaftung der Gesellschaft für diese Schuld auch ausdrücklich ihre persönliche solidarische Haftbarkeit, und zwar auch für die Zeit nach ihrem etwaigen Austritte aus der Gesellschaft und nach deren Liquidation.

Nach einiger Zeit trat auch Schreck freiwillig aus, so daß das Geschäft mit Aktiven und Passiven in das Alleineigentum des Irmin überging. In dem dies ausdrücklich aussprechenden Auseinandersetzungsvertrage zwischen Irmin und Schreck wurde bestimmt: „Der Ausscheidende wird von allen Verbindlichkeiten befreit, die er durch den Vertrag mit Eulau eingegangen ist. Herr Irmin übernimmt diese Verbindlichkeiten mit Wirkung vom ersten des kommenden Monates."

Irmin macht dem Eulau von allem diesem Mitteilung und erhält zur Antwort, daß Eulau damit einverstanden sei.

Als jedoch später über Irmin Konkurs erkannt wird, so geht Eulau wegen seiner rückständigen Forderung gegen den Schreck vor und erklärt seine damalige dem Irmin mitgeteilte Zustimmung, von der Schreck bis jetzt noch gar nichts erfahren, hier für ganz gleichgültig.

Schreck befragt einen Juristen; dieser meint, daß wegen l. 91 D. de solutionibus et liberationibus (46, 3) Eulau nichts mehr von ihm fordern könne.

Liegt die Sache so einfach? Welche juristischen Erwägungen sind anzustellen, und welche muß sich als durchschlagend erweisen?

LXV.

1. A. hat dem B. ein unverzinsliches Darlehn von 300 ℳ gewährt, bald darauf aber eines Abends gegen 400 ℳ im Spiele an B. verloren, ohne diese Summe an dem Spielabend bar bezahlen zu können.

a) Wie steht es nunmehr mit den beiden Forderungen? Kann A. das Darlehn von B. einklagen?

b) Ist es von rechtlichem Interesse, daß an dem fraglichen Abende B. zu A. gesagt hat: „Nun sind wir quitt, wir wollen das Verlorene gegen mein Darlehn aufrechnen," und daß darauf A. geantwortet hat, daß er damit einverstanden sei? Wie stände es, wenn A. auf jene Bemerkung gar nichts geantwortet hätte?

c) Der eben erwähnte Vorfall hat sich in Halle a. S. ereignet. Übt die bekannte Bestimmung des preußischen A. L. R. betreffs der gesetzlichen Form von Vertragsschlüssen hier einen juristischen Einfluß aus?

2. Am 2. März 1892 wurde dem Kaufmann Walter eine Klage des Händlers Friedemann zugestellt folgenden Inhaltes: Beklagter schulde dem Juwelier Bornemann für gelieferte Schmucksachen 1000 ℳ und habe dafür seinen Flügel verpfändet. Diese Forderung habe Bornemann ihm, dem Kläger, dem er Geld schuldig gewesen sei, an Zahlungsstatt durch Vertrag vom 28. Januar l. J. abgetreten; dem Beklagten habe er davon am 5. Februar Mitteilung gemacht. Da Beklagter gutwillig nicht zahle, so bitte er denselben zu verurteilen, das verpfändete Instrument zum Zwecke des Verkaufs herauszugeben.

Beklagter macht folgende Gegenforderungen compensando und reconveniendo geltend: Er habe gegen Bornemann drei Darlehnsforderungen von je 200 ℳ mit monatlicher Kündigung gehabt, von denen er je eine am 1. Dezember 1891, 1. Januar und 1. Februar 1892 gekündigt habe. Dem Kläger selbst habe er im vergangenen Dezember Kolonialwaren für 400 ℳ geliefert, wovon die Hälfte am 1. Januar, die zweite am 1. April 1892 bezahlt werden sollte.

a) Sind diese Einreden begründet?

b) Was wäre Rechtens, wenn Beklagter einfach die Klage bemängelt hätte, da Kläger sein Recht auf das Pfand nicht besonders dargethan, auch nicht von ihm erwiesen sei, daß er an den Cedenten den vollen Wert der Forderung als Kaufpreis erlegt habe?

3. Ein Handwerksmeister hat gegen einen Gastwirt eine Forderung von 100 *M*, deren Bezahlung er von dem Schuldner gutwillig nicht erlangen kann. Eines Tages schickt er seinen Altgesellen nebst den übrigen Gesellen und Lehrlingen zu dem Wirte und giebt diesen Anweisung, daß sie sich ordentlich auftragen lassen und auf seine, des Meisters, Kosten zechen sollten. Dieses geschieht. Am Schlusse zieht der Altgeselle die von dem Meister quittierte Rechnung heraus und überreicht sie dem verdutzten Wirte.

Wie ist dieser Vorgang rechtlich aufzufassen? Und was ergiebt sich daraus hinsichtlich der Zulässigkeit des von dem Handwerksmeister eingeschlagenen Verfahrens?

4. G. cediert eine Forderung gegen den S. an den H., welcher nach einiger Zeit sie an den J. käuflich abtritt. Als dieser von dem S. Bezahlung fordert, erklärt S., daß er gegen den H. eine Geldforderung selber habe und mit dieser nunmehr wettschlage.

Wie ist dies juristisch zu beurteilen?

5. Ein Miterbe X. verkauft seinen Erbanteil an den Y. Zum Zwecke der Erbteilung werden die geerbten Grundstücke öffentlich versteigert, und Z., ein Gläubiger des X., ersteht sie. Bei der Auseinandersetzung unter den Miterben wird dem Y. die Kaufgeldforderung gegen den Z. zugewiesen. Nun will dieser letztere mit seiner Forderung gegen den X., den Rechtsvorgänger des Y., aufrechnen.

Ist er hierzu berechtigt?

6. Einer Bank wird Geld geschickt, um es einem Privatmann auszuhändigen. Da sie gegen den letztern selbst eine fällige Forderung hat, so behält sie einfach das Geld und setzt ihren Schuldner hiervon in Kenntnis.

Ist dieses ohne weiteres zulässig?

7. Zwischen dem Testamentsexekutor des verstorbenen Thomas Abercromby und dem Meier Bendheim war über verschiedene streitige Rechtsverhältnisse, insbesondere einen von dem letztgenannten zu bezahlenden Hauskaufschilling, ein Vertrag abgeschlossen worden, in dem u. a. bestimmt war: „Der Testamentsvollstrecker bezahlt . . (es folgen drei Forderungen im Gesamtbetrage von 7300 *M*)“. „Auf den Kaufschilling dürfen nur obige

7300 ℳ und auch diese nur auf die letzte Zahlung aufgerechnet werden."

Als der Testamentsvollstrecker nun den Restkaufschilling von 15 000 ℳ einklagte, wollte Meier Bendheim mit einer Forderung von 800 Pfund Sterling aufrechnen, die er von einem Gläubiger des Thomas Abercromby inzwischen erworben hatte; wogegen der Testamentsexekutor sich auf den obigen Vertrag berief, woraus die Unzulässigkeit der Kompensationseinrede sich ergäbe.

Wie ist zu entscheiden?

---

8. Auf dem Anwesen des F. ist für eine Kaufgeldforderung des G. eine Hypothek eingetragen. Letzterer stirbt und wird von H. beerbt, der seinerseits ein Darlehnsschuldner des F. ist.

Der F. möchte nun gern die Hypothek gelöscht sehen; welche Wege Rechtens kann er einschlagen?

9. Ein Schuldner bietet dem Gläubiger Erfüllung an. Dieser aber verweigert die Annahme, indem er von einer Verpflichtung gleicher Art gegen den offerierenden Schuldner gern befreit sein will.

Welche Rechtswirkungen treten ein?

10. A. ist Gläubiger des B. zufolge Darlehnsvertrages vom 2. Februar 1891 auf 600 ℳ; das Darlehn soll zu 5% verzinst und mit den Zinsen nach anderthalb Jahren zurückgezahlt werden; bei nicht pünktlicher Zahlung tritt eine Konventionalstrafe von monatlich 10 ℳ ein.

Am 2. Mai 1892 beerbt B. den C., welchem der A. aus Verkäufen noch 300 ℳ schuldet. Der A. erfährt von diesem Erwerbe zunächst nichts.

Es fragt sich nun, wie es mit der Forderung des A. nach Kapital, Zinsen und Konventionalstrafe weiter sich verhalte, wenn:

a) die Forderung des C. gegen den A. gleichfalls mit 5% verzinst werden sollte?

b) dieselbe unverzinslich war?

11. Die Gewerbebank G. hat gegen den Schneidermeister S. eine Forderung von 18000 ℳ, von dieser Summe aber einstweilen, um vorerst allzu hohe Prozeßkosten zu vermeiden, 600 ℳ eingeklagt. S. macht geltend, daß ihm sein Schwiegersohn ein Guthaben von 900 ℳ gegen die Gewerbebank cediert habe, womit er bis zur Höhe der eingeklagten Forderung kompensiere.

Es sind nun augenscheinlich folgende Möglichkeiten vorhanden:

a) Die Klage wird lediglich wegen der geschehenen Aufrechnung abgewiesen;
b) Klägerin holt aus ihrem Restguthaben soviel Hilfe, daß damit die Gegenforderung des Beklagten wieder eliminiert wird;
c) es findet eine replicatio compensationis in der Art statt, daß damit die ganze Restschuld jetzt in Aktion tritt und der Beklagte zu der Zahlung der Gesamtsumme, abzüglich seiner Gegenforderung, verurteilt wird.

Für welche dieser Möglichkeiten hat sich das angegangene Gericht zutreffenderweise zu entscheiden?

12. Der Buchbindermeister Sandhäuser fordert von dem Lehrer Roberts durch Klage vor dem Amtsgerichte 116 *M* für gelieferte Buchbinderarbeiten aus den letzten zwei Jahren in einer mehrere Posten umfassenden Rechnung, deren Preisansetzung als verabredet, auch sachentsprechend und für dergleichen Arbeiten dort üblich bezeichnet wird. Roberts hat gegen die Rechnung als solche sachlich nichts einzuwenden; er bringt aber folgende Gegenforderung vor. Vor längerer Zeit habe er seinen minderjährigen Sohn bei dem Kläger als Lehrling und dann als Geselle gegen verabredeten Lohn in Arbeit gegeben; aus diesem vor 3 Jahren gelösten Dienstverhältnis schulde ihm Sandhäuser noch 120 *M*, mit denen er wettschlage.

Der Kläger entgegnet: Da der Beklagte die ihm angeforderte Rechnung als richtig anerkannt habe, so müsse er auch zunächst zur Zahlung derselben verurteilt werden; er könne seinen Anspruch dann in einem zweiten Prozeß geltend machen. Freilich werde er damit kein Glück haben, denn er, Sandhäuser, besitze verschiedene Gegenforderungen, auf die er sich jetzt schon berufe: Vor allem habe der Sohn des Beklagten, als er noch Geselle war, durch lüderliche Besorgung verschiedener ihm aufgetragener Arbeiten dem Kläger einen Schaden von 15 *M* zugefügt, den sein Vater ersetzen müsse, da er beim Antritt des Dienstes solches vertragsmäßig übernommen habe. Sodann habe er an Roberts vor mehr als 2 Jahren als bares Darlehn 25 *M* gewährt und wegen 60 *M*, die Roberts bei einem Dritten aufgenommen, als selbstschuldnerischer Bürge gutgesagt; gestern sei er von dem Gläubiger in Anspruch genommen worden; er habe bezahlt und bringe die erwähnte Summe, da er nur auf besonderes Bitten und im Auftrage des Roberts eingesprungen wäre, nunmehr zur Verrechnung. Endlich sei ihm von einem Vetter des Beklagten, dem der Letztgenannte an Kaufgeld aus Viehhandel gerade am Tage jetzigen Klagerhebung noch noch 240 ℳ schulde, der Betrag von 20 ℳ abgetreten worden.

Dagegen bringt nun der Lehrer vor, daß der Kläger sich nach dem Gesetze eine Kompensation unbedingt, und ohne wieder mit Gegenforderungen zu kommen, gefallen lassen müsse; übrigens sei ihm der cedierende Verwandte aus Erbteilung selbst noch 100 ℳ schuldig, und an dem Kaufgelde würde er wegen Mängel der verkauften Kuh 10 ℳ dem Vetter in Abzug bringen.

Da die Parteien in der sehr erregten mündlichen Verhandlung weder zu einem Vergleiche zu bewegen, noch auch über die thatsächlichen Unterlagen in Übereinstimmung sind, so ordnet der Amtsrichter Beweiserhebung an, welche die Richtigkeit der oben von den Streitteilen jeweils aufgestellten Behauptungen ergiebt.

Es ist nun Urteil mit Entscheidungsgründen auszuarbeiten.

LXVI.

1. Wie sind folgende Thatbestände juristisch zu konstruieren? Und welche Rechtswirkungen kommen ihnen danach zu?

a) Eine Hypothek eines Ehemannes war verpfändet zur Sicherheit der von ihm übernommenen Verpflichtung, an seine geschiedene Ehefrau bis zu deren Lebensende eine jährliche Alimentensumme von 280 ℳ zu leisten und ihr außerdem dafür, daß sie die Erziehung und Unterhaltung der Kinder übernehme, monatlich 30 ℳ zu zahlen. Jetzt ist der Vater gestorben, und die Kinder sind seine Erben geworden.

b) Ein Landwirt besichtigt ein Pferd zum Zwecke etwaigen Ankaufes; während er es streichelt und klopft, schlägt dasselbe wider alle Erwartung und Gepflogenheit aus und trifft den Landwirt nicht unbedeutend am Schenkel. Trotzdem kauft er das Tier. Da am nächsten Tage die Schmerzen zunehmen, fordert er von dem vormaligen Eigentümer des Pferdes eine Entschädigung.

c) Eine Stadtgemeinde hat Schuldverschreibungen auf den Inhaber ausgegeben und davon eine größere Anzahl an der Börse freihändig zurückgekauft. Einen Teil davon will sie jetzt wieder ausgeben.

d) Nach Nov. 22 c. 23—26 verliert das parens binubus an die Kinder erster Ehe das lucrum nuptiale aus dieser. Als hierüber in einem konkreten Falle Prozeß geführt wurde, starb der Vater und hinterließ als Erben die zwei mit ihm seither prozessierenden Kinder erster und ein Kind zweiter Ehe.

e) Der Gläubiger einer offenen Handelsgesellschaft cediert seine Kaufgeldforderung wegen gelieferter Waren an den einen Gesellschafter, — entweder während Bestehens der Gesellschaft, oder ein Jahr nach Auflösung derselben.

2. A. hat von seinem Verwandten B. ein Darlehn aufgenommen. Er stirbt nicht lange nachher, und es werden seine Erben B. u. C.

Welche Gestaltung haben nun die betreffenden Rechtsverhältnisse gewonnen? Und wie erfolgt die Auseinandersetzung unter den Miterben?

3. S. hatte sein Haus nacheinander den Gläubigern G. und H. für Darlehen von je 30000 ℳ verpfändet. 1890 wurde das Haus zwangsweise versteigert und von H. für 60000 ℳ erstanden. Im folgenden Jahre cediert H. seine Forderung an den J. und verkauft dann das Haus an K.

Welche Rechtsverhältnisse liegen nunmehr vor?

4. Eilhard hatte die erste Hypothek auf das Gut Drießen von dessen Eigentümern, dem Gmelin und seiner Mutter, bestellt erhalten. 1884 wurde dieses Gut versteigert, unter der Bedingung, daß der Steigerer die Hypothekarforderung des Eilhard zu übernehmen und der Mutter des Gmelin eine Leibrente zu bezahlen habe. Der Sohn Gmelin wurde Steigerer und erwarb 1891 durch Cession jene Hypothekarforderung des Eilhard.

Gmelin kommt jetzt in Streit mit seiner Mutter; diese fordert von ihm ihre Leibrente, während er ihr vorrechnet, daß seine von Eilhard ihm cedierte Forderung dem vorgehe, das Gut aber und dessen Einkünfte zu ihrer beider Befriedigung nicht ausreiche.

Es fragt sich: wie die beschriebenen thatsächlichen Vorgänge rechtlich zu charakterisieren sind, und was sich hieraus für die streitigen Ansprüche als maßgeblich ergiebt?

5. Ein Bauer schloß mit seinen fünf Kindern einen Schenkungs- und Verpflegungsvertrag, vermöge dessen er sein sämtliches bewegliches und unbewegliches Vermögen, mit Ausnahme einiger Auszugsstücke, seinen Kindern zur Verteilung untereinander übergab. Im folgenden Jahre belangte ihn einer seiner Söhne auf Abgewährung des mütterlichen Vermögens; wovon sich der alte Bauer infolge der Vermögensübergabe nunmehr für entbunden erachtete.

Wie war zu entscheiden?

6. Bei einem Juristen wird angefragt:

„Vor kurzem bin ich nach dem Tode meines Oheims Erbe von dessen Vermögen geworden, während die Witwe desselben an der Hinterlassenschaft lebenslängliche Verwaltung und Nutznießung hat. Nun hatte ich vor zehn Monaten meinem Oheim ein zu 4 % verzinsliches Darlehn von 4000 ℳ auf ein Jahr gewährt, betreffs dessen der ordnungsgemäß ausgestellte Schuldschein in meinen Händen sich befindet.

Kann ich nun nicht von der Witwe, welche doch als Nießbraucherin den Nachlaß besitzt, Bezahlung der rückständigen Zinsen, die halbjährlich bezahlt werden sollten, sowie der Kapitalsumme fordern? Muß dieselbe nicht einfach in die Obligation ihres verstorbenen Ehemannes eintreten? Oder kann ich auf entsprechende Teilung und Auseinandersetzung der Erbschaft klagen?“

7. Von drei Bürgen, welche sich gemeinsam für einen jetzt insolvent gewordenen Darlehnsschuldner unter Verzichtleistung auf die Rechtswohlthaten der Teilung, der Vorausklage und der zu cedierenden Klagen solidarisch verbürgt hatten, befriedigte auf erhobene Klage der eine den Hauptgläubiger und erhielt von diesem die ganze Darlehnsforderung samt Zinsen cediert. Von den beiden Mitbürgen ist der eine vollauf solvent, der andere in schlechten Vermögensverhältnissen.

Der erste fragt nun an, ob er gegen den wohlhabenden Mitbürgen einen Ersatzanspruch wegen der bezahlten Schuld mit Fug geltend machen könne, sei es auf das Ganze, auf ein oder zwei Drittel?

LXVII.

1. Welche Rechtsakte liegen in den kommenden Fragen vor? Und welche juristischen Konsequenzen knüpfen sich jeweils an dieselben?

a) Ein Beamter schuldete einen unverzinslichen Kaufgelderbetrag von 900 ℳ einem Weingutsbesitzer. Mittels notarieller Urkunde trat der letztere diese Forderung seiner Ehefrau ab. Der dabei zugezogene Schuldner erklärte in der Urkunde: „Ich, der Käufer, verspreche nun hiermit der Ehefrau meines seitherigen Gläubigers diese 900 ℳ gegen sechsmonatliche Kündigung zu zahlen und von heute ab mit 5 % verzinsen.“

b) Ein Drittschuldner, der von einer durch seinen Gläubiger vorgenommenen Cession zufällig erfährt, erkennt den Cessionar in einem von diesem unbeantwortet gelassenen Briefe als seinen nunmehrigen Gläubiger an.

c) Bei einer Vermögensübergabe unter Lebenden wurde der Übernehmer betreffs der Zahlung des ausbedungenen Entgeltes an den Gläubiger des Übergebers zur Zahlung verwiesen.

d) Drei Gemeinden haben an einem fiskalischen Walde eine Holzungsgerechtigkeit, deren Ausübung durch jene zu steten unerquicklichen Streitigkeiten Anlaß giebt. Es kommt endlich ein Vertrag zu stande, vermöge dessen jenes Recht in ein solches auf regelmäßigen Bezug eines bestimmten Holzdeputates verwandelt wird.

e) Der älteste Sohn, der das väterliche Gut übernommen, hatte vertragsmäßig die beiden jüngeren Geschwister mit Geld und Naturalien abzufinden. Nachdem teilweise Bezahlung erfolgt ist, so erklären sich die Empfänger damit einverstanden, daß ihnen in einem halben Jahre anstatt der Restleistungen gewisse Mobilien geliefert werden.

f) Ein dienendes Grundstück wird von einem darauf lastenden Wegerecht unter der Beredung befreit, daß jenes Recht auf ein anderes, dem Eigentümer des *praedium serviens* gehöriges Grundstück verlegt wird.

g) In den letzten Jahren sind häufig staatliche Schuldverschreibungen konvertiert worden. Der Fiskus macht alsdann von dem ihm zustehenden Kündigungsrechte Gebrauch und läßt den Inhabern der Obligationen die Wahl, ob sie Barzahlung zum Nominalwerte oder neue Schuldverschreibungen in gleicher Kapitalsumme, aber zu geringerem Zinsfuße, gegen ihre seitherigen eintauschen wollen. Häufig wird auch so verfahren, daß, im Falle der Kapitalist das letztere wählt, seine Obligationen einfach von der fiskalischen Behörde abgestempelt werden.

h) Ein Schuldner stellt seinem Gläubiger für die bestehende Schuld einen Wechsel aus; oder er sendet ihm einen Wechsel mit Indossament und dem Ersuchen, denselben „zur Gutschrift" zu empfangen; oder er acceptiert einen wegen seiner Schuld von dem Gläubiger auf ihn gezogenen Wechsel.

i) Als in der Mitte der fünfziger Jahre infolge der Entdeckung der kalifornischen Goldfelder ein massenhaftes Einströmen des Goldes und dadurch eine Verringerung des Goldagios gefürchtet wurde, so wurden zahlreich zu Darlehnsobligationen, die auf Gold lauteten, Nachtragsverträge aufgenommen, nach welchen nun der Gläubiger statt Gold Kurant zu einem gewissen Kurse des Goldes zu fordern hatte.

k) Es will jemand einem andern ein Geschenk machen und kommt mit ihm überein, daß sich dieser von einem Schuldner des Schenkers von der diesem geschuldeten Summe einen Teil versprechen lassen solle. Der Schuldner thut dies auch.

l) Landrecht der Grafschaft Sarbrük (1311). Das zweite Capitel. Der vierte Artikul:

Wie man Schuld zu andern Händen stellen, ufftragen und geben mag.

„Hette jemandts einige Schuld außen stahn, die man ihm bekanntlich vnd schuldig were zu bezalen, vnd wollte die Schuld einem andern geben oder zustellen, daß soll er thun mit Willen deß Schuldigerß, also daß der Schuldiger den andern Mann, dem der Vfftrag geschehen, der Schuld ingange vnd bekanntlich werde, vnd der Vfftrager soll den Schuldner quitt schelten von der Schuld, zu Nutz vnd Gebrauchunge desjenen, dem er sie vffgetragen hat, alßdann ist der Schuldiger die Schuld niemandts anders schuldig, denn deme sie vffgetragen, vnd dem er der also bekanntlich worden were."

m) In einem Ehe- und Erbvertrage hatte jemand seiner Ehefrau 30000 ℳ auf seinen frühern Todesfall verschrieben. Die Ehefrau übertrug mit Genehmigung ihres Ehemannes diese Forderung einem Dritten in der Art, daß der Ehemann sich zum Schuldner des Erwerbers bekannte und Verzinsung der angegebenen Summe versprach, zugleich mit der Abrede, daß dieselbe am 1. Januar 1894 bezahlt und bei unterbleibender Zinszahlung sofort fällig werden sollte.

n) Umschreibung einer Hypothek in landschaftliche Pfandbriefe.

Die „Landschaften" sind eine Schöpfung Friedrichs des Großen. Es sind Realkreditverbände von Grundbesitzern, mit dem Zwecke, den letzteren zu möglichst vorteilhaften Bedingungen Darlehen zu gewähren; die Mittel dazu verschaffen sie sich durch Ausgabe von Pfandbriefen, d. h. von Verschreibungen, die auf Grundlage der der Landschaft gegen ihre Schuldner zustehenden Hypothekenforderungen ausgegeben sind, und für welche ferner sämtliche zu der betreffenden Landschaft verbundenen Grundbesitzer entweder solidarisch haften (das ältere Prinzip) oder ausschließlich mit einem Sicherheitsfond Garantie leisten (ein bei den neueren Instituten oft vorkommender Fall).

Den Betrag eines gewünschten Darlehns empfängt ein Grundbesitzer nicht in bar, sondern in Pfandbriefen zum Nennwert, die dann von ihm weiter zu veräußern sind. Nun werden die Hypothekendarlehen von den Landschaften nur an erste Stelle gewährt; steht also eine Hypothek auf dem Gute, so muß diese abgelöst werden. Auf Grund vorheriger näherer Verabredung tritt alsdann der Hypothekengläubiger der Landschaft seine Hypothek ab, und diese liefert dem Grundbesitzer für die nun erhaltene erste Hypothek die Pfandbriefe, welche sie an den mit Spezialvollmacht des Schuldners zur Empfangnahme befugten seitherigen Hypothekengläubiger übergiebt.

2. Für den Rest einer Kaufgeldschuld hat sich jemand verbürgt. Die beiden Kontrahenten kommen überein, daß statt des Käufers, der in zerrütteten Vermögensverhältnissen lebt, ein Verwandter desselben als Schuldner eintreten solle, der damit einverstanden ist.

Was liegt hier vor? Bleibt der Bürge weiterhin verhaftet? Oder ein von einem Dritten seinerzeit für die Kaufschuld bestelltes Pfand?

3. A. verkaufte 1890 ein Grundstück an den B., welcher 1886 als Bürge für eine dem C. gegen A. zustehende Forderung eingetreten war, und wies 1891 den B. an, den Kaufpreis an den Gläubiger C. zu bezahlen. In der Kaufurkunde und der Anweisung wurde zugleich angegeben, daß der Verkauf und die Anweisung geschehen sei, um den Käufer B. wegen der erwähnten Bürgschaft zu decken. C. erklärte schriftlich dem hiervon Kenntnis nehmenden B., daß er unter Vorbehalt seiner ihm aus früheren Titeln zustehenden Rechte jene Anweisung annehme.

Nun tritt D., ein anderer Gläubiger des A., auf und will, da er sonst von A. keine Befriedigung bekommt, dessen Recht auf den Kaufpreis, welchen B. zu zahlen hat, pfänden lassen.

Ist dieses noch möglich?

4. Der Schuldner eines in zwei Jahren fälligen Darlehns stirbt und wird von seinem Bruder, einem Weinhändler, beerbt. Dieser kommt mit dem Gläubiger dahin überein, daß am Verfalltage anstatt des Geldes eine bestimmte Qualität und Quantität Wein geliefert werden soll.

a) Was ist juristisch gegeben?

b) Wie wäre es, wenn sich hinterher herausstellte, daß das vermeintlich noch ausstehende Darlehn von dem Erblasser schon bezahlt gewesen war?

5. Der Empfänger eines Schenkungsversprechens über 1000 ℳ, zahlbar in sechs Monaten, hat den Schenkgeber gebeten, jene Summe lieber dem Bruder des Beschenkten zuzuwenden. Der Schenker verspricht es nun dem letztern gegenüber, aber nur unter der Bedingung, daß er in jener genannten Frist eine in Aussicht stehende Erbschaft machen werde.

Welches ist die rechtliche Wirkung dieses letzten Abkommens?

6. Ein Gutspachter war gestorben und hatte mehrere Kinder als Erben hinterlassen, auf welche auch das Pachtverhältnis überging. Das Pachtgut wurde von einem derselben übernommen, und eine Zeit lang wurden von ihm die Verbindlichkeiten gegen den Verpachter pünktlich erfüllt. Später jedoch blieb er mit Pachtgeld im Rückstand, und es gab der Eigentümer einem Dritten Auftrag, den Säumigen zur Zahlung oder wenigstens zur Stellung einer größern Sicherheit für jene Pachtforderung zu veranlassen und den eingehenden Betrag zur Entlastung des Verpachters einem von dessen Gläubigern zu übermachen. Der Mandatar zieht nunmehr, um dem Auftrage nachzukommen, zu gunsten des letztgenannten Gläubigers auf den Pachter für den Betrag jenes Pachtrückstandes einen Wechsel, den er verkäuflich weiterbegiebt, der aber wegen Insolvenz des Pachters mit Protest zu dem Aussteller zurückkehrt.

Es werfen sich jetzt folgende Fragen auf:

a) Kann der Aussteller des Wechsels gegen den Verpachter einen Rückgriff nehmen, oder war ein novierendes Ausscheiden dieses durch die Wechselbegebung des Ausstellers dem Pachter gegenüber gegeben?

b) Können die anderen, eingangs erwähnten, Miterben jetzt noch in Anspruch genommen werden, oder ist deren Verpflichtung durch Novation untergegangen?

7. Nach mecklenburgischem Partikulargesetze haften die Erben aus Bürgschaftsschulden des Verstorbenen nicht. Trotzdem haben solche in dortigem Gebiete in einem Rechtsfalle eine derartige Bürgschaftsschuld anerkannt. Von dem Gläubiger belangt, berufen sie sich auf jenes Gesetz. Replik des Klägers: Die Bürgen hätten deshalb anerkannt, weil sie das als Bürgen schuldige Geld als Darlehn von jetzt ab hätten behalten sollen.

Dringt die Klage durch? Kommt etwas darauf an, ob in der anerkennenden Bürgschaftsurkunde etwas von der angeführten Darlehnsabsicht verlautbar war?

8. Zwischen einem Gläubiger und seinem Schuldner, für welchen ein Bürge eingetreten war, wird eine Abrechnung vorgenommen; dabei stellt sich ein Schuldrest zu ungunsten des Schuldners heraus. Dieser stellt nun hierüber eine neue Schuldverschreibung gegen Rückempfang der durchstrichenen ältern Schuldurkunde aus.

Wie steht es nunmehr rechtlich mit der Haftung des Bürgen?

9.* A. war dem B. aus Kaufgeschäften noch Geld schuldig. B. weist ihn an, einen Teil des Kaufpreises an C., den Gläubiger des B., zu zahlen. C. erklärt sich auf erhaltene Mitteilung damit einverstanden.

Nach einiger Zeit läßt sich C. von A. einen Schuldschein ausstellen, in dem A. bekennt, die fragliche Summe bar als Darlehn erhalten zu haben. Unter Übergabe dieses Scheins cediert C. sein Guthaben an D. Als dieser den A. auf Zahlung drängt, bringt A. die *exceptio quanti minoris* wegen erheblicher Mängel der ihm von B. verkauften Objekte vor.

Wie ist dieser Thatbestand juristisch zu konstruieren? Und welche Entscheidung ist danach zu treffen?

LXVIII.

1. Was für Rechtsgeschäfte sind in folgenden Thatbeständen gegeben? Und welche Verschiedenheit der Rechtsfolgen ist in den einzelnen Fällen vorhanden?

a) „Suche gute Wassermühle zu übernehmen, wenn außer Barzahlung ein gutrentierendes Hausgrundstück angenommen wird.“

b) Aus einer Klage: „Am 19. Mai vertauschte ich dem Beklagten ein Stutenpferd gegen ein Wallachpferd und eine von jenem zu zahlende Zugabe von 50 ℳ.“

c) „Gasthof wird zu kaufen gesucht, wenn ein Zinshaus in Zahlung genommen wird.“

d) „Restauration mit Grundstück zu kaufen gesucht, wenn Hypotheken als Anzahlung genommen werden.“

e) Kaufmännisches Barattogeschäft (s. g. „Troquieren“): Der Verkäufer von Waren beredet mit dem Empfänger derselben, daß er für alle dem letztern gelieferten Objekte seinerseits Waren dagegen nehmen wolle.

f) K. hat mit E. einen Vertrag geschlossen, wonach gegen eine bestimmte Summe E. sich verpflichtet, gewisse, individuell bestimmte Maschinen dem K. zu Eigentum zu überlassen, sowie deren Aufstellung und Montierung zu besorgen und den K. und dessen Personal im Gebrauche der Maschinen hinlänglich zu unterweisen.

g) A. und B. stehen derart miteinander in Geschäftsverbindung, daß ersterer von B. Harz kauft, während B. von A. den Abfall aus dessen Pechkocherei geliefert erhält.

h) M. übergiebt an N. ein Pferd zu Eigentum, mit der Beredung, — daß N. ihm ein bestimmtes anderes Pferd dafür liefere; — oder das nur zur Sicherheit eigentümlich hingegebene Pferd bei Zahlung der Schuld des M. an N. zurücktradiere; — oder eine bestimmte Summe Geldes leiste.

i) Ein Fuder Wein wird übergeben unter dem vertragsmäßigen Bedinge demnächstiger Gegenleistung: entweder eines Stückes Vieh, oder eines Fuders Wein gleicher Qualität, oder einer bestimmten Summe Geldes.

k) Jemand giebt einen Hundertmarkschein hin, damit derselbe in Gold umgewechselt werde; oder in Scheidemünze. Oder eine Doppelkrone, um sie in Silber umzusetzen.

l) Zwei Theaterbillets werden gegeneinander umgetauscht.

m) Eine Halle'sche Stadtobligation ist ausgelost worden. Der Eigentümer bringt sie zum Bankier, welcher dafür eine andere Obligation gleicher Art giebt oder den Betrag bar herauszahlt; oder ein anderes Wertpapier liefert und je nach dem Betrage und Kurse dieses noch Geld herauszahlt oder empfängt.

n) A. sendet durch Postanweisung an B. 350 ℳ, um ein bestimmtes Pferd, das er bei B., als zu diesem Preise verkäuflich, vor kurzem gesehen hatte, von B. eigentümlich zu erhalten.

2. A. handelt dem B. das Füllen ab, welches das Mutterpferd des B. trägt, ohne das letztere aber mitzukaufen.

Wie ist es, wenn das Füllen tot geboren wird? Oder die Mähre nur anscheinend trächtig war und nicht wirft?

3. Das Handlungshaus Herm. Zollst in Hamburg pflegt Reis direkt in Indien einzukaufen und selbigen nach Rio de Janeiro zu verfrachten. Um eine günstige Geschäftslage auszunutzen, bestellt es im März 1891 für 30000 *M* von der demnächst zu erwartenden Ernte. Allein die eingehenden Proben werden während der Ernte immer schlechter, erst gelb, dann fast schwarz.

Es fragt sich:

a) Muß Herm. Zollst die ganze Summe bezahlen?

b) Wie wäre es, wenn durch Überschwemmung der Verkäufer nicht in der Lage sich befände zu liefern?

c) Steht obiger Thatbestand dem Falle gleich, da ein großes Weingeschäft einem Weinbauer den ganzen Betrag des zu erwartenden Jahrganges für eine runde Summe auf sein Risiko abgekauft hätte?

d) Oder demjenigen, da ein Hinterwäldler eine im Walde verlaufene Schweineherde an einen Jäger um einen verhältnismäßig geringen, bar zu zahlenden Preis verkauft, der Jäger aber sich die Schweine selbst suchen und holen soll?

4. Wie verhält sich das in der vorigen Frage vorangestellte Rechtsgeschäft zu folgenden Vertragsschlüssen in Art und Folge?

a) V. verkauft dem K. im Herbste, wo der Umfang der Bestellung zu übersehen ist, seine nächstjährige Rapsernte, den Scheffel zu 27 *M*.

b) Eine Gemeinde versteigert ihre Apfelernte auf dem Baume, in der Art, daß die Kauflustigen sich auf dem Gemeindeland einfinden, und nun Baum für Baum auktionsmäßig vorgenommen wird. Ein Privatmann ersteht dabei für die bar zu zahlende Summe von 22 *M* den Ertrag von 15 Bäumen.

5. Der Fabrikant F. hat dem Restaurateur R. zwei Kredenzkasten geliefert und fordert dafür Zahlung eines Kaufpreises von 600 *M*. R. entgegnet, daß dieser Preis viel zu hoch sei; allerdings habe bei den Verhandlungen F. soviel gefordert, aber er, R., habe sofort erklärt, daß er nicht mehr wie 400 *M* geben werde; erst auf die Bemerkung des F.: „nun, über den Preis werden wir schon einig werden", habe er zugegeben, daß F. ihm die Kasten zusende.

Wie ist dieser Rechtsfall juristisch korrekt zu behandeln?

6. Sind folgende Privatabmachungen sachlich in Ordnung?

a) X. schickt einem Antiquar eine Doublette seiner Bibliothek mit dem Ersuchen, „einen angemessenen Preis durch die Post ihm zu übermitteln".

b) Der Vater einer Braut verspricht dem Bräutigam, „ihm sein Gut um einen billigen und kindlichen Preis käuflich zu überlassen".

c) Ein Handelshaus bestellt bei einem Lithographen eine Partie herzustellender Aktienscheine, mit dem Hinzufügen: „und notieren Sie mir solche billigst".

d) Bei einer chemischen Fabrik läuft der Auftrag ein, Farbstoffe „zu den in Ihrer Fabrik üblichen Preisen zu senden".

e) Ein Bauer hatte in einem schriftlichen Vertrage sich verpflichtet, seinem Sohne sein Bauerngut für 15000 ℳ „und Aussetzung eines Leibgedinges" abzutreten.

7. H. und G. kommen überein, daß H. eine Quantität Quadersteine aus den im Steinbruche des G. lagernden Vorräten kaufe; wobei sich H. vorbehält, wenn er 18zöllige nicht gebrauchen könne, dafür 15zöllige zu nehmen.

Später verlangt G., daß H. die Steine hole und den im Geschäfte des G. hierfür üblichen Preis bezahle; H. weigert sich wegen mangelnder Bestimmtheit des Preises und des gesamten Kaufes.

Quid juris?

8. In einer Stadt des Eisenacher Oberlandes, wir wollen sie G. nennen, fand jüngst ein merkwürdiger Uhrenhandel statt. Ein Amerikaner, der sich besuchsweise dort aufhielt, zeigte wie zufällig seine goldene Uhr in einer Gastwirtschaft. Ein anwesender Gast, der vielleicht an diesem schönen Zeitmesser besonderes Wohlgefallen fand, fragte den Besitzer desselben, ob er die Uhr verkaufe. Da der Besitzer der Uhr seine Geneigtheit zum Verkaufe kundgab, forderte er den Käufer zum Gebot auf. Dieser sprach: „Ich gebe so viel für die Uhr, so viel Sie (der Besitzer der Uhr) Geld bei sich haben." Letzterer nahm das Gebot an, schlug die Uhr zu, zog seine Barschaft heraus und zählte — 770 ℳ auf. Der Käufer, etwas verblüfft, verweigerte die Erfüllung des Geschäfts. Die Folge der Weigerung ist, daß die Angelegenheit jetzt der richterlichen Entscheidung obliegt.

Wie wird diese korrekterweise ausfallen?

9. B. übertrug dem A. den Alleinvertrieb seines Kohlensandsteines in gewissen Bezirken für dessen Rechnung und verpflichtete sich, Sandsteinmaterial aus den bezeichneten Brüchen nach jenen Bezirken nicht zu liefern, außer an den A. und für dessen Rechnung und Ordre, wogegen andererseits A. sich anheischig machte, in den nämlichen Landesteilen an Kohlensandsteinmaterial aus dem Ruhrgebiete nur das des B. zu führen, so lange letzterer sich nicht weigern würde, ihm im Einzelfalle Material zu liefern.

Was liegt hier vor? Und wie steht es mit rechtlichen Ansprüchen der beiden gegeneinander?

10. In einem notariellen Vertrage hatten fünf Personen, von denen jede ein besonderes Grundstück eigentümlich besaß, diese fünf verschiedenen Grundstücke einem Dritten zu dem Gesamtpreise von 600 *M* verkauft. Von dieser Kaufsumme waren 400 *M* sogleich bezahlt worden. Zur Empfangnahme der übrigen, laut Verabredung erst später fälligen 200 *M* hatten die Verkäufer einen gemeinsamen Bevollmächtigten bestellt.

Späterhin entstanden Differenzen, in deren Verlaufe es sich vor allem fragte: ob die Kaufverträge rechtsgültig seien und nicht ein wesentlicher Mangel in der Bestimmung des Preises vorläge?

11. Die Hessische Ludwigsbahn-Gesellschaft hatte 1869 gegen Hartmann die Notwendigkeit der Enteignung von Gelände des Hartmann zu Zwecken des Eisenbahnbaues feststellen lassen und war in betreff der Höhe des zu ersetzenden Preises auf den Rechtsweg verwiesen worden. Es erfolgte aber keine Klage, sondern längere Unterhandlung, in deren Gefolge endlich 1874 eine Übereinkunft abgeschlossen wurde, wonach Hartmann das betreffende Gelände zu 4 *M* per Quadratmeter verkaufte.

Nachmals weigert sich aber Hartmann, die hiernach aufgestellte Kaufnotul zu unterzeichnen, und bringt vor, daß jene Grundstücke seit Anfang der siebziger Jahre innerhalb des neuen Bebauungsplanes der Stadt Darmstadt gelegen und zur Zeit der Vereinbarung mindestens viermal so viel wert gewesen seien, als verabredet war.

Was wird die rechtliche Folge dieses Vorbringens sein?

12. A. D. hatte seinem ältesten Sohne B. D. sein Bauerngut mit gesamtem Inventar zu einem Anschlage von 8000 *M* übergeben, mit der Verpflichtung, jedem der vier jüngeren Geschwister je 2000 *M* an bestimmten Terminen bar auszuzahlen. Nach dem baldigen Tode des A. D. klagt der zweite Sohn C. D. gegen B. D. auf Auszahlung der vollen ihn treffenden Erbquote des väterlichen Vermögens, indem er Rescission des Übergabevertrages beantragt, weil das übergebene Vermögen weit mehr, als das Doppelte der angeschlagenen Summe wert sei.

Entscheidung?

13. Als Ende der sechziger Jahre die Stadt Frankfurt a. M. eine Trinkwasserleitung vom Vogelsberge anzulegen beabsichtigte, schloß der Mühlenbesitzer Körner, der um die Ausführung der

Anlage sich zu bewerben gedachte, mit der im Gebirge liegenden Dorfgemeinde Wolfenborn einen Vertrag, laut dessen letztere sich verpflichtete, gegen Zahlung von 10000 Gulden dem sämtlichen Quellwasser ihres Gemeindebrunnens auch weiterhin nach dem am Siemenbach gelegenen Grundstück des Körner seinen Lauf zu lassen und nichts davon zu veräußern.

Späterhin zerschlug sich jenes Projekt, und Körner verlangte nun zu wissen, ob er wirklich jene enorme Summe für die gleich Null anzuschlagende Gegenleistung der Gemeinde zahlen müsse?

14. Klinger hat von Thomä ein angeblich von Wouverman herrührendes Schlachtengemälde für 3500 *M* gekauft, verlangt aber jetzt die Rücknahme, da ihm die Echtheit zweifelhaft geworden sei und das Bild im regelmäßig betriebenen Handel nur einen Wert von 400, höchstens 500 *M* besitze.

Thomä macht geltend, daß Klinger als spezieller Liebhaber solcher alter Gemälde freiwillig ihm jenen hohen Preis geboten habe; er wisse sehr wohl, daß Klinger jetzt nur Rücknahme fordere, weil derselbe in ungünstigere Vermögenslage gekommen sei.

Klinger erwidert, daß die Gründe, aus denen er sein gesetzliches Rücktrittsrecht jetzt ausübe, niemanden etwas angingen; einen Verzicht seinerseits auf dieses Recht könne man aber nicht annehmen, weil der Wert derartiger Bilder unter den Kunstfreunden sehr schwanke, je nachdem man eben die Echtheit annehme oder nicht.

Wie ist zu entscheiden?

15. Schaf hatte von Teuscher eine Münzsammlung gegen die versprochene Überlassung von vier Paar silbernen Leuchtern eingetauscht. Als Teuscher zwei Paar der letzteren und Schaf die Sammlung erhalten hatte, entdeckt der letztere, daß die Münzen nicht den Wert, von welchem in den Verhandlungen die Rede gewesen war, besäßen, sondern — wie dann auch durch Sachverständige wirklich festgestellt wurde — nur den dritten Teil des Wertes seiner vier Paar Leuchter darstellten. Schaf verweigerte deshalb dem Teuscher die Ausantwortung der zwei anderen Paar Leuchter.

Wie ist diese Sache rechtlich zu entwirren? Welcher der beiden Teile hat einen klagbaren Anspruch gegen den andern; und worauf?

---

16. Am 1. Juli Verkauf eines Ochsen von V. an K. für 300 *M*. Lieferungstag: 10. Juli. Am 8. Juli wurde das Tier von X. schuldhaft getötet.

Rechtsfolgen?

17. A. hatte dem B. einen Schrank verkauft, sich aber den Gebrauch desselben bis zu einem bestimmten Tage ausbedungen. Vor diesem Tage ging die Sache in einem zufälligen Brande zu Grunde. A. verlangt Bezahlung des Kaufpreises, B. entgegnet, daß in diesem besondern Falle aus leicht ersichtlichem Grunde von einem Übergange des Kaufgegenstandes in sein, des Käufers, Vermögen keine Rede sein könne.

Wer ist im Rechte?

18. In einem Weinrestaurant bestellt ein Gast ein Dutzend Austern. Der sie überbringende Kellner wird von einem fremden Gaste, der gerade seinen Überzieher anzog, gestoßen, ohne daß er es voraussehen konnte; die Austern fallen in den Staub. Wer trägt den Schaden, und weshalb?

Würde es ganz gleich sich verhalten, wenn bei dem Abschlusse des Bestellungsvertrages ausdrücklich gesagt worden war, daß augenblicklich nur noch ein einziges Dutzend Austern im Hause sei?

19. Ein Offizier kauft ein Reitpferd für den Fall, daß im Laufe des Sommers mobil gemacht werde. Tags darauf geht das Tier kasuell zu Grunde.

Zahlungspflicht des Käufers?

20. Jemand läßt sich vom Rhein von einem Weinproduzenten käuflich ein Faß Wein kommen. Bei einem Eisenbahnunglück wird es zertrümmert.

Wessen ist der Nachteil?

21. Über ein Haus war ein Kaufvertrag zu stande gekommen. Andern Tages soll die Umschreibung im Grundbuche erfolgen. In der Nacht geht es durch Blitzstrahl in Flammen auf. Dann stellt sich heraus, daß der Verkäufer gar nicht, wie er in gutgläubigem (— wie, wenn auf seiner Seite mala fides?) Irrtume angenommen hatte, Erbe des Eigentümers ist.

Cuius est periculum?

22. Schenk verkauft an Michel vier Faß von dem in seinem Keller liegenden portugiesischen Weine „Carcavellos", und sollen solche den Tag nach geschlossenem Vertrage abgeholt werden. In der Nacht dringt Wasser in elementarem Zufalle in den Keller, und aller Wein verdirbt. Schenk will die vier Faß bezahlt haben; Michel weigert sich.

Wessen Ansicht ist die richtige?

23. (24.) A. hatte dem B. 6 Millionen Ziegelsteine zu 17 ℳ für jedes Tausend käuflich zu liefern.

Wie steht es mit der Tragung der Gefahr?

24. (25.) Wenn in den in § 38 Nr. 6 und Nr. 7 angegebenen Fällen das verkaufte Objekt kasuell zu Grunde gegangen wäre: wie würde es dort mit der Tragung der Gefahr gestanden haben?

25. (26.) Heinecke hatte an Kahlefeld am 10. Februar sein Wohnhaus nebst Zubehör „im augenscheinlichen Zustande" und „ohne Gewähr von Mängeln irgend einer Art" verkauft. Der Besitz sollte erst am 1. Oktober auf den Kahlefeld übertragen werden, dagegen sollte auch „die Gefahr des Grundstücks" erst mit diesem Termine auf ihn übergehen. In der Zwischenzeit traten aber nicht unbeträchtliche Baumängel an dem Hause hervor, welche teils auf das mangelhafte Material, teils auf die Bauausführung zurückzuführen waren. Und es entstand nun Streit unter den Parteien über ihre jeweilige Verhaftung.

Wie ist solcher zu schlichten?

---

26. (27.) Der Erbe (V.) verkauft eine Erbschaftssache an K. Nachdem sie übergeben, auch das Kaufgeld bezahlt ist, erfährt K., daß V. gar nicht der Eigentümer gewesen ist.

Rechtsfolgen?

27. Bald darauf tritt wirklich E. auf, behauptend, daß ihm jene Sache gehöre und der Erblasser nur den Nießbrauch daran gehabt habe. Wen wird er verklagen? Welche Rechtsverhältnisse liegen vor? Wie heißen die *actiones?* Wie wird sich die Sache entwickeln und schließlich ordnen?

Wie wäre es, wenn E. seinerseits einen mit dem Tode des Erblassers beginnenden Nießbrauch geltend machte?

28. A. klagt gegen B. auf Schadensersatz, weil das Grundstück, welches dieser ihm verkauft hat, durch ein gegen A. ergangenes Versäumnisurteil dem C. zugesprochen worden ist.

Ist dieser Anspruch ohne weiteres begründet?

29. Wernz schloß mit Bepler über eine an der Lahn gelegene Mahlmühle mit Ländereien und Mobilien einen Kaufvertrag, wobei der verkaufende Wernz ausdrücklich bemerkte, daß dem Besitzer der hinter unserer gelegenen Ölmühle ein Fahrtrecht über die verkauften Grundstücke zustehe. Als Wernz später den Rest des Preises forderte, erwiderte Bepler, daß jener Ölmüller auch noch das Recht in Anspruch genommen und dargethan hätte, auf den verkauften Ländereien seinen Wagen ein- und auszuspannen, sowie dort auf- und abzuladen, weshalb er, Bepler, den Rest des Kaufgeldes, welcher kaum so viel betrage, als der durch jene weitergehende Servitut herbeigeführte Minderwert des Kaufobjektes ausmache, mit Fug zu seiner Sicherheit vorläufig zurückbehalte.

Wernz bestritt dieses Retentionsrecht, wie überhaupt seine Entschädigungspflicht, da er von dem größern Rechte des Nachbars keine Kenntnis gehabt habe.

Entscheidung?

30. Caspar kam mit seiner Nachbargemeinde Walheim in Streit, da diese an einem im Besitze des Caspar befindlichen Walde nutzend und eingreifend vorgegangen war. Caspar klagte deshalb negatorisch gegen die Gemeinde. Diese drehte aber den Spieß herum und nahm für sich das Eigentum des Waldes in Anspruch, das ihr auch auf Grund des Beweisverfahrens rechtskräftig zugesprochen wurde.

Nun klagt Caspar gegen Jakob, von dem er den Wald gekauft hatte. Dieser erwidert: Caspar hätte die Gemeinde in Ruhe lassen sollen; hätte er sie nicht verklagt, so wäre er noch jetzt im Besitze, und habe er mithin den Verlust sich selbst zuzuschreiben.

Wie ist zu entscheiden?

31. Ein Haus wird gegen die Vorschriften der betreffenden örtlichen Bauordnung aufgeführt, so daß die Baupolizeibehörde Recht und Pflicht hat, einen Umbau zu veranlassen. Bevor sie aber einschreitet, wird das Haus verkauft und der Käufer nachmals zum Umbau gezwungen.

Kann er gegen den Verkäufer auftreten und irgend etwas rechtlich beanspruchen?

32. X. hat einen Hund um 20 ℳ käuflich an sich gebracht. Jetzt wird er ihm evinciert. X. legt nun dar, daß er Gelegenheit gehabt habe, das Tier um 100 ℳ an einen Liebhaber zu veräußern. Der Verkäufer ist bereit, 20 ℳ zu ersetzen, eventuell — wenn dieses Rechtens wäre — denjenigen Preis, auf welchen Sachverständige jetzt den Hund taxieren werden; lehnt aber jene hohe Summe um so mehr ab, als sie ja das Doppelte des Wertes übersteige.

Wie ist der Ersatzanspruch des X. zu berechnen?

33. Bei dem Verkaufe eines Gartens wurde ausdrücklich als lex contractus aufgenommen, daß der Verkäufer wegen etwaiger

Ansprüche Dritter nicht haften werde. Es war aber unter einer Suspensivbedingung ein Nießbrauch auf dem Grundstücke gelegen, welcher bei Erfüllung jener nun in das Leben trat.

Muß der Käufer das Kaufgeld ohne irgend welchen Abzug bezahlen? Ist es von Einfluß, ob der Verkäufer oder der Erwerber oder beide von dem bedingten Nießbrauche Kenntnis hatten?

34. „Hanß Walter und *consorten*, Bürger zu Keyl, haben *anno* 1676, als der *General* Feld *Marechal Tourenne* bei Neuen Mühl *campirt*, zwey Pferde im Felde stehend mit sich hinweg genommen, weil niemand dabey, sondern etwas weit davon etliche Schnaphäne gewesen, solche über Rhein gebracht, und an Abraham Hauß Metzgern, dem ältern, vor 70 fl. verkaufft, als aber bald darauff beyde Pferde von denen Königl. *trouppen evinci*ert worden, suchen anietzo des Käuffers Erben das Kauffgeld der 70 fl. von Verkäuffern wieder zurück zu geben, Ob nun wol Beklagte Verkäuffern so wol des Kauffs, als auch daß sie die verkauffte Pferde aus freyen Felde hinweggenommen, gestehen, So *opponi*eren sie doch *exceptionem*: Käuffer hatte gewust, daß die Pferde denen Schnaphänen weren abgenommen worden, Und hat der jüngste Sohn geständig sein müssen, daß er die Pferde uf des Vaters Geheiß nicht den geraden Weg zu, sondern durch einen ümb Weg herein geritten, diesem nach denn die Frage entstehet: Ob denen klagenden Käuffers Erben die *actio de evictione ad repetendum pretium* der gezahlten 70 fl. *de iure competi*re?“

(Aus Schilter, Praxis iuris Romani in foro Germanico.)

35. Professor Morstadt zu Heidelberg gab im Verlage des dortigen Buchhändlers Groos das Civilprozeß-Kollegienheft des (1821) verstorbenen Professors Gensler heraus. Dies veranlaßte gegen sie eine Klage der Gensler'schen Erben wegen Verletzung des litterarischen Urheberrechtes, welchen Prozeß jene beiden denn auch verloren. Hiernach klagte Groos gegen Morstadt auf Ersatz des durch jenen ersten Prozeß erlittenen Schadens, sich darauf stützend, daß die bezahlte Überlassung des Manuskriptes zum Verlage nach Analogie des Kaufes zu beurteilen sei und überdies Morstadt ihm den Ersatz eines durch seine Handlungsweise etwa entstehenden Schadens in dem zwischen ihnen abgeschlossenen Vertrage ausdrücklich zugesichert habe.

Konnte der Beklagte diesem Anspruche eine durchschlagende Deduktion entgegensetzen?

36. In einem Laden war angeschrieben: „nur echte Silberwaren". Ein Käufer findet aber hinterher, daß ihm dortselbst ein Becher von Neusilber verkauft worden sei.

Welche *actio* hat er? und worauf?

37. (38.) Ein Möbelhändler entdeckt in einem Sofa Motten. Trotzdem verkauft er es dem K., ohne ein Wort zu sagen.

Welchem Anspruch setzt er sich aus?

Wie steht es, wenn K. das Sofa, ehe er den Sachverhalt gemerkt hatte, an den L. weiter verkauft?

38. (41.) Wie steht es gemeinrechtlich mit der Haftung eines Pferdeverkäufers in folgenden Fällen?

a) Er hat versichert, daß das Tier ein Renner sei, was gar nicht der Fall ist.

b) Er hat gewußt, daß es Koller hatte, und nichts davon dem Käufer mitgeteilt.

c) Oder: er hat selbst von der Krankheit gar keine Kenntnis gehabt.

d) Oder: Beide, Verkäufer und Käufer, haben sie gekannt; oder nur der Käufer.

39. (42.) In den „Hamburger Nachrichten" war eines Tages eine Landstelle für 10000 ℳ ausgeboten und angepriesen, daß auf den Ländereien „außer Weizen alle möglichen Getreidearten und Pflanzen gedeihen" und jeder Kaufmann oder Handwerker sich durch den Erwerb der Stelle „eine brillante Existenz" sichern werde. Es trat jemand auf Grund dessen in Verhandlungen und kauft die Stelle, um dann zu finden, daß sie von ganz gewöhnlicher Beschaffenheit war und gar keine persönlichen Vorzüge bot.

Rechtliche Folge?

40. (43.) Thatbestand:

Kläger hat vom Beklagten durch Vertrag vom 29. Mai 1890 das Hausgrundstück Streiberstraße 7 für 61000 ℳ gekauft. Der Beklagte hat „ohne Gewähr für die bauliche Beschaffenheit" des Grundstücks verkauft. Die Auflassung ist am 29. September, die Übergabe am 1. Oktober 1890 erfolgt. Kläger hat am 16. Juni 1890 5000 ℳ gezahlt. Kläger verlangt die Aufhebung des Kaufvertrages, weil in dem Hause sich Schwamm in einer Ausdehnung befinde, daß dessen Beseitigung nur durch sehr umfassende und langwierige Arbeiten herbeigeführt werden könne, indem Kläger seinen Anspruch darauf stützt, daß Beklagter, obwohl ihm das Vorhandensein des Schwammes bekannt gewesen sei, keinerlei Mitteilung darüber gemacht habe.

Beklagter hat entgegnet, daß aus einem solchen nur kulposen Stillschweigen gemeinrechtlich ein Anspruch, wie die Klage ihn erhebe, nicht folge; auch habe er ausdrücklich alle Gewährleistung für sich ausgeschlossen.

Urteil mit Gründen.

41. (45.) Der Schlossermeister Pohl verkauft an den Rentner Weigand am 7. Juni 1885 sein in Hildesheim gelegenes Wohnhaus. Dasselbe kommt am 18. durch grundbuchmäßige Umschreibung in das Eigentum des Käufers.

Am 15. Dezember reicht Weigand eine Klage gegen Pohl ein, gerichtet auf Aufhebung des Kaufvertrages, weil das Wohnhaus in hohem Grade mit dem Hausschwamm behaftet gewesen sei und der Beklagte diesen ihm bekannten Fehler ihm, den Kläger, arglistig verschwiegen habe. Auf die Klage wird am 16. Dezember gerichtsseitig Verhandlungstermin auf den 14. Februar anberaumt und die Klage sodann am 22. Dezember dem Pohl zugestellt.

Pohl wendet ein, daß die Wandlungsklage verjährt sei, vgl. l. 19 § 6 D. aedil. ed. (21,1); daß er dolos gehandelt habe, stellt er in Abrede.

Der Anwalt des Klägers beruft sich dagegen auf l. 6 D. de calumn. (3,6); auch l. 55 D. aedil. ed. (21,1) sei zu beachten. Dazu führt er aus, daß der Beklagte, wenn auch nicht in böser Absicht, so doch in grober Fahrlässigkeit gehandelt habe, was der Vertreter des Pohl für rechtlich gleichgültig erklärt; um so mehr, als, wie er duplizierend bemerkt, Kläger, wenngleich er es jetzt leugne, schon am 20. Juni, bei seinem Einzuge in das Haus, von dem Vorhandensein des Schwammes Kenntnis hätte haben können.

Über die thatsächlichen streitigen Punkte wird beiderseits lediglich Eid zugeschoben und jeweilig angenommen.

Es ist Urteil mit Entscheidungsgründen zu entwerfen.

42. (46.) Ein Landwirt hatte von einer Brauerei Malzkeime zum Viehfutter gekauft. Die Kühe, welche dieses Futter genossen hatten, waren erkrankt, zum Teil gestorben. Die Ursache wurde darin gesucht, daß die verkauften Malzkeime Mennigteile enthalten haben sollten.

Der Landwirt erhebt Anspruch auf Schadensersatz, was der Verkäufer mit Rücksicht auf seine bona fides in betreff der verkauften Malzkeime ablehnt.

Quid iuris?

43. (47.) V. hat an K. eine Kuh, welche fehlerfrei 180 ℳ wert gewesen wäre, für 160 ℳ verkauft. Nach sieben Monaten stellt sich ein damals verborgener Fehler heraus, wegen dessen die Kuh nur 120 ℳ wert ist.

Was kann der Käufer an Minderung vom Kaufpreise verlangen?

44. (48.) A. und B. haben ein Pferd und einen Ochsen gegen einander getauscht. Der Ochs erweist sich als fehlerhaft. Der Wert des Pferdes ist 300 ℳ, der des Ochsen ohne den Fehler 200 ℳ, mit demselben 100 ℳ.

Anspruch des A.?

45. (50.) Clauß verlangt von Trautmann die Rücknahme eines von diesem verkauften Pferdes, weil es schon zur Zeit des Vertragsschlusses an Dämpfigkeit und Kehlkopfpfeifen gelitten. Trautmann ist auch hierzu bereit; ein Streit entsteht aber, als Clauß auch sämtliche Futter- und Verpflegungskosten, die er für das Tier aufgewendet, ersetzt verlangt.

Wie ist zu entscheiden?

46. (51.) A. hatte von B. mehrere Ochsen gekauft, von welchen zwei alsbald von der Lungenfäule befallen wurden und zu Grunde gingen. Auf erhobene Klage des A. wurde B. zum Ersatze des für die krepierten Ochsen gezahlten Preises kostenfällig verurteilt.

Nach kurzer Zeit stellte sich nun bei zwei anderen ganz gesunden Ochsen des A., die anfänglich mit den gekauften in dem gleichen Stalle gestanden, eine Abnahme des „esse bibere ut oportet" ein, und sie mußten, nachdem die Sachverständigen auch bei ihnen den Ausbruch der nämlichen Seuche festgestellt hatten, aus sanitätspolizeilichen Gründen getötet werden.

Nunmehr klagt A. anderweit mit der Wandlungsklage auf Ersatz des Wertes seiner erwiesenermaßen gesunden und erst, durch die von B. gekauften, angesteckten Ochsen. B. wendet ein, daß seine Pflicht sich nur auf die verkaufte Sache selbst bezöge, nicht aber weitern Schadensersatz zum Gegenstande habe.

Es ist Urteil mit Gründen zu entwerfen.

47. (52.) Ein Landwirt trägt einem Anwalte folgenden Thatbestand mit der Bitte um rechtliche Begutachtung vor:

„Vor etwa anderthalb Jahren kaufte ich einige hundert Schafe für einen im ganzen festgesetzten Kaufpreis. Bald nachher entdeckte ich, daß manche der Tiere krank waren und dies schon zur Zeit des Verkaufes gewesen sein müssen; da sich aber eine günstige Gelegenheit zum Weiterverkauf ergab, so veräußerte ich sie sämtlich, wenngleich mit Schaden, an einen Dritten.

Jetzt fordert der Verkäufer den damals verabredeten Kaufpreis. Ich habe ihm geschrieben, daß ich wegen der Krankheit ihm an dem Preise entsprechenden Abzug machen müsse. Er hat aber geantwortet, daß ich dann genau jedes einzelne Schaf, das krank gewesen, angeben und von diesem die Wertminderung berechnen müsse; übrigens hätte ich nach dem Gesetze durch den Weiterverkauf jeden Anspruch gegen ihn schon verloren, und sei es auch jedenfalls zur Geltendmachung eines solchen bereits viel zu spät. Ich habe ihn aber im Verdacht, daß er beim Kaufe die Krankheit sehr wohl gekannt hat, und glaube nicht, daß er dieses eidlich leugnen würde. Die von ihm verlangte Einzelangabe der kranken Tiere ist mir natürlich ganz unmöglich."

Welche Auskunft wird der Jurist dem Ratsuchenden erteilen?

48. (53.) V. hat dem K. sein Landgut nebst Inventar schlechthin in Bausch und Bogen verkauft und übergeben. K. verlangt nun Ersatz wegen zweier zu dem verkauften Gute gehöriger, angeblich schon bei der Übergabe kranker und später getöteter Pferde. V. widerspricht der Berechtigung dieses Anspruches und verweist auf l. 33 pr. D. de aedil. ed. (21, 1) und l. 5 D. de evict. (21, 2).

Entscheidung?

49. (54.) Eller verkaufte und übergab am 22. Juli an Winterstein ein Pferd, welcher es alsbald an Berchem verkäuflich weitergab. Bei diesem wurde das Tier untersucht und als fehlerhaft befunden, infolge wovon Winterstein es gegen Erstattung des erhaltenen Preises zurücknahm.

Nun verlangt Winterstein mittels Klage vom 12. September Auflösung des mit Eller geschlossenen Handels.

Eller beantragt dagegen Abweisung dieser Klage; nachdem das Pferd weiter veräußert und durch mehrere Hände gegangen und beständig benutzt worden sei, brauche er es nicht mehr zurückzunehmen, da der frühere Zustand von Winterstein gar nicht mehr hergestellt werden könne.

Ist dieser Einwand rechtlich begründet?

Bei der Bearbeitung kann l. 43 § 8 D. de aedil. ed. (21, 1) herangezogen werden.

50. (55.) A. bestellte bei B. auf dessen Ankündigung in Zeitungen eine größere Quantität frischer Butter. Als dieselbe ankam, war sie nicht frisch; und A. stellte sie dem B. sofort zur Verfügung.

A. fragt nun an: was er rechtlich von B. verlangen könne?

51. (57.) Welche juristischen Begriffe haben nachstehend Anwendung erfahren? Und welche einzelnen Rechtsfolgen sind jeweils für die Beteiligten gegeben?

a) „Soll ich von meinen hochfeinen und ganz reinen Havanas, edelstes Vuelta-Gewächs, einzelne Probekistchen senden, wird es ganz sicher an Nachbestellungen nicht fehlen, zumal diese Havana pure das Feinste repräsentieren, was überhaupt zu bieten ist.

...Ausdrücklich verpflichte ich mich hierdurch, alles aus meinen Fabriken Stammende, während des dreimonatlichen Ziels, auch wenn es sich um mehr oder weniger angebrochene Kisten handelt, auf meine Kosten zurückzunehmen, falls auch nur in irgend einer Beziehung das Geringste daran auszusetzen ist, was ich der alleinigen Beurteilung meiner Abnehmer überlasse, so daß mit einem Bezuge meiner Fabrikate durchaus kein Risiko verbunden ist..."

Bremen, März 1892.

Aug. Hammerschlag, Cigarren-Fabrikant."

b) Puppe beansprucht von der Winzer den Kaufpreis für eine Nähmaschine. Die Beklagte bestreitet den Anspruch, weil vereinbart worden sei, daß, „wenn die Nähmaschine nicht gefiele oder den beabsichtigten Zweck nicht erfüllen möchte, es der Winzer freistehen solle, an Stelle der übersandten eine Maschine andern Systems zu wählen."

c) Das Mailänder Handelshaus B. ermächtigte das Haus A. in Marseille, für seine Rechnung 100 Fässer Weingeist, das Faß zum Minimalpreise von 74 Francs zu verkaufen, mit dem Vorbehalte jedoch, daß der Verkäufer bis zu dem für die Übergabe bestimmten Tage berechtigt sein solle, gegen ein Reugeld von 30 Francs pro Faß vom Vertrage zurückzutreten.

d) M. verkauft an N. seinen Garten, am nächsten 1. Juli zu überliefern, wenn „bis dahin sich ein besserer Käufer nicht fände".

e) V. vermietete dem M. ein Wohnhaus auf 10 Jahre und räumte dem M. zugleich das Recht ein, nach Ablauf der Miete das Haus zu Eigentum für 60000 ℳ zu erwerben, wenn dieser es wolle.

f) Als der Sohn S. heiratete, übergab ihm sein Vater ein Haus im Anschlage von 20000 ℳ mit der Bedingung, daß S. es ihm lebenslänglich mit 3 % zu verzinsen, nach seinem, des Vaters, Tode aber wieder in die Erbmasse einzuwerfen oder dafür den Betrag von 20000 zu ersetzen habe.

52. (58.) Unold ersucht den Marcus, der ein großes Kleidermagazin in Frankfurt besitzt, Kleider näher bezeichneter Art „zur Ansicht" zu schicken. Marcus kommt dem bereitwillig nach und schickt ihm einen großen Ballen Kleider frankiert zu. Unold mäkelt an dem Preise. Nach fruchtlosen Verhandlungen schreibt Marcus: „Schicken Sie mir die zur Ansicht mitgeteilten Kleidungsstücke frankiert zurück." Unold weigert sich, das Porto zu tragen.

Marcus klagt und beantragt, den Unold zum Ersatze des gesamten Portos zu verurteilen, während letzterer meint, daß er gar kein Porto oder doch jedenfalls das erste nicht zu ersetzen habe.

Wer hat Recht?

Würde es von Einfluß sein, wenn Marcus offenbar schundmäßige Ware geschickt hätte?

Oder: wenn er einen objektiv allzu hohen Preis angesetzt hätte?

53. (59.) A. verkaufte an B. einen Ochsen, behielt sich aber bis zur Bezahlung des Kaufgeldes das Eigentum vor. B. giebt das Tier für ein Darlehn dem C. zu Faustpfand und verkauft es dann an D. Dieser fällt in Konkurs.

Wer kann das Tier vorzugsweise in Anspruch nehmen?

54. (60.) Schaumberg schloß mit Merz und dessen Ehefrau einen Kaufvertrag über einen Acker ab, wobei beredet wurde, daß die Hälfte des Kaufpreises bar, die andere in einem Jahre berichtigt werden und bis dahin das Eigentumsrecht an dem Acker dem Schaumberg vorbehalten bleiben sollte. Nach einigen Monaten wird über Merz Konkurs eröffnet.

a) Kann Schaumberg das Grundstück ganz aus der Konkursmasse herausziehen?

b) Der Konkursverwalter wäre bereit, den Acker herauszugeben, verlangt aber, daß Schaumberg dann die erhaltene Hälfte des Kaufpreises in die Masse einzahle. Ist diese Forderung berechtigt?

c) Wenn Schaumberg darauf eingeht, kann er die Ehefrau Merz noch belangen?

d) Macht es hierbei vielleicht einen Unterschied, ob diese bei jenem Vertrage als Mitkäuferin aufgetreten war, oder ob sie eine rechtsgültige Bürgschaft für ihren Mann übernommen hatte?

55. (61.) In nachstehenden Fällen handelt es sich um folgende Fragen: Einmal, wie die betreffenden Thatbestände rechtlich zu charakterisieren sind? Sodann, wer jeweils Eigentümer ist? Wer Besitzer? Endlich, wer von den Beteiligten die Gefahr des bezüglichen Gegenstandes trägt, und was für Rechte und Pflichten ansonsten unter jenen sich ergeben?

a) L. hat mit K. einen Vertrag abgeschlossen, wonach er dem K. Bretter lieferte, welche dieser vertreiben, von dem erlangten Kaufpreise 28 ℳ für das Schock an L. abführen, den Mehrerlös aber als Provision für sich behalten sollte.

b) Man sendet Geld an einen Freund, damit dieser eine Sache bestimmter Qualität von einem Dritten für jenen kaufe, oder natürlich das Geld zurückgebe, wenn ein solcher Gegenstand nicht zu haben ist.

c) Vertrag zwischen Lotteriedirektion und Kollekteur, wonach letzterer eine Anzahl Lose bei dem Publikum unterbringen soll, einige davon aber auch fest übernimmt, mit der Befugnis, nicht abgesetzte zu bestimmter Zeit wieder zurückgeben zu dürfen.

d) Bestellung von Wein; der Lieferant setzt das Faß mit 4 ℳ auf die Rechnung, erbietet sich aber, es leer, in gutem Zustande und geschwefelt, binnen drei Monaten in Anrechnung zurückzunehmen.

e) Ein Auktionator übernimmt gegen feste Vergütung die Versteigerung einer Erbschaft; es gelingt ihm jedoch nicht, sämtliche Gegenstände loszuschlagen.

f) „Nach mündlicher Absprache bekenne ich F. M. mich dazu, die in anliegendem Verzeichnisse aufgeführten, von Herrn L. J. erhaltenen Muster chinesischer und japanesischer Waren im Betrage von 600 ℳ zum Verkaufe unter der Bedingung übernommen zu haben, daß ich den Betrag binnen drei Monaten an Herrn J. übermache, und, im Falle dies nicht geschehen sollte, Herr J. nach drei Monaten den Betrag zahlbar 8 Tage nach Sicht auf mich abgeben kann, daß aber dagegen Herr J. die Verbindlichkeit übernimmt, nach Ablauf eines Jahres die nicht verkauften Gegenstände zum kostenden Preis auf Verlangen zurückzunehmen und den Betrag bar zu vergüten.“

g) Buchhändlerisches Konditionsgeschäft. Ein Sortimenter entnimmt von einem Verleger Bücher, unter der Bedingung: die nicht verkauften bis zu einem bestimmten Abrechnungstermine wiedergeben zu können, die nicht zurückgegebenen aber an diesem Termine bezahlen zu müssen.

56. (62.) Die Grundstücke des Schusters Scholle waren zur Zwangsversteigerung gestellt und dem Gastwirte Telgenkämper für das Meistgebot zugeschlagen worden. Gegen letztern trat nun Scholle mit der Behauptung auf, daß jener infolge seines ihm mündlich erteilten Auftrages diese Grundstücke erstanden habe und deshalb zu verurteilen sei, „ihm die Rechte aus dem Zuschlagsbescheide gegen Zahlung des Meistgebotes und der Kosten abzutreten".

Beklagter bestritt die rechtliche Zulässigkeit der Klage, weil Scholle sonst seine eigene Sache kaufen würde, l. 40 pr. D. de pigner. act. (13, 7), auch nach dortigem Partikularrechte Verträge über Immobilien der schriftlichen Form bedürften. Wogegen Kläger auf l. 22 § 3 D. mandati (17, 1) aufmerksam macht.

Welches Erkenntnis ist abzugeben?

57. (63.) Zum Schlusse dieses folgen einige Geschäftsabschlüsse, wie solche in der Übung unseres Großhandels auftreten. Sie sind der Korrespondenz eines großen Hamburger Exporthauses entnommen. Es wird an dieser Stelle darauf ankommen, die den Briefen unterliegenden juristischen Begriffe, mit welchen die Schreiber operiert haben, herauszufinden und technisch zu bezeichnen, sowie die abgeschlossenen Geschäfte auf ihre rechtliche Natur und Folge zu prüfen und klar zu stellen.

a) Briefwechsel über Erteilung eines „Auftrages".

Herrn N. H. in Hamburg. Bahia, 15. Oktober 1891.

Mich zum Empfange Ihres Geehrten vom 20. v. M. bekennend, danke ich Ihnen für die mir damit gemachten Mitteilungen. Die Preise des norwegischen Klippfisches an Ihrem Platze sind noch zu hoch, um mich zum Geschäft zu animieren. Sollten Sie indessen in die Lage kommen, 200 Kisten von der Kronenmarke zum Preise von ℳ 29 — per Kiste kaufen zu können, so erteile ich Ihnen hiermit den Auftrag, obiges Quantum für meine Rechnung abzuschließen und mit zwei Dampfern à 100 Kisten im Zwischenraum von 14 Tagen zur möglichst billigen Frachtrate an meine Adresse zu verladen. Die Assekuranz besorge ich selbst.

Ihren angenehmen Mitteilungen entgegensehend, zeichne

Hochachtungsvoll

S. & C.

Herren S. & C., Bahia. Hamburg, 3. November 1891.

Im Besitze Ihres Werten vom 15. v. M., danken wir Ihnen verbindlichst für den uns damit gefälligst erteilten Auftrag auf 200 Kisten Klippfische, Kronenmarke, zu dem limitierten Preise von ℳ 29 — per Kiste, bedauern aber Ihnen mitteilen zu müssen, daß es unmöglich ist, zu diesem Preise kaufen zu können. Die Nachfrage nach norwegischen Klippfischen ist andauernd eine sehr lebhafte, und da der Stock nicht groß ist, so halten die norwegischen Exporteure nicht allein sehr fest auf ihren jetzigen Forderungen, sondern geben schon zu verstehen, daß demnächst eine Steigerung eintreten muß. Wir würden daher die 200 Kisten heute nicht unter ℳ 31 — kaufen können, und angesichts der oben erwähnten Marktstellung hielten wir es für angebracht, Ihnen heute zu kabeln:

arabic = Wir können ihren Auftrag nur zu ... ausführen; kabeln Sie, ob wir kaufen sollen.

marmaid = ℳ 31 —.

garment = Tendenz steigend.

Wir hoffen morgen Ihre zustimmende Antwort zu erhalten, und inzwischen begrüßen wir Sie hochachtend N. H.

Herren S. & C., Bahia. Hamburg, 8. November 1891.

Wir bestätigen Ihnen unser Ergebenes vom 3. d. und empfingen am 4. Ihr Telegramm, so lautend:

balsamin = Kaufet 200 Kisten Klippfische zum bestmöglichen Preise,

woraus wir gerne ersahen, daß Sie das uns in Ihrem Geehrten v. 15. v. M. gegebene Limit für den Ankauf der 200 Kisten Fisch aufheben und uns ermächtigen, bestmöglichst für Sie zu kaufen. Es freut uns nun, Ihnen mitteilen zu können, daß, da wir auch für andere Plätze in diesen Tagen bedeutende Ordres auf Fisch erhielten, es uns gelang, eine Reduktion von $^1/_2$ ℳ per Kiste für unsere sämtlichen Einkäufer durchzusetzen, wovon Ihre 200 Kisten, die wir eben also à ℳ 30,50 abgeschlossen haben, natürlicherweise auch profitiert haben. Die Verladung der ersten 100 Kisten wird mit dem Dampfer „Nordpol", der am 12. d. ausgeht, erfolgen, und haben wir die Fracht zur Rate von ℳ 45 — per Kubikmeter bedungen. In der angenehmen Hoffnung, Ihnen also binnen kurzem mit Verladungs-Dokumenten aufwarten zu können, empfehlen etc. N. H.

Herren S. & C., Bahia. Hamburg, 12. November 1891.

Wir schrieben Ihnen am 8. d. und haben heute das Vergnügen, Ihnen Konnossement und Faktura zu behändigen über auf Ihre Ordre und für Ihre werte Rechnung per Dampfer Nordpol nach dort verladene

S. C. Nr. $^1/_{100}$: 100 Kisten Klippfische, Kronenmarke,

Sie ersuchend, uns für den Betrag unserer Faktura mit

ℳ 3697, 70 per 11. d. M.

gefälligst erkennen zu wollen. Wir etc. N. H.

[Anlage:]

Faktura.

Hamburg, den 12. November 1891.

Herren S. & C., Bahia.

Für die nachstehenden auf seine Ordre, für seine Rechnung und Risiko mit dem Dampfer Nordpol nach dort verladen, nämlich

ohne Versicherung

S. C. 100 Kst. Klippfisch.

Kronenmarke à 30,50	ℳ	3050,—
Fracht nach Bahia.		
12 Kbm. à 45,—		540,—
	ℳ	3590,—
Kommission 3 %	„	107,70
	ℳ	3697,70

Valuta per 11. November. N. H.

b) Konsignation mit Vorschuß.

Der Kaufmann A. in Rio de Janeiro konsigniert (überträgt zum Verkauf) an B. in New York 1000 Sack Reis, wobei er von dem Konsignatar einen Vorschuß à conto des „netto Provenue“ haben will, und zwar, wie unter Kaufleuten gebräuchlich, durch Wechsel; da aber Wechsel auf New York in Brasilien keine Käufer finden, so wird A. von B. autorisiert, auf London für des letztern Rechnung zu trassieren, und zwar auf das Haus C., 90 Tage nach Sicht. A. „negociiert“ diesen Wechsel sofort in Rio de Janeiro und erhält so seinen Vorschuß. Dabei „avisiert“ A. den C.; etwa: „Gegen den bei Ihnen von B. in New York zu meinen Gunsten eröffneten Kredit von £ . . ., war ich heute so frei, als Vorschuß auf genanntem B. gemachte Konsignation von 1000 Sack Reis £ 90 Ordre N. N. auf Sie zu entnehmen, und empfehle ich diese Tratte Ihrer gefälligen Schutznahme, zu Lasten des B. . . . ."

c) Konsignation mit garantiertem Erlöse seitens des Konsignatars.

Ein Hamburger Handelshaus hatte früher Cement in großen Quantitäten für eigene Rechnung fest gekauft und an seine Filiale in Rio de Janeiro gesandt; da aber der Preis dieses Artikels vor einiger Zeit stark fiel, auch ein Vertrag mit einem dortigen größern Bauunternehmer sein Ende erreichte, so gab es diesen Geschäftszweig auf. Nun brauchen aber die Segelschiffe, welche das Haus mit Pulver, Dynamit, Streichhölzern u. dergl. nach Südamerika verfrachtet, Ballast von Cement, so daß es weiterhin in seinem Interesse liegt, solchen zur Verfügung zu haben; andererseits ist die betreffende deutsche Cementfabrik sehr willig, ihre Ware los zu werden, — wie sie angiebt, um ihre Arbeiter fortdauernd beschäftigen zu können und ihre Marke in Brasilien nicht ausgehen zu lassen. So kommt zwischen dem Handelshause und der Fabrik ein Vertrag folgenden Inhaltes zu stande: Ersteres übernimmt gewisse Quantitäten von Cement in Konsignation nach Rio de Janeiro, unter Bestimmung eines Preises, der viel niedriger ist, als der vormals bei den festen Ankäufen gezahlte; dagegen wird der Fabrik ein barer Vorschuß schon jetzt gewährt und zugesichert, daß der Betrag des Erlöses, der jenen Preis übersteigt, ihr herausbezahlt werden soll, während ein etwaiger Mindererlös dem Handelshause zur Last fällt.

LXIX.

1. Juristische Konstruktion folgender Thatbestände?

a) Jemand räumt einem alten Diener zur Vergeltung von dessen langjährigen, treuen Diensten unentgeltliches lebenslängliches Mietrecht in einem Gartenhause ein.

b) Verpachtung einer Jagd seitens der dazu berechtigten Gemeinde.

c) Der Eigentümer eines Steinbruches gesteht einem andern gegen bestimmte Geldleistung das Recht zu, in jenem Steine für sich zu brechen.

d) B. verpachtet an R. auf 12 Jahre seine Ziegelei mit allen darauf befindlichen Gebäuden, Trockenscheuern und Brennöfen, der Zieglerwohnung und den vorhandenen Utensilien und überläßt dem R. ferner zur Entnahme der zum Betriebe der Ziegelei erforderlichen Ziegelerde eine abgegrenzte Fläche von 20 Morgen von dem Acker des Gutes mit der Befugnis, dieselbe, soweit sie nicht zum Ausgraben der Ziegelerde in Angriff genommen sei, ackerwirtschaftlich auszunutzen: alles dieses gegen einen jährlichen Zins von 6000 *M*.

e) Das Wegnehmen des Straßenkotes einer Stadt war im Wege der Versteigerung auf mehrere Jahre einem Unternehmer gegen einen von letzterm an die Stadtkasse zu zahlenden jährlichen Betrag übertragen worden.

f) Eine Stadt räumt einem Privatmanne Baulichkeiten auf 50 Jahre zum Gebrauche ein, unter der Auflage, sie auf seine Kosten wieder in Stand zu setzen und nach Ablauf jener Zeit solche mit den getroffenen Verbesserungen der Stadt unentgeltlich zu überlassen.

2. Ein Garten mit Wirtschaftshaus und Stallung war auf drei Jahre von Fuß an Zehe vermietet worden. Nach Ablauf jener Zeit verlangt Fuß die Räumung. Zehe entgegnet, daß Fuß, wie er erst nachträglich in Erfahrung gebracht, gar nicht Eigentümer sei, sondern dessen Vetter Knie.

Wenn dieses richtig steht, kann Fuß doch für sich die Räumung verlangen?

3. Der Lehrer Leonhardt in Grünberg, welcher bei Altenburg ein Bauerngut geerbt hat, kommt mit dem Landwirt Frost überein, daß letzterer jenes, dem seinigen benachbarte, Gut zu Gebrauch und Nutzung erhalte, und von den davon zu ziehenden Früchten ein Sechstel an den Leonhardt fallen, fünf Sechstel dem Frost verbleiben sollten.

Es entsteht späterhin Streit, in welchem es sich vor allem fragt, welches die rechtliche Natur des abgeschlossenen Vertrages sei? Und wie sich je nach der Entscheidung dieser Frage Recht und Pflicht der beiden stellen?

4. A., welcher mit X. über den Ankauf zweier Landstücke von gleicher Größe in Verhandlungen steht, hat seinem Bruder B., unter dessen dankender Annahme, versprochen, daß er ihm, wenn jener Kauf sich verwirklichen sollte, eines der beiden Grundstücke „in billigen Pacht“ geben wolle. Nachdem der Kauf zu stande gekommen, weigert aber A. die pachtweise Überlassung und wird nun darauf von B. verklagt, welcher das kleinere, aber bessere Grundstück wählt und 375 *M* Pacht zu geben bereit ist, da dieses der — wie man sagen könne — marktgängige Preis für dergleichen Pachtgrundstücke sei, auch angemessen wäre und von Sachverständigen, auf die er ausdrücklich als Beweismittel greife, sicherlich zugebilligt werden würde.

Was liegt hier rechtlich vor? Wie ist die Streitsache zu entscheiden?

5. S. hat ein Durchfahrtsrecht an dem Nachbargrundstück des O. Nun verpachtet S. den einen Teil seines Grundeigentumes an C., zugleich mit der Erlaubnis, das Fahrtrecht auszuüben. O. aber verweigert dieses dem C., unter Berufung auf l. 44 D. locati conducti (19, 2).

Mit Recht?

6. M. hat von den Erben des verstorbenen Photographen H. in Halle dessen Photographiegeschäft (Atelier mit Inventar, Kundschaft etc.) gepachtet, dann aber die Übernahme und die Zahlung des Mietgeldes verweigert, weil es an einem tauglichen Objekte fehle; für ähnliche Verhältnisse sei sogar mit gesetzlicher Kraft ein Verbot derartiger Verträge ausgesprochen, vgl. die preußische Ministerialverfügung v. 21. September 1886, betreffend Unzulässigkeit der Verpachtung von Apotheken (Min.-Bl. f. innere Verw. 1886, S. 198).

Der Anwalt des H. hält ihm entgegen, daß dieses angezogene Cirkular schwerlich rechtsbeständig sei, sondern der Reichs-Gewerbeordnung § 45 widerspreche: „Die Befugnisse zum stehenden Gewerbebetriebe können durch Stellvertreter ausgeübt werden“; in jedem Falle aber sei der Unterschied vorhanden, daß zum Betriebe eines Photographiegeschäftes nicht mehr, wie bei Apotheken, eine konzessionierte Gerechtsame erworben werden müsse; — was nun freilich auf seiten des M. nur die duplizierende Bemerkung hervorruft, daß ein Pachter kein Stellvertreter sei, und daß gerade aus der letzten Bemerkung der Jenseite der Mangel einer greifbaren res incorporalis, als des doch beabsichtigten Pachtgegenstandes, in unserem Falle deutlich werde: über nicht existierende Objekte könne man keine Verträge schließen.

Wie ist zu erkennen?

7. Die Gemeinde Bernstadt hatte mit Waas und Necker einen als „Pachtvertrag“ bezeichneten schriftlichen Vertrag abgeschlossen, wonach sie einen ihr gehörigen, aus zwei bezeichneten Felsen bestehenden, Kalksteinbruch auf die Dauer von 20 Jahren für einen jährlichen Zins von 450 ℳ verpachtete. Den Pachtern sollte das Recht zustehen, während der Pachtzeit nach Belieben die Gewinnung von Steinen aus den beiden Felsen zu betreiben; sie dürften auch das auf dem zum Steinbruchsbetriebe abgegrenzten Areal stehende und der Verpachterin verbleibende Holz wegräumen, soweit dies zum Zwecke der Anlage und des Betriebes des Steinbruches erforderlich sei.

Nachdem Waas und Necker den gedachten Steinbruch einige Jahre auf gemeinschaftliche Rechnung betrieben hatten, blieben sie mit der Bezahlung des Pachtzinses im Rückstande.

Die Gemeinde klagt jetzt gegen Waas auf Zahlung des ganzen rückständigen Betrages, indem bei einer Vereinigung zu Handelsgeschäften für gemeinschaftliche Rechnung bei gemeinschaftlichem Handeln der Teilnehmer diese solidarisch verpflichtet seien (H.G.B. Art. 266 u. 269). Handelsgeschäft betreffs der Steine liege aber vor nach H.G.B. Art. 271: „Handelsgeschäfte sind 1. der Kauf oder die anderweite Anschaffung von . . beweglichen Sachen . . um dieselben weiter zu veräußern;“ — Beklagter führt dagegen an: H.G.B. Art. 275: „Verträge über unbewegliche Sachen sind keine Handelsgeschäfte“, sowie l. 4 pr. D. de exercit. act. (14, 1).

Entscheidung mit Gründen.

---

8. In dem, einem Studenten vermieteten, möblierten Zimmer platzt infolge schlechter Konstruktion der dortselbst aufgestellte und seit kurzem in Gebrauch genommene Porzellanofen.

a) Wem liegt es ob, den Ofen auf seine Kosten wieder in Stand setzen zu lassen?

b) Gilt das gleiche, falls der Ofen infolge des Heizens etwas verstopft ist und gereinigt werden muß?

c) Wie steht es, wenn eine Fensterscheibe infolge strenger Kälte einen Sprung erhalten hat? oder durch Hagelschlag — oder von einem Dienstboten des Vermieters — oder von einem Dritten — oder unvorsichtigerweise von dem Studenten selbst eingeschlagen worden ist?

9. Bei der großen Rheinüberschwemmung im Frühjahre 1883 wurden in und bei Mainz viele vermietete Parterrewohnungen unter Wasser gesetzt und infolge dessen für die geflüchteten, nach dem Fallen des Wassers zurückkehrenden Mieter ohne gründliche Reparatur unbrauchbar. Einzelne derselben nahmen die Reparaturen auf eigene Kosten vor, andere aber nicht. In beiden Fällen kam es zu Prozessen, in denen es sich fragte:

a) Kann der Vermieter (V.) verlangen, daß der Mieter (M.) repariere?

b) Hat es Einfluß, ob im Mietvertrage ausdrücklich steht: die Wohnung ist in demselben Zustande abzuliefern, in welchem M. sie erhalten hat?

c) Kann M., wenn er diese Fragen nicht aufgeworfen, sondern ohne weiteres repariert hat, Ersatz dafür verlangen?

d) Kann V. für die Zeit der Überschwemmung und für die der Reparaturen Mietgeld verlangen?

e) Wie wäre es, wenn das betreffende Haus vollständig vernichtet worden wäre?

10. Die dem Möhring von Voß auf acht Jahre verpachteten Ländereien sind infolge eines Eisenbahnbaues fast vollständig enteignet worden.

a) Hat dieser Umstand auf die fragliche Pacht rechtlichen Einfluß?

b) Wem gebühren die bezahlten Entschädigungsgelder?

11. Der Bierbrauereibesitzer H. hatte das zu Kassel belegene Palais-Restaurant an den Restaurateur E. daselbst auf drei Jahre verpachtet. Zu dem Pachtobjekte gehörte ein Garten mit fünf Lauben und einem großen Pavillon; die Lauben wurden durch eine mit Landschaftsbildern verzierte Rückwand abgeschlossen. Diese Wand, welche dem angrenzenden Nachbar eigentümlich gehörte, ist nun im Juli 1890 durch diesen abgebrochen worden, und wurde hierdurch der Wirtsgarten längere Zeit, und zwar gerade in den Monaten, in welchen der Garten am meisten besucht zu werden pflegte, fast gänzlich unbenutzbar.

E. behauptet nun: Die fragliche Rückwand sei stillschweigend mitvermietet worden, und der Verpachter müsse deshalb den ungestörten Gebrauch jener Wand während der Mietszeit gewährleisten; da dieses nicht geschehen sei, so hafte H. wegen seines Verschuldens dem Mieter auf dessen Interesse; eventuell könne er für die Zeit der Störung nur ein geringeres Mietgeld fordern.

Der in diesem Sinne erhobenen Klage wurde von H. entgegengehalten: Die fragliche Rückwand sei von dem Beklagten nicht mitvermietet worden; auch treffe ihn kein Verschulden; es liege vielmehr nur ein Zufall vor, dessen nachteilige Folgen der Mieter zu tragen habe.

Es ist Urteil mit Entscheidungsgründen abzufassen.

12. (13.) Schöne schreibt an seinen Rechtsanwalt:

„Vor zwei Monaten habe ich die Parterreräume des dem Ladegast gehörigen Hauses zum Zwecke des Restaurationsbetriebes gemietet. Vor einiger Zeit ist in demselben Hause Sailer mietweise eingezogen, welcher daselbst nun die Fabrikation von Hausenblase betreibt; hierbei werden aber derartig üble Dünste erregt, daß meine Wirtschaft dadurch ganz gestört und vernichtet wird.

Kann ich mich wegen des erlittenen Schadens an den Ladegast halten?

Oder muß ich mich gegen Sailer wenden?

Ist es vielleicht nötig, daß ich nachweise, Ladegast habe von dem Vorhaben jenes Fabrikationsbetriebes des Sailer Kenntnis gehabt und trotzdem an ihn vermietet?"

13. (14.) Ein Offizier hatte einen Pferdestall gemietet. Dieser ist bald darauf zufolge Baugebrechens eingestürzt und hat die darin befindlichen Pferde erschlagen. Der Offizier will nun Klage auf Entschädigung gegen den Vermieter anstellen.

Wie wird sein Anwalt eine solche Klage zu begründen haben?

14. (16.) Gabriel hatte an Broocks am 19. März 1880 ein Feldgut, bestehend aus 14 Morgen Ackerland, auf welchem auch Obstbäume standen und 3 bis 4 Morgen Wiesen auf sieben Jahre verpachtet. Im März 1881 fordert er den Pachtpreis für das erste Jahr, stößt aber bei Broocks auf Weigerung. Broocks behauptet: Der Pachtpreis sei mit Rücksicht auf 70 bis 80 alte Apfelbäume, die auf dem Lande gestanden, festgesetzt worden; von diesen Bäumen seien aber im Winter 1879/80 46 vollständig erfroren und 10 weitere durch den Frost so beschädigt, daß sie in Zukunft keine Früchte mehr tragen würden. Broocks verlangt hiernach Ermäßigung des Pachtpreises und Schadensersatz von Gabriel, und erklärt diesem, daß er andernfalls von dem Rechte des Rücktrittes Gebrauch machen werde, welches ihm wegen des wesentlichen Irrtums über die Qualität jener Obstbäume, an welchen der Frostschaden zur Zeit des Vertragsschlusses noch nicht bemerklich und vorauszusehen war, zustehe.

Gabriel bittet um Gutachten betreffs seiner eigentümlichen rechtlichen Lage.

15. (17.) Ein Jurist erhält von einem Freunde nachstehenden Brief zur sachverständigen Beantwortung:

„Zu meiner Mietwohnung gehört ein Garten, den ich kontraktlich zu meiner unbeschränkten Benutzung übernommen habe. Derselbe war verwahrlost und wurde von mir neu angelegt. Nach Kündigung des Mietverhältnisses wünsche ich einen Teil der von mir gepflanzten Topfgewächse und hochstämmigen Rosen aus dem

Garten herauszunehmen; mein Wirt weigert mir jedoch die Entnahme jeglicher Gewächse, will sich auch zu keiner Einigung über deren Wert verstehen.

Muß ich die Gewächse überhaupt und auch ohne Entschädigung im Garten stehen lassen?

Ich hatte auch einige wilde Rosen eingepflanzt, mich dann aber nicht näher um sie kümmern können. Jetzt erfahre ich, daß dieselben während einer Reise meinerseits von meinem Vermieter okuliert worden sind. Ist er nun wirklich dadurch, wie er behauptet, Eigentümer dieser Pflanzen geworden?"

16. (19.) Nachdem der Gerichtsassessor von Lersner den ihm gehörigen Karlshof an Hoffmann pachtweise in Benutzung gegeben hatte, fällte ersterer eigenmächtigerweise auf dem Pachtgute stehende Bäume.

An welche Rechtsmittel kann man zu gunsten des Hoffmann denken, und welche würden — und aus welchen Gründen — mit Fug bei gerichtlichem Auftreten durchdringen?

17. (20.) Ende 1884 hat Flörsheim alle in dem dritten Stocke des Wolf'schen Hauses befindlichen Zimmer und sonstigen Räumlichkeiten gemietet. 1885 beabsichtigt Wolf an seinem Hause einen hölzernen Anbau vorzunehmen, um dadurch weitere Räumlichkeiten zu gewinnen. Noch ehe dieses indessen geschehen, protestirt Flörsheim privatim gegen die Errichtung des Anbaues, weil er an dem dritten Stock ein ausschließliches Wohnungsrecht habe und die beabsichtigte Veränderung dieses beeinträchtigen würde. Wolf läßt den Anbau trotzdem errichten.

Als derselbe bis zum dritten Stocke vollendet ist und hier die erforderlichen (hauptsächlich in der Verwandlung eines auf der Treppe vom dritten zum vierten Stocke befindlichen Fensters in eine Thüre für den neuen Anbau bestehenden) baulichen Veränderungen getroffen werden sollen, übergiebt Flörsheim diese Angelegenheit einem Anwalte, um gerichtlich vorzugehen.

Es ist eine Klageschrift mit genauer rechtlicher Deduktion auszuarbeiten.

---

18. (21.) Ist ein Billardspieler verpflichtet, dem Eigentümer Schadensersatz zu leisten, wenn er beim Verlaufe des regelmäßigen Spieles ein Loch in das Billardtuch stößt? Kommt es darauf an, ob das Billard in einem öffentlichen Lokale sich befindet und für seine Benutzung „Stundengeld" erhoben wird? Oder in den Gesellschaftsräumen eines geschlossenen Klubes, wobei jedem

Mitgliede das unentgeltliche Spielen gestattet ist? Oder bei einem Privatmann, der Bekannte zu einer Partie als Gäste eingeladen hat?

19. (22.) „Zur Aufrechterhaltung der Ordnung und zur Vermeidung von Differenzen werden die geehrten Benutzer meiner Leihbibliothek um gefällige Beachtung nachstehender Bedingungen gebeten:

1) Das Abonnement kann mit jedem Tag begonnen werden, und ist das Lesegeld für so lange zu entrichten, als sich Bücher in den Händen der Abonnenten befinden, wenn dieselben auch nicht gewechselt werden.
2) Die Teilnehmer werden gebeten, mehrere Nummern aus dem Katalog aufzuzeichnen, der für 20 ₰ käuflich zu erwerben ist.
3) Wer ein Buch beschädigt oder verliert, erstattet dessen Ladenpreis; gehört dasselbe jedoch zu einem mehrbändigen Werke, dessen Bände nicht einzeln käuflich sind, so muß der Wert des ganzen Werkes erstattet werden.
4) Unbekannte Personen hinterlegen den Wert der entliehenen Bücher als Pfand, mindestens aber ℳ 3 —."

Es sind folgende Fragen zu beantworten:

a) Von welchem Rechtsverhältnis ist hier die Rede? Was ist, juristisch charakterisiert, ein „Abonnement"?
b) Wenn ein Abonnent hinterher (durch Krankheit, Reise u. dgl.) verhindert ist, von dem Abonnement Gebrauch zu machen, kann er nicht einen verhältnismäßigen Teil des schon gezahlten Betrages zurückfordern?
c) Ist es nötig, daß Vorauszahlung des Betrages ausdrücklich oben ausbedungen wurde, oder verstand sich dieses nicht schon von selbst?
d) Stimmt die Festsetzung sub 3. mit den entsprechenden gemeinrechtlichen Sätzen überein?
e) Was für ein Rechtsverhältnis ist im Falle 4. gegeben? Mit welchen Konsequenzen — dinglicher und obligatorischer Art?

20. (23.) Ein Mieter hat zugleich mit seiner Wohnung eine Laube, welche durch eine Traueresche gebildet wird, zu seiner ausschließlichen Benutzung kontraktlich sich ausbedungen. Der Hauswirt will nun nicht zugeben, daß der Mieter fremde Leute mit in die Laube nehme, und protestiert auch dagegen, daß der Mieter in der Laube eine Bank auf die Weise anbringe, daß er einige Pfähle in die Erde schlägt und über denselben ein Brett befestigt.

Unter welchen rechtlichen Gesichtspunkt ist dieser Vorfall zu bringen?

21.* In dem vorigen Falle hat schließlich der Mieter nach einem gereizten Briefwechsel mit dem Vermieter die Wohnung gekündigt. Der Vermieter sucht durch Inserat einen neuen Mieter; und es kommen in den nächsten Tagen häufig Leute, welche sich die Wohnung ansehen wollen. Der jetzige Mieter aber, der sich durch das Verhalten des Gegners stark verletzt fühlt, weigert allen Reflektanten, schließlich auch dem persönlich erscheinenden Vermieter den Zutritt zu den von ihm bewohnten Räumlichkeiten. Er erreicht dadurch auch, daß sich die Wohnung rechtzeitig nicht wieder vermietet.

Was ist zu allem diesem juristisch zu bemerken?

22. (24.) In einem vermieteten Hause ist Mauerschwamm entstanden.

a) Muß der Mieter auf Beseitigung desselben bedacht sein?
b) Muß er, wenn der Vermieter Maßregeln dagegen ergreifen will, denselben ohne weiteres in die Mieträume zulassen?
d) Da ihm dieses unangenehm ist, macht er den Vermieter auf den entdeckten Schwamm gar nicht aufmerksam; kann letzterer deshalb Schadensersatz fordern?

23. (25.) Zwischen Schmidt, welcher in Braunschweig eine Gastwirtschaft mit Ausspann betreibt, und dem dortigen Magistrate war ein Vertrag geschlossen, wonach dem letztern von Schmidt bis zu 30 Pferdestände, besonders zur Belegung mit Pferden des zu Braunschweig garnisonierenden Husarenregimentes, gegen bestimmte Bezahlung zur Verfügung zu stellen waren. In einem Februar, als 19 Husarenpferde in diese Stallung eingestellt waren, brach unter ihnen die Rotzkrankheit aus, worauf dem Schmidt von der Polizeibehörde bei Strafe untersagt wurde, anderen Pferden den Zutritt zu seinen Ställen zu gestatten. Schmidt forderte am 18. Februar von dem Magistrate Abhilfe, erhielt aber keine Antwort; als er im Mai sein Ansuchen wiederholte, kam nach geraumer Zeit ein ablehnender Bescheid zurück. Erst am 8. August wurden die letzten Husarenpferde aus jenen Stallungen entfernt, und am 11. September erfolgte die Desinfektion derselben.

Da während der fraglichen Zeit das Ausspanngeschäft des Schmidt völlig lahm gelegt war, so ist ihnen ein Schaden von 15 ℳ pro Tag entstanden.

Er verlangt nun ein begründetes Gutachten: ob er im Wege Rechtens etwas — und von wem? — verlangen könne?

24. (26.) Der Stadtrat zu Leipzig beschloß, unter Genehmigung der vorgesetzten Verwaltungsbehörde, im September 1892, daß wegen vorliegender Cholerагefahr die damals bevorstehende Leipziger Michaelismesse ganz ausfallen solle.

Da nun in Leipzig eine große Anzahl von Lokalen gerade mit Rücksicht auf die Messe, und nur für deren Dauer, vermietet sind, so erhebt sich die Frage: ob der entstandene Mietzinsverlust von den Vermietern oder den Mietern zu tragen ist?

25. (27.) Danneman schreibt an einen Rechtsanwalt:

„In der Absicht, in Bad Nauheim meinen Wohnsitz zu nehmen, mietete ich im Juni v. J. von Schirmer eine Etage in dessen Wohnhause für ein Jahr um 900 *M*. Meine Übersiedelung wurde durch Erkrankung und widrige Familienverhältnisse zunächst gehindert; ich habe aber für die beiden ersten Quartale doch an Schirmer den Mietpreis bezahlt. Jetzt ist es sicher, daß ich überhaupt nicht überziehen kann. Ich habe nun erfahren, daß Schirmer im Januar und Februar d. J. die vermieteten Räume dadurch selbst benutzt hat, daß er seine Kinder und das Dienstmädchen in denselben hat schlafen lassen.

Ist damit nicht unser Vertrag aufgelöst?

Wenn Sie es aber für rechtlicher halten, so wollen Sie in meiner Vertretung dem Schirmer nur das Mietgeld für jene zwei Monate abziehen?

Ist es denn nicht möglich, die Wohnung an einen Dritten unter der Hand zu vermieten? Mit Schirmer will ich aber nach unserem letzten gereizten Briefwechsel nichts mehr zu thun haben.“

Was wird der Anwalt dem Anfragenden antworten?

26. (28.) Die Eisenbahnverwaltung E. schließt mit den Kohlengruben A., B., C., D. Verträge ab, wonach E. den letzteren Eisenbahnwagen zur Beförderung gewonnener Kohlen vermietet; für solche Wagen, welche von einer Grube auch jeweilen gewünscht, dann aber von ihr doch nicht in Gebrauch genommen worden wären, sollte für jeden Wagen eine Gebühr von 2 *M* entrichtet werden.

Am 15. März 1889 erbittet Grube A. 200 Wagen. Sie erhält sofort 74; am Nachmittag telegraphiert sie um schleunige Weiterbesorgung von 31 Wagen, die auch abgehen.

Nach einiger Zeit verlangt E. 190 *M* Gebühren für die nicht benutzten 95 Wagen. — A. entgegnet, daß E. von B., C. und D.

bereits 410 *M* erhalten habe, weil diese an demselben Tage 205 von ihm bestellte Wagen gleichfalls nicht abgenommen hätten. Es wären aber damals bei dem überall herrschenden Wagenmangel zur Verfügung des E. nur 114 Wagen gewesen.

E. repliziert, daß dies zwar thatsächlich richtig stände, sich rechtlich aber als eine exceptio ex iure tertii erweise; für den A. seien Wagen genug da gewesen, und die Rechtsverhältnisse des E. zu B., C., D. gingen A. nichts an.

Urteil mit Gründen?

---

27. (29.) In einem schriftlichen Mietvertrage hatte sich der Vermieter verpflichtet, „weder zu kündigen, noch zu steigern in Zukunft". Als nachmals die Mietpreise in jener Stadt sehr stiegen, kündigte doch der Vermieter, unter der Behauptung, daß eine locatio perpetua nach gemeinem Rechte unzulässig sei.

Mit Recht?

28. (30.) Ein Vermieter klagt gegen einen Studenten auf Räumung der auf einen Monat vermieteten Wohnung, nachdem diese Frist abgelaufen ist. In dem Verhandlungstermine bringt der Beklagte vor, daß er die Wohnung ausdrücklich für das ganze Semester gemietet habe. Der Vertrag war mündlich ohne Zeugen abgeschlossen worden, und beide Parteien, die auf ihren widersprechenden Behauptungen beharren, können als Beweismittel nur den Eid benennen.

Wie wird das Gericht vorzugehen haben?

29. (32.) A. hatte dem B. Grundstücke um den jährlichen Pachtpreis von 500 *M* auf 6 Jahre verpachtet, unter Ausbedingung halbjährlicher Zahlung des Pachtgeldes. B. läßt aber zwei Ziele verstreichen, ohne zu zahlen.

Welche rechtlichen Mittel stehen dem A. zu Gebote?

30. (33.) In dem vorigen Falle hatte sich A. nicht gerührt, und es waren jetzt bereits fünf Ziele fällig gewesen, ohne daß eine Zahlung erfolgt ist. Als nun A. gegen B. Schritte thun will, rechnet ihm dieser vor, daß er im letzten Jahre auf notwendige Reparaturen an den mitverpachteten Gebäuden, sowie für unentbehrlich gewordene Bewässerungsanlagen auf den Wiesen ungefähr 300 *M* verwendet habe, deren Wiederersatz er von A. beanspruchen müsse. Wegen des Restes bittet er noch um Ausstand. A. will sich aber auf nichts mehr einlassen und sähe es am liebsten, wenn er den ganzen Pachtkontrakt los wäre.

Was kann bei dieser Sachlage jeder von dem andern rechtlich beanspruchen?

31. (34.) In einem Streite über die Benutzung eines vermieteten Schlachthauses wird von seiten des Vermieters behauptet, daß der Mieter das Haus und den Hof an einen dritten Schlachter zum Mitgebrauche behufs Ausübung des Schlachtereigewerbes überlassen habe; das sei mißbräuchlich, weil dadurch das Schlachthaus allzustark abgenutzt, und auch die weitere Folge herbeigeführt werde, daß in dem Hofe eine Vermehrung der Abfallstoffe und schädlichen Ausdünstungen entstünde; er, der Vermieter, wolle deshalb vom Vertrage zurücktreten.

Der Mieter erwidert, daß er während der Dauer der Miete die Befugnis habe, einen Untermieter anzunehmen.

Wer hat das bessere Recht auf seiner Seite?

32. (35.) Gempt hatte von Rautenberg auf eine Reihe von Jahren vier Räume „zur Betreibung einer Möbelfabrikation" gemietet. Die Lokalitäten waren in der Hamburger Zollvereins-Niederlage gelegen und deshalb den besonderen Anordnungen der Zollbehörde gesetzlich unterworfen. Anfang 1881 untersagte diese nun dem Gempt, vom 1. April desselben Jahres andere Möbel als Polstermöbel anzufertigen, worauf derselbe dem Rautenberg mitteilte, daß er zu seinem Bedauern ihm seine Räume vom 1. April 1881 zur Verfügung stellen müsse, da sie für ihn, den Gempt, jetzt keinen Wert mehr hätten. Rautenberg protestiert aber gegen diese willkürliche Handhabung ihres fest abgeschlossenen Vertrages; auf derartige persönliche widrige Zufälle könne er, der Vermieter, keine Rücksicht nehmen, und Gempt hätte sich die Möglichkeit einer solchen Verfügung, wie der jetzt eingetroffenen, beim Vertragsabschluß vorbehalten müssen; — was nun Gempt veranlaßt, auf Feststellung seiner Berechtigung, sich von den Mietverträgen loszusagen (C.P.O. § . .?) Klage zu erheben.

Urteil mit Gründen.

33. (36.) Der Kaufmann Holland hatte von dem Rheder Reyen dessen Schiff „Therese" für eine transatlantische Reise auf 10 Monate zur Monatsfracht von 4250 ℳ gemietet. Die Chartepartie enthielt indessen die Klausel: „Es steht jedoch den Befrachtern frei, die Charter bis auf 14 Monate auszudehnen." Das Schiff wurde nun zu einer Reise nach einigen Häfen der Westküste von Central-Amerika benutzt. Die dortigen Korrespondenten des Holland schlossen, wozu sie befugt waren, einen Unterfrachtvertrag mit einer andern Firma in betreff der Rückreise nach Europa.

Auf dieser befand sich das Schiff zur Zeit des Ablaufes der 14 Monate, und wurde es nach Vollendung der Rückreise, als insgesamt $17^1/_2$ Monate verstrichen waren, dem Reyen zur Disposition gestellt.

Es erhob sich nun ein Streit zwischen Holland und Reyen darüber, ob Holland für die letzten $3^1/_2$ Monate den gleichen Preis, wie für die früheren, zu zahlen habe, oder für jeden Monat 1200 ℳ mehr, um welchen Betrag die Frachten im betreffenden Zeitraume gestiegen waren; — und ist hierüber in begründetem Gutachten sich auszulassen.

34. (37.) A. hatte von B. im Dezember 1883 eine Wohnung auf drei Jahre gemietet, mit dem Beginn vom 1. Januar 1884. Nach Ablauf der Mietzeit wurde durch Einverständnis beider Teile die fragliche Miete auf weitere drei Jahre ausdrücklich erneuert; aber auch nach dem 31. Dezember 1889 nichts geändert, und der vormals bedungene Mietpreis in halbjährigen Raten praenumerando pünktlich abgeführt.

1891 kam es zu Streitigkeiten zwischen A. und B., und es fragt sich nun, wie es mit dem Mietverhältnis und insbesondere mit dessen weiterer Zeitdauer sich verhalte?

35. (38.) Der Zimmermeister Arckel hatte von dem Rentner Bücking einen Zimmerplatz auf drei Jahre gemietet. Das auf demselben lagernde Holz verkaufte Arckel der Hauptsache nach an den Holzhändler Steinhauf, welchem bei Ablauf der drei Jahre Bücking einen Brief des Inhaltes zukommen läßt: daß Steinhauf sofort den Platz zu räumen oder den seither geltenden Mietzins zu bezahlen habe.

Steinhauf antwortet nicht, sondern läßt ganz allgemach, wie es durch den Gang seines Geschäftes bedingt war, jenes Holz abfahren. Als dieses nach mehr wie einem halben Jahre vollendet war, erhält er eine Anforderung von Bücking auf verhältnismäßige Mietzinsforderung; cf. l. 13 § 11 D. loc. cond. (19, 2): „qui impleto tempore conductionis remansit in conductione . . . iure utimur, ut, prout quisque habitaverit, ita et obligetur."

Wird Steinhauf dem erhobenen Anspruche etwas entgegensetzen können? Und welche juristischen Gesichtspunkte kommen bei der Schlichtung dieses rechtlichen Streites durchschlagend in Erwägung?

LXX.

1. Unter welche Rechtsbegriffe sind die folgenden kontraktlichen Abmachungen zu subsumieren?

a) Von dem Eigentümer wird ein Vicewirt für sein Haus bestellt; — ein Inspektor für ein Landgut, der Leitung und Betrieb desselben übertragen erhält; — die Mutter als Verwalterin des Vermögens ihres verschollenen Sohnes.

b) Ein Tapezierer soll eine Wohnung einrichten; — ein Buchbinder ein Buch einbinden; — ein Schlosser ein kunstvolles Gitterthor anfertigen; — ein Porträtmaler ein Bild herstellen; — ein Bildhauer ein Grabmonument liefern.

c) Es nimmt jemand Musikunterricht gegen Honorar; — ein Hauslehrer wird bei völlig freier Station angenommen, sei es mit oder ohne Zahlung einer kleinen baren Remuneration.

d) Ein Jäger übergiebt einem Schmied sein Gewehr zum Herausholen einer darin stecken gebliebenen Patrone.

e) Ein Pferdebesitzer leistet mit seinen Pferden Frachtfuhrleuten gewerbsmäßig Vorspann, oder zieht auf dem Leinpfade Schiffe stromaufwärts, wobei die Unkosten ersetzt und für Tag oder Stunde ein bestimmter Betrag als Entgelt gezahlt werden soll.

f) Jemand verpflichtet sich, einem andern gegen Entgelt zu verschaffen:

ein Darlehn; — eine erste Hypothek zu guter Kapitalanlage; — ein bestimmtes Grundstück; — 80 Centner Anthrazitkohlen; — einen tüchtigen Rechtsanwalt; — einen Sitz im Abgeordnetenhause; — eine Braut; — eine Aktie eines Bankvereins.

g) Ein Hamburger Exporthaus schließt mit einem Rheder über ein diesem gehöriges Dampfschiff einen Mietvertrag: entweder über das ganze Schiff zu einer Fahrt nach Loanda; — oder für bestimmte Räume und Kammern im Schiffsraume; — oder nur unter Übergabe der Ware zum Transporte nach San Thomé an eine bestimmte Adresse; — oder in der Weise, daß ihm das Schiff auf 18 Monate zu eigener Bemannung und Verwendung zur Verfügung gestellt wird; — oder endlich zwecks Überfahrt zweier Geschäftsangestellten nach Madeira, unter Verabredung voller Beköstigung derselben für eine runde Gesamtsumme.

h) Ein Gartenbesitzer liefert die Erträgnisse seiner Johannis- und

Himbeersträucher in einer Konditorei ab, welche die Früchte in Zucker für jenen einzumachen hat und als Entgelt eine bestimmte Anzahl fertiggestellter Gläser für sich behalten soll.

i) Ein Arzt hat mit dem Besitzer von Fuhrwerken einen Vertrag dahin abgeschlossen, daß, so oft der Arzt zu Fahrten über Land einen Wagen nötig habe, der andere einen solchen ihm stellen solle; am Ende des Jahres wird über die geschehenen Fuhren abgerechnet.

k) Es übernimmt jemand die Reparatur einer Mühle; der Eigentümer dieser verspricht ihm als Äquivalent die halbjährige Benutzung der Mühle.

l) Eine Gemeinde läßt einen Brückenbau aufführen; sie giebt die Ausführung im Wege der Submission an einen Bauunternehmer, der nun zur Ausführung der Maurerarbeiten einen Maurermeister in Unterakkord annimmt; dieser liefert durch seine Arbeiter die Maurerarbeiten.

m) Der Redakteur Engelbert hat sich verpflichtet, den „Ludwigswalder Boten", solange er denselben herausgeben werde, bei dem Buchdrucker Münchmann gegen sachgemäße Vergütung drucken zu lassen.

n) Seitens eines, der einen Feldfrevel begangen, wird einem Zeugen desselben eine Belohnung zugesichert, wenn dieser ihn nicht anzeigen werde.

o) Vertrag mit einem Verleger, — entweder einer Zeitschrift, wobei ein Redakteur gegen festes Gehalt angestellt wird; die Beiträge werden nach der Bogenzahl mit je 50 ℳ honoriert; — oder eines Buches, Herstellung in verschiedener Weise: auf Kosten des Autors, der Verleger übernimmt nur den Vertrieb; auf Kosten des Verlegers, sei es ohne Entschädigung an den Autor, sei es mit Beteiligung desselben am Gewinn, der sich nach Deckung der Unkosten ergebe, sei es mit Honorar an ihn, nach Bogen oder im ganzen, und mit Freiexemplaren, oder endlich auf gemeinschaftliche Kosten unter Teilung des Gewinnes.

p) Ein Gutsbesitzer überträgt einem Architekten und Maurermeister den Umbau einer Scheune in ein Brennereigebäude in vollem Umfange dergestalt, daß der Baumeister auch die anderen Gewerken, wie z. B. Zimmerleuten, Schlossern, Glasern, Steinmetzen, Dachdeckern, zufallenden Arbeiten mit besorgen lassen, das dazu erforderliche Material anschaffen und alles dies dem Gutsbesitzer in Rechnung stellen solle.

2. Man achte ferner auf folgende Ausschnitte aus „der vierten Seite“ einer Zeitung und bringe sie alsbald unter den zutreffenden juristischen Gesichtspunkt:

a) Bestellungen auf die X.-Zeitung für die Monate Mai und Juni werden von allen Reichspostanstalten zu dem Preise von 2 ℳ angenommen. Hier am Orte erfolgt die Zustellung je nach Wunsch zweimal täglich, morgens und abends, oder einmal täglich (Morgen- und Abend-Ausgabe zusammen) des Abends. Bei einmaliger Zustellung beträgt das Bestellgeld für die Monate Mai und Juni 1,70 ℳ, bei zweimaliger Zustellung 1,90 ℳ.

b) Ankündigung von Karussellfahrten auf dem Jahrmarkte.

c) Kammerjäger vertilgt Ungeziefer.

d) Wasch- und Plättanstalt empfiehlt sich.

e) Ein Klavierspieler erhält dauernde Stellung.

f) Redakteur für eine Zeitschrift gesucht, der bereit ist, sich mit einem Kapital von 70000 ℳ an der betreffenden Zeitschrift zu beteiligen.

g) Stellenvermittlung für Kaufleute durch den Verband deutscher Handlungsgehilfen.

h) Die provisionsweise Vertretung einer Färberei und Appreturanstalt von Baumwollenfutterstoffen zu vergeben.

i) Für einige Fachzeitschriften werden tüchtige Annoncensammler gesucht; hohe Provision wird gewährt.

k) Aufforderung zur Beteiligung an Stangen'schen Gesellschaftsreisen.

l) Rechtshilfe, nebst schriftlichen Arbeiten dazu; — Photograph empfohlen; — Schönschreiben wird gelehrt und in drei Wochen jede schlechte Schrift verbessert; — elegante Garderobe wird nach Maß gefertigt; — die Anfertigung von 3000 Quadratmetern Pflaster soll vergeben werden.

3. Welcher Vertrag liegt in der Annahme eines „Hausmannes“, der im Kellergeschoß eine Wohnung eingeräumt erhält und entweder: dafür einen bestimmten jährlichen Preis bezahlt und die Verpflichtung des Thürschließens, der Straßenreinigung und der Beaufsichtigung des Hofes hat; oder: nur diese letzteren Thätigkeiten als Äquivalent leistet; oder: für seine Portierdienste außer der freien Wohnung noch Wochenlohn bezieht?

4. Der Zimmermeister Beilhorn hatte gegen eine Vergütung von 6000 ℳ es unternommen, dem Cirkusbesitzer Saski den Bau eines neuen Cirkus auf einem von der Stadt Osnabrück gemieteten

Platze aus lediglich von Beilhorn zu lieferndem Material zu Vorstellungen der Kunstreitergesellschaft des Saski herzustellen, sowie den Abbruch des Cirkus, die Räumung des Platzes und dessen Rückgabe an die Behörde nach Beendigung der Vorstellungen auszuführen.

Der Vertrag wurde von Beilhorn ausgeführt; Saski blieb aber den Lohn schuldig. Als er nach beinahe drei Jahren von jenem energisch gemahnt wurde, verwies er ihn auf das hannoversche Verjährungsgesetz vom 22. September 1850, nach welchem Klagen aus Forderungen der Handel- und Gewerbetreibenden für Waren und Arbeiten mit dem Ablaufe von zwei Jahren und nur Rückstände an Miet- oder Pachtgeldern in vier Jahren verjähren.

Wie steht es hiernach mit dem Anspruche des Beilhorn?

5. Einem Notar war Auftrag zur Vornahme der Versteigerung eines bestimmten Grundstückes erteilt worden. Noch ehe dieses ausgeführt war, widerrief der Eigentümer jene Vollmacht.

Ist er nun von aller Verbindlichkeit frei, oder kann der Notar die Vergütung, welche ihm für die geschehene Ausführung des Geschäftes in Aussicht stand, jetzt beanspruchen?

6. Von besonderer rechtlicher Bedeutung ist der zu häufigen Prozessen führende kaufmännische Lehrvertrag.

a) Wie ist die Annahme eines Lehrlings in einem Handelsgeschäfte juristisch zu bestimmen? Kommt etwas darauf an, ob die Erlernung gegen Lehrgeld oder unentgeltliche Hilfeleistung stattfindet, oder ob für die Arbeit Lohn gezahlt wird?

b) Ein Beamter hatte seinen jüngern Bruder bei einem Kaufmann in die Lehre gegeben und diesem bei Antritt der Lehre, die mehrere Jahre dauern sollte, eine Entschädigung für Wohnung und Kost auf die Dauer der Lehrzeit bar gewährt. Der Lehrling hatte jedoch nach einigen Monaten die Lehre verlassen.

Kann sein Bruder pro rata temporis die gewährte Entschädigung zurückfordern?

c) Ist ein Vater als Selbstkontrahent anzusehen, wenn er im eigenen Namen für seinen minderjährigen Sohn einen Lehrvertrag abschließt?

d) Kann ein Lehrvertrag alsbald aufgehoben werden, wenn erwiesenermaßen der Lehrling mit häuslichen Verrichtungen überhäuft wird? In einem besondern Falle hatte der Vater des Lehrlings behauptet, daß in dem nun abgelaufenen ersten Lehrjahre seinem Sohne keine andere Beschäftigung zugewiesen worden, als auf die Post zu laufen, oder andere Gänge zu besorgen, sowie Muster abzuschneiden und aufzukleben, Waren hin- und herzutragen und andere derartige Hausknechts- und Auslauferdienste mehr; nahm er ihn mit Recht vor Ablauf der Zeit aus der Lehre? Wie stand es in dem Falle, da ein Lehrling nach einem halben Jahre seit seinem Eintritte in ein Kupferdruckereigeschäft zu kränkeln anfing, über Husten und Brustschmerz klagte und öfter Bluthusten bekam, so daß der Arzt die Beschäftigung des Knaben im Kupferdrucke für schädlich erklärte?

e) Welche Rechtsfolgen treten ein, wenn seitens des Lehrlings, oder seitens des Lehrherrn der Lehrvertrag grundlos gebrochen wird? Wie steht es, wenn der Prinzipal in Konkurs verfällt?

7. Ein Müller soll Getreide für mehrere Bauern mahlen. Dabei wird das Korn zusammengeschüttet, so daß alles einen großen Haufen giebt und alsdann gemahlen wird. Dann liefert er dem einen sein Quantum ab; der Rest geht bald darauf durch unglücklichen Zufall zu Grunde.

Können die anderen Besteller etwas fordern, sei es von dem Müller, oder von demjenigen, der schon Mehl erhalten hat? Welches rechtliche Verhältnis lag hier überhaupt vor?

---

8. Ein Kaufmann legt einem Juristen folgende briefliche Anfrage vor: „Wir empfingen gestern unter beiliegendem Briefumschlag einen Brief, der vom Absender mit einer Reichspostmarke frankiert, versehentlich jedoch in einen Briefkasten der Privat-Briefbestellungsanstalt „Courier" gesteckt worden ist. Der „Courier" hat dafür Straf- (doppeltes) Porto (im ganzen also 6 ℛ𝒫) erhoben. Ist der „Courier" berechtigt, Strafporto zu erheben; oder muß er nicht derartige Briefe zum Zwecke der richtigen Frankierung an den Absender zurückgeben?"

9. Der Redakteur eines Lokalblattes erhebt gegen einen Reichstagsabgeordneten Anspruch auf Entschädigung wegen der im Interesse der Wahl des letztern geleisteten Dienste und erlittenen Vermögensnachteile. Er hält ihm vor, daß derselbe als Wahlkandidat zu dem Redakteur gesagt: Ich werde Sie auf das nobelste bezahlen; Sie können auf mich rechnen.

Wie ist über den erhobenen Anspruch rechtlich zu urteilen?

10. (11.) Die Stellung eines „Hausarztes" ist neuerdings mehrfach rechtlich streitig geworden. Nach allgemeinem Gebrauche ist der Inhalt des Vertrages dahin aufzufassen, daß der Arzt jederzeit dem Rufe in das Haus folge und auch in seiner Sprechstunde seinen Rat gebe und von Zeit zu Zeit unaufgefordert die Familie besuche, und daß er für seine gesamte Thätigkeit ein Pauschquantum erhalte.

Es fragt sich nun aber, wie in Ermangelung besonderer Abrede das Jahreshonorar zu berechnen ist? Insbesondere, welchen Einfluß die ärztliche Taxordnung hierauf hat?

11. (12.) Der pensionierte Förster Laetus erhebt gegen seinen Dienstherrn von Hassen Klage, darauf gegründet: daß ihm neben seinem damaligen Dienste die Geschäfte des abgegangenen Rentmeisters übertragen worden, wegen der hierdurch entstandenen Verhinderung bei der Besorgung jenes Dienstes ein Forstwärter beigeordnet und in dem desfallsigen Reskripte bemerkt gewesen sei, daß er am Schlusse einer Gratifikation entgegensehen dürfe; eine solche sei ihm jedoch nicht zu Teil geworden.

Ist die erhobene Klage gerechtfertigt?

12. (13.) A. hat durch mehr als fünf Jahre seiner Schwester B. beim Betriebe eines Krämergeschäftes beigestanden; während dieser Zeit befand er sich nebst seiner Tochter bei der B. in Kost und Wohnung. Nach einem persönlichen Streite nimmt er jetzt für die abgelaufene Zeit einen Betrag von 8 ℳ für den Monat in Anspruch, da heutzutage die Entgeltlichkeit geleisteter Dienste vermutet werde, und jener Betrag für die von ihm geleisteten ortsüblich und auch angemessen sei.

Welche *actio* ist angestellt? Ist sie nach vorstehendem begründet oder nicht?

13. (14.) Ein Arzt war von einer Gemeinde als Stadtarzt gegen jährlichen Gehalt mit der Verpflichtung, die dortigen Armen unentgeltlich zu behandeln, angestellt worden. Als späterhin persönliche Differenzen ausbrachen, kündigte die Gemeinde jenem die Anstellung.

Nun erhebt der Arzt Klage gegen die Gemeinde auf fernere Erfüllung des angegebenen Vertrages, indem er anführt, daß er seinen Dienst weiterhin zur Verfügung gestellt habe, und daß die Beklagte, da seine Anstellung in unwiderruflicher Weise geschehen, zu der Kündigung des Kontraktes nicht befugt gewesen sei.

a) Welche der Parteien hat mit Recht den Prozeß zu gewinnen?

b) Würde ebenso in dem Falle zu entscheiden sein, da ein Kulturingenieur mit einem Gutsbesitzer einen Vertrag über Herstellung einer systematischen Drainanlage auf dem Landgute jenes für einen bestimmten Preis in Bausch und Bogen abgeschlossen hatte und nun der Gutsbesitzer diesen Kontrakt kündigte?

14. (15.) Ein Fabrikant, welcher einen Werkführer nach dem mit demselben abgeschlossenen Vertrage ausdrücklich auf Lebenszeit und mit Ausschluß der Kündigung angenommen hat, entläßt ihn aus seinen Diensten. Der Werkführer klagt auf Zahlung des versprochenen Gehaltes; wogegen der Beklagte die Einrede vorschützt, daß er die Fabrik, für welche er den Kläger engagiert, habe eingehen lassen, und daß er deshalb berechtigt gewesen sei, den fraglichen Vertrag als dadurch gelöst anzusehen.

Entscheidung?

15.* In einem Privatbriefe fand sich nachstehende Bitte um Rechtsbelehrung:

„Eine an einer Privatschule mit Gehalt und freier Station auf zwei Jahre fest angestellte Lehrerin erkrankte an den Masern und mußte wegen der Ansteckungsgefahr für die Schülerinnen in ein Krankenhaus übersiedeln. Während der Krankheit wurde ihr von der Schulvorsteherin eine Vertreterin bestellt.

Wer trägt die Kosten der Verpflegung im Krankenhause und der Vertretung?"

16. Es ist eine bekannte Erfahrung, daß Bauten gewöhnlich über den Anschlagspreis zu stehen kommen, zumal wenn der Bauherr vom Baugewerken ein Gutachten ohne ganz im einzelnen ausgearbeitete Kostenberechnung erhalten hat. Es fragt sich nun aber:

a) Muß der Bauherr ohne weiteres den überschreitenden Betrag bezahlen? Oder ist der Übernehmer an seinen einmal gemachten Kostenanschlag unbedingt gebunden?

b) Der Bauherr hat Verdacht, daß die Einhaltung des Kostenanschlages zu ungunsten der Solidität geschehen ist; kann er mit der Bezahlung des Entgeltes bis zur Feststellung der Tüchtigkeit des gelieferten Werkes warten?

c) Wenn sich der Besteller ausdrücklich die Billigung des anzufertigenden Werkes vorbehielt, ist er bei einer Verwerfung desselben verpflichtet, Gründe anzugeben?

d) Kann der Besteller, wenn er den bedungenen Bau ohne Vorbehalt angenommen hat, hinterher entdeckte Fehler noch rügen? Ist es gleichgültig, ob er eine ausdrückliche Approbation vorgenommen hat?

17. Der Dienstknecht eines Gutsbesitzers ist bei der ihm aufgetragenen Beaufsichtigung und Antreibung der Pferde an einem unverkleideten Göpelwerke in dasselbe geraten und verletzt worden.

Kann er von seinem Arbeitgeber Schadensersatz verlangen?

18. Ein Unternehmer führte im Auftrage des bremischen Staates für diesen einen Damm zu einem festen Preise aus, und zwar nach einem von den Ingenieuren des Staates aufgestellten Plane, worin die vorzunehmenden Arbeiten in ihren kleinsten Einzelheiten aufgeführt und die Art ihrer Ausführung, sowie auch die Beschaffenheit der dazu zu verwendenden Materialien vorgeschrieben waren. Der Unternehmer führte den Plan ganz nach Vorschrift aus; allein infolge der Fehlerhaftigkeit dieses Planes rutschte der Damm zusammen. Jener glaubt nun, daß er unter diesen Umständen von der Haftung frei sei.

Mit Recht?

19. Einem Annoncenbureau war das Einrücken eines Inserates in 58 italienischen Blättern zum Durchschnittspreise von je 6 Fr. aufgegeben; es konnte aber nur in 40 inserieren. Die Zahlung des Preises wurde verweigert, weil der Vertrag nicht erfüllt sei.

Es fragt sich, wie jener Vertrag juristisch zu charakterisieren ist? Und wie sich hiernach Rechte und Pflichten der Beteiligten bestimmen?

20. Ein Bauer begegnet einem andern Landwirte und erhält von diesem den Auftrag, in der nächsten Woche dessen in der Scheune lagerndes Getreide zu dreschen. An einem Tage der nächsten Woche kommt jener Bauer mit zwei Dreschgehilfen auf den Hof des Bestellers, welcher an diesem Tage nach der benachbarten Stadt gefahren ist. Sie untersuchen das betreffende Getreide und finden, daß es, wie bei der feuchten Witterung des Jahres 1888 in der dortigen Gegend es allgemein war, ziemlich naß ist; sie setzen es daher an die Sonne und beginnen mit einem Teile das Ausdreschen.

Da sie nach einiger Zeit merken, daß bei längerem Dreschen sich die Ähren platt schlagen, so machen sie die Frau des Landwirtes darauf aufmerksam, erhalten aber zur Antwort, daß das

Getreide in diesem Jahre überhaupt nicht besser sei. Sie dreschen nun darauf los.

Als sie nach vier Wochen ihren Lohn sich holen wollen, so zieht ihnen der Landwirt 4 ℳ ab, weil sie nicht ordentlich gedroschen hätten. Sie kommen in Streit und bringen die Sache an einem Gerichtstage vor dem Amtsgerichte zur Verhandlung.

Was wird der Richter thun?

21. Eine von einer Privatgesellschaft veranstaltete Elbfahrt konnte nicht ausgeführt werden, weil das dafür gemietete Dampfschiff auf den unter dem Wasser liegenden Anker eines Elbkahnes stieß und ein Leck erhielt.

Es fragt sich nun, ob die eingetretene Leistungsverhinderung den Anspruch auf Zahlung des für das Dampfschiff bedungenen Fuhrlohnes aufgehoben hatte?

22. Nach Erlaß des Reichsgesetzes vom 21. Oktober 1878 gegen die gemeingefährlichen Bestrebungen der Sozialdemokratie wurden alle sozialistischen Zeitungen, auch die wissenschaftliche Zeitschrift „Die Zukunft“, in den letzten Tagen des Oktober verboten.

Die Abonnenten hatten am Anfange des Quartals den Betrag für dieses schon voll entrichtet; und kam es damals vielfach zur Erörterung: ob es dabei einfach sein Bewenden hätte, oder ob sie nicht irgend etwas von irgend wem als Entschädigung gesetzlich beanspruchen könnten?

23. Koker hatte zur Gewinnung von Eis Grundstücke gepachtet, welche von den angrenzenden Bächen unter Wasser gesetzt werden sollten, um dieses gefrieren zu lassen. Er übertrug die Arbeit, das sich bildende Eis während des Winters auszuhacken und auf Wagen zu laden, dem Amthor gegen eine Vergütung von drei Pfennig für den Centner, wobei Amthor für die erforderlichen Arbeiter und nötigen Werkzeuge selbst zu sorgen hatte. Bei Beginn der Arbeit zeigte sich, daß mangels genügenden Wasserzuflusses das sich bildende Eis am Boden angefroren und die Eisgewinnung unmöglich war.

Amthor klagt gegen Koker den Ersatz des ihm durch diese Unmöglichkeit zugegangenen Schadens ein, da er seine Dienste und Arbeiter bereit gestellt habe. Koker erwidert, daß bei der Werkverdingung der conductor die Gefahr trage.

Wie ist zu erkennen?

LXXI.

1. Wie sind nachstehende Verabredungen rechtlich zu charakterisieren?

a) Mehrere Tagelöhner vereinigen sich, um gegen Bezahlung Holz zu spalten oder zu fällen.

b) Zwei Freunde verabreden, während der Pfingstfeiertage gemeinsam einen Ausflug zu unternehmen.

c) G. hat einen zweifelhaften Schuldner S. und übergiebt dem solche Geschäfte gewerbsmäßig betreibenden X. den Schuldschein: von dem einlaufenden Gelde soll X. 20 %, den Rest der G. erhalten.

d) Der Eigentümer einer Schafherde, der von der Schafzucht nichts versteht, vereinigt sich mit einem Schäfer zum Betriebe der Schäferei in der Art, daß der Schäfer Hütung und Pflege der Schafe übernimmt und von dem Wollertrag ein drittel erhält.

e) Ein Verleger übernimmt Herstellung und Vertrieb einer juristischen Monographie mit dem Beding, daß ein nach Deckung der gesamten Unkosten etwa erzielter Gewinn ihm und dem Autor zu gleichen Teilen zufallen soll.

f) Der Besitzer eines Rennpferdes, der nicht reiten kann, verbindet sich mit einem Reiter, der kein Rennpferd hat, zur Teilnahme an einem Wettrennen dergestalt, daß der Reiter das Pferd des andern reiten soll und ein erlangter Rennpreis gleich zu teilen ist.

g) Der Fiskus und ein Rittergutsbesitzer haben einen Vertrag geschlossen, um einen Bach in dem für das gemeinschaftliche Flößereiinteresse erforderlichen Zustande zu erhalten. Es soll vor Beginn der Flößperiode eine gemeinsame Revision stattfinden und von beiden Teilen bestimmt werden, welche Ausbesserungen gemacht werden müssen; können sie sich nicht einigen, so soll die Königliche Regierung entscheiden und ein prozessualisches Verfahren nicht vorkommen.

h) Ein Geschäftsmann, der eine Schlachterei ankaufen und betreiben wollte, ging mit einem Kapitalisten einen Vertrag ein, wonach dieser ihm 30000 ℳ zur Verfügung stellte. Es sollte diese Summe dem Gläubiger mit 6 % verzinst werden und vom jährlichen Gewinn der Schlachterei ihm der fünfte Teil zukommen, während $^4/_5$ dem Geschäftsmanne verbleiben.

i) Es bildet sich ein Komitee zur Errichtung eines Kriegerdenkmals, wobei Sammellisten in dem Orte umgehen und Beiträge von Privaten entgegengenommen werden.

k) Kolibay und Averhoff schließen am 26. März 1891 folgenden von ihnen beiden unterzeichneten Vertrag: „1) Kolibay besetzt den dem Averhoff gehörigen Ruda-Teich mit 100 Schock Besatzfischen ohne Entschädigung. 2) Im Herbst 1892 wird der Ruda-Teich von Kolibay und unter seiner Aufsicht befischt, und die Fische werden unter ihm und dem jetzigen Besitzer zur Hälfte geteilt. 3) Die Kosten der Fischerei bezahlen die beiden Unterzeichneten zur Hälfte."

2. A. und B. haben einen Steinbruch gepachtet und verabredet, daß sie das Pachtgeld gemeinschaftlich bezahlen wollen, den Steinbruch aber beliebig, jeder für sich, ausbeuten können. Was liegt hier juristisch vor?

3. (4.) A. hatte von dem Wirte W. die Erbauung einer Kegelbahn und eines dazu gehörigen Hauses übertragen erhalten, die Ausführung dann aber an B., C. und D. in der Weise weitergegeben, daß die drei letzteren den Bau auf gemeinschaftliche Rechnung ausführen, der zu erzielende Gewinn aber unter A., B., C. und D. zu je $^1/_4$ geteilt werden sollte.

Als später Streit entstand, handelte es sich selbstverständlich in erster Linie um Feststellung der richtigen juristischen Auffassung des fraglichen Vertrages. Welches ist diese?

4. (5.) Zwei jüdische Güterhändler, Kuschel und Lissauer, hatten sich vereinigt, um einem Bauern Namens Brunn sein Hofgut feil zu machen und abzukaufen und es nachher stückweise auf gemeinschaftliche Rechnung wieder zu verkaufen. Kuschel trat mit Brunn in Unterhandlung, und es kam ein Kauf um 65000 ℳ zu stande, jedoch so, daß Kuschel zum Rücktritte berechtigt sein sollte, wenn die nach Landesrecht erforderliche polizeiliche Genehmigung zum stückweisen Wiederverkauf nicht erteilt werden würde. Die Genehmigung wurde versagt — zur großen Freude des Brunn, dem inzwischen zum Bewußtsein gekommen war, daß er sein Gut zu wohlfeil verkauft habe, und der nun sicher hoffte, daß Kuschel von dem Rücktrittsrechte Gebrauch machen werde, da dieser und Lissauer selbst weder bewirtschaften konnten noch wollten. Diese aber waren nicht gesonnen, ohne allen Gewinn wieder abzuziehen.

Es erschien jetzt Lissauer bei Brunn und teilte ihm mit, Kuschel hege die Absicht, zur Hofmetzgerei das Gut zu behalten.

Darob erschrak natürlich der Bauer; nun sagte ihm der Jude, er könne seinen Glaubensgenossen vielleicht zum Rücktritt bestimmen, und er schlage Brunn einen neuen Vertrag vor: Es solle das Gut durch gemeinschaftliche Thätigkeit von Lissauer und Brunn zum Verkauf gebracht und der Erlös über 65000 *M* zwischen beiden gleich geteilt werden. In der Angst, Kuschel möchte den Kauf halten, geht Brunn auf den Vorschlag ein; Kuschel tritt zurück; Lissauer und Brunn suchen Liebhaber für das Gut, das denn auch nach wenigen Wochen um 75000 *M* an einen Dritten verkauft wird.

Wie sind die beschriebenen Geschäfte rechtlich zu bestimmen? Und welche Rechtsfolgen kommen ihnen zu?

5.* Zwischen den beiden Dresdner Straßenbahn-Gesellschaften, der neuen „roten" und der alten „gelben", schwebt zur Zeit ein interessanter Prozeß. Das Streitobjekt bildet der Warnungsposten an der dortigen Kreuzung der elektrischen Bahn mit den anderen Straßenbahnlinien. Die Polizeidirektion hatte an beide Gesellschaften die Verfügung erlassen, daß dort ein Warnungsposten aufzustellen sei. Die „Rote" war dem sofort nachgekommen, und als die „Gelbe" den „Roten" dort stehen sah, stellte sie natürlich ihren „Gelben" nicht erst auf. Die Polizei begnügte sich aber mit dem einen; ihr war es gleich, ob er „rot" oder „gelb" war. Nun verlangte die „rote" Gesellschaft, daß die „Gelbe" ihren Mann zur Hälfte mit bezahle, da ihr Mann zur Hälfte die Geschäfte der andern Gesellschaft mit besorge. Die „Gelbe" wendete wieder ein, die „Rote" habe mit der Aufstellung des Mannes lediglich ihre eigene Verpflichtung erfüllt, denn die „Rote" habe nicht nur einen halben Mann, sondern einen ganzen aufzustellen gehabt. Daß durch die Aufstellung des „Roten" sich die Verpflichtung der „gelben" Gesellschaft, ihrerseits einen Mann aufzustellen, erledige, sei ihr zufälliger Vorteil; sie bezahle nichts.

Welche juristischen Begriffe finden hier Anwendung; und wie ist begründet zu entscheiden?

6. Zwei Brüder kaufen zusammen ein Gut, um es gemeinschaftlich zu bewirtschaften. Dem einen stehen von seinem ererbten Vermögen aber nur noch 50000 *M* zu Gebote, während der andere 70000 *M* einschießen kann.

Was kann ein jeder mangels besonderer Abrede vom Geschäftsgewinn beanspruchen?

7. Die Gebrüder Hopp behalten nach ihres Vaters Tode ihr Vermögen, das sie von ihm ererbt, gemeinschaftlich und vereinigen sich dahin, Schaden und Gewinn zu teilen und miteinander zu tragen. Dem ältern Bruder werden kurz darauf 600 ℳ, die er in der Lotterie gewonnen, gestohlen; wie er nun von seinem Bruder 300 ℳ Beitrag verlangt, so weigert sich dieser, ihm etwas zu geben.

Mit Recht?

8. Ein Kapitalist (K.) schließt mit einem Techniker (T.) einen Gesellschaftsvertrag behufs Erwerbung und Betreibung einer Fabrik zur Anfertigung von Holzwaren. K. schießt 60000 ℳ ein, T. übernimmt die Oberleitung der Anstalt; jenes Kapital soll mit 6 % verzinst werden, im übrigen gleicher Anteil am Gewinn statthaben. Am Ende des ersten Geschäftsjahres: Gewinn nur 300 ℳ. Jetzt fordert K., daß T. ihm aus seinem kleinen Privatvermögen 3600 ℳ Zinsen ersetze.

Ist er hierzu berechtigt, und weshalb oder weshalb nicht?

9. (10.) Auf der 1881 von Mitgliedern des hanseatischen Geschichtsvereins unternommenen Wisby-Fahrt wurde nach der Ankunft auf Gotland ein feines Festmahl abgehalten, das von dem Vereinsvorstande, der von den Teilnehmern mit den Kontraktsabschlüssen mit Wirten, Rhedern etc. betraut worden war, arrangiert und danach von den allgemeinen Reisekosten, zu welchen jeder Teilnehmer beigesteuert, bestritten wurde; die Getränke sollte aber jeder für sich bezahlen. Es wurde sehr unterschiedlich getrunken: teurer Champagner und einfache Weine; und so geschah es, daß einer der Teilnehmer, welcher Bürgermeister in einer kleinen Stadt Pommerns und ein etwas genauer Herr war, sich nur eine Flasche billigen Rotweins bestellte und bei dieser während des ganzen Festes ausharrte. Am andern Tage war aber bei der Abrechnung schlechterdings nicht mehr zu ermitteln, was und wieviel jeder einzelne getrunken hatte; und das Komitee schickte einen Diener mit einem Zettel herum: es müßte aus dem angegebenen Grunde auch das Getränk ausgeschlagen werden. Der Bürgermeister bezahlt unter Protest 15 ℳ.

Kann er zurückfordern? *Quanam actione?*

10. (11.) A. und B. spielen gemeinsam ein Los in der Braunschweiger Lotterie, obgleich das Spielen in derselben in ihrem Heimatsstaate verboten ist. Das Los gewinnt. A. zieht den ganzen Gewinn ein und weigert sich, etwas herauszugeben, weil aus einer verbotenen Handlung niemand Rechtsansprüche herleiten könne.

Welche *actio* könnte man dem B. anraten? Und würde dieselbe Erfolg haben müssen?

11. (12.) Aus dem Protokoll eines Verhandlungstermins bei dem Amtsgerichte X.

K. trägt klagend vor: Er habe mit N. in vertragsmäßiger Gemeinschaft den Umbau einer Staatsstraße dem Fiskus gegenüber unternommen; N. habe die Kasse und die Rechnungen geführt, und er, K., verlange jetzt von ihm Rechnungstellung über die von N. gemachten Einnahmen. N. erwidert, daß K. nach ihren Abmachungen das erforderliche Material an Wandsteinen zu liefern gehabt, solches aber noch nicht gestellt habe; eine Verpflichtung zur Abrechnung bestehe also zur Zeit noch nicht: K. könne keinen Anteil an der Arbeit verlangen, bis er selbst die Erfüllung der ihm obliegenden Verbindlichkeiten nachgewiesen habe. K. repliziert, daß dieser Einwand des nicht erfüllten Vertrages unzulässig sei und N. nur Schadensersatz deshalb in Anspruch nehmen könne.

Entscheidung mit Gründen.

12. (13.) Ein Gesellschafter hat in seiner Eigenschaft als geschäftsführender Socius das der Gesellschaft gehörige Haus zur unentgeltlichen Bewohnung zugewiesen erhalten. Bei der Auflösung zeigt sich, daß die ihm eingeräumte Wohnung stark beschädigt ist, so wie er überhaupt als ein nachlässiger Mensch in allen Geschäften sich erwiesen.

Können die übrigen Gesellschafter ihn wegen der angegebenen Beschädigungen in jener Wohnung zum Ersatze heranziehen? Auf was für einen Beweis wird es dabei ankommen? Und wie steht es alsdann mit der Beweislast?

13. (14.) Fleißig war seit 1886 in der Waggonfabrik der Firma Theophil und Eggert als Arbeiter beschäftigt. Er verunglückte im Mai desselben Jahres bei dem Transporte eines Waggons zur Eisenbahn in der Art, daß ihm ein Vorderrad des Transportwagens ein Bein unter dem Knie vollständig abschnitt. Während sich Fleißig noch in ärztlicher Behandlung befand, erklärte ihm einer der drei Mitinhaber der Firma, Georg Eggert junior: „Seien Sie unbesorgt; Sie werden von unserer Fabrik lebenslänglich versorgt!" — welches Versprechen Fleißig unter Ausdrücken besten Dankes fest annahm. Nach seiner Herstellung trat Fleißig wieder als Arbeiter in die Fabrik ein, wurde aber nach einigen Jahren doch entlassen.

Hat Fleißig einen rechtlichen Anspruch? Gegen wen und worauf müßte sich derselbe richten?

---

14. (15.) Läpke und Simson verabreden, bei einer auktionsweisen Parzellierung eines Rittergutes Grundstücke zu erstehen und für gemeinsame Rechnung wieder zu veräußern. Simson nimmt die Ausführung in die Hand und erhält den Zuschlag auf zwei Grundstücke für 6000 ℳ.

Nach einiger Zeit tritt Läpke klagend gegen Simson auf und behauptet, daß die Grundstücke von Simson jetzt wieder an Dritte für 7000 ℳ verkauft seien; er sei bereit, die Hälfte der Unkosten zu tragen, die Simson liquidieren möge, verlange aber auch die Hälfte des Gewinnes. Simson entgegnet, er habe keinen Gewinn gemacht; da sich nämlich Läpke bis zu ihrem jetzigen Streite um die fragliche Sache gar nicht gekümmert habe, so habe er, Simson, seine Ansprüche aus den Parzellenverkäufen an seinen Bruder gegen den Ankaufspreis der Grundstücke und Ersatz seiner Unkosten mit 350 ℳ cediert.

Urteil mit Gründen.

15. (16.) Ein junger Kaufmann, welcher Mitglied eines Gesangvereins ohne juristische Persönlichkeit war, wurde durch einen Mehrheitsbeschluß der Mitglieder aus dem Vereine ausgeschlossen und erhob deshalb Klage darauf, daß dieses ungültig und er fernerhin als Mitglied des Vereins zu betrachten sei. Von beklagtischer Seite wird die Zulässigkeit des Rechtsweges bestritten, weil nach § 5 der Vereinssatzungen jedes Mitglied in erwähnter Art ausgeschlossen werden könne, sobald es sich Beleidigung des Vorstandes zu schulden kommen lasse, was von dem Kläger geschehen sei. Dieser leugnet, daß er den Vorstand beleidigt habe; und da also die Mehrheit keinen Grund zum Ausschlusse gehabt, so sei er in seinen statutenmäßigen Rechten verletzt und zur Betretung des Rechtsweges befugt.

Wie wird das Gericht zu befinden haben?

16. (18.) Zwischen Nolte und Odin war 1881 ein Sozietätsvertrag auf zehn Jahre abgeschlossen worden, in dem sie sich zu persönlicher Thätigkeit im Geschäfte und zu Einlagen verpflichteten, und in welchem für den Todesfall des Nolte bestimmt war, daß Odin innerhalb vier Wochen nach dem Tode jenes zu bestimmen habe, ob die Gesellschaft mit den Erben des Nolte fortgesetzt werden, oder ob dieselben aus der Sozietät ausscheiden sollten. Es heißt dann wörtlich weiter: „Im Falle die Sozietät mit den Nolte'schen Erben fortgesetzt werden soll, haben diese einen gemeinsamen Bevollmächtigten zu ihrer Vertretung in der Sozietät zu bestellen, mit welchem allein die übrigen Gesellschafter sich in Verhandlungen einzulassen brauchen."

Nach dem Tode des Nolte erklärt Odin rechtzeitig, daß dessen Erben in die Sozietät eintreten sollen. Es fragt sich:

a) welches der Umfang der Rechte der Nolte'schen Erben ist?
b) welche Rechte der von ihnen gemeinschaftlich zu bestellende Bevollmächtigte hat?

17. (19.) A. und B. pachten gemeinschaftlich von einer Gemeinde eine Jagd auf 6 Jahre, unter solidarischer Haftbarkeit für das Pachtgeld. Jeder soll das von ihm erlegte Wild frei veräußern, und am Ende des Jahres soll dann gleichmäßig verteilend abgerechnet werden. Nach einem Jahre stirbt A. und wird von seinem Sohne X. beerbt.

Dieser ist zwar mit B. persönlich verfeindet, möchte aber doch die Jagd gern fortsetzen und klagt daher auf Anerkennung seines Rechtes, als Erbe seines Vaters in die Jagdpachtverträge einzutreten. B. leugnet, daß es eine *actio communi ineundo* gebe, und will sich auf nichts einlassen; während X. noch beibringt, daß die Gemeinde bereits das fällige Pachtgeld voll eingetrieben habe, da ja die Verpflichtungen seines Vaters auf Zahlung durch dessen Tod natürlich nicht erloschen seien.

Entscheidung?

18. (20.) Mehrere Bauunternehmer bilden eine Versicherungsgesellschaft auf Gegenseitigkeit zur Sicherung der Gelder, welche einer von ihnen auf Grund des Haftpflichtgesetzes an seine verunglückten Arbeiter werde bezahlen müssen. In dem Vertrage heißt es: „Wenn die von den Mitgliedern zu zahlenden Beiträge nicht ausreichen, den etwaigen Schaden zu decken, so kann durch Mehrheitsbeschluß für jedes Mitglied die nötige Summe als Beisteuer aufgestellt werden."

Ein Teilnehmer tritt am 16. Juni aus; am 31. Mai des folgenden Jahres wird beschlossen, daß für das mit dem 1. Juni v. J. abgelaufene Rechnungsjahr eine Beisteuer, und zwar auch von den Ausgeschiedenen zu erheben sei.

Ist jenes ausgetretene Mitglied zu dieser Zahlung verpflichtet?

LXXII.

1. Wie sind die kommenden Vermögenszuwendungen juristisch zu bestimmen und zu behandeln?

a) V. bietet dem W. durch briefliche Mitteilung verschiedene Gegenstände zum Geschenke an, stirbt aber am Nachmittag desselben Tages. W. erklärt nun den Erben gegenüber, daß er jene von ihnen bis jetzt nicht widerrufene Zuwendung annehme.

b) M. erstand in der Zwangsvollstreckung das Haus des N. und veräußerte es bald darauf zu einem höhern Preise an O., wobei er dem N., unter dessen Annahme, versprach, daß er ihm den Überschuß herausgeben werde, da er dieses als Ehrenpflicht ansehe.

c) Ein Gemeinderat bewilligt, unter Genehmigung der höhern Verwaltungsbehörde, dem Bürgermeister während der Dauer seines Amtes den unentgeltlichen Bezug einer jährlichen Quantität Holz aus dem Gemeindewalde zur Heizung seines Amtslokales.

d) Einem Arzte, der einer befreundeten Familie gegenüber die Ausstellung einer Rechnung für geleistete ärztliche Dienste abgelehnt hat, wird von jener eine kostbare Statue zugeeignet.

e) E. erklärt in einer von ihm unterzeichneten Privaturkunde, daß er für jetzt und unwiderruflich dem F., dem Kinde der G., eine Summe von 8000 ℳ zuweise, und zwar wegen der dem E. von der G. erwiesenen Dienste; welche Summe dem F., im Falle dessen Mutter G. zur Zeit des Ablebens des E. noch unverheiratet sei, von des letztern Erben ausbezahlt werden solle.

f) X. möchte gern ein im Miteigentum von Y. und Z. stehendes Gut pachten; Y. ist geneigt, Z. dagegen nicht. Nun verspricht X. dem Z. für die Dauer der Pacht jährlich 60 ℳ im besondern, wenn Z. in die Pacht willige; Z. stimmt zu.

g) Es verspricht jemand der seither unbescholtenen Frauensperson, die sich ihm hingegeben hat, eine Entschädigung und Abfindung; — oder er giebt seinem unehelichen Kinde gegenüber in die Hand von dessen Vormund das Versprechen ab, daß er ihm Alimente in bestimmter Höhe zahlen werde.

h) Von mehreren ihren Vater beerbenden Kindern erteilt der älteste Sohn seine Zustimmung dazu, daß ihm bei der Erbteilung die für ihn von dem Vater verausgabten Studienkosten angerechnet werden. Auch ist die eine Tochter damit einverstanden, daß die Ausstattung und die Mitgift, die sie bei ihrer Verheiratung erhielt, auf ihren Erbteil belastend geschrieben werden.

i) Eine Provinzialverwaltung bewilligt einem Verleger einen jährlichen Zuschuß für Herausgabe eines Urkundenbuches der Provinz. Doch soll die Unterstützung zurückgezogen werden, wenn das Werk nach dem Ermessen eines vom Provinziallandtage dazu bestellten Ausschusses den wissenschaftlichen oder technischen Anforderungen nicht entspricht, die dem Stande der jetzigen Zeit angemessen sind.

k) In einer Urkunde heißt es, daß S. dem T. 250 ℳ „schenkungsweise übermacht, mit der Bestimmung, daß T. aber erst nach dem S. Tod Ansprüche haben soll".

l) Zwischen einem Gläubiger und seinem Schuldner sind mehrere Forderungen streitig, einige sogar rechtshängig; sie schließen einen Vertrag, wonach der Schuldner 50 % bar zahlen, der Gläubiger 50 % nachlassen und damit alles erledigt sein soll.

m) Der Großherzog von Hessen hat im Frühjahr 1892 die ihm gehörigen Salinen Karls- und Theodorshalle bei Kreuznach für 245000 ℳ an die Krone Preußens verkauft, die ihrerseits das ganze Anwesen der Stadt Kreuznach kostenlos überläßt. Letztere übernimmt dagegen auf ewige Zeiten die Verpflichtung, sämtlichen Königlichen Schloßverwaltungen das zum Verbrauch in den Schloßküchen notwendige Kochsalz unentgeltlich und in feinster Güte zu liefern.

2. Liegt in der Bestellung einer Hypothek seitens eines Schuldners, der sich hierzu nicht verpflichtet hatte, sondern aus freiem Antriebe seinen Gläubiger gegen etwaige widrige Zufälle sicher stellen will, eine Schenkung?

Ist eine solche in dem Erlasse eines Pfandrechtes durch den hypothekarischen Gläubiger gegeben? Oder in dem Verzichte des an erster Stelle Eingetragenen auf sein Vorzugsrecht zu gunsten eines nachstehenden Hypothekengläubigers?

Wie verhält es sich in dieser Hinsicht mit der Handlung eines sich Verbürgenden, — dem Hauptschuldner, wie dessen Gläubiger gegenüber?

3. In Prag kam es im Beginn dieses Jahres zu einem eigenartigen Prozesse zwischen einem Kaufmanne und dem von ihm angestellten Reisenden. Letzterer klagte auf Zahlung von 100 Gulden Weihnachtsgeld, mit der Begründung, daß ein solches an dortigem Platze gebräuchlich und üblich sei; während der Prinzipal die Neujahrs- oder Weihnachtsgelder an die Handlungsgehilfen als reine oder höchstens remuneratorische Schenkung aufgefaßt und deshalb die erhobene Klage abgewiesen haben will.

Es ist folgenden Fragen Antwort zu erteilen:

a) Wer war in dem berichteten Streite im bessern Rechte?

b) Ist der Fall dem gleichstehend, da ein Gast einem Kellner oder Portier eines Gasthofes ein Trinkgeld giebt? Oder ein Passagier dem Schaffner einer Pferdebahn? Oder ein zu Besuch weilender Reisender dem Dienstboten seines Gastfreundes?

c) Wie verhält sich derselbe zu dem Hingeben eines Geldstückes au einen an dem Wege sitzenden Orgelspieler? Oder an die auf der Straße singenden Kurrende? Oder an einen Taschenspieler, der des Abends in einer Restauration erscheint und Kunststücke vorführt?

d) Wie steht es rechtlich mit den Cigarren oder der Reichsmark, die ein Reisender einem Eisenbahnschaffner giebt, damit ihn dieser in seinem Abteil allein fahren lasse?

4. In einem unter sittenpolizeilicher Kontrolle stehenden Hause kam es zwischen einer Prostituierten und einem Soldaten zu einem Streite, in dessen Verlauf ein Polizeibeamter in das Haus kam und auf Verlangen der Beteiligten den Streit schlichtete; darauf bekam er von den beiden zusammen eine Mark.

Er wurde deshalb unter Anklage gestellt, mit Bezug auf St. G. B. § 331: „Ein Beamter, welcher für eine in sein Amt einschlagende, an sich nicht pflichtwidrige Handlung Geschenke oder andere Vorteile annimmt, fordert oder sich versprechen läßt, wird mit Geldstrafe bis zu dreihundert Mark oder mit Gefängnis bis zu sechs Monaten bestraft."

Der Angeklagte verteidigte sich damit, daß er jene Mark als Entgelt erhalten habe; schlimmstenfalls könne man es doch nur als „Trinkgeld" ansehen.

Welches Urteil war zu fällen?

5. Die Ehefrau eines reisenden Kaufmannes wurde während der Abwesenheit ihres Mannes gefährlich krank; ihrem Ende nahe, ließ sie sich von ihrer langjährigen Haushälterin versprechen, daß diese stets im Hause in ihrer seitherigen Stellung verbleiben werde; sie solle dem Manne diesen Wunsch der Sterbenden mitteilen und beifügen, daß die letztere gewünscht habe, daß der Haushälterin eine angemessene Vergütung dafür zu teil werde.

Als nach dem Tode der Frau der Kaufmann zurückkehrte und dieses alles erfuhr, versprach er der Haushälterin im Sinne und unter der Bedingung der Verstorbenen 9000 *M*. Etwas über die Hälfte zahlte er ihr nach zehn Jahren auch selbst aus; nach seinem bald darauf erfolgenden Tode weigerten aber seine Erben die Leistung des Restes, weil betreffs dieses eine wegen Formmangels ungültige Schenkung vorläge.

Die Haushälterin berief sich darauf, daß der Verstorbene sie doch nicht habe lediglich bereichern wollen; sondern daß es Ausführung des letzten Wunsches seiner Ehefrau und zugleich Vergeltung für das Ausharren der Haushälterin in der gar nicht so sehr hoch bezahlten Stellung gewesen sei.

Entscheidung.

---

6. A. schenkt dem B. ein Bild. Nach einiger Zeit meldet sich C. als Eigentümer des Bildes und fordert es unter Nachweis seines Rechtes von dem B.

Hat dieser einen Ersatzanspruch gegen A.? Ist es von Einfluß, ob A. bona fide war; — oder: ob er dem B. die Sache zusteckte, damit sie dort, und nicht bei A., gefunden würde; — oder: ob A. zwar das Eigentum des C. nicht kannte, aber bei ordentlichem Achthaben hätte kennen müssen; — oder endlich: ob A. den Sachverhalt dem B. mitgeteilt und dabei gesagt hatte, daß er dafür sorgen werde, daß B. das Bild werde behalten können?

7. Ein Vater war mit Hinterlassung von zwei erwachsenen Söhnen ohne Testament verstorben. Der ältere Bruder, der in sehr guten Verhältnissen lebt, verzichtet auf die Erbschaft, um sie dem jüngern zuzuwenden, und zahlt ihm sogar noch eine Summe von 4000 *M* zur Errichtung eines selbständigen Geschäftes aus seinem erworbenen Privatvermögen zu.

Nach einiger Zeit treten Mißhelligkeiten ein. Der jüngere Bruder beträgt sich dabei sehr unfein, plaudert Familiengeheimnisse des ältern aus und sucht ihn durch geschäftliche Indiskretion und Mißbrauch ihm geschenkten Vertrauens finanziell zu schädigen.

Der ältere Bruder wendet sich endlich an einen Anwalt mit der Frage, ob er wegen solcher rohen Undankbarkeit nicht die seinem Bruder zugewendeten Wohlthaten widerrufen könne?

8. „Hochedelgebohrner, Hochgeehrtester Herr Amtmann!

Eurer Hochedelgebohrnen sehe ich mich gemüßiget klagend anzubringen, was maßen ich zu der Zeit, als ich mit meiner ersten Frau Barbara Katharina in unfruchtbarer Ehe gelebet, meiner Schwester Kind, Barbara Christina Fettin, nicht nur bey mir auferzogen, sondern auch bey deren Verlobung im Jahre 1731 mit Simon Rudolfen, diesen neuen Eheleuten meine zu 400 fl. angeschlagene halbe Hofreide gegen herauszugebende 100 Rthlr. und noch 3 Morgen Acker ganz frey und umsonst durch eine freywillige Schenkung übergeben habe. Nachdem ich aber seitdem im Jahre 1738 mit Clara Trotzin zur andern Ehe geschritten, und mit selbiger noch am 5. Jul. 1743 eine Tochter erzeuget: So habe ich in Betracht dieser unvermuthet veränderten Umstände von gedachtem Rudolf die geschenkten Güter zwar zurückbegehret, jedoch in Güte nichts von ihm erhalten können. Wenn nun gleichwohl derselbe bey so gestalten Sachen dazu den Rechten nach allerdings verbunden ist, in Betracht sowohl bekanntlich *ex arg. L. 8 C. de revoc. donat.* die zur Zeit der Schenkung nicht voraus gesehene *supervenienta prolis* deren nachherige Zurückforderung rechtlich begründet, als die höchste Unbilligkeit sein würde, ein solchergestalt nachher zur Welt kommendes Kind gegen die offenbare und vielmehr stillschweigende Bedingung zurückzusetzen: Als ergehet an Eure Hochedelgebohrne meine rechtliche Bitte, Beklagten vorladen zu lassen, und nach erfolgter Einlassung und Antwort in Rechten zu erkennen und auszusprechen: Daß Beklagter die eingeklagte halbe Hofreide gegen Zurückgebung der dagegen erlegten 100 Rthlr., wie auch gemeldete 3 Morgen Acker *cum omni causa et expensis* Klägern wieder abzutreten schuldig. Hierüber das mildrichterliche Amt besten Fleißes anrufend, beharre mit schuldiger Ehrerbietung

Eurer Hochedelgebohrnen ganz gehorsamster Diener

Johann Heinrich Strackbein, Schulmeister zu Langenstein."

Vorstehende Klageschrift fand sich im Sommer 1879 in der Registratur des vormaligen Landgerichtes A. Sie war dem Schicksale reponierter Akten, nach zehn Jahren eingestampft zu werden, versehentlich entgangen. Das Aktenstück enthielt nur diese Klage, mit dem spätern Vermerk, daß die Sache durch Vergleich geordnet worden sei.

Es fragt sich aber: ob, unter Voraussetzung der thatsächlichen Wahrheit der gemachten Angaben, der gestellte Klagantrag rechtlich begründet war; und welche Gründe dafür oder dawider sprachen?

9. Sind nachstehende Schenkungen gültig zu stande gekommen?

a) „Geschehen vor dem Amtsgerichte L. — Es erscheint N. N., überreicht Schenkungsurkunde Anl. a. über 10000 *M* und bittet, solche zu den Gerichtsakten zu nehmen. Zur Beglaubigung etc.“

b) Es schenkt jemand in mündlichem Vertrage ein Sparkassenbuch mit einem Guthaben von 12000 *M* gleichzeitig an seine drei Schwestern.

c) Ein alleinstehender wohlhabender Mann verspricht brieflich der Witwe seines Sohnes eine jährliche Rente von 4500 *M* auf Lebenszeit. Die Beschenkte nimmt es in dankendem Schreiben an.

d) Ein Hauseigentümer verkauft in liberaler Gesinnung einem Verwandten das Haus um 18000 *M* unter dem Taxwerte.

10. Die Eheleute Marchand haben eine Familienstiftung mit einem Kapitale von 20000 *M* zu bestimmt angegebener Verwendung gegründet. Als sie später in Konkurs geraten, behauptet der Konkursverwalter Ungültigkeit jener Verfügung wegen mangelnder gerichtlicher Insinuation.

Ist diese Meinung gerechtfertigt?

11. Dr. med. Arnold, geboren 1815, schließt 1866 vor dem Antritte einer wissenschaftlichen Reise nach Holländisch-Indien mit seiner Ehefrau einen gerichtlich vollzogenen Vertrag ab, in welchem er sich verpflichtete, ihr sein ganzes Vermögen zu schenken, welche Schenkung jedoch erst bei seinem dereinstigen Ableben in Ausführung gelangen und von ihr eingefordert werden sollte. Seit Arnolds Abreise ist über sein Leben und seinen Tod keine Nachricht eingelangt. Seine Ehefrau stirbt 1886. Ihr Bruder verlangt, als ihr einziger Intestaterbe, Auslieferung des Vermögens des Arnold von dem Verwalter und beantragt Todeserklärung des Arnold, welche auch, nachdem im Jahre 1887 die Ediktalien fruchtlos erlassen waren, im März 1888 erfolgt.

Inzwischen war aber im Januar 1888 ein Landesgesetz erschienen, welches, dem seitherigen Gewohnheitsrechte entgegen, der Todeserklärung konstitutive Bedeutung beilegte. Und es treten nun zwei Geschwisterkinder des Arnold auf und beanspruchen das Vermögen des Arnold für sich, weil die fragliche Schenkung weder unter Lebenden noch von Todes wegen rechtlich haltbar sei.

Der Bruder von Frau Arnold wünscht nun ein begründetes

Gutachten darüber, ob er es auf einen Prozeß mit den zuletzt genannten Prätendenten ankommen lassen solle?

12. Am 10. Oktober 1885 starb zu Assenheim in Hessen der pensionierte Gerichtsaktuar Philipp Bauer, unverheiratet, 65 Jahre alt. Der Verstorbene hatte an unheilbarer Schwindsucht gelitten und war erst vor kurzer Zeit nach Assenheim verzogen, um sich daselbst im Hause seines Neffen Karl Bauer verpflegen zu lassen. Nähere Verwandte hinterließ er nicht, wohl aber einen unehelichen Sohn, Wilhelm Siener, im Alter von 17 Jahren; Philipp Bauer war mit dessen Mutter Margarethe Siener verlobt gewesen, das Verlöbnis aber war kurz vor der Geburt des Wilhelm Siener mit beiderseitiger Einwilligung aufgehoben worden. Jetzt tritt die Margarethe Siener namens ihres Sohnes klagend auf und verlangt für diesen, der als „Brautkind" und in diesem Falle als uneheliches Kind überhaupt (vgl. § 2, Nr. 9) nächster Intestaterbe sei, die Erbschaft heraus.

In der Verhandlung entgegnet der Beklagte, Karl Bauer: Es existiere gar kein Nachlaß, da der Verstorbene noch zu seinen Lebzeiten durch einen gegenseitigen Vertrag sein ganzes Vermögen ihm, dem Beklagten, übertragen habe und er es auf diesen Titel, nicht als Erbe des Verstorbenen besitze. Die zu den Akten gegebene Vertragsurkunde lautet in den relevanten Teilen:

„Schenkungs- und Verpflegungsvertrag zwischen Philipp und Karl Bauer, aufgenommen vor Großh. Bürgermeisterei in Assenheim am 8. Oktober 1885. . . . Philipp Bauer übergiebt sein gesamtes Vermögen (Geld, Wertpapiere, Möbel, Kleider etc.) im Betrage von 6000 ℳ an seinen Neffen Karl Bauer. Das Vermögen wird erst nach dem Tode des Übergebers an Übernehmer ausgehändigt.

Der Übernehmer hat dagegen folgende Verbindlichkeiten zu erfüllen:

1) aus dem Nachlaß zu übergeben: die goldene Uhr und das Weißzeug an die verheiratete Schwester des Karl Bauer; 2) lebenslänglich dem Übergeber zu gewähren: Einsitz im obern Stockwerk des Hauses von Karl Bauer; — sowie von heute an den Übergeber zu verpflegen, d. h. alle Bedürfnisse für Essen und Trinken unentgeltlich zu verabreichen und ihn in gesunden und kranken Tagen getreulich zu unterhalten. Wenn der Übernehmer sich gegen den Übergeber undankbar beweisen, ihn gar mißhandeln oder beleidigen sollte, so kann der letztere verlangen, daß dieser Übergabsvertrag gegen eine Vergütung von 500 ℳ wieder aufgehoben werde . . ."

Kläger repliziert: der Vertrag sei kein gegenseitiger, sondern eine Schenkung und zwar *donatio mortis causa.* Die Gegenleistungen des Beklagten hätten von vornherein nach den speziellen Verhältnissen der Beteiligten und nach dem Gutachten des Arztes, wonach Philipp Bauer im Laufe des Winters sterben würde, nicht mehr wie 100 ℳ betragen können. Thatsächlich aber habe der Beklagte in den zwei Tagen gar nichts geleistet. Uhr und Weißzeug seien auch nicht mehr wie 100 ℳ wert. Nun seien die Formvorschriften für Schenkungen nicht gewahrt, und da es eine von Todes wegen sei, so sei der ganze Vertrag null und nichtig.

Beklagter entgegnet: Der Vertrag sei ein oneroser; die Verpflichtung seinerseits sei vorhanden gewesen, und daß er thatsächlich nicht mehr viel habe leisten können, müsse deshalb ebenso gleichgültig sein, wie der Umstand, daß in der Überschrift das Wort „Schenkung" gebraucht sei. Dazu übersehe Kläger, daß ja zu aller Vorsicht der Vertrag vor dem Bürgermeister zu Protokoll gegeben und alle Form somit gewahrt sei; obgleich selbst bei der Meinung, daß eine *donatio* vorliege (natürlich aber eine *inter vivos*), wegen ihres Charakters als *donatio sub modo* oder *remuneratoria* überhaupt keine Form nötig gewesen wäre.

Es ist Urteil mit Entscheidungsgründen abzufassen.

LXXIII.

1. Welches ist die zutreffende juristische Auffassung nachstehender Willenserklärungen?

a) Die städtische Sparkasse fordert in der Zeitung öffentlich zu Einlagen auf, und giebt bekannt, daß sie Geld an sichere Schuldner auszuleihen bereit sei; — eine Bank eröffnet einem Gutsbesitzer einen Kredit bis zur Höhe von 40000 ℳ.

b) Es bittet jemand brieflich um Gewährung eines Darlehns. Der Angegangene erlaubt jenem, einen Wechsel auf ihn zu ziehen und denselben weiter zu begeben; — oder er schickt ihm einen eigenen Wechsel.

c) Ein Möbelhändler, der eben Gelegenheit hat, ein paar Dutzend Stühle zu verkaufen, schickt zu einem befreundeten Gewerbegenossen, um sich die fehlende Stückzahl solcher Stühle einstweilen zu leihen.

d) Es wird auf eine zu liefernde Arbeit ein Vorschuß geleistet.

e) Ein Kapitalist verspricht einem Ökonomen, daß er ihm das

zur Anzahlung des Dritteils eines von dem Landwirte zu erstehenden Gutes erforderliche Geld darleihen werde.

f) Durch testamentarische Bestimmung ist einem Erben die Verpflichtung auferlegt, einem Dritten eine gewisse Summe auf eine bestimmte Zeit als unverzinsliches Darlehn zu geben; — dann stellt sich heraus, daß dieser Dritte noch unter väterlicher Gewalt steht.

g) Ein Dienstmädchen, welches aus dem Dienste tritt, um sich zu verheiraten, ersucht die seitherige Herrschaft, die ihm noch 200 *M* an Lohn schuldet, diese Summe an den Vater der Ansucherin auszuzahlen, da sie diesem das Geld leihweise versprochen habe. Die Auszahlung geschieht.

h) Als Ergebnis einer Geschäftsführung für einen andern wird zu gunsten des Vertreters ein Saldo von 2000 *M* festgestellt, wovon der andere 400 *M* bar bezahlt, während die übrigen 1600 *M* an bestimmten späteren Terminen bezahlt werden sollen.

i) „Je soussigné A. L. reconnais avoir reçu de mon beau père vingt cinq obligations Alsace-Lorraine de mille francs chacune, rapportant 4 % et m'engage à les lui rendre, quand il le désirera et devrai de plus lui faire tenir les coupons annuels échéant le 2 janvier ou le montant des dits coupons."

2. Nach einem Darleihvertrage nahm ein Grundbesitzer zur Ausführung eines Baues von einem Kapitalisten ein Darlehn von 90000 *M* gegen Hypothek auf; in einem Revers wurde aber bestimmt, daß das dargeliehene Geld einstweilen bei einer Bank niedergelegt und nach und nach, wie es nach den auszuführenden Bauarbeiten erforderlich sein werde, an den Bauherrn verabfolgt werden sollte. Das Kapital wurde in dieser Weise von der Bank allgemach bis auf 8000 *M* bezahlt, als der Grundbesitzer in Konkurs geriet.

Wie ist die Verabredung rechtlich zu charakterisieren? In welcher Weise sind die Ansprüche des Kapitalisten und der Konkursmasse auseinander zu setzen?

3. Milse hat dem Vieler 3000 *M* schenkungsweise zugewendet. Später kommt Milse in Geldverlegenheit, und Vieler beredet deshalb mit ihm, daß Vieler die angegebene Summe, zu deren Rückerstattung er sich unter den eingetretenen Umständen für verpflichtet erachte, als ein verzinsliches Darlehn behalten und nach dreimonatlicher Kündigung zurückzahlen solle. Bald darauf stirbt Vieler. Seine Erben, von Milse auf Rückzahlung der ihnen gekündigten

3000 ℳ gedrängt, halten das Versprechen ihres Erblassers nicht für rechtsgültig.

Ist diese Ansicht zutreffend?

4. Ein Bauer hatte bei einem sog. Kundenmüller, d. h. einem Müller, der die von seinen Kunden gelieferte Frucht mahlt, das Mehl und die Kleie abliefert und seinen Lohn durch das sog. Molter, Abzug eines gewissen Quantums von dem Mehl (12 Pfund von dem Centner Frucht), erhält, längere Zeit hindurch in dieser Weise mahlen lassen, indem er jedesmal ungefähr 200 Pfund Frucht brachte und das entsprechende daraus gewonnene Mehl mit Kleie erhielt. Dann kam es aber vor, daß er während mehrerer Jahre je einmal keine Frucht hatte und doch Mehl benötigte. Er bat deshalb den Müller, von seiner Frucht zu mahlen und ihm das entsprechende Mehl nebst Kleie zu liefern, er werde ihm später ebensoviel von seiner, des Bauern, Frucht dagegen liefern.

a) Ist dieses Darlehn oder Tausch oder was sonst für ein Rechtsverhältnis?

b) Wie steht es mit den jeweiligen Eigentumsübertragungen?

c) Was ist die Folge, wenn nach der Verwendung der Frucht seitens des Müllers, aber vor der Ablieferung des Mehles ein zerstörender Zufall eintritt?

5. Der Gastwirt Schacht suchte ein Darlehn von 9000 ℳ gegen Verpfändung seines Grundstückes. Soubiron erklärt sich mündlich zur Darleihung dieser Summe bereit und nimmt die über 9000 ℳ ausgestellte Schuld- und Verpfändungsurkunde in Empfang. Auf die Valuta zahlt er abschläglich 7000 ℳ und bleibt mit 2000 ℳ noch in Rest. Der Schuldner, dem an der baldigen Berichtigung des Valutarückstandes gelegen ist, wendet sich deshalb an den Agenten Ötzen, und dieser läßt sich bereit finden, namens des Soubiron, jedoch ohne dessen Auftrag, die rückständigen 2000 ℳ zu zahlen.

Später nimmt er den Soubiron wegen Erstattung der für ihn gezahlten 2000 ℳ in Anspruch, wird aber von diesem an Schacht gewiesen.

Es entsteht nun die Frage: gegen wen der Agent Ötzen durch Zahlung jener 2000 ℳ einen Anspruch erworben habe, und wie dieser Anspruch zu begründen sei?

6. Nach dem Statut einer Gewerbebank „haben die Mitglieder der Gesellschaft unbedingt, Nichtmitglieder so lange, als die Generalversammlung nichts Anderes beschließt, das Recht, Spareinlagen in die Gesellschaft zu machen, die aber eine andere Begünstigung als den Bezug von 4 % Zinsen vom Tage der Einlage an nicht genießen; die Zinsen werden nur für volle Monate berechnet; für Spareinlagen, die nicht wenigstens drei volle Monate bei der Kasse stehen bleiben, werden keine Zinsen bezahlt; die Kasse ist jedoch nur, wenn der jeweilige Kassenbestand eine sofortige Rückzahlung nicht gestattet, berechtigt, eine Kündigungsfrist zu verlangen" (welche je nach der Größe der Rückzahlungen auf eine kürzere oder längere Zeit bestimmt ist).

Auf Grund dessen hat ein Kaufmann auf ein Sparbüchlein 15000 ℳ eingelegt, die er dann an verschiedene Personen cedierte. Als diese die Schuldsumme von der Gewerbebank fordern, will diese mit Gegenforderungen gegen den Cedenten aufrechnen.

Es fragt sich nun, ob dieses bei einem solchen Vertrage mit der Gewerbebank gesetzlich zulässig oder ausgeschlossen ist?

7. Der Pachter Schott hatte seinem Verpachter Hümmer zur Sicherstellung der aus dem Pachtvertrage entstehenden Verbindlichkeiten eine Kaution von 10000 ℳ in der Art geleistet, daß Hümmer berechtigt sein sollte, über diese Summe gegen Verzinsung mit 5 % zu verfügen. Als später über das Vermögen des Schott der Konkurs ausbricht, verlangt der Konkursverwalter von Hümmer die Zahlung des Kautionsbetrages.

Der Beklagte hält entgegen, daß die übergebene Summe nicht mehr im Eigentume des Schott sich befinde; und daß er, Hümmer, nur gegen Abrechnung und gegen Abzug seiner Forderungen aus dem Pachtvertrage herauszugeben brauche. Worauf der Konkursverwalter erwidert, daß er namens des Schuldners aus dem Darlehn und dem *depositum irregulare* fordere.

Wie ist zu erkennen?

---

8. Wie ist das Alter eines Pfandrechtes zu bestimmen, welches zur Sicherung des Gläubigers bei einer Krediteröffnung bestellt wird, der zufolge der Kreditgeber dem Kreditnehmer eine bestimmte Summe zur Verfügung stellt und an ihn oder auf seine Anweisung, auf Wunsch auch in einzelnen Raten zu zahlen verheißt, — und zwar nach reinem römischen, wie nach heutigem gemeinen Recht?

9. „Hat *Anno* 1624 N. N. von X. X. 8000 Thaler erborget. Nachdem aber das Darlehn nicht alles an baarem Gelde geschehen, sondern eine Chur-Fürstliche Cammer-Verschreibung auf 3000 fl. zugleich an statt Geldes eingehändigt worden, ist der *Debitor* bey der Wiederzahlung solche ebenmäßiger Weise an statt Geldes wieder einzuliefern gemeynet. Indeme nun der *Creditor* damit nicht zufrieden seyn will, aus Ursachen, daß sich der *Debitor* zu 8000 Thalern verobligieret, allhier aber der *Debitor* die Cammer-Verschreibung annoch in Händen, und kein Geld jemahls darauf erlanget hat: also fraget es sich, ob der *Creditor* solche Verschreibung auf 3000 fl. wieder anzunehmen schuldig?"

(Aus Carpzov, Opus decisionum.)

10. Der Kaufmann Stier verklagt den jungen Schleringer, dem er eine Obligation der preußischen konsolidierten Anleihe über 1000 ℳ zu 3 % verzinslich im vorigen Jahre geliehen; Schleringer habe damals Rückzahlung am 1. Februar 1892 versprochen, dies aber nicht gehalten, so daß er nun auf Lieferung einer solchen Obligation oder Zahlung des dermaligen Kurswertes gerichtlich angehalten werden müsse.

Beklagter beruft sich darauf, daß er bis zu dem am 18. März 1892 erfolgten Tode seines Vaters in dessen Hausunterthänigkeit gestanden habe.

Entscheidung.

11. A. hatte sich für eine Darlehnsschuld seines Bruders B. bei C. verbürgt. Von C. auf Zahlung belangt, schützt A. vor, daß B. zur Zeit der kontrahierten Darlehnsschuld sich noch in der Gewalt ihres gemeinsamen Vaters befunden habe. C. beruft sich darauf, daß B. nach erfolgtem Austritte aus der väterlichen Gewalt die Darlehnsschuld anerkannt habe.

Es sind folgende Quellenstellen nachzusehen: l. 9 § 3 D. de S. C. Macedoniano (14,6); l. 19 D. de exceptionibus (44,1); l. 21 § 5 D. de pactis (2,14); l. 62 eod.; l. 6 § 2 D. mand. (17,1); l. 40 eod.

Wie ist hiernach zu entscheiden?

LXXIV.

1. Was für Rechtsgeschäfte liegen in den folgenden Thatbeständen und Privaterklärungen vor? Welche rechtlichen Folgen treten ein, wenn jeweils die unversehrte Rückgabe durch Zufall oder durch leichte oder durch grobe Nachlässigkeit des Empfängers nicht möglich ist? Wie steht es betreffs dieses in den einzelnen Fällen mit der Beweislast?

a) Es verkauft jemand einen Kasten mit Handwerkszeug, behält sich aber daran bis zur Zahlung Besitz und Eigentum vor. Nach wenigen Tagen erscheint der Käufer und bittet, ihm das Handwerkszeug einstweilen einzuhändigen, obgleich er das Kaufgeld heute noch nicht bezahlen könne; sobald der Verkäufer es wünsche, werde er den Kasten gern wieder zurückbringen.

b) Beim Baden in der Schwimmanstalt läßt man seine Kleider in einer Auskleidungszelle; — oder man giebt Uhr und Geldtasche dem Bademeister gegen Kontrollmarke zur Bewahrung.

c) Jemand überträgt die Bewachung eines Grundstückes einem andern, der es aus Gefälligkeit und unentgeltlich übernimmt.

d) Ein Bauer erhält von seinem Nachbar Erlaubnis, seine Schweine für einige Zeit in einem leerstehenden Stalle des Gestattenden unterzubringen.

e) Auf dem Bahnhofe wird jemand, der gerade abreisen will, von seinem begleitenden Freunde daran erinnert, daß er Wertsachen zu Hause offen habe liegen lassen; der Begleiter erbietet sich, sie an sich zu nehmen und bis zur Rückkehr zu behalten.

f) Der Besitzer einer seltenen Handschrift giebt sie einem Fachgelehrten, um sie zu untersuchen und wissenschaftlich nach Alter und Bedeutung klar zu stellen; wobei der Untersuchende möglicherweise: dafür bezahlt wird; — es aus Gefälligkeit besorgt; — den Besitzer des Manuskriptes darum gebeten hat, und dieser ihm einen Gefallen erweist; — als Vertreter einer gelehrten Körperschaft zu jener Arbeit verpflichtet ist; — seinerseits etwas für die Benutzung der Handschrift bezahlt.

g) „Die leeren Säcke sind innerhalb vier Wochen in gutem Zustande zurückzusenden oder p. Stück ℳ 1 zu bezahlen.
Angerstedter Wassermühle."

h) Eine Pelzhandlung sendet drei Pelzmäntel zu 70, 80 und 90 ℳ einer Dame, die einen davon auswählen und kaufen will, mit der Bitte um baldige Rückgabe der zwei in der Wahl ausgefallenen zu; — eine Seidenfabrik überschickt auf Wunsch Muster ihrer Seidenstoffe, bedingt sich aber pünktliche und schnelle Rücksendung der mitgeteilten Musterproben aus.

i) Von einer Postanstalt wird ein aus dem Auslande angekommenes Paket der Zollbehörde zur Deklaration und Revision in den dazu bestimmten Schuppen zugeführt und hier in Gegenwart und unter Hilfeleistung des zollpflichtigen Adressaten revidiert; welcher sich dann entfernt, mit der Angabe, daß er jemanden schicken werde, um die Sachen zu holen.

k) „Herrn Kaufmann Gorlandt, Altenburg.

Von der Direktion des Feuer-Assekuranz-Vereins in Altona gingen uns heute für Ihre werte Rechnung 11600 ℳ zu, welche wir Ihrem Konto kreditierten. Das verauslagte Porto mit 3 ℳ schrieben wir Ihrem Konto zur Last. Wir bitten um Ihre baldgefällige Verfügung über obigen Betrag. Arthur Heiliger, Bankgeschäft."

l) In einem Pachtvertrage hieß es am Schlusse: „Die 3500 ℳ eingezahlte Pachtkaution sollen gleich einem Faustpfande für alle Pachtverpflichtungen haften."

2. K. bittet den L., ihm einige Wertpapiere zu leihen, die er, K., als Unterpfand gegen ein in kurzer Frist zurückzuzahlendes Darlehn bei einem Bankhause benutzen will.

a) Was liegt juristisch vor? Welchen Anspruch auf Rückgabe hat L.?

b) Steht dieser Fall dem folgenden gleich: R. übergiebt dem S. eine goldene Uhr und Kette mit dem Auftrage, darauf bei einem Pfandleiher 100 ℳ zu leihen und solche dem R. zu überbringen; S. nimmt das Geld auf — entweder auf seinen eigenen Namen, oder auf den Namen des R.?

3. Eine Aktiengesellschaft beschloß, eine größere Summe als Darlehn aufzunehmen, und lud die Aktionäre zur Beteiligung ein. X. zeichnete infolge dessen 4000 ℳ und sandte nach geschehener Annahme durch die Gesellschaft 2000 ℳ bar ein, worüber namens des Vereins von den Beamten mit dem Beifügen quittiert wurde, daß X. dafür „auf Depositen-Konto" erkannt sei.

Da das Unternehmen sich später zerschlug, kam es zu Streitigkeiten, in denen es sich vor allem fragte: wie jener Thatbestand rechtlich aufzufassen sei?

4. Der Hauptmann v. D. war beauftragt, für die Remonte-Kommission Vorbesichtigungen anzukaufender Pferde vorzunehmen, und hatte angeordnet, daß die Gendarmen M. und N. ihm die beiden Pferde des E. vorreiten sollten. Diese holten die Pferde zu diesem Zwecke von dem Hofe des sie dazu hergebenden E. ab und ritten sie in dessen Gegenwart dem Hauptmann v. D. vor.

Auf dem Rückwege wurden die Pferde aber, während sie von

den Gendarmen geritten wurden, erheblich beschädigt. Verschiedene Zeugen sagten aus, daß nach ihrer Meinung der Gendarm M. mit Rücksicht auf den lebhaften Fahrverkehr auf der betreffenden Straße viel zu schnell geritten sei; wogegen sich dieser darauf berief, daß selbst dem ausgezeichnetsten Sachverständigen nicht immer möglich sei, zu beurteilen, ob, wenn ein Pferd scharf geht, dies mit dem Willen des Reiters geschehe, und daß deshalb eine Schuld auf seiner Seite nicht als bewiesen angenommen werden könnte.

Wessen rechtliche Position ist bei diesem Streite die bessere?

4. In den noch heute in Geltung stehenden Statuten der schwarzburgischen Städte Greußen (1556) und Frankenhausen (1558) findet sich:

„*38. Artikul. Von hinterlegtem gutte.*

Hinterlegte wahre oder gelt, soll dem hinterleger auff sein begerenn von stundt ahn, ohne allen Auffzugk wiederumb zu handen gestelt werdenn, auch vngeachtet, ob ehr gleich deme, der die haabe zu seinen Treuen handen bekommen, mit bekentlichen oder erweißlichenn schulden vorhafft wehre, dan was hinterlegt vndt Jemand zu getrauen handten gethan wirdt, das ist im Rechten dermaßen befreyet vnd *privilegirt*, das darwider keine *Exception Compensationis* oder ander behelff dem hinterleger zu nachtheil stadt hat.“

a) Findet sich der hier ausgesprochene Grundsatz auch im klassischen römischen oder im justinianischen oder im heutigen gemeinen Rechte?

b) Wie steht es, wenn der Empfänger der hier erhobenen *actio* (welcher?) gegenüber die *exceptio dominii* vorbringt?

6. Eine Klage auf Rückgabe eines Grundstückes wurde darauf gestützt, daß dasselbe dem jetzigen Beklagten nur auf beliebigen Widerruf des Hingebenden überlassen worden sei. Dagegen behauptet der Beklagte, daß er es zu Eigentum erhalten habe.

Wen trifft hier die Beweislast?

7. Vor Antritt einer auf längere Zeit berechneten Reise nach Brasilien giebt ein junger Kaufmann ihm gehörige Mobilien einer befreundeten Familie in unentgeltliche Verwahrung. Bei Gelegenheit eines Brandunglückes gehen jene Sachen zu Grunde.

Der Empfänger hatte nicht lange vor dem Brande seine sämtlichen Habseligkeiten gegen Feuer versichert, die Sachen des

Reisenden aber nicht. Kann dieser ihn deshalb in Anspruch nehmen?

Würde es von rechtlichem Einflusse sein, wenn bei dem Brande der Inhaber der anvertrauten Objekte erweislich seine Sachen gerettet und zu deren gunsten die in Verwahrung gegebenen dem Feuer überlassen hätte?

8. Der Riemermeister Schroth klagt gegen den Gerber Zilch auf Herausgabe von 50 Stück Kuhhäuten, die er diesem zur Ausarbeitung und Aufbewahrung bis zu einem spätern Termine übergeben habe. Zilch erwidert, daß das Leder bei einer in seinem Hause vor kurzer Zeit ausgebrochenen Feuersbrunst verbrannt sei; wogegen Schroth geltend macht, es sei Pflicht des Verwahrers gewesen, das ausgearbeitete Leder auf die an dortigem Platze unter Gerbern übliche Art in dem zur Aufbewahrung des fertigen Leders bestimmten feuersichern Magazin zu hinterlegen.

Welche Rechtsverhältnisse und *actiones* stehen in Frage? Wie steht es, wenn die Parteien sich gegenseitig ihre Behauptungen bestreiten, mit der Beweislast betreffs der einzelnen relevanten Punkte?

9. Ist in den nachstehenden Fällen ein Anspruch des Geschädigten gegen den betreffenden Gastwirt begründetermaßen vorhanden?

a) Ein Gastwirt vermietet zur Meßzeit einem fremden Kaufmann sein Gewölbe oder seinen Laden, um darin Waren feil zu halten; — ein Student zieht für einige Zeit, da er noch keine passende Privatwohnung gefunden, in einen Gasthof zur Miete. Es kommen diesen eingebrachte Sachen abhanden.

b) Einem Reisenden wird nach der Einkehr in einem Gasthofe seine goldene Uhr, die er in der Weste trug, von einem Taschendiebe gestohlen.

c) Der Portier bringt Sachen beiseite, die ein im Gasthofe wohnender Reisender in der Stadt gekauft und nach seinem Hotel bestellt hat.

d) Der Reisende läßt bei der Abfahrt für seine rückständige Zechschuld Wertsachen als Pfand; oder er leiht dem Wirte auf dessen Wunsch einen Gegenstand, der nun abhanden kommt.

e) In gedrucktem Anschlage in den Gastzimmern erklärt der Hotelbesitzer, daß er für die Effekten der Reisenden in keinem Falle haften werde, und daß man Wertobjekte im Kontor abgeben möge.

f) Einem Reisenden werden fremde Sachen gestohlen, die er dem Eigentümer zu überbringen übernommen hatte.

g) Ohne Wissen und Willen des Gastwirtes hatte ein Reisender auf seinem Zimmer eine feile Dirne nächtlich bei sich beherbergt, die ihn bestahl.

h) Manche Gasthäuser haben in der hohen Reisezeit mit benachbarten Privatleuten ein Übereinkommen getroffen, wonach sie bei Überfüllung des Gasthofes diesen Reisende zur Beherbergung überweisen. Es wird hier angenommen, daß Reisende in solcher Lage mitgebrachte Sachen einbüßen.

i) Ein Tischler sandte einen Schrank, den ein Frachtfuhrmann nach einem benachbarten Orte mitnehmen sollte, in das Gasthaus, in welchem dieser einzukehren pflegte. Dortselbst wird der Schrank durch Ungeschick der Bediensteten stark beschädigt.

k) Im Anfange dieses Jahrhunderts ereignete sich folgender Rechtsfall: Ein Offizier, der nicht zur Garnison der Stadt Hannover gehörte, wurde während der Okkupation des Kurfürstentums Hannover von dem Billetamte bei dem Gastwirte Süff gegen eine bestimmte verabredete Geldsumme für Logis und Beköstigung auf ein Quartierbillet einlogiert. Während seiner Abwesenheit ward in seiner Stube sein Koffer erbrochen und das darin befindliche Geld entwendet.

l) Ein Handlungsreisender, der soeben mit dem Eisenbahnzuge eingetroffen ist, übergiebt dem Hausknecht eines ihm bekannten Gasthofes, der mit dem Hotelwagen am Bahnhofe wartete, seinen Koffer, damit dieser einstweilen nach dem Gasthofe mitgenommen werde, während er zu Fuße gehen und unterwegs noch einige Geschäfte besorgen will. Auf dem Rückwege wird der hinten am Wagen befestigte Koffer von dritter Hand abgeschnitten und entwendet.

10. (11.) Zwei Studenten haben sich gegenseitig Deckelschoppen geschenkt und sie in einer Restauration zu ihrem gewöhnlichen Gebrauche stehen. Nach einiger Zeit giebt es Differenzen mit dem Wirte; sie verlangen die Gläser heraus und verklagen ihn auf seine Weigerung.

Der Wirt entgegnet, daß das eine Glas durch den Kellner beim Reinigen zerbrochen worden; das gehe ihn also nichts mehr an. Den Kellner könne Kläger belangen; aber freilich müsse er dem dann auch Schuld nachweisen, was vorliegend nicht wohl möglich sei. In betreff des andern Glases sei zu sagen, daß der

Student gar nicht Eigentümer sei, da der Lieferant des Glases noch nicht bezahlt sei und auch nicht kreditiert habe. Gegenüber einer etwaigen obligatorischen Klage aus dem Mandate mache er Retentionsrecht geltend, indem Kläger von dem aus dem Glase bei ihm getrunkenen Biere noch nichts bezahlt habe. Bis dieses geschehen sei, gebe er das Glas nicht heraus; auch verlange er diesen Kaufpreis verzinst, von Lieferung des Bieres oder von einem vom Gerichte zu bestimmenden Zeitpunkte an.

Replik der Kläger: Der Beklagte hafte als *caupo* für den Kellner unbedingt. In keinem Falle sei es ihre Sache, eine besondere Fahrlässigkeit des Kellners nachzuweisen. Die Beziehungen zwischen den Klägern und dem Lieferanten der Gläser gingen den Wirt nichts an. Das Verhältnis unter ihnen, den jetzigen Streitteilen, sei nicht als Mandat zu charakterisieren, sondern als Depositum, und deshalb sei jede Retentionseinrede unzulässig. Der Zinsanspruch des Beklagten sei rechtlich ohne alle Begründung.

Es ist Urteil mit Entscheidungsgründen zu entwerfen.

LXXV.

1. Welche Rechtsverhältnisse sind in folgenden Thatbeständen gegeben?

a) Ein Kaufmann erhält von einem Geschäftsfreunde durch Postanweisung Geld geschickt, mit dem Ersuchen, mit diesem gewisse, von einem andern acceptierte, nicht bezahlte Wechsel einzulösen und dieselben dem Geschäftsfreunde einzusenden.

b) Der Verkäufer einer Ware stellt dem Käufer einen Bezugschein mit der Ermächtigung der Abholung der Ware aus; — es erhält jemand Auftrag, für einen andern Gelder zu vereinnahmen; — ein Cedent giebt dem Cessionar Vollmacht, das Geld vom Drittschuldner zu erheben.

c) X. bestellt bei dem Kupferschmiede Y. einen Kessel aus dem Kupfer, das er ihm giebt. Er bemerkt: „Über die Bezahlung werden wir wohl eins werden"; worauf Y. entgegnet: „Ich bin Ihnen ja von anderen Gelegenheiten her zu Dank verbunden und werde den Kessel gern umsonst anfertigen."

d) Ein „armer Reisender" bittet einen Barbier, daß er ihn umsonst rasieren möge.

e) S. läßt seine drei Kinder beim Photographen T. aufnehmen. Dabei ersucht letzterer, das älteste Töchterchen für sich, den T., noch einmal besonders in großem Format aufnehmen zu dürfen. S. erlaubt es und erhält später ein Bild des Kindes von T. mit der Bemerkung zugesandt, daß er „dafür nichts in Rechnung gestellt habe“.

f) Z. hat ein kleines Kapital geerbt und in bar ausbezahlt erhalten. Es redet ihm ein Bekannter dringend zu, daß er sich doch Obligationen der Lissaboner Stadtanleihe dafür kaufen möge, die ein sicheres und gut verzinsliches Papier sei. Z. läßt sich dazu verleiten.

g) Ein Privatmann, welcher 1000 ℳ Ersparnisse in Wertpapieren anlegen und gern mit dem Bankier seines frühern Wohnortes in Verbindung bleiben will, zahlt jene Summe bei der Reichsbankstelle seines jetzigen Domizils auf das Konto jenes Bankiers ein, indem er diesen brieflich beauftragt, ihm für das Geld deutsche Reichsanleihe zu beschaffen und die Wertpapiere einstweilen bei sich in Verwahrung zu nehmen.

h) Ein Kaufmann hat Vollmacht, Waren einzukaufen, — sei es gegen jeweilige Bezahlung und Provision, oder unentgeltlich; er überschreitet diese Vollmacht. Da er zugleich ersucht war, die Waren bei sich lagern zu lassen und für dieselben Assekuranz gegen Feuer zu nehmen, so versichert er sie bei einer Gesellschaft, deren Bevollmächtigter er ist.

i) Im Auftrage eines Gemeinschuldners hat sein Bruder einem unbevorzugten Konkursgläubiger, um dessen Zustimmung zu einem beabsichtigten Vergleiche zu erlangen, gewisse Prozente seiner Forderung zu zahlen zugesichert und dann auch wirklich gezahlt.

2. Cod. Max. Bavar. civ. IV, 15 § 7:

„. . . . 16to. Ist der Assignatus dem Assignatarius um der angewiesenen Schuld wegen auf Belangen zu bezahlen verbunden, jedoch niemal anders als auf vorläufige genugsame Legitimation und Aushändigung der Assignation oder Bescheinigung.“

a) Von welcher Rechtseinrichtung ist hier die Rede?

b) Was für Rechte und Pflichten entstehen daraus unter den beteiligten Personen?

c) Welchem besondern Rechtssatze ist in der angeführten Gesetzesstelle Ausdruck gegeben? Stimmt er mit den Vorschriften des römischen und des heutigen gemeinen Rechtes überein?

d) Wie unterscheidet sich das hier gemeinte Rechtsgeschäft von: Cession; — Schuldübernahme; — Novation; — Delegation; — Expromission; — datio in solutum?

e) Was ist die Folge, wenn ein Gläubiger in der hier in Rede stehenden Art und Weise von einem Dritten, von dem der Schuldner etwas zu fordern hatte, sich das Geld holen sollte und dann sein Schuldner in Konkurs verfällt, ehe der Dritte gezahlt hat?

3. A. übernahm den Auftrag, die Schulden des B., sei es aus eigenen Mitteln, sei es aus, zu diesem Zwecke aufzunehmenden, Kapitalien zu tilgen. Er entlieh sodann zu fraglichem Zwecke in eigenem Namen von C. ein Kapital von 8000 ℳ, die er jedoch nicht ganz an denselben zurückzuzahlen brauchte, da C. ihm später einen bedeutenden Nachlaß von 4000 ℳ bewilligte.

B. nimmt jetzt den Vorteil dieses Nachlasses für sich in Anspruch.

Mit Recht?

4. „Klage des Kaufmanns J. Prinz in Fulda gegen den Spediteur Th. Schwarzburg in Lauterbach.

Ich lieferte am 12. August d. J. an Herrn Mühlenbesitzer Friedrich Krölfuß in Lauterbach 2 Kolli Fett. Nr. 115 J. P. gehörte dem eben Genannten, Nr. 115 J. P. gehörte Heinrich Krölfuß. Friedrich Krölfuß sollte es an diesen Adressaten abliefern und das an ihn adressierte für sich behalten. Er holte es jedoch nicht von der Bahn ab, sondern Th. Schwarzburg, Spediteur in Lauterbach, empfing diese 2 Kolli.

Anstatt nun dem Adressaten dieselbe zuzuführen, blieb die Ware, ohne daß irgend jemandem davon Mitteilung gemacht wurde, mehrere Wochen bei Schwarzburg lagern. Jetzt nimmt der Adressat die Ware nicht mehr an.

Ich habe deshalb den Schwarzburg zur Zahlung aufgefordert, erhielt aber weder Antwort noch Kassa.

J. P. 115 ist 1 Kanne Thran	28 Pfd. à 36 ₰ :	ℳ 10,08
J. P. 116 ist 1 Kanne Wagenfett	28 Pfd. à 20 ₰ :	ℳ 5,60
	Die Kannen :	ℳ 4,—
	Sa. :	ℳ 19,68

Ich ersuche nun um einen näher zu bestimmenden Termin und werde beantragen, den Beklagten 1) zur Abnahme, 2) zur Bezahlung und 3) in die Kosten zu verurteilen. J. Prinz.“

Im anberaumten Verhandlungstermine bleibt der Beklagte aus. Es ist Urteil mit Gründen zu entwerfen.

5. In einer Oktobernacht erlitt ein Schiff auf der Elbe unterhalb Hamburgs Havarie; namentlich gingen dabei eine erhebliche

Anzahl mit Petroleum gefüllter Fässer über Bord. Ein Arbeiter, der es beobachtete, unternahm es alsbald, dieselben aufzufischen und ihr Forttreiben zu verhüten, indem er sie teils in ruhiges Wasser, teils an das Land brachte, teils abbäumte. In einer fast siebenstündigen angestrengten Thätigkeit, meistens bis zum Bauch im Wasser stehend, gelang ihm das Werk.

Als er aber von dem Eigentümer der Fässer eine Belohnung erbat, verweigerte dieser eine solche. Die Arbeit sei, so gab sein Rechtsbeistand an, während der Nacht geschehen, wo der Arbeiter keine Lohnarbeit versäumt habe; nach l. 2; 4; 6 § 1; 10 pr. D. de N. G. (3,5) könne er also keinen Ersatz fordern, und von Lohn sei bei einer negotiorum gestio, die sich dem Mandate grundsätzlich anschließe, überhaupt keine Rede, vgl. l. 36 D. de R. J. (50,17), auch l. 1 § 4 D. mand. (17,1).

Der Arbeiter wendet sich an einen Juristen mit der Bitte um Auskunft, ob sich das wirklich so verhalte; wenn er das gewußt hätte, so würde er die Fässer ruhig haben schwimmen lassen.

Was wird er für eine Antwort erhalten?

6. Ein Dorfbewohner wurde leblos aufgefunden, dem Anscheine nach war er erfroren. Daher wurde von der Polizeibehörde eine Untersuchung, besonders die Inspektion und Sektion der Leiche angeordnet. Es ergab sich, daß der Verunglückte durch übermäßigen Genuß von Branntwein und dadurch hervorgerufene Unfähigkeit richtiger Pfadfindung seinen Tod selbst verursacht hatte. Die erwachsenen Kosten der Untersuchung wurden der Witwe des Verstorbenen, als seiner Erbin, angefordert; diese weigert deren Erstattung.

Entscheidung.

7. Der Landgerichtsrat Welland, ein Junggeselle, hat mit dem Wirte „zur Stadt Kassel“ einen Vertrag geschlossen, wonach letzterer gegen jährliche feste Vergütung die den Welland treffende Einquartierung übernehmen soll. Beide haben von ihrem Abkommen der Bürgermeisterei Anzeige gemacht, und diese hat seit mehreren Jahren die einquartierten Mannschaften stets alsbald nach der „Stadt Kassel“ gewiesen. Im Herbst 1889 geschah das nicht; und eines Abends 9 Uhr erscheinen 3 Mann Militär vor den verschlossenen Zimmern des Welland. Während sie warten, giebt ein zufällig dazukommender Unteroffizier ihnen den Rat, nach dem nahen „Grünen Baum“ zu gehen, dessen Wirt sie gegen Vorzeigung ihrer Einquartierungsscheine aufnimmt und später, nach ihrem Abzuge, dem Landgerichtsrat Welland eine Rechnung über 14 ℳ zusendet. Dieser weigert die Zahlung.

Welches ist die zutreffende rechtliche Auffassung und Entscheidung des Falles?

8. Welche rechtlichen Besonderheiten liegen in den hierunter angeführten Rechtsfällen vor? Und wie stellen sich hiernach Rechte und Pflichten unter den Beteiligten?

a) Die Ehefrau eines Gemeinschuldners bittet dringend ihren vermögenden Bruder, daß er doch die Konkursmasse übernehmen und die Gläubiger befriedigen solle; dieser führt es aus.

b) Der Vorstand einer Ortsgemeinde nimmt zur Vereinnahmung und Verrechnung von Gemeindegefällen einen Rechner an und sichert diesem 1 % der eingehenden Gelder als Vergütung zu; der Rechner bezieht dies auch elf Jahre lang, als sich herausstellt, daß der Vorstand ohne Zustimmung der Gemeindevertretung zu jener Anstellung, nach dortigem Partikulargesetze, gar nicht befugt gewesen sei.

c) Nach dem Tode des D. nimmt eine entfernte Verwandte K., welche in seiner letzten Krankheit beständig um ihn gewesen war, auf Grund eines Testamentes die Erbschaft in Besitz, Verwaltung und Genuß. Hinterher stellt sich heraus, daß das Testament nichtig ist, weil D. bei seiner Errichtung nicht mehr gesunden Sinnes war, sowie daß die K. das genau gewußt hat.

9. Der Bauunternehmer Kugel hatte ein von ihm aufgeführtes Haus dem Gastwirt Mittelstraß auf Kredit verkauft und die Kaufgeldforderung dem Architekten Löffler abgetreten, damit dieser sich hieraus für seine Baurechnungen bezahlt mache. Da die Geldverlegenheit des Kugel in der Folge sich noch steigerte, so cedierte er, unter Mißachtung und Verschweigung der bereits geschehenen Abtretung, jene Forderung später noch einmal an den Kaufmann Stecher, der nun auch den rückständigen Kaufpreis von Mittelstraß vereinnahmt.

Da sowohl Kugel, wie Mittelstraß inzwischen insolvent geworden sind, so verlangt Löffler ein rechtliches Gutachten darüber: ob er von Stecher die Herausgabe des vereinnahmten Kaufgeldes verlangen könne?

10. Zwei Vettern führen beide den Namen Kaspar Nöthling; der ältere hat in der Sparkasse seines Ortes 1100 ℳ eingelegt und darüber ein Sparkassenbuch in Händen. Als nun der jüngere Vetter stirbt und von seiner Schwester beerbt wird, veranlaßt diese, in dem guten Glauben, daß ihr Bruder jene Einlage gemacht, ein Aufgebotsverfahren betreffs des angeblich verloren gegangenen Sparkassenbuches und, da der ältere Kaspar Nöthling als Sachsengänger gerade in der Fremde weilt, ein Ausschlußurteil mit der darin ausgesprochenen Kraftloserklärung des Einlagebuches. Hierauf erhält sie die eingelegten 1100 ℳ von der Sparkasse ausbezahlt, welche statutenmäßig befugt war, belegte Gelder an jeden Überbringer eines Buches ohne Prüfung der Legitimation desselben zurückzuzahlen. Erst nach einiger Zeit, bei der Rückkehr des noch lebenden Kaspar Nöthling, klärt sich die Sache auf.

Wie kann nun der wirkliche Einleger zu seinem Gelde kommen? Gegen wen hat er einen Anspruch auf Erstattung des Geldes und der verlorenen Zinsen; und in welcher Art müßte derselbe begründet werden?

LXXVI.

1. Welchen juristischen Begriffen unterstehen folgende Abmachungen? Sind letztere sämtlich rechtsgültig und klagbar?

a) Die Schachmeister Steinitz in New York und Tschigorin aus St. Petersburg unternahmen im Anfange 1892 einen Wettkampf im Schachspiel um einen beiderseitigen Einsatz von 2000 Dollors. Sieger sollte sein, wer zuerst 10 Partien gewönne; würden beide Spieler auf 9 kommen, so sollte ein Stichkampf von 3 entschiedenen Partien den Ausschlag geben; Remispartien wären nicht zu rechnen. Der Match sollte in Havana stattfinden. Der dortige Schachklub zahlte jedem Spieler 600 Dollars für seine Unkosten, ferner die Überfahrt von New York nach Havana; Tschigorin erhielt außerdem 300 Dollars für die Reise von St. Petersburg nach New York.

Der Wettkampf wurde von Steinitz mit 10 gegen 8 Gewinnpartien, bei 4 Remisen gewonnen. Dadurch erledigte sich zugleich eine Reihe von Wettverabredungen, welche eifrige Schachfreunde in der Weise untereinander getroffen, daß sie wechselseitig, je nach ihrer verschiedenen Meinung von der Spielstärke der beiden Kämpen, auf den Gewinn des einen oder andern größere Summen hielten.

Etwas anderen Bedingungen unterliegen die Schachturniere, für welche von Vereinen oder einzelnen Privaten Preise ausgesetzt werden, während die um die letzteren spielenden

Teilnehmer nur einen kleinen Einsatz (gewöhnlich 5—25 ℳ) einzuzahlen haben.

Zuweilen findet sich auch, besonders in England, die Beredung, daß ein Matador des edlen Spieles gleichzeitig eine größere Anzahl von Partien, oft ohne die Spielbretter anzusehen, gegen verschiedene Amateurs führt, von denen jeder einen festen Satz (etwa 1 £) ohne Rücksicht auf Gewinn oder Verlust der betreffenden einzelnen Partie zu entrichten hat.

b) Jemand macht einem Freunde Vorhalt über dessen Neigung zum Hazardspiel. Dieser gelobt ihm, von nun ab sich gänzlich davon fern zu halten, und verspricht, falls er nur einmal wieder sich am Glücksspiele beteilige, dem Freunde eine Strafsumme zu zahlen.

c) Bei Erbteilungen findet sich außerordentlich häufig das Übereinkommen der Miterben, daß die Verlassenschaft in ebensoviele „Lose", als es Erben sind, geteilt werde und dann jeder Miterbe den ihm zukommenden Anteil eben durch das Los zugewiesen erhalte.

d) Eine Zeitung veröffentlicht Preisrätsel und lost unter den richtig eingehenden Lösungen eine aus, deren Einsender den ausgesetzten Preis dann erhält.

e) Zwei Biertrinker ziehen an einer Fastenbretzel; der Teil, den jeder in Händen behält, soll ihm gehören. Dabei hat entweder der eine die Bretzel allein bezahlt, — oder beide zusammen, — oder der soll bezahlen, der das kleinste Stück zieht.

f) In einer Gesellschaft behauptet jemand, daß der Kaiser im Deutschen Reiche bei Reichsgesetzen ein Veto habe; ein anderer bestreitet es. Jener wird so erregt, daß er eine Wette von 1000 Thalern gegen 10 Pf anbietet, was der andere annimmt.

g) Ein Metzgermeister, der zugleich Gastwirtschaft betreibt, läßt bei einem Schweineschlachten in die eine Wurst ein Zehnmarkstück machen und verkauft nun, unter Bekanntmachung dieses Umstandes, die Bratwürste in seiner Wirtschaft an jenem Tage zu unerhört hohem Preis.

h) In Hauffs Märchen wird in der Erzählung „Sage vom Hirschgulden" von einem eigentümlichen Handel unter den drei Brüdern Zollern berichtet. Ein in der Mitte zwischen ihren Schlössern gelegener Fischteich war bei der Erbteilung durch ihren Vater dem ältesten Sohne, Kuno, zugewiesen worden. Dieser aber machte seinen Brüdern, des bessern geschwisterlichen Verhältnisses halber, das Angebot, den Teich als Gemeingut zu behandeln, was die anderen ablehnten, indem jeglicher ihn als alleiniges Eigentum haben wollte. Endlich einigten sie sich dahin, daß sie ihre Angelschnüre und Haken holten; und wer von den dreien im Laufe des Vormittags die meisten Fische geangelt, der sollte den Weiher eigen haben.

i) Infolge einer Wette, so lesen wir in der „Kosw. Ztg.“, hat sich der Hotelbesitzer W. in Belzig verpflichtet, in der Zeit von zwei Jahren die Bibel abzuschreiben. Der Vertrag ist notariell abgeschlossen und besagt, daß die Abschrift fehlerlos sein muß; sämtliche Sternchen und Punkte muß die Abschrift enthalten, kein Komma darf vergessen werden, sonst erhält Herr W. die 2000 ℳ (den Preis für seine Arbeit) nicht; ferner darf er nur schreiben, wenn er keine Gäste hat. Vom Februar bis April soll die Arbeit bis zum 2. Buch Mose gediehen sein.

k) In Barmen wurde kürzlich ein Ibach'sches Pianino auf folgende originelle Weise ausgeraten. Ein sog. Einmachglas wurde bis an den Rand mit Erbsen gefüllt, und gegen Erlegung von 50 ₰ konnte jeder raten, wie viel Erbsen sich in dem Glase befinden; derjenige, welcher die richtige Anzahl riet, wurde glücklicher Besitzer des Instrumentes, und wenn niemand die wirkliche Zahl traf, der, der dem Ziel am nächsten kam. An 3000 Personen beteiligten sich an diesem Wettraten, und der Lehrer Hesselmann zu Schwelm war der Gewinner des Pianinos, da er die richtige Anzahl, 4016 Erbsen, traf. Außerdem waren nur zwei Personen dem Ziele nahe gekommen, die übrigen hatten teils weit darunter, teils viel darüber geraten.

l) Englische Blätter berichten folgende Geschichte:

Ein Mann in London ward krank. Ein Freund besuchte ihn, fand ihn sehr schlecht und prophezeite ihm, daß er Weihnachten gewiß nicht überleben würde. Der Kranke aber fühlte sich besser, als der Freund glaubte, und versprach diesem 50 £, wenn er ihm dagegen verspreche, ihm für jeden Tag, den er nach Weihnachten leben würde, 2 sh. zu geben. Der Freund, seiner Sache gewiß, nahm dieses an: der Kontrakt ward notariell aufgesetzt, und der Kranke gab eine Banknote zur Sicherheit. Allein in kurzem ward er wieder ganz hergestellt, und sein Freund muß nun, jetzt schon seit mehreren Jahren, täglich die 2 sh. bezahlen.

2. A. schließt mit B. folgenden Vertrag: Die Enten des A., die B. durch Steinwürfe töten werde, sollten Eigentum des B. sein; dieser aber hat für jeden Steinwurf gegen die Enten an den A. 10 Pfennig zu zahlen.

Daraufhin wirft B. nach den Enten, und es gelingt ihm, mit Aufwendung von 60 Steinwürfen zwei jener Tiere zu töten. Als aber A. 6 ℳ von ihm fordert, die nach dem angeführten Vertrage als Kaufpreis für die Enten anzusehen seien, weigert B. die Erfüllung, weil ein rechtlich unzulässiger Glücksvertrag vorliege.

Welche Entscheidung ist zu treffen?

3. M. verklagt die N. auf Erfüllung ihres Versprechens, daß sie ihm, wenn sie ihren Erbschaftsprozeß gewinnen würde, 3000 ℳ geben wolle; der Prozeß sei jetzt zu ihren Gunsten entschieden worden. Die N. hält sich dagegen wegen des aleatorischen Charakters jener Beredung nicht für juristisch gebunden.

Mit Recht?

4. Lachs klagt gegen Rinfalt 5000 ℳ ein, welche ihm Rinfalt aus Hazardspiel schulde. Im Verhandlungstermine bleibt Rinfalt aus, und Lachs trägt nun die Klage vor.

Wie hat das Gericht zu erkennen?

5. Zwei Geschäftsleute waren bei ihrer Abrechnung über die Richtigkeit eines in der vom B. aufgestellten Rechnung vorkommenden Zinspostens von 17 ℳ in Meinungsverschiedenheiten gekommen, indem der A. die schon geschehene Tilgung desselben behauptete. Dabei wurde von A. eine Wette von 10000 ℳ vorgeschlagen. Es ergab sich, daß A. Recht gehabt hatte. Als aber A. jene Summe forderte, behauptete B., daß gemeinrechtlich dem geschlossenen Vertrage gesetzliche Bedenken entgegenständen.

Hat es mit diesem Einwande seine Richtigkeit?

6. In einer Wirtschaft waren abends mehrere Gäste, dabei ein Glaser- und ein Zimmermeister, versammelt. Der letztere erlaubte sich hierbei die Behauptung, die Arbeit jenes wäre viel zu teuer und nicht wertentsprechend; er selbst könnte die Fenster gerade so gut und billig oder noch billiger machen als jener.

Der Glaser wollte sich die Herabsetzung seiner Geschäftsehre in öffentlicher Gesellschaft nicht gefallen lassen und bot deshalb jenem eine Wette von 1000 *M* an, daß er nicht im stande sei, Fenster, wie der Angegriffene sie fertige, und wie sich solche in dessen Werkstelle befänden, anzufertigen. Der Zimmermeister nahm dieses an, und die Wette wurde in allen Einzelheiten vereinbart. Dann aber fertigte der Letztgenannte die Fenster nicht, und es wurde vom Glaser auf jene 1000 *M* Klage erhoben.

Welches ist die zutreffende Beurteilung und Entscheidung des Streitfalles?

LXXVII.

1.* Welche *delicta privata* stehen im folgenden in Frage?

a) Ein Gutsbesitzer fuhr kürzlich, eine Cigarre rauchend, auf der Thüringer Bahn. Ihm gegenüber saß eine Dame, die infolge des Cigarrenqualmes bald zu hüsteln anfing. Sie ersuchte den Raucher, das Rauchen zu unterlassen. Er aber rauchte weiter, indem er die Dame darauf aufmerksam machte, daß sie dann in einen Wagen für Nichtraucher hätte steigen mögen. Sie bittet nochmals, aber vergebens. Plötzlich springt sie auf, reißt ihm die Cigarre aus dem Munde und wirft sie zum Fenster hinaus. Dabei fiel ihr unter ihrem Mantel verborgen gehaltener Schoßhund zur Erde, den er sofort ergreift und auch zum Fenster hinausschleudert.

b) Der Besitzer der Schwanenapotheke zu M. erhielt, während er in Wiesbaden zur Kur weilte, eines Tages eine ungewöhnlich große Kiste als Frachtgut unfrankiert zugestellt. Als er nach Bezahlung des Portos sie eröffnete, fand er darin den Schwan, der daheim über der Thüre der Apotheke als Wahrzeichen aufgesteckt, jetzt aber nächtlicherweise von Studenten in Weinlaune abgenommen und dem Besitzer in erwähnter Art zugesandt worden war.

c) In einer Zeitung fand sich die Notiz, daß ein Konkurrenzblatt demnächst nicht mehr erscheinen werde. Die Nachricht war falsch — sei es, daß der Verbreiter es gewußt, sei es, daß er fahrlässig gehandelt hatte —, brachte aber dem davon betroffenen Blatte großen Schaden.

d) Vor dem Civilgerichte zu Paris klagt der Herzog von La Rochefoucauld-Doudeauville, Abgeordneter des Sarthe-Departements und Präsident der royalistischen Rechten, gegen eine „hellsehende“ Somnambule, die Frau Mongruel. Diese Dame arbeitet schon seit einem halben Jahrhundert in ihrem Fache, muß sich aber der Konkurrenz jüngerer Kolleginnen erwehren und veröffentlicht in ihren Circularen „lobende Zeitungsausschnitte“ und Anerkennungsschreiben bekannter Persönlichkeiten, darunter auch das nachfolgende: „Frau Mongruel, liebenswürdig und natürlich im wachenden Zustande, schien mir während ihres Schlafes von einem hervorragenden, gewissenhaften und weisen Hellblick zu sein, und ich mache mir ein Vergnügen daraus, diese Wahrheit denen zu bezeugen, welche die Sibylle zu Rate ziehen. La Rochefoucauld, Herzog von Doudeauville.“

Der Präsident des Jockey-Klubs, der für einen der ersten Vertreter der französischen Aristokratie gilt, war empört über den Mißbrauch, der mit seinem Namen getrieben wurde, und bezichtigte die Somnambule der Fälschung. Allein Frau Mongruel wies das Original des Zeugnisses vor, an dessen Echtheit nicht gezweifelt werden konnte; nur das eine hatte die hellsehende Dame weggelassen, das Datum, 16. März 1849.

Der jetzige Stammherr derer von La Rochefoucauld-Doudeauville, dem das Zeugnis der Somnambule bei den Abgeordnetenwahlen schaden könnte, dringt nun darauf, daß Frau Mongruel auch das Datum veröffentliche.

e) Der Besitzer eines Bergwerkes hatte seither Erze aus jenem auf einem öffentlichen Waldwege abgefahren. Die Gemeinde, der der Weg gehört, hat jetzt ein Verbot auf Befahren desselben mit Erzen erlassen und jenen Besitzer, als er sich an das Verbot nicht kehrte, bei dem Forstgerichte angezeigt. Der Angeklagte behauptet, daß nicht er, sondern die Gemeinde deliktisch gehandelt.

2. In den bayerischen Alpen besteht noch immer die allbekannte Sitte oder Unsitte des „Haberfeldtreibens“.

Unter welchen civilrechtlichen Gesichtspunkt ist das Auftreten der vermummten Richter dem Angegriffenen gegenüber zu stellen? Kann dieser, wenn er auf Grund des Haberfeldes von aller Welt gemieden und in seinem Erwerbe geschädigt oder geradezu geschäftlich ruiniert wird, gegen etwa ihm bekannte Anstifter, Teilnehmer oder Ausführer jenes Unfuges mit einer Schadensersatzklage auftreten?

3. Ein Hamburger Kaufmann hat mit einem ungarischen Grundbesitzer, auf dessen Gut sich die „Hunyadi Janos Bitterquellen" befinden, einen Vertrag geschlossen, wonach der letztgenannte jenem den ausschließlichen überseeischen Verkauf des angeführten Bitterwassers übertrug.

Nach einigen Jahren wird der Ungar durch einen andern Händler bewogen, auf seinem Territorium neue Gruben für die Gewinnung von Bitterwasser zu eröffnen und den Verkauf dieses „Arpad-Brunnens" diesem Händler zu übertragen.

Darauf klagt der Hamburger Kaufmann gegen den Händler auf Ersatz des ihm durch rechtswidrige Konkurrenz erwachsenen Schadens, indem er geltend macht, daß der Beklagte in der Absicht, den Kläger zu schädigen, in voller Kenntnis des zwischen letzterem und jenem Grundeigentümer abgeschlossenen Vertrages und in dem Bewußtsein, daß der Verkauf des dem „Hunyadi Janos" völlig gleichen „Arpad-Bitterwassers" nach den Monopolgegenden des Klägers durch den früher erwähnten Vertrag verboten sei, den genannten Ungarn zu dem Exportieren des „Arpad" durch ihn, den Beklagten, angestiftet habe. Vgl. l. 1 § 2 D. de dolo (4,3); l. 7 § 3 eod.

Der Beklagte begegnet der Klage mit der Aufstellung, daß Kläger sich zunächst an seinen Kontrahenten halten solle, der vollständig solvent sei; er beruft sich namentlich auf l. 1 § 4—7 D. de dolo, auch l. 3 § 1 D. stellionatus (47,20).

Wie ist zu erkennen?

4. Über einen Bankverein, eine Kommanditgesellschaft auf Aktien, wurde am 19. September 1889 Konkurs eröffnet. Nun klagen verschiedene Privatleute gegen die Mitglieder des Aufsichtsrates auf Ersatz des Schadens, den sie dadurch erlitten, daß ihre Forderungen im Konkurse nur teilweise Befriedigung gefunden haben. Begründet wird die Klage damit, daß die Beklagten in dem Geschäftsberichte über 1888 wissentlich den Stand der Verhältnisse der Gesellschaft unwahr dargestellt und dadurch bewirkt haben, daß die Kläger Gläubiger der Gesellschaft geblieben sind, während sie bei einem wahrheitsgetreuen Berichte und bei Veröffentlichung einer richtigen Bilanz im März 1889 ihr Guthaben gekündigt und ausbezahlt erhalten haben würden.

Die Beklagten setzen die Einrede der Verjährung entgegen; da die Klage erst am 16. Juli 1891 zugestellt und deshalb nach l. 8 C. de dolo malo (2,21) verspätet sei.

Ist der Einwand begründet? Welche Erwägungen sind bei der Entscheidung des Rechtsstreites durchschlagend?

5. In neueren Zeiten sind die kaufmännischen „Auskunftsbureaus" immer mehr aufgekommen und an Bedeutung gewachsen. Ihre Thätigkeit erstreckt sich vor allem, wie die größte deutsche Auskunftei, von Schimmelpfeng in Berlin, in ihrem Prospekte sagt, „auf die Erteilung von Auskunft über die Kreditwürdigkeit aufgegebener Firmen"; sie erfolgt gegen Vergütung nach bestimmtem Tarif.

Aus den hierbei leicht auftauchenden Rechtsfragen sind vornehmlich zwei von grundlegendem Interesse:

a) In welcher rechtlichen Stellung befindet sich der Inhaber eines Auskunftsbureaus zu dem Anfragenden, wenn dieser durch eine versehentlich falsche Auskunft zu Schaden gekommen ist?

b) Setzt sich der Inhaber eines Auskunftsbureaus irgend welchen civilrechtlichen Ansprüchen des dritten Kreditsuchenden dadurch aus, daß er über ihn ungünstig berichtet?

6. B. versichert dem A. auf dessen Anfrage wider besseres Wissen, daß N., der von A. Kredit begehrt, in Neapel ein eigenes Haus besitze und 50000 Lire im Vermögen habe; dabei erklärt aber B. ausdrücklich: „Er übernehme keine Haftung, auch keine moralische."

Kann A., der nun daraufhin in Schaden gekommen ist, sich nicht doch irgendwie an den B. halten?

7. (8.) Es ist ein bekanntes Manöver emittierender Bankhäuser, daß sie durch bezahlte Zeitungen falsche oder doch stark übertriebene Berichte über die günstige Finanzlage des gerade fraglichen ausländischen Staates, städtischen Gemeinwesens oder privaten Unternehmens bringen lassen, um das Publikum zum Ankaufe der betreffenden exotischen Wertpapiere zu veranlassen.

Können die dadurch Geschädigten gegen die Veranlasser oder Schreiber solcher Artikel, wenn sie nachweisen können, daß dieselben von der Richtigkeit des wesentlichen Inhaltes der Veröffentlichungen nicht überzeugt gewesen sind, einen Ersatzanspruch mit Erfolg geltend machen?

8.* Welche juristischen Begriffe sind bei Beurteilung der folgenden Vorkommnisse in Erwägung zu ziehen und anzuwenden? Was für *actiones* waren entstanden? Und wie würde auf nachmaliges Verlangen der Beteiligten jede Angelegenheit im Wege Rechtens zu erledigen sein?

a) Valabrègue, der bekannte Pariser Possendichter, befand sich eines Abends auf den äußeren Boulevards, als es heftig zu regnen anfing; er sprang in eine Droschke. Unterwegs merkte Valabrègue, daß er seine Börse vergessen hatte. Was nun? Am Bestimmungsorte angelangt, stieg er aus und sagte ruhig zu dem Kutscher: „Bitte, geben Sie mir ein Streichholz, ich habe ein Zwanzigfrankstück im Wagen fallen lassen.“ Kaum waren diese Worte gesprochen, als der Kutscher seinem Pferde einen gewaltigen Peitschenhieb versetzte und das Gefährt im Galopp hinter der nächsten Ecke verschwand.

b) „Halb Part!“ rief auf einem Jahrmarkte ein biederer Landmann einem Arbeiter zu, als dieser ein Geldtäschchen aufhob, in dem sich eine Doppelkrone vorfand. Der Finder war mit dem „Halb Part“ einverstanden, bedauerte aber, die 10 ℳ nicht herausgeben zu können, da er nicht so viel besitze. Rasch nahm deshalb der Landmann die Doppelkrone an sich und zahlte die 10 ℳ heraus, machte aber später die unangenehme Entdeckung, daß er einem Gauner in die Hände gefallen war, denn die vermeintliche Doppelkrone war eine — Spielmarke. Der Betrüger hatte jedenfalls den „Fundgegenstand“ selbst erst auf die Erde gelegt.

9. (10.) Jemand, der bei einer Versicherungsgesellschaft für den Fall seines Todes seinen Angehörigen ein bestimmtes Kapital versichert hat, wird von einem Dritten ermordet. Nunmehr geht die Gesellschaft gegen den Thäter deshalb vor, weil sie schon jetzt das versicherte Kapital unter Entbehrung weiterer Prämien und unter Verlust des Zwischenzinses hat auszahlen müssen, während nach dem gewöhnlichen Laufe der Natur der Tod des Versicherten so bald noch nicht zu erwarten stand.

Was ist Rechtens?

10. (11.) Nach R.C.P.O. §§ 796 ff. kann zur Sicherung der künftigen Erlangung einer Geldleistung gegen den Schuldner ein dinglicher Arrest an Vermögensstücken desselben oder auch ein persönlicher Sicherheitsarrest an ihm selber stattfinden. Der Gläubiger hat dem Gerichte den von ihm erhobenen Anspruch sowie den Arrestgrund glaubhaft zu machen; und dieses kann alsdann den Arrest ohne vorgängige mündliche Verhandlung verfügen.

Gegen den Beschluß, durch welchen ein Arrest angeordnet wird, kann natürlich der davon Betroffene Widerspruch erheben. Allein es ist klar, daß in jedem Falle für diesen sehr leicht vermögensrechtliche Nachteile verschiedenster Art inzwischen eintreten können.

Es ist daher die (von der R.C.P.O. gänzlich übergangene) Frage von Interesse: ob ein Gläubiger, der — sei es in entschuldbar gutem Glauben, oder in fahrlässiger Weise, oder wider besseres Wissen — falsche Angaben gemacht und einen ungerechtfertigten Arrest erwirkt hat, zum Ersatze des Schadens verpflichtet ist, der dem Schuldner durch den für ungerechtfertigt erkannten und nun aufgehobenen Arrest entstanden ist?

11. (12.) Ein Gutspachter trifft auf seinem Kleefelde einen Knaben, zwei Kühe weidend. Auf die Frage nach dem Eigentümer der Kühe erfolgt eine falsche Namensangabe. Der fälschlich Beschuldigte erhebt gegen das ihm zugestellte Strafmandat Widerspruch, kommt vor das Schöffengericht und wird natürlich freigesprochen.

Wer entschädigt aber dem Manne die zwei dabei in seinem Berufe versäumten Tage?

---

12. (13.) Der Notar A. hatte, gelegentlich der Bestellung einer hypothekarischen Kaution seitens der Witwe B. zu gunsten des C., es übersehen, die B. über ihre weiblichen Rechtswohlthaten zu belehren. Er wird jetzt, nachdem der Bürgschaftsvertrag samt Hypothekbestellung im Wege der Klage aufgehoben worden ist, von C. auf Entchädigung belangt; glaubt aber, hierzu nicht verpflichtet zu sein, da die Syndikatsklage auf freiwillige Gerichtsbarkeit keinen Bezug habe und jedenfalls bei einem so geringen Versehen nicht durchdringen dürfe.

Ist er mit dieser Meinung im Rechte?

13. (14.) Ein Gerichtstaxator, welcher beauftragt war, eine Taxe über ein Grundstück zu fertigen, nahm irrigerweise an, daß auf dem Grundstücke ein Wohnhaus sich befinde, während dasselbe auf dem Nachbargrundstücke stand. Er stellte danach die Taxe auf, ohne sich noch einmal von dem Sachverhalte überzeugt zu haben.

Der Auftraggeber erwarb daraufhin eine auf dem taxierten Grundstücke haftende Hypothek und kam zu Schaden.

Kann er den Taxator verantwortlich machen?

14. (15.) Ein Schwiegervater und ein Schwiegersohn bewohnten gemeinsam das ihnen gehörige Haus; jeder war Eigentümer (pro indiviso) zur Hälfte, der Benutzung nach war das Haus jedoch so abgeteilt, daß der Schwiegervater den größern Teil innehatte. Infolge entstandener Streitigkeiten erhob der Schwiegersohn Klage, mit dem Antrage, seinen Schwiegervater zur Zahlung einer Gleichstellungssumme zu verurteilen.

Die zu diesem Zwecke gerichtsseitig veranlaßte Taxation ergab als Wert des vom Kläger innegehabten Anteiles 2220 ℳ, wogegen für den vom Beklagten besessenen Teil 2580 ℳ sachverständig festgestellt wurden. Die Parteien vereinigten sich dahin, daß durch Gerichtsurteil der seitherige Besitzstand zum Rechtsstand erhoben werden sollte; gegen die Schätzung der Sachverständigen wurde nichts eingewandt und die Feststellung der hiernach an den Kläger zu zahlenden Ausgleichssumme dem Gerichte überlassen.

Das Landgericht verurteilte den Beklagten zur Zahlung von 360 ℳ.

Erst nach eingetretener Rechtskraft dieses Urteils entdeckt der Beklagte die ihm fehlerhaft zugefügte Schädigung.

a) Kann er gegen das Gericht mit Fug klagend vorgehen?

b) Wenn diese Frage — sei es nach vorliegendem Thatbestande, oder unter anderen Voraussetzungen — zu bejahen ist: in welcher Art und Weise hat der Geschädigte zu operieren? Wie ist es namentlich, wenn der Gerichtsbeschluß per maiora gefaßt worden ist, der Geschädigte aber die Abstimmung der einzelnen Richter nicht kennt?

15. (16.) Es wird jemand amtlich als Zeuge vor das Amtsgericht einer benachbarten Stadt geladen. Die ihm zugestellte Ladung enthält ganz ordnungsgemäß, nach C.P.O. § 342: „1. die Bezeichnung der Parteien; 2. die Thatsachen, über welche die Vernehmung erfolgen soll; 3. die Anweisung, zur Ablegung des Zeugnisses bei Vermeidung der durch das Gesetz angedrohten Strafen in dem nach Zeit und Ort bezeichneten Termine zu erscheinen.“

Als der Geladene aber nach vollführter Reise auf dem betreffenden Gerichte erscheint, wird ihm mitgeteilt, daß sein Name irrtümlich auf die Zeugenliste gekommen sei; da er also kein Zeugnis abzugeben habe, könne man ihm auch Reisekosten und Gebühren nicht bewilligen.

Muß sich der Geschädigte hierbei beruhigen?

16. (17.) Nach § 14 des Postgesetzes des Deutschen Reiches, vom 28. Oktober 1871, erlischt der Anspruch auf Entschädigung an die Postverwaltung mit Ablauf von sechs Monaten, vom Tage der Einlieferung der Sendung an gerechnet.

Wenn man nun durch die Post mittels Postanweisung Geld versandt hat, das durch Unterschlagung oder fehlerhafte Beförderung seitens eines Postbeamten wegkommt: inwieweit kann man sich nach sechs Monaten noch an den betreffenden Beamten halten, bei dem man die Anweisung aufgegeben hat? oder an denjenigen, durch dessen Schuld das Eingezahlte abhanden gekommen ist?

17. (18.) Eine Schadensersatzklage wurde darauf gestützt: Der Beklagte habe, als Bürgermeister, den Kläger dadurch geschädigt, daß er durch falsche Berichte einen amtlichen Beschluß zu erwirken gewußt, nach welchem das angeblich baufällige und feuergefährliche Haus des Klägers abgerissen werden sollte, wenn nicht in einer gewissen Frist den Fehlern abgeholfen werde; sowie dadurch, daß er den Abbruch vor abgelaufener Frist habe vollziehen lassen.

In dem Verhandlungstermine blieb der Beklagte aus. Der Kläger trug die Klage vor und beantragte Verurteilung des Ausgebliebenen durch Versäumnisurteil.

Es ist die richtige gerichtliche Entscheidung mit Gründen auszuarbeiten.

18. (19.) Zahlreiche Verurteilungen Unschuldiger wegen Milchverfälschung sind in Potsdam seit Jahren vorgekommen, und zwar, weil das von der Potsdamer Polizei zu den Untersuchungen der Milch verwendete Galaktometer eine unrichtige Skala hatte. Der gerichtliche Sachverständige, Chemiker Dr. Bischoff aus Berlin, nahm an Gerichtsstelle eine Prüfung des Milchmessers vor, und es stellte sich heraus, daß die Skala einen halben Grad weniger zeigte, als sie eigentlich zeigen sollte. Dr. Bischoff erklärte, daß die Milchmesser vielfach nachgeahmt würden, und wahrscheinlich sehr viele Polizeibehörden unrichtige in ihrem Besitze haben.

Die Folgen sind für die Betroffenen sehr verhängnisvoll gewesen. Nicht nur, daß den Milchhändlern die Milch in den Rinnstein gegossen wurde, sie wurden oftmals auch mit Gefängnis bestraft, und das Urteil wurde von seiten des Gerichts in den Blättern bekanntgemacht, wodurch die Milchhändler in ihrem Erwerbe empfindlich geschädigt wurden.

Wer leistet nun, nachdem sich die Unrichtigkeit des von der Behörde verwendeten Galaktometers herausgestellt hat, den zu Unrecht Verurteilten Ersatz?

19. (20.) Bei Gelegenheit eines Neubaues auf dem Grundstück des Kaufmanns Zell hat der Magistrat der Stadt H. von Zell 121 ℳ 50 ₰ Kanalanschlußgebühren gefordert und schließlich im Wege des Zwangsverfahrens eingezogen. Es war dabei übersehen worden, daß nach Ausweis der Polizei-Akten die Kanalanschlußgebühren für das gedachte Grundstück bereits im Jahre 1882 von dem Vorbesitzer gezahlt worden sind; und nachdem dieses Versehen festgestellt worden, ist die Rückzahlung an Zell erfolgt.

Inzwischen hatte der letztere aber seinen Vorbesitzer, den Generalagenten Reiche, wegen Erstattung jenes Betrages nebst 60 ℳ 75 ₰ anteilige Kosten für Herstellung der Gasleitung, die auch zwangsweise von ihm eingezogen waren, als regreßpflichtig klagend in Anspruch genommen und verlangt, da er mit seiner Klage rechtskräftig kostenpflichtig abgewiesen ist, jetzt von der Stadt mit Rücksicht auf das vorgekommene Versehen Erstattung der ihm entstandenen Prozeßkosten, insoweit dieselben nicht schon durch den Prozeß über 60 ℳ 75 ₰ entstanden sein würden. Die so von dem Kläger geforderte Summe berechnet sich auf 21 ℳ 36 ₰.

Der Magistrat ist der Ansicht, daß Zell ein Rechtsanspruch auf Kostenerstattung nicht zusteht, weil er in der Lage gewesen wäre, gegen die zu Unrecht ergangenen Beschlüsse die Klage im Verwaltungsstreitverfahren zu erheben; auch brauche die Stadt als solche für das Versehen des längst aus dem Amte geschiedenen Magistratsmitgliedes, das damals die Anforderung gemacht, nicht zu haften; um so weniger, als auch den Kläger eine Schuld treffe, da er sich vor Bezahlung der fraglichen Gebühren nicht rechtzeitig bei seinem Vorgänger erkundigt habe, und deshalb nach bekannten allgemeinen Rechtsgrundsätzen nun eine *compensatio culpae* eintreten müsse.

Entscheidung.

LXXVIII.

1. Dem Eigentümer (E.) eines Pferdes wird dieses von F. gestohlen, welcher es auf dem nächsten Pferdemarkte an den, das Tier kennenden, Pferdehändler G. veräußert, der es an den gutgläubigen Landwirt H. käuflich weitergiebt. Bald darauf reißt sich eines Nachts das Pferd los und kommt zu seinem alten Herrn zurück.

a) Welche Rechtsverhältnisse liegen unter den Beteiligten vor? Welche *actiones* sind begründet? Wie steht es jeweils mit Besitz, Eigentum, publicianischer Rechtsstellung?

b) An wen hält sich H. wegen des von ihm bezahlten Kaufgeldes? sowie wegen der Futter- und Transportkosten?

c) Wie wäre es, wenn E. sich inzwischen ein anderes teueres Pferd gekauft hätte: kann er den Kauf rückgängig machen? oder von jemandem Schadloshaltung fordern?

d) Würde es von rechtlichem Einflusse sein, wenn F. unmittelbar nach dem Verkaufe des Pferdes gestorben und von seinen beiden Kindern beerbt worden wäre?

2. Zwei Personen streiten über eine Sache. Der eine nimmt sie heimlich dem andern weg in der ausgesprochenen Absicht, daß dieser die Klägerrolle in dem bevorstehenden Eigentumsprozesse erhalten soll.

Wie ist dies juristisch aufzufassen?

3. Der Handelsmann Wallenstein veranlaßte den Tagelöhner Treu gegen Zahlung von 20 ₰ das von letzterem für die Bahnstrecke Königsbach-Pforzheim und zurück gelöste Arbeiter-Wochenbillet, welches unübertragbar war, ihm zur Benutzung für die Fahrt nach Pforzheim zu überlassen, da, wie Wallenstein sich ausdrückte, er den vollen Fahrpreis von 40 ₰ nicht daran wenden, sondern sonst zu Fuß gehen werde.

Was liegt juristisch vor? Kann gegen Wallenstein ein civilrechtlicher Anspruch erhoben werden? Wie würde es mit der Berechnung dieses letztern stehen?

4. Ein Reisender (R.) benutzt außer seinem Fahrbillet, auf welchem ihm 25 Kilogramm Freigepäck zustehen, auch noch die Fahrkarte eines Mitreisenden (M.), welcher kein Gepäck hat, um seinen Koffer von 45 Kilogramm Gewicht frei aufzugeben.

a) Wie ist dieses rechtlich aufzufassen?

b) Wie wäre es, wenn ein Geschäftsmann (G.) selbst gar nicht mitfährt, sondern seine Waren auf Fahrkarten ihm bekannter Reisender als Passagiergut aufgiebt?

c) Oder, wenn in obigem Falle M. gar nicht mitgefahren wäre?

d) Wie dann, wenn R. eine gefundene Fahrkarte in der angegebenen Weise verwendet? Dieselbe nach der Benutzung vielleicht auf dem Bahnsteig als gefunden ausruft und dem Verlierer zurückerstattet?

5. Vor kurzem hatte sich ein württembergisches Landgericht mit folgender interessanter Rechtsfrage zu befassen:

Ein berüchtigter Einbrecher hat kurz nach seiner Entlassung aus dem Zuchthause wiederum einen Diebstahl ausgeführt und mehrere tausend Mark in Reichskassenscheinen dabei sich angeeignet.

Als er bald darauf verhaftet und dieser That überführt wird, stellt sich heraus, daß er das Geld durch einen Helfershelfer einem gutgläubigen Dritten als Darlehn gegeben und darüber einen ordentlichen Schuldschein erhalten hat. Er selbst ist im übrigen mittellos.

a) Kann nun der Bestohlene gegen den dritten Empfänger des Darlehns mit Fug klagend auftreten und die ihm entwendete Summe, da die Scheine selbst längst verausgabt und nicht mehr auffindbar sind, von diesem persönlich zurückfordern?

b) Steht dem Bestohlenen ein Ersatzanspruch gegen den Hehler zu, der dem Diebe das Geld darlehnsweise untergebracht hat?

c) Wie wäre es, wenn der letztgenannte zu diesem Diebstahl durch einen andern angestiftet worden wäre? Oder dieser andere ihm bei der Ausführung der That hilfreiche Hand geleistet hätte?

6. Zwischen dem Viehhändler Posner und dem Landwirte Sommerlad hatten Verhandlungen über den Ankauf zweier dem letztern gehörigen Zugochsen stattgefunden, ohne zu einem Vertragsschlusse zu führen. Eines Tages erschien in Abwesenheit des Sommerlad in dessen Hause der Händler und bewog den Knecht jenes, die beiden Ochsen ihm einstweilen auszuhändigen, da „er dieselben so gut wie gekauft habe und es bei Sommerlad schon vertreten werde“.

Wirklich erschien Posner am nächsten Tage wieder bei dem letztern, erlangte aber die Genehmigung des Handels nicht. Vielmehr ging die Unterredung allgemach in einen heftigen Wortwechsel über, an dessen Ende Posner von dem erzürnten Landwirte thätlich hinausgewiesen wurde.

Nun schrieb Posner an seinen Gegner einen Brief, in dem er ihm mitteilte, daß er die Tiere bis zur Erledigung eines, angebogen berechneten, Guthabens gegen Sommerlad als Pfand behalten würde. In der That befand sich dieser in recht schlechten Vermögensverhältnissen, und ehe er den berichteten Handel erledigt hatte, mußte er die Eröffnung des Konkurses über sein Vermögen beantragen.

Es entstanden nun folgende Fragen:

a) Konnte der Konkursverwalter erfolgreiche Klage auf Herausgabe der beiden Ochsen, sowie auf Erstattung des Nutzungswertes anstellen, der durch die Zurückbehaltung der Tiere dem Sommerlad und dessen Konkursmasse entzogen worden war?

b) Welche Bedeutung und Wirkung würde es haben, wenn

Posner der etwa erhobenen *actio* gegenüber seine Retentionseinrede wegen seiner rückständigen Forderung an Sommerlad geltend macht? sowie wegen der von ihm ausgelegten Futterkosten für die Ochsen?

LXXIX.

1.* Eine alte Frau, die in dem Hinterhause des A. zur Miete wohnte, fiel des Abends über eine große Kiste, welche ein anderer Mieter (B.) im Hofe hatte stehen lassen, und verletzte sich dabei nicht unerheblich.

Kann die Frau gegen A. oder gegen B. mit einer Ersatzklage erfolgreich vorgehen?

Kommt etwas darauf an, ob der A. den Hof beleuchtet oder dies zu thun unterlassen hatte?

Wie stände es, wenn nicht die Mieterin, sondern ein Fremder (X.) in der angegebenen Weise zu Schaden gekommen wäre?

Steht dem Gesagten der Fall gleich, da ein Hauseigentümer es unterließ, den Bürgersteig bei Glatteis nach polizeilicher Vorschrift mit Asche, Sand oder dergleichen zu bestreuen, und nun ein Vorübergehender zu Fall kam und sich beschädigte?

2. Ist in den folgenden Fällen ein Ersatzanspruch des Geschädigten begründet? Gegen wen würde er ihn zu richten haben? Welche *actio* steht in Frage? Wie unterscheiden sich hierbei das ältere, das klassische, das justinianische, das heutige römische Recht?

a) Ein Spaziergänger steht auf der Straße vor einem Schaufenster und betrachtet die ausgelegten Gegenstände. Aus Unachtsamkeit stößt ihn ein Vorübergehender, so daß er in die Spiegelscheibe fällt und sich verwundet.

b) Ein Hauseigentümer läßt das Haus neu decken; die Dachdecker stellen kein Warnungszeichen aus; und es werden durch herunterfallende Ziegeln Vorübergehende beschädigt und verletzt.

c) Aus Versehen nimmt jemand beim Nachhausegehen aus einer Restauration einen fremden Hut mit; oder er setzt denselben auf, weil dieser an Stelle seines von einem Dritten mit sich geführten Hutes zurückgeblieben ist. Durch einen unterwegs sich einstellenden Regen wird der Hut verdorben.

d) Im Falle c) stieß der Heimkehrende auf einer Brücke mit einem Angetrunkenen zusammen und kam in Wortwechsel mit demselben. Dieser schlägt ihm, in Wut versetzt, den Hut vom Kopfe und in das Wasser.

e) Ein Fensterpfosten war schadhaft und lose geworden; in einer Unterredung darüber erbot sich dem Mieter der betreffenden Wohnung ein anderer Bewohner des Hauses, die Reparatur durch seinen Schwager, einen Zimmermann, besorgen zu lassen, welcher jedoch erst in einigen Tagen, am nächsten Sonntage, dazu Zeit haben werde. Der Mieter war damit einverstanden. Aber am folgenden Tage fiel der Fensterpfosten von seinem Standorte im dritten Stocke auf die Straße und verwundete eine vorübergehende Frau schwer.

f) In der Rinne einer von der Straßenbahn-Gesellschaft gelegten Schiene bleibt ein Pferd mit dem Hufstollen hängen und geht infolge hiervon zu grunde.

g) Auf einer öffentlichen Straße erleidet ein Gefährt Schaden, weil die Straße mangelhaft angelegt, elend gepflastert und sehr schlecht im stande gehalten ist.

h) Jemand stürzt des Abends, als er einen Freund besuchen wollte, dessen Thüre aber verschlossen fand, beim Zurückgehen die Treppe hinab, da der Hauseigentümer für Beleuchtung der Treppe keine Sorge getragen hatte.

i) In einer kleinen Stadt finden sich auffällig viele Brust- und Augenleidende. Bei näherer Untersuchung stellt sich heraus, daß die Gemeindebehörde in übel angebrachter Sparsamkeit die Räume und Einrichtungen der Schulen in ganz ungenügender und schlechter Art hat bestehen lassen, und dadurch viele Kinder lungenkrank oder kurzsichtig geworden sind.

k) Ein Reisender hatte sein Pferd in dem Gasthofe, in welchem er einkehrte, abgestellt. Dasselbe wurde von dem Hausknechte, der zugleich die Pferde besorgte, nur mit einer ledernen Halfter angebunden; da es aber die, dem Knechte nicht mitgeteilte, Unart hatte, an den Halftern zu nagen, so durchbiß es schließlich diese und gelangte in das Freie, da der Bedienstete es versehen hatte, den zur Schließung des Stalles bestimmten Baum vorzulegen. Das Tier überrannte eine Frau und mehrere Kinder und beschädigte sie nicht unerheblich.

l) Ein Waldeigentümer hat auf seinem am Flusse gelegenen Grundstücke Floßholz aufgehäuft, welches im Frühjahre durch eine — sei es regelmäßig eintretende und mit Wahrscheinlichkeit vorauszusehende, oder eine nach Vorkommnis und Größe ganz ungewöhnliche — Überschwemmung auf andere Grundstücke weggeführt wird und dort Schaden anrichtet.

m) Aus einem Fenster wird von eingeschlichenen Dieben etwas geschüttet oder geworfen.

n) Als der Maurer L. im Auftrage des K. mit dem Einsetzen eines eisernen Fensters in das Dach des Hauses des K. beschäftigt war, ließ er das Fenster auf die Straße hinabfallen, wodurch an einem unten haltenden Milchwagen bedeutender Schaden entstand.

3. Ein Schullehrer war strafgerichtlich verurteilt worden, weil er an einem zehnjährigen Mädchen unzüchtige Betastungen vorgenommen hatte. Nunmehr klagt der Vater des Kindes civilrechtlich auf Schadensersatz.

Wie steht es mit Rechtsgrund und Durchführung dieser Klage?

4. Von einem Armenpfleger läuft bei einem Anwalte folgendes Schreiben ein: „Vor mehreren Wochen wurde die Frau eines Mannes, der in beschränkten Verhältnissen lebt, von einem scheu gewordenen Pferde niedergerissen. Infolge dessen ist die Frau längere Zeit arbeitsunfähig gewesen, außerdem sind durch Zuziehung des Arztes dem Manne bedeutende Kosten erwachsen. Der Besitzer des Pferdes weigert sich nun, ihm irgend welche Vergütung angedeihen zu lassen. Das Pferd ist dadurch scheu geworden, daß die Deichsel des Wagens ausgezogen ist. Der Besitzer ist aber auf die Schadhaftigkeit derselben vorher aufmerksam gemacht worden.

Kann der Besitzer des Pferdes gezwungen werden, die ärztlichen Kosten zu bezahlen und Schadensersatz zu leisten?“

5. Ein Hauseigentümer befragt einen Juristen:

„Am heurigen Sedanstage riß eine meiner zur Dachluke herausgehängten Fahnen infolge eines heftigen Windstoßes von des Nachbars Fenster zwei durch keine Vorrichtung vor dem Hinunterfallen geschützte Blumentöpfe hinab. Der Eigentümer verlangt Bezahlung.

Bin ich schuldig, diese zu ersetzen? Oder besteht nur dann eine Verpflichtung, wenn die Töpfe trotz einer Sicherheitsvorrichtung hinabgezogen wären?“

6. (8.) Ein Jockey ist einem andern, dem er beim Wettrennen unterlegen ist, aufsässig. Er weiß, daß der letztere am morgigen Tage wieder reiten wird, und dingt zwei Personen, welche das zu reitende Pferd töten sollen. Diesen aber mangelt es später zur Ausführung an Mut; sie bereden zwei andere Leute zu der That, und diese erschießen das Tier.

Wie ist hier die Haftung jeder einzelnen der genannten Personen? Ist es von Einfluß, ob die beiden letzterwähnten geschossen haben und man nicht weiß, welcher Schuß getötet hat; oder ob nur der eine schoß, der andere das Tier hielt?

7. (9.) In den siebziger Jahren fanden an verschiedenen Orten Bayerns sog. Bierkrawalle statt, veranlaßt durch eine von den Brauern versuchte Erhöhung der Bierpreise, bestehend in tumultuarischem Zusammenrotten von Volkshaufen, welche gewaltthätig in die Bierwirtschaften und Brauereien eindrangen und sie mit Inventar zerstörend beschädigten. Vielfach konnten nur einige wenige, die an dem Krawalle beteiligt gewesen, ermittelt werden.

a) Wie steht es mit den Ersatzansprüchen der geschädigten Wirte und Brauer?

b) In einem Falle wurde festgestellt, daß jemand den Tumultuanten Nachricht gebracht, wann die Gendarmen des Ortes sich entfernt hatten; und andere hatten alsdann Wache gestanden, um bei etwaigem Zurückkehren jener die Zerstörer zu warnen. Quid iuris?

c) Steht das letzterwähnte dem Falle gleich, da ein reicher Bauer einem Strolche Geld giebt, auf daß er die Scheune eines ihm verfeindeten Dorfbewohners in Brand setze?

d) Bei einem jener Krawalle hatte sich der Hofhund des Wirtes den Eindringlingen entgegengestellt; einer der letzteren verwundet das Tier, später kommen andere und schlagen den Hund tot. Haftung?

8. (10.) Ein Bauer war mit einem Metzger in Streit gekommen und hatte dabei den letztern thätlich angegriffen, an die Wand gedrückt und heftig geschüttelt. Als er ihn losließ, sprangen unaufgefordert die beiden Knechte des Metzgers hinzu, warfen den Bauer zu Boden, mißhandelten ihn und ließen nicht eher ab, bis ihr Dienstherr ihnen zurief: „Jetzt ist es genug.“

Wen kann hier der verletzte Bauer mit rechtlichem Erfolg verklagen?

9. (11.) Drei Jäger haben auf einen ihnen zugetriebenen Hasen je einen Schuß abgegeben. Durch e i n Schrotkorn aus einem dieser Schüsse wurde eine in der Nähe befindliche Frau verletzt. Diese klagt nun gegen den einen jener Jäger auf Ersatz wegen des infolge ihrer Verletzung erlittenen Schadens.

Das Beweisverfahren ergiebt, daß das ganze Verhalten der Jäger beim Aufstellen, Zutreibenlassen und Schießen ein fahrlässiges gewesen ist; dagegen ist nicht festzustellen, durch welchen der drei Schüsse die Verletzung der Klägerin verursacht worden ist.

Wie hat das Gericht zu urteilen?

---

10. (12.) Es beschädigt jemand schuldhaft eine dem X. gehörige Sache, welche dieser

a) dem Y. vermietet, oder zu Nießbrauch, oder als Pfand gegeben hat;

b) bei dem Y. deponiert hat;

c) dem Y. zu dem Zwecke anvertraut hat, daß er sie dem Z., welcher sie von X. gekauft hat, überbringe;

d) einem Gastwirte oder Schiffer in Ausübung ihres Gewerbes übergeben hat;

e) oder einem Handwerker, zur Bearbeitung und Reparatur.

Wer ist in allen diesen Fällen der richtige Kläger gegen den die fragliche Sache Beschädigenden?

11. (13.) Bei dem Entleiher einer Sache ist diese spurlos verschwunden; da der Kommodatar sich selbst den Vorwurf machen muß, auf das entliehene Objekt nicht ordentlich acht gegeben zu haben, leistet er dem Eigentümer Schadensersatz. Nach einiger Zeit stellt sich nun heraus, daß jene Sache durch Schuld eines bestimmten Dritten vernichtet worden ist.

Welche Rechtsfolgen knüpfen sich an diesen Thatbestand?

12. (14.) Ein Schneidermeister in Frankfurt a. M. hatte an einen jungen Mann eine Forderung von 270 *M*, ohne daß es ihm glücken wollte, zu seinem Gelde zu kommen. Er verfügte sich nach der Wohnung des Schuldners und traf denselben gerade an seiner Hausthüre, wo er mit ihm in einen Streit geriet. „Wenn Sie mich nicht bezahlen, dann sollen Sie auch meinen Überzieher nicht länger tragen," rief der Schneider und schnitt dem Schuldner mit einer Schere ein großes Stück Tuch aus dem Rocke, so daß letzterer unbrauchbar wurde.

Hat er sich dadurch nicht einem civilrechtlichen Anspruche ausgesetzt? Macht es einen Unterschied, wenn er jene 270 *M* kreditiert oder die Kleidungsstücke in der ausgesprochenen Erwartung der Barzahlung geliefert hatte?

13. (15.) Ein Jagdliebhaber begegnet auf der Jagd seinem Jagdhunde, den er selbst aufgezogen hatte, der ihm aber bereits mehrmals entlaufen und auch jetzt wieder längere Zeit abhanden gekommen war. In augenblicklicher Entrüstung über die wiederholte Untreue des Tieres schießt er es sofort nieder.

Unmittelbar darauf meldet sich der derzeitige Besitzer des Hundes, beweist, daß er denselben *bona fide* und *iusto titulo* vor einigen Monaten von einem Bauer, bei dem der Hund sich eingefunden und längere Zeit aufgehalten hatte, käuflich erworben, und erhebt als *bonae fidei emtor* Entschädigungsansprüche gegen den ehemaligen Eigentümer, die dieser nicht anerkennt.

Es ist l. 11 § 8 D. ad leg. Aquil. (9,2) und besonders l. 17 pr. eod. zu vergleichen und danach der Streitfall zu begutachten.

14. (16.) Zwei Kinder, die auf der Dorfstraße mit einem kleinen Wagen spielten, wurden von einem vorschriftswidrig schnell fahrenden Fleischerwagen, durch Schuld des Führers dieses Gefährtes, überfahren und verletzt; das genannte Spielzeug ward völlig zertrümmert. Die Mutter der Kinder war im letzten Augenblicke noch hinzugesprungen, um zu retten, dabei aber unter den, auch jetzt noch nicht eingehaltenen oder gebremsten, Wagen gekommen und so schwer verletzt worden, daß sie bald darauf ihren Wunden erlag.

Ihr Ehemann wünscht nun juristischen Rat betreffs der Ersatzforderung und will vor allem wissen:

a) Ob er nach dem Gesetze einen Anspruch gegen den Herrn des Geschirres habe? oder gegen die Insassen überhaupt? oder nur gegen den Kutscher?
b) Auf was dieser Anspruch sich erstrecke?
c) Ob er für sich und in seinem Namen, als Vater und Ehemann, auftreten könne? oder in Stellvertretung namens der übrigen Geschwister der Verletzten; und für seinen Freund, dem der zertrümmerte kleine Wagen gehört habe? oder als Nießbraucher des mütterlichen Vermögens seiner Kinder?

---

15. (17.) Kann in nachstehenden Fällen gegen den Eigentümer des betreffenden schädigenden Tieres ein Ersatzanspruch (und was für eine *actio?*) erhoben werden?

a) Eine Frau war von einem fremden Hunde auf der Straße umgestoßen und dadurch beschädigt worden.
b) Bei einem auf gemietetem Pferde unternommenen Spazierritte war das Pferd durch einen Flug zahmer Tauben erschreckt worden, welche deren Eigentümer zur Saatzeit gegen polizeiliches Verbot hatte ausfliegen lassen; hierbei war der

Reiter abgeworfen und durch Verstauchen des Armes einige Zeit hindurch arbeitsunfähig geworden.

c) Der Sohn des Gerbers R. ist an einem Flusse mit Reinigung von Fellen seines Vaters beschäftigt, da der Gerber S. in Begleitung eines sehr bösen Hundes kommt und sehr ärgerlich wird, als er sieht, daß R. an dem Platze arbeitet, den er, S., sonst inne hat. Er schöpft mit der Hand Wasser aus dem Flusse und bespritzt damit den jungen R.; kaum hat dieses der Hund gesehen, so springt er auf den R. und verletzt ihn durch Beißen schwer. S. verkauft am nächsten Tage den Hund an T.

18. Ein Gutsbesitzer war in einem Gasthofe abgestiegen. Während des Mittagessens stand sein großer Hund neben seinem Sitz. Ein Herr, der dem Gutsbesitzer gegenüber Platz genommen, wollte zahlen und dem Kellner einen Fünfzigmarkschein reichen, ließ aber das Wertpapier in eine Saucenschüssel fallen. Ein neben dem Gutsbesitzer sitzender Herr ergriff den Schein, um ihn, mit Sauce überzogen, dem Kellner zu reichen; in diesem Augenblicke sprang der Hund hinzu und verschluckte den Schein. Eine Tötung des Hundes, um den Schein zu retten, lehnte der Eigentümer des Tieres ab, da der Hund sehr wertvoll war.

Es entsteht nun die im Wege des Prozesses zu entscheidende Frage: Wer hat den Schein zu ersetzen?

19. Ein interessanter Rechtsfall schwebte vor kurzem in Freiburg in der Schweiz. Der Elefant Jumbo, welcher in der Menagerie Kleeberg mit dem Rüssel die Taschen der ihn bewundernden Besucher zu durchsuchen pflegte, um etwaige Leckerbissen ausfindig zu machen, erwischte bei dieser Gelegenheit das Portemonnaie eines Gastes und steckte es sofort in den Mund. Das im Portemonnaie enthaltene Geld konnte samt dem Portemonnaie ohne Schwierigkeit wieder herausgeholt werden; dagegen blieben zwei Banknoten von je 50 Francs verschwunden. Der Elefant hatte sie verschlungen.

Es entstand nun die Frage, wer den Schaden zu tragen hatte?

20. Ausläufer Valentin Müller in Frankfurt a. M. wurde auf der Straße von dem Hunde des Freiherrn Maier Carl von Rothschild, welcher neben dem Wagen seines Herrn herlief, gebissen und ihm die Hosen zerrissen. Er belangte deshalb den Freiherrn von Rothschild auf Entschädigung von Kurkosten und zerrissenen Hosen.

Der Beklagte stellte in Abrede, daß ihn irgend eine Schuld

treffe, da er seiner Dienerschaft des öftern Befehl zum Anbinden des Hundes gegeben habe, damit derselbe nicht überfahren werde. Der Biß, welchen Kläger erhalten, sei leicht und unbedeutend, und zudem habe Kläger denselben insofern selbst verschuldet, als er, wie der Hund ihn angebellt, statt dies unbeachtet zu lassen oder dem Hunde Energie zu zeigen, eine ängstliche und scheue Bewegung gemacht und dadurch den Hund zum Beißen veranlaßt habe. Die Forderung von Schmerzensgeld sei den Gesetzen und der Frankfurter Praxis zuwider. Die *actio legis Aquiliae* sei nicht gerechtfertigt, da diese nur stattfinde, wenn der Eigentümer selbst beschädige, und nicht, wenn seine Sache dies thue, und nur infolge einer bloßen Unterlassung. Ebensowenig sei die *actio de pauperie* begründet, weil der Hund nicht *contra naturam sui generis* gehandelt habe. Übrigens sei der Beklagte zur *noxae datio* bereit und werde dem Kläger den Hund gern überlassen.

Wie ist zu erkennen?

21. Der durch Bisse eines Hundes Beschädigte machte in derselben Klageschrift seine Entschädigungsansprüche gegen den Eigentümer des Hundes und gegen den Knecht jenes geltend, welcher letztere das Tier zu beaufsichtigen gehabt und diese Verpflichtung schuldhaft vernachlässigt hatte. Der Eigentümer bestritt, daß er zum Ersatze gesetzlich verpflichtet sei.

Mit Recht?

22. Ein Pferdebahnkutscher (K.) war von einem Pferde im Stalle der Straßenbahn (S.) während des Putzens desselben geschlagen worden. S. hat die Heilungskosten berichtigt und dem K. seinen Gehalt bis zum 15. März fortbezahlt, das Pferd aber nach dem Unfall in öffentlicher Auktion verkauft.

Nun klagt K. gegen S. auf eine jährliche Rente von 725 *M* vom 15. März an.

S. entgegnet, daß sie ja das Pferd gar nicht mehr besitze. Sie sei aber überhaupt nicht haftbar, weil das Pferd nicht bösartig und kein Schläger, sondern nur infolge einer frühern Beinwunde kitzlich und beim Putzen empfindlich gewesen, worauf sie den K. auch bei Antritt seines Dienstes habe aufmerksam machen lassen.

Darauf repliziert K., daß er vorsichtig gewesen, aber doch geschlagen worden sei. Die Veräußerung aber nütze der S. nichts, da sie *dolo desiit possidere.*

Was ist von diesen Ausführungen zu halten; und wie ist zu entscheiden?

LXXX.

1. „*Universi christi fidelibus praesens scriptum visuris vel audituris Wlfhardus sacerdos et plebanus ecclesie in Scaproden, Roskildensis dyocesis, salutem in filio virginis gloriose. Notum facimus praesentibus et futuris, quod cum dominus abbas et conventus monasterii Noui campi, Cysterciensis ordinis, in insula, que vocatur Hyddensoe, abbatiam sui ordinis cepissent construere, nobis irrequisitis, cum eadem insula ad nostram videtur spectare parochiam; Nos hoc in nostri preiudicium sentientes fieri, predictos fratres in construendo abbatiam impedivimus, jta vt eciam per iactum lapilli, per magistrum Olauum et per magistrum Florentium, canonicos Roskildenses, eisdem fratribus in prememorata insula nuntiaretur nouum opus. Tandem . . . omnis discordia de predictis taliter est sopita, vt dominus abbas et fratres monasterii Sancti Nycolai in Hyddensoe nobis singulis annis, tantum ad vite nostre tempora, duas marcas cum dimidia usualis monete pro omni fructu et commodo, quod de predicta insula qualicunque modo habere poteram, solvere teneantur. Et ipse dominus abbas et fratres populi curam in spiritualibus gerant . . . Acta sunt hec anno gratie M°. CC°. LXXXXIX°., secunda feria post dominicam oculi mei.*"

(Aus Zeitschrift für Archivkunde, Diplomatik und Geschichte, Bd. I.)

Fragen:

a) Wie ist das in der vorliegenden Urkunde berichtete Vorkommnis des nähern zu denken? Welche Rechtseinrichtungen und juristischen Begriffe sind dabei in Anwendung gekommen?

b) Wenn die Sache nicht gütlich beigelegt, sondern im Streite geblieben wäre: wem würde die Beweislast seiner von dem andern bestrittenen Ansprüche und Behauptungen zugefallen sein?

c) Wie würde überhaupt die fragliche Angelegenheit nach den Sätzen des römischen Rechtes, das hier in so früher Zeit im deutschen Norden praktisch aufgetreten ist, weiterhin zu verfolgen und zu erledigen gewesen sein?

2. A. erscheint bei einem Rechtsanwalte und beschwert sich, daß sein Nachbar B. ihn dadurch im Besitze seines Hauses störe, daß B. auf seinem Grunde vor ein im Hause des A. angebrachtes Fenster eine Mauer baue und dicht neben dem Grunde einer zu

des A. Hause gehörigen Mauer eine Grube graben lassen. Er bittet um schleunigstes gerichtliches Vorgehen behufs Hinderung jener Handlungen.

Was wird der Anwalt zu thun haben, um seinem Klienten schnell und sicher zu helfen?

3. Der Müller Molitor läßt durch einen Anwalt Klage gegen die Gemeinde Eudorf erheben, weil sie in dem Schwalmflusse, aus welchem der Mühle des Klägers mittels eines aus der Schwalm abgeleiteten Mühlgrabens das zum Betriebe der Mühle nötige Wasser zugeführt wird, ein die Mahlkraft der Mühle verringerndes Stauwehr angelegt habe, obgleich Molitor gegen die begonnene Ausführung des Wehres protestiert und schriftlich bei dem Bürgermeister Einspruch gethan hatte. Es wird um Wiederherstellung des frühern Zustandes gebeten.

Der Rechtsbeistand der Gemeinde wendet ein: Es sei nicht ersichtlich, was für eine *actio* Kläger überhaupt geltend machen wolle. Gegen derartige Anlagen, wie ein Wehr im Flusse, die keine Gebäude seien, nütze solcher Einspruch, wie ihn Molitor gethan, gar nichts; auch stehe diesem an der Schwalm, als einem flumen publicum, ein Privatrecht überhaupt nicht zu. Übrigens sei das Werk im öffentlichen Interesse nötig gewesen; es diene dazu, die Anhäufung des Wassers zum Gebrauche für das Gemeindebrauhaus, für die Fabrik- und Viehbesitzer und bei möglicher Feuersgefahr zu bewirken: die Ausführung sei von der Verwaltungsbehörde genehmigt, und ihre Beschleunigung dringend wünschenswert gewesen. Citiert werden namentlich: l. 5 §§ 11, 12 D. de O.N.N. (39,1) und l. 3 § 8 D. de rivis (43,21).

Von dem klägerischen Vertreter werden diese Ausführungen als rechtsirrtümlich und gleichgültig bezeichnet. Es gehe dieses schon aus l. 1 D. de O.N.N. (39,1) völlig hervor; die *actio* betreffend, so stehe dem Kläger doch auch l. 1 §§ 3, 12 D. de fluminibus, ne quid in flumine publico fiat, zur Seite.

Was ist von diesen Ausführungen zu halten, und wie ist hiernach zu urteilen?

4. Der Rentner Demme hat einen Garten käuflich erworben, der an seinem obern Ende an die alte Stadtmauer stößt, an welcher Demme nun ein Spalier mit Weinstöcken und Zwergobst anlegt. Auf der andern Seite der Mauer liegt das Grundstück des Anacker; alle aus diesem Hofe kommenden Flüssigkeiten, Wasser, Jauche, Kot führen seit undenklicher Zeit in einem Kanale durch die Stadtmauer und ergießen sich durch einen zwei

Fuß in das Freie hinausragenden Gossenstein in den Garten des Demme.

1889 wird nun mit gegenseitiger Übereinkunft die Einrichtung getroffen, daß Demme an die Stelle des Gossensteins einen Kanal von oben nach unten durch die Stadtmauer legt und jene Flüssigkeiten mittels vorhandenen Grabens unterirdisch abführt.

Als aber nach einiger Zeit die fraglichen Unreinigkeiten zum Teil seitwärts vom Kanal herausdringen und die Mauer beschädigen, benachrichtigt Anacker hiervon seinen Nachbar Demme unter der schriftlichen Aufforderung, selbst sofort die Gosse wieder in den frühern Stand zu setzen, widrigenfalls er sich zu gerichtlichen Schritten veranlaßt sehe; worauf Demme antwortet: es bleibe ihm, dem Anacker, unbenommen zu thun, wozu er nur Lust habe; von seiner, des Demme, Seite werde nichts geschehen.

Hierauf vermauert Anacker, während Demme vom Hause abwesend ist, den durch die Mauer angelegten Kanal und stellt den Gossenstein wieder her, so daß mittels desselben die Unreinigkeiten auf das an der Mauer gelegene Gemüse- und Obstland des Demme abfließen, dasselbe zum Teil überschwemmen und einen in der Nähe befindlichen Weinstock beschädigen.

Dieses veranlaßt den Demme, im Januar 1892 gegen Anacker klagend aufzutreten. Da letzterer in der mündlichen Verhandlung ausbleibt, trägt Demme den obigen Thatbestand vor, nennt die Handlungsweise seines Gegners eine heimliche und gewaltsame und beantragt: dem Beklagten die Entfernung der von ihm gemachten Anlage, sowie die sofortige Herstellung des frühern Zustandes aufzugeben.

Welche *actio* steht in Frage? Wie hat das Gericht zu erkennen?

5. Auf einem hannöverschen Anwaltsbureau läuft folgendes Schreiben ein:

„Seit langer Zeit habe ich meine an der Este gelegenen Wiesen aus diesem Flusse bewässert. Früher geschah dieses durch Wassergräbchen, in neuerer Zeit ist es aber üblich geworden, daß die Besitzer der Wiesen in dem an sie stoßenden, an der Este herlaufenden, Damme sogenannte Dohlen, die unter der Oberfläche der Erde liegen, angebracht haben. Von der Wiese strömt nun das durch die Dohlen abgeleitete Wasser, soweit es nicht in die Erde sickert, in einen andern, tiefer gelegenen Arm der Este. Vor kurzem haben zwei Müller, die unterhalb meiner Grundstücke ihre Besitzungen haben, fast alle oberhalb angebrachte Dohlen herausgeworfen, nachdem sie den Grund und Boden zu diesem Zwecke vorher aufgegraben und zerhackt haben.

Ich will gegen diese klagen und bitte, mir ein Formular einer Prozeßvollmacht zur Unterschrift zu senden und anzugeben, wieviel Kostenvorschuß Sie brauchen."

Der Anwalt giebt den Brief einem, bei ihm im Vorbereitungsdienste beschäftigten Juristen, mit dem Auftrage:

a) an den Klienten ein genaues Schreiben zu senden mit ausführlicher Entwerfung aller der Fragen, über welche man von jenem erst noch Auskunft haben muß, ehe man zur Klage schreiten kann;

b) je nach dem Ausfalle dieser Antworten entweder die Klageschrift zu entwerfen oder dem Klienten in begründetem Gutachten anzugeben, weshalb man sich von einem gerichtlichen Vorgehen einen Erfolg nicht versprechen könne.

Zugleich übermittelt er ihm als „Simile" ein Aktenfascikel aus früherer Zeit, in welchem es sich um folgenden Thatbestand gehandelt hatte:

Eine Stadt hatte einen Grundbesitzer verklagt, weil verschiedene Flutgräben, die zur Ableitung des Wassers aus der Flur in den in der Nähe befindlichen Chausseegraben dienten, von dem Beklagten dadurch zerstört worden waren, daß er auf seinem Grundstücke Lehm gegraben und eine Backsteinbrennerei angelegt und dadurch die Sohle jener Gräben derjenigen seines Grundstückes gleich gemacht hatte. Der Beklagte aber hatte erwidert, daß diese Gräben auf seinem Eigentum gewesen wären, und er das Ausheben des Lehmes ganz offen und ohne daß die Stadt jemals ausdrücklich protestiert, vorgenommen hätte. Worauf von seiten der Klägerin ausgeführt wurde, daß es auf den Besitz des Grund und Bodens hier gar nicht ankäme, weil die Stadt an dem Fortbestehen der Flutgräben, welche sie innerhalb ihrer Gemarkung angelegt hatte, ein (im einzelnen näher dargelegtes) Interesse in sanitäts- und feldpolizeilicher Hinsicht hätte.

Als der junge Jurist soweit gelesen, bemerkt er, daß eine Ausfertigung des in der Sache ergangenen gerichtlichen Urteiles den Handakten nicht beigeheftet ist, und die folgenden Blätter des Fascikels überhaupt nichts jetzt Interessierendes mehr bieten.

Wie muß jenes Urteil gelautet haben, wenn es juristisch korrekt abgegeben und begründet gewesen war?

6. Dem Roloff war 1886 rechtskräftig das Recht zuerkannt worden, das von und aus dem Hinterbau seines Wohnhauses abfließende Wasser durch den Hof seines Nachbars Cuny ablaufen zu lassen. Als nun Cuny 1892 in seinem rings durch Gebäude und Mauern umschlossenen Hofraume eine Waschküche errichtete und die Backsteinmauer bereits eine Höhe von zwei Metern erreicht hatte, stieß Roloff, der schon vorher den Bau verboten hatte und zu jener Zeit nicht im Hause wohnte, von der Grenzmauer aus mittels einer starken Stange die Waschküche größtenteils zusammen.

Als Cuny nun auf Wiederherstellung und Schadensersatz klagte, machte Roloff den Einwand, daß er sich nur im Besitze seines Rechtes habe schützen wollen; zugleich erhob er Widerklage auf Schutz im ungehinderten Besitze seines Wasserleitungsrechtes.

Wie war zu erkennen?

LXXXI.

1. Ist in den nachstehenden Fällen ein Rückforderungsrecht des Geschädigten begründet? Eventuell gegen wen? Mit welcher *actio*?

a) H. findet in dem Nachlasse seines Vaters T. einen Mahnbrief des G. auf Bezahlung eines verfallenen Darlehns von 600 *M*. H. zahlt diese Summe an G. Später erfährt er, daß G. vor einem Jahre den T. schon verklagt hatte, damals aber durch gerichtliches Urteil wegen eines, wie jetzt nachweisbar ist, falschen Eides des T. rechtskräftig abgewiesen war.

b) Es wendet jemand einem andern etwas zu, in der irrigen Meinung, daß dieser sich um ihn in bestimmter Richtung verdient gemacht habe.

c) M. war verpflichtet, dem N. den fünften Teil einer erhaltenen Erbschaft herauszuzahlen. Er macht einen ungefähren Überschlag, zahlt danach an N. und macht den Vorbehalt, nach etwa besserer Berechnung die Zahlung entsprechend korrigieren zu können.

d) Ein Kaufvertrag über ein Bauerngut ist mündlich geschlossen worden, während das dortige Partikularrecht bei Meidung der Nichtigkeit schriftliche Form fordert. Der Käufer hat für die Kaufsumme einen Wechsel ausgestellt.

e) Der Käufer hat dem Verkäufer einen Vorschuß auf das Kaufgeld gewährt; dann kommt die gekaufte Sache gar nicht oder in ganz schlechtem Zustande bei dem Käufer an.

f) Jemand ist überzeugt, bei einem Kaufhandel von dem Verkäufer betrogen worden zu sein, kann es aber nicht beweisen und zahlt deshalb das Kaufgeld. Nachmals fallen ihm Beweismittel, die seinen erwähnten Verdacht voll bestätigen, in die Hand.

g) Ein Erbe hatte eine bestimmte Sache einem Legatar zu liefern; bei der Verpackung kommt eine Verwechselung vor, und es wird statt der geschuldeten Sache irrtümlich eine andere abgesendet.

h) Jemand hat für einen Freund eine Schuld bezahlt, um diesem Unannehmlichkeiten zu ersparen. Nachmals ist der Freund mit der geschehenen Zahlung gar nicht einverstanden.

i) Der Erbe eines Dahrlehnsschuldners zahlt nach der Antretung der Erbschaft die 2400 *M* betragende Schuld des Erblassers. Dann stellt sich heraus, daß dieselbe erst in einem halben Jahre fällig gewesen wäre.

k) Ein Schuldner hat seinen Gläubiger mit Geld bezahlt, welches ihm zur Aufbewahrung anvertraut war, und ist dann insolvent und flüchtig geworden.

l) R. hat dem S. eine Sache geliehen. Als er sie nach einiger Zeit zurückfordert, weigert sich S., sie herauszugeben. R., dem es darum zu thun ist, seine Sache schnell wieder zu erhalten, giebt dem S. Geld und bekommt sie so alsbald heraus.

m) Der Erbe eines Schuldners hat viele Jahre hindurch irrigerweise dem Darlehnsgläubiger Zinsen zu 5 % bezahlt, während in der That nur 4 % ausgemacht gewesen waren.

n) Ein Postexpeditor hat Postanweisungen gebucht, die gar nicht eingelaufen sind. Die Post hat die betreffenden Beträge den bezeichneten Adressaten ausgezahlt.

o) Eine Dame hatte sich in einer Gärtnerei erkundigen wollen, wie teuer sich das Bepflanzen verschiedener Beete ihres Gartens mit Rosen, sowie die Anlage von Teppichbeeten stellen werde, und hatte hierüber in Abwesenheit des Gärtners mit dessen Personal gesprochen. Dieses stellte mißverständlicherweise dem Prinzipal es später so dar, als ob eine feste Bestellung ergangen wäre. Der Gärtner führt es hiernach in der doppelten angegebenen Richtung aus, indem in zufälliger mehrtägiger Abwesenheit jener Dame ihre Dienstboten, vermeinend, daß die Herrschaft es so angeordnet hätte, den Gärtner in den Garten ließen.

p) Steht dieser Thatbestand unter o) in der rechtlichen Beurteilung dem von Fritz Reuter in der „Stromtid“ erzählten Vorkommnis vollständig gleich, da der Knecht mit dem Dungwagen irrtümlich auf den Acker eines Dritten fährt und dort den Mist streut und die Jauche auslaufen läßt?

q) Eine Bank löst einen Wechsel ein, der ihr von einem Indossatar zur Zahlung präsentiert wird, und der ihr Accept trägt. Dann stellt sich heraus, daß dieses Accept von einem unbekannten Dritten gefälscht war.

2. Ein Testamentserbe hat gemäß einem in dem Testamente enthaltenen Vermächtnis eine kostbare Uhr dem Legatar ausgehändigt. Nach einiger Zeit findet sich unter den Erbschaftspapieren ein gültiger Widerruf jenes Vermächtnisses.

a) Kann der Erbe die Uhr als sein Eigentum zurückfordern oder nicht?

b) Wie ist es, wenn der Legatar sie an einen Dritten verkauft hat? oder verschenkt hat? oder sie erheblich beschädigt hat?

3. Das Handelshaus Röhrer in Hamburg steht mit dem Handelshause Pomy in Leipzig in Geschäftsverbindung. Der Anwalt Freund in Hamburg, welcher für beide Häuser Geschäfte besorgt hatte, wandte sich an Röhrer, als Geschäftsfreund von Pomy, um die Zahlung einer Forderung von 570 ℳ zu erlangen; die verlangte Zahlung wurde „zu Ehren der Firma Pomy“ unverzüglich geleistet. Pomy weigerte sich jedoch, den Betrag zurückzuzahlen, da er die Schuld nicht anerkennt.

Nun fordert Röhrer von Freund die 570 ℳ zurück. Dieser aber weigert sich und bemerkt: Röhrer habe gewußt, daß er ihm, dem Freund, nichts schuldig sei, und habe daher wissentlich eine Nichtschuld gezahlt.

Was ist Rechtens?

4. Ein Bewohner der Stadt Luckenwalde forderte von der Stadt den seit 19 Jahren gezahlten Grundzins zurück, behauptend, daß eine Verpflichtung zur Leistung einer solchen Abgabe von seinem Grundstücke nicht bestanden, und daß er sich hierüber bei den gedachten Zahlungen in einem Irrtum befunden habe.

Die Parteien gerieten wesentlich in Streit über die Frage der Beweislast. Kläger berief sich darauf, daß die Präsumtion für Freiheit des Eigentums spreche, und es deshalb der beklagten

Stadtgemeinde obliege, ihrerseits den Beweis für die rechtliche Existenz der betreffenden Grundabgabe zu erbringen; wogegen die Vertreter der Stadt meinten, daß der Kläger die Unrechtmäßigkeit des erhobenen Grundzinses darthun müsse.

Wer war im Rechte?

5. *„Friedrich Wilhelm's Königes in Preußen verbessertes Landrecht des Königreiches Preußen, von 1721.*

Buch IV, Tit. 17, Art. 2 § 10: „. . Wann jemands einen beklagt, er habe Geldt von ihm eingenommen, daß er ihme nicht schuldig gewest: Oder er habe ihme das vorhin auch einmahl bezahlet, und spricht dann Beklagter, er gestehe nicht, daß er einiges Geld vom Kläger empfangen: In diesem Fall soll der Kläger (wie auch sonst *regulariter* in andern) zur Beweisung der Außgabe solchen Geldes gelassen werden. Und so er die Außgab und *Solutionem* erwiesen: Alsdann muß hergegen der Beklagte darthun, daß ihme dasselbige Geldt auß billicher und rechtmäßiger Schuldt bezahlet worden sey."

Fragen:

a) Stimmt diese Gesetzesbestimmung mit den Normen des ältern oder justinianischen römischen Rechtes überein?

b) Wie würde es in dem Falle stehen: da der Zahlende jetzt erst eine Geldforderung an seinen Gegner entdeckt, mit welcher er hätte kompensieren können?

c) Muß er besondern Beweis dafür erbringen, daß er zur Zeit der Zahlung die Gegenforderung nicht gekannt hat, oder ist es Sache des Empfängers, das Gegenteil darzuthun?

d) Welchen Einfluß würde es haben, wenn der Kläger nicht Geld gezahlt, sondern einen Schuldschein über eine Summe irrtümlich ausgestellt hätte, die er in der That nicht schuldig war?

6. Nach der Magazinordnung der landwirtschaftlichen Genossenschaft zu K. hat jedes Mitglied unabgerahmte Milch einzuliefern; Milch mit einem Rahmgehalt unter 10 Prozent gilt als gefälscht; für gefälschte Milch ist keine Zahlung zu leisten. Genosse B. lieferte Milch mit Rahmgehalt von 4 Prozent ein. Auf Vorhalt erklärte er: es herrsche bei ihm die größte Ordnung, die Milch werde nie abgerahmt geliefert; darauf gebe er sein Ehrenwort. Hiernach hat der Direktor der Genossenschaft Nachsicht geübt und gezahlt.

Wenn später festgestellt wird, daß gleichwohl die Milch von dem Gute des B. mit dessen Wissen und Willen abgerahmt geliefert wurde: kann gegen B. rechtswirksam vorgegangen werden? Welche *actio* steht in Frage?

7. Der Krämer Kolisch erhebt gegen den Schuhmacher Schmall folgende Klage:

Beklagter hat mir vor kurzem ein paar Stiefel zu 16,50 ℳ geliefert, die ich sofort bezahlt habe. Nach einigen Wochen aber hat Schmall in meinem Laden während meiner Abwesenheit Waren im Betrage von 15 ℳ gekauft und dabei meiner Tochter, die das Geschäft im Laden besorgt, gesagt, daß ich ihm noch die Stiefel zu bezahlen habe; da meine Tochter zwar von dem Kaufe der Stiefel, aber nichts von der geschehenen Bezahlung wußte, so rechnete sie mit dem Beklagten die geschuldeten 15 ℳ auf und bezahlte noch 1,50 ℳ heraus. Ich bitte hiernach, den Beklagten zur Zahlung von 16,50 ℳ zu verurteilen.

Von seiten des Schmall wird in der gerichtlichen Verhandlung die erste Zahlung geleugnet. Das Amtsgericht vernimmt nun die vom Kläger als Zeugin benannte Dienstmagd desselben, welche die Zahlung bestätigt, und erläßt alsdann, da das Zeugnis derselben nicht vollständig überzeugend ist, bedingtes Endurteil auf Eid des Klägers.

Der Beklagte ergreift Berufung. Sein Anwalt führt in der Verhandlung darüber aus, daß die Klage ohne Beweiserhebung von vornherein abgewiesen werden müsse, da Kläger nicht die Zahlung von 16,50 ℳ, sondern nur Wiederherstellung der Kaufforderung hätte verlangen können.

Wie wird das Berufungsgericht zu entscheiden haben?

---

8. Juristische Anfrage.

„Mein Vater bestellte brieflich infolge einer Annonce bei einem Hauptkollekteur und Effektengeschäft in E. ein Los der Kölner Dombau-Lotterie, schickte aber vorher den Betrag durch Postanweisung mit 3,45 ℳ ein. Der Termin der Ziehung (12. Januar) verstrich, ohne daß er ein Los erhielt. Daraufhin verlangte er sein Geld zurück. Es erfolgte aber nicht einmal Antwort darauf. Auf einen zweiten diesbezüglichen Brief kam eine Ziehungsliste an.

Was hat mein Vater zu thun, um wieder zu seinem Gelde zu kommen?“

9. Wie verhält es sich bei den kommenden Thatbeständen mit der Rückforderung und der dazu tauglichen *actio*?

a) Jemand mietet einen Kutscher und giebt diesem, der in einigen Tagen den Dienst antreten soll, einen Vorschuß auf den versprochenen Lohn, dann wird der Kutscher krank und zum Eintritte unfähig.

b) Der V. hat sich mit der W. verlobt und ihr alsdann verschiedene wertvolle Geschenke gemacht. Nach einiger Zeit muß er erfahren, daß die W. bereits verheiratet ist.

Dabei sind zwei Möglichkeiten in das Auge zu fassen: Entweder hatte W. die Absicht, von ihrem Ehemanne sich scheiden zu lassen, oder es fehlte ihr dieser Vorsatz gänzlich, und sie hatte den V. in Erwartung solcher Geschenke über ihren Personenstand absichtlich getäuscht.

c) Es legt jemand Geld in einer Sparkasse ein, wobei die Empfangsbescheinigung nur von dem einen Beamten, statt wie vorschriftsmäßig von zweien, unterschrieben wird. Die Sparkasse verweigert deshalb die Rückzahlung.

d) P. hatte dem Q. Geld gegeben, damit dieser einen Meineid schwöre und vor Gericht als Zeuge die Wahrheit nicht bekunde. Später verspricht Q. dem P., das erhaltene Geld wieder zurückzuerstatten.

e) Um seine Gläubiger zu schädigen und diesen angeblich ein zur Zwangsvollstreckung geeignetes Objekt zu entziehen, hat S. eine ihm gegen X. zustehende Forderung dem U. zum Scheine abgetreten. Später verlangt er von U. Rückgabe.

f) Z. hatte sich von einer auswärtigen Bibliothek Handschriften leihweise bestellt und gewünscht, daß diese an die in seinem Wohnorte befindliche Universitätsbibliothek gesandt würden, die ja jedenfalls bereit sein würde, die Manuskripte anzunehmen und ihm auf dem Lesezimmer zur Verfügung zu stellen. Die Handschriften werden an die Bibliothek gesandt, die sie annimmt, aber dem Z. nicht zur Verfügung stellt, da sie ihn aus irgend einem Grunde von der Benutzung der Bibliothek ausschließen zu können glaubt; andernteils auch nicht zurückgegeben, weil sie behauptet, daß die fraglichen Gegenstände im Eigentume einer benachbarten Bibliothek ständen, der sie vor nicht langer Zeit entwendet worden sind.

10. In den sechziger Jahren war in Heidelbach eine Anzahl Grundbesitzer zusammengetreten und hatte unter dem Namen „Wiesenkonsortium“ eine Gesellschaft zu dem Zwecke gebildet, die Wiesen durch bestimmte Anlagen zu verbessern und diese Anstalten auf gemeinschaftliche Kosten zu unterhalten, und zwar dergestalt, daß jeder Teilhaber an den Kosten und Verpflichtungen des Konsortiums nach Verhältnis des Flächengehaltes seiner Wiesen teilzunehmen hatte.

Diesem Konsortium hatte Ramspeck ein verzinsliches Darlehn gegeben, das nach einigen Jahren ordnungsgemäß gekündigt wurde. Seim, ein Mitglied der Gesellschaft, hatte nach dem Verhältnis der Größe seines Grundeigentums an Wiesen 72 ℳ von jenem Darlehn zu zahlen und übergab diese dem Rechner des Konsortiums. Dieser unterschlug aber das Geld, und nun wurde Seim von Ramspeck auf den erwähnten Betrag in Anspruch genommen.

Da verfügte sich der Vater des Rechners an den Wohnort des Ramspeck, trat mit dessen die Ladengeschäfte besorgenden Gehilfen in Verhandlung und versprach, die unterschlagenen Gelder an Ramspeck zu zahlen, in der Voraussetzung, daß dann keine weiteren gerichtlichen Schritte geschähen und namentlich keine Strafverfolgung seines Sohnes eintreten würde. Da der andere damit einverstanden war, zahlte der Vater das Geld; die Civilklage erledigte sich damit, aber der Rechner kam wegen seines Vergehens nachmals doch in Untersuchung und zur Bestrafung.

Sein Vater wünscht nunmehr ein begründetes Gutachten darüber: ob er oder sein Sohn, der Rechner, gegen Ramspeck oder gegen dessen Handlungsgehilfen einen Rückerstattungsanspruch habe; wie derselbe zu begründen sein würde, und was man dabei zu beweisen hätte?

11. Die Ehefrau Pausch wurde bereits am 130. Tage nach ihrer Verheiratung von einem Kinde entbunden, dessen Vater ein gewisser Mirus, und nicht ihr Ehemann, war. Mirus versprach nun dem Pausch 800 ℳ, wenn dieser das von seiner Frau geborene Kind als sein eheliches anerkenne und demgemäß, die Vaterschaft des Mirus verschweigend, die entsprechende Erklärung bei dem Standesamte abgebe. Das geschah; und Pausch erhielt nun von Mirus eine Urkunde ausgestellt, worin dieser bekannte, von Pausch ein Darlehn von 800 ℳ erhalten zu haben. Mirus bezahlte dann auch 200 ℳ, worauf Pausch sein Guthaben an Vierling cedierte.

Jetzt weigert sich Mirus, weiter zu zahlen, behauptet auf erhobene Klage, daß der ganze Akt null und nichtig sein müsse, und fordert die bezahlten 200 ℳ widerklagend zurück.

Entscheidung.

12. Bei einer Erbteilung hatte ein Fabrikant das väterliche Landgut übernommen und seine Geschwister in Geld abgefunden.

Er suchte nun nach einem Inspektor für jenes und trat mit verschiedenen Bewerbern in Verhandlung. In der Erwartung, daß er mit dem einen derselben zur Einigung kommen werde, schickte er ihm 150 *M* als Reisegeld und Anzahlung auf den Lohn.

Bei der persönlichen Vorstellung fanden sie aber gegenseitig nicht besonderes Gefallen aneinander. Und es forderte nun der Besitzer die gezahlten 150 *M* zurück.

Der Beklagte behauptete dagegen, daß bei der Zusammenkunft ein Dienstvertrag bindend abgeschlossen worden sei.

Zeugen waren nicht zugegen gewesen. Als Beweismittel wurde beiderseits Eid benannt.

Wie hat das Gericht zu urteilen?

13. Kaiser Alexander I. von Rußland unternahm einst eine Fahrt zum Rheinfallfelsen bei Schaffhausen. Der Schiffmann Gelzer, dem das Leben des Potentaten anvertraut war, rief demselben voller Besorgnis zu: „Hocked abe, Majestät!" als es nicht mehr ging, im Schiffe stehen zu bleiben. Darauf setzte sich Alexander, lächelnd über den biedern Zuruf, auf ein Brett, und dieses Brett wurde seither als Familienstück von den Nachkommen der glücklichen Schiffsleute getreulich gehütet. Die Frau des jetzigen Inhabers kam, wie man sich erzählt, auf den nur der Weiberlist möglichen Gedanken, das Brett dem Großneffen desjenigen, der darauf gesessen, dem Kaiser Alexander III., zuzueignen, und wirklich wurde das Geschenk angenommen und vom Zaren als Zeichen der Erkenntlichkeit der Geberin eine wertvolle Brosche geschenkt. Nun erhoben die zwei Geschwister und Miterben des Mannes der Schenkgeberin Ansprüche auf Teilnahme an dem Geschenke.

Es ist darüber juristisch abzuurteilen; und zwar

a) unter der Annahme, daß die Frau das Miteigentum der jetzigen Kläger gekannt hat und trotzdem und bewußt hinter deren Rücken vorgegangen ist;

b) unter derjenigen, daß sie im guten Glauben, daß das Brett ihrem Manne allein gehöre, gehandelt hat.

14. Der Schneider Hösel läßt zum Zwecke der Vollstreckung eines erfochtenen obsiegenden Urteiles gegen den Kaufmann Backhaus eine Forderung, welche dieser gegen den Kanzlisten Raab hatte, pfänden, worauf er von Raab in weiterem ordnungsgemäßem Vollstreckungsverfahren das Geld ausbezahlt bekommt. Da tritt der Händler Puricelli auf und weist nach, daß, vor der Pfändung der Forderung, Backhaus dieselbe ihm, dem Puricelli, cediert hatte.

Es fragt sich, ob Puricelli gegen einen der Genannten — und gegen wen — einen Anspruch hat? Welche *actio* würde in Frage kommen? Wie wäre sie zu begründen? Und worauf könnte sie gerichtet werden?

15. Die Tochter eines armen Schuhmachers hatte von ihrer Freundin, einer Choristin beim Stadttheater, ein Armband geliehen erhalten, um mit ihrem Bräutigam einen Gesellenball zu besuchen. In dem Armbande befand sich eine schöne glänzende Perle eingefügt, welche auf dem Heimwege von dem Mädchen verloren wurde. Dieses läßt nun von einem Juwelier eine fast ganz gleich aussehende teure Perle einsetzen und bringt so das Armband zu ihrer Freundin, welche mürrisch über die verspätete Rückgabe es unbesehen in ihren Schmuckkasten legt. Die Verliererin aber und ihr Bräutigam, und baldiger Ehemann, arbeiten und darben mehrere Jahre angestrengt, um die Schuld bei dem Juwelier zu begleichen.

Einige Zeit, nachdem ihnen dies gelungen, trifft die Frau ihre vormalige Freundin in ganz heruntergekommenen Verhältnissen. Im Gespräch klärt sich nun auf: Jene Perle war falsch gewesen; die Choristin hatte daher, von dem Einfügen der echten wertvollen Perle nichts ahnend, das Armband für eine Bagatelle an eine Kollegin verschleudert; diese war ausgepfändet worden, und das Armband hatte bei der Zwangsversteigerung ein unbekannter Käufer für eine Kleinigkeit erstanden.

Wie stehen Besitz- und Eigentumsverhältnisse an der Perle zu den verschiedenen interessierenden Zeitpunkten? Wie wäre es, wenn der Käufer sich fände: hätte jemand der Beteiligten einen Anspruch gegen ihn? Bestehen sonst irgend welche obligatorische Ansprüche unter den angeführten Personen?

LXXXII.

1. Ein auf 10 Jahre verpachtetes Bauerngut war nach dem Tode des Eigentümers von den Erben verkauft worden, während jene Pacht noch vier Jahr zu laufen hatte. Der Käufer verpachtete es an einen Dritten; der seitherige Pachter mußte ausziehen.

Er will nun die Erben seines Verpachters auf Schadensersatz belangen; zu diesem Zwecke aber ist eine genaue Besichtigung des fraglichen Gutes unumgänglich notwendig, um auf Grund derselben eine Taxation des dem Pachter zugefügten Schadens vornehmen zu können.

Gegen wen und in welcher Art und Weise muß er vorgehen, um im Wege Rechtens zu seiner Schadloshaltung zu kommen?

2. Welche Zweifels- und Entscheidungsgründe kommen in folgenden Fällen rechtlich gestellten Verlangens zur Erwägung?

a) Ein Erbe hat von einem Erbschaftsschuldner Zahlung empfangen und eine Quittung ausgestellt. Um den Legataren gegenüber genau darthun zu können, wieviel die Erbschaft beträgt und was er erhalten, möchte er gern jene Quittung einmal wieder haben und fordert sie von dem Empfänger in diesem Sinne zurück.

b) Von einem Hofbesitzer wird Verdacht gehegt, daß die seit kurzem in seinen Keller eindringende Feuchtigkeit durch die ordnungswidrige Beschaffenheit des Brunnens auf dem Nachbargrundstück verursacht werde. Er beantragt daher, durch Sachverständige jenen Brunnen untersuchen zu lassen.

c) Ein Droguist verklagt den Vater eines ihm entlaufenen Lehrlings auf Zahlung des Lehrgeldes. Der Beklagte erwidert, daß sein Sohn mit Recht die Lehre verlassen habe, da er in dem ganz schlecht geführten Geschäfte des Klägers nichts Ordentliches habe lernen können. Ein sachverständiger Augenschein in dem Hause des Klägers, sowie eine genaue Untersuchung von dessen Geschäft und Prüfung der mangelhaft geführten Bücher würden das bestätigen, welchen Beweis er daher vorzunehmen bitte.

d) Jemand, der sich durch gedruckte und der Öffentlichkeit übergebene Äußerungen beleidigt fühlt oder in seinem Erwerbe geschädigt erachtet, verlangt von dem Redakteur oder Verleger Nennung des Namens des Autors, damit er gegen diesen vorgehen könne, und beantragt, auf deren Weigerung hin, Vorzeigung des besagten in Druck gegebenen Manuskriptes.

3. Jedem Gebildeten ist es geläufig, wie Gustav Freytag in seinem Romane „Die verlorene Handschrift" das vergebliche Suchen zweier Gelehrten nach einem Manuskripte des Tacitus zur Schilderung bringt. Nach alten Notizen sollte die Handschrift um das Jahr 1500 im Kloster vorhanden gewesen sein; während im April des Jahres 1637 die letzten Mönche dieses Klosters in schwerer Kriegszeit Kirchengerät und die Handschriften des Klosters an einer hohlen und trockenen Stelle des Hauses Bielstein vor den Schweden verborgen hatten. Schloß Bielstein stand zur Zeit der Erzählung noch wesentlich im alten Zustande und hatte seinen Eigentümer mehrmals gewechselt; war übrigens in

der ganzen Gegend als Ort verrufen, an welchem alte Mönche ihre Schätze vermauert hätten.

Hieran lassen sich folgende Rechtsfragen anknüpfen:

a) Hätten die beiden Philologen den jetzigen Besitzer von Bielstein rechtlich nötigen können, daß er das Durchsuchen seines Hauses und Gutes nach der alten Handschrift dulde? Wäre es von Einfluß gewesen, wenn jene eine ganz bestimmte Stelle (etwa die, wo späterhin wirklich versteckte Gegenstände entdeckt wurden) als Ort des Versteckes bezeichnen konnten? Von welcher *actio* würde überhaupt die Rede gewesen sein? Oder hätte man vielleicht verlangen können, daß der Besitzer selber suche und nachgrabe?

b) Würde es für diese Fragen einen Unterschied machen, wenn nicht die genannten Gelehrten, sondern der Verkäufer und frühere Eigentümer des Gutes die Nachsuchung verlangt hätte? — oder der Rechtsnachfolger jenes Klosters?

c) Würde vielleicht das Angebot oder die Forderung einer Sicherheitsleistung für die Beantwortung der gestellten Fragen von Interesse sein?

4. „Ein Fürst borgt 100000 Thlr. von drei *Banquiers*, welche dieses Geld zusammenschießen, und giebt ihnen darüber eine gemeinschaftliche *Obligation*, die einem von diesen 3. welchem von den übrigen, wie auch die Hebung der *Interessen* aufgetragen wird, in Verwahrung bringt. Der Fürst befriedigt hernach 2. von ihnen, und bekommt die *Obligation* zurück. Der 3te der seynen Antheil noch zu fordern hat, verlangt nun vom Fürsten die *Edition* der *Obligation*."

(Aus einem Pandekten-Praktikum des vorigen Jahrhunderts.)

LXXXIII.

1. Der in Wahnsinn verfallene Ökonom N. mußte in die Charité zu B. geschafft werden und wurde hier in Kur und Pflege genommen. Seine Ehefrau, die sich nach dem bald darauf erfolgten Tode des N. wieder verheiratet hat, wird nun vom Fiskus, vertreten durch die Charitédirektion, auf Zahlung der durch Kur und Verpflegung des N. entstandenen Kosten verklagt.

Ist der Klage stattzugeben?

2. Eine Frauensperson verklagt einen Burschen auf Alimentation ihres unehelichen Kindes. Beklagter entgegnet, er habe sich mit der Klägerin nur einmal, vor 7 Monaten, eingelassen;

das neugeborene Kind sei aber, wie die ärztliche Untersuchung nachweisen werde, 9 Monate alt. Die Klägerin bestreitet die Zulässigkeit dieses Vorbringens.

Entscheidung.

3. Ein Mädchen, das im Dezember ein uneheliches Kind geboren, belangt den angeblichen Vater desselben; sie will mit diesem im Februar sich geschlechtlich eingelassen haben und Ende April von ihrer Schwangerschaft überzeugt gewesen sein. Da der Beklagte jenes leugnete und dagegen angab, daß er nur im Mai an zwei Tagen mit der Klägerin fleischlichen Umgang gehabt habe, die Klägerin also mit mehreren Mannspersonen konkumbiert haben müsse, so forderte das Amtsgericht die Klägerin zum Beweise ihrer Angaben auf. Ihr Anwalt aber erklärte: eines Beweises bedürfe es nicht; der Beklagte habe zugegeben, daß er innerhalb der „kritischen Zeit" mit der Klägerin den Beischlaf vollzogen habe, seine Vaterschaft stehe also fest.

Welche Erwägungen greifen bei diesem Thatbestande nunmehr Platz? Und welches Urteil ist auf Grund derselben zu fällen?

4. Ein junger Mensch ist rechtskräftig zur Alimentation eines von ihm erzeugten, unehelichen Kindes verurteilt worden. Jetzt stirbt er und wird von seinen beiden Schwestern beerbt.

Wie steht es nunmehr mit dem Alimentationsanspruche jenes Kindes?

5. Auf eine Alimentationsklage aus unehelicher Vaterschaft erfolgt von beklagtischer Seite der Einwand, daß der Erzeuger zur Zeit des Beischlafes wahnsinnig gewesen sei.

Welche Bedeutung und Rechtswirksamkeit hat dieses Vorbringen?

6. Eine Gemeinde hatte auf Rechnung ihres Armenfonds einen verwitweten, ganz verarmten Tagelöhner von 1885—87 unterstützt, was einen Aufwand von mehreren hundert Mark verursachte. Nach dem Ableben des Unterstützten, der zwei eheliche und ein außereheliches Kind hinterließ, klagte die Gemeinde ihre geleisteten Unterstützungen gegen letzteres ein, da die ehelichen Kinder gänzlich vermögenslos waren.

Der Beklagte machte darauf aufmerksam, daß bei *obligationes ex delicto* und *quasi ex delicto* nur einseitige Verpflichtungen entständen und deshalb uneheliche Erzeugung nur absteigend zur Alimentation verpflichte; übrigens hätte die Gemeinde auch ohne vorherige Aufforderung an angebliche Verpflichtete unterstützt, daher diese freiwillige Aufwendung allein zu tragen.

Wie war zu erkennen?

7. Ein Vater klagt gegen denjenigen, welcher den Tod des Sohnes des Klägers schuldhaft herbeigeführt hatte, auf den ihm durch die Tötung erwachsenen Schaden. Beklagter erwidert, daß Kläger in ganz guten und auskömmlichen Verhältnissen lebe und einer Alimentation durch Dritte nicht bedürfe. Der Kläger aber weist darauf hin, daß ihm dadurch Schaden erwachsen sei, daß ihn sein Sohn seither in seinem Erwerbsgeschäfte unterstützt habe, und er sich nun gegen Bezahlung jemanden zu seinen Diensten halten müsse.

Wie lautet die richtige Entscheidung des Streitfalles?

8. Es wird jemand nach gemeinem Rechte als außerehelicher Vater auf Leistung von Alimenten verklagt. Es fragt sich:

a) Kann er verlangen, daß ihm das Kind ausgehändigt werde, damit er es bei sich erziehe?

b) Welchen Einfluß hat seine erklärte Bereitwilligkeit, die Mutter des Kindes zu ehelichen, während diese sich weigert, darauf einzugehen?

c) Welcher Unterschied zeigt sich in diesen Fragen zu folgendem Thatbestand: Ein ehelicher Vater, der auf Zahlung von Geldalimenten an sein achtjähriges Kind in Anspruch genommen wird, macht geltend, daß ihm sein Kind von seiner, seit Jahren von ihm getrennt lebenden Ehefrau widerrechtlich vorenthalten werde; solange dies geschehe, sei er nicht verpflichtet, Alimente zu zahlen; werde ihm das Kind übergeben, so werde er für dessen Alimentation in seinem Hause Sorge tragen?

9. Der vermögliche B., unehelicher Vater des A., hatte diesen auf seine Kosten die Elementarschule besuchen und sodann das Tischlerhandwerk erlernen lassen. A., der später nach seinem Austritte aus dem Militärstande ohne Versorgung war, verklagte den B. auf Reichung des Lebensunterhaltes. B. bestritt seine Verpflichtung hierzu, da er den A. in den Stand gesetzt, sein weiteres Fortkommen zu finden, und derselbe seit einiger Zeit großjährig sei, welches beides der Vertreter des A. nach geltendem Pandektenrechte für gleichgültig erklärte.

Wessen Ansicht ist die richtige?

10. Eine Gemeinde ist einer armen Witwe gegenüber alimentationspflichtig. Ein menschenfreundlicher Wohlthäter veranstaltet zu gunsten der Witwe eine Sammlung und händigt ihr den Betrag ein. Nun aber zieht die Gemeinde ihre Unterstützung zurück, da, wie ihre Vertreter meinen, die Voraussetzungen der Alimentation jetzt nicht mehr vorliegen.

Jener Geber ist damit aber nicht zufrieden; er habe, so sagt er, für die Witwe und nicht für die Gemeinde gesammelt. Sonach bittet er um ein Gutachten: was hier Rechtens und zu thun sei?

11. Ein Geisteskranker, der völlig vermögenslos ist, wurde im Juli 1887 durch Vermittelung des zu seiner Unterstützung gesetzlich verpflichteten Armenverbandes in die Provinzialirrenanstalt aufgenommen. Am 1. Februar 1892 fiel ihm eine Erbschaft von 3600 *M* zu. Er wurde entmündigt, am 1. August 1892 aus der Irrenanstalt entlassen und bei seinem Vormund in Pflege gegeben. Für seine Unterhaltung in der Irrenanstalt hat jener Armenverband 2000 *M* bezahlt.

Hat dieser letztere vielleicht irgend einen Ersatzanspruch auf Kapital und Zinsen?

12. A. als Vormund des unehelichen vierjährigen C. klagt gegen B. auf Anerkennung der Vaterschaft und Bezahlung von Alimenten vom Tage der Geburt des C. an. B. ist bereit, von jetzt ab Alimente zu zahlen, meint aber, daß einen Lebensunterhalt für vergangene Zeiten zu zahlen keinen Sinn habe.

Was ist von diesem Vorbringen juristisch zu halten?

LXXXIV.

1. Auf einem hoch gelegenen Grundstücke hat infolge starker Regengüsse das wild ablaufende Wasser ohne Zuthun des Eigentümers sich einen Graben gebildet, in welchem es in starker Strömung auf das unterhalb liegende Grundstück fließt und letzterem dadurch Schaden bringt, der nicht entstehen würde, wenn das Wasser sich nicht in jenem Graben sammelte, sondern in einzelnen Strömungen abflösse.

Es fragt sich:

a) Ist der Eigentümer des untern Grundstückes zu verlangen berechtigt, daß der Eigentümer des obern den erwähnten Graben zuwerfe und dadurch dem Regenwasser seinen gewöhnlichen Abfluss verschaffe?

b) Würde es auf die rechtliche Entscheidung von Einfluß sein: wenn der oberhalb liegende Eigentümer im Interesse der Bewirtschaftung seines Grundstückes das bachweise Ablaufen des auf seinem Grund und Boden sich sammelnden Wassers durch Graben einer Furche bewirkt hätte?

c) Oder: wenn das betreffende Grundstück unterhalb einer öffentlichen Straße liegt und die Gemeinde, als Eigentümerin der Straße, diese pflastern und dabei eine Bodenerhöhung beseitigen läßt, welche sich quer über die Straße gezogen und die Besitzung des jetzt Geschädigten vor dem Zuströmen des Tagewassers geschützt hatte?

d) Oder: wenn der natürliche Ablauf des Regenwassers durch Veranstaltungen auf einem Grundstücke gehindert und geändert wird, welches sich eine Viertelstunde oberhalb befindet und durch die Besitzungen von fünf anderen Eigentümern von der geschädigten Parzelle getrennt ist?

2. Der Eigentümer eines tiefer gelegenen Grundstückes hat vor zwölf Jahren ein Bassin errichtet und seitdem innegehabt und benutzt, worin er das von einem obern Grundstücke aus einer dort entspringenden Quelle ablaufende Wasser auffängt. Jetzt staut der obere Eigentümer dieses Wasser und hält es fast vollständig auf seinem Grundstücke zurück.

a) Muß sich der untere Eigentümer die Fassung der Quelle und die willkürliche Verfügung über diese seitens des oberhalb gelegenen unbedingt gefallen lassen?

b) Macht es rechtlich einen Unterschied: ob der obere Grundeigentümer, der jetzt willkürlich über das Quellwasser verfügt, dasjenige Grundstück hat, in welchem die Wasserader unterirdisch sich befindet; — oder dasjenige, auf welchem die Quelle zu Tage tritt; — oder dasjenige, durch welches das weiter oberhalb entspringende Quellwasser fließend läuft, sei es in einem privaten Bachbett, oder als flumen publicum?

c) Ist es von juristischem Interesse, wenn in dem letzterwähnten Falle der oben liegende Nachbar das vorüberfließende Wasser zum Betriebe seiner Färberei benutzt, und dieses dem untern Grundeigentümer in fast unverminderter Quantität, aber verunreinigt und unbrauchbar zukommt?

3. Mehrere Grundeigentümer und Wiesenbesitzer erheben gegen einen höher am Berge gelegenen Hofbesitzer folgende Klage:

Es bestehe seit unvordenklicher Zeit ein Graben, der aus dem benachbarten gräflichen See Wasser unter dem vorüberführenden öffentlichen Weg hindurch nach den klägerischen Besitzungen leite; das Wasser sei von den Klägern wegen fehlender Brunnen als Viehtränke, zum Waschen und zu sonstigen häuslichen Bedürfnissen, sowie zur Wiesenbewässerung stets benutzt worden.

Der Beklagte habe nun vor kurzem den erwähnten öffentlichen Weg oberhalb seines Hauses, ohne Einwilligung der Kläger und ohne Rücksicht auf diese, ausgegraben und tiefer gelegt, mit dem abgehobenen Erdreich seinen Hof ausgefüllt und erhöht, einen Abzugsgraben, der das im Wege sich sammelnde Regenwasser aus demselben seitwärts abgeleitet hatte, zugeworfen und hierdurch bewirkt, daß das Regenwasser in dem erwähnten Wege, der tiefer liege, als das benachbarte Gelände, sich sammle und dann mit heftiger Strömung diesen ziemlich steilen Weg hinab und in den erwähnten Wasserleitunggsgraben der Kläger fließe. Durch das mitgeführte Erdreich und Geröll werde dieser Graben verschlammt und das Wiesengelände der Kläger durch das nun häufig austretende Regenwasser mit Sand und Steingeröll bedeckt und geschädigt; der Gebrauch des Wassers zu häuslichen Zwecken sei aber (wie im einzelnen näher dargelegt wird) fast ganz unmöglich geworden. Indem um Wiederherstellung des frühern Zustandes gebeten wird, berufen sich Kläger auf l. 1 §§ 1 bis 10,13 D. de aqua et aquae pluviae arcendae (39,3); l. 11 § 6 eod.; l. 1 pr. D. quod vi aut clam (43,24).

Der Anwalt des Beklagten bestreitet, daß die angeführten Gesetzesstellen auf unsern Fall zutreffen. Sein Klient habe den genannten höckerigen Weg abgehoben und besser fahrbar gemacht, wovon auch die Kläger Vorteil haben; es sei dieses auch ganz öffentlich, am Dorfe geschehen und nicht zu dem Zwecke, um die Kläger zu schädigen. Es handle sich ferner nicht um Veränderung auf einem Privatgrundstücke, sondern um einen öffentlichen Weg, und nicht um Nachbarn, denn es liegen andere fremde Parzellen zwischen denen der Streitteile. Das interdictum de aqua quotidiana et aestiva sei von den Klägern nicht angestellt, eine Servitut hätten sie auch nicht behaupten können, und von der actio ex lege Aquilia könne natürlich keine Rede sein. Sonach sei die erhobene Klage abzuweisen.

Es ist Urteil mit Entscheidungsgründen auszuarbeiten.

---

4. Eine Grenzmauer, welche den Eigentümern aneinander stoßender Grundstücke gemeinschaftlich gehört und daher gemeinsam von ihnen zu erhalten ist, wird baufällig. Der eine Miteigentümer fordert den Nachbar vergeblich zur gemeinschaftlichen Wiederherstellung der Mauer auf. Für sich allein will er den Bau nicht übernehmen, weil er Grund hat, zu besorgen, daß der seinen Nachbar treffende Kostenanteil von diesem nicht zu erlangen sein werde. Er schreitet daher gegen denselben zur Klage, mit dem Antrage: den Beklagten zur Instandsetzung der Mauer auf gemeinschaftliche Kosten zu verurteilen.

Während des Prozesses stürzt jedoch die Mauer ein und verursacht dem Kläger beträchtlichen Schaden.

Ist der Beklagte zum Ersatze dieses Schadens oder doch der Hälfte desselben verpflichtet?

5. An der Ruine Staufenberg besitzt der Fiskus einen Basaltsteinbruch eigentümlich. An die südliche Seite dieses Steinbruches grenzt ein der israelitischen Gemeinde Mainzlar zu Eigentum gehörendes Terrain, welches bis 1847 als Friedhof gedient hat. Da aber der ganze Berg aus reinstem Basalt besteht und kaum soviel Deckerde besitzt, daß nur ein kümmerliches Gras erzeugt wird, da ferner die Juden aus Sparsamkeit die Grüfte höchstens vier Fuß auswarfen, so sah sich die Verwaltungsbehörde veranlaßt, die Benutzung des Friedhofes zu verbieten.

In neuerer Zeit sind nun aber Schwierigkeiten und rechtlicher Streit unter den Beteiligten entstanden, als der Fiskus den Steinbruch a b c d zu bearbeiten anfing. Die Basaltsäulen fallen daselbst (in der Richtung c d nach a b) in einem Winkel von etwa 45° vom Kirchhof herab in den Steinbruch. Wenn nun der Fiskus auf seinem Eigentume die Basaltsäulen anschlägt, zerkleinert und fortbringt (also an den Punkten a—b), so ist eine notwendige Folge, daß im Laufe der Zeit die oberen Teile der Säulen nachrutschen, folglich auch die in das Eigentum der Judengemeinde ragenden Teile der Basaltsäulen d—c.

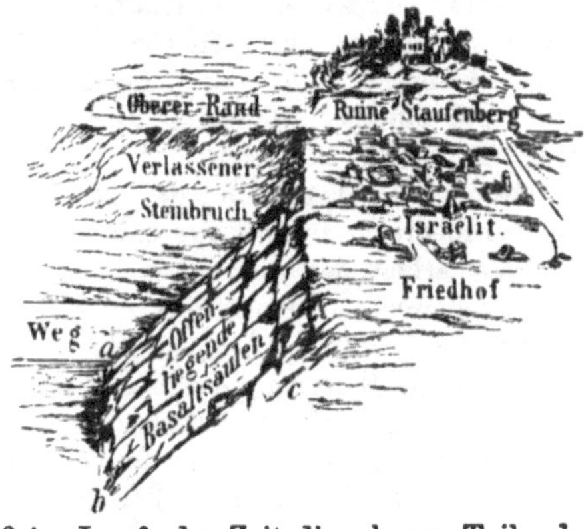

Was ist nun hier Rechtens?

6. Zwischen Grundeigentum der Stadt G. und dem Hofe des A. befand sich eine gemeinschaftliche Mauer, längs welcher die Stadt, die einen Bau aufzuführen beabsichtigte, auf ihrem Grundstück seitlich graben ließ, daß das Fundament der Mauer bloßgelegt und derselben die Widerlage entzogen wurde. A. hatte den Bürgermeister alsbald auf die Schädlichkeit des Grabens aufmerksam gemacht und von diesem die schriftliche Zusicherung erhalten, daß die nötigen Vorsichtsmaßregeln zur Verhütung von Schaden getroffen werden sollten. Als dies nicht geschah, erhob A. Klage auf Wiederherstellung der Mauer, welche inzwischen so sehr ihre normale Richtung verloren habe, daß sie den Einsturz drohe und von Grund aus neu aufgeführt werden müsse. Desgleichen verlangt er Schadensersatz.

Die Stadt setzte der Klage entgegen, daß diese kein Fundament habe, weil die Stadt auf ihrem Eigentume, also befugterweise gegraben.

Es sind die in Betracht kommenden Rechtsmittel (*cautio damni infecti*, — *actio negatoria*, — *communi dividundo*, — *legis Aquiliae*) zu erwägen, und ist hiernach Entscheidung mit Gründen abzugeben.

LXXXV.

1. Wie sind nachstehende Thatbestände juristisch zu bestimmen? Welche Kategorien des römischen und des heutigen gemeinen Rechtes kommen dabei zur Anwendung? Welche Formalitäten waren und sind bei den einzelnen Willenserklärungen zu deren Gültigkeit jeweils notwendig? Welche *actiones* liegen vor?

a) Gesetz, betreffend die anteilige Übernahme einer Garantie des Norddeutchen Bundes für eine zur Herstellung der dauernden Fahrbarkeit des Sulina-Armes der Donaumündungen von der Europäischen Donauschiffahrts-Kommission aufzunehmenden Anleihe, vom 11. Juni 1868.

b) „Herr N. N. wird hierdurch freundlichst ersucht, mit der Klage gegen M. M. einzuhalten, indem ich Ihnen die Versicherung gebe, daß Sie binnen drei Tagen wenigstens im Besitze der Hälfte ihrer Forderung sein werden."

c) Es beredet jemand einen andern zu einem Prozesse mit einem Dritten, ihm für Schaden und Kosten garantierend, falls er den Prozeß verlieren werde.

d) (p) Gegen Zahlung einer bestimmten Vergütung übernimmt jemand das Risiko von Forderungen Dritter gegen zweifelhafte Schuldner: Kommt der Betrag von letzteren ein, so hat jener die Prämie gewonnen; zahlt der Schuldner nicht, so muß der Übernehmende den Ausfall den Gläubigern gegenüber tragen.

e) Gründung einer Gesellschaft gemeinen Rechtes, unter der satzungsgemäßen Verabredung, daß sie *„Alle für Einen, Einer für Alle"* haften wollen.

f) Versprechen, für die Schuld eines andern einen Wechsel auszustellen; — unmittelbar Ziehen eines Wechsels auf einen Geschäftsfreund und Begebung desselben an den Gläubiger eines andern, dem geholfen werden soll; — Gefälligkeitsaccepte; — Übernahme der Verpflichtung *„per aval"*, d. i. schriftliches Versprechen auf der Wechselurkunde, für Zahlung des Wechsels einstehen zu wollen.

g) Jemand verspricht einem Kreditsuchenden, daß er sich für den letztern verbürgen werde.

h) A. weist den B. an, sich als Bürge für den C. bei dessen Gläubiger D. haftbar zu machen.

i) S. spricht den T. um ein Darlehn an. T. traut ihm nicht recht, sagt aber: „Ich will Ihnen das Geld geben, wenn es U. auf sein Konto nimmt." U. thut dieses.

k) Ein Student war in den dreißiger Jahren wegen Teilnahme an einer verbotenen burschenschaftlichen Verbindung in Untersuchung bei dem Universitätsgerichte gekommen. Er wurde auf freiem Fuße belassen, nachdem sein Vater einen Kautionsschein über 500 Thaler unterzeichnet hatte, für den Fall, daß sein Sohn sich der Vorladung und etwaigen Verhaftung entziehen würde.

l) Eine Stadtgemeinde stellt einen städtischen Arzt gegen festen Gehalt an und bewegt ihn zu der Übernahme der gering dotierten Stelle durch die Garantie, daß er durch Privatpraxis Nebenverdienst in Höhe einer gewissen Summe haben werde.

m) Ein Schauspieler wird zu einem Gastspiele engagiert, und zwar gegen so und so viel Prozent des Reinertrages der Vorstellung; er bekommt aber eine bestimmte Summe als Minimum garantiert.

n) Durch einen vor dem Bürgermeister aufgenommenen Akt übernahmen zwei Ortsangehörige die Dienstkaution des Gemeinderechners in der Weise, daß sie einige ihrer Liegenschaften dafür „bewilligten". Eine Wahrung der partikularen gesetzlichen Erfordernisse zur Entstehung von Hypotheken lag nicht vor.

o) Dem Kaufmann Q. schuldete der Gutsbesitzer R. 1683 *M*, deren Zahlung der Pachter S. übernommen haben soll, indem er im September 1892 ein Schriftstück des Inhaltes ausstellte und unterschrieb:

„Wechselschuld	1200 ℳ
4 Fuhren nach Cölsa	23 ℳ
2 Reisen nach Berlin	50 ℳ
Warenschuld	410 ℳ.

Obigen Betrag von 1683 ℳ erkenne ich als Schuldner an und verpflichte mich, solchen als Selbstschuldner am 1. Januar an Q. zurückzuzahlen und mit 5% zu verzinsen."

p) (q) Es ist bekannt, daß Friedrich der Große das Tabaksmonopol sehr begünstigte. Die Aktiengesellschaft, auf welche von dem ersten Generalpachter Ribaudt die Pacht des Monopols übergegangen war, machte aber so schlechte Geschäfte, daß der König durch Edikt vom 17. Juli 1766 auf dahin gehendes Bitten jener Kompanie statt ihrer die Verwaltung übernahm; die „Aktionisten" erhielten ihr eingeschlossenes Geld mit 10% verzinst und sollten, wenn sich nach Abzug aller Kosten und besonders der an den Staat zu zahlenden Pachtsumme noch ein Gewinn ergebe, eine Dividende nach Verhältnis ihres Aktienbesitzes genießen; die pünktliche Zahlung jener Zinsenforderung von 10% wurde ein Jahr darauf den Aktionären durch die kurmärkischen Landstände besonders garantiert.

q) (r) Entwurf eines Gesetzes, betreffend die Unterstützung der deutschen (Samoa-) Seehandelsgesellschaft, dem Bundesrat am 24. April 1880 vorgelegt: „Der Reichskanzler wird ermächtigt, der auf Grund des Gesellschaftsvertrages vom 21. Januar l. J. unter der Firma „Deutsche Seehandelsgesellschaft" zu Berlin errichteten Aktiengesellschaft behufs Erfüllung eines jährlichen Reinertrages von 4½% des in dem Unternehmen angelegten Grundkapitales bis zum Höchstbetrage von 10 Millionen Mark die Garantie des Reiches mit der Maßgabe zuzusichern, daß der aus Reichsmitteln zu gewährende Zuschuß der Dividende 3% des Grundkapitales nicht übersteigen darf. Die Garantie wird mit dem Jahre 1880 beginnen und bis zum Jahre 1899 einschließlich sich erstrecken. Sie erlischt auch während dieser Zeit, sobald sie 5 Jahre hintereinander nicht in Anspruch genommen worden ist."

2. A., welcher sich für eine Forderung des B. an C. verbürgt hatte und zwangsweise zur Zahlung angehalten worden war, klagt gegen D.: weil dieser ihm gegenüber die Verbindlichkeit übernommen habe, die Schuld des B. rechtzeitig an dessen Gläubiger abzutragen, oder ihn, den A., von seiner Bürgschaft zu befreien, im Falle der Schuldner selbst keine Zahlung leisten sollte.

Was liegt hier rechtlich vor? Und ist die erhobene Klage begründet?

3. In einem Holzlieferungsvertrage war bestimmt, daß A. sich für die richtige Erfüllung des Vertrages verbürge und im Nichterfüllungsfalle die angesetzte Konventionalstrafe von 2000 ℳ sogleich der Floßgesellschaft B., in deren Auftrag A. die im Vertrage genau bezeichneten Hölzer verkaufte, unter Verzicht auf die Einrede der Vorausklage zu bezahlen habe.

a) Welche Rechtsverhältnisse lagen nach dem angegebenen Thatbestande zwischen den beteiligten Personen vor?

b) Mit welcher *actio* haftet A. der B.?

c) Worauf geht seine Haftung: auf Vertragserfüllung? — oder auf 2000 ℳ? — oder auf das Interesse des A.? — oder auf eines derselben nach der Wahl — sei es des A. oder der B.?

4. In Dresden hatte sich vor einiger Zeit ein sog. Hausse-Konsortium gebildet, wonach mehrere Kontrahenten sich gegenseitig verpflichteten, bestimmte Wertpapiere vor Eintritt eines bestimmten Zeitpunktes in keiner Weise zu veräußern. Dabei wurde von dem einen Spekulanten dem andern garantiert, daß der Kurs der fraglichen Papiere an dem gedachten Termine eine näher bestimmte Höhe sicher haben werde.

Als sich letzteres nicht erfüllte, klagte der Versprechensempfänger auf die Differenz; indessen der Beklagte sich weigerte, unter Berufung auf das sächs. bürgerl. Ges. B. § 1482: „Ein Vertrag, nach welchem der Eine dem Andern den Unterschied zwischen dem angenommenen Preise einer Sache und dem Marktpreise oder Kurse, welchen sie zu einer bestimmten Zeit gehabt habe oder haben werde, zahlen soll, ist nach den Vorschriften über Spiel und Wette zu beurteilen . .“ und § 1480: „Forderungen aus Spiel oder Wette können weder mittels Klage noch mittels Einrede geltend gemacht werden . .“

Entscheidung.

5. G. cedierte dem C. eine gegen S. zustehende Forderung gegen Zahlung des Nominalbetrages und verpflichtete sich in der Cessionsurkunde, „für die Sicherheit der abgetretenen Forderung vollständige Gewähr als Selbstschuldner leisten zu wollen“. Als am Verfalltage S. nicht zahlte, forderte C., mit Übergang des S., ohne weiteres den G. auf, ihm Ersatz zu geben.

War dies berechtigt?

6. K. hat dem V. und seiner minderjährigen Tochter W. verschiedene Waren käuflich überliefert und auf Grund einer, nach erlangter Großjährigkeit der W. von ihr und ihrem Vater unterschriebenen, Bescheinigung unter der spezifizierten Rechnung — „daß sie vorstehende Waren erhalten haben, die Rechnung im Betrage von 771 ℳ für richtig anerkennen und jene Summe zu zahlen versprechen" — Klage gegen die W. erhoben.

Die Beklagte konnte sich nach dortigem Partikularrecht zwar auf die weiblichen Rechtswohlthaten nicht berufen; aber sie opponiert: Nicht sie, sondern ihr Vater habe die Waren erhalten. Durch ihre Unterschrift habe sie weder eine Bürgschaft übernommen, noch ein Schuldbekenntnis abgegeben, sondern nur bescheinigt, daß die Waren in den Haushalt geliefert worden wären. Zur Zahlung einer solchen Haushaltungsschuld sei aber trotz der Unterschrift des Hauskindes nur der Hausvater verpflichtet. Jedenfalls sei ein *constitutum debiti proprii* seiner accessorischen Natur nach unverbindlich, wenn, wie hier, eine prinzipale Obligation nicht bestanden habe.

Dagegen behauptet der Kläger, daß es sich um *constitutum debiti alieni* handle, indem die W. die angeführte Schuld ihres Vaters übernommen habe und dadurch neben dem letztern als Bürgin und Solidarschuldnerin zur Zahlung verpflichtet worden sei.

Was ist von diesen Ausführungen der Streitteile zu halten, und wie ist hiernach zu urteilen?

LXXXVI.

1. Was ist in folgenden Fällen über die juristische Konstruktion und rechtliche Gültigkeit der jeweiligen Willenserklärungen zu bemerken?

a) Es hat jemand urkundlich anerkannt, daß sein geisteskranker Schwager aus einem Handlungshause bestimmte Waren erhalten und dafür 400 ℳ schuldig geworden sei. Er bittet den Kaufmann, diese Summe einstweilen kreditieren zu wollen, indem er für demnächstige pünktliche Zahlung sich verbürgt.

b) Ein Maler hat die Fertigstellung eines Bildes zu einer Festaufführung übernommen. Ein anderer verspricht, im Falle der nicht pünktlichen Lieferung des Bildes eines von den seinigen zu verabfolgen.

c) Von seiten eines Kreditsuchenden werden zwei taugliche

Bürgen gewünscht, ohne deren Eintreten der Gläubiger den Kredit nicht bewilligen will. Jener findet einen Bürgen, der dem Gläubiger gegenüber eintritt und außerdem diesem garantiert, daß ein anderer bezeichneter Freund von ihm die Mitbürgschaft übernehmen werde.

d) Als ein Mandatar in Ausführung des erhaltenen Auftrages eine Sache käuflich erwerben wollte, zeigte sich, daß sie zu dem von dem Mandanten als Maximum angegebenen Betrage nicht zu haben war. Der Mandatar bewilligt daher dem Verkäufer in unmittelbarer Stellvertretung des Auftraggebers den höhern Preis, indem er garantiert, daß der letztere dieses genehmigen werde.

e) Ein Darlehnsgläubiger wird von dem Bruder des Schuldners ersucht, noch weitern Ausstand zu geben, indem er, der Bruder, ihn „wegen jedes Ausfalles und Nachteiles schadlos halten werde."

2. Für richtige Haltung eines Bauakkordes durch die Unternehmer hatte jemand Bürgschaft übernommen. Da jene den Vertrag nicht erfüllten, so mußte der Besteller den Bau auf Kosten der Akkordanten anderweit vergeben und dem spätern Unternehmer 2400 *M* mehr bezahlen, als den ersteren. Er belangt nun den angeführten Bürgen auf Ersatz dieser Summe; worauf der Beklagte entgegnet, daß er nur die Einhaltung des Bauakkordes versprochen und subsidiarisch die Verbindlichkeit zur Vornahme dieser Arbeiten übernommen habe, nicht aber auf Geldzahlung hafte.

Was ist Rechtens?

3. A. verlangt von B., als Erbe seines Vaters, wegen einer von letzterem für Zahlung eines Kaufpreises von 10000 *M* übernommenen Bürgschaft die Berichtigung dieser Summe nebst Zinsen. B. wendet ein, daß in der Vertragsurkunde, in welcher die Bürgschaft übernommen worden, angeführt sei, daß nur eine Pfandlast von 5000 *M* auf den Kaufobjekten hafte; es habe sich aber ergeben, daß eine solche von 10000 *M* darauf gelastet habe, weshalb er an Stelle des Käufers dafür Interesseleistung zu fordern und demgemäß an der eingeklagten Forderung den verschwiegenen Pfandbetrag von 5000 *M* in Abzug zu bringen berechtigt sei.

Entscheidung.

4. N. ist von O. durch Drohungen zu einem Geldversprechen gezwungen worden. N. ersucht später den M., sich zu verbürgen, und M. erklärt sich dazu bereit, ohne von dem frühern Hergang etwas zu wissen. Später erfährt dies M.

Kann er, wenn er von O. belangt wird, diesem eine rechtswirksame Einrede entgegensetzen?

5. „Es hat der Kaufmann Maier in Göttingen, des Superintendentens Martin Nolten aus Northeim, Sohn den 6ten Aug. 1773. ein Capital von 200. Rthlr. vorgeschoßen, wobey der Becker Dörner für bemeldeten Martin Nolte gut gesagt, und beyde versprochen haben, bis Michaelis 1773, bemeldete Summe wieder auszuzahlen. Im bestimmten Termin hat hierauf Maier sein Geld verlangt, auch den 2ten Okt. 1773. an bemeldeten jungen M. Nolte geschrieben, von demselben aber weder Antwort noch Geld erhalten. Als er sich hierauf an den Bürgen Dörner gewendet, und verlangt, daß er ihm zu seinem Gelde verhelfen, oder ihn einstweilen bezahlen solle, so hat er auch von diesem in Güte nichts erhalten können. Er sieht sich also genötiget, zu klagen."

(Aus Claproth, Varii casus.)

Der Fall ist zu begutachten.

6. Ein Bürge wird von dem Gläubiger in Anspruch genommen, weil von dem Hauptschuldner, der rechtskräftig zur Zahlung verurteilt worden ist, kein Geld zu bekommen sei. Der Beklagte wendet ein, daß, wie er jetzt erfahren, der damalige Vertrag zwischen Gläubiger und Hauptschuldner nur simuliert gewesen sei.

Das Amtsgericht verurteilt ihn aber, unter Verwerfung dieses Einwandes.

Er fragt nun an: ob er mit Aussicht auf Erfolg gegen dies erstinstanzielle Urteil Berufung einlegen könne?

7. Ein Vormund hat dem jetzt großjährig gewordenen Mündel dessen Vermögen in Bausch und Bogen herausgegeben und Entlastung erteilt erhalten ohne besondere Rechnungsablage; dabei hat sich ein Dritter dafür verbürgt, daß der Mündel niemals dem Vormunde gegenüber diesen Vertrag angreifen werde, und daß jedenfalls, wenn der Vormund zur Rechnungstellung und etwaigen Herauszahlung genötigt sein würde, er hierfür von dem genannten Dritten entschädigt werden sollte.

Der Fall notgedrungener Nachzahlung tritt später für den gewesenen Vormund ein; aber der Dritte weigert die Entschädigung, weil der Vertrag mangelnder Hauptverbindlichkeit halber ungültig sei.

Mit Recht?

8. Karl Wallenfells verklagt den Emil Sack auf Zahlung einer Schuld von 2000 *M.* Er stützt seinen Klagantrag auf eine von ihm zu Lasten des Martin Sack, des Bruders des Beklagten, ausgestellte Rechnung, welche mit den Worten schließt:

„. . Der wahre und unmittelbare Schuldner ist also Martin Sack, sowie Karl Wallenfells der wahre und unmittelbare Gläubiger ist.

Martin Sack.

Emil Sack, ich verpflichte mich für obige Summe per 2000 Mark.“

Kann der Beklagte der obigen Klage eine begründete Einwendung machen, oder muß er zahlen und seinen Bruder irgendwie hineinziehen.

9. Nachdem ein Hauptschuldner in Konkurs gefallen, nimmt der Gläubiger den für jenen eingetretenen Bürgen auf Hauptgeld, vertragsmäßige und Verzugszinsen, sowie die durch das Verfahren gegen den Hauptschuldner ihm erwachsenen Gerichts- und Anwaltskosten in Anspruch.

Der Bürge bestreitet die Berechtigung der an letzter Stelle erwähnten Forderung. Er sei „als Selbstschuldner“ eingetreten; also hätte ihn der Gläubiger ja gleich belangen können, und habe sich jener die entstandenen Prozeßkosten selbst zuzuschreiben. Das Hauptgeld sei er zu bezahlen bereit; für Zinsen hafte er als Bürge aber nicht.

Quid iuris?

10. *Landrecht der Obergrafschaft Katzenellnbogen, von 1591.*

Teil II, Tit. 5 § 4: „Es haben aber auch die Bürgen außerhalb diesem *beneficio excussionis* noch mehr Gutthaten der Rechten, als wenn sich etliche samt und sonders verbürgt haben, und einer darunter um die völlige Bezahlung angesprochen würde, mag derselbe sich des *beneficii ex Epistula D. Hadriani* gebrauchen und begehren, die geforderte Schuld unter ihm und seinen Mitbürgen zu teilen, welches ihm muß erkannt werden . . .“

Der Statt Franckenfurt am Mayn erneuwerte Reformation, von 1578, revidiert 1611.

Teil II, Tit. 16 § 5: „Wann mehr als ein Person sich für die Bezahlung verbürgen, So steht dem Schuldtherrn, wann er von dem Schuldtmann nicht bezahlt kann werden, frey vnd bevor, sie alle sämptlich, oder einen auß denselben, welchen er will, vmb die Bezahlung zu beklagen. Dagegen mag aber auch derselbig Bürg sich der Gutthat gemeines Rechtens, in Latein, *Epistula diui Hadriani* genannt, gebrauchen, Das ist, Er mag sich (doch daß es zuvor, vnd nicht nach Befestigung des Kriegs, geschehe) erbieten, seinen gebührenden Antheil an der geklagten Schuldt, zu bezahlen, vnd das vbrig auff seine Mitbürgen schieben, vnd sich davon erledigen, Dabey er auch soll gelassen werden. Doch da er dieses *Beneficij* sich außtrücklich, zur Zeit der Bürgschafft, verziegen hatte, so mag er sich hernach desselben nicht behelffen."

Fragen:

a) Wie verhalten sich diese Sätze der angeführten Partikularrechte inhaltlich zu einander?

b) Gilt die in ihnen erörterte Rechtseinrichtung noch im heutigen Rechte?

c) Was ist nach ihr die Folge, wenn die Behauptung auftritt, daß der eine der mehreren Bürgen insolvent sei — betreffs der materiellen Verpflichtung, wie der Beweislast?

d) Oder die Behauptung: daß derselbe in einem andern Gerichtsbezirke seinen Wohnsitz habe oder sich aufhalte?

11. Dem Obervorsteher H. in S. war aus der dortigen Sparkasse ein zinsbares Darlehn von 6000 ℳ gegen Stellung zweier tauglicher Bürgen zugesagt worden. Es wurde folgende Urkunde aufgesetzt: „Ich, Obervorsteher H., bescheinige hiermit, daß mir am heutigen Tage aus der hiesigen Sparkasse durch deren Rendanten ein Darlehn von 6000 ℳ ausbezahlt worden . . . Ich verpflichte mich, obige Summe nach dreimonatlicher Kündigungsfrist zurückzuzahlen und dieselbe bis dahin von heute an mit 5 % zu verzinsen. — Wir, die unterzeichneten 1. Kaufmann W., 2. Pferdehändler M., treten für vorbemerktes Darlehn nebst Zinsen und Kosten als Bürgen und Selbstschuldner dergestalt ein, daß wir die Sparkasse ermächtigen, sich mit Übergehung des Hauptschuldners an jeden einzelnen von uns für das Ganze zu halten."

An dem zur Auszahlung bestimmten Tage fanden sich aber nur H. und M. in dem Bureau der Sparkasse ein, welche beide obigen Schein unterschrieben, worauf M. sich sofort entfernte. Der Rendant bedeutet nun H., daß ihm das Geld nicht eher eingehändigt werden könnte, als bis er an Stelle des ausgebliebenen W. einen andern tüchtigen Bürgen gestellt habe. H. fand hierzu auch den Bauaufseher L. willig und erhielt nun das Geld; fiel aber noch in demselben Jahre in Konkurs.

Die Sparkasse nimmt nun den M. in Anspruch, welcher entgegnet: daß er sich nur in Gemeinschaft mit dem Kaufmann W. habe verbürgen wollen, dieser Bürgschaftsvertrag aber, da W. sich zurückgezogen und die Klägerin ohne Einwilligung des M. einen andern als zweiten Bürgen angenommen habe, gar nicht zu stande gekommen sei.

L. 6. pr. D. de duob. reis (45,2); l. 8 eod.; l. 12 § 1 eod.

Es ist Urteil mit Gründen auszuarbeiten.

---

12. Welche Rechtsfolgen knüpfen sich an folgende Thatbestände?

a) Für den Rest einer Kaufschuld des K. an V. hat sich B. verbürgt. K. stirbt und wird von X., einem nahen Freunde des V., beerbt. Letzterer erläßt dem X. die Schuld, fügt aber hinzu, daß dieses rein persönlich sein solle.

b) Jemand will einem Bürgen schenkungsweise eine Vermögenszuweisung machen und bezahlt zu diesem Zwecke den Hauptgläubiger.

c) Für einen Hauptschuldner waren zwei Mitbürgen eingetreten. Dem einen dieser letzteren erläßt der Gläubiger die Verpflichtung.

d) Ein Bürge war für den einen von drei Solidarschuldnern eingetreten und hatte demnächst die ganze Schuld dem Gläubiger bezahlt.

13. Thatbestand.

Klägerin hat eine ihr von ihrem Ehemanne cedierte Forderung gegen den Beklagten eingeklagt. Letzterer war zur Zeit der ihm alsbald denunciierten Cession Nachbürge für seinen Bruder bezüglich einer von diesem für den Ehemann der Klägerin übernommenen Bürgschaft und hat bei sich herausstellender Insolvenz des Hauptschuldners und des Bürgen die verbürgte Forderung ein Jahr nach der Cession bezahlt. Den Betrag dieser Zahlung will er in Aufrechnung bringen, während die Klägerin die rechtliche Zulässigkeit dieser Kompensation bestreitet.

Urteil mit Gründen?

14. Als S. von einem Kapitalisten G. ein Darlehn aufnahm, verbürgten sich durch Unterschrift der betreffenden, über das Darlehn aufgenommenen Urkunde M. und N. als Bürgen. N. geriet später in schlechte Vermögensverhältnisse, über S. mußte Konkurs erkannt werden.

Nun fordert G. von M. Bezahlung und erhält sie gegen Cession seiner Ansprüche. Als aber M. gegen N. vorgeht und von ihm, als solidarisch haftendem Bürgen, die bezahlte Summe verlangt, erklärt dieser: Der Anspruch aus der Cession sei hinfällig, denn die Forderung des G. sei durch Bezahlung erloschen und könne deshalb nicht weiter begeben werden; gegenüber der *actio pro socio* aber schütze er das (im einzelnen thatsächlich näher begründete) *beneficium competentiae* vor.

Was ist von diesen Einwendungen zu halten?

15. Bei einer Erbteilung traten 6 Kinder zweiter und ein Sohn erster Ehe des Verstorbenen auf. Dabei gaben nach langwierigen Verhandlungen jene sechs Geschwister ihrem Stiefbruder das Versprechen: daß sie, falls unberücksichtigt gebliebene Ansprüche ihres Bruders wegen seines mütterlichen Vermögens an seinen Vater oder an die Errungenschaft zweiter Ehe im gerichtlichen Wege durchgesetzt werden sollten, solidarisch dafür haften wollten.

Hierauf gestützt, erhob später der Stiefbruder auf eine ziemlich bedeutende, ihm noch zukommende Summe Klage gegen drei Geschwiser B., D. und F., weil die anderen, A., C. und E., weniger zahlungsfähig wären; er beantragte solidarische Verurteilung. Die Beklagten schützten die Einrede der Teilung vor, weil diese auch den Solidarschuldnern zustehe; das Landgericht verwarf aber die Einrede.

In der zweiten Instanz machten sie dann geltend, daß ihnen wenigstens die Ansprüche des Klägers an diejenigen, welche nicht zahlten, abgetreten werden müßten, soweit sie diese ganze Summe bezahlten, also zu je $^1/_6$. Dieses hat nun das Oberlandesgericht ausgesprochen und das Reichsgericht auf erhobene Revision bestätigt.

Nun fassen zwei der Beklagten, B. und D., einen feinen Plan, um möglichst viel auf F. abzuwälzen. Unter notarieller Beurkundung bezahlen sie auf das Schleunigste den Kläger vollständig aus und lassen sich von diesem $^4/_6$ seiner Ansprüche an seine Stiefgeschwister cedieren.

Mit allen diesen Urkunden in der Hand stellt ihr Anwalt bei dem nach C.P.O. § 666 dafür zuständigen Vorsitzenden der betreffenden Civilkammer des Landgerichts Antrag: ihnen eine vollstreckbare Ausfertigung des Reichsgerichtsurteiles zum Zwecke der Zwangsvollstrecknng gegen den mitbeklagten F. zu erteilen.

Der Vorsitzende weist den Antrag zurück. In der That wäre das Ergebnis sonst dieses, daß F., da von A., C. und E. schwerlich etwas zu erlangen ist, $^4/_6$ der ganzen Summe tragen müßte, bloß, weil B. und D. etwas flinker, als er, in der Ausführung des sie gemeinsam betreffenden Urteiles gewesen sind.

Die Antragsteller verfolgen Beschwerde an das Oberlandesgericht, welches nun durch Beschluß darüber zu befinden hat, ob die Beschwerde zu verwerfen, oder ob der Gerichtsschreiber des Landgerichtes anzuweisen ist, die gewünschte Ausfertigung zu erteilen.

Es wird ein im Vorbereitungsdienst befindlicher junger Jurist damit betraut, ein Gutachten hierüber auszuarbeiten.

LXXXVII.

1. Wie steht es mit Gültigkeit und Rechtsfolgen nachstehender Willenserklärungen?

a) Eine Witwe veranlaßt ihren Schwager, für ihren Sohn bei dessen Gläubiger Bürge zu werden.

b) Von einer Ehefrau wird eine Familienwohnung gemietet, in welche ihr Mann, der sein eigenes Vermögen geschäftlich völlig verloren hat, und ihre Kinder mit einziehen.

c) Zwei Eheleute bekennen in einer Handschrift, welche sie beide unterschreiben, daß sie 500 *M* von einem Geldverleiher als Darlehn aufgenommen haben und es mit Zinsen zurückzahlen wollen.

d) Ein älteres Fräulein tritt eine ihr zustehende Geldforderung gegen bare Zahlung einer kleinen Summe käuflich ab und leistet dabei dem Cessionar volle Garantie für pünktliche Zahlung seitens des Drittschuldners.

e) Ein Hypothekengläubiger war von seiner einzigen Tochter beerbt worden. Auf Bitten des Schuldners gestattet diese, daß ihre zweite Hypothek an dritte Stelle gerückt wird und an die zweite Stelle ein neu eintretender Gläubiger kommt.

2. Zwischen einer Witwe und ihrem Sohne war ein Gutsübergabsvertrag zu stande gekommen, in welchem jene sich den lebenslänglichen Einsitz als dingliches Recht auf dem Hofe vorbehielt. Mehrere Jahre nachher nahm der Sohn ein Darlehn auf und verpfändete dem Gläubiger den Hof; wobei die Mutter diese Verpfändung genehmigte, mit der ausdrücklichen Erklärung, daß sie für allen Fall zu gunsten des Gläubigers auf ihr Einsitzrecht Verzicht leiste.

Später muß es der Gläubiger zum zwangsweisen Verkaufe

des Hofes bringen, und es verlangte der Käufer von der Witwe Räumung des Hauses. Diese weigerte sich, weil ihre Entsagung auf das Einsitzrecht als Intercession ungültig gewesen sei.

Entscheidung.

3. Ein in Geldgeschäften unbewanderter Künstler hat zufolge des Todes seines Vaters eine größere Geldsumme, die von der Lebensversicherungs-Bank an ihn ausgezahlt worden ist, verzinslich anzulegen. Er fragt eine darin erfahrene Tante von ihm um Rat. Diese empfiehlt brasilianische und argentinische Anleihen, des hohen Zinsfußes halber; wobei sie seine Bedenken damit beschwichtigt, daß sie verspricht, ihn im vorkommendem Falle schadlos zu halten.

Diese Papiere sind nun aber in der That in den letzten Jahren im Kurse ganz außerordentlich gesunken und sogar für die pünktliche Einlösung der Kupons fragwürdig geworden. Der Neffe nimmt nun seine Ratgeberin auf Schadensersatz in Anspruch. Diese beruft sich auf die weiblichen Rechtswohlthaten.

4. Bei dem Kaufmanne Werner borgte Maria Reichin, als Vormünderin ihrer beiden noch minderjährigen Kinder, ein Kapital von 3000 *M*, zu notwendigen baulichen Änderungen und Reparaturen im Hause der Mündel. Sie wendete aber dieses Geld nicht zur Ausbesserung des Hauses an, sondern gab es ihrem ältesten Sohne, welcher großjährig war und eine Papierhandlung eröffnen wollte.

Nach einiger Zeit kam dieser Sohn geschäftlich aber so sehr in Unglück, daß er die genannte Summe nicht zurückzuzahlen im stande war.

Es entsteht nun die Rechtsfrage: an wen sich Werner wegen seiner Schuldforderung zu halten habe?

5. Die Gemahlin eines Bruders des Landgrafen Ludwig IX. von Hessen-Darmstadt, Tochter eines Reichsgrafen von Leiningen-Hildesheim, von welchem sie die Herrschaft Broich an der Ruhr geerbt hatte, stellte 1778 eine Privaturkunde aus zur Dokumentierung ihres Versprechens, die mehrere tausend Gulden betragende Schuld ihres ältesten Sohnes für Waren, welche er von einem Kaufmanne in Darmstadt bezogen hatte, nach und nach zu tilgen.

Nach dem Ableben dieser Fürstin erhoben die Erben des Gläubigers gegen deren Erben Klage auf Zahlung des Restes der Schuld mit Zinsen. Die Beklagten beriefen sich auf die weiblichen Rechtswohlthaten.

Kläger bestritten, daß deren Voraussetzungen vorlägen, und brachten replicando noch vor: daß die Fürstin 1779 Stückzahlung geleistet und in den nächsten Jahren Zinsen entrichtet, mithin ihr Zahlungsversprechen rechtswirksam und nun ganz unanfechtbar wiederholt habe; zudem sei sie Regentin gewesen, deren privilegierende Handlungen ohnehin jedes gesetzliche Verbot aufhöben. Cf. auch l. 2 § 2 D. ad S.C. Vell. (16,1).

Welches war die richtige Entscheidung dieses Falles?

LXXXVIII.

1. Welches ist die Rechtsstellung folgender angestellter Personen im Verhältnisse zu Dritten? Werden aus ihrer Geschäftsführung ihre Prinzipale berechtigt und verpflichtet, und bejahenfalls in welcher Art?

a) Ein Gutsverwalter, welchem die Leitung des gesamten Wirtschaftsbetriebes an Stelle der in der Stadt weilenden Gutsherrschaft übertragen ist.

b) Ein Kommis, der in dem offenen Laden eines Kaufmannes die Kunden bedient und bevollmächtigt ist, mit diesen Kaufgeschäfte abzuschließen.

c) Ein Schlachtergeselle, welcher von dem Meister auf das Land geschickt wird, um dortselbst Kälber einzukaufen; oder der in dem Laden des Metzgers Fleisch und Wurst für diesen verkauft.

Vgl. H.G.B. Art. 47, 49, 50; 271 Ziff. 1; sowie besonders 273 Abs. 3: „Die Weiterveräußerungen, welche von Handwerkern vorgenommen werden, sind, insoweit dieselben nur in Ausübung ihres Handwerksbetriebes geschehen, als Handelsgeschäfte nicht zu betrachten."

d) Der Laufjunge des Bäckers, welcher mit Brötchen des Morgens früh zum Verkaufe ausgeschickt wird.

e) Ein Müllergeselle, dem die Verwaltung einer Mühle von deren Eigentümer anvertraut ist.

f) Der Geschäftsreisende, der bei alten und neuen Kunden auswärts Bestellungen suchen und über Warenlieferungen Verträge schließen soll.

2. Ein Rentner hatte von einer Bank ein Darlehn über 10000 Mark aufgenommen und dafür Aktien eines dortigen Aktienvereines verpfändet. Er fällt später in Konkurs. Die Bank mittelt nun aus, daß der Darlehnsgeber von der erwähnten Aktiengesellschaft nur vorgeschoben gewesen war: er hatte die Aktien aus dem Depot derselben erhalten und die empfangenen Darlehnssummen an jene abgeliefert.

Es fragt sich nunmehr:

a) Kann die Darlehnsgeberin wegen der leihweise hingegebenen Beträge an die Aktiengesellschaft sich halten, in deren Auftrag der Rentner das Darlehn aufgenommen?

b) Würde es einen Unterschied machen, wenn der Rentner bei der Aufnahme des Darlehns von jenem erst später von der Bank ermittelten Thatbestand selbst gleich Kunde gegeben hätte?

3. Ein Freund eines in der Schweiz weilenden und dort erkrankten Gutsbesitzers bekümmert sich um die Wirtschaft des Abwesenden und kauft u. a. Getreide, das zur Fütterung der Tiere des Reisenden verwendet wird.

a) Hat der Verkäufer des Getreides einen unmittelbaren Anspruch gegen den Gutsbesitzer?

b) Zieht die etwaige Insolvenz des Freundes besondere Rechtsfolgen nach sich?

c) Ist es für die Beantwortung unserer Fragen von Interesse, ob der Freund dem Verkäufer gegenüber erklärt hat, daß er im Interesse des Gutsbesitzers den Kauf abschließe, oder nicht?

4. Sind folgende Ansprüche rechtlich begründet?

a) Ein Gesellschafter nimmt ohne dahingehende Vollmacht Warenanschaffungen vor und läßt die gekauften Objekte in das der Gesellschaft gehörige Magazin verbringen, aus dem sie dann mit anderen Waren verkauft werden. Der Verkäufer verlangt von der Sozietät Berichtigung des Kaufpreises.

b) Ein Gastwirt belangt den auswärts wohnenden Vater eines Studenten wegen Wirtshausschulden, die der Sohn in der Zeit seines Studiums bei dem Kläger kontrahiert hat.

c) Von einer Ehefrau wird Bezahlung einer Schuld ihres Mannes verlangt, deren Erledigung, sie versprochen, mit der Begründung, daß der Mann das erhaltene Geld teils im Haushalte, also im gemeinsamen Interesse, teils zur bessern Erhaltung des der Frau im besondern gehörigen Hauses, in höchst dringlicher Reparatur desselben, verwendet habe.

5. A., dessen Ehefrau ihrer Entbindung entgegensah, beauftragte den Arbeitsmann D. mit der schleunigen Herbeiholung des Dr. K., und zwar mit dem ausdrücklichen Zusatze, „daß kein anderer Arzt, als Dr. K., gerufen werden sollte.“ D., der den

Dr. K. nicht antraf, bestellte trotzdem einen andern Arzt, den Dr. B. Als dieser aber bei A. eintraf, wurde sein ärztlicher Beistand sofort abgelehnt.

Dr. B. wünscht nun zu wissen: ob er nicht den A. belangen könne, sei es auf Zahlung des taxmäßigen Honorars wegen seiner Bereitwilligkeit zur Hilfeleistung, sei es wenigstens auf Ersatz seiner Reisekosten?

6. Der Landwirt Schüttel hatte beim Kaufmann Nürnberger eine Schuld von etwa 250 *M* für verschiedene Wirtschaftsutensilien und -bedürfnisse während der Ernte 1887 kontrahiert. Schüttel starb überschuldet. Bei der Zwangsversteigerung erstand Eberius das Gehöft.

Nun stellt Nürnberger eine Klage auf Zahlung gegen Eberius an, weil die von dem Kläger gelieferten Waren zum Nutzen des Hofes verwendet wären.

Ist dieser Klage statt zu geben?

7. Canter klagt gegen Osten auf Kaufpreis für 100 Scheffel Malz, welche von dem Vater des Osten für diesen von Canter gekauft und in dem Brauhause des Osten versotten worden seien. Osten entgegnet, daß sein Vater keine Vollmacht zu jenem Handel gehabt und auch eine Gegenleistung von ihm, dem jetzigen Beklagten, nicht erhalten habe.

Wird die Klage des Canter durchdringen?

8. „Es hat Kläger die Beklagte wegen 50. an Oppermannen geliehenen Rthlr. in Anspruch genommen und den Grund seiner Klage darinnen gesetzt, daß solche 50. Rthlr. zu Tilgung der auf dem Oppermannischen Hause haftenden Schulden angewendet worden, also der Beklagten, welche solches Haus jetzo besitze, zu gute gekommen. Beklagte hat hierwieder weiter nicht geantwortet, als dieses, sie habe mit dem Kläger nicht *contrahiret,* wobey sie denn *exceptionem non competentis actionis* vorgeschützet. Fraget es sich: ob solche *exceptio* Stich hält?“

(Aus Leyser, Meditationes ad pandectas.)

9. Der Besitzer eines hochgelegenen Grundstückes hat auf dasselbe Dünger aufgeführt. Ein starker Regen weicht den Dünger auf und schweift ihn auf das unterhalb liegende Grundstück, so daß der Besitzer des letztern den Nutzen des Düngers zieht.

Jener verlangt nun Entschädigung wegen nützlicher Verwendung.

Mit Recht?

10. Ein Bauer treibt Eier- und Butterhandel, wobei ihm sein

22jähriger Sohn rege Beihilfe gewährt. Als der Vater plötzlich stirbt, macht seine Witwe öffentlich bekannt, daß sie das Geschäft in der seitherigen Weise weiter betreibe: in der That wird nun alles vom Sohne besorgt, der der Mutter fast niemals Abrechnung stellt oder Erlös abliefert.

Gegen Weihnachten verkauft die Frau eine Kuh für 80 *M* an einen Händler. Als bald danach der Sohn auf den Butterhandel geht und Geld nötig hat, verfügt er sich zu dem Käufer der Kuh und läßt sich von der noch ausstehenden Schuld 40 *M* geben. Was er mit dieser Summe angefangen, ist dermalen nicht mehr zu ermitteln.

Als er des Abends in das Dorf zurückkehrt, begegnet ihm der Knecht des Händlers und redet ihn an: „Ich habe die Kuh holen wollen und Deiner Mutter 40 *M* gebracht; sie sagte aber, daß ich erst noch die anderen 40 *M* bringen müsse;“ worauf jener bemerkt: „Meine Mutter weiß ja, daß ich heute die 40 *M* habe holen wollen; gehe nur mit!“ Darauf händigte er ihm die Kuh aus, ohne seiner Mutter etwas von den ersteingenommenen 40 *M* zu sagen.

Nach kurzem wandert der Sohn nach Amerika aus. Die Frau klagt jetzt gegen den Händler auf Erlegung der 40 *M*. Dieser beruft sich auf die an den Sohn der Klägerin geschehene Zahlung.

Fragen:

a) Welche *actiones* sind bei der Beurteilung dieses Falles in nähere Erwägung zu ziehen? Was ist über deren jeweilige Begründetheit für und wider zu bemerken? Wie ist hiernach der vorliegende Rechtsstreit zu entscheiden?

b) Was für einen rechtlichen Einfluß würde es haben, wenn der Sohn nicht ausgewandert, sondern gestorben und von seiner Mutter beerbt worden wäre?

FSC
www.fsc.org
MIX
Papier | Fördert gute Waldnutzung
FSC® C083411

Kolibri 360 GmbH
Ferdinand-Jühlke-Straße 7
99095 Erfurt, Deutschland
produktsicherheit@kolibri360.de